人间清音

张充和的百年人生

何晓木◎著

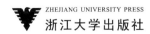

浙江大学出版社

图书在版编目(CIP)数据

　　人间清音:张充和的百年人生 / 何晓木著. —杭州:
浙江大学出版社,2020.11
　　ISBN 978-7-308-20127-8

　　Ⅰ.①人… Ⅱ.①何… Ⅲ.①张充和(1913—
2015)—传记 Ⅳ.①K825.46

　　中国版本图书馆 CIP 数据核字(2020)第052850号

人间清音——张充和的百年人生

何晓木 著

策划编辑	罗人智
责任编辑	闻晓虹
责任校对	沈　倩　罗人智
封面设计	尚书堂
出版发行	浙江大学出版社
	(杭州市天目山路148号　邮政编码310007)
	(网址:http://www.zjupress.com)
排　　版	杭州朝曦图文设计有限公司
印　　刷	浙江印刷集团有限公司
开　　本	880mm×1230mm　1/32
印　　张	19.5
字　　数	472千
版 印 次	2020年11月第1版　2020年11月第1次印刷
书　　号	ISBN 978-7-308-20127-8
定　　价	80.00元

目　录

引 子

『北大女杰』

1934年8月10日,北平城又一个晴热闷潮天气。[1]

北京大学本年度新生招录考试,即将开考。清晨8点前,1300多名来自全国各地的青年学子纷纷涌入该校景山东街第二院和北河沿第三院的大一新生考场。北大校长蒋梦麟、文学院院长胡适、理学院院长刘树杞及各系主任,均到场监考,教务长樊际昌更特备红色汽车一辆,往来奔驰于二院、三院及作为二、三年级转学生考场的沙滩第一院,忙得不可开交。

二十一岁的张充和是这1300多名考生之一,或准确说,是文学院499名考生中的一位——她报了国文系。过去一年,她在此旁听,早对北大各院位置了然于心,因此径直走向三院文法生考场。平时自由出入的大门已被封锁,由校警看守,经检验准考手续合格后,她走了进去,只见蓬席大张,将学生宿舍与考试用的教学楼完全隔绝,据说临时开放了南侧门,供"无路可走"的宿舍同学出入。[2]

不过她此时的身份并非张充和,而叫"张旋"。此前报名时她提交给北大的资料,可谓假多真少:

① 参见杨天石主编:《钱玄同日记(整理本)》(下),北京:北京大学出版社,2014年,第1029页。
② 北大1934年新生招考报名、日程安排及首日考试情况,见《北平晨报》1934年8月6日第9版,8月11日第9版(获取自抗战文献数据平台:http://www.modernhistory.org.cn)。

姓名:张旋　　　　别号:充和

性别:女　　　　　年岁:一九

籍贯:宁夏中卫　　经过学校:甘肃省立第一中学毕业①

张充和与西北地区毫无关系。她生于上海,八个月大被抱回张家的旧籍合肥寄养,读了十余年私塾,十七岁重归生父位于苏州的家,到1933年夏,断断续续在苏沪一带念过至少四所中学,在最后一所上海光华实验中学勉强读完高一,就不再继续,来到北平旁听北大课程一年。因此这次应考,她并不具备报考资格:一张中学毕业文凭。在清华大学就读的大弟张宗和托学长、宁夏中卫人苏景泉帮她伪造了一份中学学历,同时又顾虑用真名若考不取,会让自己和家人丢脸,她遂将名字、年龄都改了。②

类似张充和用化名、用假文凭考学事,在20世纪前期的中国并不乏其例。

她化名考试的原因之一,是怕考不上让家人和自己蒙羞,这一微妙心思与她的主考官、北大文学院院长胡适在二十四年前的顾忌相当一致。1910年,胡适投报第二届庚子赔款留美生,成功考取,开启美好人生的大门,当时用的也不是本名:"我在学校里用胡洪骍的名字,

---

① 北京大学档案馆藏档案:《国立北京大学二十三年度学生一览》(注册组编,民国二十三年十月一日,档案编号:MC193401:1)第106页"试读"名单,转引自裴春芳:《关于张充和先生的生日、假名及其他——答商金林先生》,《名作欣赏》2011年第28期。

② 金安平:《合肥四姊妹》,凌云岚、杨早译,北京:生活·读书·新知三联书店,2015年,第296页;张宗和:《张宗和日记(第一卷):1930—1936》,张以䶮、张致陶整理,杭州:浙江大学出版社,2018年,第270页。金安平说是张宗和有个朋友在宁夏当校长。首先,北大档案资料里张充和的假文凭是甘肃的,并非宁夏。其次,张宗和还是在校大学生,有自己(而非张氏家族)的朋友在西北任中学校长听来虽非不可能,但总觉得突兀。与张充和姐弟交往颇密的苏景泉恰好是宁夏中卫人,故推测是苏景泉托人伪造了张充和的假文凭。

这回北上应考,我怕考不取为朋友学生所笑,所以临时改用胡适的名字。从此以后,我就叫胡适了。"①

用假文凭考大学,更是一时社会风气。1926年,未能从所读无锡第三师范学校毕业的徐铸成,借一位高年级毕业同学的文凭考取清华大学,才读一学期,被原三师校长揭发。时任清华教务长梅贻琦答以该生投考时照片与入学时核对无误,且该生入学后品学兼优,似不应追究。但三师复函汹汹,声称如不开革,将向教育部控告。为平息事态,梅贻琦介绍徐铸成到南开大学暂读,风波过后再回清华。其后虽因事未去,但翌年夏徐铸成再用那位高年级同学身份参加了考试,被北京师范大学录取,就读于国文系。②1929年,未念完所在师范学校且已二十四岁的臧克家,借本村远房族叔的中国大学预科毕业文凭,考入青岛大学补习班就读。翌年暑假,他再行考试,数学得零分,国文由闻一多给了98分,仍被该校录取,成为正式生。该年秋,开学后不久,学校当局查出有不少学生是用假文凭报考并被录取的,遂勒令当事学生退学,并公布名单,人数不少。被勒令退学的学生抗议道:"不论我们用的是真文凭还是假文凭,既然考上了,就证明我们够入学的资格,不应当开除。"双方互不相让,由此酿成学生罢课风波。最终学校强行开除了六十余名学生,其中有持假文凭入学者,也有持真文凭入学者。③不过,臧克家躲过了风波,继续留在学校,直到四年后毕业。④1931年,与张充和同龄的周一良,从八岁到十八岁,读了十年家塾,一无数理化知识,二无高中文凭,于是伪造假文凭,其他科自己考,数学科便篡改证件上的个人照片,让亲戚枪替,成功考取辅仁大学。他回

① 胡适:《四十自述》,《胡适全集》第18卷,合肥:安徽教育出版社,2003年,第98页。
② 徐铸成:《徐铸成回忆录》,北京:生活·读书·新知三联书店,1998年,第19—27页。
③ 李林、王弢:《青岛大学两年三次罢课斗争简述》,《山东大学校史资料》1983年总第6期。
④ 臧克家:《悲愤满怀苦吟诗》,《新文学史料》1980年第3期。

忆说:"当时北平流行制造假文凭,琉璃厂的刻字铺兼营这个生意。我家乡秋浦县有一所周氏家族办的宏毅中学,我就假借此名,并未与学校打任何招呼,请刻字铺伪造一张私立宏毅中学高中毕业的假证书。一般情况下,北平的大学是不会费事去核实的,但是比较知名的五大学(北大、清华、师大、燕京、辅仁)情况有所不同。其中只有辅仁大学当时刚成立不久,制度很不严密,文凭蒙混过关的可能性较大。果然1931年夏天我在辅仁报上了名,放弃国文而改入历史系,这样就定了我的终身。"进入辅仁后,周一良过从较密的一位同班同学名袁永熹者,几十年后周氏从他人口中得知他实不叫袁永熹,因其报考辅仁时中学尚未毕业,遂冒名用了其姐姐、后成为叶公超夫人的真袁永熹的高中文凭。[1]

*

张充和走进三院教学楼,按照9日公布的座号及对应教室找到自己的位置坐下。8点整,考试正式开始。第一场是国文,用时三小时。

卷子发下来,一目了然,几道题而已。

第一部分,作文"我的中学生活"。要求用白话文,不限字数,自己分段,并加标点符号。

这不难。就白话文而言,虽说从五岁起的十余年,她就学于家塾,背诵的、练习写作的全是文言文,可十七岁起进入现代体制的学校,大量接触与学习白话文以来,她较快地适应了从文言到白话的语体转

---

[1] 周一良:《毕竟是书生》,北京:北京十月文艺出版社,1998年,第15—17页。

换,早已具备娴熟使用白话文写出精彩诗文并加标点符号的能力。[①]
她曾在就读的苏州乐益女中和上海光华实中的校刊上发表过一些白
话文章,优美生动,极富灵气,便是确证。[②]到北平后,沈从文应该也指
导过张充和的白话文写作,还打趣她为"候补作家"。[③]费思量的是作
文内容。从1930年到1933年,她陆续就读于乐益女中一年半,上海
中学不足一月,上海务本女校一个多月,光华实中约一年,在校生活并
不贫乏,转校经历更异常丰富,不过她没有从真实生活取材,而是虚构
其事,洋洋洒洒地写成一篇《我的中学生活》。[④]

　　第二部分是"常识测试",五道题。第一道很有趣,对于这么隆重
的场合而言简直不庄重:

----

① 张充和能很快从合肥私塾时期一直进行的文言写作,转换为白话文写作,并不奇怪,可引
季羡林的经验为参考。十八岁前,季羡林在校所写作文,一直用文言文。十八岁那年,即
1929年,"国民党一进城,就仿佛是换了一个世界,文言文变为白话文"。这一变化于他毫
无障碍:"至于我自己,从写文言文转到写白话文,按理论,这个转变过程应该给我极大的
困难。然而,实际上我却一点儿困难都没有。原因并不复杂。从我在一师附小读书起,五
四新文化运动的大潮,汹涌澎湃,向全国蔓延。'骆驼说话'事件发生以后,我对阅读五四初
期文坛上各大家的文章,极感兴趣。不能想象,我完全能看懂;但是,不管我手里拿的是笤
帚或是扫帚,我总能看懂一些的。再加上我在新育小学时看的那些'闲书',《彭公案》《济
公案》之类,文体用的都是接近白话的。所以我由文言文转向白话文,不但一点儿勉强的
意思都没有,而且颇有一点水到渠成的感觉。"(季羡林:《季羡林自传》,武汉:武汉出版
社,2011年,第39、41—42页)另外,张充和从小在合肥,翻阅过祖父、养祖父购藏的数量颇
丰的明清小说,其中许多部"文体用的都是接近白话的"。
② 张充和考入北大前所作白话文章,目前可见的有:《我的幼年》《别》,原刊1933年《乐益文
艺》,收入白谦慎编:《张充和诗文集》,北京:生活·读书·新知三联书店,2016年,第180—
182、185—187页;几封写给亲友师长的白话信函及据小泉八云的英文作品《济慈》所译的
中文白话稿,刊于《光华实中校刊》1933年第1期,转引自王道:《一生充和》,北京:生活·读
书·新知三联书店,2017年,第85—91页。
③ 张兆和主编:《沈从文全集》第11卷,太原:北岳文艺出版社,2002年,第127页。
④ 《张宗和日记(第一卷)》,1930—1933年相关记录;《合肥四姊妹》,第296页。有趣的是,第
二年即1935年的北大国文试题,给了两个作文题目,让选做其一,却都强调"须真实":(1)
描写你一生最可纪念的一段经验(须是一段真实的经验,不论是最快乐的,还是最痛苦的,
或是最有趣味的)。(2)描写你认识最深的一个人(须是一个真实的人,不论是你的父亲、母
亲、先生或朋友)。(《北平晨报》1935年8月9日第9版,获取自抗战文献数据平台)

　　我们可以说"朋友们""弟兄们""同志们",为什么不可以说"椅子们""西瓜们""桃花们""猫们"?

　　这是解释题,并不让考生做出是非判断。八十多年后的今天,已不详悉命题者心中的答案为何,但说实在此题应该有争议。"椅子们""西瓜们""桃花们""猫们",一般情况下不说,不等于特殊情况下不可以说,而且当今语境下有的还被大说特说。这道题也给张充和留下了深刻印象,晚年她有所回忆,但已非原貌:"国文部分的白话文,其实我也没有学过,比如考'我们''椅子们''桌子们',圈哪一个对之类,我总算是圈对了。"①

　　接下来两题是有关白话翻译成文言的,再后两道考查文言的文法掌握情况。其所要求翻译的句子比较简单但又像绕口令,比如:

　　(甲)这是我的书。
　　(乙)这书是我的。
　　(丙)这书是很难懂的。
　　(丁)这书是梵文的,不是西藏文的。

　　第三部分,标点一段古文,计176字。查询可知,出自《汉书·原涉传》一段,讲述"原涉专以振施贫穷赴人之急为务"。虽不知张充和事前是否读过此段,不过对学习古文十余年,熟读四书及若干经书、史书的张充和而言,该题可说毫无难度。

　　以上就是要求张充和等一众学子在三小时内所要回答的问题。

---

① 苏炜:《天涯晚笛:听张充和讲故事》,桂林:广西师范大学出版社,2013年,第60页。

张充和轻松而愉快地写好答案,交上了卷子。

下午2至4点考党义,两道题——关于民族主义及五权宪法的相关问题。[1]党义是南京国民政府成立后强令各中学课堂设置的必修课,张充和流转于各中学期间,不得不学习,多多少少有所了解,虽然她对此不感兴趣。[2]还可猜想,为应付这次考试,她或许事前突击背诵过。

第二日,上午三小时考英文,下午两小时考史地。1930年以来,她一度用功于英语学习,号称"勤快",也大有长进。证据之一是她曾在光华实中英文教员高昌南督促下,翻译了小泉八云的英文作品《济慈》。[3]她并且认为,这门语言并不难掌握。[4]不过,像绝大多数学习英文的中国学生一样,她学的是哑巴英语,能拼写,能书面翻译,但拙于会话。[5]中国史方面,过去一年她曾于北大旁听了钱穆的中国通史课,何况早在私塾时期她就已打下很好的基础。关于地理,她读乐益女中时就喜欢地理课,主要因为可以画地图,虽然她分不清南北。[6]

第三日上午三小时,考的是数学。给了八道题,选做六题。其中前三题平面几何,第四题三元一次方程,第五题排列组合,第六题对数,最后两题三角函数。

来考场前,在北平的亲人给她准备了圆规和曲尺,以对付那些肯定要考、让她头皮发麻的切线、同心圆与对角线等。"我没用,"晚年的

---

① 国文及党义试题,见《北平晨报》1934年8月11日第9版(获取自抗战文献数据平台)。

② 《合肥四姊妹》,第293页。

③ 小泉八云:《济慈》,张充和译,转引自《一生充和》,第82页。

④ 《合肥四姊妹》,第295页。

⑤ 关于自己在中学学英文的情况,张充和后来在给大弟张宗和的信中言:"我的英文只是婴孩而已。倒没有在中学里勤快。"(张充和、张宗和著,张以㸓、王道编注:《一曲微茫——充和宗和谈艺录》,桂林:广西师范大学出版社,2016年,第213—214页)关于张充和所学为哑巴英语,张宗和后来在给张充和信中曾言:"你初到美国时,我知道你受了苦的,但不详细,因为我知道你那时的英文程度,翻译什么还可以,要开口可不那么容易……"(《一曲微茫》,第419页)

⑥ 《张宗和日记(第一卷)》,第370页;《合肥四姊妹》,第293、295页。

张充和回忆道,"因为我简直连题目都看不懂。"这已非她第一次如此硬着头皮上场了。①两年前的8月11日她考光华实中,其数学题"都是些初中里所未读过的英文题目。不要说动笔做,连看也看昏了"。②

细抠的话,北大这八道试题,还是有一道,不需任何数学知识,只要识字,就能看懂的,即第五题:"设有男生七人,女生三人,排成一列。若女生三人须互相临接不能隔开时,问其排列方法有若干种。"不过,题面表述虽直观,但若不懂相关排列组合知识及其解题方法,便很难推导出答案。还有那道三元一次方程题,无非三个方程式代来代去,只要四则运算过硬,就能代出。③可惜,张充和当时连加减乘除都没弄利落。④

后来北大考试委员会鉴于她国文答卷格外优秀,想录取她,为让她符合录取标准,不惜更换阅卷人从她的数学试卷中"找"出几分。从这一情况看,张充和并非交了"白卷",即使不懂,即使看得昏然,应该也硬着头皮写画了一些。因为对于数学,她并非一无所知。这几年,为了攻克这个"魔头",她也曾努力过,奋斗过,却被折磨得够呛。最开始学的四则运算不说,后来的代数和三角函数,她劲头上来时逮住人就让教她。据大弟宗和所记,1932年4月6日至5月22日,他连续被张充和抓住教她做题,有时学校布置的题目太多,他还得帮她做。问题是辛苦讲半天她并不能明白,于是她低头不语,半天不响,有时总算弄懂了,可过几天就忘。一次宗和说了她两句,她便伏在桌上哭起来,弄得宗和很是无奈,又可怜她,又同情她。⑤

① 《张宗和日记(第一卷)》,第370页;《合肥四姊妹》,第295页。
② 张充和致许文锦信函,1932年8月11日,《光华实中校刊》1933年第1期,转引自《一生充和》,第85—86页。
③ 数学试题,见《北平晨报》1934年8月13日第9版(获取自抗战文献数据平台)。
④ 《天涯晚笛》,第61页。
⑤ 《张宗和日记(第一卷)》,第185—194页。

毕竟,张充和最初接触数学的时候,已是十七岁。这个年龄,人已不再懵懂,不再像幼儿听命于成人让做什么就做什么,对于新事物,可能开始学着思考其意义与价值,想不明白的,就不容易接受。数学这种东西,在日常生活中除四则运算随处用到外,代数、几何、函数等基本无用。这或许便是阻碍她以及当时与她有相同经历的许多年轻学子掌握哪怕一小部分数学知识的一个重要原因。[①]反之,英语作为一门工具语言,她就能很有兴致地学习,追上进度,至少不输当时同龄学子的普遍水平。

＊

8月12日上午11点,全部五门科目都已考完,北大新生招考工作全面进入紧张的判卷环节。说全面,因首日考试结束后判卷就已开始。据北大教务长樊际昌透露,本月18日便可放榜。

六天的等待过程中,张充和的心情应该相当复杂。她的数学卷子答得实在糟糕,考上希望渺茫。她晚年在回忆中一再提及,当时北大规定只要一门考分为零,就不能被录取。[②]不过目前查到的北大新生录取标准,是1929年制定的,规定"国文、外国文总分在一百二十分以

[①] 张充和之所以数学不能入门,不排除其天性因素,但不能否认的是,她开始接触数学时年龄太大,错过了补救的时机。一个条件类似、极具参照性的例子是胡适。此前在家乡安徽绩溪县,胡适所学的也如张充和一般,起初为《孝经》《幼学琼林》等传统启蒙读物,后来陆续学习四书五经。1904年春,十二岁多一点,他来到上海入新式小学,开始接触数学,从四则运算学起,虽然比别的学生起步晚,但一则年龄相差不大,二则胡适为了赶进度,学习很勤奋,常在宿舍熄灯后,点蜡烛演习算学、初等代数,故而很短时间就掌握了一块又一块数学知识,实现一次次的跳班升级。如此玩命,以至有一个时期他的两只耳朵几乎全聋了。(胡适:《四十自述》)相对而言,十七岁才开始接触数学的张充和与同龄人之间对数学的掌握程度差距太大,追赶不及,再加她也没有如胡适那般对数学产生浓厚的兴趣并玩命学习,故始终不得其门而入。不能产生兴趣,一个重要原因,可能确如金安平所转述的:"她看不出学数学意义何在,也不明白从何入手。"(《合肥四姊妹》,第295页)

[②] 《合肥四姊妹》,第296页;《天涯晚笛》,第60页。

上,他科无一科在十分以下"①。或许,后来又降低了标准。不管是至少一分还是至少十分,因上述八道题都是解析题,不会就是不会,不存在如选择题那样的撞运气成分,因此加减乘除都弄不明白的张充和确实很难不得零分。

可是她仍心存侥幸。过去两年多,这样的幸运曾一再光顾她。1932年4月6日,在自家所办乐益女中尚读初二的她到上海务本女中考试,考取初三。次日与该校交涉,居然让升到高一就读,高兴得张充和兴起学数学的劲头,每日缠住张宗和让教其代数与三角函数。不过才热了一个多月,便因生病而放弃。②8月11日,她再考光华实中,考完后,因感觉题目很难——数学不要说动笔,简直题目都看不懂,且听说新生录取非常严格,担心没有希望。可一两天后,就收到被录取的喜讯。③

万一好运再次撞头呢?

8月18日,整整一天,说好的放榜,却迟迟未见动静。熬至晚上10点,北大北平考区新生录取名单在人们千呼万唤之中,于二院门前张榜公布。守望到此时的人群挤在榜单前,争相寻找着自己希望的那个名字。

大一新生,共录取226人,其中文学院103人,含试读生2名。"张旋"之名,赫然其上,是两名试读生之一。④

*

张充和当时并不知道,她能被录取还是颇费了一番周折的。几年

① 此为1929年北京大学考试委员会制定的本科大一新生录取标准。参王学珍、郭建荣主编:《北京大学史料第二卷(1912—1937)》中册,北京:北京大学出版社,2000年,第855页。
② 《张宗和日记(第一卷)》,第185—194页。
③ 张充和致许文锦信函,1932年8月11日,转引自《一生充和》,第85—86页。
④ 《北平晨报》1934年8月19日第9版(获取自抗战文献数据平台)。

后,她在昆明遇见了其时任北大助教、判过她数学卷子的许宝騄,这才得知内情:她被录取是北大考试委员会出于惜才而采取的破格之举。考委会非常赏识张充和的国文答卷,人才难得,很想录取她,碍于任何一门不能为零分(或低于十分)的规则,于是向批阅数学卷子的许宝騄施压,要他再看看卷子,能否给张充和打几分。但许宝騄还是给了零分。最后考委会只好另想办法,可能换了其他人,后者重阅卷子,加了几分,让张充和的数学成绩从形式上符合了录取标准。①

其中,胡适可能出力最大。胡适此次是首度以北大文学院院长兼国文系主任的双重身份参加新生招考工作的。这给他一种便利。他可以不受离职没多久的国文系原主任马裕藻的羁绊为国文考试命题了。命什么题,也就是测试考生即中学毕业生掌握的有关中国语言与文字的能力和素养如何,而怎样才算符合进入大学学习的要求,胡适自有一套极具个人色彩的标准。两年前在一次公开演讲中,他曾做过如下表述:

> (1)能运用国语文自由发表思想、作文、演说,而无文法错误;
> (2)能看平易古文书籍;
> (3)能懂古文、国语在文法上之大致同异,而交互翻译;
> (4)能认真读过三四十部整理过的古文名著,且能鉴赏了解;
> (5)有天才高且熟于文法者,宜鼓励古文作文。②

---

① 《合肥四姊妹》,第296页;《天涯晚笛》,第61页。1938年,张充和在昆明遇到了同样善唱昆曲的许宝騄(1910—1970)。两人成为知音。晚年她回忆道:"有一次演完戏,大家给我一个party,许宝騄说:'充和,我给你说一件旧事。你进北大的算学零分,是我给你打的。'我当时呵呵大笑:'你这是不打自招呀!'他当时负责看算学卷子。按当时规定,有一门课考了零分就不能录取。可是我的国文考了满分,教授都想录取我,后来北大判卷子的人给我加了几分。"许宝騄后成为享誉世界的大数学家。

② 梁心:《胡适关于中学国文教学的三次讲演——侧重第三次讲演》,《社会科学研究》2009年第1期。

　　这里的"国语文"即白话文,"古文"即文言文。胡适对两者的要求完全不在一个层次。能用白话文写作是要求所有人必须具备的,而用文言文写作则只针对一些特殊人才,还只是鼓励其写作,因此后者并非大学入门的必要条件。

　　1934年张充和他们所答的这一套国文试题,很好地体现了上述要求的前三条。第一部分的作文,专门要求用白话文,这就将一少部分仍然只会用文言写作而未掌握白话文的考生排除在外。第二部分常识测试即考是否掌握文言与白话的文法以及交互翻译。第三部分标点一段古文,即测试是否"能看平易古文书籍"。

　　至于第四条,认真读过并能鉴赏了解三四十部古文名著,这个用笔试方式很难进行测试。非要考,也只能考考他们是否知晓相关知识。两年前的北大新生入学国文试题,就这样考过。当时的试题总共六道大题(每个大题或只是单独一道,或分好几小题),其中三道大题,无非回答《后汉书》《红楼梦》《三国志》谁作谁编的,四书五经有哪些,或列举五部秦以前的书,等等。这就是些纯粹记诵性的东西,统计下来,共38个记忆点。①其考试效果,胡适随后不久在上述的公开演讲中说道:"这次北大招考新生,国文试验,以最容易的国文常识测试,而结果大多数学生不及格……"②

　　到了1934年这次,胡适干脆抛弃任何记忆性考试,无论白话文写作、古文阅读与标点、文法辨析并纠正,还是文白互译,测的全是能力,

---

① 王丽:《我们曾经有过这样的语文考试》,《南方周末》2001年7月6日。
② 梁心:《胡适关于中学国文教育的三次讲演——侧重第三次讲演》。

即对中国语言与文字的掌握度与运用力。①这份试题,明确要求用白话作文。这在当时确属激进,或说独一无二。据目前所见资料,抗战全面爆发前的国文试卷中明确要求"作白话文"的,仅见于北大。其时绝大部分大学对作文该用文言还是白话,大概分两派:一派以清华大学为代表,明确表示"文言白话均可";也有学校虽未说明,但作文题目是白话文的句子,意味着"白话文言不拘"。另一派以中央大学为代表,明确要求"须作文言";另有一些学校虽未做说明,但作文题目多为"语谓'多难兴邦',试申其说"之类,像是要求作文言文的意思。但不知考生交上白话作文,阅卷人会如何打分。②

8月10日,考试首日,胡适参加了监考。11日起,他开始阅卷。此过程中,胡适突然眼睛一亮。一个名叫"张旋"的考生,她的国文答卷,答得如此漂亮,如此符合他的要求,于是胡适给了满分。

15日,评卷环节结束。翌日,考试委员会全体委员着手试卷分数的核算。③或许就在此时,胡适得知"张旋"数学成绩极差,按常规很难被录取,遂借着"核算"之机,在考委会会议上,向全体委员推荐这份非同凡响的国文答卷,推动他们破格录取了她。

---

① 可以确定,1935年的北大新生入学国文试题为胡适拟定。胡适日记1935年7月18日记:"北大开考试委员会。"随后21日便记:"拟入学考试题目。"以此推测,他应该也独立拟定了1934年的国文试题。不过,1934年的这段时间(即8月10日开考前的筹备期),胡适没有记日记。在更早前的6月19日他记录:"下午到清华,出席毕业考试委员会。看清华的国文试卷,颇嫌教员出题细碎,但学生训练较北大为整齐。"其时他已兼任北大国文系主任,关注其他学校如何命题,大概是为给北大命题做参考。(《胡适全集》第32卷,第378、499、500页)

② 自1934年起,北大连续三年对作文的要求是"作白话文",而清华1934年要求作文"文言白话均可"后,其后两年并未尾随北大,仍是两者均可。北大国文试题,见《北平晨报》1934年8月11日第9版,1935年8月9日第9版,1936年8月3日第10版;清华国文考题,见《北平晨报》1934年8月2日第9版,1935年8月2日第9版,1936年8月2日第10版(获取自抗战文献数据平台)。中央大学及其他学校国文考题,见《民国老试卷》(么其璋、么其琮等编,北京:新星出版社,2016年)"国文之部"。

③《北平晨报》1934年8月16日第9版(获取自抗战文献数据平台)。

胡适对"张旋"的赏识,洵非虚言,这在当年9月24日《大学新闻周报》的报道中表露无遗:

北大新生中的女杰

北大此期招生投考数千人,各科试卷由各系主任分别总评阅,文学院长兼国文系主任胡博士于评阅国文试卷后对人云:此期新生国文试卷以张旋女士者为最佳。言下似有得此女弟子已足满足之状,盖张女士报考之学系又适为国文系也。女士年尚幼,俭朴诚笃,不趋时尚,擅长于文学而数学则非其所好,以是此次考试结果,仅以试读生入学,然此殊无碍其努力文学也,吾人当刮目候之。

下面这个反例,或有助于说明胡适对张充和的青睐。

此年报考北大的学子中,还有一位胡适非常欣赏的申寿生,数学也很差。考前几个月里,胡适曾多次在其编辑的《独立评论》刊载申氏的作品,并在日记中夸赞:"我看了他的第一篇文字,就知道他有文字的天才;上星期他又送一篇来,果大有进步。"后来,胡适还向编辑《大公报·文艺副刊》的沈从文推荐申寿生的作品,又在给一名投稿青年陈企霞(后成为知名左翼作家)的退稿信中,称申寿生的作品是"清楚明白说平常话的好文字",是学习写作的范例,还说"文字不从这一条路子入手,是不会做好的"。再后来,胡适做个人年终总结,视申寿生为1934年他发现的两名"可爱的纯洁青年"之一。《独立评论》向不登文学作品,因申寿生的投稿,胡适一再破例。1934至1936年,该刊约计登载了申寿生13篇时论、9篇小说。

不过,1934年8月,北大考试放榜后,胡适如此看重的申寿生却并不在名单中,未如张充和这般幸运。①

想来,录取张充和,说好听点,叫破格之举,若要较真,便是违规操作。故优秀者再多,也只能优中选优,取其最佳。因此,虽有申寿生落榜之憾,但张充和的被录取已很慰藉胡适的惜才之心,所以报道此事的记者会觉得他"言下似有得此女弟子已足满足之状"。

对张充和的数学之差印象深刻的胡适在9月开学时曾当面"吓唬"过她。据张充和晚年回忆:"开学那天,当时胡适是国文系的系主任,在系里的party上,他点着我的名说:'张旋!你的算学不太好(其实是大不好),你要好好补一补呀!'我吓坏了,跑到教务处去说:'要怎么补呀?我怕补也补不成了,我加减乘除都不懂,我宁可不上了!'教务处的人一听就乐了,笑着说:'取了就取了,还补什么补,胡适是给你打官腔呢!'"②在校时,胡适多次赞赏张充和的学问。翌年春,张充和患肺病离校,胡适曾劝其不要放弃。

二十二年后,流落海外的两人于加州大学伯克利分校聚首。任职于该校东方图书馆的张充和终于有了小小报答一下人生道路上这首位大伯乐的机会。她为习惯了助手、秘书代劳的胡适填写借书单,借好书给他保管着,等他来拿;又时时邀请他到家中,准备最好的笔墨纸

---

① 曾祥铣:《黔人申寿生与胡适》,《贵阳文史》2002年第1期,第11—13页;林建刚:《提携与论争:胡适与申寿生》,《书屋》2017第2期,第68—71页。当然,因没有太多申寿生个人成长背景及他参加此次考试的情况记录,或许还有一种可能:他虽然擅长写"清楚明白说平常话"的白话文,但其文言文能力有限,不能很好地标点试卷要求的那段古文,以及将白话文句转为文言文,因此国文试卷总分算不得优秀,也就谈不上让人给他"破格"。

② 《天涯晚笛》,第61页。据当年同时入学的杨志玖、李迈先回忆,胡适是以文学院院长身份,在开学后不久召集全院新生谈话的,并非如张充和回忆所言在"开学那天"的国文系聚会上。在全院新生谈话会上,胡适当众宣布了各人的入学成绩(包括各科成绩及总成绩)。想来正是此刻念到张充和的成绩,胡适才跟她说:"你的算学不太好,你要好好补一补呀!"(《杨志玖自述》,高德增、丁东编:《世纪学人自述(第五卷)》,北京:北京十月文艺出版社,2000年,第118页;李迈先:《悼念侠肝义胆的倚云》,《清华大学十级校友通讯》第12期,"入校六十周年特刊",北京:清华大学十级校友联络组编,1994年4月,第144—145页。)

张供他尽情挥洒；后来，在他离开伯克利时，演唱《游园》《思凡》，为他送行……①

＊

"北大女杰"张充和的这番际遇，固然让人津津乐道，但她在没有中学毕业文凭又明知数学无望的情况下还报考北大，既是当时现代教育发展严重滞后造成的社会风气使然，也是一名迷茫青年急切想改变自身窘迫处境的不得已之举。

彼时的张充和，正处于人生低谷中。四年前，家庭的变故，让她从天堂坠入人间，开始了一段充满苦乐哀辛的历程。其后，世局的动荡，时代的驱遣，一步步把她拖入一条不断下降的人生轨道，经受着磨难也经历着磨炼。

与之形成鲜明对照的，是张充和早期在合肥城所度过的十六年时光。那时，她是偌大张公馆里唯一的贵小姐，在养祖母羽翼下，过着平淡而温暖、孤独但快乐的生活。

---

① 《天涯晚笛》，第125—127页；《胡适全集》第34卷，第453—454页。

卷一

合肥时光：1913—1930

抱养前后

｜"我 自 传 的 开 宗 明 义 第 一 章"｜

约1914年初,襁褓之中八个月大的张充和在上海由二叔祖母识修抱养,不久即被带回全家迁出尚不及两年的故乡合肥。从相对开放、现代的新兴地区,无从自主的她返回那个已然开始消逝、烈度相对和缓的封闭、传统的旧日世界,一住十六余年。这一隔代过继和逆向迁徙行为,使张充和走上了与张家其他九位姐弟及许多同辈人迥然不同的人生之路。

张充和是在阖家上下、各方亲戚的热切翘望中降生,又在降生后因深深失望而被送养出去的。近五十年后,她总结前半生,自认"我一不是要人,又不要立功立德,不过我的一生事情做得少,可是经得多,也受人褒贬不少,自己还没有回过头来看过",于是闲暇功夫"写了好几篇与我自身有关系的"、回首往事性质的小故事。其中的第一篇《送礼》,讲述张充和出生前后家人的期盼与失望。张充和认为,此篇可作为将来"我自传的开宗明义第一章"。①

*

在"不孝有三,无后为大"思想笼罩一切的时代,自1906年嫁给合肥张树声一支的长房长孙张冀牖以来,长孙媳妇陆英的首要任务,是

---

① 张充和致张宗和信函,1962年6月28日,《一曲微茫》,第224—225页。

生下能够传宗接代的男丁。

　　崛起于太平天国和捻军之乱时期的名门望族合肥张家,在19世纪50年代之前,土地不多,几代以来,族中偶有几人获得秀才功名,属于下层士绅阶层。至张充和高祖张荫谷一代时,始自发达。张荫谷育有九子,长子张树声(1824—1884),即张充和曾祖,曾中秀才,逢太平天国战乱,与父亲及弟弟多人组建团练,后加入李鸿章麾下,有淮军二号人物之称,战功赫赫,曾任漕运总督、江苏巡抚、两广总督等(两广总督分前后两任,其间曾替李鸿章代理过一段时间直隶总督),谥"靖达"。张树声生有三子,最成器者为长子张华奎(1849—1898),即张充和祖父。张华奎于父亲张树声生前,长期驻京为父打探消息,联络关系。1890年高中进士,任职四川,终于川东道台任上。张华奎无子,从张荫谷第五子张树屏一门过继一子,即张充和父亲张冀牖。张冀牖,1889年生,名绳武,字武龄,号冀牖,又号吉友。1906年,张冀牖迎娶了大他四岁、财富地位堪称门当户对的扬州女子陆英为妻。

　　怀上张充和之前,结婚仅六年的陆英已给张家生了六个孩子,存活三个。[①]活下来的第一个,生于1907年11月,即大姐张元和,虽为女孩,但祖母还是很高兴,因为此时祖母已六十多了,"盼孩子盼得快要发疯了",因此,"男孩子好,女孩子也好","能生女孩,就能生男孩",因此不论男女,一律欢迎。1909年7月,第二个,仍是女婴,她默默无声地离开娘胎,没有人们预想中的哇哇哭声,"一个没有生命的小东西"。坐镇产房的祖母指挥人们千方百计地救活她。七八个小时之后,各种方法都试过了,仍不见起色,有人建议放弃。但祖母不同意,

---

[①] 二姐张允和回忆说:"在生我之前,我母亲已经生过三个孩子,只留下一个比我大两岁的大姐。"(张允和:《本来没有我》,《最后的闺秀》,北京:生活·读书·新知三联书店,1999年,第4页)。按她所言,在她之前母亲陆英生过三个,然后是她,此后是三妹兆和,再后是夭折的弟弟,因而张充和之前母亲已生养六个孩子。

让人们再想办法。最终，奇迹出现，一个胖女人向这个女婴喷了一百零八袋水烟后，女婴手脚嘴鼻慢慢动了起来，并发出轻微的啼声。靠着祖母坚持从死里复活的这个女婴，即二姐允和。[①]至1910年9月，三姐张兆和降生时，家人的情绪已变得异常的差：还是个女婴。母亲陆英哭了，祖母完全打不起精神。张兆和晚年回忆说，自己是个无足轻重的孩子，跟姐姐们没法儿比，没有人特别宠她，也没有人盯着她。一年后，终于诞下一个男婴，却不幸脐带出血夭折了。之后的几个月，家里都是愁云惨雾的。[②]

约1912年，张冀牖携家眷从合肥迁居上海。先住公共租界麦根路麦根里（今静安区淮安路、康定东路一带），次迁卡德路法奥里（今石门二路），后移住铁马路图南里（今河南北路）。住五楼五底大房子，后进还有上下两层楼。[③]

就在此时，陆英发现自己又有了身孕。家在杭州的亲戚李家太太听闻此消息，对姑妈识修（即张充和的二叔祖母）说，你们张家少奶奶尽生女孩子，我尽生男孩子。她这个肚子里，要认给我做干儿子，就一定生儿子。陆英临产前，李家太太派女仆赴上海送礼，礼物中最有象征意义的是一把黄金打造的长命锁片，作为给未来干儿子的信物。李家女仆在张家附近旅馆住了下来，等候佳音。

1913年5月17日（阴历四月十二日），张充和呱呱坠地，仍非男丁。甫一落地，亲人们再一次失望。产房外的李家女仆听到了响亮的婴儿啼哭声，但没有等到张家人道喜的声音，只好带着金锁片等礼物，

① 《本来没有我》，《最后的闺秀》，第3—6页。
② 张兆和：《儿时杂忆》，张允和、张兆和等编著：《浪花集》，北京：中央编译出版社，2012年，第76页。
③ 张元和：《慈父》，《浪花集》，第6页。

悻悻然回去了。[①]

不久,不受家人欢迎的婴儿张充和,又遇到奶妈奶水不足问题,只能喝糖水。张充和回忆此一遭遇说:"生我的时候,我已经是母亲生的第四个女孩,在那样一个重男轻女的年代,母亲自然是很有心理压力的。我祖父家里有五房太太,五个长辈女人都是寡妇,都随我父亲到上海来了,五个婆婆我母亲都要照顾,母亲要顶起一个家,多累呀。我们张家的孩子都是奶妈带大的,可是生我的时候,我的奶妈没有奶了。听说那时候只能给我喂糖水,我不肯喝,夜里不睡觉地哭闹。我母亲就只能整夜整夜地抱着我。"[②]不过据当时已六岁的大姐张元和回忆,充和的奶妈并非奶水不足才离开张家:"四妹充和是在图南里出世的,奶妈扬州人,姓高,未到断奶之期,她丈夫高同一定要她回去,常来吵闹不休,没奈何,大大(按:合肥方言,即母亲)只好让高奶妈回去了。奶妈走后,还没有找到新奶妈时,四妹啼哭,大大不放心,亲自抱着她在我们房中走来走去哄她,不觉时时擦眼泪。当时我大大肚里还怀着大弟在。"[③]

在小充和不受欢迎,又没有奶妈带,没有奶水喝,整天啼哭,缠着母亲,而母亲又有身孕、不堪其累的情况下,二叔祖母识修出面了。其时,二叔祖张华轸(张树声次子)已去世多年,二叔祖母唯一的女儿、唯一的外孙女也都不在人世了,孤单无依的二叔祖母想抱养张充和。张充和回忆说:"我的二叔祖母从合肥到上海来看我们,心疼我母亲,想为她分劳,就说:'大少奶奶,能不能把小毛姐——就是我——给我做个伴?'我母亲爽快地答应了。我二祖母又说:'不过我要先算个命。

---

① 张充和访谈视频:《名师系列:张充和》,美国耶鲁大学摄制,邵东方采访,史超拍摄,超星数字图书馆之"超星名师讲堂"2008 年 12 月出品。

② 《天涯晚笛》,第 75—77 页。

③ 张元和:《我有才能的大大(续)》,张家内刊《水》,转引自《一生充和》,第 2—4 页。

我自己的女儿死了,外孙女也死了,我不知小毛姐会不会跟我犯冲犯克。'母亲说:'命是她自己的命,不关犯冲犯克。你就放心带走吧。'就这样,我二祖母就把我抱走了。我出生八个月,就跟了我二祖母住在合肥,一直长到十六岁,叔祖母死了,才回到我父亲身边。那时候,我母亲已过世好几年了。"[1]

*

张充和出生后一年又十三天,即她被抱到合肥四个月左右时,母亲又诞下一个婴儿——如愿以偿,男孩,即大弟宗和。李家太太事先没敢派人来,听说终于生下男婴后,让人将前一年带走的金锁片又送了回来,认张宗和为干儿子。[2]

长子的诞生于张家来说可谓重大事件。据张宗和回忆:"据说生我的时候很热闹,那时奶奶(祖母)还在,听说少奶奶(太太)生了个男孩,叹口气说:'我抱儿不抱孙,儿子是抱来的,孙子是我自己的了。'那时一家人高兴极了。朱干(带三姐的)、窦干(带二姐的)互相用染红蛋的洋红打架(一喻会走红运的),在苏州时她们还常常谈起当年的事。第一个男孩当然是惯的,所以除了三奶子(带过三姐奶的)以外,在我一百天的时候,夏妈就来带我……"[3]

从此,母亲陆英生养儿子的劲头是一发而不可收。至1919年,已

① 《天涯晚笛》,第77页。张充和在多处回忆里说,她是"十六岁"因养祖母去世而返回苏州的。按此,即为1929年回到苏州。不过,目前各种张充和相关年表和生平介绍均认为是1930年。因无确凿证据,本书暂依后者,并推测其可能原因是:张充和1949年赴美,当时办理护照时她的出生年份误记成了1914年。到美国后将错就错,沿用下来。故张充和讲述往事时,可能就习惯性地按这个错的出生年份计算自己的年龄,因此少了一岁。本书其后将多次引述"十六岁"这一说法,不再出注。
② 此金锁片后由张充和于1938年在成都卖掉。时张宗和的准岳父孙学清遭翻车跌伤,为了治病,卖掉金锁片换钱。(张宗和:《秋灯忆语——"张家大弟"张宗和的战时绝恋》,北京:人民文学出版社,2013年,第25页。)
③ 张宗和致孙凤竹信函,1940年5月30日,《秋灯忆语》,第140页。

生了五个儿子。二至五子依次取名寅和、定和、宇和、寰和。人们说这都是张充和带来的。张充和回忆："那个年代，女人生养，就盼着生男孩，叫得子得福。我妈妈却连续生女，生到三姐的时候已经不耐烦了，觉得要断子绝孙了，到生第四个——就是我，还是女的，就更不高兴了。本来该叫我四姐的，可家里人都称我小毛姐，就是最小的姐姐，所以母亲并不在意，把我送给叔祖母。可是，万万没想到，后来我母亲又接着生，连续生了五六个，都是男丁，都说这是小毛姐给带来的，说我命里主贵，连着带来了五个弟弟，我在张家一下子红起来了。可是，那时候，我已经被抱走了。"①1921年，母亲去世。一年后，继母韦均一嫁入张家，后生有一子，即张充和的小弟宁和。四个姐姐，六个弟弟，人称"张家十姐弟"，其中，四个姐姐亦被称作"合肥四姐妹"。

①《天涯晚笛》，第77页。

祖母情深

｜"难道你们不是祖母生的,还是从天上落下来的"｜

　　随养祖母来到合肥的张充和,得以住回父母亲搬离的家族大院——龙门巷张公馆。她将在此度过十六年时光。

　　张公馆由曾祖张树声发迹后置办。在此之前,张家居住于肥西县聚星乡周公山。太平天国之乱爆发后,张树声父子召集乡人,建造堡寨(当地人称"圩子"),用以自卫防敌。后来张家九兄弟分家,五门张树屏另外觅地建一新圩。此后,人称前者为"张老圩",后者为"张新圩"。长门张树声迁居合肥县城,置巨宅张公馆。张公馆长、宽各占一条街,四周高墙环绕,即使街道上失火,火势也能被挡在墙外。宅子由两条夹道分成三大院落。中间院落为主人居住区,共五进:第一、二进待客;第三进住张树声次子张华轸,即充和养祖母一家;第四进住长子,即充和祖父张华奎、父亲张冀牖一家,1912年搬走后就空着;第五进住三子一家,因产业多在芜湖,后搬至那里,也空着。右侧院落为厨房、仆人居住区及花园、晒稻场、仓库等。左侧院落有张树声祠堂、书房、大佛堂等。①

　　偌大的张公馆,在张充和来到前,只有养祖母这一位主人。其时养祖父张华轸已去世,死后无子,约于1916年由族人撮合过继九门的

---

① 《别》,《张充和诗文集》,第185—187页;《合肥四姊妹》,第56—57页。

后代张成龄为嗣子,大张充和九岁,即她名义上的父亲,张充和后来撰文称其叔叔。

"命里主贵"但被父母送出、在养祖母膝下长大的张充和,对养祖母有着非同寻常的感情(以下径称"祖母"。不过,张充和姐弟在日记、书信与回忆录中更多称其"亲奶奶")。她晚年曾评价说:"我的祖母是了不起的人,她待我又像祖母,又像妈妈,又像老师。"[1]

*

幼时的张充和并未形成一般小孩该有的父母概念。在小小的她眼中,祖母才是她的"母亲"。她长大后记述道:"四岁时,外面来的客人们问我说:'你是谁生的?'我总是答一声:'祖母。'他们总是大笑一阵,我只是莫名其妙的望着他们,心里说:'这有什么好笑?难道你们不是祖母生的,还是从天上落下来的?'我一直不晓得祖母而外还有什么人。"[2]

直到七八岁时,张充和始有了祖母与母亲的区别观念。关于此,早年的她曾有过两次追忆。一次记述1920年她七岁时首次回苏州与母亲相见的情形。写了她从初见母亲时的难为情,到相处两月的熟悉,再到母亲送别她的不舍。这或许是她与母亲的唯一一次相处。[3]另一次记1921年她八岁时母亲去世后的情形。她写道:"葡萄架下一张方桌,我坐在祖母怀里,手伸在几本书上,给一个戴宽边眼镜的医生在试脉,佣人拿了电报来,祖母看了电报就老泪横流了;医生去了,祖母把我的一条红花夹裤翻了过来,里子是白色的花布。祖母又把我搂在怀里,眼泪不住的流着,带着战抖音调向我说:'乖乖,你从此要做个没有母亲的孩子了!……你要好好的听我话,你……母……亲是个好

① 《天涯晚笛》,第77页。
② 《我的幼年》,《张充和诗文集》,第180页。
③ 《晚雾》,《张充和诗文集》,第293—294页。

媳妇，……以后，……再也没有她……她了！'我这才晓得我另外还有个母亲，但是在我晓得有母亲时，母亲已经死了。我看见祖母哭得那么厉害，我也跟着哭了，祖母又拍着我说：'孩子，乖乖，不要哭，你不是说你是我生的吗？你是我的孩子，我爱你！你不要哭吧。'祖母又叫佣人把我抱回到床上去，说：'这里有风，哭了不好，怕病才好又要被风吹坏的。'"

成人后，张充和当然早已有了关于祖母和母亲的明确区分。不过，在作于18—20岁的《我的幼年》一文中，她设问道："假使现在要有人问我：'你是谁生的？'我还要说：'祖母。'不过，我明白还有一个，也是生我的，叫做'母亲'，因为他们都爱我的。我看见每个小孩子的母亲或祖母总是爱他们的。"[1]可见张充和对祖母养育情分的感念之深。

*

长大后，张充和所生活的世界发生了巨大改变——从相对安静、节奏缓慢的故乡合肥换到嘈杂、新潮的苏州、上海、南京和北平等开放的现代城市，这迫使她在两者间不断做着对比与取舍。回首陪在祖母身边的幼年时光，她觉得，那时候的生活虽然平淡，却比现在要有味和温暖。

她似乎时常听见祖母的声音："孩子，丛草处，多毒草，不要去！快来！你乖，来！"这是祖母看到小充和欢喜雀跃地跑到许多深草处寻找野花异草时，发出的关切声音。她对祖母的手杖印象极深。那时她没有祖母的手杖高，有一次，祖母将她和手杖一比，叫她拾一块碎碗片来，在手杖上刻了一道痕，对她说："今年这样高，明年就有这样高，后年就和手杖平了。"她开心极了，一心就想长到祖母的手杖高。[2]她还

---

① 《我的幼年》，《张充和诗文集》，第181—182页。
② 《我的幼年》，《张充和诗文集》，第180—181页。

记得祖母给她做的雪兔,"做得非常像,像是伏在草中的兔子"。她去吃饭时,"把那兔子放在炉边的圆桌上,拍拍它,把它当个小生命似的"。可是吃完饭回来,雪兔已化了。她气得哭了起来。祖母安慰她:"化了就化了,谁叫你放在炉子边? 这也值得哭!"又怕她出去弄雪,疼爱地说:"外边冷,刚吃过饭,吹了风要生病的。"并许诺明天让人给她堆雪狮子。[①]

在张充和的记忆中,祖母是无人能比的"故事大王"。成年的她听倦了冬日里围炉谈话的人们所讲的"平平庸庸的故事",她感慨道:"那些故事,不知为什么没有我孩提时所听的故事精彩了。祖母所说的故事能够把人整个的精神提起来,不会倦,如今什么故事也听倦了。炉子也似乎永远没有以前的炉子温暖,一切都像比以前松劲,而且松得叫人乏味。"她心中抗议道:"怎么就不能讲一个一棵白菜里跳出七个仙女的故事呢? 我小时最爱听这个的,祖母对我讲过数遍,都是同样地新鲜。我小时候想做神仙,想做大英雄,想做金刚不坏身,想做诸神的主持。我又听来许多因果报应的故事,她以因果报应来引导我那稚嫩的心灵走向爱人爱物的途路上去。"她以记忆中的祖母为原型,提出一个好的故事讲述人的标准:"他会以音乐般的节奏,流水般的爽快,以春天的温暖,以秋天的严肃,以浩浩宇宙的宽博广大来向我说一个爱人爱物的故事。"[②]

祖母不仅通过讲述精彩故事,更以身体力行引导小充和的稚嫩心灵走向爱人爱物之路。张充和并不知祖母的名讳,只知其法名"识修"。在祖母的意识里,总认为是自己命硬,才导致女儿和外孙女的早亡。大概因此,祖母成为虔诚的佛教徒识修。她资助了许多无依无靠

---

① 《兔》,《张充和诗文集》,第225—227页。
② 《找故事去》,《张充和诗文集》,第237—238页。

的女性，包括寡妇、尼姑，还帮助一些被遗弃的残疾儿童，替他们找到活路。花园中死了只青蛙或小鸟，祖母都会为它们祈祷。在祖母生日或佛教节日，她会叫仆人从小贩手中或市场上买回整篮的活鱼活虾，再带到城东门外的河边放生。据四弟张宇和回忆："亲奶奶信佛，乐善好施。见到衣着破烂、单薄的女孩就把充姐衣服送人。寒冬腊月，棉袄裤从身上现扒下来是常事。可怜我们的四姐只好躺在被窝里，等裁缝赶好新衣后才能下床。"[①]不过祖母并没强迫小充和信佛，也不要求她跟自己一块吃素。因此一老一小的两人吃两桌饭。张充和坐小桌子吃不忌荤腥的家常菜，祖母大桌上摆着的全是素菜，由一名吃素的厨子在单独的厨房烧制。祖母桌上素菜的强烈味道，始终吸引着小充和。[②]

*

如张充和所言，祖母还是她的老师。在培养张充和成为端庄娴雅、稳重大方、知书达理、多才多艺的大家闺秀方面，祖母发挥了主导性作用。这应与祖母的出身及所受教育有关。祖母来自合肥第一望族——李鸿章家族，其父李蕴章为李鸿章四弟。在其他兄弟出外做事后，留在家乡的李蕴章主持着一族事务。出身书香门第，李蕴章把子女教育看得非常重要。在他的极度关注下，塾师们兢兢业业地教书，他通过子女表现来判断塾师的好坏。塾师和自己的学生恪守着严格的仪矩，不能逾越。祖母曾告诉张充和，她与自己的老师互有好感，但结婚后他们就不能再见面了。不过有次回娘家，家里破例让她在远处看了他一眼。当时她站得很远，几乎看不清老师的样子，却不禁泪流

---

① 张宇和：《四姐和我——兼"论"我们的书法》，载张家内刊《水》，转引自《一生充和》，第8—9页。

② 《合肥四姊妹》，第49—57页。

满面。①

自会说话起,张充和便随祖母背诗词,学她念诗的方法,学得很像。其后祖母又教她认识许多汉字。后来,教她学会吹短笛、吹箫,识别乐谱。②五岁起,祖母送她进入家塾,并延聘塾师一对一教导她。祖母不会与老师见面,但常通过考查张充和的学习进度判断老师的能力与表现。比如,让她背诵《孟子》中一段,或解释《史记》里一个典故,或看老师对她所作诗词或作文的批改情况。一旦断定老师不合适,就会予以辞退,另行择选。十余年来,有好几位塾师到张公馆教过张充和,最终一位叫朱谟钦的考古学家成为她的常任老师,教了她五六年。另有一位教过她两三年的六安举人左履宽也给她留下一定的印象。③

为了将充和培养成自己所期待的大家闺秀,祖母对她是慈爱与严厉并举。据张充和后来追忆,祖母对她的慈爱并非毫无原则的溺爱,超出限度,祖母就会变得严厉。祖母很注重培养小充和学习传统礼仪。比如,绝不允许她在坐立行走时显出慵懒的样子,必须在长辈面前保持恭敬之态,绝不能在他们谈话时插嘴。④一旦出格,便不给好脸色看,甚至施之体罚。小时候她很爱玩马桶。她的专用小马桶,洗过后照例放点清水,她不知脏臭,大人一不注意,就玩马桶里的水,因之被打过多次。⑤小小年纪(五岁)的她,就学会根据祖母的脸色采取相

---

① 《合肥四姊妹》,第46—47页。
② 《箫》,《张充和诗文集》,第304—305页;《张宗和日记(第一卷)》,第251页。
③ 《合肥四姊妹》,第59页。
④ 《合肥四姊妹》,第49页。在传统礼仪方面十多年严格的教导和培养,使张充和出落成一位落落大方、端庄稳重、气质典雅的大家闺秀。这种大家闺秀的举止和气质,伴随张充和一生。曾陪张充和度过晚年许多美好时光的后辈苏炜,知充和老人极深:"我知道老人心重,对每一次客人到访都会郑重其事——虽不施脂粉,但每回见她,老人从来都是衣装端整、发髻光鲜,端坐那里,显得仪容端秀的——我这里不小心连用了几个'端'字。我想,张充和身上自然而然流溢出来的那种贵气——书卷气和大家闺秀气,就是以这个'端'字为重心的。"(《天涯晚笛》,第33页)
⑤ 张充和致张宗和信函,1961年3月23日,《一曲微茫》,第135页。

应的对策。她知道,她一旦闹起别扭,祖母面带慈祥地一阵哄她,那是大人对小孩最有面子的行为,她最好乖乖听话;否则,若祖母脸色变得非常难看,等待她的不是打就是骂。[1]长大后她反思道,自己从懂事起,只知生长,正如一棵树一样,依照着祖母的调护而发育。枝叶长得很茂盛,这值得祖母微笑。[2]

依照祖母安排,自五岁起,张充和进入家塾,开始了在当时的她感觉寂寞、苦闷,然而却让她受益终身的古典式教育的训练历程。

① 《梧桐树下》,《张充和诗文集》,第256—257页。
② 《寻》,《张充和诗文集》,第323—324页。

十年闺塾

| "在那两棵梧桐树下,我寂寞十年" |

"从五岁那年正月起,把一串爆竹挂在海棠树上,劈劈拍拍放了一阵,又向孔夫子磕三个头,然后向先生、向祖母磕头。"[1]

1918年正月,行过入学礼,张充和进入祖母为她和她名义上的父亲设立的家塾,开始正式的读书日子。

选择读家塾,在张家祖母这老一辈人眼中,应是再自然不过的事情。合肥并非偏僻之地,自1901年清廷诏令全国各地设立西式学校以来,至张充和入学这年,已建立若干所中小学校,其中还有女校。[2]不过就合肥乃至全国总体而言,民国前期,私塾在基础教育方面仍占主要地位。"试把全国学校的学生数合计,都远不及私塾学生之多。"1923年,在《长江流域平民教育运动之性质组织及方法》一文中,陶行知如此感叹。那些得风气之先的城镇,虽然学校已较为普遍,但一些大户人家仍愿意设家塾延请老师教诲子弟。有的家塾所教内容、授课教师的知识结构等,与延续数百年的传统私塾基本一致,无大的变化,张充和所进的就是这样一所家塾;有的则大为不同,可称改良式家塾,

① 《梧桐树下》,《张充和诗文集》,第256页。
② 谈儒强:《教化之基 养正之所 贤才之薮——以清末以降合肥地区私塾教育为例》,《合肥师范学院学报》2010年9月。

比如同时期张充和三个姐姐在苏州接受的教育。[①]

　　据大姐张元和回忆，早年住上海时，虽然家族中已有多位表姊妹入学校受新式教育，但祖母（张家姐弟的亲祖母，非张充和的养祖母）垂爱，说学校读书辛苦，饮食不调匀，不让上学校，因此父亲遵祖母命延请先生到家设馆，教授三姊妹读《三字经》《龙文鞭影》《唐诗三百首》等，每日书写大小楷。1918年，祖母亡故，全家迁苏州。母亲遵祖母遗训，仍不令三姊妹入学校读书，父亲于是移花接木，办起了改良家塾，聘请两男一女三位老师在寓课读。扬州于老师教文言文，所用课本由父亲自《古文观止》《文史精华录》等书中选出文章，交家里会读书写字的男佣抄写装订，付三姊妹。定远王梦楼先生教小学课本的国语、历史、地理等。三姊妹每周作一篇文言文，由于先生批改；作一篇白话文，由王先生批改。大小楷仍是每日必写功课。另外还有苏州吴天然女老师，教算术、自然、音乐、体操和跳舞等。书房犹如小教室，挂有黑板，每次上课五十五分钟，工人摇铃。下课，休息五分钟，再上另一课。花园花厅后面一块空地是她们的操场，跳土风舞时，要一对一跳，三姊妹不成两对，就叫家里一名女佣的女儿加入。这几乎就是一所只有三个学生的现代学校了。直至1921年10月母亲去世，父亲才给三姊妹报考苏州女子职业学校，两年后转入父亲开办的乐益女中，陆续升高中、入大学，先后分别从大夏大学、光华大学、中国公学大学部毕业。三姐张兆和还于1932年后半年在北京大学旁听课程，备考研究生。[②]

　　与三位姐姐相比，张充和直到十七岁离开合肥，读的都是传统家塾。由此造就她与姐姐们在学问、素养和习性上的巨大差异。姐姐

① 蒋纯焦：《一个阶层的消失——晚清以降塾师研究》，上海：上海书店出版社，2007年。
② 张元和：《张元和自述》，张昌华、汪修荣编：《水——张家十姐弟的故事》，合肥：安徽文艺出版社，2009年，第47—48页。

们十岁左右就开始接触的那些算术、自然、体操等科目,上课下课等学制,她或许从一两个入读学校的玩伴那里听说过,但自己从不曾体验过。她一天大部分时间和塾师在书房中度过,从早上八点到下午五点,中间有一小时的午餐时间。除了重要节庆日外,每十天仅有半天休息。一年到头,很少间断,一直持续了十年有余。背诵、温习四书、《史记》、《汉书》、历代诗词,临帖练字,学作古诗文和对对子,等等。①

　　另一个因素强化了张充和与姐姐们的差异。三位姐姐相差不到三岁,整天一起读书玩乐,相互陪伴着长大。可是在被高高院墙围起来的张公馆里,张充和没有一个同伴,非常孤独。本来,起初几年,书房有她和那位大她九岁的叔叔两位学生。这位同学辈分高,年龄大,两人没太可能成为伙伴。学生虽只两人,祖母却为每人各请了一位老师。"父"女师生,两两一组,各教各的,各学各的。后来张充和曾以诗记录这一情景:"父女师生各不同,前朝学士诲蒙童。饭前午后昏昏态,黏页《春秋》读不同。"是说《春秋左传》两页相粘,老师浑然不查,糊涂读下去。两位学生的表现也呈鲜明对照。张充和是祖母期待中的好学生,叔叔便是那个差生,顽劣成性,不学无术:"三朝联对十朝文,顽叔肠空眉不伸。呵写冻窗题目字,师生相与救枯贫。"是说让叔叔对对子不行,让作文不行,只好张充和给他对对子,老师给他作文(这样做,或许是为了应付祖母的考查)。②近二十岁时,叔叔想方设法逃避老师和祖母,还染上了赌博嫖娼的恶习。他从未戒掉这些恶习,成亲后,仍然保留一所私宅,用以寻欢作乐,并雇人在门口把风。祖母可能知道叔叔的这些事情,但也无可奈何。③

----

① 《合肥四姐妹》,第59—60页。
② 《龙门巷读书纪事》,《张充和诗文集》,第6—7页。
③ 《合肥四姐妹》,第62页。

*

　　在孤独中度过一天又一天的好学生张充和,当时是怎样的心情?
长大后,尤其是二十三四岁时,张充和多次追忆早年家塾生活,用词比
较灰暗,显得有些沉重。

　　她认为,这种古典式私塾训练笼罩下的环境,令人窒息,充满霉
气,让她心中非常阴暗,没有温暖,只有听不到回响的寂寞,整整十年
的寂寞。她多么希望能脱离这一可怜的环境。她自问,没有兄弟姊
妹,没有朋友伙伴,只有古色斑斓的台榭,只有阴气沉沉的厅堂,在这
样的环境中长成的孩子,会发展出怎样的个性?[1]

　　这种寂寞感在她入学四五天时就种下了。她说:"第一天上学非
常高兴,因为那老先生并不使我十分畏惧。在未上学前,都说先生如
何利害,现在也不过如此。第二天、第三天也不过如此,每天温点方块
字(那是以前祖母教认的),读几句《三字经》。"新鲜劲儿过去,约有四
五天,她生了厌倦心,她想不明白,为什么一定要到"那老头子身边"去
读书:"认字祖母也能教我认,书也能教我读,除了认字读书外,先生也
不会唱歌,不会如祖母一样的吟诗,成天捧着水烟袋打呵欠。"而且更
根本的,"我不懂为什么一定要读书,读书真不是快乐的事,我认为最
快乐的是找到小同伴去捉迷藏,去挖树根下的细泥土做罗汉、做兔
子"。这天一起床,她就与伺候她的钟妈闹起别扭。吃完早饭,赖着不
去上学。钟妈无奈,只好请来祖母,祖母慈祥地哄她一阵。如前面所
言,祖母的慈爱并非毫无原则的溺爱,超出限度,祖母会变得严厉。因
此,祖母一哄,小充和不敢再闹别扭,乖乖地跟着祖母上书房。心里极
大的不情愿,委屈得不行,也只能在祖母的目送下进入书房的院子。
"在堂前只稍挨几分钟便掀开帘子进门去,先生正捧着水烟袋坐在自

_____

[1]《寻》,《张充和诗文集》,第323—324页。

己位上。照例温字,背昨天的书,上生书,认生字,然后写字。所谓写字就是描红,描红对于我是最简单的功课。我一向爱用墙上掉下来的白粉块在方砖上画各种花,写我认得的字,画我认得的人。在那时,写字画花在我是不大分的。描完红后,先生说可以回去了,巴不得一声便到了室。"午饭后,一切恢复正常,不用祖母出面,由钟妈陪着走向书房,但心头有无限的委屈和"说不出的寂寞"。她怎么也想不明白,祖母、钟妈为什么逼着自己去上学:"大人永远同孩子是隔膜的,明明大人亦是从孩子长大的,应该多懂得孩子点。可是恰恰相反。就是在这样情形下,我比一切孩子都寂寞。"①

这之后,寂寞感并不曾随时间消散:"在那两棵梧桐树下,我寂寞十年,那十年孩子的心情并没有磨灭了一丝一毫,只有一天一天的增长。""两棵梧桐树"指两棵耸立在书房前院的大树,"两树头相接,到了夏天枝叶茂盛,一院子的清阴,书房里也非常凉快"。两树如此显耀,以至张充和曾给她就读十年的书房取了"双桐书室"的雅号。②她评价此一时期读书感受说:"在一个不满十岁的孩子,他对于书的了解,即使是极聪明,即使识得不少字,究竟对于人事,也许连对自己的事都弄不清楚,硬要他去读大人所读的书,硬要他了解大人们所了解的事。这书本中的事物与人物都同孩子隔一层,于是书给孩子的印象就不会好了。"③

除了书房,放学后,张充和会在自己的卧室温习功课。据她后来描述,在书房是寂寞十年,在卧室则是面壁十年。

有时,面壁是令她难忘的遐想时刻。透过卧室北窗,对面是垛三层楼的高墙,开着一个窗子。温习着功课的张充和,常将目光游走在

① 《梧桐树下》,《张充和诗文集》,第256—258页。
② 《梧桐树下》,《张充和诗文集》,第256—258页。
③ 《墙缝》,《张充和诗文集》,第268页。

那座高楼和那垛高墙上,浮想连连。高楼已无人居住,也不让她上去。她总想做一只小猫咪,可以上去看看究竟。听说三十年前那上面原本住着一群年轻女子,可是出了狐仙。仙姑们从不胡闹,有时开开善意的玩笑,比如一次,"二姑姑把绣花棚子闲在一边去做别的事,没半天工夫,那没绣好的花已完全绣好了"。"虽是玩笑,到底仙人异道,把几个女孩子都吓得脸变了色。"家里给狐仙设了牌位,早晚上香,一番祷告后,居然没了动静。至今祖母还供着狐仙,烧香不断。引起张充和好奇的是,据传现在又有了动静,有人听见三楼响起脚步声或说笑声。但家里人更不让靠近,怕吓着她。她后来描述当时心情说:"越是不给我去的地方,我的心总时时刻刻在打算着:'什么时候可以去,什么时候可以上去。'不时把眼睛举望在楼窗上,想到以往的故事,想把自己也插在那故事里,果然能同大仙来往,也是件乐事。希望在格子里现一个最美丽的脸庞,那或许是我死去的二姑姑,或许是仙姑。我带着恐惧心和好奇心,时时呆望那两扇紧闭的窗子。"[1]她也曾想象,她的读书声或许会引来狐仙造访,到时,她将奉上世上独一无二的刘东泰家的玉带糕招待:"书声引得狐儿至,但饲刘家玉带糕。"[2]

　　有时,面壁是寂寞读书生活的象征。对面高墙上裂了很大的缝隙,这让张充和感到害怕。记得四五岁时,每当她不听话,钟妈便指着墙缝吓唬她说:"你看墙张着嘴,你再不听话,它就会把你吞下去。"她就乖乖地听话了。后来,她懂得墙缝不可能吞了她后,她"仍然怕,仍然发愁":"我好像有许多不能告诉人的悲哀在那缝里,它深深地、黑黑地张开它那忧郁的口,成天向我吐着烦闷。太阳晒着它,它也是那样忧郁,太阳不晒着它,它也是那样忧郁。下雨天,水沿着那黑缝溜下

---

① 《墙缝》,《张充和诗文集》,第268—270页。
② 《龙门巷读书纪事》,《张充和诗文集》,第7页。

来,那缝也不为它裂得更长些。它似乎古老到已不再受任何摇动,不知为了什么它要张开口,也许专为吓一个不听话的孩子,也许专向一个孩子注射它的悲哀与忧郁。"①

在这里,多愁善感的青年张充和似乎将那垛裂着缝隙犹如张着大口的高墙,暗喻传统家塾中日复一日的读书生活,吞没她的热情,浸染着无限的寂寞与悲哀。

＊

尽管如此,张充和并不否认,这段苦读岁月里所打下的坚实国学基础和书法功底,让她受惠良多。到了晚年,对于早年所受家塾教育,她给出的评价愈发正面和积极。在给人讲述当时就学情况时,她更注意老师如何传道授业解惑的具体细节,赞赏连连,而不再计较当时寂寞的少女心情。

她自豪地回忆说:"我祖母让我读的是家教私学,给我请过好多位老师。教我时间最长、对我影响最大的是一位考古学家,叫朱谟钦,他算是考古界后来很有名的夏鼐、唐兰他们的长辈。他的国学底子好,一开始就教我给古书点句,读史书、读古文,就从断句开始。一上来就要我点《项羽本纪》。他先点几天,然后叫我自己点,点的是一种大版本的线装书。他要我博览群书,把文笔弄通,教我做诗、对对子,并不是死抠四书五经,教学风格没有一点儿科举味。他自己会拓片,还会刻图章。后来他又回到考古学界去了。当时很多新出土的楚器都是他去做的考证。我的另一位老师是一位六安举人,他的教法倒是有科举味的。朱先生当时四十多岁,祖母给他教书的酬劳应该是很不错的。他是合肥人,一家人就近照顾母亲,就辞掉了山东的工作;一大家子就靠着他一个人挣钱养家,所以他最后就留下来教我了,要不

---

① 《墙缝》,《张充和诗文集》,第270页。

然,也请不到像他这么好的先生。为了教我,他彻底从山东搬过来了,就住在离我家不远的地方。我祖母给他预备了一个卧房,可是他从来不住。"

讲到这里,张充和脸上漾起一种回忆中的欢悦之情:"朱先生教我的时间最长,前后大概五六年,我从九岁开始就跟他读书,他一直教到我十六岁。他一开始就给我念一本关于同音异义的书,是他自己为了教我而专门写的,要我学会解说不同的字,比如'张'和'章'、'中'和'衷',等等。他主张解释,不主张背书,这种教法对我是最有用的。又教我读古书从点句开始。我用朱砂红笔点句,点对了老师画个圈儿,点错了用红笔一剔,我就懂了。"

"我写字也是跟朱先生学的,他真草篆隶都会,也是用朱笔给我批改。我临的《颜勤礼碑》,当时刚出土,是朱先生把新拓的拓片一条条剪出来,为我做成字帖,按原样临写的。我看过后来出版的许多《颜勤礼碑》字帖,字体显得很肥大,完全走样了。那是因为拓片一经裱过,笔画就被撑开了。朱先生的教法很灵活,一点也不死板,我祖母对他很满意。"[1]为了留住朱先生,祖母给他的束脩高达一年三百块银圆,足够他养活包括其父母在内的一家七口;作为对照,张家当时一名仆人的年薪不过二十块银圆左右。[2]

一次,当被问起"你这一生最难忘的人是谁"时,张充和沉吟了一会儿,徐徐而笃定地说:"朱谟钦老师,我最难忘了……从9岁到16岁,是他带我打下国学基础。"[3]此一语,为朱老师,也为她早年所受家塾教育,做出最终论定。

---

① 《天涯晚笛》,第57—60页。
② 《合肥四姊妹》,第49页。
③ 洪迈:《古色今香的张充和》,《世界周刊》2006年4月23日。

儿时玩伴

| "只可惜我那时没有个最顽皮的春香婢子伴读" |

　　在祖母和塾师的悉心教诲和严格督导下，张充和不负所望，出落得越来越有大家闺秀的样子，端庄娴雅、稳重矜持、知书达理、多才多艺。不过，据张充和后来追忆，童年、少年时期的她，在被后天塑造的端庄娴雅、稳重矜持的外表下，隐藏着一个被压抑的自己：调皮、活泼、天真、直率。

　　小时的她很调皮。大姐张元和转述，小时四妹把一只小脚伸进她的专属马桶，马桶小，伸进去容易，拔出来却很难，甩也甩不掉。于是她只好一只脚带着小马桶走来走去，大人们见了好笑，她也笑。[1]三弟定和曾写信到合肥，向四姐的祖母要四姐的照片，祖母回信称："不必寄了。你四姐又黑又瘦，像猴子一样，你看看猴子就行了。"[2]虽是玩笑话，却也透露出张充和小时的调皮捣蛋劲儿。

　　小时的她很活泼。偌大张公馆到处留下她玩耍的身影，绝不像《牡丹亭》里的杜丽娘，连自家府苑有座春色恼人的后花园都不知。对于逼她去读书，她无声抗议："我不懂为什么一定要读书，读书真不是快乐的事，我认为最快乐的是找到小同伴去捉迷藏，去挖树根下的细

---

[1] 张元和：《我们大家的迷你趣闻》，《浪花集》，第59页。
[2] 张宇和：《四姐和我——兼"论"我们的书法》，转引自《一生充和》，第10页。

泥土做罗汉、做兔子。"她惦记的是,"后园新做好的场地,那上面可以玩球,可以滚钱,可以把小锅小炉子在那上面煮饭吃"。①

即使被迫待在书房,读那些枯燥而令她厌倦、憎恶的书,她也会做出消极反抗,时不时逃课。秋深时节,比起读书,她更挂念院中那满地的梧桐子。读着《孟子》,她突然请假:"先生,要小便去。""先生允许了,我便一溜烟的跑了出来,满院的梧桐子,我拾了许多,袋袋里满了,又装些在套裤筒里,在外面打了一个转,又回到书房里去,先生给我瞒过去了。"②书房院中还长了天竹、碧桃和绿梅等树,一下课,她常爬到月形门花台上,攀着树枝树杈玩耍。③有时,她会溜出书房院子,跑到前院的祠堂转悠。这里祭祀着曾祖张树声,一排"树"字军旗陪护左右。后来她以诗记录此事,将逃课行为幽默地说成探险家般的"探访":"子曰诗云日不穷,层楼高翠出双桐。前庭去探前朝事,树字军旗掩壁虫。"④这一供奉祖先的肃穆之地,还是她和她的小伙伴"唯一的捉迷藏的好地",她曾爬上曾祖的供桌,将小小身躯藏于这位曾祖的牌位后。⑤还有很多时候,她会偷跑到书房二楼。这里是藏书室,里面有许多小说传奇,比如《红楼梦》《牡丹亭》《长生殿》《桃花扇》等,"其实作品里十之八九都有艳史,香艳的场面和对话比比皆是"。⑥比起严肃板正、令人生厌的儒家经典,这些书着实亲切,十分好看。她把它们当作故事书,看了又看,因此都非常熟悉。她曾经根据《红楼梦》里的筵席菜单,编成了一份《红楼梦食谱》。⑦她后来以诗记录云:"'人之初'罢

---

① 《梧桐树下》,《张充和诗文集》,第256—257页。

② 《我的幼年》,《张充和诗文集》,第181页。

③ 《别》,《张充和诗文集》,第187页。

④ 《龙门巷读书纪事》,《张充和诗文集》,第7页。

⑤ 《别》,《张充和诗文集》,第187页;《合肥四姊妹》,第42页。

⑥ 《合肥四姊妹》,第294页。

⑦ 陈安娜:《介绍张充和的诗词》,在"张充和诗书画和昆曲成就研讨会"(华美协进社人文学会2006年4月23日举办)上的演讲。

说经纶,圣道而今仍未亲。潜上书楼尘一寸,自藏架后泣香君。"①
"香君"指李香君,是她偷看的第一本长篇传奇《桃花扇》中的女主人
公。从李香君、侯方域开始,张充和走进了杜丽娘、柳梦梅、林黛玉、
贾宝玉等才子佳人构成的古典浪漫世界,也埋下了她日后结缘昆曲
的种子。

另外,她天性直率,不懂绕弯,心里有事憋不住,总要痛快直截地
表达出来,因此给人脾气差、不好相处的印象。据金安平记述:"她诚
实得吓人(别人都叫她'铁口张'),也喜欢满口俏皮话。她祖母大概在
她儿时就发现了她这种天性,因此教育她不能尖酸刻薄。对于天性喜
欢讽刺的人来说,这可不容易做到,何况充和还是个逻辑思辨力很强
的人。"②

张充和天真、活泼、调皮、直率的天性一生不曾磨灭,并与后天塑
造的端庄娴雅、稳重矜持共同作用,形成了具有自身独特风貌、锦绣芬
芳的"民国闺秀"张充和。用她一生钟爱的《牡丹亭》中人物来形容,她
绝非一般理解的杜丽娘式传统闺秀,而更像杜丽娘与春香的合体,既
有杜丽娘的端庄娴雅、隐忍不发,也具春香的直率活泼、调皮捣蛋。一
体两面,一动一静,相辅相成,于张充和风雅人生的造就,功莫大焉。③

＊

当时,如此天性好动的小充和,是多么渴望有一个朝夕相处的小
伙伴。可是没有。

---

① 《龙门巷读书纪事》,《张充和诗文集》,第6页。
② 《合肥四姊妹》,第303页。
③ 既娴雅又洒脱,张充和身上所具有的一体两面性,得到众多师友的确认。比如钟爱她一生
的诗人卞之琳,当他听说张充和的北大老师罗庸曾疑惑像她这样一个"低唱《牡丹亭》"的
闺秀居然撑篙时,大表不以为然:"我认为充和绝不止是杜丽娘式的人物,虽然擅唱《惊梦》
《寻梦》诸曲,但也会撑篙淘气,这倒正合她不同凡俗的性格。"(卞之琳:《合璧记趣》,
《水——张家十姐弟的故事》,第228—230页)

与浪漫故事中的杜丽娘、崔莺莺们不一样,张充和并没有一个陪侍左右的春香或红娘,后来她感叹道:"只可惜我那时没有个最顽皮的春香婢子伴读。"陪着她的,只有一位保姆钟妈,与她同睡一床,操心她日常生活的一切。然而,钟妈是另一个与祖母、老师一样强迫她读书写字、"永远同孩子隔膜"的大人。[1]

只有在放假(一旬休半日)或重要节日里,她才能和屈指可数的几个女伴见面。

一个是大张充和一岁的堂姐张天瞿。张天瞿从小受舅舅梁石言的教诲,擅长诗词书画,一生不渝。梁石言也常为张充和修改诗词,细加剪裁,谆谆然诲人不倦。成年后张充和撰文称张天瞿为"余总角交,能诗词"[2]。再后来张充和远赴海外,于"文革"初期,因与国内音讯隔绝,曾赋词一阕追忆张天瞿,其中提及两人幼年玩乐之事云:"若问昔年藏迷地,赌栗梨,事事皆尘土。"[3]两人的友谊持续终生,有多首唱和诗词存世。

一个是一位远亲,比张充和高一辈,但两人年龄只相差一岁。这位女伴的母亲在山东认识并嫁给其父亲时,不知她父亲在合肥家乡早已有妻室。当他们回到合肥后,发现真相的母亲受不了刺激,竟然疯了。女伴的父亲也离开她们,回到乡下原来的家中。一起来到合肥的外婆承担起照顾发疯的女儿和两个外孙女的责任。多年来,外婆靠帮人洗洗衣裳、缝缝补补以维持家用,收入极其微薄。还好她们租住的竹屋为张充和祖母的房产,祖母一直没有收她们房租。在这样尴尬的状况下,这位女伴还是像正常孩子般成长起来。[4]

---

[1]《梧桐树下》,《张充和诗文集》,第257—258页
[2]《梁石言先生略传》,《张充和诗文集》,第184页。
[3]《金缕曲·忆天瞿》,《张充和诗文集》,第83页。
[4]《合肥四姊妹》,第292页。

还有一位是失明的小尼姑长生。长生大概比张充和小两三岁,约两三岁时被遗弃在张家祠堂门口。当时积雪盈尺,她坐在一个篮子里,周围裹着破棉絮,过了两天两夜,都没有冻死,没有饿死。看到的人说,她方面大耳,鼻梁端正,恰似如来模样,可以成佛。钟妈抱她回来,救醒了她。第二天她被送到城墙下的月潭庵,认庵里一位四十多岁的当家尼姑作师傅。从小跟师傅学佛经,长生总是默记师傅翻页停顿处,后来她念诵佛经,会像师傅一样在适当地方停顿,仿佛她在照着佛典诵读一般。她还学会唱偈文,学会吹箫。稍长大些,长生就能在宴席和葬礼上演奏,为尼庵挣些收入。后来张充和的祖母去世,尼庵失去主要的赞助人,这些技能对长生而言显得尤其重要。[①]

"自小我们是朋友。"张充和后来写道,"朋友不需要两对眼睛互相对着啊!她穿我的衣服,玩我的玩具。她摸我的手自不会说是别人,摸到别人的手也不再会说是我。就是这一点,我们够朋友。"张充和常引长生爬上城墙,陪她一起"看风景"。坐在城隍庙倒下来的古砖上,两人常常做着颜色同声音的贸易。长生给张充和讲述一个个新奇古怪的梦,或唱一首首梵曲,张充和应长生的要求,描述眼前所见事物以及各种颜色。明明看不到,为何如此喜欢让张充和告诉她颜色呢?长生解释说:"颜色虽同我没有什么关系,可是我要知道,我希望多晓得两种颜色比多诵两卷经还热切。"因此,只要两人见面,张充和就尽其所能把许多颜色都形容给长生。长大后她写道:"现在假如我能描写一点颜色的美丽,还全是那时的一点练习。"[②]

长生对声音、语言、诗词及其意境有着超越常人的敏锐与感悟。张充和送她一把团扇,告诉她上面画了浮云、流水、深山、松树,树下是

---

① 《扇面》,《张充和诗文集》,第247—248页;《合肥四姐妹》,第53—54页。
② 《扇面》,《张充和诗文集》,第248—249页。

一个童子,正同画成老者样貌的客人说话。扇面上题了首诗:"松下问童子,言师采药去。只在此山中,云深不知处。"长生马上背熟了这诗。当有访客来,她献宝一样告诉人上面画了什么,并叫人猜这扇面上画了几个人,别人说是两个,她却偏说:"三个! 三个! 还有一个在云彩里面呢。"①张充和常给长生读一些旧诗。每读一首诗给她听,她"都有极好的评语,或最空灵的想象"。张充和后来撰文,将长生描述为:"一个从小双目失明的诗人,可是她读过不少书。并不奇怪,她虽不能识字看书,只是还有一副最灵敏的耳朵。她听过不少最美丽的音乐,听过不少最美丽的诗句,所以她会作诗,而且有诗人的性格。也会弄一点箫管,她所吹的曲调,还不算低下。"②

　　至于男孩子,张充和回忆,她与家族中堂表兄弟之间,并没机会成为朋友。只有他们来访时,她才能见到他们。彼此之间很友善,但交谈很少。③倒是一两个仆人的儿子,给张充和留下深刻印象。

　　五里河的张小二是张充和放风筝的好伙伴:"我们的风筝上亦带着弦子同哨子,等风筝放到天空时,我们仰着头,一面拿紧了线,把我们整个的心都放在上面。"张小二做风筝很拿手,他做的"一只大老鹰,那上面的弦子,用蛋青刮了四十九天,还日晒夜露,如果这风筝放出来,是惊人之响"。一天,突然有飞机盘旋在合肥城上空。听到声音,张充和第一反应,以为是张小二那只风筝。放学后她一口气跑到张家,张小二告诉她"刚才那只老鹰"不是他的,但他非常得意地说:"也许我的比那只还要响呢。"张充和非常羡慕。第二天,飞机再次出现,并扔下许多炸弹。这是张充和第一次遭遇空袭。时为1927年初,北伐战争期间,军阀张宗昌派兵围攻已为国民革命军控制的合肥城长达

① 《扇面》,《张充和诗文集》,第249—250页。
② 《诗的读者》,《张充和诗文集》,第215页。
③ 《合肥四姊妹》,第291页。

三个月,其间动用战机参与作战。空袭让她分清了飞机与风筝,见识了空袭的灾难性后果,也毁灭了美好希望。受难者中,包括一个孕妇,是张小二的妈妈。愤怒的张小二将他尚未完工的、意欲与飞机一争响亮的"大老鹰"尽情踏毁、焚烧。目睹这一情景的张充和多年后写道:"那只孩子们认为最伟大的风筝,还没飞上天时,已被愤怒的火焰烧了。"①

　　比张充和小一点的大宝,是张妈的儿子。张妈是协助钟妈做事的。有时,大宝从乡下来看妈妈,住上一夜。他是张充和的伙伴中最爱闹的一个,把她当男孩,和她打打闹闹,在她面前大声笑,爬柱子、爬竹竿。他曾拉着张充和的手到后园摘黄瓜、摘扁豆,也曾采一大束诸葛菜花装饰她一头一身,还曾用线把不听话的茑萝和喇叭花藤蔓细心地攀了她一身。张充和也会献宝一样把喜欢的小玩意献给他看。以后多年不见,再见时大宝十四岁。那年正月,他来张公馆给妈妈和张充和的祖母拜年。见到张充和,大宝宛若变了一个人,稳重、胆怯,恭恭敬敬地向她叩头,献上他们乡下的土产。张充和起初感到诧异,心头质问道:"是谁把一大堆一大堆美丽的、天真的、无贵贱阶级的、无男女界限的儿时生活葬埋起来?"

　　不久她意识到,是不合理的尊卑有别的等级制度。于是她悲哀地谴责道:"既不该你是男的,又不该我是女的。既不该你是贫苦人家的儿子,又不该我是有钱人家的小姐。更不该的,一万个不该的,是我们不该长大了,年龄会断送我们的友谊,葬埋我们的友情。"然而,她仍不死心:"我在这儿梦着呢,我们能不能把这层隔膜打破? 这可怜的东西,我想除去它,有它,我多早晚是要窒息死了。"②

---

① 《风筝》,《张充和诗文集》,第282—284页。
② 《隔》,《张充和诗文集》,第279—281页;《合肥四姊妹》,第291页。

*

平淡但温暖、寂寞孤独但受益匪浅的公馆小姐的生活，到1930年，因祖母的溘然长逝而画上了句号。

6月29日，祖母去世，享年七十岁，死因据张充和说是溃疡出血。[1]此前几个星期，张充和注意到祖母越来越虚弱。弥留之际，祖母让她背诵《史记》中祖母最喜欢的篇章，聊以遣怀。祖母咽气当日，张充和就守在床边。她按照规矩，忍着悲痛默默看着仆人为祖母净身、穿上佛家弟子的殓衣，移入棺材，盖上棺盖，钉钉。做完这些，张充和昏倒了，接着大病一场。

停灵四十九天后，便是出殡。因祖母的孙子（嗣子张成龄的儿子）刚五岁，还不能参加葬礼，张充和头发被剪短，穿上男孩的孝服，充当祖母的孝孙。送葬的队伍很长，花了几个小时，灵柩才出了合肥城。[2]

葬礼之后，叔叔张成龄便预备送张充和到苏州。几经迁延，定于8月26日动身。离别前一日的晚上，张充和与"两个从小儿一起长大的朋友"，同榻共枕，都未成眠，"各人都是一腔惆怅"。

当日拂晓，张充和让两个朋友陪着到公馆各处兜了一圈。向朝夕相处的鸡鹅作别："有个最大最美丽的大雄鸡，见了我去，扑了一扑翅膀，两个纯白的鹅也把长颈子伸了两伸。"再看一眼陪伴多年的一草一木，柿树、竹篱、葡萄、椿树、槐树、冬青、杏树、桃树、石榴、樱桃、花红、苹果、玫瑰、桂花、菊花、梧桐、天竹、碧桃、绿梅、芭蕉等等。走过西园，里面的草堆，堆得和屋顶一样齐，她们时常上到顶上去看晚霞；走到大园，园中的水门汀场地上，她们曾"互相用炭影子，车了满场地的长长短短的影子"；大园后门，碰到一个看大门的老头子，"他晓得我要去

---

① 逝世时间据出殡时间反推。张充和在《别》一文写到"祖母灵柩在八月十七出了"，减去停灵四十九天，即逝世日期。
② 《合肥四姊妹》，第65—67页。

了,也不住的长叹几声";经过公共大厨房,她"小时吃过午饭或晚饭后最喜欢到厨房里,那儿简直是个说书场";走进花园,见到"烧字纸的炉亭",平日由一位留辫子的老居士从各处拾取废弃的字纸,带到这里烧掉;穿过长巷,来到她曾苦读十年的书房:"书房里面的墙壁上,不知是谁画许多猫、狗、老鼠,我写的许多字都零乱一地,一个钟也停了。在外房是先生的寝室,一张空床上结满了蛛丝。"最想去的是祠堂,那是她们"唯一的捉迷藏的好地",可是现在已送给红十字会做救济院,"只得由门的缝隙间张了一张就回来了"。

早饭后,送张充和的人们都来到小东门外,容色惨淡,只有她与两个朋友面带笑容。轮船缓缓移动,张充和挥手向她们告别,嘱咐道:"假使故乡有事,你们一定要告诉我。"①

---

① 《别》,《张充和诗文集》,第185—187页。

卷 二

新旧之间：1930—1937

初归姑苏

｜"我是土包子,从安徽乡下来到苏州,开始什么都不懂"｜

    1930年8月底,张充和告别故乡合肥,回到苏州,走进由父亲、继母和九位姐弟组成的大家庭。[①]

    张充和的命运由此再被改写。是时她十七岁,已到了谈婚论嫁的年龄。设若祖母多在世几年,她很可能在不久的将来,由祖母做主,被安排相亲,一切都是老派的,"先访人品,看照片后看人,然后才让年轻人见面",接着结婚生子,从此过上相夫教子的旧式女子的生活。[②]这是她熟悉的世界,应该也是当时的她以为自己要过的日子。如前所述,那时的她只知在祖母调护下依照其希望的样子懵懂地成长,不太可能产生自觉的自主与独立意识。[③]

    父亲张冀牖却是个新潮人物。他主张婚姻自由,对于儿女的婚事,就一句话"他们自理,与我无干",堵上了第一家上门提亲者的嘴。从此,张家儿女的婚姻就全部是他们"自己"去"由",或"自己""由"

---

① 1932年8月,离开两年后,张充和与大弟宗和曾回合肥一趟。办完事,两人于28日乘船离开合肥,途经巢县、芜湖,30日至南京,换乘火车,当天到苏州。由此推断,若路上没有其他安排和意外,1930年8月26日离开合肥的张充和应是28日回到苏州的。(《张宗和日记(第一卷)》,第223—234页)

② 张充和致张宗和信函,1962年1月4日,《一曲微茫》,第167页。

③《张充和诗文集》,第323—324页。

来。[1]此事对张充和当具重大意义。回苏州后，见识到一个新世界，包括发生在姐弟们婚姻上的一系列自由自主的事情，促使她头脑中自主与独立意识开始苏醒。同时，父亲的不逼婚又让她有了充分的自由，一意"耽搁"，寻找，体味，沉思，彷徨，过着真正值得过的人生。

不过父亲另有自己的关切。他信奉教育救国，耗损家财创办学校，且是女子学校。父亲的意思是让读了十余年家塾的张充和进学校，按部就班，接受普通教育。问题在于她从未接触过英文和数学。[2]因此，乍回苏州的她，还没来得及仔细看看人间天堂的美景，姐弟们就张罗着给她补课。大弟宗和请其朋友窦祖麟教她算数，二姐允和介绍其中学算学老师周候于，从四则教起。[3]宗和也亲自上阵教四姐入门英语。他后来以诗记录道："忽忽又十（三）载，亲死娇来南。教读ABC，我的尚未成，何以教阿姐。"[4]

初到苏州，本就对环境完全陌生，又被逼从零开始学习英文特别是数学，这一经历给张充和留下了深刻的痛苦印象。晚年时，有次昆曲弟子陈安娜问她："你觉得一生中最苦的是什么时候？是不是抗战时期在路上逃难的时候？"她答："不是。最苦的是十六岁刚回到苏州

---

① 《三姐夫沈二哥》，《张充和诗文集》，第 337 页。第一家上门提亲者，据张充和回忆，即同住苏州九如巷的王家。王家为后来成为海外书画名家、古书画鉴藏大家的王季迁向张家大女儿元和提亲。王季迁生于 1907 年，从硬件条件看，若结姻同年出生、家世相当、才貌双全、同为曲友的张元和，倒也是合适的一对。张充和回忆，"在苏州我们两家就是邻居，我家住三号，他家住十一号，他常跑到我家来看画"。或许，王季迁看的本就画，而是意中人张元和？想不到张冀牖一听之下，哈哈一笑说："女儿婚事，他们自理，与我无干。"于是张元和、王季迁的婚事搁置下来，后来各自有了新发展。或许两人不来电，抑或王季迁也是个卞之琳式的人物，善于谈画而不善于谈"话"，落了个郎有情而妾无意。张充和回忆时还"补刀"称，王季迁后来娶了太太，他爱吃大蒜，他太太受不了，婆婆对她说："那，你也一起吃吧！"（《一曲微茫》，第 145 页；《天涯晚笛》，第 37 页）

② 《二姐同我》，《张充和诗文集》，第 386 页。

③ 《张宗和日记（第一卷）》，第 4 页；《二姐同我》，《张充和诗文集》，第 386 页。

④ 张宗和致张充和信函，1962 年 12 月 9 日，《一曲微茫》，第 299—300 页。

的时候。……因为很多事情都需要适应，很多东西都需要学。我从来没有学过数学，家里每个人都想帮我忙，可是我真的很怕数学，一想到数学就头痛。"①

起初，张充和被安排进入乐益小学六年级，读了几天后，升读乐益女中初一年级。②乐益女中，凝结了父亲张冀牖的毕生心血。1921年初创时，设址于悬桥巷，1923年搬至苏州公园附近的皇废基，即元明之际吴王张士诚的宫殿所在地。新校舍占地二十多亩，包括十四栋两层楼房、三十多间由走廊连接的平房，环绕着中间的篮球场、网球场和排球场。其东南角有一个月亮门，走进去即张家自住的宅院，正门开在九如巷，编作三号。据张家姐弟的小舅、曾任乐益教务主任的韦布说，乐益女中自1921年创立到1932年，"每年的经费和创办费等，一古脑儿在内，当在25万元以上。其间始终没有一丝一毫是受惠于校主以外的第三者"。开办费外，每年收学费不到两千，教职工费、办公费等却需七千，缺额完全由张冀牖贴补。③

谈及她在该校的读书感受，据金安平转述，张充和在里面不太习惯。她的历史和文学老师不能教给她什么新东西。她怕上生物课，特别是解剖课。她对灌输孙中山三民主义的党义课更没兴趣。不过她最不喜欢的还是各种纪念日，比如说，孙中山的诞生纪念日和忌日、中华民国建国日等。每到这些日子，学生们就得到礼堂集合，站在孙中山像前默哀几分钟。接着是恭读总理遗嘱，听许多演讲。她回忆道："红旗白旗轮番挥舞，加上冗长的演说，把我的头都搞晕了。"但她喜欢地理课，主要因为可以画地图，不过她分不清南北。④

---

① 陈安娜：《介绍张充和的诗词》。
② 《二姐同我》，《张充和诗文集》，第386页。
③ 张寰和：《爸爸办乐益》，《浪花集》，第18—19页。
④ 《合肥四姊妹》，第293页。

她也参加了一些课外活动，并给人留下较深印象。当时在乐益就读的女生黄连珍晚年回忆，那时的张充和，剪着短发，整天蹦蹦跳跳的，很活泼可爱。[1]当年报纸还留下张充和参加活动的报道。有一年，在乐益女中立校纪念日举办的同乐会各项表演，"其间以许文锦、张充和女士之彩莱滑稽舞，及张充和女士昆剧清唱《风入松》，一则笑足喷饭，一则韵能绕梁，为同学所赞赏击节者"[2]。此事当发生于1931年9月12日，也被大弟宗和载入日记，用语上颇不客气："乐益里开十周年同乐会，四姐她们唱昆曲。……还有四姐、许文锦的灿烂舞，其实呢是扯烂污，乱跳一阵，脸上画的一塌糊涂，像是山水画。"[3]所言许文锦，是张充和在乐益时结交的好友之一，后也赴美定居，与张充和保持了终身友谊。张充和后来曾以诗追忆许文锦少女时期的风采及两人最初相交时的情形："忆昔相将日，垂肩两辫长。波澄秋水澈，眉胜远山妆。风絮飘微白，林花闪碎黄。弄船春婉婉，掬月水浪浪。"[4]不过，晚年张充和向金安平回忆称，当时她虽也参加课外活动，但这是迫于别人施加的压力。"在这方面，我和姐姐们不一样。她们喜欢登台演出，面对观众；我却习惯不受人打扰，做自己的事。"[5]

*

说起来，张充和对苏州也并非初识。此前她曾来住过至少两次，虽只是探亲。

1920年，七岁的她首次回到父母身边。其时父母已于1918年将家从上海迁至苏州，住胥门内吉庆街寿宁弄八号。房子三进，还有后

[1] 王道：《流动的斯文——合肥张家记事》，杭州：浙江大学出版社，2015年，第132页。
[2] 王道：《现代"芸娘"：记钱存训的夫人许文锦》，《温故》2014年第30期。
[3] 《张宗和日记（第一卷）》，第126页。
[4] 《喜闻存训、文锦将来，拉杂成韵，匆匆代简》，《张充和诗文集》，第102页。
[5] 《合肥四姊妹》，第293页。

园、花园，花园中有太湖石假山、荷花池等。[1]大弟宗和记得，四姐首次回家探亲，家人曾在荷花池畔设宴款待她："忆若垂髫日，阿姐来探亲。设宴荷池畔，饼果齐陈列。意欲丢纸片，谁知弃饼屑。茫然若有失，肝肺为之裂。婉言劝大狗，转悲又喜悦。"[2]诗中"大狗"，是大弟张宗和的乳名，其下弟弟们分别为"二狗""三狗"等等；四个姐姐的乳名与此类似，分别为"大毛""二毛""三毛""小毛"。

这次探亲是张充和最后一次也可能是自从被抱养出去后唯一一次与母亲陆英相聚。她记得在回苏州的火车上，想着马上就要见到那位根本没任何印象的母亲，感到"比见到一个陌生的客人还陌生，还怕难为情"。及至见到，她像个小傻瓜般站在母亲面前，任母亲又是抚摸又是目不转睛地瞧着她。当看到当天晚饭时张充和最喜欢吃青豆红烧仔鸡，母亲就安排厨房每天给张充和上这道菜。中秋节时，除了得到与众姐弟一样的果品和玩意外，母亲特意在她房间放了一个小绿花瓶，瓶中插了两枝桂花，香味飘满房间。相聚两个月，母女变得熟悉了。张充和记得，离别那天，赶早班车，母亲抱着她坐在一辆洋车上，送她到车站，她"已不像初见时那么难为情了"。她后来写道："上了火车，她在月台上看我。我坐在车椅上，头平不到窗子，她踮着脚看我。却没有哭出，泪水在眼里打个转身。在晨雾中我们互相看不见了。不知是雾埋葬了我，还是埋葬了她。"[3]这便是张充和对母亲陆英的最后记忆。翌年10月，母亲就去世了。

七年后，她再次回苏。其时全家已于1923年搬至九如巷三号。大弟宗和后来以诗记录了她此次探亲的全过程：

---

① 张兆和：《我到苏州来——往事回忆录之一》，《浪花集》，第73页。
② 张宗和致张充和信函，1962年12月9日，《一曲微茫》，第299页。
③ 《晚雾》，《张充和诗文集》，第293—294页。

其后又十（七）秋，阿姐邂兵灾。随亲来吴地，欢然大快哉。低声问阿弟，何以呼继母。月下教吹箫，楼前颂诗书。寄迹在南园，门前有对联。门对沧浪水，桥追扫叶花。下学嬉河边，此景更难忘。临别寄诗词，天边草木荒。[1]

诗中可见，张充和这次来苏州带有躲避兵灾的逃难性质。[2]前已提及，1927年初，时值北伐战争期间，军阀张宗昌派兵围攻已为国民革命军控制的合肥城长达三个月。大概为了躲避这次兵灾，祖母识修带着张充和来到苏州，住在南园李家别墅。大弟宗和那时在沧浪亭县中读书，常到四姐所住南园去玩，那儿有一块草地，门对子是"门对沧浪水，户通扫叶庄"。宗和记得："我们出进走河边小门，大门口平列粪缸十余，颇煞风景。"[3]

有时，祖母会把张充和送到九如巷同姐弟们住几天。其时，继母韦均一嫁入张家已五年，然而张充和才第一次见到，不知如何称呼继母，故有张宗和记忆中"低声问阿弟，何以呼继母"的求助。继母曾生过三个孩子，两个不存，只留下最小的弟弟宁和，当时才虚龄两岁。这是张家十姐弟首次大团聚。

住了不到一月，张充和就要回合肥。临别前某个晚上，三个姐姐办了四个碟子、一壶酒为她饯行。其实四姊妹都不会喝酒，只举举杯做样子。但二姐真的喝了几口，倒在床上。然后醒着的三姊妹联句一首："更深夜静小楼空（元和），姐妹欣然酒兴浓（兆和）。盘餐虽少珍馐

① 张宗和致张充和信函，1962年12月9日，《一曲微茫》，第299页。
② 张充和第一次回苏州探亲的契机也有可能是为了躲避兵灾。《晚雾》开头说："十五年前的一个晚上，偶然因兵乱同母亲相聚了。"时为1920年8~9月。当年7月，直皖战争爆发，皖系军队溃败，其大佬段祺瑞下野，导致皖系大员、独霸安徽六年之久的军阀倪嗣冲下台。
③ 张宗和致张充和信函，1962年7月23日，《一曲微茫》，第237页。

味(元和),同聚同欢不易逢(充和)。"几十年后张充和写道:"现在看来,这首诗真是幼稚。但当时我真感到真正我有三个姐姐对我这么好,还给我饯行。夜间都睡静了,我是第一次百感交集不能睡,做了一首五律:'黄叶乱飞狂,离人泪百行。今朝同此地,明日各他方。默默难开口,依依断人肠。一江东逝水,不作洗肠汤。'也是破题儿第一遭五律。"

第二天,大弟宗和知四个姐姐又吃又喝又作诗,没有带他,有些失望,也不服气。他作了首长短句送别四姐:"天气寒,草木残。送妹归,最难堪。无钱买酒饯姐行,只好对着酒店看。无钱醉,无席餐,望着姐归不能拦。愿姐归去能复来,相聚乐且欢。"张充和看了又高兴,又感动,回合肥把三首诗给她的举人老师左履宽看,左师称宗和的最好。张充和分析说,大概宗和才十三岁,没有读多少旧诗,因此没有旧诗老调。她们四姐妹略读了一些,就无形中染了老调。[1]

*

1930年秋,重新回到苏州的张充和必须面对新的身份,由合肥张公馆唯一的贵小姐,变成大家庭中十姐弟的一个,以及适应这种身份转换带来的心理、情感乃至物质生活条件上的落差。她再也没有最疼她爱她的亲奶奶了,而父亲张冀牖对子女奉行"养尊处优放任的教育",继母韦均一有自己仅四岁的小儿子要照顾,又于母亲身份隔了一层,难免顾及不周。[2]

其时,三位姐姐已赴上海求学,其余五位弟弟也都进入学校读书。最初,领着张充和认识与适应陌生环境的,是也曾被抱养出去、比她更早回归家庭的四弟宇和。晚年的她回忆说:"就因为这样身世相同,所

---

① 《二姐同我》,《张充和诗文集》,第384—385页。
② 《一曲微茫》,第402页。

以我和四弟一直很亲近。我是土包子,从安徽乡下来到苏州,开始什么都不懂,他虽然也被抱养出去,可是一直在苏州生活,就上上下下地照顾我,领着我跑东跑西。"①

由此,张充和开始体验着一个大家庭特有的温馨与欢乐,以及似不可避的无奈与争吵。

父亲张冀牖为方便子女唱昆曲,在家里用凳子与板搭了一个小台,上面铺上地毯。戏院有昆曲演出,他会时不时拖家带口一大帮去观看。继母韦均一与两个女儿充和、兆和还曾穿了张冀牖买的泳衣去游泳。父母也会带了子女们到虎丘夜宴,赴用直看飞来峰。一家人坐了十辆人力车浩浩荡荡出发,然后换乘汽油船,结果午饭没顾上吃,飞来峰也没找到,只好返回。②

欢乐外,也有不少磕磕碰碰。子女们看到,自从父亲与继母结婚,两人常常怄气。回归大家庭后,张充和也成为其见证者,有时还充当父亲与继母闹矛盾时的调解人。大弟宗和记载:有一天"已有(晚上)十点钟了,到家回来到乐益的门口,看见那边坐着一个人,好像是妈妈。我问她为什么坐在这儿,她说等爸爸。我上楼看见爸爸在四姐房里,正同四姐讲他怎么同妈妈吵起来的。爸爸央我们下去请妈妈回来。妈妈不回来,还坐在门口。爸爸去说了几句好笑的话,把大家都引笑了,四姐更笑得厉害,把妈妈捋进爸爸的屋子坐着,讲了一会爸爸他们如何到上海,如何遇见十三爹爹,听见十三爹爹同十三奶奶吵嘴。我们吃了一点东西,见爸爸和妈妈有说有笑,我们知道没事了,就回到楼上来了。"③

母亲陆英去世后,父亲许多原本不管的事都落到他肩上,他急得

① 《天涯晚笛》,第81页。

② 《张宗和日记(第一卷)》,第17、53、76、78、119页。

③ 《张宗和日记(第一卷)》,第85、309页。

没有法子,常常夜里睡不着觉,于是翻东西,瞎折腾。别人不知道缘故,以为父亲得了神经病,但子女们不认同。不过,父亲有时发作起来,的确挺吓人。"爸爸在夜里跑上了楼,"张宗和记录道,"把二翠、高干、四姐吓坏了。二翠、高干当是鬼,跑到四姐房里把门锁了起来。四姐当是强盗,因为他动作很响……"①

　　一众姐弟中,大弟宗和只小张充和一岁,性格温和,兴趣方面与她有诸多相同之处,因此两人最为亲密。大弟自1930年8月31日,即张充和回归姑苏没几日起,此后长达四十多年记有详细的日记,"四姐"在其中占据极重的分量,为后人认识张充和提供了丰富的信息与鲜活的细节。多年相处下来,他对四姐最为服气,曾写道:"平常我尽管当着说她坏,我心里总是说她好。她会'宣番',但是不轻佻,实在厚道,有脾气,有刚性,总比我好,比我有希望。我们一家兄弟姐妹,读书还是她最有希望。"②"宣番",据张宗和日记,大概指张充和好张扬其事,弄得尽人皆知。不过,张充和刚回苏州的一两年,大弟日记中的她,则是一个动不动就生气、过于强势的娇小姐,一个时不时流泪、柔弱无助的小可怜,一个打打闹闹、活泼好动的野丫头。他对四姐又爱又气,满怀同情又经常哭笑不得。

　　他写小诗描述与四姐的相处:"姐姐爱我性子好,我爱姐俊又俏,只是脾气拗。一句话儿说错了,就把小嘴翘,又是哭又是闹,劝也劝不好,哄也哄不笑,把我急坏了,出去出去只是叫。没有法儿,只好按住性子往外跑,心里不定,怕她哭坏了身子,那就糟,到家里也睡不着觉,明儿一早去瞧瞧,气还没有消,说几句讨饶的话儿,逗她笑,亲一个嘴

① 《张宗和日记(第一卷)》,第49、309页。
② 张宗和:《张宗和日记(第二卷):1936—1942》,张以䦆、张致陶整理,杭州:浙江大学出版社,2019年,第193页。

儿,抱一抱,天大的气也全消,倒比往日还要好。"①有时两人吵得很凶,特别是他认为四姐明显不对或不占理还要死硬的时候。他应当多次思考过四姐为何会如此,几年后他再次生四姐等人的闷气时,他写道:"我知道,四小姐是从来不肯承认错的,她自以为从来没有错过。这许多年来,她和我吵嘴的次数也不在少了,就是平心静气的时候,我叫她想一下,她从来也不肯认错的,那是她的环境造成的。她的不认错,是在亲奶奶面前时惯的,什么事自然是大小姐,到外面来之后,也都是谁都呵护着她,一直就没有人说过她的不对,一件事似乎总是她比别人高一点,一篇一篇的文章写出来,从来就没有人说过不好的,总是一味的捧着,于是把她造成这样一个永远不知道自己错,不承认自己错的人。我以为她将来总会因为这一点吃一个大亏,或者是到死了她也不明白。"②

虽有诸多不愉快,总体而言两人互为彼此最重要的玩伴。两人是球友,一起在乐益操场上打篮球。两人也是酒友:"昨晚我们(我和四姐)吃醉了酒,一直讲到十点钟。后来我去睡了,她跟了来,在我床边又讲了半天才去睡。我不会饮酒,只要吃一点点酒脸就会红,再吃下去就不行了,要醉了。四姐比我能喝些,但是昨晚她的脸也喝红了。"③

两人还是诗友。"四姐给我看她昨夜做好的诗,是读百可怜诗书后做的,很好。有几句更好。我忽然想起一句诗,四姐说很好,于是我们努力把它续了起来。诗云:春风无意拂花枝,花与春风本不依(后三字又作'两不知')。春自残兮花自落,何须惆怅忆芳时。"这是有案可稽的姐弟俩首次合作写诗。几个月后他又记:"早上我和四姐两个人不声不响的溜到南园去作诗。我们没有去沧浪亭,菜花虽然已谢,但风

---

① 《张宗和日记(第一卷)》,第387—388页。
② 《张宗和日记(第二卷)》,第157页。
③ 《张宗和日记(第一卷)》,第48、70页。

韵犹存。到十一点多钟，我做了三首诗，虽然不好，总是做成了。"后来还记："吃个饭在四姐房里和她一同读诗。她又病了，今天没有到学校。真的，不知道怎么的，她们小姐们一碰就生病，这样不太好啊。可是生生小病也很雅致像。"①

他常困惑于四姐的诸多淘气好动行为。他记道："早上四姐拿脚炉烫我的头发，张干说她一声，她便把脚炉抛掉了，弄得一地都是灰和火，我不知道她为什么这样。"又记，某个夏日，"晚上九点，和二姐、四姐到公园去，人不多，在湖边草地上打滚。四姐翻筋斗，很危险，搞得不好也许会滚到河里去"。再一次，二姐请大家出去野餐，路上，四姐把周有光的草帽戴着，周有光把四姐的灰色布帽戴着。"路人都很注意四姐。四姐的这种行为说的好一点是天真，说的不好一点是有意做作。像有一次到南园去，她一看见水就把脚站在水里，也不管袜子和鞋子，等起来也不脱下来，就这样走，我看了实在有些不大赞成。还有，她一看见草地就要翻筋斗，我常说这样是有伤风化的。"②

有时他也会小小地捉弄一下四姐："因为昨天看见四姐在镜子里和自己kiss，我想起一首诗，便写了出来：

> 我爱上我自己的红唇，
> 老想和她接一个热烈的吻，
> 在镜中，我瞥见了她，吻了她，
> 我惊异，那嘴唇是那样的冷。

"给三姐看了，三姐把它用墨笔写了贴在镜子上。一会儿四姐上

① 《张宗和日记（第一卷）》，第56—57、102、106页。
② 《张宗和日记（第一卷）》，第72、111、116页。

来看见问是谁做的,三姐说是从她自己的日记里翻出来的。她自己以为不是,三姐说是二姐做的,大概她不会想到是我做的。"①

捉弄与玩笑又不敢过火,因为怕四姐哭。他所记录的张充和第一次哭泣,是1930年12月24日:"在宫巷口遇见二姐、七姐,我问她们说四姐呢?七姐说在前面,她和二姐吵嘴呢。我赶紧前面去,看见她低着头在哭。真的,女人们总是很容易哭的。我看见她鼻子上有一滴眼泪水,我说:'眼水都流到鼻尖上来了!'她听了便笑了,虽然眼里仍然有眼泪水。路上的人都很奇怪的望着她。"其后在日记中就不断见到张充和流泪。1931年1月25日,他记录:"下半天我在弄堂做英文,二弟跑来说:'四姐在哭。'我问:'为什么?'他说:'不晓得。'我跑过去,她还伏着哭,我问她为什么,她不说什么,只是哭,后来我知道她据说是因为头痛。我们在一起谈谈,她说了许多消极的话,什么痛苦啦烦闷啦。"②

其时不光张宗和,张充和与二姐、三姐等也都记有日记。有时他们会交换着看,有时还对读,你读你的,我读我的,一天一天对。这毕竟是少数。大量情况下,由于日记本要随时记录,一般放在床上或枕头底下,房间又开放,对他人而言就是一种极易到手的诱惑,因此姐弟间很盛行一种活动——偷看日记。于是,日记被偷或被看便常引致张充和流泪。有次,张充和不见了一包日记(有许多本),好久没找到,"急得哭闹,把家里贴满了寻找的赏格,又外出测字,真是闹得满家风雨",还非要说是大弟拿的,最后张干抹地板时,在柜肚里发现了。又一次,当大弟正看着张充和日记时,张充和突然冲进家来,撞见了,便硬抢大弟的日记,大弟当然不想给,但怕她哭,只好任由她拿了。还有一次,当得知日记被大弟偷看后,张充和见了大弟,显得很不高兴,犯

---

① 《张宗和日记(第一卷)》,第157页。
② 《张宗和日记(第一卷)》,第57、72—73页。

错的大弟只好对她讪讪而笑。然而不一会儿,大弟听说她哭了,于是过去看她,"她果然在哭,眼水滴了一桌子"。[①]

　　由于资料欠缺,不清楚早年在合肥时的张充和是否即爱哭鼻子,但失去祖母娇宠的她一旦回归大家庭,不再是独一无二的大小姐,成为与其他姐弟地位平等的一员,甚至比继母的亲子、他们的小弟宁和在待遇上还要差一些,颇似小姐落难,受了委屈却无人庇护,大概也只有一洒泪水而已。不过,正如张宗和所言,四姐"有刚性",开始经历着磨难的她虽然最初被抛到这个本就不能一辈子靠人庇护、更需自己独立奋斗的世界时,表现得过于柔弱,但随着日月前行,她的内心慢慢苏醒,生长,经历着磨砺,最终强大起来。

　　路还漫长,初归苏州只是开始。

---

① 《张宗和日记(第一卷)》,第 43、109、124、156 页。

结缘昆曲

｜"我的兴趣更被导向专业的品味"｜

　　回苏不久,还发生了件于张充和一生具有重大意义的事情——她与昆曲的相遇。

　　据她晚年回忆,她与昆曲可谓神交已久,一朝相见,便一见如故:"我跟着养祖母住在合肥老宅,楼上的大库房里,有一间是养祖父母的私人藏书室。……小时候,我可以去楼上书室随便翻阅书籍。不管我找什么戏曲小说来看,祖母从不加阻挠,其实作品里十之八九都有艳史,香艳的场面和对话比比皆是。我读的第一部长篇是《桃花扇》,接着读了《牡丹亭》和一些古典小说。我很爱读这些作品,但不知道这些剧是可以唱的……直到回到苏州,父亲带我去戏园看昆曲,我才发现许多剧本我都读过。我常在很长的戏里一下就认出我读过的一幕,或在一个唱段里认出我熟悉的词句。这些熟悉的、似曾相识的感觉引我入了昆曲的门。"[1]

　　九如巷张家是名副其实的"昆曲之家"。父亲张冀牖非常热爱昆曲,很喜欢观看昆曲演出,还常去上海观看,那种狂热的劲头,少有人能比。[2]有时,少不得携家带着一大帮子同去。张宗和1931年2月

---

[1]《合肥四姊妹》,第294页。
[2] 韦布:《追忆张奇友》,《浪花集》,第27—29页。

14日记录："苏州大戏院演三天昆曲，今天是第一天，我们一家都很欢喜，昆曲有这样的机会怎么能不看呢。同去的有爸爸、妈妈、二弟、三姐，还有四姐，小姑娘和小弟弟是后来的。今天演的是《宋十回》和《狮吼记》中的《跪池》，顾传玠做陈季常，很好，可造就，扮相好，做功也好。朱传茗虽不错，但人太长，扮相不十分相宜……""看完戏出来到月宫去吃饭，吃完饭再回戏院去看戏。夜戏是《醉打山门》《跳墙》《着拱》《假期》《武松打店》和全本《贩马记》。据说顾传玠和梅兰芳配过这本戏，当时朱传茗还吃醋呢（因为朱和顾他们俩是常常一块配戏的）……"①

早在1921年刚搬到苏州，父亲就延聘昆曲名伶、"全福班"艺人尤彩云到家里教元和、允和、兆和三姊妹学习昆曲。他还在乐益女中开设了昆曲选修课，培养学生们对昆曲的爱好。1930年进入乐益女中的张充和，就是从昆曲课上开始对昆曲产生兴趣的。张充和回忆："我学曲学得很晚。小时候读的是家里的私学，十六岁才正式进学堂——进的就是我父亲在苏州办的'乐益女中'，那时候我的几个姐姐都上大学去了，女孩就剩下我，我就开始跟着学校的昆曲课听昆曲、学昆曲——那时候我父亲的学校是开昆曲课的，一个星期上几次课，有专门的老师教，几个学生一起学。"②她评价道："那虽说是一门课外活动，却使我对昆曲这个旧时的演唱艺术产生了很大的兴趣。"③

张宗和1930年12月17日记录："爸爸他们在东边房里唱昆曲，二姐和四姐在唱，七姐跪在台上打头绳东西（爸爸在这房里造了一座小

① 《张宗和日记（第一卷）》，第78—79页。
② 《天涯晚笛》，第23页。
③ 张充和口述，孙康宜撰写：《曲人鸿爪》，桂林：广西师范大学出版社，2010年，第13页。

台,是用凳子和板造的,上面拿地毯铺着)。"①从中可见,回苏州不过三四个月,张充和对昆曲已发生了兴趣,并开始其学习历程。

*

逐渐地,学校选修课已不能满足张充和的胃口,因此,"家里请了昆曲老师特别指导,我的兴趣更被导向专业的品味"②。

据张宗和记载,第一位专程上门的老师是吴南青,原名怀孟,曲学大家吴梅的四公子,其时与二姐允和同读于光华大学。张宗和1931年7月28日记:"四姐她们学昆曲,请了吴梅的儿子吴怀孟来教,另外收拾一间房子在乐益里。三姐、二姐、七姐、四姐正在收拾房间呢。"③张充和晚年回忆说,吴南青善攊笛,会很多曲子,不须看谱吹,吹出来的曲子很是生动,还会用舌头颤动着吹。暑中回苏,常到张家吹笛,还为她们拍了两支曲子,一是《桃花扇》寄扇首曲《新水令》,一是《红梨记·草地》的《倾杯玉芙蓉》。④因此,吴南青算不得专业老师,纯粹是曲友间出于共同兴趣的相授。

其后不久,作为专业艺人被从小训练,然后出道,后来离开舞台,以"拍曲先生""踏戏先生"或"曲师"身份为业余昆曲界各个曲社和曲友传授昆曲而借以谋生的真正的老师被请至张家。其第一位,是"传"字辈名伶、苏州昆曲世家沈家第三代传人沈传芷。其祖父沈寿林,父亲沈月泉,伯父沈海珊,大叔沈斌泉,小叔沈润福,皆为清末苏州昆班名角。沈氏一门人才辈出,在昆曲界影响很大,有"沈当然"之称。沈传芷(1906—1994),本名葆荪,字仲谋,1922年春入昆剧传习所,师承其父沈月泉。初习小生,取艺名传璞;后专工正旦,改名传芷。1927

年3月离传习所赴北京、天津等地为曲友教戏。翌年4月返回苏州后，以曲师兼授身段为业。戏路与其父一脉相承，各行角色均能传授，又擅擫笛，颇受曲友欢迎。1933年3月入传习所师兄弟组成的"仙霓社"戏班，演出于沪、苏、宁等地。1936年春，携师弟薛传钢离班赴青岛青光曲社授曲。翌年卢沟桥事变后返回苏州。①

张充和从沈传芷学曲的时间，主要是1931年秋至1932年初，1935年秋至1936年初，以及1936年、1937年连续两个盛夏。张充和回忆说："沈传芷老师什么都会，他会小生，他父亲也是很了不起的人。他教我的时候，就是把一个新旧派的曲子拿来教我唱，每次唱完以后就用笛子配，每次都是这样学，他是第一个教我闺门旦的。花旦那是张传芳教的。"②回忆中提及了她的又一位昆曲老师张传芳（1911—1983），"传"字辈名旦，曾传授她《思凡》等剧目。对于沈老师，张充和总的评定是：虽然"也有别的老师教我其他方面的昆曲，但沈先生是我主要的老师"，"我很幸运有这样一位昆曲老师"。③

另一位较长时间教授张充和昆曲尤其是笛子的，是在昆曲界有"江南笛王"之称的李荣生，他在沈传芷离苏赴青后成为张充和的笛师。李荣生（1902—1956），又名荣鑫，号荣圻，人称"阿荣"，苏州人。能熟背昆曲三百余出，以及吹打牌子一二百套；笛艺高超，有左、右、正、反、前、后六种手法，笛声饱满，音色优美。1923年秋起，专任曲师，私家延请其授曲者甚众。他是后来号称"一出戏救活了一个剧种"的新编昆剧《十五贯》在音乐改编方面的主要贡献者。

李荣生的教学方式深受张充和喜欢。她回忆道："他有他的一种

① 桑毓喜：《幽兰雅韵赖传承：昆剧传字辈评传》，上海：上海古籍出版社，2010年，第140—142页。
② 周兵、蒋文博：《昆曲六百年》，北京：中国青年出版社，2009年，第246页。
③ 《曲人鸿爪》，第13—14页。

卓越办法,他喜欢哪个人他就给你吹得好,你要唱得好,他比你还好,你要唱得坏,他比你还坏,他把你拖出来,他是最聪明最聪明的,他一吹笛子我们大家都喜欢他,但是有人也怕他,这个老师我最喜欢。"①

李荣生在张家教曲、教吹笛,不必像到其他人家一样恪守传统沿袭下来的各种清规戒律,故能脱略形迹,恣意发挥。张充和回忆,当时惯例,艺人上门到请他的人家教昆曲,连跟人家同桌吃顿饭都不行。但她家是例外,她的父亲不在乎这些规矩。她经常见到,李荣生在吸饱了鸦片之后,出现在她家的晚饭餐桌上。这时他圆睁着双眼,滔滔不绝地聊上三小时,讲他在外飘荡的生活,或是他所认识的演员,完全忘记了他的本职工作是给张充和上课。他会就着炸虾米喝两杯酒,到了十点十一点左右,他的精神突然没了,眼皮都睁不开,肤色发黑,显出皱纹。然后他慢慢走出张家大门,消失在夜色中。②

虽然经常离题万里,但总体来说,李荣生的昆曲传授,对张充和影响很深。据当时与充和一同学于李荣生的大弟宗和认为,李荣生较为显著地型塑了他们姐弟的唱腔特色:"我觉得我们在唱腔上还是有些名堂的,特别是我们继承了阿荣的一些东西而加以发展,和传字辈还是不同的,俞振飞有京戏味,顾传玠又太油,和我们都不同。我们不应妄自尊大,但也不能自卑。"③张宗和可说是张充和的头号曲友,在张充和昆曲学艺期(1930—1937)的各阶段,无论早先在苏州、上海,后来赴北平、青岛,中间又回苏州,最后到南京,大弟宗和都有陪伴,与四姐共同学习。这样见证张充和学艺期始终的曲友,唯有张宗和一人。因此,张宗和此一判断虽不一定代表张充和的看法,但值得重视。

① 《昆曲六百年》,第247页。
② 《合肥四姐妹》,第158页。
③ 张宗和致张充和信函,1962年9月16日,《一曲微茫》,第264页。

*

难能可贵的是,温和、开明的张冀牖对子女们学习昆曲,没有什么限制,这就与当时苏州不少大户人家的做法区别开来,使子女们能够按着自己兴趣全力研习唱腔、演练身段、精进技艺,成长为业余昆曲界的翘楚,并能为昆曲的传承赓续尽毕生之力。

在张充和姊妹学习昆曲的20世纪二三十年代,作为"百戏之祖"的昆曲正处于极度衰微之中,风雨飘摇。专业昆剧戏班在京剧等各种年轻戏种以及电影等其他从西方传入的娱乐方式的挤压下,举步维艰。苏州最后一个传统昆剧戏班"全福班"也在此时期散掉,其多位艺人加入1921年创办的苏州昆剧传习所,以半新半旧的培养模式将平生绝学传授给一批年轻学子,"传"字辈昆剧演员,接续了昆剧的最后一缕香火。有人曾夸张地表示,如果没有昆剧传习所,我们现在恐怕只能在戏本和工尺谱中见到昆剧了。1927年,一部分"传"字辈艺人陆续组建"新乐府""仙霓社"戏班,直至八一三事变的爆发;另一些艺人或离开昆曲界,转务他业,或走许多前辈艺人的老路,以"拍曲先生""踏戏先生"或"曲师"身份为业余昆曲界各个曲社和曲友传授昆曲,如张充和未来的大姐夫顾传玠即选择了前者,她的昆曲老师沈传芷、张传芳则选择了后者。

与此同时,业余昆曲界自发兴起了自救运动,其表现之一便是各种业余曲社的相继设立。仅在苏州就有多个,其中以禊集、道和最为盛大。爱上昆曲、成为一名昆曲新人的张充和也陆续参加了这些曲社的活动,还成为女子曲社幔亭的创始成员。幔亭曲社正式成立于1931年9月11日。其成立大会借顾氏怡园举办,参会者除曲坛名宿吴梅、汪鼎丞、顾公可、樊少云、王闻喜等人,主体是包括张充和在内的二十余位吴中名媛淑女。吴梅提议曲社名"幔亭",意即用帐幕围成的亭子,适合消闲唱曲。大会通过章程,推选陈筱蕃的夫人徐企文为社长。随后一众女曲友纷纷献唱,张充和与名医王闻喜之女公子王佩珍合作演唱了《琴挑》。①

然而在当时,即使在昆曲的故乡苏州,家族子弟能否学唱昆曲,学到怎样的程度,也并无共识,旧偏见与新主张,顽固党与生力军,相互纠缠,互为争胜,呈现纷乱混杂的多元格局。

有的人家仍视唱昆曲为戏子的下贱行径,禁止子弟清唱,更别说演出。长张充和三岁的曲友许振寰,家里长辈管教很严,不许唱曲,她只能偷偷地唱,如在张充和家里,但不敢在自己家里练,也不敢登台表演。抗战全面爆发前唯一一次演出,还不敢用真名,起了个"静观楼主"的化名。可她酷爱昆曲,1936年曾拜吴梅为师,连吴师都能感受到她"学曲之心甚殷"。她唱功稳妥,唱腔饱满动听,是闺门旦的好嗓子。吴梅曾评赞说:"许振寰:余新得女弟子,喉转清圆,刻意攻音韵学,未可量也。"幸运的是,这样的好苗子在婚后没了娘家长辈的拘管,尽可唱曲演戏,登台也不必用"静观楼主"了。②1949年后,许振寰先后在江苏省苏昆剧团、江苏省戏曲学校任昆曲教师,教出了一批批优秀的昆曲接班人。

有的人家虽唱昆曲,但谨遵传统的清唱界限,只配笛子,绝不学身段,更不用说上妆演出。有的人家虽也学身段,也上妆演出,但对那些描写才子佳人浪漫故事的唱本唱词常有所改删。这些唱本唱词,如张充和所言,"香艳的场面和对话比比皆是"。张充和后来看到苏州"昆曲之家"、名医王闻喜家流传出来的一部《昆曲大全》。她翻到《牡丹亭·惊梦》,发现:"《山桃红》'把你领扣松,衣带宽'句子,就改来改去,

---

① 黄恽:《关于慢亭曲社》,见其天涯论坛博客,博文发表于2012年11月6日,http://blog.tianya.cn/post-629724-48020769-1.shtml。

② 张充和:《曲人曲事·许振寰》,《张充和诗文集》,第359—361页;吴梅:《吴梅全集·日记卷(下)》,石家庄:河北教育出版社,2002年,第748、754页。

煞费苦心,可不成句子,也不通文理,足见当时的苏州,像爱好昆曲如他们家人尚不能接受这一句,何况第二支《山桃红》,更不要说《寻梦》了。"王闻喜唱正旦,声音洪亮扎实,张充和只记得他同期在曲台上唱,没见他登台表演过。其女王佩珍,与张充和同为幔亭曲社创始成员,据吴梅看来,幔亭十多位成员中,以王佩珍的昆曲艺道为最。张充和也很钦佩王佩珍的表演。她所见到的王佩珍第一次也是最后一次演出,那时王佩珍不过十六七岁,"且不说她演得如何尽善尽美,只是那气氛与光彩,就夺人心目,真是一刹千古"。可惜的是,这样天分极高的人才,大概不满二十结婚后,夫家不许唱曲,不说登台,连同期也不见露面了。[①]

许振寰、王佩珍们遭遇到的家庭阻力和限制,张充和及其姐弟并不曾经历,从而得以自由发展,在昆曲的兰花园,竞相绽放。大姐张元和甚至还同曾为"戏子"的"传"字辈第一小生顾传玠于1938年缔结连理,惊得当时上海小报以"张元和下嫁顾传玠"为题渲染其事。张元和兼善生、旦两行,在后来的数十年里,于上海、台湾乃至美国等地不遗余力地传播昆曲,言传身教,育人无数,并留下《昆曲身段试谱》一部。二姐张允和酷爱出演各种昆曲配角,其突出贡献为组织北京昆曲研习社的各种活动,拍曲、同期、演出、研究、培养青年,十分活跃。张充和本人,在七年昆曲学艺期(1930—1937),打下了扎实的根基,不久崭露头角,在接下来的十二年战乱、流离期间,大放异彩,备受中国文化名流、学界精英群体推誉。1949年赴美后,对于昆曲,她基本上孤军独战,一个人就是一个剧团,曾在北美至少23所大学表演和讲解昆曲,以"百战悬沙碛"之气势,笑对"三千弟子半白丁"的

---

① 《曲人曲事·王佩珍》,《张充和诗文集》,第361—362页;《吴梅全集·日记卷(上)》,第64—65页。

现实,创造出骄人的文化奇迹,被人誉为"邦家之光"。1982年,中国历史地理学的奠基人之一、张充和在谷音社时期的社友谭其骧曾评赞道:"将来若有人写二十世纪的昆曲史,张氏姊妹三人的功绩无疑应大书而特书。"①

① 谭季龙(其骧)致张允和信函,1982年8月4日,张允和著、欧阳启名编:《昆曲日记》,北京:语文出版社,2004年,第220页。昆曲界只言"张氏三姊妹",不说"张氏四姊妹",因张兆和并不擅昆曲。不过许多二手、三手材料中为了凑对,非要讲成张家四姊妹都是卓有成绩的昆曲家。比如由俞振飞题名的《姹紫嫣红:昆事图录》一书,其中"张家四杰"一节,收录了张家四姊妹与昆曲结缘的故事,还有姊妹们各自在昆曲舞台上的演出剧照。实际情况正如张充和所言:"三姐兆和其实没有唱过昆曲,戏倒是懂得很多,只是各种谈昆曲的书里都爱这么写——'张家四杰'。"(《天涯晚笛》,第23页)这里的"没有唱过"当指没有正式上台演出甚或在曲会上唱过。在家人面前,张兆和有时也会凑个热闹,唱上一两段。儿子沈虎雏记得,在抗战时期的呈贡:"昆曲真莫名其妙,妈妈跟充和四姨、宗和大舅、查阜西伯伯们凑到一块,就爱清唱这种高雅艺术,我们兄弟以丑化篡改为乐。"(沈虎雏:《团聚》,张新颖编:《生命流转,长河不尽——沈从文纪念集》,太原:北岳文艺出版社,第357页)至于张兆和的清唱水平,孙女沈红对比了张兆和与张充和两人所唱昆曲《西楼记·楼会》后,揶揄奶奶道:"她(张充和)也会唱您最爱唱的曲子'朝来翠袖娘'(或者'翠袖凉'?),一波三折,别提有多么婉转,和您老人家的歌风不一样,而且好像那曲子也比您唱的长得多呢,像个中篇,可我从您那里得来的印象,绝对是个短篇,奶奶,您再想想词儿吧。"(沈红:《密执安家书(摘录)》,《水——张家十姐弟的故事》,第265—266页。)

海上滋味

| "四 姐 一 直 出 眼 泪 水" |

1932年3月8日，天还没亮，张充和与三姐兆和及宗和以下五个弟弟便踏上了逃难的旅程。[①]

早在1月28日，淞沪战役打响后，紧邻上海的苏州也被殃及，日军几乎每日派机窥伺。听着它的轰鸣，看着它的耀武扬威，自九一八事变以来早已被前线战事及各种谣言搅得烦乱的苏州民众陷入惶惶不安之中。人们不仅怕它哪天投掷炸弹下来，更怕前线被日军突破，打到苏州。陆陆续续，有很多人家离开苏州，逃到他们自认为安全的所在。（第166—168页）

张充和姐弟尚不为所动，该上学上学，该玩乐玩乐。如2月20日（元宵节），张宗和与四姐上街洗了澡，然后他"带四姐去吴苑吃茶，四姐根本没有来过，带她见见世面。我们吃了排骨和馄饨就回去了"。翌日，姐弟们又做大扫除，兆和、充和揩桌子、玻璃窗，宗和等男孩们拾砖头之类。29日，宗和记录，"晚上三姐、四姐赌背诗，一首一首轮着来"。（第169—171页）

3月4日，日军飞机再次多番飞临苏州上空，最可怕的是竟然开了

[①] 《张宗和日记（第一卷）》，第173页。以下所叙，除已出注者外，凡1932年8月9日之前的内容，俱出自该书。为省净计，只于正文相应内容后加注该书页码。

机关枪,颇具震慑效果。这吓坏了家中佣人,也乱了张家姐弟的方寸。经与族中长辈商量,后又接父亲来电,他们同意到上海投奔其时住在上海的父亲。(第172—173页)

他们是勉强上路的。前一年10月中旬,听到传言说南京政府决定迁都洛阳,放弃江浙,因上海有租界,张家一家大小连同佣人十五口逃至上海,挤住在旅馆,"饭也吃不饱,觉也睡不好,七八个一间房",滋味实在不好受。几天后张充和又哭又闹,非要回苏州,结果有四人跟她一块返回九如巷家里。(第133—135页)此刻想起这些,他们真不愿意再去遭罪。

然而,一上路就开始遭罪。由于上海已为战场,铁路中断,平时苏沪之间一般两三小时的车程,他们却走了四天。8日出发,乘火车向西直到南京,次日乘船沿长江东流,船舱脏乱热臭俱全,"像是一个土匪窝"。一天晚上张充和与大弟、三弟"睡一张铺,挤得要命",然而大概因为太疲倦,三人"睡得很酣甜"。船经镇江、南通,走走停停,于11日落日时分进入吴淞口。张宗和记述道:"吴淞全被毁了,江岸也都打坏了,房子只剩下飘着的残垣断壁。三姐她们学校(按:中国公学)教学楼的钟也没有了,顶也没有了,无线电台上飘着的是日本国旗。泊在黄浦江的兵船上的日本兵,我们也都清清楚楚的看得见。"(第173—176页)

*

父亲住中央旅社,张充和姐弟到了那里后,父亲换了一个套房,三间屋,可以洗澡。(第176页)但兴许又做了长期居住的打算,遂在外面租房,于3月23日搬了过去。"房子很好,就是里面的陈设太少,房东借了我们一张写字台,又借了许多小凳子给我们。"楼下一个大房间,住张宗和兄弟几人,三位男佣睡地板上。楼上两房间,一间住父母及小弟,一间住兆和、充和姊妹及至少四位女佣。算起来,至少十七人挤住在这里。(第181页)

不过并非每日都住这么多人。姐弟中有几个在学校住堂，包括张充和。3月13日，逃到上海后第三日，张充和及几个弟弟由父亲和继母带着到上海中学投考，都被录取，次日入学。张宗和记述道："四姐是第一次住堂，恐怕不惯吧。她真是苦，本来在合肥是头等的小姐，到苏州来后就降级了。但是还好，虽然在乐益读书，既不住宿又不吃学校里的饭，而且学校又是家里开的。这次进上海中学，住在学校里吃在学校里，又新换了一个环境。"（第177页）

果然没多久，3月26日，入学才十二天，张宗和就见到了四姐生气回家："四姐回来了，脸上看不高兴的样子，就有要哭的样子，看看书，把书掼了就上楼。一会儿我也上楼，看她坐在床上哭。我还没有说完一句话，她就骂我，我心里很不高兴，就下楼。我愈想愈生气，我的好意反惹人家的骂，心里一直不愉快。晚饭后她和我说话我也不理。"（第182页）

在家也不舒心。翌日，"夜里快十一点钟的时候，我眼睛一睁开，看见四姐站在我的床面前。问她做什么事，她说楼上在吵嘴，说要把行李搬下来睡。我侧耳一听，果然听见妈妈的声音，但不知说些什么。四姐把行李搬下来，睡在我床跟前。张干也跟了下来睡"。张宗和感慨道："讲到我们家里的事，我不禁凄然。想到四姐以前在亲奶奶跟前，怎样的宝贵，今晚睡在地板上，和小寿子他们同一间房。又不是在旅馆，是在家里啊。"（第182页）"小寿子他们"，即那三个睡地板的男佣。

然后张充和就不想去上海中学了。3月28日，她缠着张宗和到他所读的中国公学听课，听了堂英文。课后，大弟将她送回上海中学："她真不行，什么都不认得，要是让她一个人走的话，一定会不认得路的。我也不认得，但是我还比她认得些。像她这样的人真可怜，一点苦也没有吃过，现在来学校这样吃苦，自然什么也不惯。"（第182—183页）几日后，张充和再次逃学，又到中国公学旁听。（第184页）

4月6日，张充和参加了务本女中的入学考试，考取初三，跳了一级，这让她很快活。翌日去办理入学，居然说她可以直接读高一，又跳一级，更使她兴奋无比。（第185页）

张充和由此告别上了不足一个月的上海中学，同时，也宣告她首次住堂史的结束。因为读务本女中，不须住堂，每天都能回家。该校于1902年创办，为中国人创办的第一所女校，1961年，更名为"上海市第二中学"。

入读务本还激发了张充和有生以来少有的学习数学的劲头。考务本前一日，张充和曾让大弟教了一点几何，或许在考场上帮到了忙。得悉可以读高一当天，她就决定要好好学数学，当晚开始。从此，大弟宗和就被四姐缠住，耽搁下自己的事，做着她的辅导老师。

张充和主要让大弟教她几何、三角，偶尔也教英文，不过她英文学得很有兴致，并不费心，但就是几何、三角，让她着实犯难，也让尽心竭力教她的张宗和不免生气。他记述道：

4月16日："晚上教四姐几何，几天没有讲了，她就忘了，我很不高兴。好好的教她很好，一到问到她时，她就半天不响了，上课的时候好像真的变严肃了。"（第186页）

4月19日："下午四姐找我去讲三角。四姐有三十几道题要做，明天就要交，她做得很慢，我帮她做，教她做。一碗茶打翻了，湿了一台子，书都弄湿了，她发脾气把书丢到地下去了。"直到房间其他女佣都睡下了，两人也没把这些题目做完。（第187页）

4月26日："四姐又找我教三角，讲了几遍她还是不明白，不做声，后来总算弄懂了才歇。我向她说，怎么教英文的时候了倒很有兴致的，但是怎么一讲到数学你就沉默下去了。头低着问题问几遍才答应一声，下次我希望你上数学的时候也像我教英文的时候一样稍微高兴一点，不要太规矩了。我想不到这几句竟使她哭了出来，伏在桌子上。

唉,这孩子真是太没有法子对付她,又太可怜了。"(第188页)

4月27日:"今天教四姐,还好,她不像那样不做声了,低头好像听骂似的。"(第189页)

4月28日:"教四姐几何,她总是不起劲,要睡觉。我老大不高兴,教数学总要教到气出来。"(第189页)

5月6日:"考考四姐的几何,全不对,我很生气。"(第191页)

不过很快,这样让张充和倍感痛苦又让张宗和很没成就感的教学日子,因为她的患病,走到了结束的边缘。

5月13日:"四姐的牙齿又痛了起来,睡在床上起不来,还哭,大约痛得很厉害吧。陪陪四姐,在她房里写字坐坐说说。"翌日,"回家时给四姐带了一束花,我知道人不好的时候朋友们作兴送花给她的。所以我和三姐回家时买了一束似玫瑰花样子的花回来给她"。

然而,张充和生病,天天在家的父母似乎并不在意,大弟很为她叫屈:"四姐病了几天,还没有请医生来给她看过。记得那天小弟弟刚刚屙了几遍,就去把黄医生请了来。我想想有些生气,坐在爸爸房里生气给他看,可是他又看不见。"又记:"回到家,一进门就听见妈妈和小弟弟在吵嘴,为了硬要小弟弟屙屎。四姐头又疼了,她跑了下来睡在我床上。这真是的,要是小弟弟一睡着了,我们一个都不敢出声,吵了,郭大姐就要骂。现在有人病着,他们还在隔壁房里吵个不停。这算是什么呢。"(第192页)

还好有大弟的关爱。5月16日:"上完课赶回家陪陪四姐,她今天好了不少。"翌日:"今天是四姐二十岁生日,家里一点没有什么,只有我昨天写了一张片子,送了一个洋娃娃给四姐。"再一日,张充和基本病好,能起身了。两日后便可以和大弟一块儿上街。(第193页)

5月22日,张宗和记录:"今天给四姐拉住教英文、三角。"然而这却是最后一次。此后张充和便又辍学了。

没几日,张充和再次病倒,躺在床上非常痛苦。5月29日,大弟过来陪她,"坐在四姐床头,我说了这样病着,一直这样怎么好。我是一句无心的话,不想她竟哭了起来。本来在这样的情形下得了病没有人顾问,真是使人心里难受。觉得没有吾妈的孩子真是可怜"。于是,张宗和"告诉爸爸,四姐一直这样一会热一会冷的,到底怎么办。爸爸来到四姐房里,对四姐说,四姐只说我只要回苏州去。四姐一直出眼泪水。唉,没有母亲的孩子只有哭"。(第195页)

翌日,家里约了医生上门给张充和看病,然而继母却让家中一个女佣先垫钱给医生。女佣将此事告诉张充和,她非常恼火,让人打电话告诉医生说病已经好了,不用来了。大弟听闻此事,上楼劝说,"她就是不肯,说家里又凑不齐钱给医生,等一会医生来了,多坍台"。(第195—196页)

这样的家张充和实在待不下去了。6月3日,她与大弟、三弟启程回苏。此前的5月5日,中国政府以签订屈辱妥协的《上海停战协定》为代价,换来一轮短暂的苟安。不久通信恢复,交通恢复。因此,张充和得以乘火车回家。七时发车,九点即到苏州。"沿路看见被炸坏了的车子。被炸了的铁路桥,虽然修好了,但是车子在上面走得很慢。水里还有捞起来的钢轨。"(第196页)

*

6月4日早上,张充和告诉大弟,她不回上海了,就想待在苏州,"把牙齿补好,在苏州也不读书了,把身体弄好一点再好好读书"。(第197页)

身体好些后,张充和爱上了骑马。每天清早四点多,她骑着一匹白马,出城兜圈子,有时到虎丘塔下,有时到西园寺外,回来时太阳刚出一丈高。一阵激烈的飞奔过后,她同白马累得一身大汗。[①]大弟暑

---

① 《马夫》,《张充和诗文集》,第233页。

假回来,曾被她早上四点叫起来骑过一次马。由于他第一次骑,马夫
牵着不放手,他眼看着四姐和另一个女孩都不要人牵,让他很没面子。
到了西园寺,"四姐穿着衬衫长裤装男人,把腿搁在桌子上。西园不比
公园,很清净,没有多少人。在虎丘大路上走得很开心,有人在扫山
径。没有怎样玩,只是在冷香阁吃了三瓶汽水。下山又骑了马下了,
回来时就好了,不觉得很颠了"。第二天一早,张宗和便感到浑身酸
痛,勉强着起身。(第213页)

但张充和仍有她不能抛弃的烦恼——她得考个学校,继续上学。
有阵子,她曾想考一所学校的高三,以至大热天的,天天跑到一位亲戚
家补习。(第207页)

*

不久,她应当是从二姐处得悉,二姐任教的上海光华实验中学开
始招生。8月10日,一大早仍痛快地骑了马,到下午,她登上去往上海
的列车,参加次日光华实中的新生录取考试。考完,她向好友许文锦
写信报告道:

> 当整个的上海蒙上了黄昏的薄暮时,我到了北站,在车上谁
> 也把我当作男孩子,还有人问我是不是在苏中,我不大说话,只用
> 点头摇头表示回答,所以不容易被看穿。
>
> 到了光华实中时,已经黑了,二姐不在这里,我真急呢! 只有
> 二姐的朋友招待我,把电灯关了,两张藤椅子放在走廊上坐着,对
> 着月亮听他说笑,说东,说西,但是总觉得不惬意,二姐不回来,我
> 看到的另外几个人,大约是先生,又不大像。
>
> 昨天早晨骑的马,所以晚上在睡梦中还在骑马,二姐在晚上
> 十一点钟才回来,这时我已睡着了,被她脚步声吵醒了。她和我
> 谈学校里的事。大约谈了一个钟头,还是她想到明天我要考试,

就停止着谈话;于是我又穿那套学生装扬鞭在虎丘马路上了。

考的题目非常难,尤其是数学,都是些初中里所未读过的英文题目。不要说动笔做,连看也看昏了。我想怕不会有希望,听说虽然是新办的学校,可是录取新生非常严格呢。

我预备在上海逗留两天,等待着录取与否的消息。回来时留什么给我吃呢? 这样热的天气水果是很适宜的。

虽然考题很难,尤其是数学连看懂题目都不易,张充和还是很幸运地被光华实中录取。9月10日,学校开学,张充和再次开始了作为一名住校生的生活。

开学第三天,张充和给远在北平的三姐张兆和(于该年夏从中国公学大学部毕业,赴北大旁听)写信,报告做一名高中新生的新奇与兴奋:

我这里想着北平是不会像南方这样热吧。我又做了三天光华实验中学的学生了,这是个新办的学校呢,朋友们叫我不要进,可是不知怎的,正和我第一天踏进乐益的门时给我的印象一样,无论人怎样阻止,我坚持要进。这三天来,学校给我的神秘,真是不可解释。正如一个化学教授在实验室里,实验时发生种种的现象,不懂化学的人,一定以为是神秘的魔术。

姊姊,我是高中的学生了,但是我夹了这么一本厚的英文(《人类故事》,*The Story of Mankind*)上课,很有点难为情,懂又不懂,生字一天有几百,这半年要读完它呢。这是从来没有过的事。

上课时不能闹了,第一次上国文课时,国文连着两课,国文先生不下课,连着上。我是因为骑了一暑假的马,心也正如跑马一样的勒不住缰。听着敲下课钟,又听着窗外的初中下课的脚步声音,不自禁地回了一回头向窗外看,国文先生就望着我说:"谁要下课?"我知道除去我心里有了这个意思外,谁也不急着要下课,于是我摇了一摇头说个"不"字。他转过去在黑板上写字时,我就伸了伸舌头。你想,假使我说要下课,他便怎么呢? 也许会叫我一个出去的。多难为情!

时间长了,陌生感消除,和同学、老师渐渐熟悉起来。其后的三四个月,张充和陆续向三姊张兆和、好友许文锦和乐益女中时的老师白维写了不少信,报告了学习和生活方面的各种见闻和感受。

购书瘾:

> 虽然在上海住了好久,还是一个乡巴佬儿,到现在只认得法国公园和四马路的各书店。袋袋里只要有钱,就去买书,可是一买来就给人借去。看的书倒不一定是新买的,新买的倒不一定看得到。

好买书而不爱读书,自认学习不用功:

> 自修课我在图书馆上,上自修课真是只好骗骗先生,骗骗自己,两个钟头坐在图书馆里,自问成绩,真是好笑! 今晚还算好,除了写给你这封信外,还查些英文生字。

作为一所以男生为主的学校,女生只有三人,而她是最不用功的那一个:

> 一齐初高中只有三个女生,她们都是比我会用功,我现在想正学着用用功。可是在人家用用功时,我看到她们怎样用功,自

己便想不起用功;在她们不在用功时,我更不想到用功了。我太
不知道什么了。

相比父母在上海租住的家,她更愿意待在学校:

> 学校生活不知怎的,总不会厌烦。回家去不到两个钟头就要
> 想到学校了——真的,我读这半年书,竟没有回家去过两个钟头。

宿舍里遇到的糟心事:

> 这封信是向你诉苦的,也许是告状的,被告是谁呢?是我们
> 房间的老鼠。真是讨厌得很,老在书架上跑来跑去,写好给你的
> 一封信给它撕得不成样子。还在日记簿的封面上撒了一摊尿。
> 真拿它没办法。
> 同房间的一位同学,她从亲戚处带了一匹猫来,今天才来,一
> 半怕羞,一半想家,怪可怜的,我不去窘它。它是个女孩子,性情
> 温柔,但是一对眼睛非常英俊,听见那里有动静,眼睛非常凝神地
> 听,跳起来也很勇敢,因此我们的英文先生给它个名字叫罗蕊林
> (Rosaline)。也怕多人,在没有人时,我从床底下把它抱起来抚慰
> 它,马上就和我熟了。
> 今日果然没有老鼠声音了,这是罗蕊林之功也。以后,还把
> 许多粟子谷拖到书架里去。尿,屎,真糟透了,和它拍照给你。

做起体育运动来,一头短发、时年十九、火车上曾被认作男孩子的
张充和,与男生比毫不逊色:

　　两个月来一向不大运动,现在学校里叫我们每天六点钟到体育场去运动,女生去的只有我一人。一位体育指导老师教我拍网球,现在进步得多了,虽然还不及你,可不再十下就有九下打不到。有时,我也拍篮球,一共不知四次还是五次,前两三次连球也不无接触着我的手。到底是男孩子们,气力大,人又高,一向在女同学中,还算我的球好点;我不相信我们女生一定不如他们,所以就是我一个女生,就是我终场都抢不到球,我都还是来的。看的人都觉得我的拍球很好笑。但是奇怪的是,到了最近一个早晨,我们分开拍时,结果以十四对六,我们一面胜,然而我们丢进六个球,十二分不是吹牛,这真是给一个重大的欢喜。我恐怕还是偶然的事。

　　早晨拍了球,一天都有精神。写这封信是特地报告你我们体育消息的。

还有,学校组织的郊游带来的快乐和释放:

　　姊姊,你知道,我要就不玩,玩时就不会有一分钟的静止。昨日的吴淞之游,要算我最快乐。要唱时,拉开喉咙唱几句,要吹口琴时,就把口琴拿出吹一下,要谈话时,不管先生还是同学,除去仅仅留一点自然的相当敬礼以外,什么话都说,和家里的父兄姊弟一般。在这时,不听见国文先生的"之乎也者",不听见英文先生的"ABCD",更不听见代数先生的"XYZ"。先生绝不提起书本,学生绝对想不起书本。那些死的印刷品,是永远不适宜在这个地方应用的。我所见到的是什么?是劳苦的农民,是浩荡的流水,是战争的遗迹,是伟大的自然。我们凭吊一回断垣颓垛,就到你常常到的那个江边去,大家都坐着或立着吃面包,白的浪花,顽皮地拍了我一下。格子布的衣襟全湿了,姊姊这又岂是用一个狭义的艺术眼光能欣赏的?

在另一封信中,张充和热情洋溢地讴歌光华实中:

　　学校是我的 Eden 吧,无论是地方怎样小,我却能很尽情地玩,舒畅的运动,定心的读书,希望给我的光明,比这自修室里灯光要亮得多,将来给我的广阔,比这不满两方丈的院子要大得多。

在给乐益女中时的老师白维的信中,她对光华实中的老师毫不吝惜赞美之词:

　　这里的先生们,也正和你那时期望我们一级的成绩一样,都要胜过一级。这样也要你好,那样也要你好。坏的功课要你好,好的功课更要你好。我感到这里最好一点,就在此,先生肯牺牲精神和时间,随便你怎么去问,他总肯详细的对你解释;不是那种贸易式的教育。先生都是为了教育而教育,学生如果也为了读书而读书,不是我吹牛,光华实中不知将来是如何的一个学校呢。[1]

以上摘引的这些信件都写于张充和入读光华实中后的第一学期,并发表在当时的校刊中。大概因此,调子上不免光明、正面了些,但也非全粉饰,当可看作张充和对自己中学生活的青春式抒写。

---

[1] 以上引文均见黑黑(张充和笔名):《信》,《光华实中校刊》1933年第1期,转引自《一生充和》,第85—91页。

*

　　1933年2月，高一下学期开学不久，张充和再次踌躇起来。在给大弟的信中，她说二姐不久要去日本，上海只剩她一个，弟弟们小，合不来，并透露她下半年又要变更计划了。[①]

　　所言"二姐不久要去日本"，指二姐允和与周有光很快将结婚并同赴日本。举办婚礼前，周有光的三姐拟向张冀牖夫妇提亲，曾"想办法从熟悉张家的人那里打听情况。熟悉的人都说，他们张家对儿女的婚约是不过问的，她的父母同意或者不同意是一个形式问题，本人同意就行了"。他的三姐又找到张充和商量。张充和回答说："这很好嘛，我陪你去跟我爸爸妈妈讲，成功就成功了，不成功就算了，估计爸爸妈妈会同意的，只要二姐不反对。"结果一说即同意。[②]后来周有光送张充和一件红衣，称她为小天使。[③]

　　4月30日，二人的婚礼于上海八仙桥青年会举行。经曲友撺掇，张充和媒人做到底，清唱了《西厢记·佳期》中红娘的唱段：

　　　　小姐小姐多丰采，君瑞君瑞济川才，一双才貌世无赛。堪爱，爱他们两意和谐。一个半推半就，一个又惊又爱；一个娇羞满面，一个春意满怀。好似襄王神女会阳台，花心摘，柳腰摆。似露滴牡丹开，香恣游蜂采。一个斜敧云鬟，也不管堕折宝钗；一个掀翻锦被，也不管冻却瘦骸。

　　此折写红娘引崔莺莺与张生幽会，自己在门外望风，想象屋内二人如何相亲相爱的情景，满眼情色，让人脸红。周有光当场对着曲本

①《张宗和日记（第一卷）》，第287页。
② 周有光口述：《逝年如水——周有光百年口述》，杭州：浙江大学出版社，2015年，第59—60页。
③《二姐同我》，《张充和诗文集》，第386页。

听过,事后对张允和说:"四妹一定不懂此意,不然绝不会唱。"张充和听得此语,以为"其实唱曲人即使懂也想不到,可见耀平兄仁者见仁"。[1]

到这年暑假,勉强读完高一的张充和又一次辍学了。[2]

① 《有光兄七十生日奉此祝双寿》,《张充和诗文集》,第151—152页。
② 1933年6月21日,张宗和从清华南下,回到父亲在上海的家,得知四姐还在光华实中参加期末考试。晚上两人见面聊天,他记录道:"她说她下半年也许不进学校了,专门念西洋文学。我颇不赞成她这样,我希望她能离开上海到北京去念书,我根本不赞成她和光华的有些人一起,我感到有些人有点流腔。"(《张宗和日记(第一卷)》,第323页)

苦乐北平

|"我自己却把生活过得又骄傲又有趣"|

　　1933年8月15日，张充和与大弟宗和离苏北上，于17日抵达北平正阳门车站。

　　三姐兆和与准姐夫沈从文到站迎接。四人到了三姐他们刚租下的新家，位于达子营39号，共七间，连厨房小小巧巧的，很紧凑。这便是三姐他们的婚房，两人随后于9月9日举行婚礼，正式结为连理。①

　　张充和此来是实施她的新计划的。沈从文在8月24日致大哥沈云麓的信中，提及张充和说："那妹妹也很美很聪明，来北平将入一大学念书。"②

　　张充和已错过各大学招生考试的时间，目前也只能选一所大学旁听，为来年的考试做准备。据张宗和日记，刚到北平，她曾在大弟就读的清华大学读过几天书，或就在挑选。不过最终她选择了北京大学。9月16日，下着大雨，张充和与大弟等人打伞来到沙滩街北大一院附近的公寓区，选定一间房。翌日，她搬了过来，正式开始一名北大旁听

---

① 《张宗和日记（第一卷）》，第341—342、347页。
② 《沈从文全集》第18卷，第184页。

生的日子。平时有课上课,没课就一个人静静在公寓看书。[①]几年后,她回忆这段独居的日子,满是骄傲:"那时离开家,离开姊妹与朋友,成天看书,成天听讲,别人看我生活得很寂寞,很无聊,我自己却把生活过得又骄傲又有趣,避去许多无味的酬应,一切都是随心所欲,自由得像一只小鸟儿,轻快得像条游鱼。"[②]

　　10月16日,专程北上张罗张兆和婚礼的大姐元和启程南返。列车开动,兆和、充和、宗和等人跟着车跑了很远,直到见不到车子才停下。月台上只剩下他们几人,慢慢地往回走,满是心事。宗和惊讶地发现,三姐哭了,四姐竟难得没有哭,于是问四姐。张充和回说:"有一个人哭就够了,并且我现在一个人在公寓里过,也过得硬了,不太容易哭了。"宗和很认同她的说法,并评价道:"一个人孤独惯了,便会把离别和相聚看得不那么样的严重了。别和聚,反正都是一回事嘛,干嘛要把它们看得那么严重?"[③]

　　然而,磨砺张充和的还有生活的困苦。合肥张家到了民国,已走向没落,基本靠吃祖上老本,收取地租与房租过活。因此总体上仍保持中上等人家的生活水平,但也常出现租金不能按时收到,家中用钱一时周转不开,东挪西借,日子过得很苦的时候。张充和与大弟这次北上,正碰到这种窘境。两人到北平时本就没多少余钱,很快花光,该送来的钱却一再推迟,不见影子。张宗和只好一时向同学借几块,一时又向堂叔借十元,又典当皮袍,换得十元,后又典当戒指,换得九块,

---

① 《张宗和日记(第一卷)》,第349页。张充和一年后成为北大试读生,提交给北大的信息中有一项是:"在平通讯处:沙滩新开路龙兴公寓。"(注册组编:《国立北京大学二十三年度学生一览》,二十三年十月一日,北京大学档案馆,档案编号:MC193401:1,第106页"试读"名单,转引自《关于张充和先生的生日、假名及其他——答商金林先生》)如果这一年里张充和未更换公寓的话,则"沙滩新开路龙兴公寓"即她开始独居生活的所在。
② 《冬夏之交》,《张充和诗文集》,第260页。
③ 《张宗和日记(第一卷)》,第356页。

左支右绌,近乎山穷水尽。^①

　　10月29日,在三姐家,张充和向大弟借钱,他此次带了十元,已借给三姐四元,花了一元,于是自己留三元,借给四姐两元。两元钱支撑张充和活了好多天,每日只吃一餐,中午随便吃点什么饼。然后她写信向城外清华园的大弟告急,大弟也只有一块钱了,于是寄了四毛钱给她救急。11月10日,张宗和到四姐公寓,得悉"四姐欠下了很多房钱,炉子也没有生,一天只吃一顿饭,随便买几个馒头烤烤,就吃了"。他记录道:"我们说些这类的话,四姐伤心起来,把头钻进被窝里,说我们说点旁的吧。"三日后,张宗和把从堂叔那里借到的十元钱了四姐,让她买炉子买煤,生火御寒。随后他来到三姐兆和家,看到"三姐眼睛红红的,我问她为什么,她说我们刚才说起四姐恐怕会短命死的,我心里一寒"^②。

　　11月底,从上海和合肥两处寄来五十元钱接济张充和姐弟。张宗和计算着,还了十六元欠款,又花十元将抵当的皮袍赎回,剩下二十四元,姐弟俩一人一半,还是什么都不够做。因为还有一大笔欠款未还,借者虽不催,但显然人家也没钱了,何况这点钱也就够用半个月二十多天,到时候该怎么办? 这种被钱压迫的日子什么时候才是个头?^③

　　还好十多天后,父亲给姐弟俩汇来一百二十元。12月15日,张宗和到了四姐公寓,将她应得的六十元给她。"她开心死了,我们抱着跳着,计算着去哪儿吃饭。路上碰到宗斌,我们一块儿去吃饭,大家都吃得很多。"^④

　　一场持续四个月的生活危机暂告缓解,张充和姐弟总算可以比较优裕地度过一段日子了。由于张宗和1933年12月20日至1935年1月31

① 《张宗和日记(第一卷)》,第358、369页。
② 《张宗和日记(第一卷)》,第359、363、365页。
③ 《张宗和日记(第一卷)》,第369—371页。
④ 《张宗和日记(第一卷)》,第372页。

日之间的日记佚失,张充和姐弟在这段时间的具体生活情形无从知晓,但
难免没有再一次租金不能及时收取,以至手头拮据、生活很苦的时候。

*

　　每逢周末,张充和常去西城达子营三姐家。这在张宗和日记中已
见其详。沈从文在给大哥的一封信中也曾提到说:"兆和的大弟则礼
拜天常从清华来城住下,她四妹则每礼拜从东城过这边来,故纵无外
客,一到礼拜天也极热闹了。"①

　　除在平亲人,张充和也有自己的若干朋友圈。其中之一即以靳以
(原名章方叙,1909—1959)所编辑的《文学季刊》为中心聚拢起来的
一帮青年作家。

　　早在苏沪之时,她便与靳以结识。他虽不曾开口唱过,但张充和
视之为昆曲的忠实爱好者、护法者。后来她对靳以的女儿章小东回忆
说:"我那时候在苏州,还没有到北京读书,常常到上海来唱昆曲。你
父亲喜欢昆曲,一有机会就来听戏,不是听别人的戏,是听我的戏(大
笑)。听到绝顶之处,便拍案叫好,神情相当进入,好像自己也是戏中
的人一样。"又说:"你父亲不仅仅在上海听我唱戏,还常常到苏州来听
我唱戏。有一次我在苏州的寓所唱《芦林》,故事讲的是婆婆把媳妇休
了,孩子没有自己的母亲了。正唱着,你父亲来了,我因为一曲未了,
也没有和你父亲打招呼让座,你父亲则自行坐在桌旁听戏。当我唱到
'这就是姜秀才妻子安安的母亲……'这一句时,原本应该在'母亲'这
两个字后面哭出声来的,不料,刚刚唱到'安安'这两个字的当中,就听
到旁边有人真情真意地哭起来了,这个人就是你的父亲。我因为是唱
戏的,喜怒哀乐已经习惯了,而你父亲是听戏的,流露出来的完全是真
实的感情,你父亲就是这样一个人。"后来,张充和还为此抄写了《芦

---

① 《沈从文全集》第18卷,第194页。

林》工尺谱,跋文云:

> 一次靳以由上海来苏州,余正理《芦林》,传芷撅笛。余因一
> 曲未完并未欠身让坐,靳以即自坐在桌旁听曲,听至"安安的母
> 亲"忽泣不成声、泪下如雨。今抄此曲待理,仅以此纪念靳以。世
> 人皆知其为作家,而不知其为昆曲知音。

1933年秋,张充和赴北平,靳以也于此前到北平与友人共同主编
《文学季刊》。两人的来往更加频繁,常常和大家一起结伙去看戏,包
括京剧、北昆戏。张充和回忆:"因为大家都是穷文人,通常是轮流作
东,这个人买了戏票,那一个人就请客吃晚饭。大概是因为你父亲已
经工作,我家里给我两份生活费,所以我们请客多一些。"①一生爱着张
充和的诗人卞之琳也是这帮"穷文人"之一,他晚年追忆随靳以、张充
和等人一块看北昆演出的情景时说:"靳以懂一点昆曲,常带几个住在
东城的年轻朋友,以及还没有搬进景山东街北大女生宿舍,暂时住在
西城她三姐夫沈从文家的张充和,雇几辆洋车去吉祥戏院或者前门广
和楼戏院看北昆韩世昌、白云生昆曲班子演出。常常与北大教英文的
英国少爵爷艾克敦面对紫色金字的帷幕上绣的一对古诗'不惜歌者
苦,但伤知音稀',共同做了活图解。由靳以护送几辆洋车浩浩荡荡穿
城回家,我也几度参与了这个行列,至今回想起来还别有风味。"②从
此,卞之琳成为昆曲"门外迷",迷了一生。③

---

① 章小东:《知音》,《文汇读书周报》2009年9月4日。
② 卞之琳:《三座门大街十四号琐忆》,《漏室鸣——卞之琳散文随笔选集》,北京:中央编译出
版社,2010年,第214页。
③ 卞之琳:《题王奉梅演唱〈题曲〉——冬日为"传"字辈昆剧家纪念演出传响》,《漏室鸣——
卞之琳散文随笔选集》,第92页。

　　这种频繁而又"浩浩荡荡"的"奢侈"举动，有一次遭到同样是"穷文人"、婚前敢当掉未婚妻张兆和戒指的沈从文的阻截，沈从文还借机教训了靳以及张充和姐弟一顿。据张充和记述："记得有一次宗和大弟进城邀我同靳以去看戏，约定在达子营集中。正好有人来告急，沈二哥便向我们说：'四妹，大弟，戏莫看了，把钱借给我。等我得了稿费还你们。'我们面软，便把口袋所有的钱都掏给他，以后靳以来了，他还对靳以说：'他们是学生，应要多用功读书，你年长一些，怎么带他们去看戏。'靳以被他说得眼睛一眨一眨地，不好说什么。以后我们看戏，就不再经过他家了。"[1]

＊

　　1934年9月，张充和以"张旋"之名，开始在北大的试读生活。她应该也顺理成章地搬进了景山东街北大女生宿舍。[2]

　　然而很不幸，刚读了一学期的她在转年春被发现患上肺病，不得不休学调养。[3]因此，张充和正式入读北大的时间也就区区几个月。加上之前在此旁听一年，拢共一年半。这段时间，有关她的听课受教

---

[1] 《三姐夫沈二哥》，《张充和诗文集》，第339页。二十五年后，这一幕受训的情景还是让当时挨批的张宗和想起来不舒服。他写信告诉远在美国的张充和："最近接从文来信，说要到西南来，可来贵阳几天，我写的小说《武汉》(抗战时的武汉)有三万多字，前托人带给三姐看，他大约见到了，可是并没有看，也许只随便翻了一下，见我写的字草，就两次来信训我，说我并不认真，如何教学生，人家二十几岁已在《历史研究》上发表文章，我快五十了，还没有成就等等，马上使我想起二十五年前我们在北京和靳以听戏时他训我们的情况，他说不用功的才到中学教书，用功的留在大学当助教，后来我在云大教书了，解放后他不教书很想不通，认为卞大相公都能教书他为什么不能教呢？"(张宗和致张充和信函，1962年9月26日，《一曲微茫》，第268页)

[2] 《三座门大街十四号琐忆》，《漏室鸣——卞之琳散文随笔选集》，第214页。

[3] 北大档案馆一份档案载张充和"二十四年四月：改旁听"。令人费解的是，为何是"改旁听"而非"休学"？参北京大学档案馆藏：《国立北京大学1934年度各省学生一览》(手抄本)(二十三年十月编，档案编号：MC193401:2)第51页第六条"本册附注本校全体女生及蒙藏生名单"所记录的宁夏省(今宁夏回族自治区)唯一一名学生的资料，转引自《关于张充和先生的生日、假名及其他——答商金林先生》。

情况，没有一份比较完整的记录。下面，据她的零散回忆、文字碎片，她日后的行迹，当年国文系课程表，当时在校其他师生所留记录，连缀出张充和在北大的大致学习情况。

　　晚年的张充和记得，她听过国文系主任胡适的文学史和哲学史课程。1934年的这个新学年，对胡适来说，中国哲学史课程可谓驾轻就熟，中国文学史却是个具有挑战性的开始。他在日记中写道："我今年开始担任'中国文学史概要'，是我第一次'改行'，虽然吃力，颇感觉兴趣。有许多问题，向来不注意的，此时经过一番研究，都呈现新的意义。大概我的文学史是可以写的了。"[1]他的中国文学史，实乃白话文学史。作为以发动白话文运动爆红的一位大人物，他高扬"白话文学"的大旗，从被庙堂之上、高人雅士把持的"僵化了的死文学"所遮掩的中国数千年文学中，煞费苦心，刻意搜求，整理出一部"由民间兴起的生动的活文学"组成的白话文学史。对此，赞成者如鲁迅，誉其为"警辟之至，大快人也"，反感者如钱锺书，尖刻地讽刺其为"仿佛野孩子认父母，暴发户造家谱，或封建皇朝的大官僚诰赠三代祖宗"。

　　不管如何，经胡适的处理，复杂纷繁的几千年文学现象被赋予了某种所谓的条理，变成线性发展，容易理解，方便记忆，加之胡适高超的口才，引来经久不息的叫好。对于胡适的讲授，张充和点评道："他讲得不错的，深入浅出。"[2]这一感受，可引当时在校的大四学长张中行的回忆作为印证。张中行在《胡博士》一文写道："现在回想，同学们所以爱听，主要还不是内容新颖深刻，而是话讲得漂亮，不只不催眠，而且使发困的人不想睡。"岂止如此，据另一位回忆者朱海涛回忆，胡适所讲的文学史，"是一门极叫座的课。他讲《诗经》，讲诸子，讲楚辞，讲汉晋古诗,都用现代的话来说明,逸趣横生,常常弄到哄堂大笑"。学长严薇青还补充道:"他上课不发讲义,自己也没有讲稿。每次上课都是抱一大摞书,讲到需要引书的地方,就打开书向学生宣读其中有关的章节。学生只能一边听讲,一边作笔记。即使这样,沙滩红楼有两个教室大的合堂教室还是人满为患,有的是本系的,有的是外边来旁听的。因此,不少学生事前拿书去占'座'。"

风靡之下,影响自然不可小觑。虽然很难在听一门课程与听课者后来相吻合的思想言行之间找出直接联系,不过,也不妨做一些合理限度之内的联想。

张充和后来写诗,绝少用生僻字眼,基本不用古代典实,写了今典,也会专门备注出来,方便读者理解,绝不故意设置迷障,让人猜哑谜,并善于将日常生活和感悟入诗,以清浅文字写出蕴藉诗意。她说:"我不喜欢把诗写得曲里拐弯的,费解,让别人看不懂。其实,文字的浅白,也可以写出诗味来。古人的好诗,大都是明白晓畅的。"[1]她的这一观念与胡适的文学史观相当吻合,是否受到胡适的深刻影响,不宜妄自揣测。或许,张充和的写诗生涯中,天性里的直率活泼让她更偏好这种诗风,而面对诗坛派别林立的纷繁扰攘局面,胡适的主张支持或坚定了她的选择。

胡适的学术对头、时任北大史学系教授的钱穆也曾给张充和上过课。钱穆所教为国文系可以选修的中国通史。他的无锡口音很重,很多学生不容易听懂。虽然如此,据何兹全回忆,钱穆的课还是很有吸引力:"钱先生讲课,很有声势,也很有特点。虽然一口无锡方言,不怎么好懂,但仍然吸引人。我听过他的先秦史、秦汉史。他讲先秦史,倒着讲,先讲战国,再往上讲春秋、西周。我听他一年课,战国讲完,也就

---

[1] 《天涯晚笛》,第177页。

到学年结束了。他讲课每讲到得意处,像和人争论问题一样,高声辩论,面红耳赤,在讲台上龙行虎步,走来走去。"当然,钱穆的口音对张充和而言并不成问题。她的第二故乡苏州,与无锡毗邻,两地方言相差不大,虽然她从17岁起才在此居住,但耳濡其间,早已熟习。[①]二人在后来漫长的岁月里仍保持往来。

从清华大学过来兼职讲授楚辞的闻一多,给张充和留下了深刻印象。她晚年回忆道:"闻一多在北大上课,给我们读楚辞。他好像是湖北人吧,用老辈人的吟诵法给我们吟唱,很好听,那是真正的楚声呀……"[②]这"楚声",引发了张充和内心经久不息的共鸣。她的成长地合肥,也是楚地。她后来特请王壮为治一枚印章,叫"楚人"。她应该非常喜欢这一自我称谓,因此把它钤在了她的许多字画作品上。楚辞中,她尤其偏爱《离骚》,曾以其劲秀的小楷在人生不同阶段一再书写这一鸿篇。目前所见,至少有1946年、1971年两个版本。从北大分别后,1939年初,师生又相遇于战火中的昆明。得知张充和在学写字,闻一多就用云南当地特有的黄藤给她治了一方印,上刻"张充和"三字。带着这枚留有恩师手泽余温的轻细却坚硬的圆藤,她辗转西南,漂泊异域,一生坚持着书艺的锤炼。

由闻一多,张充和又想到另一位同样吟唱的老师罗庸:"罗膺中(罗庸)的吟唱也很好听,他教词,从清华过来兼课,他的唱词法也很受学生欢迎,后来我们就在一起唱昆曲。"[③]她应该是将闻一多和罗庸讲混了。罗庸才是北大国文系教授,1934年秋冬这一学期,他开有中国中古文学史、李白与杜甫、宋词等三门课,还指导着一门课堂实践:诗词试作。来年暮春,张充和卧病香山,写出了人生第一批高水准的诗

---

① 《张充和:书法是立体的文化》。

② 《天涯晚笛》,第89页。

③ 《天涯晚笛》,第89页。

词作品。后来她曾拿给罗庸教授看，罗指着《浣溪沙》一阕末句"驻篙低唱《牡丹亭》"，提出疑问：一个"低唱《牡丹亭》"的闺秀居然撑篙？张充和遂改"驻篙"为"倚舷"。①揣摩种种迹象，让人不由得想，罗庸的宋词讲授和诗词试作课，与她于卧病时所作诗词之间，应该存在一定的关系。

晚年张充和回忆中提及的名师还有俞平伯、沈兼士、冯友兰、刘文典等人。据当年国文系课程表，或许还有罗常培、傅斯年、唐兰、马衡……这些人在张充和以后的人生中，还将以各种因缘与她发生交集。然而关于他们课堂上的情况，张充和没有留下只言片语，故不再叙述。

1934年，北大文学院录取了132名新生，其中女生四人，除张充和外，还有魏蓁一、曹美英、严倚云。进入录取名单的人，后来并非都上了北大。因有人考取多个院校，经选择后去了其他大学。如魏蓁一，即后来长期担任人民文学出版社社长，晚年以所撰《思痛录》产生深远影响的韦君宜，就进了清华哲学系。这样，整个北大文学院，与张充和同级的女生只有曹美英、严倚云。②三人后来保持了终身的友谊。严倚云，严复长孙女，入北大教育系。她与张充和二人，颇引人注意。据同年入学的李迈先回忆："北平秋冬天寒地冻，倚云常穿一件宽大的大衣，歪戴一顶灰色的小帽，在人群中摇来晃去。那时另有一位姓张的女孩，听说她是沈从文先生的小姨，戴一顶红色小帽，她是所谓'试读生'，因为入学考试的总分不及录取标准，惟独国文成绩特佳，北大对这种学生，有一套特别的办法，就是先让你随班试读，一年之后，如果成绩及格，可破格升为正式生，以免遗珠之恨。这灰、红两小帽常是大

① 《合璧记趣》，《水——张家十姐弟的故事》，第228—230页。
② 陈平原：《寻找"系友"张充和的故事》，《新京报》2009年11月5日。

家注目的焦点。"①严倚云后于1947年赴美，先后任南加州大学、西雅图华盛顿大学教授。1961年元旦，严倚云携夫君高叔哿教授来到张充和位于斯坦福的家，共度新年。严倚云用海蟹做了一道菜，张充和又以蚌肉做了一道"还珠"，意谓珠还合浦，有一天大家都回国的意思。②曹美英，与张充和同系，后来参加了张充和1948年11月匆忙举行、亲友不多的结婚典礼。1986年，张充和回国，参加"纪念汤显祖逝世370周年活动周"在政协礼堂的《游园惊梦》演出，赠以曹美英及其夫君何兆武戏票。台上台下，共享此时。③

　　六十多年后，对于在北大的这段学习时光，张充和在接受金安平访谈时曾经谈及。金在《合肥四姊妹》中记述道，虽然这里不乏名师，充和在此就读的收获，并不如想象中的大，她自己的学习成绩不够理想，部分也因为没有好好利用那段时间。这一说法，与张充和二十三四岁时所写的"成天看书，成天听讲，别人看我生活得很寂寞，很无聊，我自己却把生活过得又骄傲又有趣"不太一致。或可理解为晚年张充和对青年自己的超越。像张充和后来所致修为和成就所表明的，功夫永远在课堂外，一个人的成就岂是几年大学课堂所能缔造？如上面所见，北大于她最大的收获，并非什么完整、系统的知识结构，或高效、顶用的理论工具，而可能只是某种令人信服的观念、某次无意的点拨，甚至老师授课时极富感染力的吟诵法，种进她的心田。只要她以后坚持不懈地耕耘，种子就会发芽。同时，这段经历，无疑为她撑开了又一张得力的人情网，使她可以借助其所编织的师生、同学之谊，遨游人间。

① 李迈先：《悼念侠肝义胆的倚云》。
② 张充和致张宗和信函，1961年1月12日，《一曲微茫》，第130页。
③ 何兆武：《有关张荫麟及其他》，《万象》2006年9期；何兆武：《张充和女士的墨迹两通》，《万象》2010年1期。至于何兆武转述中一再称1934年国文系录取了三位女生张充和、容琬和曹美英，且三人友情甚笃云者，实为何氏误记。容琬是1935年考取的，入学时张充和已经离开北大。两人或许压根就不认识，或许后来同在昆明，经曹美英居间介绍相识。

金安平又记述说,总的说来,当时的学生都无法静心向学,很多学生参加了激进的政治活动。金记录张充和的回忆道:"有好多我不了解的活动,像政治集会,共产党读书会等。"①当时的北平城,自"九一八"后东三省、热河相继失陷,北长城失守以来,于日军咄咄兵锋之下,已成一座风声鹤唳的边城。学生救国运动风起云涌,所谓华北之大,已放不下一张安静的书桌。不过,张充和相对游离于当时喧闹的时代氛围外,更愿意与两三好友赴广和楼或吉祥戏院看北昆演出,或至城外清华园,与三五清华学子学唱昆曲,沉醉其中。

---

①《合肥四姊妹》,第297页。

卧病香山
|"我只望能同谁打一架"|

20世纪30年代前期的清华园,唱曲之风很盛。虽然,仅限于一小部分师生。

1930—1933年,人称"京华第一票友"的红豆馆主溥侗受邀到清华担任曲学导师,每周教授昆曲四小时,培养出一批弟子。其学唱活动,吸引着来自全国各地尤其是已有一定昆曲基础的学子陆续加入。张宗和或许就是这样成为其中一员的。1932年9月20日,作为大一新生入学十多天的他,"走到三院,听见有许多人在唱昆曲"。由此知晓这一组织,之后加入其中,时而参加活动。①

其后,俞平伯偕清华诸曲友浦江清、汪健君、陈盛可等发起成立了谷音社,主要由清华师生及教职员家属组成,也吸收校外人员。其中骨干汪健君、陶光、华粹深及朱自清夫人陈竹隐等,皆为溥侗的高足。据朱自清日记,谷音社首次曲集于1934年6月10日举行,当晚俞夫人许宝驯所唱《思凡》最佳,某人的《杨胖赐福》道白乃如皮黄。②

张充和也加入了谷音社,继续昆曲的研习。她每两周从城里到清华园一次,晚饭后开始学,当日不回城,住燕京大学女生宿舍。那段时

① 《张宗和日记(第一卷)》,第233、256页。
② 朱自清著、朱乔深编:《朱自清全集》第9卷,南京:江苏教育出版社,1998年,第298页。

间,在清华园工字厅一间专为练习音乐而设的隔音室里,她与大弟张宗和、陶光、李鼎芳、华粹深及殷炎麟,师从于嘉兴曲师陈延甫。①

1935年2月17日(正月十四),谷音社第二次曲集。之前的15日晚,张充和、张宗和及陶光等人到俞平伯家聚会,从七点唱到十点多,等于预热。16日,张充和姐弟等人至清华大礼堂,在曲师陈延甫指导下继续拍曲。17日下午正式曲集,三姐兆和也到场。张宗和记录:"到两点钟去的时候,人已经很多了。戏开唱了,唱了一支《折阳》,接着便是《定赐》《刺虎》《琴挑》《楼会》《拾画》《训子》《八阳》《藏舟》《吃糠》《辞朝》。两位太太唱的《琴挑》唱得最糟糕,没有唱完就跑了。我唱的《楼会》,还是'翠'字没有唱上去。一直到六点钟才完,也够累的。晚上她们两位就去睡了,尤其是三姐,简直睁不开眼。"②

一个月后,谷音社正式成立,定社约,选职员。推俞平伯为社长,聘曲学大家吴梅任导师,然吴此时远在南京的中央大学任教,故只能名誉指导。实际承担教曲重任者仍是曲师陈延甫。

*

就在谷音社正式成立之时,张充和、宗和姐弟却缺席了。

据张宗和日记,3月15日早上,"四姐又吐血了"。次日,他见到张充和,"看见四姐精神还好","关于吐血,她好像并不大在意,这次吐得比上一次还多了一些,她自己也这样说"。他还记道:"我们到北海,早春的天气真好,什么都嫩嫩的,像是柔弱的很。我身边的四姐也是如此,但愿她能和春天一样,一天一天的好起来,让嫩嫩的枝条渐渐的变硬起来,还要长出绿色的叶子。"③

上述"又""上一次"等字眼说明,张充和早在此前就发生过"吐

① 《曲人曲事·陶光》,《张充和诗文集》,第369页。
② 《张宗和日记(第一卷)》,第389—390页。
③ 《张宗和日记(第一卷)》,第395页。

血"。据有关资料估计,她可能骑自行车时发生事故,导致吐血,时间约在1935年1月。①然而当时没有在意,该唱曲还唱曲,直到如今复发,然后不可收拾,或连日或隔日就吐血。

3月24日早上,张宗和接四姐电话,说她去找了医生林宝罗看病,还照了X光,确实患了肺结核。次日,他陪四姐到林宝罗处打针。他不相信林医生的诊断,然而连续四五日,四姐一直在吐,有时还很多,吓得他心惊肉跳。

3月30日,他陪四姐到香山卧佛寺、碧云寺一带看房子。肺结核在当时并无有效的医治办法,除了吃鱼肝油外,主要依靠病人静养和自我调节。②香山一带重峦叠翠,环境幽雅,颇适宜养病。最后他们选定燕京煤厂屯三十一号,其中一间是张宗和清华学长、谷音社社友华粹深家的。4月1日,张充和搬入这里,开始卧病香山的日子。③

病情时好时坏,吐血虽没有起初那么频繁,但仍不见止息。4月21日,张充和由亲友陪着进城。翌日,先到中医院,陆永春医师仔细看过,说只有比以前更坏,最好住几天院,看看怎样调。又到北平中医界人称"四大名医"之一的孔柏华家,孔说不是肺病,是湿热,一点不要紧,只要

---

① 张宗和1935年1月及1934年全年的日记佚失,现存日记中1935年2月1日至3月14日,皆未有"吐血"记录,只于2月2日记录:"四姐躺在床上,疼得厉害,叫张干去买药和酒酿。"但翌日就能出外活动。(《张宗和日记(第一卷)》,第382页)又据金安平记述,张充和先是骑脚踏车出了事故,由此入院检查,症状却显示她有严重的肺结核。(《合肥四姊妹》,第146页)

② 张充和的二姐夫周有光也得过肺结核。时为1927年,他在上海光华大学毕业前后。所幸发现得早,病情也不重。晚年的周有光语气轻松地回忆道:"吃了一年鱼肝油就好了。是比较轻的。"(陈光中:《走读周有光》,北京:中国文史出版社,2011年,第96页)后来张充和肺结核痊愈,她认为是唱昆曲、吹笛子治好的,至于吃了那么多的鱼肝油等药物,她评价为"很少见效"。吃多了鱼肝油,她能够分辨出各种类型或材质的鱼肝油丸。比如,几年后亦患肺结核的弟媳孙凤竹给大弟宗和信中写道:"据四姐说此丸不太好,是清鱼肝油做的,不是鱼肝油精做的,吃起来要量多,每顿吃十粒。"(孙凤竹致张宗和信函,1940年3月20日,《秋灯忆语》,第193页)

③ 《张宗和日记(第一卷)》,第395—398页。

吃几服药就好了。下午众人商议后,还是决定住院,遂安排张充和住下。25日,张宗和到医院探病,"四姐一个人躺在床上哭,说难过,昨天一天都没有吃东西,吃了全吐了,今天也没有吃多少,现在肚子又难过,要吃白面。看护去拿来,她吃了才好。一会儿,她又说又笑了"。29日,他再到医院,"四姐又要洗肠子了"。下午快六点时,他要离开回校,"四姐流着泪和我说出院的事。我知道她实在不愿意住在医院里……"5月2日,众人接张充和出院,叫了汽车送她回香山。"三姐抱着四姐,开了一阵,四姐叫不舒服,她就坐起来。到了香山,用藤椅抬着她回去。"①

其后只是偶尔吐血。然而到7月上旬,又连着几天吐血,或呕吐物中带血,或见紫红色,遂于11日进城,到中华医院检查,"医生说才吐过血,不能照X光,要等不吐了一月以后,照X光才能看得清楚。开了一点止血的药",当日回山。九天后,张宗和觉得,"自进城回来,吃了药,四姐就不吐了,人也似乎好了点"②。

后来,直到8月底或9月初,张充和决定南归,才离开了香山。算下来,她在山上住了至少四个月。③

在此期间,守在张充和身边照顾她的,一个是苏沪时期就服侍她的女佣张干,另一个就是大弟宗和。有学业兼顾的他当时往返奔波于清华园与香山之间,见证了四姐卧病期间的种种,后来在一篇未写完的五言古诗中追忆云:"……就读清华园(指宗和),养病香山寺(指充和)。漫漫京城道,往返劳奔驰。婉转随姐意,殷勤为弟忽。突然发怒气,咬断体温计。主仆暗伤神,悲叹将辞世。泉畔切切谈,花间细细啼。"④此诗近于纪实,并可与他的日记参互阅读。

① 《张宗和日记(第一卷)》,第401—404页。
② 《张宗和日记(第一卷)》,第413—414页。
③ 张宗和日记原稿1935年8月23日—9月3日空缺。据他8月22日日记,确定张充和仍在香山;据9月4日日记,她应该已搬回城里。(《张宗和日记(第一卷)》,第423页)
④ 张宗和致张充和信函,1962年12月9日,《一曲微茫》,第300页。

他在日记中记录了四姐脾气一次又一次的阴晴变幻。一天,"预备晚饭,为了张干不让我倒她这水瓶里的水,就生气了。后来说了两句,吃饭的时候,哭了起来,后来竟是大哭,哭得很伤心。我知道她一定想起什么来了,我问她为什么。最后她说,她梦见亲奶奶了,亲奶奶叫她去养病"。他总结说,"她原来就易生气,现在病中,更爱生气","她可能大笑,也可能马上又哭了,真是没有法子"。他记道,有次张干给他两块钱,让买温度计,不让她知道。[1]可与诗中"突然发怒气,咬断体温计"两句互补。[2]一年后,张充和撰文承认,病中的她,"脾气更加坏了,无论什么使人吃不消的话,要说就说,把任何厚薄的面幕都要去拆穿他"。[3]

诗中还可见到,重病中的张充和一度绝望,"悲叹将辞世"。一个朋友就曾说她:"如果你的病能如此保持原态,还可挨上七八年,如果有个小变更就难保了。"她虽觉得他并非医生,可是还有几分相信他。[4]

*

作为病人,张充和也明白,愤怒与哭泣解决不了任何问题。她须努力做的,是"养病",即通过心理调适,转移悲伤,保持心态平和。她将之理解为:"病人是挑了'活'与'死'一个重担的人,所有的力量都在挑担子,我要竭力使它们平衡着。"然而这种平衡状态是如此不稳定:

> "活"同"死"是个担子,"病"是一支扁担,病人就是挑这担子的人。在"活"与"死"还能平衡时,扁担是重重地压在肩上,永远

---

[1] 《张宗和日记(第一卷)》,第411—412页。

[2] 虽有这段拿体温计解恨出气的经历,十年后她又引体温计入词云:"心同水银柱,冷暖自应知。"(1945年9月17日,《张充和诗文集》,第42页)后来,她在回张宗和的信中,似又得意地表示说:"词中用温度表大概我还是第一人呢。"(1962年12月26日,《一曲微茫》,第305页)

[3] 《病余随笔》,《张充和诗文集》,第194页。

[4] 《病余随笔》,《张充和诗文集》,第194页。这种心理,她以后还时有出现。如1940年在大后方的呈贡乡下,七日滴米不进的她也曾事先交代后事。(孙凤竹致张宗和信函,1940年5月27日,《秋灯忆语》,第221页)

压着,不让挑夫有一点休息。有一天"活"的重量忽然减轻到没有时,不,只要减到不能平衡时,那另一端一定不能支持,一定翘了起来,扁担也随着它从病人肩上轻轻地溜去了。[①]

她保持"扁担"平衡的方式之一,是如传统文人习惯做的那样,吟诗作词,颐养情性。几年后,见证这一切的张宗和,还曾拿四姐读诗作词的"成功"经验,劝慰也患了肺病的妻子孙凤竹:"我告诉你躺着无聊时哼哼唐诗,《唐诗三百首》不是有的吗?读读诗,陶冶性情,让你不要急,四姐在北平西山养病时就读诗词做诗词,是最养性的东西。"[②]

暮春时节,张充和写出了五首质量很高的小令,后迭经罗庸、沈尹默赐正,可说是精益求精。[③]香山五词,标志着张充和作为"一位诗人,

① 《斗》,《张充和诗文集》,第240—241页。
② 张宗和致孙凤竹信函,1939年9月24日,《秋灯忆语》,第160页。
③ 关于张充和和北大老师罗庸为其改稿事,据卞之琳《合璧记趣》一文回忆:"《浣溪沙》末句'倚舷低唱《牡丹亭》',原为'驻篙低唱《牡丹亭》',充和曾面告我,过去罗庸教授看了,不以为然:一个'低唱《牡丹亭》'的闺秀居然撑篙! 但我认为充和绝不只是杜丽娘式的人物,虽然擅唱《惊梦》《寻梦》诸曲,但也会撑篙淘气,这倒正合她不同凡俗的性格。"(《水——张家十姐弟的故事》,第228—230页)1941年在重庆,张充和把包括香山词在内的"几首不成熟的芜杂诗词"抄呈沈尹默赐正。沈尹默细为批改,指出误处。(张充和:《从洗砚说起——纪念沈尹默师》,《张充和诗文集》,第351页)比如《渔家傲》末几句,张充和原稿为"朱颜休惹花枝恼,花枝恼,明年更比今年好",沈尹默改"休惹"为"休向","更比"为"不比",于两个"花枝恼"间眉批"此处误脱一句",遂改作"惹袖余香还自保,谁知道"云云。(《张充和诗文集》,第20页)

前辈们对诗词创作中每一字句的苛求、慎思、推敲与打磨,堪称精益求精。自然,免不了想当然之处,引起不认同之声,如"驻篙低唱《牡丹亭》"一句,据张充和个性与卞之琳观察,极有可能为写实,罗庸可能不太了解,故从理想型闺秀形象出发提出疑问。不过张充和都听从了老师的意见,至少是两存。后来,精益求精贯穿了张充和诗词创作的一生。她留存下来的诗稿中,常出现这样的现象,同一诗词在不同年代或场合书写时,几经修改,异文较多,无有定本,可见出她如何字斟句酌,反复推敲。故张充和诗词的整理者白谦慎说,诗词"是她倾注了极大心智的艺术创作",并将各种异文列示出来。读这些带了异文的张充和诗词,是一种有趣而生动的体验,将迫使读者不得不调动心智,去思索作者为何如此改,不改又如何,究竟哪个更好,在不肯定中以某种理由暂且选择一种异文,然后过段时间又可能推翻自己的选择。

一个中国诗歌的终生弟子"（未来夫婿傅汉思1976年语）的诗词技艺，开始走向成熟。

蝶恋花

　　病榻初欣春意好，柳絮飞来，惊见春光老。窗外驴铃鸣向晓，檐前山色常相恼。

　　才见朝阳红树杪，又是斜晖，和闷和烟杳。消尽朱颜花事了，但教归梦萦芳草。

柳絮飞来，报告晚春消息，也牵惹起不尽的乡思。香山五词，首首写的是"归梦"，而且从白昼做到夜晚：

菩萨蛮

　　松林月黑风初动，空山红烛摇归梦。归梦正凄迷，孤村响夜鸡。

　　生离长恻恻，魂断幽燕客。鸱鸟啸长空，寒泉咽晓钟。①

词中多种意象在作于此一时期的散文《黑》中再次出现。文中写道：寂静夜中，烧一支红烛，思绪越过身边女佣通宵不绝的呼噜和自己的长吁短叹，捕捉着窗外各色夜声，展开天地间的玄想，以至忘了自己："我常常在黑暗中见到两条金龙在一起游戏，在我与龙的四周都是密布着红的点子，它们以各种身段来眛惑我，我在这时，忘了这世界，似乎我也加在它们的游戏之中了。"②

---

① 《张充和诗文集》，第12、14页。
② 《黑》，《张充和诗文集》，第188页。

*

然而后来,因对两头猪的持续关注,张充和的认识发生逆转,转变的过程颇富戏剧性。

一日,她又注意到那两头猪。平时,她常常见到它们在柿林左边山坡的垃圾堆上睡觉,或者以它们那长大的嘴把垃圾翻个洞,一面哼着一面在洞里面寻找食物。她仔细观察着它们的一举一动,煞是羡慕:"今天它们吃睡两饱,也学着悠闲的人们,慢慢地散着步,尾巴两边甩,似乎比什么动物都骄傲。它们像是兄弟,又像是朋友,一步一步地荡着肚下的肥肉向柿林中走去。灰白的地上,蠕动着两个黑动物。"在她看来,这哪是两头猪,而简直是非凡脱俗的"超人":"它们是在优游了,真正得到山林之乐,也许只有它们了。"这似应理解为,她把自己正竭力实行的修心养性、无欲无求这些思想,移情到了猪的身上。

正当她沉浸于浮想联翩不可自拔时,画风突变。她忽然听到叫喊的声音,原来它们也未能免俗地相打了。她仔细记录下它们的打架过程:"它们拼命的追着,嘶喊着,一直追出了柿林,追到山坡上的垃圾旁。一个强有力的用它粗大的嘴像翻垃圾一样地把另一只翻到坡上去。在翻垃圾时的悠闲镇静,有君子之风,这时却态度凶横,是盗跖的遗孽。它得到胜利又翘着尾,荡着肚皮散步去了。没想到,一千个没想到,与任何动物不争的猪也会打架。"

一个念头跳上心头:"我只望能同谁打一架……"

她决定,她不再任病痛继续像扁担般压榨她了,她要有所行动:"我现在要把肩凑近'活'的一头。我不能在力量上有所增减,只能移动支点,我要活,要相打。"

她心中燃起这样的誓愿:"打架的人总是抱着胜利的心,我愿有这颗心。"①

心态变了，看待事物的未来也能朝向光明面。下面这阕小令，发出"谁知道，明年不比今年好"的愿望，或即这种心态的反应？

渔家傲

睡起欲成流水调，双蛾敛尽弦声杳。客梦迢迢春草草，樱桃小，绿芜庭院花枝俏。

月有盈亏天不老，朱颜休向花枝恼。惹袖余香还自保，谁知道，明年不比今年好。②

卧病香山时期，可谓张充和百年生命历程的最低点，然而更是其转折点。她在人生最低落之时，萌发了一种新的意念，放弃以前消极的、挨过一天是一天的"养病"观，选择更具进取性的同疾病斗争的心态。

她成功了。将近三十年后，早已超越朋友所谓"如果你的病能如此保持原态，还可挨上七八年，如果有个小变更就难保了"之大限的张充和，还好好地活在海外，每天为一家四口操持着，又种菜，写字，画画，唱曲，虽然累，虽然也不时头疼感冒，但身体非常硬朗，并无大碍。她对比卧病香山以来的种种，总结道："我有今日之体力，除了医生给我少许援助外，一切都是我自己奋斗出来的。……我当初（现在也是）就是胃弱，后又有胃病，肺是完全好了。但你知道我的挫折，我自己克

---

① 《斗》，《张充和诗文集》，第241—242页。此文最早刊载于1937年1月16日的《中央日报·贡献》，则写作时间似在此前不久。不过，考虑《斗》文中，她记述两猪举止等细节的精确程度，且她用的是"今天"这个字眼，以及她病后随手写有"病余随笔"等推测，此文当写于她养病香山看到两猪打架那天，或至少发表时据当时"病余随笔"的底稿改定。

② 《张充和诗文集》，第15页。据该书第20页，"谁知道，明年不比今年好"是后来沈尹默给张充和改成这样的。她的原句要更直白："明年更比今年好。"

服,困难自己解决。坚强不屈的性格连病也克服了。"①说这话后又过了十年,当时的见证人张宗和也用"斗"来总结他所亲见的四姐。他给张充和回信中这样说:"你说困难来了我就解决它,这正是你的长处。……我所亲眼见到的是你和疾病斗争,唱唱戏,吐吐血,又唱,这种精神我是没有的,所以实际上你是并不怕事的。"②

可见,1935年养病香山时,张充和所萌生的"斗"的意念,并非一时热血上头说说而已,而是转化成一种持久性的力量,从而奠定她百年人生的基石。

8月底或9月初,张充和离开香山。9月13日下午,她在大姐元和、女佣张干陪伴下,离开北平,登上南归的列车,去实践她的意念。

---

① 张充和致张宗和信函,1963年7月13日,《一曲微茫》,第325页。
② 张宗和致张充和信函,1973年8月23日,《一曲微茫》,第456页。

晋级曲迷

| "过去吹笛子把肺病吹好,也唱好,医生还在做梦呢" |

初回南方,张充和的身体还是让人无比揪心。

南下车上,她又牙疼了,遂到上海住院治疗,不久再次吐血,比哪一次都吐得多,在苏州打针吃药,忍不住又哭。陆续接到这些坏消息的大弟宗和,10月13日晚上,"做梦梦见四姐让医生下药下错了,给害死了。醒来之后难过极了,把梦细细的想了一遍,就像又做一次梦似的。现在大半夜了,我不愿意记下不好的事。四姐来信我才安心"。十一天后,"接到四姐的信,说不吐血啦,很高兴,也许是好了也说不定"①。

其后,身体有所好转的张充和曾感觉寂寞。②然而,当1935年12月30日因"一二·九"学潮而提前离校回到苏州家中后,张宗和发现了一个新情况:"四姐,现在是昆曲迷……"

从昆曲爱好者升级为昆曲迷的张充和,不仅"睡在床上,还在看昆曲的书",而且只要在家醒着,就只是唱曲搭身段。已有五年唱曲基础的她,不再满足于"清唱",而要连演带唱了。一有时间,她就请早先的昆曲老师沈传芷、张传芳到家教习身段,并拉住大弟,让大弟学《惊梦》

---

① 《张宗和日记(第一卷)》,第437、441页。
② 《张宗和日记(第一卷)》,第450、453页。

的小生,好和她搭戏。

在家不尽兴,她于是几乎天天往外跑,以至常常晚回家,常常不回家。她跑得最勤的是大儒巷陈家,即苏州陈筱蕃家,陈太太徐企文①是幔亭曲社社长。

曲友定于腊月十八举办同期之会。

张充和精心准备,到乾泰祥买料子,贵,花去二十九元二毛。然后叫裁缝上门量体裁衣。又到观前街买银纽扣。衣服做好就为曲会上穿。

沈传芷、张传芳、蔡传珊被频频请至家中,加紧演练;许多时候,又随张充和、张宗和姐弟到陈家。一次,沈传芷和他们谈了许多戏班上的事。宗和心中感慨:"昆曲是没落的东西了,靠此吃饭,自然是一定不行的了。"

1936年1月7日,到陈家唱罢,翌日晨,张充和喉咙发疼,拍一两遍《寻梦》,就不能再唱了;宗和喉咙也哑了,仍唱了不少,最后实在唱不出了。下午,张充和仍一如既往地出门搭曲子。当晚早睡的宗和也不知四姐多会儿回的家。第三日:"下午又到陈家,没有什么人,只有陆先生、二老倌、陈太太的女儿。做了一遍《惊梦》,四姐老是做《絮阁》《思凡》《佳期》,又和我做《惊梦》。后来她又叫我做《惊梦》,我不来,说要走了,她生气了,说我要走,要走你就先走。我知道她这两天火气盛,不理她,一会儿她也要走了。我们一阵出来,她跟我说,下次不要我来了。"

1月12日(腊月十八),曲会同期之日。下午,众曲友纷纷来到西白塔子巷钱家。张宗和记录的演唱名单是:"《思凡》(陆先生),《絮阁》(四姐),《投渊》(小许),《楼会》(小许),《纳姻》(二老倌),《游园惊梦》

---

① 徐企文,许多记录包括顾颉刚日记写作"陈企文",或即"陈徐企文"的省称。

（吴、四、我），《琴挑》（钱），《认子》《酒楼》《小宴》《斩娥》（五、文），《佳期》（大佬倌、我、四），《盘夫》。"又记："到十点钟才完。《惊梦》我唱坏了，后来陈太太硬要叫我一个人唱了一个大佬倌唱的《佳期》。吃的席不好，没有吃饱。回到家已经十一点一刻了，肚子饿，吃饼干。说说话，到两三点钟才睡。"其中"文"即陈太太徐企文。

其后十多天，家中也是分外热闹，主题即昆曲。"三弟说昆曲不好，四姐和他俩人说翻了。四姐后来大概不生气了，而去将就三弟，和他说话，三弟像是不太高兴的样子。"这不过是小插曲，重头在后面："到家来总是乱哄哄的，一房里住了不少人，什么事儿也不能做，只能搭戏。""妈妈来看看我们房里，后来几天爸爸兴致也来了，要唱曲子。我们教他唱'天淡云闲'。我吹，四姐带着爸爸妈妈唱。有时她吹，我和爸爸唱。爸爸耳朵听不准，又不懂板眼，所以总是唱不好。但我们总鼓励他，他很有劲，妈妈也很有兴致。"

张宗和继续记述："晚上睡得很早，不到两三点钟就醒了。四姐也总是那时候醒，我们便谈话，越谈越清醒。我们谈的是正经话，我讲西洋史给她听，又讨论诗词曲史，但大半还是谈昆曲的时候多。"[1]

多么欢快而温馨的一段时光。

困扰张充和的肺结核症状得到极大缓解。数十年后她自得地夸示说："过去吹笛子把肺病吹好，也唱好，医生还在做梦呢。"[2]她分析缓解之因，以为肺病也好，胃病也好，似乎一切都因神经的不痛快、不舒畅而发。但一旦被唱曲吹笛所吸引，为之着魔，忘了痛苦，使心境每天处于舒畅状态，坚持不懈下去，可能不知不觉就好了。至于此一期间

① 《张宗和日记（第一卷）》，第466—478页。
② 张充和致张宗和信函，1962年8月3日，《一曲微茫》，第244页。

服用的药物,应该关系不大。[①]

张充和的内心也突然变得强大。据张宗和日记,从此以后,她再也不是那个动不动就掉眼泪的柔弱的小可怜了,弹泪在她已是很难得之事。

*

到了春天,苏州城已不能满足张充和那颗狂热的嗜曲之心了。她于是游转于江南各地,寻朋会友、唱曲学曲,以至登台表演。

她追随曲友许振寰的脚步,来到许氏工作的乡下。许振寰就是那位家中长辈不许她唱曲,她遂偷偷背着家里学曲的曲友。她在浒墅关蚕桑学校毕业后,被分派到各乡镇,栽培优良蚕种,教农民养蚕,是幔亭曲社唯一同张充和在一起背曲的人。"不管在火车上,轮船上,两人挤得紧紧的唱,又怕人听见,又怕自己听不见,从动身到目的地没有五分钟不在背曲。"张充和后来描绘她来到乡间,与许振寰度过的一段美好日子说:

> 一次她分配在一个小镇上工作,同我约好为她送蚕种,我清早乘火车到浒墅关领了蚕种,所里人为我雇了一辆独轮车,一边坐我,一边放一个大纸盒,盒中有几张纸,上面布满蚕子,一共不过两磅。我怕不平衡,尤其走在极窄的田坝上,身下就一片水,心里有些悬悬的,但不到几分钟后便觉得自由自在了。一路上平畴远树,疏疏落落的几家人家,正是初春时候,还不到忙月,田中无人,草坡上有水牛在吃草,独轮车咿咿呀呀经过时,它便凝视着我们,好一对温良的眼睛!对面来一个挑蔬菜的担子,见到我们就转

[①] 张充和原话是:"关于药我亦无印象,而且很少见效。似乎一切病都因神经而发。当初的肺,如今的胃,无一不是心境一舒畅就好。"(张充和致张宗和信函,1962年7月14日,《一曲微茫》,第233页)

到另一田坝上等我们走过再走。车夫告诉我乡间的规矩是轻车不让重担的。

　　到了振宣的工作地，她住的是村里三间土屋，近处一丛桑林，桑林以外也是一片水田。白天她忙于蚕事，晚间我们俩坐在池塘边唱曲。先是背《琴挑》《楼会》等曲子，以后就一字一腔，反复打磨。当时我俩最喜欢打磨的是《认子》同《寻梦》。乡间真是日出而作，日入而息，天一黑就没有人声了。那时鸦雀无声，蛙虫俱寂，连月亮也没有，只有闪烁的星星，宇宙为我们所有，曲子为我们所有，没有过去，没有将来，一字一腔尽是"心声"。此景此情，何可再得！①

昆曲是一种高度程式化的艺术，凝结了五百年来一代代昆曲人的艺术精华。每一个字如何读，如何唱，每一个动作如何做，每一个眼神如何表示，都有严格的规范，需要初学者一点点学会、练熟、弄透。这就意味着高强度多重复的训练，不免枯燥乏味。张充和晚年回忆说："我学新曲子，一定拍一百遍，把曲子记熟以后，我就一遍一遍琢磨唱腔。"她又说："每次要表演或是要伴奏，我一定练一百遍。"也就是说，学习昆曲并非一劳永逸，而是未来要不断研习、揣摩，精益求精。②

　　因此，研习昆曲，能有一帮志同道合的曲友在身边，相互砥砺，抱团取暖，是最为关键、最为幸福的事情。张充和说过："其实学昆曲并不难，只要下工夫就行。但重要的是，必须找到搭档才行。"③又屡屡

---

① 《曲人曲事·许振宣》，《张充和诗文集》，第360—361页。
② 陈安娜：《怀念充和老师——傅张充和女士追思会致辞》，http://blog.sina.com.cn/s/blog_5f28c7da0102vmyv.html。张充和的研习方法得自其昆曲老师。有关沈传芷、张传芳等"传"字辈名角如何学艺，接受高强度多重复的训练，参见周传瑛：《昆剧生涯六十年》，上海：上海文艺出版社，1988年，第21—26页。
③ 《曲人鸿爪》，第18页。

说:"跟好朋友唱曲是最快乐的事。"①所谓"搭档"和"好朋友",即曲友。晚年她描述道:"曲友中不管是哪一方面工作者,对于昆曲的热爱,无异于对宗教的感觉,无论老少贫富,业余或职业者,相互之间也相当于教友的亲切。他们的演、唱或生活琐琐小事,即使远隔重洋,即使生死之隔,总不时在我眼前一幕幕地重演出来。"②

她一再地来到上海。据张宗和日记,四姐来信说,"她到上海去了,去赴'某姓'曲会"。他于是感慨:"半个月来没有收到四姐的信,大概她是被曲子迷得什么也都不顾了。"几日后他再记:"四姐来信,从上海来的。又找老前辈的曲家,唱曲子,大乐。"③

就是在上海,经过五年多的精心练习,反复打磨,以及在许多种非上妆场合的演唱实践,张充和踏出了作为昆曲表演艺术家的最后一步,化彩妆、着戏服,正式于兰心戏院登台演出,演的是《游园惊梦》。张充和演杜丽娘,大姐元和演柳梦梅,另一个苏州女子李云梅演春香。④

*

6月上旬,到处漫游的张充和在浒墅关给大弟宗和去信,说她下一站去无锡,又想去青岛,叫大弟也去,那儿也有唱曲的。

---

① 陈安娜:《怀念充和老师——傅张充和女士追思会致辞》。
② 《曲人曲事·小引》,《张充和诗文集》,第356页。
③ 《张宗和日记(第一卷)》,第487、489页。
④ 《曲人鸿爪》,第14—15页。据《天涯晚笛》第29页,当苏炜问张充和第一次正式登台在什么地方时,张充和回答:"在上海兰馨戏院,唱《游园惊梦》。我唱杜丽娘,唱花旦春香的,是李云梅;唱柳梦梅的小生不记得了,大概是当时上海现找的年轻人。同台演的还有《蝴蝶梦》。那是正式的演出,不是普通学校那种玩票式的表演。"(注:"兰馨"应为"兰心")关于演出时间,张充和在《曲人曲事·张善芗》中写道:"1936年,张善芗在上海兰心戏院与我同台演戏,她演的是《蝴蝶梦》中的《说亲》《回话》,我演的是《游园惊梦》……"(《张充和诗文集》,第363页)两条材料合并理解,则张充和第一次登台演出当在1936年。

　　大弟于是筹备赴青岛,通过许宝骏——就是那位给张充和数学打零分的曲友——的关系,借住南浔巨商刘锦藻家族在青岛太平路75号的别墅静寄庐。7月9日,张宗和先期到达青岛,管事先生将他安排住下,房间长方形,沙发、藤椅都很破旧,墙也是补过的,但向南窗户正望见大海。和厨子说好,包饭,两毛五一客,早餐一毛一客,吃一顿算一顿。

　　7月10日,张充和乘大连丸抵青岛。"下船出码头,"前来接她的大弟记道,"她一路就和我说上海昆曲的事情。坐上汽车,取了行李,回到太平路,马上就拿出笛子来吹了一会儿。我们又打电话把传芷找了来,他也在青岛。"①

　　青岛唱曲之风在20世纪30年代中期颇极一时之盛。其中以路朝銮、王百雷、孙誉清等人发起成立的青光曲社的活动为代表。②在他们延请下,1936年春,沈传芷与师弟薛传钢离开"仙霓社"戏班,前来授艺,一直待到卢沟桥事变爆发为止。③张充和远来青岛,不仅为消夏,更是追着沈传芷老师的脚步,到此继续学唱昆曲。

　　跟着沈老师,张充和新学了《艳云亭》中《痴诉》《点香》两折。遗憾的是,当她向沈传芷讨教身段时,沈老师说:"我没有这折戏的身段,我老娘家也许有。""老娘家"即其父沈月泉,"全福班"鼎角,苏州昆曲界所尊称的"大先生"。后来回了苏州,沈传芷向其父学习后,方教给了张充和。④其间,她曾为沈老师以秀雅小楷书昆曲工尺谱《认子》一卷,落款云:"丙子夏(阴历)六月于青岛海滨静寄庐中,日与葆生先生唱曲,问其所好,则曰《认子》,因书此以赠之,聊以为念耳。平梁张氏季

① 《张宗和日记(第一卷)》,第522—536页。
② 《曲人曲事》,《张充和诗文集》,第357页;《吴梅全集·日记卷(下)》,第802页。
③ 《幽兰雅韵赖传承:昆剧传字辈评传》,第142页。
④ 《最后的闺秀》,第133页。

子。"钤印一"旋"字,即她在北大读书时的名字"张旋"。①

7月14日,沈传芷告诉张充和姐弟,听到有曲友前来,青岛这边很是欢迎,当晚有曲会,会派汽车来接。随后,沈老师离开静寄庐。

到晚上,张充和打扮得漂漂亮亮的,和大弟宗和坐上接他们的汽车。车上他们感到好笑,一个人也不认得,糊糊涂涂地就去赶人家的曲会,这在他们可谓绝无仅有。以前无论在苏、在沪或在北平,都是熟人间的聚会。

到了地方,沈传芷将他们介绍给与会曲友。那晚主人是路朝銮,时任青岛市政府秘书。路氏夫妇、儿子儿媳、年方七八岁的小孙女及四个女儿,一门九人都会唱曲,另有孙誉清、孙凤竹父女,加张充和姐弟等,一房十多人,煞是热闹。与苏州比较,张充和姐弟觉得,他们的曲会还不够正式,因为他们都还唱清曲,也不嵌白,有的还要带铺盖(即看着曲谱唱)。轮到张氏姐弟唱完,他们也都拍手。总体上,他们招待得很好,大客厅也叫人非常舒适,张充和也很快与在场小姐们熟识了。不觉间,夜已深。

糊里糊涂地,张充和姐弟撞进了青岛昆曲圈,频繁参加曲会。与孙家女儿凤竹相熟后,孙向姐弟俩坦告,别看第一晚大家表现得客客气气的,其实对姐弟俩印象很不好。张宗和后来记述道:"尤其是四姐,她还擦了口红,而事先传芷又说我们刚从上海唱了戏来,她们还以为我们是戏子,及至四姐唱完了,大家拍手,她又站起来拱拱手,这一点她们的印象最坏了。心想到底是戏子,怎么女人还拱手。其实苏州唱曲子的老规矩,大家都拱手,也不以为怪了。"②孙凤竹不仅成了张充和的好友,几年后还与大弟宗和结婚,成为她亲爱的弟媳。

---

① 卧云山馆:《最后闺秀之最早墨迹——张充和先生昆曲工尺谱卷》,http://blog.sina.com.cn/s/blog_711880ae0100nqt4.html。
②《秋灯忆语》,第9—11页。

孙父誉清是曲社总务主任，也和张充和姐弟相处融洽。他向姐弟俩宣传打太极拳的好处，并于7月20日介绍教拳先生前来。从此，两人就坚持每日学习打拳。8月8日，姐弟俩借有宽大客厅的孙家做东，办了一次曲会。翌日，大弟宗和因事先行离开青岛。[①]

独留在此的张充和继续着自己的快乐。她后来向宗和回忆说："我当初在青岛时，你走了后，我一个人练，练得天旋地转，把笛子一甩就倒下了。"[②]一次曲会上，她遇见梅兰芳在场。梅于8月5日至24日赴青岛避暑，趁便参加青光曲社的活动。张充和记得，那次曲会由王百雷做东，与会人还有梅的搭档姜妙香、本地曲友路朝銮等。她唱的是《惊梦》。在路朝銮身边，梅兰芳与她闲聊，问她的家世云云。[③]

*

约9月中旬，张充和回到苏州，大姐也因事赶回家里。"她们两位都是曲迷，"大弟宗和记道，"整天的弄昆曲，不是唱就是吹，不然就是做。在自己家里玩玩还不过瘾，非要到大家一起弄，总是深夜才回来。"[④]自上一年张充和随大姐回到苏州，两人常在一起研习昆曲。张元和晚年回忆这段时光，说四妹对昆曲简直"着了魔"。过去二十多年里，两人很少相聚，又相差六岁，张充和与之也没有像与二姐允和在上海光华实中、三姐兆和在北平那样的共同生活经历，因此比较隔膜。是昆曲，让姐妹俩建立了情感交流的基础。[⑤]

张宗和于该年从清华大学毕业，随后在乐益任教。张充和与大弟继续着在青岛所学太极拳，常常一块打拳，跑步，也一块搭戏。不过，

---

① 《张宗和日记（第一卷）》，第540—545页。
② 张充和致张宗和信函，1961年12月6日，《一曲微茫》，第164页。
③ 张充和致张宗和信函，1961年9月2日，《一曲微茫》，第148页。
④ 《张宗和日记（第一卷）》，第563页。
⑤ 《合肥四姊妹》，第146页。

张宗和记述:"为了演戏,常和四姐吵,她说我不肯好好的学戏,我有时也实在没有兴致,有时高兴也就玩玩,她就说我不用心。"①

10月5日,张家举办曲会,曲友济济一堂,欢迎大名鼎鼎的红豆馆主溥侗(号西园)到访。张宗和记录:

> (下午)五六点钟,慢慢的人都来了,李太太、陆先生、传芳、传瑛、传镇、溥西园(并不太老,面色很好)、长成、陈太太、二老倌、许振寰、徐体山、王莆民……总之,还是他们那一班唱曲的人。来了谈不了几句话,就开始唱起来了。先是吴礼初唱《惊梦》,叫我唱小生,溥西园和吴礼初合唱《贩马记》《写状》,唱得并不好,吴也不好,两人都有许多地方不会。
>
> 唱完戏就入席,一共两桌,我们一家,三弟、五弟,爸爸都在内,菜是义昌福的菜,都很不错,都很烂,大概很合老年人的胃口。席快终时,每人唱一支曲子,传瑛唱的是《访谱》,二老倌唱《骂曹》,小许《惊梦》,陆先生《下山》,李、陈二位太太的是《藏舟》,振寰的《琴挑》,殷炎麟的《题曲》,大姐、四姐的《断桥》,我唱《乔醋》,可算盛会也。
>
> 席散后,四姐、陆先生又串《游园》,溥西园他做了一遍"原来姹紫嫣红"。这才见到他的好处,脚步身段,无一不好看,稳极了。
>
> 十点多,客都走了,我们自然是以溥西园为中心谈话了。②

其后,张充和姐弟又忙着准备一场大型演出——连续三天六场的昆曲公演。

---

① 《张宗和日记(第二卷)》,第17页。
② 《张宗和日记(第二卷)》,第6页。

10月末的一天早上,张充和与大弟骑车去了趟宝带桥,第二天,时隔两个多月她又吐血了,还挺多。之后差不多每天早上都吐一点。不过,她并未放松排练所演曲目。

11月4—6日,是公演的日子。张宗和记录:

> 四号星期三是公演的第一天,日场有大姐、四姐、李太太、吴太太的全本《牡丹亭》,四姐扮的漂亮极了,娇怯怯的,似一朵弱不禁风的花似的,她一出来大家都注意。
>
> 晚上有我和四姐的《琴挑》,我一点也不慌,自己知道自己只是头一段"月明云淡"稍微有点着慌外,其余的都还好。一出场就有彩,自然是靳以他们的捧场……"数落红"下场也有彩,完了自然也有彩,我自己也觉得比平时在家练习的时候好得多。我下台下妆时,许多人都来说好,尤其是说我的扮相好极了,竟说是标准的风流小生。到台下看戏时,许多人老是看我,真是不好意思。
>
> ……
>
> 五号日场有大姐、四姐的《楼会》,没有去看,因为有课,晚上有全本的《长生殿》,上海来的票友。
>
> 六号日场大姐、四姐、王茀民的《断桥》,我看到了,晚上《痴诉》《点香》,就没有看,回来睡了。四姐早上还是吐了血,晚上还照样演戏。①

《痴诉》《点香》是张充和在青岛从沈传芷先学的曲子,回苏州后才学了身段。这次她与徐菊生的合作,实乃首演。二姐允和观看了此次演出,其中张充和的"二次亮相"令她印象深刻。晚年她回忆道:"我记

---

① 《张宗和日记(第二卷)》,第19页。

得我第一次(七七事变前)看我四妹充和演《痴诉》《点香》的时候,四妹的二次亮相演得很足,她望着孩子们走远了,嘴里还在叫:'来呀!来呀!再来耍呀!'孩子们走远了,她收回了眼光,放下高举的双手,看交叉的双袖,看到她的衣衫又破又龌龊,摇头,有一个无可奈何装疯的亮相,同时也是装疯装得筋疲力倦的亮相,然后双袖低垂,人几乎摇摇欲坠,这二次亮相是充满悲哀凄恻的眼神。这样一来,观众才知道,她是假疯。"[1]

关于张充和的再次吐血,张宗和记录:"唱戏后还是吐血,又和在西山时差不多了。那天找李广新去看了一趟,吃了点药,这两天总算不吐了,希望能就此不再吐下去。"又记:"生了病她待我好了,也温存极了,像在北平公寓里时的情景。这三天,每天下午都出去看电影,真是好极了。"[2]

几天后,张充和的病情再次稳定,她就忍不住破戒,又是唱曲,又是吹笛。当家里,当苏州城不能满足她,她又一次次出游,到上海,到南京,到江南各地凡有曲友、曲会的地方,得以尽兴发挥、沉浸其中……

*

1937年1月,上海。听闻由韩世昌领衔的北昆戏班祥庆班巡回演出至上海,张充和与大弟于20日赴沪,专门看其演出。张宗和记录说:"戏是侯炳武的《倒铜旗》(不是侯永堂),张文生的《安天会》,侯玉山的《嫁妹》(最好最漂亮的,功夫也好),白云生、韩世昌的《藏舟》(不坏,嗓子还好),韩的《相梁》《刺梁》,小丑,很好,身段好看,口齿清楚。他们这一批都卖劲,所以好。"

两日后,张充和到新世界中国灌音公司录了一张唱片,录的是《寻

① 《最后的闺秀》,第132页。
② 《张宗和日记(第二卷)》,第20页。

梦》及《浣纱记》的《采莲》，谷音社曲友殷炎麟拉的胡琴。六块钱打八折，加两根针，共五块。随后到巴金家，"四姐神经病，对自己的片子太热情了，让人去借留声机来，大开而特开机器，巴金大概是不好意思不听，靳（以）是真心实意的"。①

6月，南京。祥庆班巡演至此，其时张充和姐弟都在南京，曾请韩世昌指导过他们的表演。二十年后，张宗和还记得韩世昌大夏天里穿了一件旧的绸夹袍到他们寓所唱《思凡》的情景。②韩世昌后来在回忆录中也特别提及："我和张充和还研究了《寻梦》。"③

张充和还想与韩世昌合演《牡丹亭》的一、二折，她演杜丽娘，韩演戏份也很吃重的春香。演出前几天，她听到反对声。反对最力者是褚民谊，南京当地最盛的曲社公余联欢社的主要组织者之一。褚作为曲社前辈、政府要员，见过大世面，曾留学法国，取得医学博士学位，并游历日本、欧洲，但他无法容忍专业艺人与业余曲友同台演出同等重要角色。张充和不肯屈服，并宣布退出比赛，坚称那种认为艺人只配在舞台上给曲友跑跑龙套的旧有规矩是错误的，不合理的。她如此做，使事情陷入僵局。正如大弟宗和所言，这样会让韩世昌感到尴尬，因为比起公平，生存才是第一位的事情，曲友是艺人韩世昌的衣食父母，他需要尽最大可能与各个曲友维持友好关系。④

---

① 《张宗和日记（第二卷）》，第60、61页。

② 张宗和致张充和信函，1958年1月30日，《一曲微茫》，第110页。

③ 韩世昌：《我的昆曲艺术生活》，张琦翔据韩世昌1962年口述整理，中国人民政治协商会议北京委员会文史资料研究委员会编：《燕都艺谭》，北京：北京出版社，1985年，第58页。韩世昌领衔的祥庆班先后两次至南京巡演。首次是1936年12月西安事变发生前后至转年1月中旬，待了一个多月。韩世昌在回忆中将他与张充和研究《寻梦》的时间系于此时。不过据《张宗和日记（第二卷）》，张充和此段时间基本在苏州，仅于1936年12月13—14日到上海看过一次戏，其中有大姐元和的表演。因此当属韩世昌记混了。

④ 《合肥四姊妹》，第159页。

　　此时,苏州同乡会昆曲演出活动正在紧张彩排中。此事由韩世昌的昆曲恩师之一吴梅领班,其演出戏服也就由祥庆班提供。①

　　6月19日晚八点,演出正式开始。当晚共演昆曲十折,其中张充和演了三折,包括《游园》(与费小姐)、《惊梦》(与张宣和)和《乔醋》(与宋选之)。②《乔醋》原计划由宋选之同陈伯鱼出演,然而有点可笑的是,"陈伯鱼在演前四天跌断了门牙,吴梅先生命我代《乔醋》的旦,我连夜赶出"。③

　　对吴梅,这位创作、制谱、唱念、研究及传授等各个方面皆有大成的前辈,张充和敬重一生。不过,无论从传统形式,还是现代意义讲,张充和都不是吴梅的弟子。她既没有如其大学老师、谷音社组织者俞平伯在北京大学或其二姐允和在上海光华大学那样选过吴梅的昆曲课,也不曾像她的曲友许振寰、昆曲指导者韩世昌那样私底下向吴梅拜师学艺过。

　　7月1日,镇江。省立医院为庆祝成立十周年,邀请包括张充和姐妹在内的一帮苏州小姐太太们前来演出昆曲。张宗和从南京赶来观看,他记录的演出名单是:"顾传玠,《写状》;大姐、李太太,《小宴》;李凤云、大姐、二姐、四姐,《游园惊梦》;李太太、许振寰,《乔醋》。"④

　　7月6日,苏州。张充和手捧一套全新册页及自作词稿,登门拜访回乡避暑的吴梅。吴梅为其改词二首,在册页上书自度曲《北双调·沉醉东风》一幅。曲文云:

　　　　展生绡,艺林人在。指烟岚,画本天开。重摹梅道人,忆旧娄

① 《吴梅全集·日记卷(下)》,第886—888、900页。
② 《吴梅全集·日记卷(下)》,第900页。
③ 《曲人曲事·张善芗》,《张充和诗文集》,第363页。
④ 《张宗和日记(第二卷)》,第99页。

东派。是先生自写胸怀。二老茅亭话劫灰,只满目云山未改。[1]

　　由吴梅首开其篇的后来称为《曲人鸿爪》的这套全新册页,以后长达半个多世纪,将陆续有曲人留下他们的书画作品。张充和的初衷,应该就像"曲人鸿爪"这个名字表明的,想通过这些书画曲词的精致片段,留下一帧帧与众多曲人的美好回忆。

　　然而很不幸,就在吴梅题罢此字的次日,战争猝不及防地爆发了。神州变色,苍生流离。张充和携带此套册页,飘蓬西南,仓皇去国,淹留异域,其间与众多有共同际遇的曲人相遇、相识、相别又相念。由此,他们在《曲人鸿爪》上的留墨,不由让人感喟不已,并做出各种超越单纯曲人交谊性质的解读。或曰,册页中的各幅书画作品,无论是描写赏心悦目的景致,或是抒写飘零无奈的逃难经历,都表现了近百年中国社会转型过程中传统文人的流风余韵及其推陈出新的探求;[2]或曰,这是一套留下幽幽时光痕迹的珍贵历史文物,它将半个世纪的时代沧桑、风流人物、国运家运尽收其中。[3]

　　照着这种解读,重阅吴梅的开篇题字"二老茅亭话劫灰,只满目云山未改",颇像诗谶!

*

　　自1930年秋回到苏州初次接触并爱上昆曲,到1937年抗战全面爆发,张充和在多位名伶与曲师的教诲下,在业余昆曲界前辈的提携和曲友的砥砺下,经过近七年勤奋不懈的学习,奠定了她作为一代业余昆曲表演艺术家的扎实根基。同时,昆曲也内化到张充和的生命里,成为她百年人生旅途中安身立命的一大法门。晚年的她总结道:

① 《吴梅全集·日记卷(下)》,第906页;《曲人鸿爪》,第35—37页。
② 《曲人鸿爪》,第31页。
③ 《天涯晚笛》,第32、40页。

"昆曲在我生命中占了一大部分重要性，每一个记忆总是新鲜的，愉快的。"①

---

① 《曲人曲事·小引》，《张充和诗文集》，第356页。

首份职业

|“半年来写稿子，虽然没有正式做事，但也弄了不少钱”|

　　痴迷在昆曲中的张充和，内心潜藏着无法言喻的烦恼——她的出路。

　　她固然有家中份钱可拿，不愁吃喝，但毕竟已长大成人，要么像二姐、三姐那般，嫁人，做个家庭主妇，襄助丈夫，要么像大姐、大弟那样，有自己的一份工作，实现自立。否则，不光是别人闲言碎语，父母那里也会计较。“四姐的信说爸爸和她算账，”张宗和1935年11月1日记道，“她像是很生气的样子。爸爸原也不该在她生病的时候和她说这些事，回信时我安慰她，说了爸爸一顿。大姐又不在苏州，她一个人在苏州，是有点难过。”①

　　中意的姻缘虽可遇不可求，但好的差事她一直在谋取。1936年3月13日，据张宗和日记：“接到四姐由南京发来的信，信上说，下半年或许会到缅甸使馆里去做事。要是成功了，倒是很好，只是我们又隔得远了一点。”②其时张充和身体大见好转，因此大弟也很支持她出来做事。

　　然而尚未动身，她又再次吐血，因此当她再说起赴缅甸工作事，家里人都不赞成。大弟说她不能做事，又说她找了事也不做，她马上就

---

① 《张宗和日记（第一卷）》，第444页。
② 《张宗和日记（第一卷）》，第501页。

气了,到后房去大哭,收拾东西就要走,哭了好久,劝说好久,才消停下来。后来她又提及此事,家人虽不赞成,但也不敢再劝说,"她却是个犟脾气,不要她去,她非要去"。①

拖延至1937年2月中旬,此事才得暂时解决。张家姐弟的友人高昌南,时任职于南京《中央日报》社,帮张充和在南京找了个事,"教外国女人的书,一月三十元","说还可以在报馆里找一个小事儿"。听闻此消息,张充和终于放弃缅甸之行,拟至南京。

十几天前来到南京,任教于励志社附属中学的大弟宗和听得此讯,精神为之一振,在报社附近,国府路香铺营口196号一家杂货店楼上(今长江路、洪武北路交叉处北口),租下两间房,每月二十一元,另租有家具,每月四元。②

2月21日,张充和乘火车到达南京,同行的还有张干,过来给姐弟俩洗衣煮饭。姐弟俩到报馆,在编辑室谈她的工作。

翌日,张充和独自一人到报馆。当天回来,据张宗和记录:"四姐告诉我说,馆里人把她当作高昌南的家眷,她气极了。"③

毕业于光华大学的高昌南,是张充和1932年读光华实中时的英文教员,也与其时在该校任教的二姐允和为同事。高氏曾督促张充和翻译小泉八云所作英文作品《济慈》,并评价道:"充和是一个活泼有为的孩子,她像屠格涅夫《前夜》里的海伦,也像莎翁戏剧中的Rosaline。"④假期回苏州,高昌南也是张家的常客。1933年1月29日,沈从文收到张兆和"乡下人喝杯甜酒吧"的报喜电报赶到苏州九如

① 《张宗和日记(第二卷)》,第45、47页。
② 《张宗和日记(第二卷)》,第75、78页;《秋灯忆语》,第12页。张充和并未对缅甸之行"死心",此后有不如意,仍会泛起此念头。如1938年7月30日,沈从文致张兆和信:"四丫头有信来,想过仰光。"(《沈从文全集》第18卷,第320页)其时张充和闲居成都,失业中。
③ 《张宗和日记(第二卷)》,第79—80页。
④ 高昌南:"编者的话",《光华实中校刊》1933年第1期,转引自《一生充和》,第82页。

巷张家的那天,高昌南也在。据张宗和记录:"大家一块吃酒,沈从文也吃了。高昌南的话最多,他同沈从文刚刚认识,就马上同他吹牛,大谈他的经历。他很会说话,说话的艺术是不错的,沈从文说,假如拿他的话写成文章,会比老舍的好。"①虽不排除正努力追求张兆和的沈从文因不明情况而有讨好之嫌,但要说高昌南的言语能力较强应该没有问题。

此时到了南京,热情给张充和张罗工作的高昌南也真没把自己当外人。就在张充和被误作其家眷的次日,他再次来到姐弟俩的寓所吃饭,打算以后每顿饭都来吃,一月出十块饭菜钱。受了冤枉气的张充和虽然很不高兴,后来甚至有所讨厌,但大概不好明言,任由高昌南吃了下去。②

张充和晚年回忆说,因为《中央日报》副刊之一《贡献》的编辑储安平到英国留学,社长程沧波找到她,说是胡适的推荐,让她临时顶代,编辑《贡献》。③今据张宗和日记及有关资料,情况似乎并非如此。《贡献》的编辑,至少在1936年12月至翌年7月,应当是高昌南。高氏为张充和在报社找的差事,或许就是帮助他编辑《贡献》。④

---

① 《张宗和日记(第一卷)》,第282页。

② 《张宗和日记(第二卷)》,第81页。张宗和1937年4—6月未作日记,仅于事后就重要事项做了补记,未提及高昌南吃饭事。不过可以见出,姐弟俩与高氏依然来往密切。

③ 《天涯晚笛》,第64页。《中央日报》副刊《贡献》,于1936年5月15日创刊,翌年8月5日停刊,共339期,编者未署名。《贡献征稿》强调惠稿"要短,短至二三百字亦可";"侧重记事性质,空泛的议论以及过于抽象的抒情小品,一律不要";"文字要生动活泼,趣味以中级为准";"题材广泛,并无限制"。"中级趣味"者,也许可理解为不高不低、雅俗共赏之意。该刊内容丰富,可作为那个年代文学史研究的很好的资料,有文化名人专访、影剧评和书评、译文、文艺动态、生活常识、各地风光小记等等。(陈子善:《张充和的"贡献"》,《文汇报·笔会》2012年10月14日)

④ 《贡献》版面上不载编辑者信息,不过时而登载"代邮",即不再专门写信,用报纸边角通知投稿人有关情况。"代邮"一般不落款,但也有例外,如1936年12月27日,即落款"高昌南启",又如1937年6月15日,落款"贡献编辑室"。据前者,可见高昌南是《贡献》的编辑;据后者,或许《贡献》编辑并非只有一人。另外,张宗和日记载,两人1937年7月1日从南京到镇江的火车上,高昌南在"撕稿子",大概即编辑稿子的意思吧。

　　这份工作大概是非正式或临时的,因此几个月后大弟记录她这段时间的情况,所用表述是"没有正式做事"。

　　6月24日,大雨夜中,张充和乘车离开南京,结束了"副刊编辑"的工作。离开原因,据张宗和说,是下半年他已确定不在南京,四姐一人也不好支撑,故暂先回苏,再想办法。青岛曲友孙誉清老伯说替她在青岛大学①找个事做,尚不知情形如何。想到此,大弟感叹道:"四姐的事也真是难啊!"②

*

　　张充和与《贡献》的关系,虽说作为其编辑现在看来有点不够硬气,但另一个身份却绝对是过硬的——《贡献》的主要撰稿人之一。

　　早在2月21日来到南京做事前,她已荣膺此一身份。她发文的高峰期(1936年12月12日至翌年4月30日),共140天,《贡献》发刊97期,她发表文章45篇。几乎等于三天一篇,两期一文。其后松懈下来,两个月才发了4篇。

　　如此热衷写文,据张宗和的记述,就是卖文换钱。1936年12月10日,他记道:"四姐因为没有钱了,也在写文章。"六个多月后他又记,四姐"半年来写稿子,虽然没有正式做事,但也弄了不少钱","刚来(南京)的两个月,每月总有六十元的稿费",但"近来是把心玩的野了,接着唱了两回戏,更是心野了","就没有好好的写过文章",因此手头没钱,也就不易在南京支撑下去了。③

　　张充和晚年回忆说,"那时为了填'报屁股',我用假名写过很多文章……"④"报屁股"是当时人们对于报纸"副刊"的调侃性说法,因"副

----

① 1932年9月已更名为"山东大学",但人们有时仍顺口称"青岛大学"。
② 《张宗和日记(第二卷)》,第97页。
③ 《张宗和日记(第二卷)》,第38、96、97页。
④ 《天涯晚笛》,第64页。

刊"经常位于版面的最后位置。《贡献》发刊期间的《中央日报》共发行三张,每张四版,《贡献》就位于最后一版。不过,文章虽是用于"填报屁股",但张充和的创作态度颇为认真。从她当时所写文章也能读到,为了将心中的故事或意念予以准确而恰切的表达,她如何辛苦地经营篇章、推敲字句、拿捏分寸:"我提起笔想写一个我们老故乡的趣事,开了个头,自己觉得太着意了点,撕去再来,再来却又是着意的不着意,还是不满意,索性扯去再来。再来又扯去,今天有点僵,笔又不曾冻,房里又极温暖,思索得过分了吧。"结果当天以失败告终:"今天写不出文章,就此搁笔吧。"①

更重要的是,为了卖钱而撰写这批文章的过程,给了张充和一个很好的机会,让她沉静下来,梳理过往人生,思考未来之路。更可能,是她对生命的体悟蓄积到一定程度,正好借此加以表达。

这批文章,前后算起来,共55篇,大体分三块:一、合肥童年、少年时光的追忆,或以那时生活为素材创作的小说,即张充和所言"我们老故乡"的故事。约15篇。二、十七岁离开合肥,到写作这些文章时的二十三四岁,这几年所经行之处,如苏州、北平、青岛、扬州等地的点滴印象。约13篇。三、表达自己身处新旧之际急剧变化年代的迷茫、反思与寻觅。约20篇。②

合肥故事的绝大部分篇什,可看作张充和对于早年生活的自叙传。对于祖母、玩伴的鲜活回忆,对于十年家塾的寂寞写照,表达了青年张充和对于刚刚告别的童年、少年时光的切身感受(参见卷一),与

① 《雪》,《张充和诗文集》,第206页。
② 《崂山记游》虽分两期刊发,实为一篇。王道编《小园即事》有署名"茹华"的《写信》一篇,为《张充和诗文集》所无。张充和在《中央日报》最早发表的文章,是1936年4月22日的《张大千画展一览》,发在副刊《中央公园》。其时《贡献》尚未创刊,《张充和诗文集》标注有误。为叙述方便,也算在内。三块内容的各自篇数之和不等于总篇数,因有的文章不在此三类中。

她晚年历经岁月洗礼后的云淡风轻之追忆构成鲜明对照,丰富了张充和的形象。

以合肥早年生活为素材创作的小说,或散文化小说,如《变戏法》《手》《她》《扇面》《隔》《风筝》《藏》等,运用陌生化、意识流等当时刚从西方引入、尚属新潮的现代文学观念和手法,呈现了张充和眼中的"我们老故乡"那个渐将逝去的旧日世界的若干面目:"民风仍然是那么庄严敦厚,仍然是崇拜贞妇烈女,仍然是重男轻女,仍然是尊卑有别、长幼有序。"①

张充和以内省式独白所写的约20篇随感,记录了她自十七岁离开合肥,到为《贡献》写文时的二十三四岁这一时期自己的精神历程及演变轨迹,自具特别重要的价值。

几年来张充和生活与游走于现代化变革气息最为浓厚的苏州、上海、北平、南京等地,新与旧,传统与现代,封闭与开放,静谧与嘈杂,各色人等,各种氛围,在张充和内心交响回荡。她有过困惑、迷茫、无措、痛苦,她也曾勉力适应新世界,消化新世界对她的冲击,最终,她逆潮而立,做出忠于自己内心的生命选择。

借助这些文字,张充和捕捉着涌动在内心的关于理想自我的纷乱意念,一笔笔勾勒,渐具轮廓,然后一点点清晰……

---

① 《乡土》,《张充和诗文集》,第310页。

理想自我

| "（我）更有一股傻劲，在这个世界中寻找自己" |

"（我）现在仍然有那股傻劲，向罗汉堂中找自己。却更有一股傻劲，在这个世界中寻找自己。也许是自己太糊涂，也许是太囫囵，连自己都找不到了。找到的自己，总不是理想的自己。"

张充和说，自己小时候曾被带进罗汉堂，照习俗那样，按照自己的年龄数罗汉，寻找"自己将来的写照"。然而五百罗汉都数过了，总找不到一尊自己喜欢的，即自己将来想成为的模样。五百罗汉的面貌及其出身、经历、脾性、功业各个不同，代表人的各种类型。当然，罗汉堂也可能是一种指代，代表书本记载与口口相传中的各色人物形象。长大以后的"我"还像小时那样傻，总以自身情况去比照历史上、书本上或口口相传中的各色人物，以及现实世界中自己接触、了解或听说过的人们，想知道自己究竟像谁，是哪一种人。这虽是人之常情，但找来找去，总找不到与"理想的自己"符合的人物形象。①

"理想的自己"是怎样的呢？以内省式独白方式，张充和阐述了理想中的自我人格，大致可概括为如下四点。

*

其一，"理想的自己"，应与自我直率、明朗的天性相合，真实、自

---

① 《罗汉》，《张充和诗文集》，第236页。

然,"要有个亮晶晶的灵魂",保持"有棱角的水晶体的性格"。

张充和天性中的直率、明朗已见前述。她特别偏爱"荷珠",并于诗文中再三描摹、咏叹,当可解读为她对自己直率、明朗天性的写照。早在十三四岁时,她就吟咏道:"闪灼光芒若有无,星星摇动一茎扶。直从叶破疑方解,不是珍珠是泪珠。"后又于1945年、1951年以《凤凰台上忆吹箫》的词牌两度歌咏荷珠。①她形容明亮的眼眸,"像荷花上露珠一样的聪明、伶俐"②。她认为荷珠代表了"亮晶晶的灵魂":"我若有家,愿屋里有一些阳光;我若有国,愿国里有一些阳光;我若有我自己,我愿我有,至少要有个亮晶晶的灵魂,以我这透明体的灵来接受阳光。"③她继而将荷珠与钻石合二为一,认为它们代表了"有棱角的水晶体的性格",其具体对应物即镜子:"它有一颗荷叶上露珠似的心,但亦有钻石似的坚硬呢。"④

她追求真实、自然,厌恶矫饰、敷衍:"是我娇养坏了这双眼睛,我纵它们去发现自然,我纵它们去揭穿面具,我要它们去找寻'真'。"⑤

她反感文人酸气,对山水盛景的文人题字坚决说不。她游崂山,到了所谓"崂山第一瀑"——鱼鳞瀑,看着叶恭绰等江浙文人的题字,她表示不屑:"也不过是个瀑布,不过经过名人的题字罢了。"又批判道,"苏浙的诗人实在多如牛毛,山水胜地活活地让他们糟蹋了";并夸赞说,"山东人的好处是不酸气。无论什么好石头、好流水,总不在石壁上乱涂字"。⑥

她所追求的"真",不仅对自己要"真",对他人也要"真"。如给人

---

① 《张充和诗文集》,第3、39、58页。
② 《网》,《张充和诗文集》,第308页。
③ 《阴晴》,《张充和诗文集》,第214页。
④ 《镜》,《张充和诗文集》,第334页。
⑤ 《海》,《张充和诗文集》,第204页。
⑥ 《崂山记游(二)》,《张充和诗文集》,第200—202页。

写信,"在信中所表现的要能代表写信人的自己,无论对长辈对朋友,要抱一颗真切的心去写信"。因此,不必为了应酬而写信:"写信需要真,然后再谈美,够同他写信的人才写信,不够写信的,就用不到去敷衍。敷衍是使大家不好受,你既然敷衍他,当然他也来敷衍你,大家敷衍惯了,即使写给真真的朋友也敷衍了。"①结果,"信中不是托你做件事,就是托你买件东西,或者竟然只问问起居迪吉、阖第平安便完了",好心情瞬间变得荒芜:"每天盼望信,像无聊时盼望个朋友来谈谈一样,到了信来时,看过后像眼前一大片沙漠似的寂寞。"②

她不惧被人当作"神经病者":"我常常爱看水面的圆波,若是波平如镜时,我轻轻扔一块石子,水面起圆形的涟漪,渐渐地散开,又杳然地寻不到痕迹。于是我再扔,兴致似乎永远不随着波纹淡去。"这样的行为,自会让所谓正常的人们,像看到有人对着檐溜水滴、地上水涡目不转睛观看、发笑一样,以为是神经病。但又怎样?"让人家笑你神经病,你也不妨笑一笑,让人家以为你的笑是愚蠢,他们生来就比我们聪明,我们自己没打算做聪明人。所以生来就没带全套的仪器来测量这世界。"

她也不怕被讥为"杀风景"的俗人:"当一个人立在古旧的高台上,要是个诗人,便会哼出酸酸楚楚的陈调新调,要是个如我的俗人呢,我便吐一口吐沫。非但此也,我常漂在不着边际的大海中,也是一口吐沫,朋友皆说我杀风景,我默认了。"③

她拒绝被社会磨成"圆圆的鹅卵石":"也许近乎原始人的行为吧,我爱整个,爱简单,不欢喜复杂与零碎。"因此,她不愿自己"完整的"

① 张充和:《写信》,张充和著、王道编注:《小园即事——张充和雅文小集》,桂林:广西师范大学出版社,2014年,第230—231页。
② 《信夹》,《张充和诗文集》,第322页。
③ 《扔》,《张充和诗文集》,第314页。

"有棱角的水晶体的性格","被许多个不同的社会,许多个不同的环境""磨成圆圆的鹅卵石","把完整的浑厚的性格,剪成破碎的、浅薄的性格"。

她呼唤返璞归真:"人的性格本来是浑厚而完整的,现在我们仍然想得到一个本真的性格。正如我们要返到自然去是一样的,不过自然不可返,它也被社会和文明所破坏了。那就得我们去发现,去发现不知名的景物,去发现乡村的父老,去发现摇篮中的孩子,去发现细流与大川,发现丘陵与高山。"

她梦想这样的生活:"山村中有你一个完整的岁月,我爱像尼僧一样闭三年或五年关,有那整个的岁月,让我读书,让我思索。"①

*

其二,"理想的自己",应与早年习得的传统素养不相悖离,与风头正健的西化时潮不求合拍,就是说,要做一个多才多艺、古色今香的闺秀,不介意成为时代的"退步者"或"落伍者"。

从离开合肥到写作这些随感时的六七年,张充和身处现代化变革最为前沿的江南与北平等地。与那个渐趋逝去的旧日世界比,一切都在飞速更新之中。然而就她的性情与偏好讲,她是典型的厚古薄今。

当朋友说:"什么时候我跳到一个更新的世界里去。"她针锋相对:"我要回到更旧的世界里去。"

她说,她爱新,但更爱旧:"我爱最新的各种小玩具,可是更爱古老一点的,新的只能叫人有一个新奇,或者仅仅乎就只有一个新奇而已。"

更经常地,她厌新、喜旧:"日常生活习惯,一切都是新,一切都可

---

① 《零整》,《张充和诗文集》,第329—330页。

算是不落时代的后，这种生活，简直叫人腻了。于是就会梦想一点古人的生活，凭吊一些旧家庭院。我常常爱一个人到荒园里去低回，在断井颓垣旁痴想一回，或者在小亭子的柱子上靠着，看着满园鸟粪出神，或者正穿过湖山石洞，蜘蛛网会网住了你一脸，叫你再也不敢想到西洋妇女的面网。数百年老树，它正在要向你说一大段故事呢，不，它不开口，你只要看它裂开的肚皮上，里面积着泥土，有新生的小树，那小树也比你手植在你自己窗前的小树还大呢。就是这样，它告诉你已经足够了。"

她认凋残与破落为知音："我时常找朋友，向线装书中，向荒废的池阁，向断碣残碑中去找朋友，他们会比这个世界中的朋友叫我懂得更多的东西。在夕阳荒草的丛中，我读着那残缺的碑文，仅仅只有几个字，我读来读去，比读一首最美的诗句还感动。"

她不介意甚至乐意被当成时代"退步者"或"落伍者"："我爱凋残与破落比爱什么新奇东西都厉害。我不得上进也许就是因为这一点，我的这个世界上的朋友全是簇崭新的超时代人物，我的那个世界的朋友全是上了铜绿的破碎的殷商钟鼎。我常常刚被这个世界的朋友拉走一步，却又被那个世界的朋友拉回两步。一步我走得很勉强，两步却走得极其自然。所以我永远在退，偶尔一进便又退回。老年人有退无进，中年人不进不退，或稍有进退。少年不进退则已，一进退则相距千丈。"[1]

她公开宣称，中国艺术自成系统、自具个性，与西方艺术之间存在着不可调和的文化差异。1935年秋，在观看了经颐渊、张善孖、郑曼青三位书画名家的展览会后，她得出主张："从他们的艺术上，使我个

---

① 《凋落》，《张充和诗文集》，第223—224页。引文中"在夕阳荒草的丛中"，疑为"在夕阳下的荒草丛中"；"全是簇崭新的"，其中"簇"或"崭"有一字为衍文。

人不得不承认东西艺术天然有种绝对不能调和的个性。"到了1936年春,她又看了张大千在南京举办的画展,于是乎,"这种主张,简直成了我个人的信念了"。①六十多年后,余英时就此指出:"这一'信念'今天看来似乎无可争议,但在1936年的中国却是非常不合时宜的,特别是在受过'五四'思潮洗礼的知识界。当时有一种相当流行的看法:中国还没有进入现代,比西方整整落后了一个历史阶段,无论政治、社会、经济、文化或是艺术方面都是如此。充和之所以能掉臂独行,发展出如此坚定的'信念',是因为她全副艺术生命自始即浸润在中国古典传统之中。入道深故能信道笃,这在20世纪30年代是不可多得的。"②

张充和评价道,张大千的艺术作品可谓"画中有诗","有古人尤其是有自己",品格极高:"就艺术而论,平心说来,张先生的确是位当代少见的天才艺人。只要我们看了他的作品,无论是翎毛花卉山水人物,没有一幅不是在工力严整的笔下流动着无限的诗思和极高的品格。当我们玩味他的作品时,我们觉得我们周围浮荡着浓郁的古趣,我们几乎忘却他是古人还是今人;要说他是古人吧,分明他是一位当代的艺人,同时他又给我们可爱的现实。无论就哪一点上看,大千先生的艺术是法于古而不泥于古,有现实而不崇现实,有古人尤其是有自己。"③这应当也是张充和在艺术上矢志不渝的追求。

她反对将活文学、死文学与其形式的新与旧简单对应的僵化文学史观。她认为,"文学同其它艺术一样,是人类情感交通的工具"。一篇文学作品,比如一首旧体诗词,只要"能激动人,能在每一个有生命的人心目中活跃着,有力量叫人哭笑,有力量激怒人,有力量使人自己

① 《张大千画展一瞥》,《张充和诗文集》,第190页。
② 余英时序,白谦慎编:《张充和诗书画选》,北京:生活·读书·新知三联书店,2010年,第10页。
③ 《张大千画展一瞥》,《张充和诗文集》,第190—191页。

良心谴责，这就叫活文学"。①况且，相较于从西方传入的新体白话诗，旧体诗词"都含了很多的音乐成分"，注重声韵调和，因此，一个失明的尼姑能记住、欣赏许多旧体诗词，却不能记住新体诗的字句，更不用说欣赏。②

取得这一认识后，张充和后来的文学创作就不再顾忌文学形式的新旧。她以白话形式写散文，但更致力于以旧体诗词形式写诗歌。散文创作，除了1936—1937年在《贡献》上发表的这一批外，20世纪80年代以后又陆续写了不多的几篇。诗歌创作，除了《趁着这黄昏》等一两篇白话诗外，其他目前可见的约190首作品全部为旧体诗词，分布于其生命的各个时期。诗词创作与唱酬，是张充和生命中又一种重要的安身与交游方式。

＊

其三，"理想的自己"，应与物竞天择、适者生存的现实世界保持距离，像一只与世无争的蚕，吐丝织茧，营造自我的乐园。

张充和笔下，有不少物种，有时直接是人类，一一出场，上演一幅幅残酷竞争、优胜劣汰的画面。

她写道："在阳光照在屋角时，有蜘蛛正在结网，或者有飞蛾正在投网。蜘蛛的营营劳苦，吐出一丝丝来，结成八卦网，它要的是生。飞虫呢？它飞来飞去，也是在找生的需要品，可是它却做了蜘蛛生的需要品。你能说蜘蛛残忍？它没有另外的方法来叫它自己生存。"③

她又写道，"蚁排兵，蝇争血"，以及蜜蜂之合群与奋斗，还有海鸥之终日劳劳碌碌，"都是有所为而为"。④何所为而为？——"蜂衙蚁阵

---

① 《活文学》，《张充和诗文集》，第221页。
② 《诗的读者》，《张充和诗文集》，第215—217页。
③ 《不为着什么》，《张充和诗文集》，第218页。
④ 《蚕》，《张充和诗文集》，第325页。

争微食。"①

她描摹你死我活、残忍血腥的人类社会:"在我们的老故乡,来了一个账房先生,人看起来是极其愚笨的乡下人,又极其和善。可是他亲手枪毙过三十多人,因为他是连保长,很不在意的谈杀人。他有个表弟被土匪弄死,他去为表弟报仇,将土匪的心肝取出来祭他的表弟。他又说怎样强盗在黑夜抢人家牛,从大路上经过,怎样地伏在田埂上把土匪打死,牵了牛还了原主,也不要一点酬报。他谈杀人、谈枪毙人、谈凌迟碎剐人,脸上没有一点表情。在我们听到紧张时,几乎叫出来,或哭出来,他永远是笑嘻嘻的谈下去。在他叙到自己打土匪得胜时,脸上也没有骄矜的颜色,并不以为自己是个英雄,并不以为这是个功绩。我们见到这样无动于衷的人,在故事听到饱时,急于想知道他怎样一个人会变得如此残忍而不以为残忍。我们先问他:'怕不怕?自己觉得残忍吗?''有什么可怕,又有什么残忍,你不干他,你就得给他干。总有一天我会给人干了。因为杀人太多了,现在有点寒心,又不能不杀。以后想不干这妈的连保了。讨厌的是公举你做,又退却不掉。'"

她慨叹道:"到底蜘蛛与飞蛾都是为了生啊!"②当然,她的意思包括蚂蚁、苍蝇、蜜蜂、海鸥以至账房先生等等。

估计张充和了解一点社会进化论,哪怕只是知其皮毛,例如记得"物竞天择、适者生存、优胜劣汰"之类的口号,并以此解读身边的世界。这并不让人意外,毕竟这一学说是左右20世纪中国人心的一大思潮。

她对现实世界的生存竞争表示了理解之同情。她写道:"沿着砖

---

① 《兰陵王·答陶光"最后"一首,仍用清真原韵》,《张充和诗文集》,第71页。
② 《不为着什么》,《张充和诗文集》,第219—220页。

缝行走的虫蚁,亦有它生命的灵光……"[1]但她并不接受这样的活法。

她选择与世无争,像一只蚕,安然做自己:"它是个饱食终日无所用心的小生命,同伴虽多,都无一点关系,恰与蜜蜂相反,不合作,不奋斗,过着太平世界的生活。"[2]这多么像她和她的曲友们,自在地唱曲,不问世事,"过着太平世界的生活"。晚年,她回忆抗战全面爆发前自己的交游情况说,"左、右两方面的朋友我都不少,也都有不错的关系",不过,"我历来对政治不感兴趣。或者说,对政治感兴趣的朋友,要么不会跟我交往,要么这交往肯定跟政治无关"。[3]与她形成强烈对比的,是当时许多激进的政治社团成员,像蜜蜂一样,紧密合作,为着一个共同的政治目标而奋斗,甚至牺牲,过着血雨腥风的日子。

她描绘蚕的吐丝结茧:"它把自己同外人隔一层薄薄的网,由网中它见到外面一切,似乎比以前更骄傲,更超人了。它拼命的从腹中把丝抽出来织它的新天地。"她此后的人生也似在不断织茧,无论在抗战时的中国西南,抑或战后的江南与北平,还是美国东、西海岸,通过唱曲、写字、绘画、诗词等较为传统的方式,精心选择自己的交游圈子,营造出快意优游的安居乐园。"反正茧中是自己的宇宙",茧外的人事,是好是坏,与己无关。[4]

*

其四,"理想的自己",不信所谓命运天注定,要勇敢做自己——做自己"'人生'的艺术家","执掌人生滋味的厨师","一切都不妨去冒冒险"。

天性活泼、调皮的张充和生来是个不安分的人。她描绘自己过往

① 《路》,《张充和诗文集》,第315页。
② 《蚕》,《张充和诗文集》,第325页。
③ 《天涯晚笛》,第124页。
④ 《蚕》,《张充和诗文集》,第325—326页。

二十多年的人生："好奇、好动,过往的日程,像爬山一样,偏不爱从平坦的大道上走,偏爱从没有路的山腰去找路走,踏到一块石头也喜欢,攀到一把藤根也快活。不分白昼与黑夜地去找生命的灵光。"[1]

年纪轻轻的她已尝尽生活之迷茫、疾病之苦痛,还曾经受死亡的威胁,正如一个朋友说她:"如果你的病能如此保持原态,还可挨上七八年,如果有个小变更就难保了。"[2]她起初所做的,只是调养情性,以保持脆弱地活着的状态。但有一天,她醒悟过来,激发了斗志,"着了魔"般拼尽全力地吹笛、唱曲,结果肺病不觉间治愈,从而远离了死亡威胁。

因此,她不能忍受做人要认命、命运天注定等庸俗论调,她认为"命运原都是自己制造的"[3]。她写道:"无意志的人都叫喊着:'我为命运所播弄了','我为生活所嘲笑了',其实呢? 播弄他的,嘲笑他的,不是命运,不是生活,而是他自己。"

她承认"人生"滋味很苦,但她不认为"人生"只有苦。她写道:"一个'人生'的艺术家,也要具有画家同厨师的天才,生老病死,不可以统而名之曰'苦'。不过你要觉得它苦它便苦,觉得它甜它便甜。""自己是执掌人生滋味的厨师",不妨做些在牛奶里放两勺盐,把酸梅蘸辣油吃这样奇特古怪之事。

她宣称,人生就是一场冒险:"一切都不妨去冒冒险,因为一个人既从娘腹冒险而出,以后的一切也不妨去冒冒险。"

她又主张,冒险人生的最好状态,是能为某事某物所痴迷,不管不顾:"人生若能为一件事所吸引、所迷糊,那也不妨色盲,也不妨味盲,也不妨把面前的人、面前的事物都看作鸿毛一样,苦的、辣的、酸的、辛

---

[1] 《路》,《张充和诗文集》,第315页。
[2] 《病余随笔》,《张充和诗文集》,第194页。
[3] 《路》,《张充和诗文集》,第316页。

的都不在心上。最懂得人生的人最会如此做去。"其中所谓"色盲",就像画家大胆创新、使用大红大绿,不惧被批评家嘲讽;所谓"味盲",就像孔子闻《韶》乐而"三月不知肉味"。①对于这一主张或信念,她矢志不渝,一生痴迷于唱曲、写字。几十年后她曾铿锵有力地掷语道:"凡所好即迷,寄托就有了,也不管成就,就只是一股劲的向前进,怎能不进步呢。"②

*

为《贡献》撰文的半年多,张充和追忆往事、沉思人生,通过一篇篇内省式独白,将"理想的自我"首次做出比较完整、充分的阐述。从以上四点铺陈可见出,一个今天的我们钦敬、艳羡又追怀的锦绣芬芳的张充和形象已呼之欲出。张充和百年人生中许多具有一以贯之的典型特征已于此得到或多或少的体现。

张充和的生命旅程由此跨入第三个时期,从早年在合肥时的懵懂,到十七岁回苏州后的迷茫,再到此时,走入人生的自觉期。

从她逆潮而立,做出忠于自己内心的生命选择的时候起,她注定将走出一条与众不同的人生之路。此后不久,遇抗战全面爆发,流离西南的她即将在大后方绽放出璀璨的光彩。

---

① 《味》,《张充和诗文集》,第331—332页。
② 张充和致张宗和信函,1964年12月8日,《一曲微茫》,第362页。

恼人姻缘

| "你装饰了别人的梦" |

现实世界中的张充和，另有无法摆脱的烦恼——姻缘问题。

这些年，她身边倒不乏追求者。

其中头一个，据张宗和日记，叫周伯雍，1930 年秋受聘来到乐益女中教书，学生中就有刚入校的张充和。周大概不久就对张充和有了情意，而她也常到周的房间请教问题（周教的科目中有张充和喜欢的地理），可能让他产生误会，于是在 10 月底 11 月初乐益师生到杭州旅游期间向她表明。回苏后，他对张充和言语间带出轻薄，又写过一封信，还有诗赠张充和，其中有"月下西湖浑是梦"，后面是卿卿我我肉麻的句子。张充和无奈，找到乐益另一位教师殷先生代她设法拒绝周的追求。周又写过两封信，后一封是考地理时写的，写好同考卷一齐交给张充和，字迹潦草，表示忏悔，说愿意把这事忘记，还继续以前的交情。他又有诗给张充和，首云"可怜两袖泪痕斑，几度深情几度攀"，最后又说"悟彻人生原是幻，依然还我旧时颜"，表达的仍是回归以往关系的意思。为此事，张充和哭过好多次，又晚上失眠，又觉得周那样子像是做作。听闻四姐的讲述，大弟宗和认为周求爱不成，已属可怜，不该如此刻薄，应把人往好处想。[①]

---

① 《张宗和日记（第一卷）》，第 27、35、52、55 页。

其时，二姐允和与周有光的恋爱关系已是亲友皆知，大弟宗和虽未与人谈过恋爱，但并不反对。对此，张充和在日记中写道，他们这些人专好谈什么恋爱，她听了真讨厌，无论怎样她是不动心的。大概写这话没多久，1931年1月4日，二姐与大弟趁她不在，偷看了她的日记。看到她这话，两人觉得很好笑。大弟还在自己的日记中评道："到底她在家乡登（按：方言，意即"待""蹲"）了好多年，不很开通，有点道学先生的味道。其实呢她也和我们一样，谁不是像歌德所说的'年轻男子谁个不善多情，年轻女子谁个不善怀春'，却也喜欢谈什么恋爱，不过她不说出来罢了，只放在心里。孟子要四十岁才不动心，四姐你才十八岁，怎么能够不动心呢？别替我们假惺惺了！"①

因此，对于张充和与周伯雍的后续故事，大弟持乐观其成的态度。3月8日，张充和与大弟、二弟及周伯雍同游西园寺、枫桥、铁铃关、古寒山寺等地。一路上，张宗和与二弟寅和故意走在后面，让四姐与周伯雍在前面走。

"你太不作兴了，总是走在后面。"张充和到家后说大弟。

"让你们好说话啊。"大弟回答。在当天日记里，他写道："照今天一趟的出游，我看四姐待他还很好，并且还看得出并不是装的。"

三日后，张充和经大弟允许，看了他这段日记，问道："你怎么看得出不是做作？"大弟一时无话可说，只见四姐伏在桌上，好像哭了起来。②

其后直到9月8日，张宗和日记中才有两人关系的新情况："一早四姐就去公园，我匆匆跟了去，她是去和周伯雍见面。"③

---

① 《张宗和日记（第一卷）》，第65页。
② 《张宗和日记（第一卷）》，第86—89页。
③ 《张宗和日记（第一卷）》，第125页。张宗和日记中仅此处写了"周伯雍"这一名字，其他地方都写作"周先生"。根据上下文意思，当为同一人。

然而大约一年后，周伯雍竟英年早逝。张充和在日记中曾有记录，她写道："我的心全揉碎了，上帝告诉我，为什么一个人的死会给我这样的感动。"①

*

1933年秋到北平后，张充和遇到了更多的追求者或爱慕者。

其中一拨，是清华谷音社社友及相关师生。老师辈的，有浦江清（1904—1957），对张充和"一度颇曾有意"，具体情况不详。②学生辈的，则有苏景泉、黄席椿、殷炎麟。苏、黄二人并非曲友，因与大弟宗和交往较密而同张充和结识，并同谷音社其他学生辈社友陶光、华粹深、李鼎芳玩在一起。

据张宗和日记，最早向张宗和挑明对他家四姐存有想法的是苏景

---

① 《张宗和日记（第一卷）》，第277页。张充和日记未见，此处转引自张宗和的摘录。

② 蒲薛凤：《蒲薛凤回忆录（中）——太虚空里一游尘》，合肥：黄山书社，2009年，180—181页。蒲薛凤1938年末在昆明一次曲会上初识了张充和的神采，当晚回去与浦江清长谈，知道了浦对张充和"一度颇曾有意"。这个"一度"是何时？查浦汉明编《浦江清先生年谱（简编）》，他1935年暑假与张企罗订婚，翌年4月结婚。因此，浦江清对张充和的"有意"不该发生在此后，而应于此前。（浦汉明：《浦江清文史杂文集》，北京：清华大学出版社，1993年）

    之前多年，据目前所能见到的浦江清日记（1928年1月—1932年2月，并不完整，只存几个片段），他一直在寻觅合意的姻缘，然总不能如愿。如他追求燕京大学女生蔡贞芳失败，别人给他介绍孙瑞兰，介绍一樊姓苏州女子，都无结果。其实在这之前（1929年），钱稻孙就通过赵万里（字斐云）转达想将女儿钱澄许配给他的美意，可是他犹豫中未予答应。直到三年后的1932年2月11日与钱稻孙再说起此事，方答应该年春假订婚，暑假结婚。当晚回家又颇后悔，"盖我自思对于此事尚未十分满意。因澄君一则年轻，无持家之才，不能使我无内顾之忧。再则教育太差，对于书籍无兴味，必以我终日伏案为可厌。所可取者天真活泼，且又忠厚能勤苦耳"。然而此后日记就断了（根据其他资料，钱澄与学者刘节于1935年11月结婚）。接受得如此勉强，很难不反悔。（李巧宁：《长此系心多磨难——浦江清日记中的清华情事》，《书屋》2016年第3期）

    大概此后，浦江清又在继续寻觅。1934年，在故乡松江过暑假，经友人介绍与张企罗相识，返清华后开始通信，至翌年暑假订婚。其间，张充和于1934年下半年至1935年初参加谷音社活动，与同样喜爱唱曲的浦江清便有了交集。张充和不仅"容颜娇嫩，体态大方。昆曲既佳，笛声亦美"，而且，据浦江清对蒲薛凤的介绍，还"能对词，书法亦秀丽，诚不可多得之才女"，正是浦江清所寻觅而钱澄完全不具备的。大概此时，浦江清对张充和"一度颇曾有意"吧？又，据《浦江清先生年谱（简编）》，浦江清1930年升讲师，1938年升教授。

泉(1910—1972)。苏景泉,宁夏中卫人,1931年入读清华国文系。1933年10月7日,张充和首次游颐和园、玉泉山,同行者除大弟宗和、沈从文九妹外,就有苏景泉,他一早专门借了两辆脚踏车恭候着他们。次年8月,大概就是他在张充和考北大时帮其伪造了中学文凭。1935年初张充和发病吐血,4月1日上西山休养,九日后苏景泉也上山探望,并与其他清华同学一起住下。此后看望不断。5月30日,他向张宗和启齿了,惹来张宗和一通不高兴:"真是笑话,老苏居然叫我帮他忙,他说他回去离婚,又说四姐对他很不错。我不知道他从哪一点看出来,要是四姐肯嫁她,那么也可以嫁了。我一肚子的不乐意,他居然敢对我说,虽然我早就看出来了。"苏毕业后先后在平津宁沪各地出任公职,1948年去台,与张充和姐弟虽未断过联系,但与张充和的关系仅止于此。[①]

　　第二个主动向张宗和表露对张充和爱慕之意的,是和他同一年入清华,读电机系的黄席椿(1912—1986)。张充和卧病香山时黄也曾多次探望。1935年12月5日,张充和离开北平两个多月后,"夜间黄和我说起他爱四姐的事。我好好的劝了他一场,我也不生气,难道姐姐还不准人爱吗? 他讲了许多话,说的不对,太过分了一点,自己还没有到那种地位,有许多话还谈不到。他总想一下子就结婚,可以达到目的。可是他自己连好朋友的程度都够不上,只是仅仅认识而已,虽然他和我是好朋友"。其时黄席椿家住上海,偶尔过访苏州张家,曾与张充和共同喂过乐益的兔子,也曾蒙她招待一块玩过沧浪亭。1937年1月20—23日,张充和姐弟到上海看韩世昌领衔的祥庆班演出,黄席椿专门弄了辆车接送二人。其后,他还托张宗和的中学好友李宗斌

---

① 《张宗和日记(第一卷)》,第270、353、399、408页。

出面给他与张充和做媒。自是没有好结果。[1]

比起上述两人与张充和只有偶尔接触就想结婚的简单直接不靠谱来，殷炎麟要黏性得多，与张充和往来颇密。

1931年考入清华外文系的浙江嘉兴人殷炎麟，性腼腆，好昆曲而不敢大唱，只低吹浅唱，过过曲瘾。有时笛声悠扬，倒也能招来知音共话。[2]他也参加了谷音社的活动。据张充和回忆，殷自称唱正旦，但从不听他开口，会拉所有刘天华的二胡曲子，有时也带二胡来伴奏。[3]张充和住西山期间，殷是张充和这帮清华年青友人中第一个上山探望、陪护的（4月8日），也是最多最密的。几人在一起就是唱曲。如6月17日，张宗和记，"殷炎麟带了胡琴来，一会儿我们就唱起来了。夜间，月下听他奏《月夜》《病中吟》等曲子"。

此年夏，殷大学毕业，受聘至苏州某中学任教，常往访已南归的张充和，成为她最重要的曲友之一。张充和此一时期参加的各种昆曲活动，身边总少不了殷的身影。如1936年10月张家欢迎溥侗到访的那次曲会上，殷炎麟唱了《题曲》，可见他已脱却清华园时代的腼腆，敢于在大庭广众之下一展歌喉了。一月后苏州的三天六场公演，殷在张家住了三天，看了三天。几天后又有振华三十周年纪念会的演出，张充和邀殷同去，看至很晚一块回家。翌年1月张充和姐弟到上海看韩世昌他们的演出，殷炎麟也在场。其间张充和灌了张昆曲唱片，就是殷拉胡琴配的音。

殷炎麟总跟四姐在一块，让张宗和很不高兴，连张充和都看出来了，当面向他指出，他自己觉得"其实倒不尽然"。不高兴的原因，或许是鸡毛蒜皮的。因当时张家住房紧张，无空余客房或床铺，客人殷炎

---

[1] 《张宗和日记（第一卷）》，第284、456、479页；《张宗和日记（第二卷）》，第60、62、79页。

[2] 《吴征镒自传》，第240页。

[3] 《曲人曲事·陶光》，《张充和诗文集》，第369页。

麟一来住下,就要睡张宗和的床,张宗和就得睡佣人的床。不过话说回来,张宗和会不高兴,也可能是心理性的。本来与四姐同进同出的是他这个大弟,然而殷一来,就成了四姐与殷一起进出,让他生出小小嫉妒。比如振华那次演出,因为有气,张宗和既不同四姐与殷同去,到了现场也不坐在一块儿,更不一块儿看完,而是自行早早离场,回家跟佣人们说殷今晚还要来住下,几人一番谈论,都说殷"太呆"。①

在张宗和及家中佣人们眼中,殷炎麟对张充和的情意再明白不过,不过据张宗和日记,殷大概从未像苏景泉、黄席椿那般或直接或转托他人向张充和或大弟宗和挑明。于是殷炎麟与张充和的关系就这样在黏糊中继续进行着,结果尚不明朗。

*

到北平后,张充和遇到的另一拨追求者或爱慕者,来自以沈从文等所编辑的《大公报·文艺》副刊、以靳以等所编辑的《文学季刊》为中心聚拢起来的一帮青年作家。②

其中最著名的"恋爱故事"或准确说"单恋故事",发生在名诗人卞之琳身上。"我从来没有过那种轰轰烈烈的感情,"张充和晚年回忆说,

---

① 《张宗和日记（第一卷）》,第399、405、410、471页;《张宗和日记（第二卷）》,第6、12、19、22、61页。张宗和在记录了苏州三天昆曲公演后,写道:"殷炎麟三晚上都睡在我们家,睡我的床,我睡吾妈的床,我真有点生气,学校又不是不能回去,是怕叫门麻烦,所以上我们家来……"由此可知殷炎麟是在苏州某中学任教。

② 张充和晚年向金安平讲过另一个追求者,一个不修边幅的书呆子,是二姐允和的好友戴婕（化名）的哥哥,"出身四川名门",在金安平的书中称"方先生",研究中国古文字。张充和在北平时,他常来她的寓所,她回忆说:"每次他来,都有意和我一起吃饭或聊聊天,但因为太害羞,结果总是一事无成。他总是带着本书,我请他坐,他不坐,请他喝茶,他也不要,就在我房里站着读书,然后告辞。结果我俩常各踞一方,他埋头苦读,我练习书法,几乎不交一语。"方先生也给张充和写信,不过用的是甲骨文,张充和哪里能懂:"他一写信就是好几张信纸,我相信一定写得很有文采,可是我看不懂。"她离开北平后,他写信给沈从文说有"凤去台空"之感。（《合肥四姊妹》,第194—196、303—304页）由于没有充分资料钩索出此位"方先生"究竟姓"方"还是姓"戴",其他进一步资料更遑论。他能与沈从文通信,或许是《大公报·文艺》副刊的撰稿人,故备注于此。

"确实有另外一些不相干的一起玩的人,追求过我,但都不如卞之琳这一段来得认真,持续的时间长。"①

故事大概开始于1933年8月20日(或21日),张充和到北平第四日(或第五日),她可能在三姐兆和与准姐夫沈从文陪伴下参观北京大学,见到了该年夏刚从北大外文系毕业,由沈从文资助出版了诗集《三秋草》,在诗坛小有名气的卞之琳。27日,卞之琳与靳以到访沈从文家,卞、张二人再次见面。②

张充和的出现改变了卞之琳的人生轨迹,并扩展了他的诗歌写作主题。

1933年以前,卞之琳未写过情诗,也没遇到过爱情的"触动"。他说:"当初闻一多曾经面夸过我在年轻人中间不写情诗。我原则上并不反对别人写爱情诗,也并不一律不会欣赏别人写的这种诗。只是我一向怕写自己的私生活;而正如我面对重大的历史事件不会用语言表达自己的激情,我在私生活中越是触及内心的痛痒处,越是不想写诗来抒发。事实上我当时逐渐扩大了的私人交游中,在这方面也没有感到过这种触动。"

"但是后来,在1933年初秋,例外也来了。"他结识了张充和,感受到爱情:"在一般的儿女交往中有一个异乎寻常的初次结识,显然彼此

---

① 《天涯晚笛》,第102页。
② 《张宗和日记(第一卷)》,第342—345页;《天涯晚笛》,第97页。据张宗和日记,张充和、张宗和姐弟8月17日到北平后,除8月20—21日外,都在一起,未提及参观北大。27日,两人在沈家见到卞之琳。不过,张充和晚年向苏炜回忆:"我还没进北大的时候,在北大校园就见到他(卞之琳)。后来又在沈从文的家里碰见过。我记日期总是很差,可是从那时候开始,他就一直给我写信。"则据张充和回忆,她可能8月20日或21日参观了北大。此时她人生地不熟,当有亲友陪伴,又能认识卞之琳,陪伴者猜想是张兆和、沈从文等。

有相通的'一点'。"①

二人大概没见过几面，卞之琳随即赴河北保定育德中学，代曹禺在高中部教课。由此，开始了他此后十多年给张充和写信的历程。

是年底，卞之琳辞去教职，返回北平，至1935年春夏赴日本前，以撰稿、翻译及编辑《水星》杂志为生。张充和回忆此一时期的卞之琳说："那时候，在沈从文家进出的有很多朋友，章靳以和巴金那时正在编《文学季刊》，我们一堆年轻人玩在一起。他并不跟大家一起玩的，人很不开朗，甚至是很孤僻的。可是，就是拼命给我写信，写了很多信。"又说："我从来没答应过他，更没惹过他。他是另一种人，很收敛，又很敏感，不能惹，一惹就认真得不得了，我们从来没有单独出去过，连看戏都没有一起看过。"再三说："我年轻的时候爱玩，我其实常常和别的人单独出去玩的。唯独就是不能跟卞之琳单独出去，我不敢惹他。"还总结道："他人很好，但就是性格很不爽快，不开放，跟我完全不相像，也不相合。我永远搞不清楚他，我每一次见他都不耐烦，觉得

---

① 卞之琳：《〈雕虫纪历〉自序》，1978年12月10日作，《新文学史料》1979年第3期。卞之琳何以认为他与张充和"彼此有相通的'一点'"呢？几年后卞之琳在《山山水水》中借书中人物廖虚舟（以诗人、北大教师冯文炳为原型）之口，对曾经的学生林未匀（以张充和为原型）讲述过两个细节，或许有其事。廖虚舟说："我还记得，你在交给我的一篇卷子里问起为什么大家相信如来也喜欢香花供奉，过后，在那个冬天，纶年（即梅纶年，以卞之琳自己为原型）又问我说，如果《诗经》里的情歌原来都出于孔子自己的手笔，你会觉得蹊跷吗？多离奇的一对问题，可是你们互相回答得正好，而且很美，可不是？"（卞之琳：《山山水水》，江弱水、青乔编：《卞之琳文集（上卷）》，合肥：安徽教育出版社，2002年，第275页）

所言冯文炳（笔名废名），是卞之琳在同时代师友一辈中相识较晚、相交较久且相知较深的一位。卞之琳后来自述与冯文炳的交往说："我在1933年大学毕业期间，在沙滩老胡同他住处和他第一次见面，从此成为他的小朋友以后，深得他的深情厚谊。他虽然私下爱谈禅论道，却是人情味十足。他对我的写作以至感情生活十分关注。"据卞之琳研究者江弱水推测，冯文炳对卞之琳当时情感生活的关注，卞之琳虽未明言，但曲折反映于《山山水水》中。以冯文炳为原型的"玄学先生"廖虚舟，给投射了诗人与其女友影子的男女主角热心牵线，显然有其事。（江弱水：《卞之琳诗艺研究》，合肥：安徽教育出版社，2000年，第276—277页）

他是啰里啰嗦的。"①

对此段时间与张充和的交游情况,卞之琳晚年也有追忆,即前文所引他随靳以、张充和等一帮"穷文人"浩浩荡荡地几次去看北昆剧团演出的情景。②从此,卞之琳成为昆曲"门外迷",迷了一生。③

1935年春夏之间,卞之琳东渡日本游历数月,回国后于秋初任教于山东济南省立高中,迄翌年暑假。此期间两人天各一方,恐只有卞之琳的去信,当未曾见面。

对于这段情感,卞之琳晚年的定性是:"由于我的矜持,由于对方的洒脱,看来一纵即逝的这一点,我以为值得珍惜而只能任其消失的一颗朝露罢了。"④

1935年10月,卞之琳写出了后来成为其诗人身份代表作的《断章》一诗:

你站在桥上看风景,
看风景的人在楼上看你。
明月装饰了你的窗子,
你装饰了别人的梦。⑤

---

① 《天涯晚笛》,第97—99页。
② 《三座门大街十四号琐忆》,《漏室鸣——卞之琳散文随笔选集》,第214页。
③ 《题王奉梅演唱〈题曲〉——冬日为"传"字辈昆剧家纪念演出传响》,《漏室鸣——卞之琳散文随笔选集》,第92页。
④ 卞之琳:《〈雕虫纪历〉自序》。据何兆武转述其妻,即张充和在北大国文系的女同学曹美英的说法,曾有一个时期,卞之琳亦颇有意于小她俩一级的国文系女生容琬,曹美英亦曾以此见询,容琬回答我不喜欢卞之琳黏黏糊糊的。(何兆武:《有关张荫麟及其他》)何兆武没讲明这是何时之事,若发生于1936年10月卞之琳赴苏州探望张充和之前,既然卞之琳以为与张充和的感情在此时属于"一颗朝露",保不齐他确曾属意过容琬。
⑤ 《卞之琳文集(上卷)》,第62页。

诗中的"你"是否即张充和？虽存有争议，但一般讲述卞、张故事者，均持肯定看法。然而卞之琳未曾明言，在某一场合谈到《断章》，只是说："当然，从明白抒写现实世界相对相应相互依存的人际关系中自然也可以包含男女之间的恋情。以小见大，论此诗者当有自由解释的权利，也大可言之成理。"①作为当事另一方的张充和也不能肯定，她巧妙地回答道："大家都这么说，他这首诗是写给我的，我当时就有点知道……"②

*

初识整整三年后，在卞之琳看来，因为一个机缘，他与张充和的感情有了飞跃。

1936年10月，卞之琳回家乡海门办理母亲丧事，事后往苏州探视张充和。据张宗和记录：

　　二十一日星期三，上了一课地理，卞之琳来了，眼红红的，说起来刚死了母亲，从青岛回海门的。到上海邀了巴金、靳以他们来苏州，又因为鲁迅最近死了，上海文艺界都非常忙，所以只他一个人来了。

　　先陪他在学校看一圈。他说比济南高中的好，他在济南高中教过书。我十一点到十二点还有课，四姐陪他上沧浪亭去玩，等他们回来一同到松鹤楼吃饭。下午的一课英文也打电话回了，明天请一天假，陪他玩天平山，船也定好了。

　　饭后先看看吴苑，又到玄妙观，然后到采芝斋买了点吃的带到虎丘。坐洋车去，先到留园，差不多都走到了。西园不去了。

---

① 卞之琳：《难忘的尘缘——序秋吉久纪夫编译日本版〈卞之琳诗集〉》，《新文学史料》1991年
　　第4期。
②《天涯晚笛》，第100页。

到虎丘大家都渴了,上冷香阁吃茶。吃茶就登了半天,才慢慢的玩,一直到赤红的太阳照在塔上。我们费了好大的劲,三个人用自动相机照了一张相。

下山拉我们来的车还等在,我们就坐了车,从山塘街回来。一路上有月色,是新月,河边颇叫人满意。

到观前街把胶卷送了,又去吃蟹。人真多,只有一张桌子空了,还摆着些蟹笼。

22日,张充和姐弟陪卞之琳游天平山。张宗和记道:

船上冷冷清清的三个人,倒也另有一种趣味,吹吹笛子,唱唱曲,在船头上拍拍照。在船上吃了一顿中饭,我只要他们做一块钱的菜,料子很好,有蟹黄、虾仁什么的,很是不错。

这次还好,没有许多轿夫跟着我们,我们舒舒服服地走过童子门。走到山脚下,大家嘴都很干,先到钵盂泉去吃茶。我才来过天平,所以不想上去,后来到底还是上去了,并且爬到了顶。四姐也到顶了。大约是下午三点钟的样子,我们在顶上呆了一会儿,喝了一瓶橘子水,又下到钵盂泉喝茶。

走到船上时,太阳已经没有了,慢慢的天暗下来,夜凉了。船家知道我们饿了,下面来给我们吃。其实我们先在岸上吃了点豆腐花,但总觉得不能吃饱,所以一盘暖暖的炒面吃的非常好。

船头上凉了,进船舱来,月亮也跟了进来。我不知道为什么有点不高兴,自己坐在一旁,嘴里哼哼个不停。卞之琳不赞成京戏,我就偏要唱京戏,心里老想和他作对。他和四姐谈诗,谈的都是昨晚和我谈的一样。

水上月下船中吹笛子,有一种特别好听的声音,即使吹错了,也还是好听的。卞之琳更是赏识极了。他还是才迷上的昆曲，买了许多朱传茗的片子，就想见一见传茗。可惜他今晚就要走了。

　　到胥门，到家已经八点钟了。他说十点有车，我一看，知道到九点多有车，吃了点米面丝，让他走了。我也没有留他，因为睡觉不方便。①

　　张宗和笔下，这两日虽略显琐碎，却也亲切有味，美好而诗意。何况怀揣小心思、独自一人登门的卞之琳，感受想来更为强烈。张充和晚年回忆说她与卞"从来没有单独出去过"，从张宗和日记看是不确的，她至少与卞单独去过沧浪亭，虽然为时短暂。倒是张充和说卞"不能惹，一惹就认真得不得了"，可能戳中了卞之琳的情感发作机制。大概这两日张充和对卞之琳的亲切招待，让他不免想入非非。他晚年追忆这次探访的感受及由此引发的心思，写道："不料事隔三年多，我们彼此有缘重逢，就发现这竟是彼此无心或有意共同栽培的一粒种子，突然萌发，甚至含苞了。我开始做起了好梦，开始私下深切感受这方面的悲欢。"②

　　卞之琳回青岛路过上海，大概将他的揣测与梦想向靳以、巴金讲了，因此靳以几天后（10月31—11月2日）到访苏州，与张宗和谈起此

---

① 《张宗和日记（第二卷）》，第13—15页。

② 卞之琳：《〈雕虫纪历〉自序》。关于卞之琳探访张充和后的兴奋，卞之琳在《山山水水》借廖虚舟之口向林未匀讲述的情形或许有其本事。廖虚舟说道："几个月不见，他显得忽然成熟了，眼睛里光彩奕奕，找到什么，什么都透亮，好像哪一只妙手给他点起了一盏灯。有一天我们在聊天，他不经意的从口袋里捞出了一个小小的指铗，正要动用呢，他出乎意外地发现那里边还夹着一片新月形，色彩鲜丽的指甲。他把它取出来，若有所思的把它打量了一下又弹了出去。当时我就打趣说他不该抛弃它，因为它一定是点亮了他眼睛的那只妙手的痕迹。后来我才知道那只妙手是谁的手。我算面子大，好容易从他那里看见了一下你的一张近影。那时候我才知道那个头上顶一只小红帽子的女孩子早已是一位大小姐了。""小红帽"所指，显系张充和。廖虚舟又说："对了，去年春天（按：1937年）也就是我催劝他直下江南去的，你知道。"（《山山水水》，第275—276页）

事。张宗和记述道:"靳以这次来,说卞之琳和四姐很可以好的。我不好讲什么,卞之琳可真配不上四姐,靳以自己我倒是很欢喜他的,如果他要跟四姐恋爱,我是不反对的。我的许多朋友中,宗斌、巴金、靳以,我都不反对,黄席椿、戴七兄、老殷,都反对,都以为他们不配。我和靳以谈到巴金,他说巴金这小子,根本就不想结婚恋爱,所以没有办法。""宗斌"即张宗和中学同学李宗斌,入读北大,后来还替黄席椿向张宗和说合。张宗和更想知道李宗斌自己对于张充和的想法,但对方没有明确的表示。

张宗和属意的靳以,对张充和非常用心,也由衷喜爱张充和的昆曲,但未表露过明确的儿女情意,反而起劲儿地为卞之琳说合。11月21日,张充和姐弟到上海,靳以抽空告诉张宗和,要宗和打听打听四姐对卞之琳的意思,并写信告诉他,是一件要紧要紧的事儿。晚上,"我把章靳以的话告诉四姐,还好,四姐也喜欢他,说卞之琳不好看"。12月18日,靳以与巴金再到苏州,闲谈中,靳以告诉张宗和,关于卞之琳和四姐的事,他已经当面和四姐说过了。①可惜张宗和没有追问四姐是如何回复靳以的。

*

那边厢,做着好梦的卞之琳无法再忍受遥远的思念。1937年春初,他告别北平南下。临行前所写《候鸟问题》,透露心曲道:

> 多少个院落多少块蓝天
> 你们去分吧。我要走。
> ……
> 我岂能长如绝望的无线电

---

① 《张宗和日记(第二卷)》,第20、28、44、45页。

　　空在屋顶上伸着两臂

　　抓不到想要的远方的音波！①

　　他不能在北方绝望地等待，一等许久不见。他要留在靠近张充和，靠近苏州或南京的地域内，可以随时接收她的消息以至见到她。

　　3月20日，卞之琳抵达南京，来到张充和姐弟的寓所。张宗和记，"他来最大的好处，就是为我们从北京把留声机带来了"。或许张宗和看出四姐对卞之琳不耐烦或拒绝的态度，翌日他揣测："四姐也是的，卞之琳、殷炎麟、黄席椿……一般人都有野心，但是谁也不中她的意，就只有章靳以她还高兴的和他玩。我劝她就嫁了吧，她又不肯，大概她所想象的丈夫，还得要一个好一点的才行。"

　　这几天，卞之琳自是不想错过在张充和面前表现的机会。张充和拟于23日一早到芜湖，告诉卞之琳不必送行。然而，当日一早卞之琳就来了，与张宗和一同将张充和送到中华门车站，直到7点40发车。张宗和记录对卞之琳的感受说："和他在一起无趣得很，谈不出什么有风度的话。虽然他把我当小孩子，送了一筒起士林的糖给我，我还是不能为他说好话。"②大概随后，卞之琳离开南京，继续在江浙各地漫游。

　　4月间，卞之琳再到南京见张充和，张充和不想见他，于是出外躲避。张宗和记："四姐到丹阳去了，那是一个礼拜天。卞之琳四姐不要他来，他一定要来，四姐就躲出去了，到丹阳去，早上我送她去。她是去看许振寰，晚上我就回来了。许振寰在蚕种改良所做事，那天正是发种的时候，她忙极了，我们去打搅了她……"他继续写道："打发卞之

---

① 《卞之琳文集（上卷）》，第62页。

② 《张宗和日记（第二卷）》，第86—87页。

琳也是我。找到卞之琳住的旅馆,我虽然不会说话,可是我劝了他一个小时的样子,这不是谁的错的问题。卞之琳告诉我,他要走了,到杭州到宜兴去云游一下。他这样的生活我真是羡慕,领薪水而不干活,又没有地点的限制,真是好极了的事。"

可是事情未完。靳以紧接着上门游说:"卞之琳走后,章大胖子就来了。四姐在丹阳还没有回来,章大胖子和我说了一个下午卞之琳和四姐的事。他是老大哥的口气,他要是有心,四姐也颇无意拒绝……"①

不受待见的卞之琳自是心里难受。晚年他描述说:"隐隐中我又在希望中预感到无望,预感到这还是不会开花结果。仿佛作为雪泥鸿爪,留个纪念,就写了《无题》等这种诗。"又言:"我这种诗,即使在喜悦里还包含惆怅、无可奈何的命定感(实际上是社会条件作用)、'色空观念'(实际上是阶级没落的想法)。"②

无题二

窗子在等待嵌你的凭倚。
穿衣镜也怅望,何以安慰?
一室的沉默痴念着点金指,
门上一声响,你来得正对!

杨柳枝招人,春水面笑人。
鸳飞,鱼跃,青山青,白云白。
衣襟上不短少半条皱纹,
这里就差你右脚——这一拍!

---

① 《张宗和日记(第二卷)》,第94页。
② 卞之琳:《〈雕虫纪历〉自序》。

　　室内,窗子、穿衣镜紧张等待你的来到,等待你的敲门声,以安慰其长久的怅望,这当然是诗人自己痴念的投射。室外,虽有明媚的春光(该诗作于1937年4月),然而差了你的踏足,不与我共度,又有何意思。诗人心中,满怀喜悦的紧张等待与久候未至的无限惆怅,相互交织,最终归于终究不来的无可奈何。

　　　　无题五
　　　我在散步中感谢
　　　襟眼是有用的,
　　　　因为是空的,
　　　　因为可以簪一朵小花。

　　　我在簪花中恍然
　　　世界是空的,
　　　　因为是有用的,
　　　　因为它容了你的款步。①

　　此诗包含浓厚的色空观念。因为襟眼是空的,所以它可以簪一朵作为色的表象的小花。这小花可能是我和你散步时我随手摘下簪到你襟眼的,因为襟眼的空,给了我表现的机会,所以我感谢襟眼。由此可见,"空"也有其用处。由此我恍然大悟,并推而广之,世界因其是空的,便让你能款步与我一起行走其间,因此我感谢"空",让我可以享受到为你簪花、与你共同散步的"色"。此诗与其说在抒写情感,不如说在说禅,或玩弄文字禅。

---

① 《卞之琳文集(上卷)》,第71、74页。

为何会把诗写成这个样子？晚年卞之琳一再解释说，是为了迎合张充和。如在追忆周煦良时，他写道：如此写诗，"实为故弄禅悟以迎合当时我那位女友的矫情"①。在追念师陀时，他又写道，当时那样写，"一度迎合朋友当中的特殊一位的柔情与矫情交织的妙趣，而不免在语言表达上故弄禅悟，几乎弄假成真，实际上像捉迷藏游戏的作风"②。

对此，张充和并不认同。张充和晚年曾评价卞之琳一路诗人的新诗创作，说："我写旧诗，他却不写旧诗。我不太看得懂他们写的新诗，包括卞之琳埋头写的那些新诗。"③在另一个时候，她又这样表达对卞之琳其人其诗的感觉：他的诗"缺乏深度"，人也"不够深沉"，"有点爱卖弄"，其外表——包括眼镜在内——都有些装腔作势。④

*

在南京吃了闭门羹后，1937年5月，卞之琳意识到，这种希望与无望交织、"从爱字通到哀字"的苦闷状态，是该告一段落了。他后来写道："我与友好中特殊的这一位感情上达到一个小高潮也就特别爱要弄禅悟把戏，同时确也预感到年华似水，好梦都过眼皆空的结局，深感到自己也到了该'结束铅华'的境地了。"⑤

至于结束的契机，卞之琳也有追记。当时他住在杭州里西湖西北岸陶社，陶社东邻当时有一个他不记得名字、并非名胜的禅寺。他写道："有一次我在所住小楼上夜半惊醒，听那里传来的礼忏声像江潮滚滚，不由我不在枕上想起《志摩的诗》中《常州天宁寺闻礼忏声》一诗，听觉真切，真有点不胜这一片乐音的摆布，'这一声佛号，一声钟，一声

<hr>

① 《人尚性灵，诗通神韵：追忆周煦良》，《漏室鸣——卞之琳散文随笔选集》，第303页。
② 《话旧成独白：追念师陀》，《漏室鸣——卞之琳散文随笔选集》，第260页。
③ 《天涯晚笛》，第101页。
④ 《合肥四姊妹》，第302页。
⑤ 《人尚性灵，诗通神韵：追忆周煦良》，《漏室鸣——卞之琳散文随笔选集》，第303页。

鼓,一声木鱼,一声磬……'对我的摇撼作用还远胜过张岱《陶庵梦忆》的几句——'鸡鸣枕上,夜气方回,繁华靡丽,过眼皆空',顿觉心凉如水,不能自已。"正是在这种无端的触动或可开玩笑称"惊梦"之后,卞之琳写下了后来编入《装饰集》的最后两三首诗。其最后一首《灯虫》的最后三行写道:

> 晓梦后看明窗净几,
> 待我来把你们吹空,
> 像风扫满阶的落红。

这最后两三首诗,特别是《灯虫》的最后三行,"把这一个悲欢交错都较轻松自在的写诗阶段划了一道终止线"。①

不久,卞之琳将该年所作十八首诗,外加1935年、1936年各一首编成《装饰集》,手录一册,题献给张充和,拟交戴望舒的新诗社出版,因不久抗战全面爆发,未果。②"装饰"二字,应该取意于"你装饰了别人的梦"一语。或许以此隐约方式,卞之琳告诉张充和,她的确就是《断章》中的"你"。

点燃在1936年10月,爆发于1937年春的这一段感情,是卞之琳对张充和十余年苦恋历程的第一次小高潮。它的结束,只是暂告一个段落,远未到最后的高潮。卞之琳写道:"这番私生活以后还有几年的折腾长梦,还会多少影响我的思想再走一大段弯路。"③

它也将成为张充和未来十多年生命旅程中甩不开的关联话题,有时,依旧是个困扰。

---

① 《话旧成独白:追念师陀》,《漏室鸣——卞之琳散文随笔选集》,第260页。
② 江弱水、青乔编:《卞之琳文集(中卷)》,合肥:安徽教育出版社,2002年,第462页。
③ 卞之琳:《〈雕虫纪历〉自序》。

卷三

风云际会（上）：1937—1940

烽火逃亡

|"夜夜日机来……听见烧锅声,就当是飞机来了"|

　　1937年7月,当大战轰然到来时,很多人还都没有意识到,依然如常过着日子。

　　也难怪,7日7日在北平西南爆发的卢沟桥事变,在事发之初,从过去几年的常例看,也许不过是又一次的九一八事变、一·二八事变、长城抗战、华北事变,终以中国政府签订《上海停战协定》《塘沽协定》《何梅协定》与《秦土协定》等一系列屈辱让步的协定而告暂停。

　　因此,当中日军队爆发冲突的消息传遍全国后,接下来的约二十天里,因事态发展方向暧昧不清,人们的反应五花八门。据张宗和日记,张充和及苏州张家乃至昆曲界大概没将此太当回事。作为长子,回到苏州打算接任乐益校长或教务主任的张宗和与父亲张冀牖、大姐张元和忙着开校董会,招考新生,聘请教职员。曲友们还于7月18日在怡园办了一场较大规模的曲会,与南京公余联欢社一大帮社友进行联欢。两年后随汪精卫投敌叛国、做了汉奸的褚民谊唱了一曲《访曹》,并发表演说,大意是讲唱昆曲的人要团结起来,组织一个全国性的团体。

　　此前的7月10日,张充和按原定计划,应曲友孙誉清老伯也即大弟宗和未来妻子孙凤竹之父的邀请,再次赴青岛。孙老伯曾说替她在青岛大学找个事做,她此去或许想看看事情进展如何,同时也给大弟说亲。到了青岛,张充和向孙伯父、孙伯母提出亲事,两人都很同意,孙凤竹也未反对,家里人已经常常开起孙凤竹的玩笑。

当张充和在青岛客居之时,时局已变得一天天紧张起来。7月26日,日军向以宋哲元为首的平津地区军政当局发出最后通牒。27日,日军分几路发起攻击,意味着大战的正式开始。同日,宋哲元通电全国,表达守土抗战的决心。28日,面对日军的疯狂进攻,中国军队奋勇抵抗,予以猛烈还击,但终未顶住日军的攻势。29日,北平沦陷。30日,天津沦陷。8月初起,日军调集重兵,大加部署,企图沿平绥路、津浦路、平汉路西进南下,侵吞华北诸省。华东方面,日机、日舰频繁活动于杭州湾,日舰30余艘不断向吴淞口一带集结,一度驶入黄浦江,进入战斗位置。上海日侨区实施动员,编组其侨民在乡军人、义勇团,连同驻沪海军陆战队共计万余人,进入备战状态。中国政府也因应局势,从1932年签订的《淞沪停战协定》所加之于中国政府不能在上海市区及周围驻兵设防、仅许驻保安总队两个团的限制中解脱,调兵遣将,派五个主力师迅速向上海市区及周边推进,随时准备对日军发动有力反击。

风声日紧,张充和离青返苏。就在她将到苏州的那天,即8月13日上午,上海日军借故向中国保安队开枪射击,下午又在多处发起攻击,日舰也向市内开炮轰击。尚未完成部署的中国军队当即予以还击。八一三淞沪抗战遂告爆发。[1]当晚,张充和回到苏州。其时,全家连同佣人除焦虑等待的大弟宗和外,已于四日前乘车匆匆回了合肥老家,连衣物都未及带。[2]

---

① 吴景平、曹振威:《中华民国史》第九卷(1937—1941)上,北京:中华书局,2011年,第53—54页。

② 以上所述张充和及张家在七七事变至八一三事变期间事,见《张宗和日记(第二卷)》,第101—111页;《秋灯忆语》,第12—13页。

*

8月16日下午,战争降临苏州。日机轰隆隆飞临苏州上空并投掷炸弹,响声震天,摇撼窗户。惊慌中,张充和拖起睡梦中被惊醒后犯迷糊的大弟,到她房间靠南墙底下,把大棉被顶在头上匍匐在地。约一刻钟,枪炮声方才停止。

轰炸过后,慌神的张充和姐弟及友人杨苏陆,在父亲所住房边的廊上,用黑板和小桌子架起一个临时地窟,以为预备日机轰炸之法。然后张宗和教过的乐益女生叶至美(叶圣陶女儿)等二人找来,还要打球,原来她们刚才在电影院,根本没听见轰炸声。

姐弟俩和杨苏陆到乐益见着小舅韦布,韦布告诉他们今晚还会有轰炸,让他们到木渎镇暂避。三人匆匆拿了几件东西离开,走至饮马桥,坐车往胥门方向而去,车过县政府就又听见飞机轰鸣声。到胥门外通往木渎公路上,日机飞过头顶,几人伏在墙角,听得轰炸声、枪炮声松一阵紧一阵爆响着,便跑下公路,伏在田里,张充和更是一脚跌进沟中,下半身湿透。其后刚上田埂,日机又至,张充和等人便又滚到田里。一小时中,日机一阵一阵从头顶飞过,张充和等人及许多乡人就这样伏在田里,不敢移动位置。

天慢慢黑了下来,飞机两翼的灯亮了,大弟宗和抬头望着,竟觉得好像两粒星星似的,颇美。良久,无飞机声了,众人才爬起来。张充和等人还想继续往木渎,乡人说路上恐怕不好走,有强盗。几人踌躇再三,仍决定沿公路去往木渎。

一路同行八人,其他几个也是从城里逃出来的。突然碰到一个黑衣大汉,众人以为遇上歹人,虚惊好一阵。天上原本有月亮,一会儿黑云过来,遮没了月亮,一种月黑杀人地、风高放火天的恐怖气氛,不由令众人寒毛直竖。

路像是特别长,到木渎已十一点多。几人和许多难民一起被收容到区公所里,喝了点水,区公所的人买了些糕饼请难民吃。张充和他们打听到要找的友人徐茂本家,由区公所派人送到徐家,打了半天的门,开门后说明情况,才被迎进屋。徐家人都渴望了解城里情况,你一句我一句问个没完,直至翌日凌晨两点才让几人去睡觉。

醒来后,听无线电消息,张充和等人得知昨天遭轰炸的是老五团、老六团兵营及大中旅馆、葑门一带。时起匆促,信息难免不完整。据事后统计,苏州此次所遭轰炸,系日机分两批24架次所为,阊门外兵营和城内道前街、西善长巷、学士街一带均遭轰炸,死伤500余人。

18日,张充和等四人(包括昨日赶来的小舅韦布)雇小船开往蚕种改良所所在的香山镇蒋墩,张充和姐弟的二姨、三姨及熟人缪先生在该所工作。到了那里一打听,说所找的几人都不在,他们当晚只好睡于船舱。水上蚊子无比之多,让人难以入眠。大弟宗和看着岸上一抹杨柳,杨柳后面的月亮,想到"杨柳岸、晓风残月",感慨风景虽好,时间难挨,只得一刻一刻地挨。

翌日整理东西上岸,到蚕种改良所,发现二姨、三姨都在。有了熟人,转相介绍他们在蒋墩最西面谢金奎家租到两间房,一间地板房,破烂不堪,张充和姐弟住,一间土地房,高低不平,杨苏陆和小舅住,房租每月十块,预付两月。吃饭到二姨她们住的烧饼店里,她们自己烧饭。吃得极早,有时十点钟中饭,下午四点钟就吃晚饭,去迟了,会派个小丫头来叫他们。

墩上地方不大,一条主街,许多小巷,四周不少小山。张宗和觉得,这里什么都还好,就是茅坑太多,满街都是。整天无事可做,早晚散步,每天探访一条巷子,走到郊外,回来就是吃了睡,睡了吃。

后又发现本院另一个租客朱先生也会唱昆曲,冠生,还不错,墩上俞家少奶奶及母亲也会唱曲吹笛。一晚月色很好,许多人坐在院中乘凉,张充和等人吹起笛子,唱将起来,引来不少听众。

安稳了没几天,23日,有飞机从头顶经过,此后夜夜听到飞机轰鸣,有时爆炸声响起,好像就在附近。张宗和记录:"夜夜日机来,我尚可安心,四姐可糟了,一点也睡不着,饭也吃不下,整天的发愁,听见烧锅声,就当是飞机来了,真是风声鹤唳,草木皆兵。到此已有一星期了,现在又不定心了。我们又商量起来,四姐想走,在此住不好,吃不好,睡不好,又不定心,还是走吧。我们没有地方走,只能回合肥去了……"

28日,三人(小舅几日前回城未归)早早起来,沿着弯弯曲曲的小路跑了很远才到码头。人真不少,许多人回城拿东西,或者以为城里安稳了要回去。等到汽油船开至,三人挤上船来,找得一席之地,但不能伸直脚。船行很慢,拖船很多,11点钟到西门,又雇车往乐益。一路上颇荒凉,没有什么店开门,行人很少。

到乐益门口,门反锁着,叫不开门,一只小猫在门外叫,来了一个女人说小舅到木渎去了。在门前徘徊许久,无法进去,真是有家不能归。只好到九如巷叩邻居李家的门,幸好人还在,进去喝了两杯茶,叫车到观前旅行社,也不开门,遂去往火车站,沿路买了一桶饼干及其他零用,从一个老虎灶上泡了开水。

至车站快12点,买了到南京的票。人越来越多,然而车始终不来。眼看天黑,等得不耐烦的张充和姐弟出来散步,听伤兵们讲前线的事,又到后方委员会门前浏览,惹起该会人员注意,盘问姐弟俩半天,把张充和带进车站,又将杨苏陆盘问一阵。后来三人才闹明白,人家看他们形迹可疑,又没有骂汉奸,怀疑他们是汉奸了。问清楚后向他们道歉,放人。

等了11个小时,深夜11点,终于有了发往南京方面的车。三人进站,挤上头等车,寻得位置坐下。火车启动前行,到无锡站,杨苏陆下车,突然又响起警报,顿时车站和车上的灯都熄灭。后来警报尚未解除,车再次开动。

29日早上七点多,车至南京和平门。下车后姐弟俩发现,车站都变成了黑色,原来是漂亮的蓝色白色。到太平路一带转转,路上和苏州一样的荒凉,店铺都没有开门,往常那样热闹,如今如此萧条,想买点东西都买不到。十点多后,两人去往中华门站,随后上车,开往合肥。晚上十点,张充和姐弟抵达故乡,与先期到此的家人会合。①

*

自1930年秋离开,张充和也曾回过合肥,目前所知有两次。

1932年8月21—28日,她和大弟宗和来此调查了解家族分租情况,顺便到养祖母坟上祭拜,也看望了她闺塾时期的老师朱谟钦。② 1937年4月1—7日,姐弟俩再到合肥,第一要紧任务是上坟,由人抬轿,一天赶一百多里路,祭了张家所有的老坟,母亲陆英的坟,陆家外祖父母的坟。③

对于第二次回乡,张充和没有太多好感。回南京后她发表感想说:"在外多年的人,一旦归家,在将到未到时,希望快到,又恐怕快到。情绪异常紧张。但我这次回去恰恰无此情绪,愈近乡土愈觉得感情木然。五年十年不能算是长久,城里跑洋车,城外跑火车,跑汽车,也不算是文明到什么地步。民风仍然是庄严敦厚,仍然是崇拜贞妇烈女,仍然是重男轻女,仍然是尊卑有别、长幼有序。"

她记述道,合肥刚通了火车,不像1930年离开时走水路,但她不敢相信火车站前的洋车夫,而宁愿走着回家。最热闹的一条街,"尚不过只有三五家电灯,但阔气一点的情愿点盏汽油灯,也不愿点电灯"。

---

① 以上所述张充和等人遭遇苏州首次空袭至返回合肥期间事,见《张宗和日记(第二卷)》,第112—121页、176页;《秋灯忆语》,第13页。
② 《张宗和日记(第一卷)》,第219—223页。
③ 《张宗和日记(第二卷)》,第91—93页。

　　她也不耐烦听人们谈天说地了。她写道:"坐到房中去,见许多人围着谈话,他们谈鬼,谈绑票的,鬼与强盗便是他们的下酒的菜、喝茶的点心,日常谈心,没有不谈的。我听到一个绑票故事,没终结时就觉得倦了。"[1]反观小时候,她是多么爱听这些人的谈话。对此她曾有精彩描述:"我小时吃过午饭或晚饭后最喜到厨房里,那儿简直是个说书场。佣人们中有出人头地的,能看七字唱的书;或者跟过我曾祖去过两广,去过北京——那时还叫北京呢,故仍其旧——去过台湾的;或以才情调动人,或以其经历哄动人。大家围着一个人就聚精会神地听讲了。洗碗的油着手站在旁边来听,他忘了洗碗。刷锅的也拿着锅把子来听,他忘了刷锅。没吃完的也端着饭碗来听,他忘了吃饭。"[2]

　　看着大厅里曾伴随自己长大的两面穿衣镜及镜中的自己,她反思道,是自己长大了,而且带上了异乡人的眼光:"在这两面镜中我摸索到年华,驶去的车尘马迹。我对着镜子整整鬓发,我是大人了,又从面前的镜中见到背后镜中,我的背影俨然是个外乡人的样子。两镜相映,千万个亦非故我了。"[3]

　　数月后的8月29日晚,张充和姐弟俩再次回来,到张公馆与家人会合。这里住满了人,除原有住户,最近又挤入许多逃难来的亲戚或本家,有二十多家,两百多人。房间都已占满,张冀牖夫妇及小儿子住两间仓房,张宗和兄弟及男佣住一间大仓房,张元和、充和姊妹及女佣住原来陆管事的房间,她们的房间装好天棚,又借了些家具,还算像样。

　　起初日子过得倒也安稳。张充和一时头疼脚疼,到医院打了几天针,后又老是牙疼,专程跑了一趟芜湖拔牙。9月18日(农历八月十

---

①《乡土》,《张充和诗文集》,第310—311页。

②《手》,《张充和诗文集》,第243页。

③《乡土》,《张充和诗文集》,第310—311页。

四),友人王华莲借朋友梁太太家请客,张充和姐弟及二姐夫周有光(此时仍名周耀平)到场。张宗和记道,当晚月色很好,"六点钟就吃饭了。每人喝了三杯酒,酒是郭公酒,厉害极了的。先是主人唱了凤阳花鼓,还站在当中要表演,做手势,接着藤先生唱《文昭关》和《骂曹》,我唱的《打花枝》《丹青引》,二姐、四姐合唱《游园》一段,耀平先生唱《苏州景》,梁太太也唱了一支歌,大姐唱《佳期》,只有吴先生一个人没有唱。踏月而归"。翌日即中秋,张宗和小时朋友十三爷来了,"他还是那样的欢喜玩。他到我们房里坐下,我们先唱《硬拷》,四姐唱《断桥》,后来他就同五哥唱《武家坡》,又唱《乌盆记》行路一段,比昨晚的藤先生唱的还好一点"。

渐渐就不太平了。9月21日,中秋刚过,张宗和记录,"来了不少伤兵,纪律很不好,抢了人又调戏人家小女孩子。她们小姐们都吓得不敢出去了"。28日,合肥首次拉响警报,"路上的人非常慌乱,各家店马上关门上板,回家,家里也乱了起来"。

10月13日,天晴,难得的好天。张充和与二姐、大弟及儿时女伴张天骧及其新婚丈夫王气钟到城外包河一带游玩,拍照。在孝肃公祠旁喝茶和牛奶,玩得正高兴时,突然听见飞机轰隆声,铜音的,是日本轰炸机的声音!"大家都到东边的墩上去看,先看见三架一队,后来又看见一队,快飞近我们的时候,两队分开了,一队向城里飞去,一队向南飞去,马上就听见炸弹声,一共两次。我们听见有八九声响,后来听说有一二十枚。飞机来的时候我们都躲在水边。大家都害怕,自然四姐和张天骧最怕得厉害,她们的脸色都吓变了。约十五分钟以后,飞机才过去,向东北方向飞去。大家起来,听见城里已经乱哄哄的了。警报是在第一次丢炸弹后才打的,现在进城,城里一定乱的不像样子,所以打算慢慢的进城。"天黑回家,谈论的自然是轰炸之事,众说纷纭。晚上又睡不好了。

　　10月16日,两次警报后,"接着飞机就来了,一共是五架,像前次那样分开来炸了两次,后来打听出是火车站附近损失比上一次大一点"。大家慌乱了,商量对策,掘地壕还是下乡?最后决定下乡。

　　17日,谣言说有五十架飞机下午要来,许多人纷纷出城躲避。张充和一家分两批匆忙离开,把家里翻得不像样子。

　　翌日下午,张充和等人乘坐人力车,头扎包巾扮作乡下妇女,赶了九十里路,抵达张家圩子。①

＊

　　起先到的是张新圩,四周环以围墙,墙外两道壕沟,圩勇拿枪在门口守卫,高处安有土炮,样子很庄严,房子也整齐,不过塌了几处墙。一两日后,翻过一个山头,转移到张家发祥地与终极意义上的老家。

　　"张老圩,我们的老家,有将近一百年的历史,是在合肥县城和六安县城之间,离这两个县城都正好九十里。"张宗和后来描述道,"离开它最近的一个集镇叫聚兴镇,离张老圩才不过一里半路。全圩子一共分为三个宅子,以位置来分,我们称之为'西头''中间'和'东头'。每一个宅子大约总有五六进房屋。三座宅子的外围是围墙,围墙外面是壕沟,壕沟里面的水是从附近小河里引来的,是活水,所以不大容易干。围墙的四角都有更楼,是防土匪用的。大门我们通常叫闸门。……三个宅子住着三房人,西头归老九房居住,中间门归老二房居住,东头是四房,上上下下总共有一两百人,连我自己也闹不清。"②二姐夫周有光也到此住了几天,晚年他讲述说:"几乎难以想象,就在离上海、南京这么近的地方,还保留了我所了解的中世纪——甚至比中世纪还要久远一点的时代的地方。所谓圩子就是一个城堡,有矮矮

---

① 上述张充和等人1937年8月29—10月17日在合肥城事,见《张宗和日记(第二卷)》,第121—140页。

② 《秋灯忆语》,第80页。

的城墙,里面住了许多人家。张家的老圩子因为人越来越多,里面住不下了,后来就建了一个新圩子。只是古老的一种居留地,农业发展以后最原始的一种城市,在中国至少有两千多年了。……里面住着一些在这个地区有政治势力、经济力量的人;圩子外面有许多可以耕种的田地,种田的人都隶属于他们。假如有敌人来侵犯,他们有保卫堡外农民的义务,农民就跑到圩子里面躲起来。"①

其时地方治安不靖。张老圩像张新圩一样,也是自建武装,自我保护,并新修了四角的更楼。进入腊月,实施冬防,将圩子其他闸门封闭,只留北闸门出入。总体而言还算安顺,但也有紧张时刻。偶尔发现土匪在附近出没,打枪,圩子里外马上就戒严起来。

除了圩勇,作为主人的张家各户男丁也轮值守夜。10月20日,张宗和到张老圩的第二天晚上,和九房的五叔守夜。两人背了盒子炮在圩子里面四周兜了一圈,在新修的更楼边站了好久。张宗和大概也是图新鲜,体验一番而已。据其日记可见,他们家并不参与守夜。不过,作为名誉上的主人、圩内大概已无自家房产的他们家,既然在此客居,也分担了一些防卫责任,比如拿钱(233元)给圩子买了一千发子弹。后来他们家还筹钱买了支枪,大概为自家人防身用。

主人家有人外出,要么自己带枪,要么派圩勇配枪护送。一日张充和等人出去转悠,许久未回,留在家里看书的大弟宗和出来寻找,心里担忧,"四姐一出去,我总怕她走远了,给盗贼绑了去"②。

张充和一家借住在五叔家腾出的几间房子里。日常生活而外,关切时局的他们每日有个重要事项——听无线电,这是在偏远乡下的主要消息来源。起初谁一旦有空就去听,后来做了分工,轮流听,轮流做

---

① 《逝年如水:周有光百年口述》,第108—109页。
② 《张宗和日记(第二卷)》,第140—142、144、149、161、173、183—184页。

记录。他们从无线电中不断听到前线战况失利的消息。11月12日,上海失守。11月19日,苏州失守。12月13日,南京沦陷。听到苏州遭受日机一轮轮疯狂轰炸,他们做了最坏的打算,想着家里学校"全部的东西都毁了"①。实际上,乐益女中和九如巷张家都幸免于历次轰炸。但日军占领苏州后,侵夺了乐益,将之改成医院,后来又用作监狱。拉黄包车的常常到学校,把犯人拉去刑场。抗战胜利后复员回家,张家姐弟看到,教室的窗户改高了,离天花板很近。墙上留有很多记号,那应是犯人们消磨时间的信手涂鸦。②

不久,合肥成为日军下一个侵略目标。离合肥仅120多公里的芜湖已于12月10日失守,日军由此北上,据称已出现在离合肥仅60公里的巢县附近。另一路日军占领滁州后,继续西窜,直指合肥。一时人心慌乱,大家纷纷做起逃难用的口袋。张宗和记述说,四姐似乎最怕,做了几个口袋。

时近年底,听到消息说,西窜日军已退回滁州,巢县、无为、全椒经过搜索,并无敌军,合肥附近虽发现日军,但已被歼灭。人心才安定了一些。③

1938年初,一直未闻日军来犯的消息,生活似乎恢复了此前的平静。1月31日,大年初一晚上,张充和扮圣诞老人,大弟用棉花贴了白胡子,四弟穿戏服扮女人,周三姐穿皮大衣扮时髦女子,到各位长辈、族人面前表演,引得合族上下欢乐不已。

然而2月2日,安徽方面的战事消息再次传来。翌日,张充和与大弟商量,她说她不惯于像这样安安静静地生活,大弟也想出外找个

---

① 《张宗和日记(第二卷)》,第149、152、171页。
② 《合肥四姊妹》,第126页。
③ 《张宗和日记(第二卷)》,第161—166页。

事做。①

＊

不多久,张充和等人再次踏上逃难之路。姐弟数人及其他张氏族人先到六安,然后雇卡车开赴汉口。

至汉口后,由大姐元和的干兄凌宴池夫妇安排大家住在大陆银行大院里的一幢房子,元和则住进法租界凌氏夫妇家。②

不久,相聚数月、命运相连的姐弟们又分散四方,书写各自不同的抗战命运。大姐元和随凌氏夫妇回到上海,翌年与顾志成(即顾传玠)结婚。全面抗战期间,一直留在上海。大弟宗和进入武汉的"军委会服务团"工作,后辗转到达云南,1939年初与孙凤竹结婚,先后任教于宣威师范、昭通师范、云南大学等学校。三弟定和客居重庆,从事音乐创作,八年间为15出话剧写出37首插曲,另有百余首爱国歌曲。张充和自己,则与四弟宇和到了成都。宇和原在日本东京帝国大学读书,七七事变后,不愿再待在日本,没念完就回国了。到成都后,就读于迁徙至此的金陵大学。

此前,曾回合肥与家人相聚的二姐允和,迁转于成都、重庆、江安等地,任教于光华大学等校。二弟寅和也曾至合肥短暂停留,不久返回工作地莫干山,后辗转至香港。五弟寰和于1937年8月与家人一同回到龙门巷,不久受三姐夫沈从文之邀,到武汉,借读于武汉大学,后武汉形势吃紧,随沈从文迁沅陵,至昆明,入读西南联大,毕业后曾任职于重庆行政院政务处。

唯一在抗战全面爆发后不曾回故乡合肥与姐弟团聚的三姐兆和,困守沦陷中的北平一年多,在沈从文召唤下,带着两个幼子,于1938

---

① 《张宗和日记(第二卷)》,第184—185页。
② 《慈父》,《浪花集》,第9页。

年11月到达昆明。一家四口,共同度过抗战的漫长岁月。

留在张老圩的父亲、继母与小弟,随后遭遇日军的步步紧逼,与张氏族人一起逃亡。1938年4月30日,日军侵占巢县;5月14日,侵占合肥;不久,又向六安方面侵进。称张冀牖为九伯的族人张旭和追记:"在公延大伯的领导下,大家都向山里跑。山里蚊子真多。九伯拿我家的吸蚊灯到处烧蚊子,蚊子可是烧不完。"①其后,众人又逃向霍邱方向。

8月28日,日军进占六安。至9月初,安徽全省三分之二的县城沦于日军之手。②张氏族人不再逃亡,返回张老圩。

是年冬,张冀牖不幸病故,年仅四十九岁。据说,他是吃了日本人放了毒的井水,患痢疾去世的。③

翌年,继母韦均一携小弟宁和离开张老圩,回到苏州,先后在私立英华女校和省立女师教课,后又至上海租界代课。珍珠港事件后,日军进占租界,她靠代人批卷及誊写文稿为生,支撑到抗战胜利。④

---

① 张旭和:《老九房人真多》,《浪花集》,第193页。
② 抗战初期日军侵略安徽的情形,除《张宗和日记(第二卷)》所述外,参戴惠珍等:《安徽现代史》,合肥:安徽人民出版社,1997年,第340—341页。
③ 张允和:《看不见的背影》,《浪花集》,第12页。
④ 《流动的斯文:合肥张家记事》,第169页。

成都寄居

|"轻云不解化龙蛇,只贴鬓凝成珠饰"|

　　1938年春,张充和在汉口作别其他姐弟后,与四弟宇和等人同行,奔向成都。①

　　到蓉后,租住湖广会馆大厅旁两间。屋内四壁空空,一无所有。由曲友周敦瑜置了些家具及厨房用具,张充和三人方有了安身之所。②

　　此来成都的原因,据她晚年所忆是,"抗战开始③后,我二姐跟着光华大学撤去成都,我们就去找她了"④。二姐允和与光华教员们同住,未同张充和三人住一起。⑤

　　不过,卞之琳晚年却自认是他的"催劝"之功:"当年(1938年)春天我好不容易把在避乱退隐又即将成为沦陷区的老家乡下的女友催劝'出山'到成都来……"⑥

　　卞之琳于前一年5月,在杭州编成题献给张充和的《装饰集》,自

―――――――――――――――――――

① 《张宗和日记(第二卷)》1938年2月4日—4月18日未有记录,又无其他资料,故张充和离开汉口到成都的起止时间、交通方式及路线,尚不明确。4月19日记道:"四姐有信来,我们放心不少,她不说别的,只说一路风景好。"大概此时张充和已到成都。
② 《曲人曲事·杜鉴侬 周敦瑜》,《张充和诗文集》,第357页。
③ 本书所引人物回忆文字中提及的抗战开始均指抗战全面爆发。——编者注
④ 《天涯晚笛》,第83页。
⑤ 《二姐同我》,《张充和诗文集》,第386页。
⑥ 《人尚性灵,诗通神韵:追忆周煦良》,《漏室鸣——卞之琳散文随笔选集》,第302—303页。

行将一段感情暂时结束后,6月他与师陀(本名王长简,当时笔名芦焚),"两个不安于命运的小人物",经上海到雁荡山,住在位于山腰的慈悲阁中。师陀后来写道,晚饭后,"我们带着电筒,假如天气不十分好,我们同时拿着雨伞跑三里路,我们希望汽车站那边有我们等着的信件"。其中或许就有卞之琳望眼欲穿的张充和未必会写的回信。[1]师陀晚年还猜想,大概是爱情的失败,让卞之琳犹如修道士般选择过"在雁荡山和尚庙里"翻译纪德的《窄门》这样的艰苦生活。[2]8月初,卞之琳与师陀二人在山中听闻平津失陷,即动身回上海。途经新昌汽车站,被保安队怀疑是汉奸,带到县公安局等待过堂,幸遇两个文学爱好者在旁发现是误会,才予放行。不久,卞之琳应四川大学文学院院长朱光潜之邀,于10月10日抵成都,任外文系讲师。[3]

卞之琳无法忍受对张充和的思念。他不断给张充和去信,"催劝"她到成都来。等待期间,他从四川大学图书馆的旧报副刊上,抄录了张充和发表于《中央日报·贡献》上的散文二三十篇。[4]终于,张充和来了。

成都时光大概是卞之琳十余年苦恋史中与张充和拥有最多见面机会的时段。最初在北平,卞之琳对张充和的感情尚属于萌芽期,他自认是"值得珍惜而只能任其消失的一颗朝露"。感情真正首次爆发的1936年秋冬至翌年春夏,卞之琳游转于沪宁苏杭间,只能寻找机会偶尔求见张充和,张充和有时还躲着不见。后来他们陆续离开成都,经历过不少地方,虽也曾见面,但机会再也没有如成都时期这般便利了。

由于在心爱人面前的怯懦,当卞之琳有机会跟张充和单独在一起

---

① 师陀:《上海手札》(节选),《师陀散文选集》,天津:百花文艺出版社,2004年,第209、211页。

② 师陀:《两次去北平(续篇)》,《新文学史料》1988年第3期。

③ 张曼仪编:《中国现代作家选集·卞之琳》,香港:三联书店(香港)有限公司,北京:人民文学出版社,1990年,第264页。

④ 卞之琳致黄裳信函,1981年12月11日,黄裳:《来燕榭文存》,北京:生活·读书·新知三联书店,2009年,第116页。

时，他总不敢享用二人的独处时刻。比如，他常常拉着当时在《工作》杂志社共事的诗人方敬，让后者当电灯泡并且望风。①

时同在成都、见识卞之琳这一段苦恋的二姐张允和，晚年讲道：卞之琳其实一直在害单相思，他和四妹根本就合不来，一个太朴讷，一个太活跃。四妹从未答应过卞先生，而卞先生却始终不渝，坚持不懈，还经常跑到她家来哭鼻子，诉说自己对四妹的爱意和四妹对自己的绝情。当然，四妹一方面躲着卞先生，一方面表现得挺大方的。有一回，卞之琳兴冲冲地跑到她家，不停地念叨着："四妹对我真好！"原来四妹吻了他一下——那只不过是四妹学了西洋的礼数，卞先生却当了真。张允和说，她敢断定卞之琳都没有吻过四妹，因为卞先生太胆小、文弱、缺乏男子汉的气概，不会讨女孩喜欢。有一回，卞先生和四妹一起去野外玩，上坡时，卞先生想扶她一把，但又不敢伸手，只是在那儿犹犹豫豫、战战兢兢。张允和说："像卞之琳这样如何能追到心比天高的四妹呢？"作为诗人的卞先生是把四妹作为一个理想形象来追求的，这样的追求在现实中注定要碰壁。②

卞之琳在四川大学的同事中，颇有同情他的痛苦者，曾极力撮合他与张充和。这一度让张充和很困扰，并为此离家出走。与她一同来到成都、因入读金陵大学已不住一起的四弟宇和晚年回忆："当年在成都，四川大学的几位热心教授，给诗人帮腔，定期设宴，邀四姐出席。四姐讨厌这些，一气之下悄悄离家出走。一周后家人从报纸上才知道，原来她独自一人上了青城山……"③

① 北塔：《卞之琳先生的情诗与情事》，《新文学史料》2001年第3期。
② 北塔：《曲坛"二姐"张允和》，《世纪》2001年第4期。
③ 张昌华：《最后的闺秀——张充和先生剪影》，《江海文史》2005年第5期。张充和大约是1938年5月下旬到青城山的。《张宗和日记（第二卷）》1938年6月5日记，"大姐给我看二姐的信，说起四姐出走的事，是到青城山"。6月10日又记，得信，知"四姐回成都，说了玩青城山的情形"。

＊

此次青城山散心之旅,张充和感想颇为复杂。三年后在给长辈友人罗常培、梅贻琦、郑天挺三人的信中,她写道:

> 由灌县去青城山约三十五华里,有两路可走:一摆渡,一经索桥,来回可走不同的路。到青城即住天师洞,万不可住上清宫,因为那里的道士俗气逼人,竟有一道士满口二百五的英文,除结交要人外,又爱结识教授,琐琐麻人!天师洞主持为彭椿仙,年高德茂;另有易道士心滢者读书最多,貌甚癯雅,如有兴,可与一谈;还有一个伍知客,古风道貌潇洒出尘,可入画,不可以谈话;有一弹七弦琴道士盖与彭祉卿同派,粗慢无礼,亦无其他修养,以不听为是。天师洞正殿有一对石狮,一狮足踏一法螺,有孔可吹,音甚宏亮。青城茶有名。天师洞不如上清宫,因其居卑处下,不见阳光,上清宫则反之,山上有奇鸟,黄昏即鸣,姑名之曰知更鸟。[①]

在上清宫,除俗气逼人的道士外,有的游人也惹她厌烦。四弟宇和回忆:四姐“在为上清宫道院题写诗作时,正巧被一游山的大名人看到,那大名人要四姐为他写字,四姐没有睬他们。‘名人’的随从中有好事之徒,将此事作为‘要人行踪’登了报”。

于是家里人从报上得到张充和出走的消息。张宇和接着追忆:“得信后,家里要我去找,那时四姐出走已10天了。我坐在汽车上看到四姐戴个大草帽坐在人力车上,与我擦肩而过。我下来追,四姐见有人来追叫人力车蹬得更快。我请后面骑自行车的人带口信给四姐,

---

① 张充和致罗常培等人信札,1941年7月26日,转引自罗常培:《蜀道难》,《苍洱之间》,沈阳:辽宁教育出版社,1996年,第73页。

说是弟弟在追她,她才停下来。"①

　　山中十日,张充和诗兴再次大发。继三年前北平香山词之后,她又有四首比较得意的词作问世。

菩萨蛮

　　小轩纳凉千山绿,当窗有个人幽独。弄笛做新腔,还吹《豆叶黄》。老僧闲倚竹,贪听人间曲。何日化虹霞,吹成九品花。②

　　《豆叶黄》,当为昆曲《牡丹亭·寻梦》的一个曲子。《寻梦》写杜丽娘自从梦中与柳梦梅幽会之后,寻思辗转,竟夜无眠,又至花园,想象与柳梦梅再次欢会,而终不可得。"幽独"的张充和吹着这描绘男女情爱的"人间曲",不承想竟在这青城山道、佛两教化外之地找到知音:"老僧闲倚竹,贪听人间曲。"

　　回成都后,张充和将此首《菩萨蛮》及另外《鹧鸪天》与《鹊桥仙》两首的初稿给卞之琳看了。③其中《鹊桥仙》写道:

　　有些凉意,昨宵雨急,独上危岭伫立。轻云不解化龙蛇,只贴鬓凝成珠饰。

　　万壑逶迤,一天遥碧,望断凭虚双翼。盘拿老树历千年,应解道其中消息。④

　　卞之琳从中读出了张充和对他的婉劝之意。他晚年回忆道:"女

---

① 张昌华:《最后的闺秀——张充和先生剪影》。
② 《青城杂咏》,《张充和诗文集》,第18页。作者原注:"虹为佛教中之音乐神。"
③ 《合璧记趣》,《漏室鸣——卞之琳散文随笔选集》,第182页。
④ 《青城杂咏》,《张充和诗文集》,第19—22页。

友当时见我会再沉湎于感情生活,几乎淡忘了邦家大事,不甘见我竟渐转消沉,虽不以直接的方式,给了我出去走走的启发。方向则是我自己选择的:投身到前方国家存亡、社会兴衰的现实问题而出生入死的千百万群众中一行,以利于我当时和日后较能起点积极作用,同时也就是接受考验和锻炼……"①

张充和词中如何不以直接的方式,给了他出去走走的启发?卞之琳研究者张曼仪指出,答案藏在"轻云不解化龙蛇,只贴鬓凝成珠饰"一句。"轻云"指卞之琳终日沉湎的感情,它不懂当此国家危难之际,应做投身"邦家大事"如龙蛇般的英雄,而只会倾心于"贴鬓""珠饰"等儿女私情。为了"证明他有凌云之志,不是'轻云不解化龙蛇,只贴鬓凝成珠饰'",卞之琳决定奔赴抗战前线,接受"考验和锻炼"。②

1938年8月14日,卞之琳、何其芳及沙汀、黄玉颀夫妇一行四人,离开成都,首途延安,三个月后,卞之琳转赴晋东南前线,流转访问,随军生活,大约半年。③

临行前,友人周煦良以为卞之琳与张充和就此分手,私下对卞说,想起卞1937年春末所写十四行诗《灯虫》的最后三行——"晓梦后看明窗净几,/待我来把你们吹空,/像风扫满阶的落红",不胜伤感。④

师陀晚年评价卞之琳此段时期的苦恋说,在"爱情方面,由于他是单方面的,是个失败者:同时一往情深,又是光荣的失败者。为了爱情,也许出于别人的怂恿,出于爱国,他曾去陕北,又到山西,过艰苦生活,犹如修道士"。⑤

① 《人尚性灵,诗通神韵:追忆周煦良》,《漏室鸣——卞之琳散文随笔选集》,第302—303页。
② 张曼仪:《卞之琳著译研究》,香港大学中文系,1989年,第65页。
③ 《中国现代作家选集·卞之琳》,第264—266页。
④ 《人尚性灵,诗通神韵:追忆周煦良》,《漏室鸣——卞之琳散文随笔选集》,第302—303页。
⑤ 师陀:《两次去北平(续篇)》。

*

相较于被卞之琳苦恋着而又摆脱不了的困扰,张充和在成都的唱曲生活是单纯而愉快的。

来成都不久,在一次曲会上,张充和认识了杜岑夫妇。杜岑,字鉴侬,四川白沙人,早年北京大学法科毕业生,在朝阳大学教过书,时任四川省政府秘书,唱官生。其妻周敦瑜,唱闺门旦。两人都唱的是清曲,不带道白。

杜岑、周敦瑜夫妇家是张充和的唱曲乐园与教曲课堂。她写道:"(我)在成都约半年之久。每日下午,夹着支笛子去她家,这时孩子们上学,鉴侬去省政府办公,正好唱曲。我们或一同唱,或我吹她唱。她没有学过的曲子而我已学过的就为她拍。我为她拍了《寻梦》同《描容》。到五点钟后,她就忙孩子、忙晚饭,这时鉴侬下班,我接上为他吹笛。鉴侬唱的曲子没有敦瑜多,他最喜唱《长生殿·闻铃》第二支《武陵花》,每唱时都很激动,即使行走时也哼着此曲。"

张充和发现,杜岑善书,写瘦金体,但并非瘦骨峻嶒,而是秾纤合度,细致绝伦。① 她遂于当年初夏,请杜岑为她那套由吴梅题写首页、尚无名字的册页题签,杜岑题以瘦金体"曲人鸿爪"四字,并书"原来姹紫嫣红开遍"一段于第二页。②

仲夏,张充和在一次曲会上,偶遇青岛相识的曲友路朝銮。抗战全面爆发后,他流亡成都,任教于四川大学。张充和请路朝銮在《曲人鸿爪》册页上题字,因那次曲会他唱了《千钟禄·惨睹》,故他忆写道:

　　收拾起大地山河一担装,四大皆空相。历尽了渺渺程途,漠

① 《曲人曲事·杜鉴侬 周敦瑜》,《张充和诗文集》,第357—359页。
② 《曲人鸿爪》,第33、48页。

漠平林,垒垒高山,滚滚长江。但见那寒云惨雾和愁织,受不尽苦雨凄风带怨长。雄城壮,看江山无恙,谁识我一瓢一笠到襄阳。

康乾时期昆曲全盛时代广为传唱的两大曲子,有个耳熟能详的说法叫"家家'收拾起',户户'不提防'"。"不提防",出自《长生殿·弹词》,是安史之乱后,乐工李龟年流落民间所唱的《南吕·一枝花》之首句"不提防余年值乱离"。"收拾起",即路朝銮所抄曲文,出自《千钟禄·惨睹》,是朱棣攻陷南京,建文帝剃度出逃,流落至襄阳所唱的《倾杯玉芙蓉》。五百多年前传说中的建文帝仓皇逃难形象与抗战烽烟里国人流亡的现实命运勾连在一起。

路朝銮并于页尾题跋:"戊寅仲夏与充和女士重晤成都,时马当氛炽,录此报命,不胜愤懑,想亦同深感喟也。"[①]

由"时马当氛炽"可知路朝銮题字时间在1938年6月下旬。马当要塞地处江西彭泽县境,那里有长江中游最狭江面,宽不及一里,形成要隘,筑有坚固封锁线,是阻止日本海军西犯,保卫华中重镇武汉的首当其冲之地。发生于6月22—29日的马当要塞之战是武汉保卫战之序战中的一次重要战斗。此后,中国军队层层阻截,以持久消耗日军为主,至10月25日,主动放弃武汉。历经四个月的武汉保卫战遂告结束。此后,侵华日军已基本无力发动大规模的战略性进攻,而不得不动用重兵防守占领区域,一边与中国军队在正面战场展开对峙,一边在后方应付游击部队的袭扰。中日双方由此进入战略相持阶段。

1938年冬,武汉保卫战结束后不久,张充和离开成都,转赴抗战时期大后方的另一个文化学术中心——昆明。

[①]《曲人鸿爪》,第52页。

参编教材

| "北门街的一个临时大家庭是值得纪念的" |

"七七事变后我逃难到四川,是杨先生叫我去云南做事的。"[①]

1938年冬,受杨振声邀请,张充和抵达昆明,加入杨氏主持的《中学国文教科书》编写小组,编选散曲并作注。

其实,早在是年春夏之交,张充和就有过到昆明的想法。

5月4日,张充和给抵昆不久的杨振声去了一信,表示想到昆明"去静静地过一个暑假"。

收到来信,杨振声于当月27日回函称:

四小姐:

接到五月四日的信,谢谢你。正在自悔荒唐,未曾留得你一痕踪迹。忆昔相别,亦太似秋云白鹤,不着影相也。

隐士之谋成乎?窃恐未必。"去静静地过一个暑假",说来多动听,恐小姐未必有此清福耳。晨风落于水上时,清波潋潋,此非风之过也,然而风行水动,又岂水之过乎?有一般好人,都是一股纯真,把人生放在鸟笼里而赞叹称美之,并不缺乏善意与真诚,只差心性虚彻而已。冒险于心之领土以入生命之奥者,并不属于一

---

① 《天涯晚笛》,第91页。

般人,小姐,只好请你原谅了。

区区亦有可说者,未来昆明时,本想脱离事务,现来昆明,事
务加倍于昔,人生偏偏如此!犹不止于此,未来时设想昆明湖边,
筑一茅舍。洁水门前,青山屋后,左辟菜圃,右开鸡林。——休怪
名词生硬,盖竹林中卷鸡之意也。闲放门前所系小舟,请你到湖
中钓鱼。现来后一所容身的房子都找不到。萧乾在青云街二一
七号找到□□院的三分一,于是从文、阿丽都安置在那里。我呢?
在办公室的角落里,放了八只火油箱子,睡在上面梦想钓鱼。这
里有西山、汤山、黑龙潭、节竹庵诸名胜,一处都没得工夫去。听
说西山比北平者尤佳。汤山有一旅馆,新落成,当清洁可居。租
一卧室带一客厅,月可二十元。唯去城市稍远,汽车一个半钟头,
是亦隐士之居也,闻之得勿心动乎?我们也并未安于杂院之居,
还在努力找房子,有了好消息再以报远人也。请安

振声 敬白
五月廿七日①

杨振声的回函称得上严厉。他对张充和的一些浪漫想法不表苟
同。由于张充和原信已不可见,只能从杨振声回函中推测,她在信中
可能将昆明想象为理想隐居之地,因此想"去静静地过一个暑假",遭
杨振声否定。张充和可能也表达了类似在编辑《中央日报·贡献》时所
写《蚕》一文中的人生观念,即与世无争,像蚕般在自己编织的茧中安
静活着,"反正茧中是自己的宇宙"。杨振声批评道,这种"把人生放在
鸟笼里而赞叹称美之"的人,"并不属于一般人"。

在张家姐弟们心中,这位交往颇多并一度同吃同处、年岁上长他

---

① 季培刚编注:《杨振声编年事辑初稿》,济南:黄河出版社,2007年,第216—218页。

们一辈的先生，是像慈父严兄一样，对朋友比较庄严，不够亲切，但又十分关切的忠厚长者。因此，杨振声在信中会对张充和不太客气，有其个性的原因。[①]不过更重要的，恐怕与杨振声当时心境有关。他初到昆明所面对的生活、工作条件之简陋、艰苦，与张充和信中所想象的闲适、超脱，构成强烈反差。

杨振声（1890—1956），字今甫，亦作金甫，山东蓬莱人。1915年入北京大学国文系。1918年与傅斯年、罗家伦等组织新潮社，翌年创办《新潮》杂志，任编辑部主任。五四当天，组织参与火烧赵家楼。其后赴美留学，入读哥伦比亚大学、哈佛大学，取得教育学博士学位。返国后任教于多所大学。1930年出任国立青岛大学首任校长，延聘闻一多、梁实秋、沈从文等人到校任教。一时间，国内众多知名教授、学者、作家云集青岛，形成群星璀璨、令人瞩目的兴旺局面。1932年9月，因深陷"九一八"以后日益高涨的学生抗日救国运动、国民政府的屈辱退让政策与山东军阀韩复榘克扣经费的要挟之矛盾困境，杨振声辞去青大校长之职，到了北平。

1933年起，杨振声开始组织人手进行中小学国语教科书的编写工作，分编《国小实验国语教科书》及《中学国文教科书》。对外称是教育部委托，工作经费应是拨自1932年11月秘密成立的国防设计委员会。国防设计委员会（后改组为国防资源委员会）分七组，聘任杨振声等三十九人为首批委员。杨振声所在的教育与文化组，主要研究各国

[①] 大弟张宗和1940年比较罗常培与杨振声在待人方面的特点说："罗莘田在昆明我们谈得很好，他不像老杨那样庄严，似乎比老杨对我们更亲切一点。他对你对四姐好像我们自己家里人一样，我不得不把心里隐藏着的真情全告诉他。"（张宗和致孙凤竹信函，1940年3月10日，《秋灯忆语》，第102页）三姐张兆和晚年评价杨振声的人品说："今甫先生为人处事，从几封信中可见一斑。我一直觉得他对从文像慈父严兄一样，十分关切；对其他朋友亦然。这样的忠厚长者，如今已很少见了。"（张兆和致杨起信函，1990年11月19日，《杨振声编年事辑初稿》，第425页）

青年训练方法,并约请有关专家编写国语、公民、历史、地理等中小学教科书,从事"国防建设之知识的、体力的及精神的基础"的国民教育工作。其中,杨振声负责中小学国语教科书的编写。①

杨振声力邀沈从文、朱自清参加该项工作。1933年夏,沈从文离开青岛大学,来到北平,起初与张兆和暂住杨振声家。据杨振声三子杨起记述:"我父亲每天按时到餐厅带领沈先生和两位小楷写得很好的人一起工作,他非常认真地挑选文章,有时还要进行一些文字上的润色、修改,着重选编弘扬爱国主义精神和反映抗日御侮事迹的文章。为了编好教材,他不仅亲自跑到和平门外师范大学实验小学去执教,以检验教材效果;还请很多小学生到家中,以增进对孩子们的了解。"②后来,沈从文虽于西城达子营觅得居所,但此后几年,他与杨振声之间仍有着频繁的互动。1933年秋至1935年春,经常出入沈从文家的张充和当与杨振声有见面机会。

1935年,《国小实验国语教科书》以"国立编译馆"名义由商务印书馆出版。《中学国文教科书》未及完成,抗战全面爆发。③

1937年8月12日,杨振声、沈从文、朱光潜等一行人悄悄离开已然沦陷的北平,事先为防不测,各人编造了一个假身份,杨振声是卖花边的,朱光潜是香港洋行打字员,沈从文是洋行文书。28日,杨振声接受密令,代替因事无法脱身的教育部次长周炳琳,担任长沙临时大学筹备委员会秘书主任,奔赴长沙,筹建临时大学。

11月1日,长沙临时大学开课。12月13日,南京陷落。武汉会战箭在弦上,一触即发。长沙与武汉相距仅三百公里,一旦武汉失守,长沙势难独撑。

---

① 《杨振声编年事辑初稿》,第152页。
② 《杨振声编年事辑初稿》,第180页。
③ 《杨振声编年事辑初稿》,第402页。

1938年1月中旬,根据国民政府指令,长沙临时大学迁往昆明,重组为西南联合大学。全校师生分三路迁往昆明、蒙自。

4月1日晨(或此前一天),杨振声等人最后一批撤离长沙。甫离长沙,学校即被日机重型轰炸机肆行投弹,烧毁殆尽。众人于路途上回首望去还见到长沙上空的火光。

抵昆后,作为西南联大主任秘书的杨振声,办公、居住条件极其简陋。他挤住在联大常委、北大校长蒋梦麟与联大秘书章廷谦设于崇仁街46号一所铺面房的北大办事处。章廷谦后来追述:"所谓北大办事处,是三层楼上的一间统的三开间的屋子,只南北有墙,东西两面都是板门,假使门全开了,外面还有廊栏杆,就很像一个亭子了。在靠西的南北两角上,各有木板隔成的一间小房,放下床铺以后恰还能摆一张办公桌椅和一个衣箱,我和校长蒋孟邻先生一人一间。我的那一间是在南首靠楼梯的。后来杨今甫兄又用汽油木箱垒起来在东首靠南的角上和孟邻先生那间并排的割了一间,我和他就经常的住在那里,像下围棋似的每人各占了一个'角'。"①即杨振声在回张充和信中所云:"我呢? 在办公室的角落里,放了八只火油箱子,睡在上面梦想钓鱼。"因此,他信中说"现来后一所容身的房子都找不到",毫不夸张。

杨振声主持的《中学国文教科书》编写工作因尚未完成,编写小组先是于1937年9月移至武汉,在珞珈山觅得一处小独院继续进行。编写人员除沈从文、汪和宗(负责抄写、刻印及后勤)外,还有杨振声、沈从文的学生萧乾。萧乾由于原任职的《大公报》在抗战全面爆发后收缩版面,遭该报遣散,由两位老师收留,临时加入编写小组工作了一年多。12月下旬,战事吃紧,编写组成员被迫转移。沈从文带领几人到

---

① 章廷谦:《在昆明》,《国立北京大学五十周年纪念一览》,北京大学出版部印行,1948年,转引自《杨振声编年事辑初稿》,第209—210页。

故乡沅陵暂住。后萧乾先行到达昆明,在翠湖东面、北门附近的青云街217号租了一座临街小楼的三分之一作宿舍,兼教科书编写小组办公处。沈从文随后于4月30日抵达,也住在这里。

沈从文对昆明的看法不似杨振声那样消极,似乎有点像张充和,也将昆明浪漫化了。晚年他回忆道:"还记得初到昆明那天,约下午三四点钟,梁思成夫妇就用他们的小汽车送我到北门街火药局附近高地,欣赏雨后昆明一碧如洗的远近景物,两人以为比西班牙美丽得多,和我一同认为应当是个发展文化艺术最理想的环境(过了四十年,我还认为我们设想是合理的)。所以后来八年中,生活虽过得很困难不易设想,情绪可并不消沉。"①

1938年暑假,张充和没有如预想的来到昆明。

她大概在成都过得难惬心意,因此总有逃离成都的冲动或想法。于是一会儿跑到青城山躲清净,一会儿又想去昆明"静静地过一个暑假"。她甚至想远赴国外,去缅甸仰光。②不过也未成行。

*

几个月后的11月4日,三姐张兆和携两个幼子沈龙朱、沈虎雏及沈从文九妹岳萌,从沦陷已一年多的北平离开,抵达昆明。

不久,张充和也来到昆明,与三姐一家会合。③他们将家迁至北门街45号④蔡锷的旧居,对面恰好是唐继尧公馆。

沈从文后来描述这处新居道:"事有凑巧,住处即在五省联帅唐蓂

---

① 沈从文致彭荆风信函,1980年10月16日,《沈从文全集》第26卷,第164页。
② 沈从文致张兆和信函,1938年7月30日:"四丫头有信来,想过仰光。"(《沈从文全集》第18卷,第320页)
③ 张充和到达昆明的时间目前仅能推定为"1938年11—12月"。依据如下:施蛰存于1938年11月4日护送张兆和母子抵达昆明。他后来在《滇云浦雨话从文》回忆说:"此后又认识了从文的小姨充和女士。"可见张充和此时尚未到昆。12月30日,沈从文致大哥沈云麓函:"在此有其姊弟三人(小五哥,四小姐,俱在此)。"说明张充和此时已在昆明。
④ 张充和致张宗和信函,1973年7月3日,《一曲微茫》,第442页。

赓住宅对面,湖南军人蔡松坡先生住过的一所小房子中,斑驳陆离的墙砖上,有宣统二年建造字样。老式的一楼一底,楼梯已霉腐不堪,走动时便轧轧作声,如打量向每个登楼者有所陈述。大大的砖拱曲尺形长廊,早已倾斜,房东刘先生便因陋就简,在拱廊下加上几个砖柱。院子是个小小土坪,点缀着三人联手方能合抱的尤加利树两株,二十丈高摇摇树身,细小叶片在微风中绿浪翻银,使人想起树下默不言功的将军冯异,和不忍剪伐的召伯甘棠。瓦檐梁柱和树枝高处,常日可看见松鼠三三五五追逐游戏,院中闲静萧条亦可想象。这房屋极简陋情况,和路东那座美轮美奂以花木亭园著名西南各省的唐公馆,恰作成一奇异的对比。"①

　　与沈从文极力刻画的简陋有所不同,西南联大女生、曾在青云街217号借住过的杨苡看到的是温馨:"我们还是相约着进城到北门街去看沈先生和三姐的新居。那是一栋位于更僻静街道上的旧式小楼。他们住在楼上,明窗净几,干干净净的楼板。我们喜欢那里的温暖舒适,这当然是三姐的功劳。"②

　　在此同住的还有杨振声、刘本钊两家,组成一个临时大家庭。张充和在回忆中写道:"七七事变后,我们都集聚在昆明,北门街的一个临时大家庭是值得纪念的。杨振声同他的女儿杨蔚、老三杨起,沈家二哥、三姐、九小姐岳萌、小龙、小虎,刘康甫父女。我同九小姐住一间,中隔一大帷幕。杨先生俨然家长,吃饭时,团团一大桌子,他南面而坐,刘在其左,沈在其右,坐位虽无人指定,却自然有个秩序。我坐在最下首,三姐在我左手边。汪和宗总管我们的伙食饭账。"③

　　刘康甫,即刘本钊,曾任杨振声1930—1932年掌校青岛大学时的

---

① 沈从文:《怀昆明》,《沈从文全集》第12卷,第273页。
② 杨苡:《沈从文:昏黄微明的光》,《收获》1989年第1期。
③ 《三姐夫沈二哥》,《张充和诗文集》,第339页。

会计主任、秘书长。抗战全面爆发后,刘本钊辗转来到昆明,担任西南联大常委会三秘书之一。

"汪和宗,他是杨振声一手培养起来的。"张充和回忆说,"他从小做听差,本来是山东大学的药房伙计,现在既是书记官,管抄抄写写,那时候没有复印机,普通刻钢板、印刷材料一档子的事,他都包了;又是后勤总管,管我们大家的吃饭。"又说:"我们那时候几家人一起吃饭,大家拿钱,请一个女工做饭。我们把钱交给汪先生,他负责统管。那时候他还没有结婚,以后到了台湾才结婚。他是我们大家的小朋友,也是我大弟的好朋友。他叫和宗,我大弟叫宗和。他没有自己的私人图章,我就把大弟不要的图章送他,反正图章的字,'宗和'和'和宗',倒过来看都是一样的,呵呵……"

"俨然家长"的杨振声在饭桌上并没有表现得一贯"庄严",而是很能活跃气氛。张充和讲道:那时候的饭桌上,大家都喜欢开玩笑。杨今甫和沈先生都喜欢说笑话,一大桌子吃饭,总是高高兴兴的。开始他们都叫我"四小姐",我说:"难道我没有名字吗?叫我'充和'吧。"那是抗战年间,我不喜欢人家叫我"小姐"。可他们也不愿叫我名字,后来他们就去掉了"小"字,不管大小老少,都叫我"四姐",除了沈先生和我三姐叫我"四妹"以外。为这事,杨先生就在饭桌上开我的玩笑,说:"对于有身份的人,喜欢不喜欢,称呼里该省掉哪个字眼,这可是很有讲究的!你看,蒋委员长,大家都叫'委员长''委员长'的,从来都省略掉那个'蒋'字,讲究就在这里——就像'四小姐'得省略掉那个'小'字一样!"[①]

杨振声还落实了张充和的工作,邀请她加入《中学国文教科书》编

---

① 《天涯晚笛》,第91、93页。

写组，编选散曲并作注。①她后来写道："那时沈二哥除了教书、写作之外，仍继续兼编教科用书，地点在青云街六号。杨振声领首，但他不常来。朱自清约一周来一二次。沈二哥、汪和宗与我经常在那小楼上。沈二哥是总编辑，归他选小说，朱自清选散文，我选点散曲，兼做注释，汪和宗抄写。他们都兼别的，只有汪和宗和我是整工。"②再后来又补充道："我在里面最年轻，不决定什么事情。只是编写什么内容都由我挑选。"③

关于同事朱自清，她回忆说："朱自清话不多，人很好，很和气。他一边在西南联大教书，一边参加编书，他平时不常来，编书才在一起。他个性严肃，不爱讲笑话，所以虽然很熟，但私交不深。听说朱自清的太太也会唱昆曲，但因为不常在一起，所以没和我们一起玩。"她又说："我在北大上学时没修过朱自清的课，倒是在中学时读过他的《背影》，没想到后来成了同事。那时候白话文运动刚开始不久，我看他和冰心早期的写作，都有点'酸的馒头'——sentimental（感伤、滥情），呵呵……"④

1940年，由杨振声主编，朱自清、沈从文、萧乾、张充和参编的《中学国文教科书》定稿，与吴晗主编的历史教科书一并送交重庆教育部。此时，教育部已另行成立一"中小学教科书编辑委员会"，由梁实秋任教科书组主任，其任务是编写一套适用抗战情势的教科书，包括国文、史、地、公民四科。梁实秋后来追忆，他与人共同看过杨振声、吴晗等人编写的教科书后，都认为编得非常高明，但并不适用抗战需要，未予

---

① 《天涯晚笛》，第91页。
② 《三姐夫沈二哥》，《张充和诗文集》，第340页。
③ 师欣：《张充和：这样的老太太世间不会再有》，《南方周末》2004年9月23日。
④ 《天涯晚笛》，第88—89页。

采用,只得重新编写,故甚感遗憾。^①

因此很遗憾,人们无缘得见张充和唯一参编的民国教科书的问世。

---

① 梁实秋:《回忆抗战时期》,转引自《杨振声编年事辑初稿》,第 252 页。1939 年 8 月 21 日,张充和拿到了教育部音乐教育委员会的委任状,很快予以接受,并起意辞去教科书编写工作。(《张宗和日记(第二卷)》,第 261—262 页;《秋灯忆语》,第 175 页)

弦诵春城

｜"忘情处,命玉龙哀笛,著意狂吹"｜

参编教科书之余,张充和的昆明时光,是一系列连续不断的初识与重逢构成的美好日子,是一段俊逸风流、艳声盖世的流金岁月。

这里人文荟萃。她追忆说:"开始我住在城里,来往的朋友大都是西南联大的。"她陆续与梅贻琦、郑天挺、罗常培等众多学者相识并成为知音。她重遇北大老师闻一多:"和闻一多很熟,他有时候过来吃顿饭,他好酒,我们不喝酒,就他自己喝。"谈及闻一多当时刻印卖钱贴补日常家用的艰苦往事,她说:"闻一多靠着战时那点微薄的薪水,要养一大家子,手头的困窘是可以想见的。我们单身的没负担,反而显得阔气,当时朋友出去吃喝,常常都是我请客。"闻一多知道张充和在学写字,就主动给她刻了一方名章。云南当地没有好的印石,闻一多就将脑筋用在云南特有的一种黄藤上。"这种老藤很粗很轻,质地却很细密,拿在手上暖暖的。"①

张充和还曾写道:"在我窗前有一小路通山下,下边便是靛花巷,是中央研究院史语所所在地。时而有人由灌木丛中走上来,傅斯年、李济之、罗常培或来吃饭,或来聊天。院中养个大公鸡,是金岳霖寄养的,一到拉空袭警报时,别人都出城疏散,他却进城来抱他的大公

---

① 《天涯晚笛》,第87—88页。

鸡。"①

这是昆曲的乐园。一批批文化学术之士南渡昆明,将唱曲撅笛之风也带了过来。②

时任教于云南大学、曾护送张兆和母子来到昆明的作家施蛰存回忆说:"北门街也在云南大学附近,因而我常有机会去从文家闲谈。此后又认识了从文的小姨充和女士。她整天吹笛、拍曲、练字,大约从文家里也常有曲会了。"③

两人初识,就有了首次昆曲合作。施蛰存晚年在给张充和的信中写道:"忆当年北门街初奉神光,足下为我歌'八阳',从文强邀我吹笛,使我大窘。回首前尘,怊怅无极,玉音在耳,而从文逝矣。"④"八阳"即昆剧《千钟禄》第十一出《惨睹》,写建文帝剃发出亡途中,看到无数旧臣及其眷属被杀被囚,惨不忍睹。由八支以"阳"字结尾的曲子组成,俗称"八阳"。第一支即广为传唱的"收拾起"。

张充和不断与曲友故旧重逢。重逢人次最多的是清华大学谷音社社友。1939年春,谷音社南迁社友五人于王瞻岩处聚会曲叙,浦江清赋词一阕:

沁园春

（昆明黑龙潭王瞻岩宅曲叙感赋,同会者杨荫浏、王瞻岩、陈盛可、陶光、张充和）

---

① 《三姐夫沈二哥》,《张充和诗文集》,第339—340页。
② 当然,昆明的唱曲之风自不能与昆曲的大本营苏沪平津等地相比。1939年3月2日,沈从文在致沈云麓信中就为张充和叫屈:"昆曲当行,应以张四小姐为首屈一指,惜知音者少,有英雄无用武之感。"(《沈从文全集》第18卷,第348页）
③ 施蛰存:《滇云浦雨话从文》,《沙上的脚迹》,沈阳:辽宁教育出版社,1995年,第137页。
④ 施蛰存致张充和信函,1989年3月6日,施蛰存、孙康宜著,沈建中编:《从北山楼到潜学斋》,上海:上海书店出版社,2004年,第22页。

漫客天涯,如何不归。归又何为,向华山昆水,暂留我住,碧鸡金马,住亦堪悲。惟遣高歌,欣逢旧雨,心逐梁尘相伴飞。忘情处,命玉龙哀笛,著意狂吹。

古今多少情痴。想小玉丽娘信有之。叹消魂桥畔,牡丹亭下,琅玕刻遍,谁会相思。一曲霓裳,凄凉九转,劫后河山满眼非。承平梦,望吴宫燕阙,早感黍离。①

王瞻岩即王守泰,王季烈四子,时任昆明中央机器厂厂长。除他之外,浦江清、杨荫浏、陈盛可、陶光、张充和五人都是谷音社社友。②

浦江清时任西南联大中文系教授,酷嗜昆曲。老友施蛰存回忆说:"在昆明的时候,我曾当面批评他(浦江清):太懒于写文章,太勤于吹笛子、唱昆曲。他说:'写文章伤精神,吹笛子、唱昆曲,可以怡情养性。'我对他无可奈何,总觉得他有许多该写而没有写的文章。"③

1938年近年根儿的一晚,浦江清约蒲薛凤到北门街张充和寓所赴曲会,蒲薛凤初次见识张充和的神采,回校后两人围绕张充和展开长谈,久不成眠。蒲薛凤后来回忆道:当晚曲会上,"最出色者为张充和女士,容颜娇嫩,体态大方。昆曲既佳,笛声亦美。佩弦夫妇亦去,朱太太以伤风未唱。张小姐唱《刺虎》等数段。归校与江清长谈,则知伊一度颇曾有意,闻能对词,书法亦秀丽,诚不可多得之才女。予因满忆清华园中之曲会,玉妹与竹隐(即朱自清夫人)及平伯夫人等,每周拍曲之胜事,使我缅怀不置。与江清对床长谈,更深人静,犹娓娓不

---

① 张耀宗编:《浦江清文存》,南京:江苏人民出版社,2016年。

② 张允和晚年搜集有一份谷音社名单,浦江清、陈盛可、陶光、张充和名列其中(《昆曲日记》,第181页)。杨荫浏1932—1935年在北平燕京大学做宗教赞美诗整理编译工作期间,参加谷音社(乔建中、毛继增编:《中国音乐学一代宗师杨荫浏纪念集》,第108页)。

③ 施蛰存:"序言",浦汉明编:《浦江清文史杂文集》,北京:清华大学出版社,1993年。

倦"。蒲薛凤因口占一绝:

> 珠喉婉转属仙家,玉笛春风第一花。
>
> 客里听来思万斛,何年溪月照清华。[1]

　　另一位对张充和心有爱慕的谷音社曲友,是年龄相仿的陶光。两人属同一辈分,走得更近。陶光,本名光第,字重华,后自署陶光,据说为辛亥革命中第一个被杀的清朝地方大员端方的后人。陶光1935年毕业于清华大学中文系,曾任教于天津南开中学,抗战全面爆发后,辗转来到昆明,任教于西南联大、云南大学等校。

　　陶光的唱曲水平之高,为众所公认。张充和就说:"我们中以陶光嗓子最好。""我们",指当年在清华工字厅同学于嘉兴曲师陈延甫的数位同辈社友。同辈社友之一的华粹深评价,红豆馆主溥侗一身绝艺,晚年执教于各大学,得意弟子仅陶光等三人。其中,陶光"天才甚高,为馆主所最赏识者,惜仅传其《三醉》《惊变》《渔阳弄》之天使,及《黄鹤楼》之周瑜数出而已"。又说:"今日唱大冠生戏适宜者,有陶重华君(陶光原名)。《哭像》《八阳》等,均足冠冕当代,其气魄有(俞)振飞不能及处。"[2]作家汪曾祺抗战时期曾积极参加了陶光组织的曲会活动。他晚年写道:"陶光的曲子唱得很好。他是唱冠生的,在清华大学时曾受红豆馆主(溥侗)亲授。他嗓子好,宽、圆、亮、足,有力度。他常唱的是《三醉》《迎像》《哭像》,唱得苍苍莽莽,淋漓尽致。"[3]

---

① 《蒲薛凤回忆录(中)》,第180—181页。

② 华粹深:《听歌人语》,《华粹深剧作选》,北京:中国戏剧出版社,1984年,第419—420、427—428页。

③ 汪曾祺:《晚翠园曲会》,邓九平:《汪曾祺全集》第6卷,北京:北京师范大学出版社,1998年,第208页。

　　以上是就陶光的天分、师承与适合戏路而言,若从其演唱予人之感染力方面,张充和的描述尤为传神。她写道:"他唱《粉蝶儿》时闭着眼睛,如唱到'践朝霞,乘暮霭',身子飘飘如在云中,唱到'这的是三楚三齐,那的是三秦三晋,更有那找不着的三吴三蜀',闭着眼用手点着,如在云中向尘世去数,向历史中去寻索,更托出临川之笔不同凡响。"又言:陶光也喜唱《武陵花》,"兴致来时,不管有人没有人,不管有笛子没有笛子,便闭着眼放开嗓子门大唱,唱进曲中去,便似乎每一支血脉都随着曲意曲情在跳动。在昆明一次同几个朋友去玩大观楼,他忽然对滇池唱起《武陵花》来,紧闭着眼,旁若无人。许多游人都围着听,我们都溜走了。一曲终了,游人拍手,他才从曲中惊醒,自觉不好意思,还怪我们丢下他呢"。

　　张充和说:"陶光对人对事,过分谨慎,但说起来直来直往,又似乎不留面子,未免使人感到'其狂亦狷'。尤其在女孩子前就更不合时宜了。有时看不惯,还得来几句,从来不当面捧场。"[1]比如,陶光曾直言张充和的"词不如字,字不如曲"。[2]这种连环否定式点评,当然难讨人喜欢。不过,张充和却很能接受他的逆耳忠言。就因为陶光的一句话,张充和猛然自省,以后有人向她求字,她只为人抄写,不写挂幅了。陶光此言是:"罗(常培)先生挂你的字,因为你是年青女孩子,如果我写得同你一样,他一定早扔到字纸篓中去了。"[3]

　　还有一位谷音社社友,也于1939年初来到昆明,一个月后还办了一场"新婚洞房"曲会。他就是大弟宗和。1938年9月,张宗和独赴广州,在广州10月21日沦陷前带未婚妻孙凤竹离开,一路辗转,抵达昆明。1939年2月5日,两人借西南联大三常委之一、北大校长蒋梦麟

---

[1] 《曲人曲事·陶光》,《张充和诗文集》,第369—370页。
[2] 张充和复张宗和函,1962年12月26日,《一曲微茫》,第104页。
[3] 《曲人曲事·陶光》,《张充和诗文集》,第369—370页。

家举办了婚礼,联大主任秘书杨振声证婚,联大另一个常委、清华校长梅贻琦发表演说。事前忙得最高兴的是媒人张充和,给两位新人置办婚衣,又把自己的房间让出,布置一番,当作新房。晚上大家一同回到北门街新房。"到房里来坐的客人,大多是会唱昆曲的,和爱好昆曲的师友。如朱自清、浦江清诸先生,陶(光)兄等。我吹笛子,一直玩到十二点之后,客人才散去。"①

在昆明,张充和还结识了两位琴人郑颖孙与查阜西。查阜西(1895—1976),江西修水人,是享有盛名的古琴演奏家,时任欧亚航空公司秘书主任,家中常常举办琴会兼曲会。

一次,在查家琴曲会上,张充和与表兄李家炜意外相遇,二人仅于二十余年前,张充和至多五六岁时见过一面,因此也可以说是重逢。李家炜(1904—1975),号芋龛、栩厂,李鸿章三弟鹤章的曾孙、北洋政府"短命总理"李经羲的孙子。他的四曾祖叔蕴章,为张充和养祖母识修的父亲。推算下来,张充和应称李家炜表兄。因此,从亲缘关系讲,两人实为同辈;不过论年岁与资历,张充和有时也称其"前辈",倒也不错。

有关李家炜早期情况,目前所知不多,仅于其亲戚唐鲁孙忆吃的文章中见到逸事一二。据唐鲁孙回忆,李家炜自幼茹素,荤腥不沾。有次他们同游阳澄湖,见大闸蟹个个活跃坚实,他这个大吃货馋涎欲滴,然碍于李家炜,不便一人独啖,生生吞下口水,空手赋归。②不过,遇到绝佳素食,李家炜也会顿显吃货本色。某年,林长民在平汉食堂请客,是当时北平唯一能吃到真正俄国菜的地方,客人有李石曾、李家炜。一道黄豆绒汤,一道素炸板鱼(洋芋做的),吃得李家炜赞不绝口,把大师傅叫出来,赏了十块大洋。后来李家炜三天两头到平汉食堂吃

---

① 《秋灯忆语》,第29—30页。
② 唐鲁孙:《蟹话》,《天下味》,桂林:广西师范大学出版社,2004年,第163—164页。

素西餐,厨房知道他是曾经的国务总理李经羲之孙,菜色方面倍加巴结。①

卢沟桥战火燃起,李家炜"弃家报国",漂泊西南,于1939年春与转道而来的张充和在昆明意外重逢,喜不自禁。李家炜赋《临江仙》一阕以赠,小序记录此次奇遇云:"乙卯春予客滇上,偶于查君阜西琴燕,座逢张氏表妹充和,盖不相见廿余年矣。充和为同里张靖达公振轩孙女,天才颖秀,早承家学,兼工音律词曲之艺,同泊天南失喜邂逅,赋此为赠。"词曰:

> 二十年前曾一瞥,鬓痕梦影模糊。绸缪亲本比刘卢。乍逢成不识,相讯却惊呼。
>
> 已分飘零余愤悱,念家山破巢芜。尝艰天遣作奇姝。还凭歌彻玉,肯效泣弹珠。②

其后,李家炜转赴重庆,任职于监察院。两年后也转到重庆的张充和,正是经李家炜之介,得识沈尹默等一批文化名流。

在昆明查家,张充和还遇到了她在苏州时的曲友兼老师——吴梅的四公子吴南青。1939年3月18日,琴曲会正在晚餐时,吴南青得一电报,忽离座,向大家跪下磕了一个头,痛哭说:"家父去世了!"

抗战全面爆发后,吴梅也加入到浩浩荡荡、慷慨悲歌的流亡队伍之中,辗转逃亡于湘潭、桂林、昆明等地,不幸于3月18日病卒于云南大姚。当晚,吴南青连夜赶去大姚奔丧。张充和记述道:"我们饭后沉思了好一会,觉得瞿庵先生是曲学大师,我们应该唱曲来纪念他。那

---

① 唐鲁孙:《北平的西餐馆》,《天下味》,第58—59页。
② 《蒲薛凤回忆录(中)》,第181页。蒲薛凤听了张充和唱曲之后一月,得识李家炜,彼此以诗句抄示。李诗中即有赠张充和的这首《临江仙》,被蒲氏记在回忆录中,"以志鸿爪"。

晚没有弹琴。"①

一个多月后,因日机频袭,张充和与三姐兆和、查阜西、郑颖孙及其家人陆续转移到昆明附近的呈贡乡下,开始了另一段写意的生活。

后来,张充和到了重庆,其风姿还在昆明被不断传诵,其唱腔也继续遗惠新一代曲友。

1942年11月7日,张充和当年在谷音社中的同辈社友,如今任教于昆明各大院校的陶光、张宗和等人,策划成立了由西南联大、云南大学和中法大学联合组建的昆明三大学昆曲研究会,吸收三校师生及家属参加。②活动地点一般在云大西北角晚翠园,拍曲子、开曲会多半在这里借用一个小教室,摆两张乒乓球桌,二三十张椅子,曲友毕集,就拍起曲子来。

西南联大学生、曾积极参与晚翠园曲会的汪曾祺后来写道:"有一个人,没有跟我们一起拍过曲子,也没有参加过同期,但是她的唱法却在曲社中产生很大的影响,张充和。"又说:"她能戏很多,唱得非常讲究,运字行腔,精微细致,真是'水磨腔'。我们唱的《思凡》《学堂》《瑶台》,都是用的她的唱法(她灌过几张唱片)。她唱的《受吐》,娇慵醉媚,若不胜情,难可比拟。"③

三十四年后,提起昆明,远在美国的张充和一再动情地说:"我抗战经过的地方最喜欢昆明。天气人情风俗都好。"④"昆明以及附近我记忆中是座大公园,永远晴朗可爱。"⑤

当然,她所说的"昆明",是大昆明,包括昆明城及下属的呈贡县。

① 《曲人曲事·吴南菁》,《张充和诗文集》,第374页。
② 朱复:《张兆和昆曲传记》,《浪花集》,第120—121页。
③ 《晚翠园曲会》,《汪曾祺全集》第6卷,第212页。
④ 张充和致张宗和信函,1973年6月20日,《一曲微茫》,第437页。
⑤ 张充和致张宗和信函,1973年7月3日,《一曲微茫》,第442页。

呈贡写意

| "酒罢琴阑漫思家，小坐蒲团听落花" |

1939年5月13日（或14日），为躲避日机轰炸，张充和、三姐兆和及其次子沈虎雏疏散至呈贡县龙街小镇。数月后，兆和长子沈龙朱也转至龙街。沈从文因上课编书留在昆明，周末才过来。[1]

呈贡是滇越铁路的第一站，县城离火车站还有十里路，一半在山上，小得可爱，面对着滇池，颇有江南水乡风味。[2]沈虎雏后来回忆父亲沈从文每周回家的情景道："每星期上完了课，总是急急忙忙拎着包袱挤上小火车，被尖声尖气叫唤的车头拖着晃一个钟头，再跨上一匹秀气的云南小马颠十里，才到呈贡南门。"[3]这也可视为对张充和等人往返昆明的有趣描述。张充和后来颇为怀念这一情景："由呈贡火车站骑马一路去龙街的情调，恐怕此生再没有了。在美国半小时骑马要

---

[1] 推定张充和与张兆和、沈虎雏迁居龙街在1939年5月13日或14日，依据如下：5月12日，沈从文致沈荃："昨至呈贡，……地方去城约五十里，数日后三姐即拟带孩子往一杨家去住，其家为当地首户，房子极好，……"（《沈从文全集》第18卷，第365页）15日，沈从文致沈云麓又云："此间离昆四十里滇池边上有一呈贡县，地方风景不俗，兆和因喜乡下清静，已于日前带孩子小虎下乡。"（《沈从文全集》第18卷，第367页）另外，在一封编者标注为1939年5月上旬给沈云麓的信中，沈从文写道："孩子们尚健壮，甚乖，小虎不日或下乡住，因张四妹住乡下养病。"（《沈从文全集》第18卷，第363页）当时长子沈龙朱因上学，仍留昆明北门街，暑假时才来到龙街，此后进入龙街小学就读。
[2] 《秋灯忆语》，第34页。
[3] 《团聚》，《生命流转，长河不尽——沈从文纪念集》，第355页。

四五块美金。以谟从三四岁时就爱马，我开她玩笑，你只有嫁给马场老板了，否则如何骑得起。"①"以谟"指她的女儿傅以谟。

从呈贡南门往南一里，就是龙街。他们所住的杨家大院是当地数一数二的宅院。该院坐南朝北(而非惯常所见的"坐北朝南")，地势较高，颇宜远望。在此生活了五六年，度过美好童年的沈虎雏如此描写龙街的地形地貌及建筑特色："流向龙街的小河如一道疆界，右岸连片平畴一直延伸到远远的滇池，左岸是重重瓦屋。房子建在靠山一侧坡坎上，间杂一些菜园和小片果木，多用仙巴掌做绿篱。这些落地生根植物，碰到云南温暖湿润红土迅速繁殖，许多长成了大树，水牛在结实的仙巴掌上蹭痒。杨家大院挨着一排这种树，背靠一带绿茸茸的山坡，地势最高，在龙街算一所讲究宅院。除杨家几房和帮工居住，还接纳我们十几家来来去去的房客。"②

哥哥沈龙朱则对杨家大院内部结构有细致描述："那是一座由两层楼房和高墙围成的大宅子，北面的一座楼足有五十米长，除了正中一个朝北大门洞外，对外完全封闭，面对内部通条的长方形大院子，一楼一部分出租给一些外来的小作坊(糖坊、小肥皂工厂等)，一部分堆放农具，有两间养着大牲口，二楼是粮仓，不住人。那个长方形的第一进大院子，既是收获季节扬场、晒粮、码草垛的地方，也是节日摆台唱戏之处。中间的第二进楼和最南边的后楼由三组侧楼连成一个横摆着的日字形，依地势比前院抬高了约两米，组合成左右两个长方形的小院子，那大概就算房主人的内宅啦。"③

① 张充和致张宗和信函，1973 年 7 月 3 日，《一曲微茫》，第 442 页。
② 《团聚》，《生命流转，长河不尽——沈从文纪念集》，第 355 页。
③ 沈龙朱：《读四姨诗书画选引起的回忆》，《小园即事》，第 250—251 页。沈龙朱另有《难忘的龙街子》一文描述龙街及杨家大院情况，对此处所引兄弟二人之文多有补益(《水——张家十姐弟的故事》，第 191—193 页)。

当沈从文第一次骑着"一匹秀气的云南小马颠十里"来到杨家大院看房时,他感觉像做梦般,并忐忑地想房主未必愿意租房给他。他写道:"这房子第一回给我的印象,竟简直像做个荒唐的梦。那个寂静的院落,那青石作成的雕花大水缸,那些充满东方人幻想将巧思织在对称图案上的金漆槅扇,那些大小笨重的家具,尤其是后楼那几间小套房,房间小小的,窗口小小的,下午三点左右一缕阳光斜斜从窗口流进,由暗朱色桌面逼回。徘徊在那些或黑或灰庞大的瓶罂间,所形成的那种特别空气,那种稀有情调,说陌生可并不吓怕,虽不吓怕可依然不易习惯,真使人不大相信是一个房间,这房间且宜于普通人住下!可是事实上,再过三五天,这些房间便将有大部分归我随意处分,我和几个朋友,就会用这些房间来作家了!"当场,他向房主杨家二奶奶订租了"后楼连佛堂算六间,前楼三间,楼下长厅子算两间"等房间给自己及亲友用。沈从文所谓"前楼",实即沈龙朱所描述的"中间的第二进楼"。沈从文应该是将那栋通过门洞与外界沟通的北楼当成了门楼。沈从文所谓"后楼",按沈龙朱描述实分两个小院,但不详沈从文租下的是哪个小院。

骑马回程途中,沈从文对房主充满了好奇,从马夫口中了解了不少杨家大院及房主的历史传说,也知晓这些年杨家已经中落。故此,当沈从文担心如此好的房子未必能租到时,二奶奶却爽快地答应了。

沈从文计划道:前楼三间,归自己家住;后楼四间加佛堂两间,给张充和、郑慧等几个学音乐的女孩住:"弄音乐的宜住后楼,虽然光线不足,有的是僻静,人我两不相妨。至于那个特殊情调,对于习乐的心理也许还更相宜。"

不久,杨家大院空闲的房子陆陆续续都住上了人。寂静的大宅院变得热闹起来。张充和、郑慧等年青女孩,按沈从文所计划的,住到后楼:"后楼几个房间和那两个佛堂,更完全景象一新,一种稀有的清洁,一种年青女人代表青春欢乐的空气。佛堂既作了客厅,且作了工作室,因此壁上的大小乐器,以及这些乐器转入手中时伴同年青歌喉所作成的嘈杂,自然无一不使屋主人感到新的变化。"①

佛堂并不限于供"佛":"玉皇大帝、观音菩萨、孔孟圣人、上帝耶稣,全都供在一起。"②佛堂起初并无名字,只不过是房主为方便参拜专设的房间而已:"二奶奶依然每天早晚洗过手后,就到佛堂前来敬香,点燃香,作个揖,在北斗星灯盏中加些清油,笑笑的走开了。遇到女孩子们在玩乐器时,间或也用手试摸摸那些能发不同音响的筝笛琵琶,好像对于一个陌生孩子的慈爱。也坐下来喝杯茶,听听这些古怪乐器在灵巧手指间发出的新奇声音。"③后来张充和游呈贡西门外梅子村附近的"龙井",见井东面有一小院房屋,曰"云龙庵"。她遂将此名移用于杨家大院佛堂,并自号"云龙庵主",别人因而也称她作"龙女"。④

*

从1939年5月至翌年冬,张充和在龙街住了一年半,那里的优美风光给她留下了美妙的记忆。

"由龙街望出去,一片平野,远接滇池,风景极美,附近多果园,野花四季不断地开放。"她后来回忆道,"常有家村妇女穿着褪色桃红的袄子,滚着宽黑边,拉一道窄黑条子,点映在连天的新绿秧田中,艳丽之极。农村女孩子,小媳妇,在溪边树上拴了长长的秋千索,在水上来回荡漾。"又云:"我们自题的名胜有:'白鹭林''画眉坪''马

---

① 《绿魇》,《沈从文全集》第12卷,第139—143页。

② 《天涯晚笛》,第91页。

③ 《绿魇》,《沈从文全集》第12卷,第144—145页。

④ 段家政:《查阜西呈贡之行》,昆明文史资料委员会编:《昆明文史资料选辑》第39辑,第229页。

缨桥'等。"①

与她一起访游山水、题写名胜的，是在此前后，也从昆明移家至此的查阜西、郑颖孙等人。查阜西当时撰有一组九篇文言小品，总其名曰《龙溪幻影》，翔实记录了他们这一段风流雅事："乐人词家，朝夕晤对，渐访得瓮泉、鹭林、缨桥、后坟诸胜，留连日久，乐而安之，不复知身在乱离中矣。诸君风流自赏，行止多足记者，湖山胜境，亦因四时朝夕而变。"所谓"龙溪"者，应指流淌在龙街各处的诸条小溪，包括沈虎雏所描述的"流向龙街的小河"。

查阜西记录"话眉坪"（即张充和回忆所言"画眉坪"）之得名云：

> 此坪，旁依锄月桥，外接平畴及湖，上有古柏如幢，下激流泉成韵。晨夕坐此，山色湖光与夫朝烟暮霭，[或撷]笛酬歌，或援琴弄响，可以忘怀乱离。乡老张君为三宅其右，感诸君漂泊寄顿是邦，因葺治其地以供行乐眺赏。予等复斥资琢石为几座，供乡人过客休憩之需。初夏上弦某夕，同人咸集是坪，新月初上，恰似蛾眉，湖光闪灼如瞳，湖外卧佛诸山趁烟浮动，有如其睫。充和谓："是坪为揽胜赏月之极致，今日禊此，宜锡以嘉名，谓之话眉如何？"众状况之，遂以话眉坪名。

查阜西还记述道，张充和"乐水，常独步五里外至江尾村观海"。一次，她与众人前往江尾村，途经呈贡古城之南，见松柏森森，屋舍点缀。突然，"一鹭扬声出林，又渐见三五成群而起，渐复见万千成阵，尽如风吹桃瓣，入湖而灭"。她一时兴起，名之曰"白鹭林"。众人称是。

---

① 《三姐夫沈二哥》，《张充和诗文集》，第340页。

张充和等人常往流连者,还有一处当地人称"土地坟",他们改名曰"突梯坟"的登高望远之地:

> 龙山之阴有后土碑,文曰"山神土地",墓龙之神,儿辈呼作土地坟。独翁(颖孙自号独幽馆主)、龙女(充和自号云龙庵主)常聚诸客坐此,听龙潭诸溪自东西流,外眺农田千顷,接望滇池如带、西山如屏,北瞻三台,雉堞环抱如莲冠,梁王在南,若隐若现。其地有杂树数章,荫覆如幕;碧草柔浅,布地如茵。自云龙庵北行数百步即达。停午醉饱欲眠,以绳床系树,仰卧飘摇,看浮云倏起倏灭,可以栩然仙矣。①

冶游之余,张充和常会捡拾点富有情趣的小物件带回家,给家居生活增添一抹自然生机与活力。

"昨天四姐到三叉口去,带了两个小青蛙回来,我们用丝线把它们扣起来,放在一个白瓷盘子里,青蛙是绿的,再放上几颗小红石子,水草,浮萍,它们在里面跳来跳去,有趣极了,我们一天看它们几遍,给它们牛奶吃。"②张充和的好友兼弟媳孙凤竹在写给大弟宗和几近于夫妻私房话般的书信里,记录下四姐这动人的一幕。

张宗和夫妇也曾在杨家大院先后居住过两段时间,另外,1939年8月30日—10月23日,及1940年3—6月,张宗和将孙凤竹独留龙街,自己去往外地任教。其间,两人鸿雁频传,留下不少关于张充和在呈贡时期真实而鲜活的片段。孙凤竹在另一信中又写道:"四姐早上采了梨花来替我插好,放在窗台上,映着窗上白纸,此刻外面的夕阳透

---

① 严晓星:《往事分明在,琴笛高楼——查阜西与张充和》,《万象》2011年4月。
② 孙凤竹致张宗和信函,1939年9月7日,《秋灯忆语》,第174—175页。

进来，真够美的。"①

张充和的折花插瓶之癖，还为一处无名胜景催生一个雅名——"流花桥"。查阜西记述他与独翁郑颖孙、龙女张充和的这一风雅韵事云：

> 余从独翁、龙女至古城，女摘花盈握，将怀归供之瓶，而半途即萎。女熟视，谓是名碎心花与断肠草，俱恶名，殆不吉之物，欲弃之。余止之曰，宜令泛溪流去。遂折回至印心亭右之石桥上，释手下，溪花朵朵，随流激荡而下，皆目睨而送之。独翁曰："龙山花坞为呈贡十景之一，花落，宜使尽入溪流。此桥无名，今当花坞至湖之半道，宜以流花名也。"名遂定。②

对于此段优游时光，沈从文也有记述，然而所记并不怎么诗意："过不久，这个后楼佛堂的客厅中，就有了大学教授和大学生，成为谦虚而随事服务的客人。起始陪同年青女孩子作饭后散步，带了点心食物上后山去野餐，还常常到三里外长松林间去玩赏白鹭群。不过故事发展虽慢，结束得却突然。有一回，一个女孩赞美白鹭时，本意以为这些俊美生物与田野景致相映成趣。一个习社会学的大学教授，却充满男性的勇敢，向女孩子表示，若有支猎枪，就可把松树顶上这些白鹭一只一只打下来。这一来白鹭并未打下，倒把结婚希望打落，于是留下个笑话，仿佛失恋似的走了。大学生呢，读《红楼梦》十分熟习，欢喜背诵点旧诗，可惜几个女孩却不大欣赏这种多情才调。"③

1939—1940年，造访云龙庵的学者与大学生有过不少，沈从文所

---

① 孙凤竹致张宗和信函，1940年3月9日，《秋灯忆语》，第188页。
② 严晓星：《往事分明在，琴笛高楼——查阜西与张充和》。
③ 《绿魇》，《沈从文全集》第12卷，第144页。

云"习社会学的大学教授"、熟习《红楼梦》的大学生,究竟指谁,尚不可考。其间,于云龙龛两侧四个房间居住的"年青女孩子",除了张充和,尚有郑颖孙之女郑慧、侄女郑德淑等多人,故沈从文所记大学教授与大学生之事,不一定与张充和有关,或张充和仅是旁观之人。

沈从文还记述道,虽然呈贡县城及龙街小镇并不在日机轰炸区,但因距离昆明只有四五十里,每当敌机来袭,住在龙街的人们也像昆明城里的人们那样躲警报。他们所躲藏的地方正是张充和等人游玩流连的后山:"白天敌机来临警报响后,跑入村后山中去,从二丈许高的绿荫荫仙人掌道堆间,向明净蓝空注目,即可见一列列带银光的点子发出沉重哄哄声。随即是炸弹群下坠于附近飞机场或较远城区时的闷钝爆炸声,和追逐飞机去向那个成串高射炮弹的白色烟云,耳目所及让我们明白是生存于现代战争中,凡轮到中国人民头上的,我们也都有一份。"

沈从文又言,一到夜晚,情形可就不同了,战争俨然已经离远。"一家大小四人围坐在一张矮矮方桌边从一盏竹架作成的老式菜油灯照明中,黯黄黄灯光下,一面吃饭一面听取后山不远的狼嗥,生活似乎又已回转一百年,不仅与战争远离,与现代一切都隔绝了。"[1]

*

张充和在杨家大院的日常家居生活,充满了人间亲情,以及似不可免的一二摩擦。

1939年9月9日,沈从文、张兆和结婚六周年纪念日。弟媳孙凤竹记载:"下午三姐请我们吃茶点,她还特地换了件红衣服,搽了粉。……我们在前楼唱曲子,我唱了《佳期》。四姐说这就叫热昏。"[2]

---

[1] 《定和是个音乐迷》,《沈从文全集》第12卷,第211—212页。
[2] 孙凤竹致张宗和信函,1939年9月10日,《秋灯忆语》,第176页。

在一边凑热闹的沈龙朱、沈虎雏兄弟自然不能理解。长大后沈虎雏回忆道："昆曲真莫名其妙,妈妈跟充和四姨、宗和大舅、查阜西伯伯们凑到一块,就爱清唱这种高雅艺术,我们兄弟以丑化篡改为乐。"[1]兄弟俩私下称张充和为"嘎啦人",即云南小孩对言行有点"怪异"人士的叫法。[2]小虎雏还是张充和出外散步的亲密小伙伴:"每当晚饭前后,必有个善于弹琴唱歌聪明活泼的女子,带了他到那个松柏成行的长堤上去散步,看滇池上空一带如焚如烧的晚云和镶嵌于明净天空中梳子形淡白新月,共同笑乐。"[3]

据孙凤竹记载,她与四姐同三姐一家因为吃饭问题,可说是分分合合。起初她们吃在一起,请一个保姆,费用分摊。到1939年9月15日,张充和与孙凤竹退出吃饭团体。"四姐嫌小孩子吵,又弄脏了她的屋子,又嫌吃的食物不养人,又嫌他们跟她扰得讨厌,总而言之吃饭就不开心。四姐一定要分开吃了……"于是她们请了一个保姆,购置了东西,在后楼自己做饭吃,随自己心意。她们还给住在上海的大姐元和去了电报,想让此前一直伺候张充和的张干远道过来。分灶时,张兆和很生气,不过由于另外一个事情,让笼罩在姐妹姑嫂心头的云雾消散,"现在三姐同我们较前更为亲密"。后来不知过了多久,她们又在一个灶上吃饭了。

孙凤竹还记载,虽在一起吃饭,但三姐有点不能持平。由于沈从文只在周六回来,因此,"沈从文每次下乡,三姐都要为他做好菜,像招待客人一样"。[4]只要沈从文在,她们吃得就好:"我们这几天吃得很好,三姐待丈夫是太好了,今天街子,又买了许多新鲜菜回来,有时三

---

[1] 《团聚》,《生命流转,长河不尽——沈从文纪念集》,第357页。

[2] 《读四姨诗书画选引起的回忆》,《小园即事》,第252页。

[3] 沈从文:《黑魇》,《沈从文全集》第12卷,第173页。

[4] 孙凤竹致张宗和信函,1940年3月7日,《秋灯忆语》,第188页。

姐觉得不过意,就多给点我吃,其实我倒没有什么,有好菜吃,又不要我做,乐得享受,不过有点不平均了,沈从文在菜就太丰富了,就像招待客一样,四姐她们说我们伙食三分摊,我有点吃亏……"①不过,有时做了好饭却不一定等到沈从文回来:"三姐今天炖了红烧肉,又煮了鱼,又泡了黄木耳,把屋子收拾得干干净净的等沈从文(因为是礼拜六)。谁知下午接到信说不来了,她颇为扫兴,我倒反喜欢,他不来那些东西都是我们吃。"孙凤竹又说,这也并非三姐一人如此,这里的太太们但凡丈夫在昆明上班,每逢礼拜六都要做了好吃的款待丈夫,比如查阜西家。因此,张充和等人有时也会趁查阜西回龙街,去查家"沾沾光"。②

孙凤竹体弱多病,比之张充和尤甚。张充和对这位弟媳呵护有加:"(我)又犯病了,夜里整夜地咳,白天也睡不着觉了,夜里咳累了才睡一觉。今天夜里又发烧,真是怎么得了。四姐给我倒尿钵子,扫地,还给我吃,我若自己倒了尿钵子,她就骂我混账王八蛋。"③一周后,"我已好多了,昨天和今天都没有发烧,也吃得下了,但四姐还不许我下床,她真是比看护还要周到"。④

后来,孙凤竹有孕在身,张充和更是倍加体贴:"四姐他们只要一做到好东西总不会忘记我,我昨天竟吃了五顿。四姐说我渐渐又要回到青岛的样子,我脸上的颜色真的不错呢。"⑤"四姐送我一瓶蜂蜜,据说这个吃了好的,润肠润肺,对肚子里的娃娃好,将来娃娃皮肤就细腻了。"⑥"教育部又加四姐二十元饭贴,是从1月份起的,她很得意,她预

① 孙凤竹致张宗和信函,1940年4月2日,《秋灯忆语》,第198页。
② 孙凤竹致张宗和信函,1940年3月9日,《秋灯忆语》,第188页。
③ 孙凤竹致张宗和信函,1939年9月14日,《秋灯忆语》,第177页。
④ 孙凤竹致张宗和信函,1939年9月21日,《秋灯忆语》,第180页。
⑤ 孙凤竹致张宗和信函,1940年3月4日,《秋灯忆语》,第186页。
⑥ 孙凤竹致张宗和信函,1940年4月10日,《秋灯忆语》,第203页。

备送四十元给我吃鸡(坐月子时候),四十元可买十只鸡,一个月子够了,那么我们这笔鸡账是有出处了。"①

　　有时候,张充和还会开开弟媳的玩笑。有次孙凤竹因病不能动笔,张充和代笔给大弟写信,落款用山东话称孙凤竹为"酸疯猪"。随着孙凤竹的孕身日益明显,张充和又拿她的肚子等体征开玩笑。孙凤竹记录道:"四姐不是个正经东西,她羡慕我的大咪咪,她说她要是咪咪长得这样大就开心了。"②又记:"我肚子这两天只见大起来,四姐叫我用带子勒勒,她怕我将来更大了难生,她又说肚子大狠了,将来生过了,肚子上有花纹(裂痕)就不好看了。我和三姐说肚子在里面没人看到,四姐说丈夫看了就不喜欢了……"③

　　对于待自己如此之好的四姐,孙凤竹感慨道:"不知什么缘故,人家都说她脾气大,我却与她合得来,以后身体好了,有机会就跟她念点书,旧书如四书五经之类,因为这些书我都没有念过。"④

　　当时就读于西南联大的五弟张寰和也常趁周末到龙街与家人欢聚。孙凤竹向张宗和报告道:"这两天我们尽想着吃,每晚四姐五弟我三个人,在我房里开座谈会,谈我们家,谈你们家,谈朋友们,越谈越有劲,昨天的题目是邓宛生、邓译生,谈到九十点吃夜宵,昨天吃小米牛奶糖粥。今天是小五弟在田里偷的红豆,煮红豆汤吃,你一定不感兴趣,我们却爱吃。"⑤

　　偷吃红豆一事,折射了张充和等外乡人眼中颇为难忘的呈贡古朴人情。

①　孙凤竹致张宗和信函,1940年5月8日,《秋灯忆语》,第213页。
②　孙凤竹致张宗和信函,1940年4月6日,《秋灯忆语》,第201页。
③　孙凤竹致张宗和信函,1940年4月10日,《秋灯忆语》,第203—204页。
④　孙凤竹致张宗和信函,1940年4月25日,《秋灯忆语》,第209页。
⑤　孙凤竹致张宗和信函,1939年9月7日,《秋灯忆语》,第175页。

　　张充和后来回忆道,呈贡的"天气人情风俗都好"。"记得在龙街住时,要李嫂去买豌豆,她回来连豌豆带钱向桌上一甩,我说你怎么能去偷人家的。她说:'这点点豆子鸟都喂了,是天生地长的,又不是人厕的。我们这儿摘几颗豆子吃还不在乎。'我心里老是嘀咕。后来我在简师教国文,有次碰到张三爹,他孙子是我学生,一定拖到家中杀鸡磨豆腐大请一次,还叫孙子挑一担田中新出的瓜豆孝敬老师。我是永远忘不了这样厚的人情。虽然我哪里吃得了那么多的东西。"①"简师",即呈贡县立简易师范学校。当时一些寄住呈贡的文化名流如冰心等,都曾在此教课。

　　回忆中所说的"李嫂",据金安平的转述,是一名受雇于张充和的十七岁苗族已婚女孩,夫家一贫如洗,还常虐待她,且丈夫又是个残疾人。夫家让她出来找事做,她恰好到了杨家大院给张充和帮佣。她会自然地与张充和坐在一起吃饭,不会做出卑躬屈膝的样子,也没把自己看成下人,这和从小在合肥、苏州伺候她的高干干等女佣很不一样:"高干干和我们亲如家人,但她自认是个下人,所以从来不和我们同桌吃饭。她六十岁生日那天(正值抗战期间,我们在重庆),我们求她上桌,她不肯,只说这事她就是做不来。结果她给我们准备了一大桌菜,然后自己退到厨房里去。这可是她的生日呀!"高干干还会坚持吃掉馊了的食物,她买肉,为了省钱,会买表面已有白色黏液的肉。可是,苗族女孩却总是张充和吃什么,她就吃什么。张充和还和楼上其他两个年轻女子商量,帮助苗族女孩逃婚。她逃离那天,只有她们几个人知道,连张兆和都给瞒着。她们把她悄悄送往昆明。不久,听说她在昆明和一个司机结了婚。②

---

① 张充和致张宗和信函,1973年6月20日,《一曲微茫》,第437页。
② 《合肥四姊妹》,第300—301页。

古朴民风下,还有一些今天看来不可思议的简陋卫生状况和医疗陋习。小龙朱几天来持续发热,张兆和颇为着急,因医药不易得,去昆明又不甚便利,她们首先做的,就是"叫魂"。叫魂后烧还不退,才到昆明去看医生。张充和的情况也好不了多少。孙凤竹报告:"四姐长了一头虱子,有一百有余之多。"又言:"四姐前天大发头痛,我劝她吃几口云烟,她先不肯,后来吃了马上就好了,她很佩服。"①

*

1939—1940年,往来杨家大院云龙庵的访客,说不上稠密,却也不间断。

当时寓居龙街的琴人除郑颖孙、查阜西外,还有一位彭祉卿,与查阜西、张子谦,被称为"浦东三杰"。古琴欣赏者张充和比较三人风格说:"郑颖孙最静,彭祉卿最野,一弹琴,玻璃窗都震动;查阜西比较活泼,处理得正好,弹起来一点不动声色,真了不起。"

每日受他们熏染,曲人张充和也曾兴起学习古琴的热情。她回忆:"可古琴太难了,结果我只学了一首入门的《良宵引》,就没能继续下去。因为第二个曲子就有'跪指'这个指法,我指头受不了。所以,我一辈子只会弹《良宵引》这一支曲子。"

一次聚会,张充和当众弹了《良宵引》。据查阜西《坊间杂记》记载,1940年3月9日,他与唐兰、郑颖孙和郑慧父女及张充和于乐游之后,又享受了一场音乐盛会:"既醉饱,诸客退之书室,进咖啡,郑女、张姑相继援琴,弹《良宵引》及《平沙》,余亦鼓《长门》,唱山歌、大鼓,度昆京之曲。"《平沙》,即《平沙落雁》,属中等水平琴曲,应非张充和所能弹,因此文中两支琴曲的次序似应换一下。除《良宵引》外,查阜西后

---

① 孙凤竹致张宗和信函,1939年9月5日,1940年3月7日,1940年3月24日,《秋灯忆语》,第174、188、195页;沈从文致沈荃信函,1939年5月20日,《沈从文全集》第18卷,第369页。

来回忆,他曾教给张充和弹过一支小曲《耕莘钓渭》。如此而言,张充和至少能弹两支琴曲。[①]

　　1939年暑假,谷音社社友、张充和的追求者殷炎麟来住了数月。其时他们尚未雇到佣人,他与张宗和夫妻、张充和等,一同煮饭、烧菜,一同赶场、买菜,晚上一同闲谈、唱昆曲,很是快乐。[②]大家戏谑地称殷炎麟为"殷老总",平时可能对他有些慢待或玩笑过火之处,因此8月底,当殷炎麟离开赴玉溪任教时,"走的时候我们对他好像都有点忏悔,尤其是五弟;那天早上我请他(老总)吃饼干,四姐又为他冲咖啡,他未免有些受宠若惊"。几天后,"殷老总已由玉溪来信,类似情书的信给四姐,有'有谁人孤凄似我'之句,四姐对他印象(你喜欢用这两个字)不坏,常说他好"。又过几天,殷炎麟已于玉溪离职,准备赴湖南安化县蓝田镇国立师范大学任讲师。临行前,又回到龙街看望大家,为大家吹笛伴奏。[③]

　　1939年秋,另一位谷音社社友、中国民族音乐学奠基者之一的杨荫浏也来到龙街。在张充和的晚年回忆中,杨荫浏显得颇为有趣。"杨荫浏啊,他既是我的长辈,我们也是很熟很熟的好朋友。我们一起玩了很久,从云南一直到重庆。""杨荫浏人也很好玩的,典型的一个absent-minded(跑神,不专注),我们在昆明的时候就住得近,也在一起做事。记得那时候,他一天到晚在打算盘,我觉得奇怪,问他,他告诉我,他在计算音乐里的节奏。呵呵,他的算盘打得噼里啪啦响,原来是在给音乐算节奏!"又言:"杨荫浏在昆明学校教音乐和算学,每天夹着本子急匆匆跑去上课,房门永远不锁,见什么人都点点头,说:'对不起,对不起!'其实我知道他心里总是在想事。有一回我和杨振声、梅

---

① 严晓星:《往事分明在,琴笛高楼——查阜西与张充和》。
② 《秋灯忆语》,第34页。
③ 孙凤竹致张宗和信函,1939年9月1日、7日、14日,《秋灯忆语》,第172、175、177页。

贻琦几个人,老远的跑到昆明学校去看他,他看见我们,点点头就走过去了,我们只好直接到他房间去了——房门永远开着的,过了好一会儿他才恍然我们是他的客人,慌忙从外面跑回来,连说:'对不起,对不起!'"①

杨荫浏善吹笛子,有"杨笛子"之称,常为张充和伴奏。他也很欣赏张充和的演唱。一次,两人合作《琵琶记》一曲之后,杨荫浏在原曲谱上用朱色符号标出"张充和的唱法"。12月2日,杨荫浏在《曲人鸿爪》上留字,录元代曲家乔吉一支散曲:

> 山间林下,有草舍蓬窗幽雅。苍松翠竹堪图画,近烟村三四家。飘飘好梦随落花,纷纷世味如嚼蜡。一任他苍头皓发,莫瞢顿心猿意马。自种瓜,自采茶,炉内炼丹砂。看一卷道[德]经,讲一会渔[樵]话,闭上槿树篱,醉卧在葫芦架,尽清闲,自在煞。

款识曰:

> 二十八年秋,迁居呈贡,距充和先生寓室所谓云龙庵者,不过百步而遥,因得时相过从。楼头理曲,林下啸遨。山中天趣盎然,不复知都市之尘嚣烦乱。采乔梦符散曲一阕,志实况也。②

杨荫浏对查阜西的改良型昆笛始终持有异议。原来因学习昆曲,查阜西产生了改进昆笛的想法,并开始以飞机上用的铝制汽油管来试制"七声平均律"昆笛。几年后,杨荫浏向查阜西隔空喊话,提及"某次

---

① 《天涯晚笛》,第46—47页。
② 《曲人鸿爪》,第67—70页。

晚餐席上"的旧事:"大约是一九三九年吧? 那次席上,有查先生,有郑颖孙先生,彭祉卿先生,张充和女士,罗莘田及丁燮林两先生是否在座,我记不得了。那一次,彭祉卿先生拿出来他所试做的两三支铝质的笛——或者就是查先生做的也未可知,我记不清楚了——其中有一支是七平均律,大家吹来一听,都说难听,查先生还记得吗?"

1940年春天,寓居龙街的曲友琴人悉数出动,举办了一场演出,张充和、郑德淑粉墨登场,杨荫浏撇笛,查阜西打板。龙街的人们都跑来观看,场面非常热闹。演出完毕,查阜西用龙街上唯一的照相机为大家拍了一张合影:前排左侧穿戏服的两位,是主角郑德淑、张充和,其左边为琵琶家曹安和,后排左侧高个儿、穿长衫者为郑颖孙,右侧穿西装者即杨荫浏,查阜西因刚把快门调到自动档,赶回队列,还没站好……①

后来,又一位谷音社社友、古文字学家唐兰辗转来到昆明,也曾入住过杨家大院。据张充和回忆,唐兰初抵云龙庵时,两人相见,分外激动,于是一同背诵杜甫的《秋兴八首》。唐兰还以古文字体为云龙庵题写匾额,后来成为张充和的珍贵藏物。②

寄寓呈贡城内的吴文藻、冰心夫妇与张充和多有过从。有时张兆和、张充和姐妹相约去冰心所住的默庐"吃咖啡",有时冰心到云龙庵吃饭。③有次,冰心在云龙庵为张充和写了一张洒金条幅,节录《西厢记》中"一杯闷酒尊前过,你低首无言只自摧挫"唱词一段。④1940年春,当听闻吴文藻接任云南大学文法学院院长并到处搜罗人才后,张充和还曾想通过郑颖孙向吴文藻推荐大弟宗和任讲师。事情隐秘,连

① 严晓星:《往事分明在,琴笛高楼——查阜西与张充和》。
② 《曲人鸿爪》,第71—74页。
③ 孙凤竹致张宗和信函,1939年9月7日、10月3日,《秋灯忆语》,第175、182页。
④ 西泠印社2010年春季拍卖会图录:《近现代名人手迹专场》,第1033号拍品资料。

三姐兆和都不让知道,"因为沈从文与冰心他们不和"。①不过后来因薪水、物价等方面考虑,没有继续进行。

吴文藻、冰心夫妇的默庐,还有个重要功能,相当于西南联大、云南大学等众多师友来呈贡小住的驿站。

一位周末常客是当时正向张充和学唱《琵琶记》的西南联大中文系教授罗常培。罗常培(1899—1958),字莘田,北京人,满族。毕生从事语言教学、少数民族语言研究、方言调查、音韵学研究。与赵元任、李方桂同称为早期中国语言学界的"三巨头"。罗常培学昆曲,据老舍讲,还是为专业研究服务,"是要看看制曲与配乐的关系,属于那声的字容或有一定的谱法,虽腔调万变,而不难找出个作谱的原则"。②

此前在昆明城,张充和、罗常培等经常参加查阜西家的琴曲会。罗常培嗓子天生亮而厚。张充和为他开拍《琵琶记·辞朝》中《啄木儿》,吴南青为他拍《弹词》。③罗常培小住呈贡时,每日来云龙庵吃茶、谈话、唱曲,但不吃饭,因怕张充和等人麻烦。④他还曾在《曲人鸿爪》中抄录《弹词》第五转"当日个那娘娘,在荷亭把宫商细按,谱新声将霓裳调翻"一段。⑤

罗常培对张宗和、孙凤竹夫妇及张充和非常关心。张宗和觉得,罗常培"不像老杨(杨振声)那样庄严,似乎比老杨对我们更亲切一点。他对你对四姐好像我们自己家里人一样,我不得不把心里隐藏着的真

① 孙凤竹致张宗和信函,1940年4月2日,《秋灯忆语》,第197页。
② 老舍:《滇行短记》,《扫荡报》1941年11月24日至1942年1月7日。
③ 《曲人曲事·吴南菁》,《张充和诗文集》,第374页。
④ 孙凤竹致张宗和信函,1939年9月10日,《秋灯忆语》,第176页。
⑤ 《曲人鸿爪》,第63—65页。

情全告诉他"①。

1939年10月27日,梅贻琦、郑天挺、杨振声、陈雪屏一行四人来到呈贡。当晚,郑天挺、陈雪屏住吴文藻、冰心夫妇家,梅贻琦、杨振声住杨家大院郑颖孙寓所。次日晚,众人共聚云龙庵,听郑颖孙抚琴,张充和唱昆曲,十分尽兴。又次日,郑天挺、陈雪屏因学校有课返回昆明,梅贻琦、杨振声仍留龙街,多住两日。其间,少不了到云龙庵吃茶、谈天、听曲。

翌年9月1日,梅贻琦再赴呈贡。行前给郑天挺写信,谓已辞西南联大常委会主席之职。因当年夏,德军侵占法国后,安南(今越南)形势突然紧张,政府密令西南联大等校亦迁四川。此事在讨论时意见不甚一致,且运输费用亦大(郑天挺估计需法币200万元),困难重重。处此困局中,主持校务的梅贻琦觉得异常疲倦,故有辞职之念,并至呈贡休息。9月3日,郑天挺也来到呈贡,向梅贻琦转达蒋梦麟挽劝之意,并谓:"在三校合作局面下,一人去留,关系甚大,希望不再言辞"。梅贻琦表示,"近日倦甚,提不起精神"。郑天挺说,"可多休息几天,即可恢复"。两人谈完后,郑天挺当日即回昆明,梅贻琦又在呈贡小住数日,其后也回昆明,仍然认真处理校

---

① 张宗和致孙凤竹信函,1940年3月10日,《秋灯忆语》,第102页。罗常培的非凡亲和力,在冰心的叙述中,有更多呈现:"在每个星期六的黄昏,估摸着从昆明开来的火车已经到达(呈贡),再加上从火车站骑马进城的时间,孩子们和我就都走到城楼上去等候文藻和他带来的客人。只要听到山路上的得得马蹄声,孩子们就齐声地喊:'来将通名!'一听到'吾乃北平罗常培是也',孩子就都拍手欢呼起来。

莘田先生和我们家里大大小小的人,都能说到一起,玩到一起。我们家孩子们的保姆——富奶奶,也是满族——那时还兼做厨娘,每逢她在厨下手忙脚乱,孩子们还缠她不放的时候,莘田先生就拉着孩子的手说:'来,来,罗奶奶带你们到山上玩去!'直到现在,已经成为大人的我们的孩子们,一提起罗伯伯,还亲昵地称他做罗奶奶。"(冰心:《追念罗莘田先生》)

对此,冰心在另一处地方,曾感慨道:"罗先生一到我们家里,真是上下腾欢,这种秋月春风般的人格,现在是不多见的。"(冰心:《蜀道难》序)

务,一切如常。①在呈贡期间,云龙庵当为梅贻琦常去之处。张充和的曲声笛韵,给了身心俱疲的梅贻琦以莫大抚慰。两人由此结为知音,并在近一年后于遭受日机轮番轰炸的重庆谱写出动人的故事。

*

约1942年,离开昆明一年有余的张充和,追忆呈贡往事,写了《呈贡杂咏二首呈阜西先生》。②

其一云:

> 天南最忆马缨桥,花色迎人楚楚娇。
> 涉水流春春悄悄,白云飞去月无聊。

小注称:"马缨桥即小溪桥,由我等命名者。"查阜西当时在《龙溪幻影》中记述,马缨桥一带,"古藤杂树,依附堆砌,绿浓阴翳,缀成圜拱。枝叶缤纷,苍翠欲滴,令人过此,留连不忍去。桥之东,水积为潭,可以驻骖洗马。其上有悬崖,不能攀及。溪之北有平冈,高如桥之平,

---

① 郑天挺日记:1939年10月27—11月1日,1940年8月31日—9月6日,《郑天挺西南联大日记》,北京:中华书局,2018年;郑嗣仁:《梅贻琦与郑天挺在昆明》,《北京大学校友会通讯》第30期,2001年。1939年10月28日,郑天挺当晚日记云"听……张冲和女士昆曲","充"误作"冲"。想来两人初识,郑尚不知张充和的名字如何写。次日,郑天挺书李白《暖酒》诗赠张充和,署款曰:"二十八年十月二十九日云龙庵听琴,录呈充和先生教。长乐郑天挺。"应该是问过名字的写法,故没再出错。

② 张充和此二诗创作时间,白谦慎编《张充和诗书画选》时认为其第二首诗约作于1939年流寓昆明期间,其后严晓星《往事分明在,琴笛高楼——查阜西与张充和》认为张充和的两诗与查阜西的两首诗作于1944年春(未说明依据),白谦慎后来编《张充和诗文集》估计根据严晓星的说法,也定为作于1944年(第33页)。笔者一度如此以为。不过后来笔者发现朱自清的八首《次今甫与月涵先生倡和韵》,韵脚皆为"家""花""茶",于是估计这所谓"倡和韵",应为杨振声、梅贻琦和张充和的诗。因朱自清日记明确写明他的诗作于1942年9月25日与10月1日,由此推测张充和、杨振声、梅贻琦等人的诗当作于此前。第一首诗既然写"天南最忆",则当写于离开呈贡之后,即至少是1940年11月之后。笔者假定各人唱和时间间隔不远,故暂取"约1942年"为创作时间。

地可三席。浅草如茵,可以坐地鼓琴。此为龙街诸胜之最幽者……"

此诗可看作对当年那段与查阜西、郑颖孙等人一同访游山水、题写名胜之风雅时光的怀想。

其二云:

> 酒阑琴罢漫思家,小坐蒲团听落花。
> 一曲潇湘云水过,见龙新水宝红茶。①

此诗高度浓缩,包孕多种主题、意象与蕴涵,是张充和对在云龙庵与众师友唱曲摁笛、调琴煮茗、消闲思乡等美好时光的缅怀。

首句点出思乡之情,开启了其后一系列唱和诗的主题,引发查阜西、杨振声、梅贻琦、朱自清等一众师友的唱和。②第二句,既是化用,

---

① 《张充和诗文集》,第33页。
② 收到张充和的诗作后,查阜西步张充和原韵,奉和二首。其一:"萍踪一聚小溪桥,风月妍如越女娇。多少欢娱都梦幻,狂歌纵酒总无聊。"其二:"群山飞渡过君家,不忍援琴奏落花。百结愁肠无一语,挑灯却坐试新茶。"

　　看到张充和与查阜西的诗作后,云龙庵旧友杨振声、梅贻琦等人被"酒阑琴罢漫思家"所触动,纷纷和韵。杨振声前后和过两首,其一为:"到处为家不是家,陌头开遍刺桐花。天涯不解相思渴,细雨疏帘酒当茶。"梅贻琦的和作是:"浪迹天涯那是家,春来闲看雨中花。筵前有酒共君醉,月下无人细煮茶。"(《张充和诗文集》,第34—35页)杨振声还有一首以"家""花""茶"为韵脚的《旅居昆明赠学生诸友琼》:"眼应山河梦想家,一年春尽酿酒醿花。匏樽汲取门前水,夜雨烟窗自煮茶。"(《杨振声编年事辑初稿》,第275页)

　　更有意思的是,1942年中秋之夜(9月24日),朱自清同梅贻琦、陈岱孙、李继侗到周培源寄居的郊区积翠园小住。梅贻琦向朱自清出示了自己及杨振声的两首和韵,像是戳中了朱自清久经压抑的思乡情怀,接下来的一周,朱自清竟一连和了八首,换着花样地尝试写出"家""花"与"茶"的各种组合。其中两首云:"天南独客远抛家,容易秋风惜晚花。佳节偶同湖上过,无边朗月伴清茶。""此心安处即吾家,瞥眼前尘雾里花。剩得相知人几个,淡芭菇醡压新茶。"(《朱自清全集》第5卷,第302—303页)朱自清于1942年9月25日,即中秋夜的次日上午写了《中秋从月涵先生及岱孙、继侗至积翠园培源寄居,次今甫与月涵先生倡和韵》四首。七天后的10月1日,又《叠前韵赠今甫》四首。朱自清日记中未提及张充和及查阜西,或许梅贻琦未将他们的诗作给朱自清看过。不过从朱自清八首诗的首、二、四句韵脚皆为"家""花""茶"而言,朱的诗作应是对张充和原韵的步和。

化王维"坐久落花多"一语，也是写实。张充和最能予人以闺秀感觉与共鸣的"小坐蒲团照"，即摄于云龙庵。左臂斜倚的条几，实际上由两个木质煤油桶箱子和一块画板组成。茶几上放着茶壶、茶杯与一盘水果，那盘水果很可能是临时借用二奶奶供桌上的摆设。供桌上亮着灯盏，可见一尊塑像的昏暗轮廓，不能辨认是二奶奶供奉的哪路神明。第三句"潇湘云水"即古琴曲《潇湘水云》，可指代与众多曲友、琴友在云龙庵吹唱奏弹过的各种昆曲与琴音。尾句"见龙水"，应即呈贡西门外梅子村附近的"龙井"。"宝红茶"应即"宝洪茶"，是云南当地名茶。茶因有龙泉井水，显得香而味醇，令人久久回味。第二句"蒲团"暗含"庵"或"佛堂"之意，第三句嵌"云"字，尾句嵌"龙"字，合起来即"云龙庵"或"云龙佛堂"。

《呈贡杂咏二首呈阜西先生》，其一怀念云龙庵之外的优美风光，其二怀念云龙庵之内的人文之胜。一内一外，山水人文，呈现了一幅完整的呈贡写意图。

煮茗老友

｜"平凡的人才结婚生孩子,像四姐这样的人应当好好保护起来"｜

　　1939年8月,本应与杨振声、沈从文、朱自清等人在昆明共同编辑《中学国文教科书》的张充和,接受教育部附属机构音乐教育委员会(下称"音教会")的聘请,加入音教会研究组,工作地点即她借居的呈贡龙街杨家大院。延请她的,即与她、查阜西等人总在一起烹茶论艺、调琴唱曲、遨游于呈贡美丽山水田园间的音教会驻会委员兼研究组主任郑颖孙。

　　当年7月,就研究组人员组成,郑颖孙致函重庆音教会主任委员张道藩,推荐了一份十五人名单,包括张充和及一众师友如杨荫浏、查阜西、罗常培、闻一多等在内,皆是"现在昆明之乐人","或于乐律、乐史、乐谱、乐器有多年之研究,曾有专著发表,或于音韵词曲诗歌有甚深之素养"。[1]8月21日,大弟宗和记录,查阜西从重庆回来,带来教育部给四姐的委任状,聘她为音教会干事,每月一百元,是郑颖孙给张罗的,四姐极为高兴。[2]9月7日,弟媳孙凤竹在呈贡给到外地任教的丈夫宗和报告:"四姐从你走后还未进过城,城里的差事也不愿意干了,重庆一百元已寄来,工作尚未开始,真令人羡慕!"[3]可见张充和已接受

---

① 郑颖孙信函,藏上海音乐学院档案室,档案号520-37(2)-35,转引自冯雷:《陪都重庆三个音乐机构之研究》,上海音乐学院,2010年博士学位论文,第35页。

② 《张宗和日记(第二卷)》,第261—262页。

③ 《秋灯忆语》,第175页。

音教会的工作。

在张充和的众多老友中，郑颖孙是位谜一样的人物。

自加入音教会研究组，张充和与郑颖孙共事时间长达六年有余，先是在呈贡一年多，然后迁重庆又五年。然而，晚年回忆往事，张充和点数当时在呈贡住过的人，有三姐张兆和一家、查阜西一家、杨荫浏一家、吴文藻冰心一家，却没提郑颖孙及其女儿、侄女。讲述重庆故事，她会津津乐道她与沈尹默、汪东、卢前、杨荫浏、项馨吾、范崇实、老舍、梁实秋等人如何交游，唯独郑颖孙，从未讲过，仅捎带提过一次名字。

郑颖孙在张充和回忆中空白一样的存在，给人印象好像是，他不过是抗战时期一直在一起工作、欣赏她的上级而已，没什么好说的。

然而，据张充和当时身边亲友的记述与追忆，事情并不这么简单。与她同事多年，并一度比邻而居的好友卢前，很多年前于记述她的小文中，留下一段让人不由不多想的文字哑谜："据我们所知，有好几位北大出身的文人追求着她。而她由昆明而重庆的时候，正有位'老'友。有人问她何以不能离开这老友？她说：'他煮茗最好，我离开他将无茶可喝了！'结果还是分散了。"[①]

此处所言煮茗"老"友，即郑颖孙。

*

郑颖孙（1893—1950），安徽黟县人，毕业于燕京大学，后留学日本，入读早稻田大学。1922年起任北大音乐传习所导师。1926—1927年任教于国立艺术专门学校音乐系。1930年任国立北平大学艺术学院负责人、院务会议代表兼音乐系教授。1930年左右，任北平大学女子文理学院秘书。1933年，任国立四川大学文书组主任。1934年任教于国立北平艺术专科学校艺术师范科。1936—1937年，任国

---

① 卢前：《记张玄》，《卢前笔记杂钞》，北京：中华书局，2006年，第19页。

立北平艺术专科学校教务长。①

郑颖孙是民国时期享有盛誉的一代古琴名家。1927年中秋宴集之夜,郑颖孙与另一位古琴名家张友鹤于席间演奏琴曲,听众之一、前辈学者黄节由此赋五言长诗一首。黄节写道,郑、张二人的琴声像清风在林深之处发出的回响,引导他沿着虚无缥缈的土坛向上升举,飞向故乡岭南,飞向曾经的居停之地上海,与亲友一一欢聚。②可谓古琴知音之诗。

郑颖孙的古琴演奏并不囿于传统小圈子,常见于一些中西合璧的音乐会。1928年1月12日,北平爱美乐社和国乐改进社举办了一场国乐改进社首次演奏会,演奏曲目包括传统国乐、改进国乐、西乐。在传统国乐部分,郑颖孙、张友鹤分别以古琴独奏了《秋江夜泊》《捣衣》,并合奏《良宵引》。在改进国乐部分,郑颖孙、张友鹤又分别以古琴独奏了《醉渔唱晚》《流水》。③1931年1月9日,在北京饭店举行的"国际音乐大会"上,郑颖孙、刘天华应邀与外国知名音乐家同台演出。蒋梦麟、徐志摩、刘半农等社会名流及各国驻华使节出席。郑颖孙还以古琴给西人艺术舞伴奏。朱自清日记1934年3月23日条记载:"晚看诺达·玛塔(Norda Mata)的舞蹈表演,所谓艺术舞。……各节目中以安哥尔《印象》中《托奈利舞》及《死岛》中《罪人舞》最佳。《雁舞》以古琴《平沙落雁》作奏,甚有意趣,实一创作,由郑颖孙鼓琴。玛塔不美。"④

---

① 黄旭东、汪朴:《萧友梅编年记事稿》,北京:中央音乐学院出版社,2007年,第130页;周映辰:《从音乐研究会到音乐传习所——北大早期音乐教育考察》,《中国音乐》2006年第2期;彭飞:《1918年—1937年国立北平艺专教职员名录》,《美术研究》2013年3月;周作人:《国乐的经验》,钟权河编:《周作人文类编·夜读的境界》,长沙:湖南文艺出版社,1998年,第127页;王叔岷:《慕庐忆往》,北京:中华书局,2010年。

② 黄节:《中秋夜听张友鹤、郑颖孙弹琴》,刘斯奋选注:《黄节诗选》,广州:广东人民出版社,1993年,第257—262页。

③ 李岩:《朔风起时弄乐潮——20世纪20年代的西乐社、爱美乐社及柯政和》,《音乐研究》2003年第3期,第34—43页。

④ 《朱自清全集》第9卷,第286页。

周作人也曾听过郑颖孙的古琴演奏,不过他听来却没有黄节那般浮想联翩。周作人自称不懂音乐,其所写《国乐的经验》一文中,他回忆了自己如何"听不懂古琴的两回经验"。第一回是在北大三院空旷的大礼堂,他听古琴专家王路的演奏,"场内鸦雀无声,大家都拉长了耳朵听着,却听不到什么声响,只远远的望见他的手上下移动着,好像是在打着算盘"。"第二回是民国十八九年,我同了女儿到女子文理学院去看秘书郑颖孙先生,他也是古琴专家,承他的好意特别为我们弹了一曲。在他办公室内,只有主客三人,琴声是听得清了,只是丁一声东一声的,不敢说不好,也总不知道它是怎么好。大概弹的人弹给外行听也已弄惯了,似乎并不怎么样,在我却不仅心里很是抱歉,也有点惭愧,因为不懂古琴总是不大名誉的。俗语不是有一句对牛弹琴的话么,可见只有牛才不知道琴的好听,可是我实在不能懂得。"①

约于此后,周作人曾致郑颖孙一通短札,再次表明他对音乐的不懂,颇有趣味。

颖孙兄:

近来买到两张日本的"雅乐"唱片,明日如有暇可请来听,但虽云有唐代风味,仍恐难免"思卧"耳。匆匆。

四月四日,弟作人启

"雅乐",据《不列颠百科全书》,"最早于5世纪由高丽传入日本,至8世纪成为约定俗成的宫廷传统。9世纪时,日本把北亚、中国、印度、东南亚及其本国音乐组合在一起",分两大类,一为唐乐,一为高丽乐,"合奏中所用的笛和主要的鼓有所不同,而且高丽乐不用弦乐器"。

① 《国乐的经验》,《周作人文类编·夜读的境界》,第127—128页。

因此,部分"雅乐"可能保留有某些"唐代风味"。

自嘲为"对牛弹琴"中的"牛"的周作人继而写道,听此雅乐,自己恐怕难免"思卧"耳。"思卧",即瞌睡之意,典出清人李渔《闲情偶寄·演习部》之"别古今":"演古戏如唱清曲,只可悦知音数人耳,不能娱满座宾朋之目。听古乐而思卧,听新乐而忘倦。"①

郑颖孙不仅精于古琴演奏,也是一位古琴藏家,并设"冰磬馆"珍藏之。他对此颇为自得,曾告诉王叔岷:"我家在北京收藏十多张古琴,有张是唐代的,琴面已起龟甲文。"不过据傅芸子参观冰磬馆所记可知,郑颖孙所藏唐琴至少有三张,曰"响泉""轻雷""高山"。宋琴有"冰磬""琅然"等。此外尚有明琴等多张。②

郑颖孙还是一位受时代召唤、颇富担当精神的国乐研究者与活动家,曾积极组织和参与民国时期许多国乐保存、传承与改进活动。1927年5月,郑颖孙与刘天华等人发起成立了国乐改进社。在刘天华当年8月发表的《我对于本社的计划》中,有一条为保存古合乐,即清宫里祭享及仪式上所用的音乐。刘天华写道:"据社友郑颖孙先生说:宫中散出之乐工,能奏全数曲谱——约三四百套——者,现在只剩一人。而此君身老多病,我们应该急急想法找他一同研究。现在我们已请郑先生负责同他接洽,大约在我们的第一期音乐杂志上总有郑先生的详细报告。"③又据傅芸子1931年介绍,郑颖孙对于国乐的整理、研究与保存,具体有:整理清代之"庙堂乐",聚集前代之乐工,研讨不遗余力,期在保存中国古乐之精英。整理成绩,已卓然可观。又注意搜

① 赵国忠:《知堂遗札一通》,《今晚报》2015年12月1日。
② 傅芸子:《郑颖孙所藏之琴》,《人海闲话》,北京:海豚出版社,2012年,第8—9页;王叔岷:《慕庐忆往》。
③ 刘天华:《我对于本社的计划》,写于1927年8月1日,原载于《国乐改进社成立刊》1927年8月,收入方立平等编:《刘天华记忆与研究集成》,上海:上海教育出版社,2009年,第6—7页。

集保存清代"四夷乐",室中悬有之"蚌札"(缅甸乐)、"丹布拉"(廓尔喀乐)诸乐器甚多,具见郑君搜集之勤。此种音乐在民族史上、外交史上、音乐史上俱有研究之价值。惟近年年久已散失,郑君独立谋保存,搜集整理之,吾人对于郑君此种工作,深致钦佩,又将来必有一种惊人之成绩,贡献于世也。又注重搜集埙的资料与实物,如新石器时代遗址中的石埙照片,如藏有殷墟出土之埙及清宫旧藏之埙,并研究制作,案上陈列数枚仿制品,将来此种新品制成,传布于世,想埙乐当不致成《广陵散》,郑君之力,有足多焉。①与郑颖孙多有往还的胡适,1935年7月14日曾与国外友人卡彭特夫妇同访郑家,"听他的蒙古、西藏、新疆音乐片子。并谈中国音乐再生的事。他的谈论甚有理。他送我的Song of Faith[信念之歌]片子四面,是他为华盛顿二百年纪念做的乐谱"。②

郑颖孙还参与了20世纪30年代的北平文物南迁工作。蒋复璁回忆:"提到郑颖孙,他懂得很多。……记得抗战前,由于时局不靖,政府决定把北方的古物南迁,他便参加工作。时在北平的古乐器一共三套:一套在天坛,一套在太常寺,国子监也有一套,但三套都不完整。清亡后,这些东西也没有什么人注意,等到办理南迁时,负责这桩事的是徐鸿宝(故宫博物院图书馆主任),他特别请来溥侗溥五爷来帮忙,把三套乐器凑成一套完整的。溥五爷是玩乐器的,很懂。于是就把这一整套中国乐器运到了南京,其中还有好多内廷珍藏的乐谱。可惜不久抗战发生,南京的古物又着手西南运。可惜的是,这套乐器就丢失了。"③

---

① 《郑颖孙所藏之琴》,《人海闲话》,第7—10页。
② 胡适日记:1931年3月20日,1934年3月25日、7月14日,1935年7月14日各条,参《胡适全集》第32卷。
③ 张继高:《北大,现代中国音乐的火种》,《张继高散文》,杭州:浙江文艺出版社,1997年,第364—365页。

*

1938年7月7日,抗战全面爆发一周年,郑颖孙与20多个平津流亡师生一起,从天津英租界搭乘英国轮船,辗转香港、海防、河内等地,于8月上旬抵达昆明。据一路同行的南开大学女生杨苡回忆,郑颖孙是"我们从平津同船来的流亡师生中最年长的人,其次才是音乐教师李抱忱先生。郑先生其实那时也不过是中年,但他却是一副学者模样,文质彬彬,言谈极有风度,从来不像李抱忱先生那样跟我们唱了一路"。

9月28日,昆明遭受日军首次惨烈轰炸。之后不久,李抱忱、郑颖孙相继离开。[1] 作为音教会驻会委员,他们是受教育部部长陈立夫之召,赴重庆参加音教会相关会议的。

成立于1934年5月的教育部音乐教育委员会,原是一个负有统筹全国音乐研究与教育工作之责的咨询机构,除了所聘请的兼职委员外,并无行使日常职能的专职实体机构。1938年,主掌教育部的CC派(Central Club,"中央俱乐部")大佬陈立夫,为配合《抗战建国纲领》,打出"复兴乐教"的大旗,宣称:"乐教之复兴,实为建立民族精神之基本,恢复固有音乐博大之精神,发扬固有音乐湛深之学理,会通古今,融和中外,尚待群策群力,共底于成。"自1938年10月27日至次年4月20日,不到半年时间,陈立夫召集相关人员召开五次音教会会议,就抗战期间如何"复兴乐教"进行研讨。1939年4月15日举行的第四次会议研究决定,在音教会现有组织基础上,增设研究、教育、编订和社会四大组,负责"复兴乐教"大任的具体实施与推行,人员得以很大扩充。由此,音教会迎来大改组,由纯咨询机构跃升为实权部门。[2]

此时已返回昆明的郑颖孙受命兼任研究组主任,拥有了计划制

---

① 杨苡:《沈从文:昏黄微明的光》。
② 《陪都重庆三个音乐机构之研究》,第9—16页。

订、经费支出、人员选聘等方面的权力。

郑颖孙为研究组选聘了杨荫浏、张充和等专职人员及查阜西、罗常培、闻一多等兼职人员。又拟订研究组总的工作计划,包括六大任务:整理中国音乐史料、调查民间音乐、研究音律音阶、整理及改编历代乐曲、改良乐器、介绍西洋音乐学术。

随后几年,郑颖孙领导研究组做了不少工作,如组织了民国时期第一次大规模政府行为的民间音乐普查,包罗舞曲戏剧、童谣山歌乃至杂贩货郎之叫卖声、耍猴子耍狗熊之调子等各种音乐形式。1940年,由音教会研究组制定调查表格,教育部以训令形式下发至各县市。至1943年,有百多县市发回填写好的调查表。

具体到张充和的工作,目前所知,是参与《国乐概论》的撰写。1939年,郑颖孙在致陈立夫的信中建议:"兹值部长提倡乐教之时,关于国乐教材及一般对于国乐之认识,亟需编辑《国乐概论》一书,以资应用。"9月19日,陈立夫回函同意郑颖孙的计划,并请其主持该项工作。随后,郑颖孙与杨荫浏共同拟订了编纂计划。全书分十个章节,聘请十三位音乐专家分任编辑事宜。除乐政、乐教、乐德三章由郑颖孙独撰外,其他七章每章由至少两人撰写,其中有五章有五到八位撰者。张充和参与撰写的有乐制、乐章、乐谱、乐歌、乐舞等五章。①

传统文人共享的学养、品味与意趣,使郑颖孙与张充和先是成为煮茗论艺、调琴唱曲的知音,后又成为实施"复兴乐教"大任的同事。"一曲潇湘云水过,见龙新水宝红茶",正是这种文人雅致生活的写照。

"见龙新水",张充和后来在一首忆查阜西的词中写作"见龙泉",与查阜西《龙溪幻影》中所谓"抱瓮泉"当为同一个地方,应即呈贡西门外梅子村附近的"龙井"。此井泉甘而冽,当地人都会到此取水。据说当年县长

---

① 《陪都重庆三个音乐机构之研究》,第35—44页。

李君佑曾拨专款加以修葺,井栏为雕花石栏,刻有诗文。查阜西、郑颖孙常到此抱瓮汲水,回到龙街,"自就泥炉举火,烹茶享客,巨瓮积泉,可供三日饮"。茶因有龙泉井水,显得香而味醇,令人久久回味。[①]郑颖孙的煮茗功夫让张充和为之倾倒,以至几年后有人问她何以不能离开"老"友郑颖孙时,她似认真又似托词般答:"他煮茗最好,我离开他将无茶可喝了!"[②]

　　所煮之茗,并不限于云南当地名茶"宝红(洪)茶"。比如湘西茶叶,也受到煮茗高手郑颖孙的称道,这让沈从文感到脸上有光,不断让家人从家乡寄些过来。后来,张充和、郑颖孙等人迁至重庆,他仍嘱咐家人寄些过去。[③]

*

　　同事与知音之外,张充和与郑颖孙之间,还有很不一般的关系。一方面,显得有些暧昧;另一方面,郑颖孙对张充和照顾有加,尤其张充和患病时,可谓尽心竭力。这主要见于张宗和日记及张宗和、孙凤竹夫妇的往来信函。

　　夫妇俩对于郑颖孙其人非常反感,曾将郑颖孙与另一位师长罗常培做过比较。孙凤竹评道:"罗比郑好多了,不讨厌,不扰人。"[④]张宗和

---

① 《查阜西呈贡之行》,《昆明文史资料选辑》第39辑,第229页。
② 《记张玄》,《卢前笔记杂钞》,第19页。
③ 全面抗战期间,沈从文在信中叮嘱家人寄些湘西茶叶到昆明、重庆的记载有:1939年4月20日,沈从文致大哥沈云麓:"得余(从文的六弟沈荃)寄茶叶来极好,前闻郑颖孙言,湘西茶叶甚好,为所仅见,彼现尚留此,若能为寄两简来,写寄我收,当可分赠若干友人尝尝。此间亦出茶叶,本质好,制法不良,正在改良,将来或可望有进步。著名之普洱茶,在此系绿茶,如龙井,并非红茶。"(《沈从文全集》第18卷,第358页)5月上旬,致沈云麓:"很希望送我们一点好茶叶。"(第364页)6月7日,致沈云麓:"茶叶若可带些来送人,亦甚好,不必太细。味好即佳。"(第374页)1940年2月26日,致沈云麓:"新茶上市,务望你为买去年那种顶细顶好的廿元寄来,过不久我寄钱来,因为眼前无钱。上次茶大家印象太好了,真是给湘西争脸。杨(振声)先生现在还出宝贝,留下一点点,有好客来时方冲一小撮。"(第381页)1942年9月19日,致六弟沈荃,"若有好茶叶,比上次略细些,你能直接为他们寄点茶叶,对他们真是一种享受。金岳霖半斤,通信交联大;奚若四两,交联大;张充和四两,重庆青木关教育部音教会;李尧棠(巴金)半斤,桂林文化生活社。"(第418页)
④ 孙凤竹致张宗和信函,1939年9月10日,《秋灯忆语》,第176页。

应和道："罗也还是不错的，老 K 中之佼佼者也，不像郑那样滑……"①

1939 年 7 月 21 日，张宗和记道："四姐不进城学万国音标了，就跟郑学弹七弦琴，雅事也。"23 日又记："四姐这两天和郑老 K 学抚琴，晚上总到一两点钟才睡。殷炎麟不识相，想偷着学。"25 日记，中午郑颖孙请客，叫来的菜还不错，喝的是茅台，但只有四姐、郑老 K 等三人喝。"四姐装疯，大吃酒，一杯一杯的灌。老 K 也吃了不少，都有点醉了。(四姐)到里面佛堂睡在蒲团上大笑，瞎讲话，自己还不承认，实在是醉了。还骂人，个个是王八蛋，还说穆老伯说的，几乎要出岔子了。又大哭，我知道她哭什么。后来清醒了，但头疼。我们都想看看他们醉后是什么样子，后来他们真醉了，心里又觉得不好。四姐自然是晚饭也没有吃。"②

其后，郑颖孙离昆赴渝，张宗和也独自赴宣威任教，留孙凤竹在龙街。9 月下旬，郑颖孙返回呈贡。因他的返回，孙凤竹起了离开呈贡，离开张充和，去宣威与张宗和团聚的心思。孙凤竹在阐述离开理由时，说了不少郑颖孙如何麻醉或迷惑张充和的秘闻：

> 昨天我再三想，你这次来我还是跟你去宣威好了(请不要说我三心二意)，我有几个理由：再住下去我跟老油子要弄不好了，他的种种行为都叫人讨厌，我实在看不起他，他麻醉或者竟是"迷"四姐，例如他说，平凡的人才结婚生孩子，像四姐这样的人应当好好保护起来。还说四姐靠天吃饭，说我靠夫吃饭(并非玩话)，许多人在一起时，他便无精打采，他与四姐二人便谈至深夜。昨天四姐偶然告诉我，前晚的话题是"男女的体态美"。油子说现在的中年人以杨振声最美，青年的他没见过美的。在四川带来三十二元的绣花被面送四姐，又带许多古玩，终

① 张宗和致孙凤竹信函，1939 年 9 月 13 日，《秋灯忆语》，第 155 页。
② 《张宗和日记(第二卷)》，第 248—249 页。

日盘弄,他预备先休息一月再开始工作,虽然杨荫浏来催过好几次,他亦不理。四姐的卧房书房他常整理。中秋晚大家吃茶时,他忘形了,点了几只红蜡,放在四姐面前对好光,欣赏四姐,德淑与我都有点局促不安。四姐待我好,他似乎有点嫉妒,笑不笑话?诸如此类,不胜枚举。①

孙凤竹又很犹豫,她离开呈贡,"所为难者就是有点舍不得四姐,我真想给四姐一个忠告,叫她不要以为老油子太好了,要客观一点,但我又怕四姐错会我的意思,你看我能不能说?"②张宗和的回复透露出张充和对于此事的可能态度:"老油子的确是问题,不要让他误了我家好姐姐。我想这事等我们要一同离开呈贡时再好好地同四姐谈一下。但她未必听,她个性非常强,从不肯听人家的话。尤其是关于这种事。"③

10月底,张宗和回来,将孙凤竹带到其任教的宣威。翌年2月,有孕在身的孙凤竹回到呈贡。在给张宗和的信中,孙凤竹记录了张充和的一次严重患病,以及郑颖孙父女如何费心照顾张充和,显示了郑颖孙为人体贴的一面。

1940年5月20日,孙凤竹在信中报告:

> 四姐这一阵子身体不大好,不是拉肚子就是便秘,昨天又发热,有时脾气大得很,郑老油子没法,就来请我去陪她,又请我到

---

① 孙凤竹致张宗和信函,1939年10月4日,《秋灯忆语》,第199—200页。
② 孙凤竹致张宗和信函,1939年10月4日,《秋灯忆语》,第200页。
③ 张宗和致孙凤竹信函,1939年10月14日,《秋灯忆语》,第168页。三十三年后,人在美国新港的张充和聊起往事,颇有悔不当初的意思:"我昔时习字画诗词,因年轻女人读书的尚不如今之普遍,故社会上溢捧场,我当时虽知亦颇享受。现在想想真是惭愧。当初有时间而不去踏实用功,如今想用功又不可能了。"(1972年6月30日,《一曲微茫》,第401页)张宗和回信中一针见血地指出:"提到以前社会捧你场的事,你做了检讨,当时我和你在一起,觉得有点肉麻,而且不少捧你的人是别有用心的。"(1972年7月27日,《一曲微茫》,第405页)想来在张宗和提到"不少捧你的人是别有用心的",脑中最可能闪现的便是郑颖孙。

后楼去住,我答应他等杨荫浏来了我再搬。我又告诉他,四姐虽和我不错,但她身上不舒服起来也免不了要讨厌我的。我看老油子和惠都待四姐不错,四姐有时对他们发脾气,我们都觉得不过意,此类情形时发时止,你也不用多事,再写信来劝。①

"惠",即郑颖孙之女郑慧,善音乐,此时亦住杨家大院后楼,1940年冬随父赴重庆,一度与张充和住同屋。②

———————————

① 孙凤竹致张宗和信函,1940年5月20日,《秋灯忆语》,第217页。

② 郑慧善弹多种民族乐器,这点颇令郑颖孙自豪。文史学者王叔岷少年时尝学琴,晚年写回忆录《慕庐忆往》,追记郑颖孙曾于1933年任四川大学文书组主任,"郑先生听说我会弹古琴,特地来宿舍看我,并纠正我的手法。他说:'我家在北京收藏十多张古琴,有张是唐代的,琴面已起龟甲文。'又说:'我的女儿会弹琵琶,能弹白居易的《琵琶行》。'可惜她未偕来"。

　　1941年,郑慧随父到了重庆,与重庆的文艺圈人士颇多交往,给人留下深刻印象。电影演员张瑞芳在《岁月有情——张瑞芳回忆录》(北京:中央文献出版社,2005年)中曾提及她:郑曾祜、郑慧兄妹,"是古琴家郑颖孙的子女,擅长弹琵琶和古琴"。美术史家常任侠后来曾两度写诗追忆郑慧。1966年《晨梦郑慧》(《常任侠文集》卷五,合肥:安徽教育出版社,2002年)诗:"郑慧能弹四种琴,春纤婉转妙通神。西行不见长相忆,夜雨空山入梦魂。"备注云:"郑慧十余龄,能弹琵琶、古琴、都塔儿、东不拉,并皆精妙。一九四五年曾欲西行国际大学学习,函川中无消息……"次年常氏又作《南温泉·重庆郑慧》(《常任侠文集》卷五)诗:"小慧多才艺,囊琴欲远游。信随南雁远,相忆蓼花秋。曾习天方乐,愿浮海上舟。川中消息断,无计问云鸥。"小注云:"小慧郑氏,皖人,父善音乐,自幼从习。慧善古琴琵琶,十余龄,欲从吾去天竺习梵曲。吾先生时,既居榜葛剌(按:今孟加拉),遂函川中,乃不知所往,怅然怀念,偶于梦中遇之。"(严晓星《郑毅生·郑颖孙》,《文汇报·笔会》2008年1月30日)

　　不过当时在呈贡,孙凤竹眼中正当妙龄的郑慧,却把高贵丢到一边,似乎"春情发动了",因此总"在一般少年男人面前卖弄风情",因此惹得丢脸的郑颖孙常骂她。孙凤竹先是注意到郑慧与自家五弟张寰和"恋爱"了:"郑慧(即郑慧)同小五弟简直是在恋爱了,五弟常借故下乡来,这次三姐说了他,叫他不要常来,费钱,但实际上是惠追他的成分多,惠简直迷他了,虽然有老油子的障碍,惠反抗精神颇强,平时就喜欢谈五弟,更喜欢我们同她开玩笑,我们有意不提五弟,让她发急。"(孙凤竹致张宗和信函,1940年4月18日,《秋灯忆语》,第206—207页)然而一周后,孙凤竹发现了真相:"郑慧现在大概是春情发动了,四姐说她有点歇斯底里,老油子也正为这些事常骂她。他从前总觉得他的女儿高贵得很,现在也发现她在一般少年男人面前卖弄风情,惹得很多人都来追她。不过我觉得慧还有她的可爱之处,不讨厌。"(孙凤竹致张宗和信函,1940年4月25日,《秋灯忆语》,第209页)半个多月后,她再次叮嘱:"五弟与惠的事,四姐叫你不要喝彩(写信给五弟时),怕五弟不定心念书,同时惠这个人有点莫名其妙,她对谁都有好感,所以引得好多人都来追她,老油子就是常为这些事骂她。"(孙凤竹致张宗和信函,1940年5月13日,《秋灯忆语》,第216页)

5月25日,孙凤竹再次报告了张充和的病情。从中可见,张充和的病情日趋严重,她忧虑着以为可能要死:

> 四姐一直没有好,好像是肠胃有毛病,近两日简直不大吃东西,只吃一点水果,而现在又没有水果,烂心的梨子都要三四毛一个,真是作孽。四姐精神大不如前,有时简直不说话,有时也希望有个人谈谈,有时发脾气,琢磨不准,人好像比我还瘦一点了,我有点担心,想再慢慢劝她进城去看看。刚才老油子来前楼商量说她的病不轻,胃饱闷,吃一点水都要打嗝,要劝她进城去看才好。我也这样想,下午她精神好一点的时候,去慢慢劝她,惠滇的内科医生不行,还是到甘美,病房比较舒服,看护也好,今天天阴,不好,明天或后天让她坐滑竿去,到昆明就进医院。其实她现在人弱得很,应该坐小汽车去才成,但老油子说小汽车没有地方去借。老油子他们有点害怕,因为四姐自己也常常嘀咕,常说到死上去,我们有意跟着她大说,好像是玩话似的,她自己真有点怕,神经脆弱得很。所以我要问你她从前害肺病在北平时,是不是这个样子?[1]

5月27日,孙凤竹报告了情况好转的消息:

> 前两天四姐真吓人,一口水都不吃,闭着眼睛也不讲话,我们已经预备请老油子进城打听医生接洽医院,等天一晴就送她进医院。谁知前夜里解了手,拉了两次,松多了,昨天就能吃一点牛奶,一点锅巴茶了,今天更好一点,但人还是软得很,因为她一个

---

[1] 孙凤竹致张宗和信函,1940年5月25日,《秋灯忆语》,第219页。

礼拜没有吃东西了,只吃点水果。你应该写封信来问问她,前天她的"遗嘱"还叫把那管宝贝笛子送给你,因为你同她逃难时曾带着这支笛子走了不少路,……①

据目前可见资料,这是张充和自1935年被肺病折磨,以致"主仆暗伤神,悲叹将辞世"以来,再一次面对死亡威胁。虽然之前,张充和放弃比较消极的、挨过一天是一天的"养病"观,选择与疾病斗争,拼尽全力唱昆曲、吹笛子,基本战胜了肺病,但这不意味着她从此意志坚定,不再消沉,不再波动。1940年的这一重击,说明她与疾病的斗争远未结束。战胜疾病,彻底康复,她还有很长的路要走,还有很多的苦要吃。

关于此次罹患重病的病因,张宗和回信中追溯:"她的病我知道,最大的问题就是不大便,若能天天按时大便就不大会生病。我就是这样的,每天早上非大便一次不可。在南京我和她住在一起时曾训练过她,逼她天天坐马桶。后来逃难到合肥又不成了,大便不好是最大的根由,那时自己也听着,也告诉她。"②

6月上旬,渐渐好起来的张充和由人陪着到昆明城一家医院看病,诊断为肠胃病。③这也与张宗和的口述一致。大体说来,因她脾胃本就虚弱,从而引发慢性肠胃疾病,一个明显症状是大便不正常,时而导致严重的便秘。④日积月累,终于在1940年5月发作,严重至极。

数月后,音教会研究组整体迁徙,回归音教会总部所在地重庆,张

---

① 孙凤竹致张宗和信函,1940年5月27日,《秋灯忆语》,第220—221页。
② 张宗和致孙凤竹信函,1940年6月2日,《秋灯忆语》,第141页。
③ 孙凤竹致张宗和信函,1940年6月11日,《秋灯忆语》,第225页。
④ 张充和致张宗和信函,1963年7月13日,《一曲微茫》,第325页。

充和随之离开昆明。她飞渝的日期,据张宗和记载,为 11 月 19 日。[①]

*

张充和走后,她的云龙庵居所即住进一人——卞之琳。1940 年 8 月,他到了昆明,任西南联大外文系讲师,时隔两年终于有机会与张充和重新相见。然而不过三四个月,张充和再一次远离了他。

这一次,与以往数次别离相比,具有不同的意义。卞之琳在晚年回忆中,将之认为"我私人感情生活上……受了关键性的挫折"。差不多同时,他听说了皖南事变,思想上也感受到一大打击。于是从 1941年暑假开始,卞之琳一心埋头著述,"妄想写一部'大作',用形象表现,在文化上、精神上,竖贯古今、横贯东西,沟通了解,挽救'世道人心',妄以为我只有这样才会对人民和国家有点用处"。耗时三年,完成一部数十万字的《山山水水》初稿。[②]

沈从文对此也有记述,不过说到创作初衷,沈从文认为卞之琳是通过写作疗治情伤:

> 这土院子中,却又迁来一个寄居者,一个从爱情得失中产生伟大感和伟大自觉的诗人,住在那个善于唱歌吹笛的聪敏女孩子原来所住的小房中,想从窗口间一霎微光,或书本中一点偶然留下的花朵微香,以及一个消失在时间后业已多日的微笑影子,返回过去,稳定目前,创造未来。或在绝对孤寂中,用少量精美文字,来排比个人梦的形式与联想的微妙发展。
>
> ……
>
> 诗人所住的小房间,既是那个善于吹笛唱歌女孩子住过的,

---

① 《张宗和日记(第二卷)》,第 345 页。
② 卞之琳:《〈雕虫纪历〉自序》。

到一切象征意味的爱情,依然填不满生命的空虚,也耗不尽受抑制的充沛热情时,因之抱一宏愿,用个五十万言小说,来表现自己,扩大自己。两年来,这个作品居然完成了。有人问及作品如何发表时,诗人便带着不自然的微笑,十分慎重的说:"这不忙发表,需要她先看过,许可发表时再想办法。"决不想到作品的发表与否,对于那个女孩子是不能成为如何重要问题的。就因为他还完全不明白他所爱慕的女孩子,几年来正如何生存在另外一个风雨飘摇事实巨浪中。①

沈从文还借一双小儿沈龙朱、沈虎雏之口,隐约告诉卞之琳,他对张充和的希冀无异于白日做梦。

虎虎:"我也做了个梦,梦见四姨坐只大船从溪里回来,划船的是个顶熟的人。船比河大。诗人舅舅在堤上,拍拍手,口说好好,就走开了。我正在提水,水桶上那个米老鼠也看见了,当真的。"

龙龙:"唉咦! 小弟,你又乱来。你就只会捣乱,青天白日也睁了双大眼睛做梦!"②

① 《绿魇》,《沈从文全集》第 12 卷,第 147—149 页。
② 《黑魇》,《沈从文全集》第 12 卷,第 176—177 页。

卷四

风云际会（下）：1941—1948

流寓陪都

| "那时候我们到重庆会朋友,都是到教育部的防空洞里约会" |

　　1940 年 11 月 19 日,初降重庆的张充和,见识到传说中让人爱恨交织的雾季。

　　"从飞机上俯瞰重庆,但见迷茫一片。每年十月至第二年四月末,全市都覆罩着浓雾。风平浪静时,长江及其支流嘉陵江这两大川的水蒸气,与含硫量很高的煤块烧出来的煤烟混在一起,便成了烟雾。无数的烟囱冒出滚滚浓烟,使得重庆到处都弥漫着硫磺的气味。因此,重庆自不待说,河岸的各个村庄的空气对健康都很有损害,肺结核病蔓延很广。"①抗战时期德国驻渝人士王安娜的上述描述,或许即张充和飞抵重庆上空第一眼所看到的。浓雾与煤烟弥漫的这座山城,对曾被肺结核击倒的张充和来说,挑战意味强烈。

　　更讨厌的,是浓雾、冷雨交加:"新到的人也许发现天气比人更为恶劣。重庆只有两个季节,而两季都坏。从初秋起至暮春止,雾和雨滴滴答答,笼罩全城,潮湿和寒冷统治着每一个家庭。大街上的泥有好几寸厚,人们把滑溜溜的泥从寝室带到办公所里,又带回去。只有访问极少数生着煤炉的现代化人家,才能逃掉潮湿的寒冷。一般拥挤不堪的逃难人家,缩在偷工减料的茅屋里,只能在很费钱的炭钵上暖

---

① 王安娜:《中国——我的第二故乡》,北京:生活·读书·新知三联书店,1980 年。

暖自己的手指，要不然就早点上床。"①重庆的冷雨看来给张充和留下
了刻骨记忆，她一再想起。十多年后，她写当时"川东苦雨"："蛙声床
下自呱呱，扑面牛毛若有无。住久下江人亦惯，蒙头油布睡呼呼。"②在
重庆，她与儿时伙伴张天骧重逢，并共同度过了五年时光。后来她追
忆此事，想到的是雨里来雨里去的情景："五年同听嘉陵雨，记飘零朝
朝来去……"③

随着飞机降落，张充和应该还看到了另一种景象——大轰炸后的
惨状，大概就是此前同住呈贡、稍早离开的冰心飞临重庆上空时所见
到的："倚窗下望，我看见林立的颓垣破壁，上上下下的夹立在马路的
两旁，我几乎以为是重游了罗马的废墟。这是敌人残暴与国人英勇的
最好的纪录。"④

因此，重庆的雾季，又是人们期盼和欢迎的，它相当于一个巨大的
"雾罩"，一种"难得的天然消极防空设备"，使日机迷失轰炸目标，给了
人们暂时的安全："一般人的心里正兴高采烈，欢迎那厚重的雾罩，唯
恐其不久不密。"⑤

到了四五月间，烟雾逐渐消散，天空失去天然遮挡，日机再次得以
肆意妄为，重庆居民噩梦般的煎熬日子到来了。自1939年初尤其是
"五三""五四"大轰炸造成巨大伤亡、破坏与恐慌后，党政机关和学术
文化单位已纷纷疏散至当时的重庆城区(以今渝中区为主)周边一百

① 白修德、贾安娜：《中国的惊雷》，端纳译，北京：新华出版社，1988年，第8—9页。
② 《答杨联陞》，《张充和诗文集》，第61页。
③ 《金缕曲·忆天骧》，《张充和诗文集》，第83页。
④ 冰心：《摆龙门阵——从昆明到重庆》，陈雪春编：《山城晓雾》，天津：百花文艺出版社，2003
年，第104页。
⑤ 思红：《重庆生活片段》，《山城晓雾》，第114页。当然，"雾罩"并不能保证万无一失。1941年
1月14日，9架敌机飞临重庆上空，机枪扫射；3月18日，18架敌机来袭，投爆炸弹22枚、燃烧
弹2枚，机枪扫射；等等。不过比起夏季所受轰炸的密集度、破坏性与疯狂程度来，仅能算骚
扰性空袭。(潘洵等：《抗日战争时期重庆大轰炸研究》，北京：商务印书馆，2013年，第154页）

公里范围内。如张充和所在的音教会及其上级部门教育部,便从川东师范学校迁至青木关。青木关位于重庆城区之西四十公里左右的宝峰山口,被誉为"重庆第一关口"。一大批机关、学校先后疏散到此,一些党政要人、社会名流,也于此落脚。青木关遂成为抗战时期的一处文化名镇。

在之后的三四年时间里,张充和以青木关为据点,以公共汽车或运货卡车为交通工具,常往返于城区与青木关,当时俗称"进城""下乡"。在青木关,住教育部宿舍"益庐";进城后,起先借寓位于今渝中区中山一路章乃器及其夫人胡子婴居所"荫庐",后来住位于上清寺的曲友张善芗家。

*

1941年是日军对重庆实施疯狂轰炸的第三年。从5月到8月,123天中,日机对重庆轰炸55次,约略等于两天一次。[1]受困于"跑警报""躲轰炸""藏防空洞"的张充和,于此大轰炸时期的生活面目与精神风貌,在友人梅贻琦、罗常培的日记与游记中留下若干片段,她也零散有些回忆,可以见其一斑。

记录开始于日机一波高频轰炸后长达九天的消歇时段。

5月23日,梅贻琦日记载:"天气甚热,上午已达九十余度(按:华氏度),下午二三点室中为九十度,室外可知矣。清早田淑媛、刘节、张充和女士来访,因余尚未醒,均未得见。……九点余至荫庐五号访张女士久谈,又至中央饭店看郑、罗到否,亦无消息。中午张女士约在中苏文化协会内餐室食西餐,菜不佳,地方尚清静风凉。"

郑、罗即郑天挺、罗常培。梅、郑、罗三人相约由昆明到重庆会合,转道至泸州、叙永、李庄、成都等地考察。梅贻琦5月16日先行飞至重

---

① 《抗日战争时期重庆大轰炸研究》,第174页。

庆,住市民医院;因飞机航班耽搁,郑、罗二人28日方到。

5月24日,梅贻琦日记载:"晚饭后至张充和处稍坐,伊于上午拔牙两枚,嘱令早休息。"

5月28日,郑天挺、罗常培到达重庆,住中央饭店。次日,梅贻琦日记载:"天气较前昨两日加热,但不若廿三之甚。早餐后八点余往中央饭店访郑、罗二君,随出至荫庐访张充和女士(住章乃器家)未遇,陪同至市民医院闲坐。因恐有警报未更他往,十二点同返中央饭店午饭。……六时余再至中央饭店,适舒舍予在座。稍待,张女士亦来,为舒君约至附近之乐露春小吃,黄酒尚好,菜亦尚可口。饭后在中央露天花园饮茶,颇清凉。十时半散归。""乐露春",一家徽菜连锁店,兼做上海菜,在重庆、昆明、贵阳皆有,还曾在汉口开过,后来一直开到台湾。

5月31日,梅贻琦日记载:"(晚)将七点张充和来,系为约余等出外晚饭者。听其讲述八·一三以后由苏州逃难至乡下,又至合肥老家,然后由汉口入川情形。八点三刻曾(按:昭抡)太太来邀去看戏,因郑、罗未归,张女士尚在等候,未好离去,只得谢之……九点郑、罗归,果因公共汽车途中抛锚故另换洋车,故迟了一小时许。适舒舍予及何(按:秋江)君亦来,共在室中便饭,似较饭馆清静多矣。饭后谈至十二点始散归,街上热气人气消减大半矣。"

平静了九天,日机再次来袭,6月1日、2日各有27架空袭市区。

6月1日,梅贻琦日记载:"早八点始起早餐,九点余挂一球矣。约十点半警报,十一点紧急,大家入洞未五分钟即闻炸声十数起,似非甚近,洞中灯火略有跳动,十二点十分解除。出洞后则见附近被炸受伤者抬入医院救治,二三小时共来百余起,伤重不治而死者闻有七八人。"

6月2日,梅贻琦日记载:"早七点起,天气似较昨日更热……郑、罗、张同来。九点半发警报,十点紧急,十点十五分起始闻炸声,由远而近,六七声后有大声四五下,紧接至头上最后一下,空气似由顶上打下,感觉颇奇怪,洞内油灯皆为震灭,妇孺有惊叫声,张女士坐予旁,当亦吃惊不小,郑、罗与余互道'躬与其盛'。十一点二十分解除出洞,则见医院大楼正中落一弹,楼梯处及偏左一部炸毁,楼后小房烧完。大门前、山洞上面均落有弹,无怪乎洞中空气震动如此之烈矣。与郑、罗、张至荫庐及中央饭店,幸均无恙。食肉丝汤面、鳝丝汤面当午饭,饭后在郑榻小憩。"

对于这两天的轰炸,罗常培在《蜀道难》中追记:"六月一日是在玉川别业的防空洞躲避的;六月二日躲在市民医院的洞里就亲自碰见直接命中,封闭两个洞口的危机。那一次所躲的洞,假如没有四丈厚的石头,假如不是有五个洞口,结果就不堪设想了。"

这是相当惊险的一刻,无怪乎事后追想起来,感到后怕。不过事发当下他们倒挺镇定自若、处之泰然。据梅贻琦所记文字推测,当炸弹接连打在地面,震动洞内空气,油灯皆为震灭,妇孺惊叫之时,张充和不是惊叫的妇孺之一,否则坐在身边的梅贻琦不会听不到,同时梅、郑、罗三人也没有惊叫,而是互道"躬与其盛",显得相当兴奋。

连续两日,白天一起藏防空洞、躲避轰炸,晚上似浑然忘记,吃饭、慢酌、闲谈至午夜或月落时分。先是推杯换盏,"筵前有酒共君醉",继而"望月闲谈","看斜月落去始散",好不写意。其中,好酒之人梅贻琦更是喝到酣然醉态,夜归途中,护送了张充和,步抵自己的寓所犹晕晕不觉,等到意识过来,已走过大段冤枉路。

6月1日,梅贻琦日记续载:"晚六点至中央饭店与郑、罗、舒、何及张女士在一心饭店便酌,为张女士作东道,菜不甚佳,但渝酒颇好,慢饮闲谈颇以为快。饭后又在旅馆廊前乘凉,看斜月落去始散。医院内因附近数处被炸,晚无电灯,入室后稍安排即睡矣。"

6月2日,梅贻琦日记续载:"(晚)六点以后至中央饭店,六人会合,仍在一心便酌,后加入巴金(姓李),已于楼下食过。回中央后在廊前与罗、张望月闲谈,不知不觉间已是十二点矣,街上无电灯,送张女士返荫庐,待其叫门进屋始返医院,途中竟走过通远门,至七星岗口始觉之,岂尚有酒意耶。"

其后,张充和及梅贻琦等三人相继离开重庆城区,避开了震惊中外的"六五"大隧道惨案。

6月3日,梅贻琦日记载:"至中央饭店,张充和未来,知必已返青木关矣。"[1]而梅贻琦、郑天挺、罗常培也于两日后乘船离开重庆。罗常培在《蜀道难》中回想道:"下午四点半船到江津,稍停即开,八点半刚到白沙还没靠岸,在朦胧的月色下,忽然传来紧急警报的消息。事后推算,这正是重庆大隧道窒息案发生时候。昨晚上船以前,舒舍予、孙伏园约我们看川戏,假如船期晚一天,同时还有这个约会,说不定我们已经做了窒息鬼了。"[2]

6月5日晚6时许至11时许,日机分三批对重庆城区进行长达五小时的夜袭,酿成了较场口大隧道窒息惨案,是二战时期间接死于空袭人数最多的惨案,张季鸾将之与长沙大火并举为抗战期间中国两大丢脸事,另有学者将这两项与花园口决堤并称为抗战期间三大惨案。[3]同样是重庆之夜,相隔不过三天,一则风雅写意,一则惨绝人寰。

两个多月后,8月7日下午,梅贻琦、郑天挺、罗常培三人乘邮车返回重庆。过青木关时须停靠换车,梅贻琦坐驾驶室还好,郑天挺、罗常培二人从早上起,坐在后面邮包上近十小时,经受连续不断的颠簸,有时一颠两三尺高,早已骨头酸疼,疲惫不堪。故决定在此暂住一晚,休

---

① 黄延复、王小宁整理:《梅贻琦日记(1941—1946)》,北京:清华大学出版社,2001年,第37—43页。

② 罗常培:《蜀道难》,《郑天挺西南联大日记》(上册),北京:中华书局,2018年,第420、493页。

③《抗日战争时期重庆大轰炸研究》,第157、176页。

息一下,次日再进城。

梅贻琦在当天日记载:晚饭后,"与罗往益庐访张充和女士,郑慧亦住同房,又晤钱某女士。后同至民众馆空场上饮茶望月,十点半归。张女士屡称吾所写字甚好,自觉惊异,不知何以答之"。同去拜访的罗常培后来在《蜀道难》中回忆:"晚间到益庐访充和同到民教馆茶叙赏月,俨然又回味到当年呈贡旅居时的清兴。"

三人到达青木关的这一日,正是重庆及周边地区遭受上一轮连日轰炸后,少有的长达八天消停的最后一日。自第二天起,日机开始了七天七夜不分昼夜的疲劳轰炸,梅贻琦等三人被迫滞留青木关。疲劳轰炸,是日军1941年新创的战术。鉴于前三年一次性大规模轰炸没有达到"以战迫降"的目的,日军遂采用小机群分多次进行长时间空袭,使重庆的警报难以解除。市民被困在防空洞中,无法维持正常的工作和生活,疲劳不堪,陪都陷入瘫痪。8月8日至14日的这一轮疲劳轰炸,是日军疲劳轰炸实施以来最久的一次。下面将梅贻琦日记中有关张充和及警报的内容摘录,然后做出解读:

8月8日:"(下午)1:30—3:30警报,上山入教部防空洞,未久留。出洞在音乐教育委员会饮茶,闻远方有炸声。……(晚)9:30出,再至民众馆饮茶,张女士与郑父女已在……"(按:"郑父女"即郑颖孙及其女郑慧)

8月10日:"7:00起后赶食早餐方罢,即有紧急警报。至洞口坐些时,郑、罗偕郑及张女士来,十点余解除,郑等别去。……""(下午)2—4点又警报一次。至益庐会同四人往话雨村吴研因夫妇之约,戴应观、赵君(中大附中校长)在座。晚饭时又有警报,未久即解除。8:30第四次警报。9点月上,皎洁可爱。听张女士与罗唱昆曲。10:45返顾(按:毓琇)家,张、郑及慧送余到门口,时顾家人均入洞未返,独坐院中望月。11:30摸黑睡下,警报犹未解除也。"

8月11日:"天明被唤醒,谓有警报,未起又睡去,七点起。""(下午)2:30—4:45第二次警报。""5:30至小可食馆,主人为王翰仙、郑颖孙、戴应观、邹树椿,客为余等三人,杨仲子、任东伯、张女士。席间饮大曲,酒杯颇大,五杯之后若不自胜矣,临行竟呕吐,主人以滑竿送归,王君伴行,益感不安也。"

8月12日:"7:00起床尚无不适。张女士与颖孙来望。早点后有紧急警报,旋闻机声,乃至洞中暂避,较为风凉。旋回室中闲话。10:00解除后,张、郑别去,小睡约一时。郑、罗来,因又有警报,留午饭。……(晚)8:00至益庐饮茶清谈,颇为快意。9:30郑、罗持烛送余归顾家,洗澡后睡。"

8月13日:"此日警报仍为三次:1. 2:30a.m.被人唤醒后旋复入睡;2. 5:30—8:00;3. 8:30—3:00。""3:00解除后即至益庐,张女士犹未归,在门外候……张女士归后为做梅汤、稀饭飨客。5:30与张、郑步行往至关口音乐院,应陈嘉夫妇(黄友葵女士)饭约,其自做葡萄酒颇好。"

8月15日:"(晚)8:30饭罢再赶益庐张、钱二女士之约。入门充和出迎,若以吾来为意外之喜。吾曰'一定是来的'。饮青梅酒又五六杯。座中有王女士,张欲为郑作媒者。饭后饮清茶,试燃香数种。十点余归。"

8月17日:"9:10又有警报,试为一樵写字未成。张、郑来,留午饭,食水饺,饭后郑去,张留闲话。一点解除,收拾行李至公路邮站候车。2:30搭教部[车]往重庆……"①

滞留青木关十天后,梅贻琦、郑天挺、罗常培终于返回重庆城里,数日后相继飞回昆明,结束了这趟"蜀道难"之行。

---

① 《梅贻琦日记(1941—1946)》,第81—86页。

　　结合重庆大轰炸资料及梅贻琦日记,可以看出,身在乡下的青木关,还是相对安全的。日军每天对重庆城区三四次的轰炸,投弹数百枚,造成巨大的破坏和不少人员伤亡,但青木关这里只闻警报声,有时也能"闻机声",未见日机落弹,最严重情况是"闻远方有炸声"。

　　面对频繁的警报,住在青木关的人们会选择性地"跑警报"。很多时候,听到警报而不当回事,该做什么还做什么。不过类似"天明被唤醒,谓有警报,未起又睡去,七点起"之类,可以理解为不把警报当回事,也可能因警报不分昼夜,过几小时就再响,搅得夜不安枕,日不得食,使人们疲惫不堪,日军的丑陋用心也算得到部分实现。有时候,教育部职员及相关人员,也会躲到教育部防空洞,在那里互相碰面。不过进了防空洞,也常是"未久留",或"旋回室中闲话"。

　　张充和回忆说:"当时的重庆市长——名字忘了,是梅校长的学生,来青木关教育部看校长来了,遇到了日本轰炸,当时就跟我和梅校长一起跑到防空洞去,结果防空洞的前半部分都给炸掉了,很危险。可是那时候我们到重庆会朋友,都是到教育部的防空洞里约会,想想也挺有意思。"①此"重庆市长"当为吴国桢,是梅贻琦在清华大学尚为清华学校时期的学生,1939年出任重庆市长,1942年12月卸职。如上所见,梅贻琦日记载他与张充和等人6月2日躲进市民医院防空洞,结果其五个洞口被炸毁两个,有惊无险,但未载他与张充和、吴国桢躲到青木关教育部的防空洞,且"防空洞的前半部分都给炸掉了"。或许是张充和记混。不过因梅贻琦多次赴重庆公干期间日记空缺,故不能确定张充和记忆是否有误。聊备一说。

　　连天警报声中,张充和与梅贻琦、罗常培等几乎每日见面。日子仍然过得十分写意:饮茶、望月、唱昆曲。后来梅贻琦在和张充和《呈

①《天涯晚笛》,第53页。

贡杂咏》里吟哦道:"筵前有酒共君醉,月下无人细煮茶。"追怀的,不仅是昔年呈贡云龙庵时期,当还包括重庆这段轰炸与警报中共度的时光。①罗常培在《蜀道难》里补记说:"张充和、韩裕文、马芳若、何寿昌几位同学,从始至终的殷勤照护我们,连下防空洞的点心都替我们预备到,真是怪难为他们的。"

*

罗常培在《蜀道难》中还写道,"在这疲于奔命的期间,我还抽着空儿好整以暇的作了两件事",即8月11日上午,为音乐师资训练班做了一场演讲;8月16日晚上,参加了一场音乐演奏会,其中有张充和的压轴演出:

> 音乐师资训练班邀请教育部音乐教育委员会全体举行演奏会,我也被约参加,那一晚的精彩节目有金律声的男高音独唱;张洪岛的提琴独奏;曹安和女士用琵琶独奏《十面埋伏》,以后又唱了一段昆曲《昭君》,她还和陈振铎、杨荫浏用琵琶、二胡、笙合奏了一段节改梵音古曲的《后满庭芳》;大轴子是张充和女士唱昆曲《刺虎》里的"俺切着齿点绛唇""银台上煌煌的风烛墩""怎道谎阳台雨云"三支。《十面》的指法纯熟,《刺虎》的珠圆玉润,是那一晚听众的公评,用不着我多恭维的。②

仿佛为罗常培的记述做总结似的,张充和晚年回忆道:"轰炸归轰炸。那时候,重庆的各种文化活动还是很多、很热闹的。"③

单就张充和热爱的昆曲而言,除曲人们自娱自乐之外,还派上了

---

① 《张充和诗文集》,第35页。
② 《蜀道难》,《郑天挺西南联大日记》(上册),第493—495页。
③ 《天涯晚笛》,第45页。

多种用场:劳军、赈灾、招待外宾、各部会联欢……

那时,《刺虎》唱得最多,因为是"抗战戏"。[①]《刺虎》为昆剧《铁冠图》之第三十一出,讲述亡明宫女费贞娥假扮亡国公主意图行刺李自成,不想李自成将其赐给手下大将"一只虎"李固为妻。费贞娥将计就计,于新婚之夜,将李固刺死然后自杀身亡。费贞娥为国捐躯、手刃仇寇的故事在悲壮的抗战氛围中唱来,特别催人泪下、荡人魂魄,激发国人的斗志:

> 俺切着齿点绛唇,韫着泪施脂粉;故意儿花簇簇巧梳云鬟,锦层层穿着青衫裙。怀儿里,冷飕飕匕首寒光喷;心坎里,急煎煎忠诚烈火焚。俺佯姣假媚装痴蠢,巧语花言诌佞人。看俺这纤纤玉手待剜仇人目,细细银牙要咬贼子心!俺今日呵,要与那漆肤豫让争名誉,断臂要离逞智能。拼得个身为齑粉,拼得个骨化飞尘,誓把那九重帝主沉冤泄,誓把那四海苍生怨气伸!也显得大明朝还有个女佳人!

一次演出《刺虎》时的有趣插曲,让张充和印象深刻、屡屡讲起:"在重庆,那一年演《刺虎》,我是属教育部的,要唱戏,龙套就得从自己所在的部门里找。开会商量,那四个龙套就在酒席上定了,就找王泊生——他原是山东省立剧院院长,当时在教育部任职;还有陈礼江(按:字逸民),社会教育司司长;郑颖孙,音乐教育委员会主任;还有卢冀野,就是卢前,他既会写诗写曲,又会弹古琴。这些人都算教育部里的官员,人面都很熟的。那天是劳军演出,要大家捐款,各部会的长官都要来看。开场锣鼓音乐一响,他们四个龙套一出来,大家全都认得,

---

① 《天涯晚笛》,第29页。

全场就拼命鼓掌。龙套一出场就拍手掌,这唱昆曲的可从来没见过;这四个人又当惯了官,像在台上演讲,别人一鼓掌他们就点头鞠躬,越点头掌声就越响,结果他们点头鞠躬个没完,场上场下的笑成一堆,幸亏不是在我上场前,不然这戏,可真就唱不下去啦,呵呵呵……"①

翻遍目前所见张充和口述或笔录回忆,这是唯一提及郑颖孙的,且提到郑颖孙是"音乐教育委员会主任",也不确。1941年,郑颖孙由音教会委员升任副主任委员,并改兼教育组主任,其所遗研究组主任一职改由委员郑志声兼任。张充和到重庆后,是继续留在研究组,还是随郑颖孙转至教育组,尚不可考。②从上引梅贻琦日记可见,张充和与郑颖孙常一起行动:跑防空洞、会见友人、饮茶、赴宴……

晚年张充和会提及郑颖孙,很可能是她避无可避,因为卢前在《曲人鸿爪》里留下"颖孙"这名字,她得有所解释。当年,就在卢前、郑颖孙等四人给张充和跑龙套演出《刺虎》之后,卢前于《曲人鸿爪》题写一绝:

> 鲍老参军发浩歌,绿腰长袖舞婆娑。
> 场头第一吾侪事,龙套生涯本色多。
> 卅年四月十三日,充和演《刺虎》于广播大厦,颖孙、逸民、泊生邀同上场,占此博粲。卢前时客渝州也。③

其时卢前兼任国民参政会参政员。诗中,他将自己比拟为到老不过一小小参军的南朝诗人鲍照。我辈文人参政,无非官场点缀,也就跑跑龙套的小角色,今古莫不如此。张充和觉得,正因有此自知之明,

① 《天涯晚笛》,第30页。
② 《陪都重庆三个音乐机构之研究》,第11页。
③ 《曲人鸿爪》,第80—81页。

所以这些人特别喜爱艺术——为了艺术鞠躬尽瘁。①

　　重庆时期,张充和的昆曲演出并非如前所述总是单打独斗或临时抓配角,这里也有自己的昆曲组织,人才济济、规模不小,大家一块度曲、唱戏、排练、演出:"重庆也有个曲社,就叫重庆曲社。一般总是由一两位德高望重的老前辈挑头,组织曲社的活动,我记得抗战年间重庆的曲社是由项馨吾挑的头,他是当时中央信托局的经理,老曲家。他年纪最大,与俞振飞同辈。我当时在教育部音乐教育委员会做事,也时常参加曲社的活动,大家一块度曲、唱戏、排练、演出什么的。上面若有劳军任务,或者要接待外国人,就要去找重庆曲社。当时重庆政界、文化界好多人都是社员,其中还有两位曲坛川字辈的新人,我在重庆的师范还教了一批学生,应该说是人才济济。我们每两个礼拜聚会一次,大家凑在一起唱戏。当然,唱戏、演出都要有花销。曲社的后台老板是范崇实,他是丝业公司的经理,有钱,有权力,也有本领,肯出钱出力。拿钱的事都找他,只要是为曲社,他二话不说就掏钱。他平时看起来倒是一个相当文雅的人,却很有武功,听说从前在上海,有人拿枪指着他的脑袋要挟,最后都被他降服了。有一次有人开小车来逮他,他一手就把两个人抓住了。他开始学唱小生,后来改唱老生,就唱得很像样子了。他人好,待我们昆曲的人很不错,总是在帮忙。"

　　"重庆的师范"即国立重庆师范学校。张充和回忆在该校教戏情况说:"曲社要唱戏,首先要有人教戏。我在重庆的师范有位女同事,也是我的好朋友,叫翟贞元,扬州人,她负责教小生戏;我教旦角戏。重庆的师范当时校长是马客谈,也爱昆曲,干脆就把我找去师范,开班教戏。我在青木关教育部,师范在北碚。我两个礼拜去一次北碚教戏,主要教唱,教学生旦戏。当时学戏的女生比男生多,女生能登台的有两

――――――
① 《合肥四姊妹》,第306页。

三个。我记得有一位叫笪瑞珍，当时才十几岁，唱得不错。记得抗战后我回到苏州，她还跟我通过信。"又说："我在师范教戏，归在音乐系。执掌音乐系、同时在曲社里兼做文武场的，都是杨荫浏。他会弹琵琶，还会吹笛子。他把我唱的戏，都从工尺谱翻译成五线谱。先让一个姓叶的学生来翻，杨荫浏自己再做校对；然后让音乐系的学生去唱，让我再走一遍。他做得很认真，足足翻译了十个旦角戏，印出来给音乐学院做教材用，我这里还有当时的稿本。他用中国乐器来配，翻得很准确，注上各种符号，还写明'张充和的唱法'，听说后来还印出了书。"[1]

当时有赈灾或劳军演出需要，有关单位总是找重庆曲社后台老板范崇实接洽。一次，范崇实承接了重庆市政府交办的演出任务——招待外宾。张充和听说后，不太想演，晚年她解释说，"我那时年青，对于慈善事业热心，但是招待外宾，觉得有些委屈了昆曲"，并怂恿曲友张善芗一块不演，对范崇实说有病了。范崇实二话不说，给她们找来中西两位医生，由她们挑了中医，中医号不出脉，将她们带到其老师那里，各开了几十味中药，煎了喝，又是车接车送，让人悉心照料。张充和滑头，将药趁人不备倒掉；张善芗老实，将药服了，且两人的药还弄错，服了张充和的。三天后，她俩乖乖参加了演出，演的《游园惊梦》，张充和饰杜丽娘，张善芗饰春香，项馨吾饰柳梦梅。开场节目，令人眼前一亮，是汉学家、时任荷兰流亡政府驻重庆使馆一等秘书高罗佩的古琴独奏。[2]高罗佩是1943年来到中国任职的，因此，张充和被迫参加的这台演出，当发生于1943年或之后。

*

1943年的日军，对于轰炸重庆，早已有心无力，无法组织起

---

[1]《天涯晚笛》，第44—46页。
[2]《张充和诗文集》，第363—365页。

1939—1941年那般的狂轰滥炸了。

　　1941年日机对重庆的疲劳轰炸,是日军的最后疯狂。随着太平洋战争爆发,日本将作战重心转向太平洋、东南亚,同时由于盟国对日德意开始反攻后,美国空军进驻中国,中国空军与高射炮力量也逐渐加强,日机对重庆的空袭迅速减弱。1941年9月24日后至抗战胜利,日机仅于1943年8月30日对重庆城区进行过一次轰炸,投掷爆炸弹124枚、燃烧弹25枚,造成21人死亡、18人受伤。但直到1944年12月,日机仍会对重庆城区做些空中袭扰和侦察,对重庆某些属县进行零星轰炸。因此,空袭警报仍会不时在重庆城区及周边地区拉响,"跑警报"仍是人们日常生活的一部分。[①]

　　1944年4—5月,张充和迁至重庆另一个卫星城镇——北碚,上年一成立她即入职的国立礼乐馆设置于此。她回忆说:"搬到北碚以后,日军轰炸反而不多了。我们礼乐馆的防空洞又是最好的,离办公室最近,底下很深。我那段时间写了最多的小楷,一般都利用第一次防空警报拉响,而第二次警报还没响起来之间的时间。那段时间不算太短,正事反正是做不了了,写小楷不费墨,拿起笔来就可以写,直写到第二次警报响起才搁笔,几步就可以跑到防空洞去。待第三次警报响起来,日军的空袭才真正到了。"[②]当然,由于那以后日机仅有一次轰炸,即第二、三次警报绝少拉响,因此,当第一次警报响起后,张充和有着充裕的时间,一笔笔研习,同时慢慢参详着可能不久前从恩师沈尹默那里得到的某点教诲……

① 《抗日战争时期重庆大轰炸研究》,第177—184页。
② 《天涯晚笛》,第53页。

名师高徒

|"焉能起吾师而告之曰:今吾知师意所在矣"|

　　张充和与沈尹默的师徒情谊肇始于她的一出戏。

　　1941年4月,她在国泰大戏院演出了当行曲目《游园惊梦》。座中观者之一、前辈文人章士钊大受感染,首作《观张充和女士游园惊梦剧》七律一首,尾联云"文姬流落干谁事,十八胡笳只自怜"。一时唱和者云集。①经此一波揄扬,才女张充和的佳名更被传颂。

　　章士钊其时任职于曾家岩陶园的监察院。院长于右任罗致诗词书画篆刻家于一堂,除章氏外,尚有沈尹默、曾克耑、汪东、乔大壮、潘伯鹰、谢稚柳等。张充和1939年春于昆明相逢的表兄李家炜亦在其

---

① 章士钊此诗,目前无缘得见全貌,不载于"迄今收录最全的章士钊诗词集"——陈书良、胡如虹编校的《章士钊诗词集·程潜诗集》,长沙:湖南人民出版社,2009年。其中,"干谁事"之"干",《合肥四姊妹》(第312页)作"于",殊难解释。诸人唱和之作,目前仅搜集到沈尹默和诗二首、曾克耑(履川)和诗一首、陈毓华(仲恂)和诗一首。沈尹默和诗,其一已见正文,其二云:"断送沉冥四十年,泪痕襟上自依然。酒从罢后人初倦,歌正圆时月易偏。场上衣冠已陈迹,坐中哀乐是前缘。高楼帘幙春归夜,犹觉明灯剧可怜。"(原注:生平闻弦歌声则易下泪,故有第二句。)(白谦慎:《沈尹默与张充和》,《中国书法》2001年第4期,第14—15页)曾克耑的诗题作《侍行严丈观张充和女士游园惊梦剧次行丈韵》:"巴歈沸耳自年年,乍听吴歌意惘然。神往终看鸾镜合,梦回微觉凤钗偏。九霄笙管成新赏,一瞥甗甊亦胜缘。寒夜飘灯独归去,沉吟芳恻问谁怜。"(《颂橘庐诗存》)陈毓华的诗题作《次韵涵负偕孤桐观张女士游园惊梦剧》:"兹宫宫阙属何年(坡词),对影闻声倍惘然。凤屧行来羞露冷,螺鬟睡觉倚云偏。已嗟一念撩天劫,终恨重来殉世缘。赚得谢公哀乐苦,拊须付与使君怜。"(《石船诗文存》)"涵负"即曾克耑,"孤桐"即章士钊。从陈毓华的诗题可推知,曾克耑陪同章士钊观看了张充和的演出。

中。因表兄之介,张充和得识沈尹默,不过究属初识,虽心仪已久,不敢冒昧求教。

沈尹默将章士钊的诗传给张充和阅看,本是好意,没想到引来张充和的不快,赶紧写了和诗安抚。她回忆说:"章士钊赠我的诗里,把我比作东汉末年的蔡文姬,诗里说:'文姬流落干谁事,十八胡笳只自怜。'章士钊的诗是我的老师沈尹默传给我的。我一看就生气了。我因为抗战从苏州流落到重庆,都是在自己的国家里,怎么能跟因为被匈奴打败,流落到西域嫁了胡人的蔡文姬相比!我对沈先生说,这是'拟于不伦',沈先生知道我是真生气了,就赶紧写了和诗打圆场。"①

沈尹默的和诗是托郑颖孙转交张充和的:

颖孙先生惠鉴:

前承枉顾并厚扰愧,谢谢。充和女士属件已写就,兹送览。外附纸一束,是教部诸君托写者,无法付与,敢烦费神,代为分别交去为感。专此即颂刻祺。尹默再拜。

次韵行严见示观剧之作

明灯今夕果何年?急管繁弦倍黯然。剧里人情终可惜,世间物论未应偏。花开陌上余归梦,河满樽前了胜缘。肯著深思写漂泊,练裙翻墨事堪怜。

充和女士如未下乡,可送与一看也。②

手札中,沈尹默提及"充和女士属件已写就",说明在结识沈尹默之后,张充和虽未敢冒昧求教,但已向沈尹默求过墨宝,当然是作为众

---

① 《天涯晚笛》,第94页。
② 西泠印社拍卖有限公司2010年春季拍卖会:《近现代名人手迹专场》,拍品1038号资料。

多崇拜者之一。沈尹默也只是客气地称其"充和女士"。

　　其书法拥有众多崇拜者的时任监察委员沈尹默（1883—1971），原籍浙江吴兴，生于陕西汉阴。原名君默，号秋明。早年留学日本，归国后长期任教于北京大学、北京女子师范大学。是《新青年》编委之一。1929年任河北教育厅厅长。1932年任北平大学校长，旋辞职。此后卜居上海，任中法文化交换出版委员会主任，兼孔德图书馆馆长。1939年，西来重庆，受于右任之邀，任监察委员。沈尹默是20世纪书坛一代大家，与于右任有"南沈北于"之称。其书法，秀雅静美、遒劲雍容，充满书卷气息。在一味崇尚碑学的时风中，沈尹默独标文雅，高举晋唐宋元帖学的大旗，承传了传统帖学特别是二王法帖的血脉，使书法保持了"雅化"与"和之美"，矫正了书坛因一味雄强而带来的单调化、粗率化的时弊。姜寿田指出，沈尹默在20世纪30年代书坛的崛起，打破了碑学的话语霸权，推动帖学走向复兴，并由此奠定了现代书坛碑帖并峙的基本格局。沈尹默也由此成为现代帖学的开派人物。[①]沈尹默于诗词亦有很高造诣。他是五四时期白话新诗的拓荒者之一，所作《月夜》被认为是中国新诗史上"第一首散文诗"，音韵流丽的《三弦》，尤为世人激赏，胡适认为"从见解意境上和音节上看来，都可算是新诗中一首最完全的诗"[②]。他的古体诗词亦根基深厚，汪东誉以飘逸，朱疆村赞以清隽欲绝，谓其"意必造极，语必词微，而以平淡之笔达之"。周退密以"晋帖唐碑大手笔，新诗旧学老先生"一语概括沈尹默的诗书成就，可谓简练而深刻，切中肯綮。[③]

① 姜寿田：《现代书法家批评》，郑州：河南美术出版社，2003年，第13—17页。
② 胡适：《谈新诗——八年来的一件大事》，原载《星期评论》"双十节纪念专号"1919年10月10日，收入《胡适全集》第1卷，第169页。胡适与沈尹默，一个是张充和的伯乐，一个是她的恩师，两人从最初的新文化运动的同志，演变为势如水火，有着长达四十年的内斗与攻讦历史，造成一桩争讼纷纭、火药味浓烈的公案。
③ 金恩辉：《周金冠和他所编订的〈沈尹默先生佚诗集〉》，《书屋》2008年09期。

　　依上可见,沈尹默曾长期活动于北平教育界、文化界,与郑颖孙的行迹存在不少交叉,两人或早已相识。此后,沈尹默每有诗作或书作,也常托郑颖孙转交张充和或教育部其他同人。

　　在转给张充和的诗中,沈尹默言"世间物论未应偏",当为回应章士钊,表示议论不应偏颇;又言"肯著深思写漂泊,练裙翻墨事堪怜",用"练裙翻墨"——《南史·羊欣传》载,王献之在羊欣新绢裙上写字数幅,羊欣工书,以之勤加临摹,书法益工——的书法史典故,说蔡文姬以深思写出《胡笳十八拍》,千古传诵,本是一桩美谈,惹人怜爱,不合适以冷语相待。总之,尽可能为章士钊转圜。其后,沈尹默又和诗一首,仍转交张充和。

　　4月13日,张充和与郑颖孙、卢前、王泊生、陈礼江在广播大厦搭档演出昆曲《刺虎》。沈尹默观看了演出。翌日,沈尹默致郑颖孙手札,点评了《刺虎》,并改动了两首和诗,再转张充和:

　　　　昨夜观剧甚佳,谢谢。二诗别纸抄奉,转与充和女士一览。有可议处否?前稿则望见还也。颖孙吾兄左右。尹默再拜。十四日。

　　书札后半部分抄录了改易后的两诗,因改动不多,此处不赘。[1]

　　收到沈尹默和诗,张充和"才敢把几首不成熟的芜杂诗词",即1935年在北京香山与1938年在青城山等地所作八首小令抄呈沈尹默指正,末尾恭书"尹师赐正,充和"。[2]表明了以弟子或学生身份求教之意,由此开始了这对师徒的诗书因缘。

---

[1] 《沈尹默与张充和》,第14—15页。
[2] 《沈尹默与张充和》,第17页;《从洗砚说起——纪念沈尹默师》,《张充和诗文集》,第351页。

*

4月20日,沈尹默回函张充和:

> 充和足下,昨奉手书并新词数阕,慰极。词旨清新,无纤毫俗
> 尘,可喜也。略有数处微误,悉为改正。足下试看差胜否?仍望
> 更录一纸见贻也。平日杂书词稿已成一束,兹并托人带奉,不足
> 示人。《元公姬氏志》已开始临写未?余俟晤罄。即问刻安。尹默
> 再拜。廿日。①

"词旨清新,无纤毫俗尘",沈尹默对张充和的词作可谓赞誉有加。
然后又说改正"数处微误",据批改后的词稿看,实际改了14处。其
中,抄呈的词稿中,竟然落了一句,即《渔家傲》一词的倒数第三句,应
该是张充和抄写匆忙,又未加检查,沈尹默给予补足。另有四处平仄
不谐。张充和《鹧鸪天》原文为"借问青峦我是谁",沈尹默批注"此处
应平平接",改作"青峦借问我为谁"。《鹊桥仙》一词,平仄问题较大,沈
尹默批注"首句及逶迤处、句尾都应用仄声字",并一一做了修正。其
他都是对个别字眼妥帖与否的斟酌,反映了个人的偏好,难言对错。
如"故将流水做春潮,飞花点遍夕阳桥",沈尹默改"故将"为"漫凭",张
充和后来抄写时就依尹师的改动。"归梦正凄迷,孤村响夜鸡",沈尹默
改"响"作"闻",张充和后来仍抄作"响"。②

沈尹默于手札中又言:"平日杂书词稿已成一束,兹并托人带奉,

---

① 《沈尹默与张充和》,第16页;《从洗砚说起——纪念沈尹默师》,《张充和诗文集》,第351
页。白谦慎一文备注说,根据张充和回忆,此函写于1944年4月20日。绝不能这么晚。
章士钊等人唱和张充和所演《游园惊梦》事,有多种证据证明为1941年。张充和是在沈尹
默抄寄给她观游园惊梦和诗后,将香山、青城山等处所作8首词抄呈求正于沈尹默的。因
此,此函最有可能写于1941年4月20日。
② 《沈尹默与张充和》,第17页;《张充和诗文集》,第14、20—21、28页。

不足示人。"两人形成非正式的师徒关系后,沈尹默如有新的诗词,间或抄寄张充和。抄寄的稿子上,其称谓,从起初的"充和女士""充和足下"等客套用词,逐渐演变为表示亲近的"充和"。五年积累下来,张充和收藏有沈尹默近百首诗词。①

与沈尹默的诗词缘分,张充和记忆很深的还有一件事,饱含感情,是沈尹默对张充和《江城子》的赐和,以及对《江安晚步》的激赏。

此两诗,都作于1941年秋张充和"江安卧病"期间。当时二姐张允和携儿女住在那里,"我也去住了几天。江安是个安静而美丽的地方。我最喜欢到江边去散步,也听不到警报声"②。

江安的静美再次激发她的诗思。

浣溪沙

修竹当窗翠欲流,风光唤我强抬头,罗衣薄薄不胜秋。

不为蓬飘仍善病,未因憔悴更多愁,何时归上月明楼。

上阕云,虽然病着,但江安风光之美,呼唤着我打起精神,欣赏着这美的一切。对江安之安静与美丽的动人描绘见于她的《江城子》:"一滩夕照数帆秋,近渔舟,傍矶头。几点疏黄,隔岸望中收。蓦地何人横晚笛,却不见,牧耕牛。"清新明快,宛然一幅秋江夕照图置于目前,然而画图却绘不出晚笛的悠扬旋律。沈尹默非常赞赏此词,和词

---

① 《从洗砚说起——纪念沈尹默师》,《张充和诗文集》,第351页。1941年4月21日,沈尹默给张充和抄寄的诗稿里尚称:"杂诗四首书奉充和女士清鉴。"11月22日,便改称:"近作词为充和书。"其后的"甲申五月",他写了一行书册页,题识云:"充和旧岁持此绢来索书,阁置经年,今夏过余石田小筑,乘兴为录近作数首归之。"次年书扇笺云:"虞美人词二首答马湛翁。充和来,以旧笺见示,因为录此次一过,乙酉夏始雨中。石田小筑,尹默。"(白谦慎编:《沈尹默书风》,重庆:重庆出版社,2003年,第5、8、17、28页)

② 《张充和诗文集》,第386页。

一首,起首云:"清尊秀句漫相酬,蓼花洲,夕阳楼。不是梧桐池馆也惊秋。"

张充和《浣溪沙》下阕,正话反说,多愁善病除自身体弱外,长年漂泊在外不能不说是一个促因,故末句又点出对故乡的冀望。思乡之愁是张充和卧病江安时的一大心绪,在《江城子》下阕亦可见出,在《江安晚步》(亦题作《秋晴》或《秋思》)中表现得更为浓烈:

> 万山新雨过,凉意撼高松。
> 旅雁难忘北,江流尽向东。
> 客情秋水淡,归梦蓼花红。
> 天末浮云散,沉吟立晚风。①

情感之真挚浓烈浮荡全诗暂且不论,从诗艺讲,"归梦蓼花红"可谓诗眼。归梦怎如蓼花红？诗句打破了人们的日常理解,须拐一两道弯,才能意识到"归梦如火红的蓼花般浓烈,恰与淡如秋水的客情相对"这层意思,因此,也易引发异议,认为不妥。但沈尹默尤其激赏此句,并不惜与提出异议者激烈争论。关于此,张充和有一段回忆:"约在1940或1941年间,画家金南萱女士由沦陷区来重庆,是保权师母的朋友,川省一位相当儒雅的杨姓乡绅请尹师、乔大壮、金南萱同我到他家小游。他家住在重庆对山(或许是汪山),要过江乘滑竿走一段才到杨家。杨家园林景色宜人,又当惠风和畅之时,主人盛筵招待,白日游园玩山,晚间备了笔墨纸砚,请客留题,尹师提议由南萱先画,然后他写我的诗,乔老的图章,这样四人合作留念。经我一辞再辞,尹师说'要不然你写我的诗吧'。这更使我惶恐无地,于是即依原议,写了我的《秋

---

① 《张充和诗文集》,第24—27页。

晴》五律,中有'客情秋水淡,归梦蓼花红'二句,乔老认为下句不妥,而尹师认为不错,两老相持争论一番,尹师举'归思入灯红'例子,乔老才点头罢休。当时觉两老辩论比上课更有意思,因为可得到双重的意见同知识。"据《江安晚步》写作时间,此事当发生于1941年秋之后。

经此一"役",乔大壮对张充和多了一层欣赏,主动为她刻印一枚。她忆道:"回城后尹师转来乔老为我刻'充和'二字,在一方红透的寿山石上,尹师又在盒上题'华阳丹篆充和藏'。可惜1965年去威斯康辛大学上课,归途中失去箱子,包括此章在内。"①后来又言:"自一九六五年失去此章,常常思念。"聊以慰藉的是,失去此印二十四年后,晚辈白谦慎据复印件摹刻一枚,张充和十分欣赏,评为"形神都似,可以乱真",并郑重推荐前途彷徨中的白谦慎入读耶鲁大学艺术系,改变了他的人生轨迹,走上相对称心的路径。②一句诗,一枚印章,刻写了一代代文人间欣赏与提携的情谊。

对于这首饱含情谊的《江安晚步》,张充和晚年颇为自得。据苏炜讲述,张充和曾为他书写此诗,让他回家"查查这是唐宋诗里的何人之作"。苏炜不敢怠慢,调动一切检索手段,终无所获。后偶然发现是张充和的大作。他感慨道:"从充和老人故意考问我的调皮谐趣中,也可以看出她在古体诗词上的自信——此诗,确有'不输古人'的大家风范也!"③

*

在1941年4月20日的函中,沈尹默还问张充和:"《元公姬氏志》已开始临写未?"《元公姬氏志》全称《大隋故太仆卿夫人姬氏之志》,是隋代楷体碑刻代表作。沈尹默为何关心张充和有无开始临摹此碑?其背后的故事,四十五年后张充和临写此碑十通,于第十通跋文中有

---

① 《从洗砚说起——纪念沈尹默师》,《张充和诗文集》,第353页。
② 白谦慎:《充和送我进耶鲁》,《云庐感旧集》,广州:广东人民出版社,2018年。
③ 《天涯晚笛》,第179页。

详细揭示：

> 近阅尹师赐余遗札，中云：《元公姬氏志》已开始临写未？此四十余年前事，时借临尹师藏本，故匆匆一过即还。今临写十通，佳处固未得其万一，而尹师意之所在则恍然矣。当时，尹师评余小楷，云：像明朝人学晋朝人字。余不知其褒贬而喜惧兼之。后令余临此碑，不知其意何在。盖余幼临晋人小楷，而拓本又非佳者，且每喜笔断意连，以致薄弱。芋龛每谓余曰：笔画不连，非寿者相。今观此志，笔笔踏实而又生动，信尹师善诱，而又何其婉转也。今特志之，以纪念吾师。呜呼！焉能起吾师而告之曰：今吾知师意所在矣！若果如芋龛之言而不寿，则终不能临此志也。充和记，丙寅七月十八日。①

从跋中可见，沈尹默对张充和当时小楷书风的评语是："像明朝人学晋朝人字。"她不知其褒贬而喜惧兼之。为何反应如此？一则沈尹默的评语过于抽象，无法确指其意思，张充和也不敢冒昧问清楚；二则她的书法尤其小楷一向受师友欣赏，因此她难以确定沈尹默是褒是贬。

自幼时习字以来，张充和已有二十余年的临池功夫。这些年走过这么多地方，总将笔墨纸砚带在身边，有空就练习，也颇为自得。九一八事变后，她曾以大幅白布写了"国难当头"四个颜体大字，挂在乐益女校的高墙上。②早在苏州时期，她的书法已小有名气，向她求字者不

---

① 西泠印社 2016 年春季拍卖会图录：《张充和与昆曲暨中国首届戏曲艺术专场》，第 940 号拍品资料。

② 《张宗和日记（第一卷）》，第 132 页。张充和晚年对此也有回忆，不过误记为七七事变后。（《天涯晚笛》，第 169 页）

少,其中就有作家叶圣陶。①目前所见张充和最早书作,是"丙子夏六月于青岛海滨静寄庐中"为昆曲老师沈传芷以小楷书写的工尺谱《认子》。②在昆明,施蛰存见"她整天吹笛、拍曲、练字",也向她求字;罗常培于室中挂她的条幅;闻一多知道她在学写字,就主动用云南黄藤给她刻了一方名章;蒲薛凤赞誉她为"诚不可多得之才女",其中一条即她书法秀丽。③在呈贡,她的书艺被人大加吹捧。她回忆说:"我记得呈贡县的老县长用女人轿抬我去写'奉公守法'大匾给什么人。后来他升官时别人又请我写什么(我忘了),吹吹打打把匾又送到龙街我们住处来。……我当时非常可笑,又觉得得意。这些人装神弄鬼的。"④当然更多时候,她小坐龙街云龙庵蒲团之上,在以两个木质煤油桶箱子和一块画板搭成的书案旁,静静研墨,书写。

　　书于昆明、呈贡时期留存至今的两个小楷手卷《白石词》与《淮海词》,据晚辈白谦慎的看法,结体欹侧多变,大小相间,错落有致,娴雅中透出几分俏皮,显示出张充和在书法方面的卓越才华。这两个手卷上的笔画之间常不连接,气息疏朗空灵,与明代吴门名家王宠的小楷点画有相似的处理方式,因此白谦慎推测,沈尹默评张充和小楷是"像明朝人学晋朝人字",大概意即在此。然而张充和并未学过王宠的字,因此白谦慎进一步发挥说,王宠的书法胎息于二王父子的小楷,张充

① 《张宗和日记(第一卷)》,第43页;《张宗和日记(第二卷)》,第19页。
② 卧云山馆:《最后闺秀之最早墨迹——张充和先生昆曲工尺谱卷》,http://blog.sina.com.cn/s/blog_711880ae0100nqt4.html。
③ 《滇云浦雨话从文》,《沙上的脚迹》,第137页。另沈从文致施蛰存:"四小姐已去四川,字写好数件,过两三天下乡必找出寄来。"(《沈从文全集》第18卷,第389页)罗常培挂条幅事,见《曲人曲事·陶光》,《张充和诗文集》,第369—370页。闻一多赠印章事,见《天涯晚笛》,第87—88页。蒲薛凤点评张充和,见《蒲薛凤回忆录(中)》,第180—181页。这些年来,大概只有"从来不当面捧场"的同辈曲友陶光,曾不留面子地向她指出:"罗(常培)先生挂你的字,因为你是年青女孩子,如果我写得同你一样,他一定早扔到字纸篓中去了。"这使张充和猛然自省,以后有人向她求字,她只为人抄写,不写挂幅。
④ 张充和致张宗和信函,1962年10月10日,《一曲微茫》,第274页。

和的小楷似乎更多地得之于王献之的《洛神赋》。①如此看来,沈尹默应该是褒赞张充和的小楷了?

不过,当年沈尹默虽未将话说透,但他同时将自藏《元公姬氏志》拓本借给张充和,几天后,关切地问道:"《元公姬氏志》已开始临写未?"张充和根本不明白尹师让她临此碑的用意,因此匆匆临写一通即予归还。直到四十五年后,她将此碑临写十通,才恍然大悟尹师的用意。她能够确定,尹师说她小楷"像明朝人学晋朝人字",绝非褒义,因她"幼临晋人小楷,而拓本又非佳者,且每喜笔断意连,以致薄弱"(或如《从洗砚说起》所云叫"松懈无体"),因此,尹师才借给她临摹《元公姬氏志》,因该碑志"笔笔踏实而又生动"。

历经四十五年,张充和终于领悟到沈尹默一句话、一个行为的用意,因此,她喟叹道:"信尹师善诱,而又何其婉转也。"又云:"鸣呼!焉能起吾师而告之曰:今吾知师意所在矣!"

这就是张充和向沈尹默学书时,尹师采用的教学方法:"他从不指出这一笔不好,那一字不对,只介绍我看什么帖,临什么碑。也从不叫我临二王,亦不说原委,及至读到他写的《二王法书管窥》,才知二王不是轻而易学的。"②作为弟子,弄懂吃透老师的教诲,全靠自己在以后的长期书法研习中,不断回想亲眼所睹的老师本人书写实践,以及其偶尔只言片语的点拨与训示,慢慢领悟,慢慢参详。

据张充和的回忆,她从沈尹默那里学到了:

亲自研墨。"尹师从不用隔夜宿墨,也从不要别人磨墨。总是正襟危坐地磨,也正是他凝神练气、收视反听之时。"③据金安平记述,幼时

---

① 《充和送我进耶鲁》,2018年;《张充和诗书画选》,第59页。

② 《从洗砚说起——纪念沈尹默师》,《张充和诗文集》,第353页。

③ 《从洗砚说起——纪念沈尹默师》,《张充和诗文集》,第350页。

的张充和有专人给她磨墨。①不过从沈尹默学字以后,她一生坚持亲
自磨墨,在瓶装墨汁大行其道的现在,此点弥足珍贵,更关键的是墨汁
的品质无法保证,其书作质量也就难以让人恭维。有时为了给人写
字,张充和会事先研磨出一大盘墨汁,"不然,写到兴头上,墨水跟不
上,多扫兴哪!"②

洗砚洗笔。"当年重庆曾家岩陶园的吃用水都是用人工从嘉陵江
中挑上来的,涓滴都是可贵。尹师书桌上一盂清水,从早到晚,先用磨
墨,后用洗砚,洗砚时笔蘸水在砚上来回洗擦,就在废纸上写字画竹,
到了满纸笔墨交加时再换纸,如此数番,砚墨已尽,再用废纸擦干。并
又把笔一面蘸水一面用纸擦笔,也是到笔根墨尽为止。并曾对我说,
'笔根干净,最是要紧'。"③关于此点,沈尹默后来在《书法漫谈》指出,
只有将笔根洗净洗通,笔头蘸墨才能吃饱,"才能醋,醋就是调达通畅,
一致和合",才能实现常言的"笔醋墨饱"。其后,张充和每日必坚持洗
砚洗笔,总能浮现出尹师做这些时的音容。

执笔运臂。"他又教我掌竖腕平法,初学时臂肌酸痛,月余后便觉
自由了。尹师又书写五字执笔法给我。理论是由实践来的,总之百读
百闻,不如一见。在'悬腕'一方面,尹师使我懂得虽悬并不悬,不悬却
又是悬的道理,事关肌肉与关节的运用,……"④由于从此以后坚持并
习惯成自然地以"掌竖腕平""悬腕"等方式执笔运笔,加上亲自磨墨,
张充和的肩臂肌肉至老都很结实有力。苏炜观察到,九旬过半的她也
许体格已不算健旺了,但从肩膀到肘子的肌肉线条,都是紧绷结实的,
简直一若少女,难怪她研起墨来霍霍生风,因此重视研墨,首先是为写

---

① 《合肥四姊妹》,第56页。
② 《天涯晚笛》,第163—165页。
③ 《从洗砚说起——纪念沈尹默师》,《张充和诗文集》,第350页。
④ 《从洗砚说起——纪念沈尹默师》,《张充和诗文集》,第352页。

字以臂膀发力热身。她说："习惯了使用臂力运笔写字，写多久都不会累，对于我，写字，就是一种最好的休息。"①

"找娘家去学。""尹师从不要人学他的字，但他的友好中不自觉受他影响的也大有其人。徐道邻有一时就刻意学他。尹师一次向我说：'我说道邻啊！你千万别学我字，如真要学呢，就找我的娘家去学。'我说：'老师啊！你的娘家家族可大呢，叫人一时如何学得了？'尹师大笑。"②其后，针对张充和的下笔无法，沈尹默给她开了一份应临的碑帖，除汉碑外都是隋唐法度严谨的法书：

> 楷：褚河南——《伊阙佛龛碑》(宜于初学)、《孟法师碑》、《倪宽赞》(墨迹在故宫博物院)、《房梁公碑》、《雁塔圣教序》、《同州圣教序》；《唐卫靖武公碑》、《隋龙藏寺碑》。
>
> 行：《怀仁集右军圣教序》、《大雅吴文碑》(半截碑)。
>
> 隶：《史晨》、《乙瑛》、《华山》、《张迁》、《礼器》。③

除以上外，还有一些片言只语，也让她受用终身。比如写字是日功，每天要坚持练习，至少"一天得练六百字，不必过小过大，寸楷最宜"④。

对于恩师沈尹默的书法艺术，张充和自有不同他人的感情，也有很中肯的评价，出于真心，绝非一味虚誉者流可比：

尹师书作，是笔尖在纸上舞蹈。"我由青木关进城，总去陶园看尹师写字，如果写屏对时为他拉纸，是无比的享受，虽然站在对面，字是

① 《天涯晚笛》，第165页。
② 《从洗砚说起——纪念沈尹默师》，《张充和诗文集》，352页。
③ 《沈尹默与张充和》，第12、17页。
④ 张充和致张宗和信函，1962年6月28日，《一曲微茫》，第225页。

倒看的,只见笔尖在纸上舞动着,竟像是个舞者,一个字是小舞台,一篇字是大舞台,舞台的画面与动态,都达到和谐之美的极境。运笔时四面八方,抑扬顿挫,急徐提按都是音乐的节奏,虽然是看得我眼花缭乱,却于节奏中得到恬静。"[①]因此,书作便是这段舞蹈的留痕。欣赏者耽玩一件书作的极高境界,是使这舞蹈在其想象中复活。此点沈尹默后来在《历代名家学书经验谈辑要释义》中有精彩表述:"不论石刻或是墨迹,表现于外的,总是静的形势,而其所以能成就这样形势,却是动作的结果,动的势。今则静静地留在静的形中,要使静者复动,就得通过耽玩者想像体会的活动,方能期望它再现在眼前,于是在既定的形中,就会看到活泼地往来不定的势。在这一瞬间,不但可以接触到五光十色的神采,而且还会感觉到音乐般轻重疾徐的节奏。凡具有生命的字,都有这种魔力,使你越看越活。"

视若珍宝,热衷收藏尹师的片纸只字。"一次又在洗砚,我铺了两张土制的皮纸在桌上,他就用淡墨写陶渊明的诗'餐胜如归,聆善若始'两句,每张一句,字见方八九寸,'归'字大到尺余。是我收藏他墨宝中最大的,也是最不经意神到之笔。而且这两句诗使我终生不忘,也终生受益。"又言:"在歌乐山住的还有徐道邻,更是常客,虽腿有小毛病,也一站几个钟头看尹师写字。一次我见地上一张霉而破的字,踹成纸饼,是尹师不要的,我捡起放在防空袋中,道邻向我顽皮地微哂,以手说'怎么不告而取呢?'我亦报之以鬼脸,意思说'人弃我取不为偷'。我收藏尹师片纸只字,但有几张好字,被师友们抢的抢,占的占(托裱时,把尹师字裱在他画册上,占为己有),我以为楚弓楚得,只要爱收藏就好。如今是人与字俱亡了。"[②]关于被师友抢夺事,查阜西

① 《从洗砚说起——纪念沈尹默师》,《张充和诗文集》,第351—352页。
② 《从洗砚说起——纪念沈尹默师》,《张充和诗文集》,第350、354页。

即有"招认"。1944年4月1日,查阜西远道拜访张充和,"翻充和行箧,见藏有沈尹默行书精品数十,择尤(优)夺其三帧,又径取充和自临《兰亭》、管竹各一,驱车径行"①。

严谨有余,苍劲不足。"沈尹默告诉我及其他学生说:'你们不要学我,你们若找到我的娘家,我的字便一文不值了。'意思要我们研究他字的来源。于是我着手研究他。他的字由唐碑入手,唐碑中褚字写得最多,他的字严谨有余,苍劲不足,他的不经意之书札小简最好。我有他数封至今宝之。在重庆时他亦间临六朝碑,但是无'石气'。"②

可望而不可即。"我有一个对艺术品泛泛的意见,大概世间有两种:一种是初看惊人,再看无味,三看不成体统。另一种是初看平淡无奇,再看其味无穷,三看是终生学不到。尹师的法书,看来平易近人,然仰之弥高,钻之弥坚,是由转益多师得来的创造,如何可及呢?"这话她是1991年写的,已见识过西方绘画潮流几度变换,其中,兴起于20世纪五六十年代,当时人人趋之若鹜的抽象主义绘画给她最糟糕的感想。在她看来,此种艺术品即典型的"初看惊人,再看无味,三看不成体统"。见得越多,体悟越深,历经岁月汰洗,她越发觉得尹师艺术之高。

当年沈尹默从未让学他的字,然而耳濡目染之下,难免不受影响。张充和藏有一件沈尹默"行书陈与义《临江仙》二词",她应该据此临摹过。至今能见到者,恰巧刊载于《张充和诗书画选》,大概作于1942至1943年间,白谦慎即认为张充和此作"与沈尹默先生的行书气息相近"。③当然这都是一时之作。基本上,张充和的书法,正像她所言,

① 查阜西:《答邮亭老卒书》,1944年4月26日,《坊间杂记》,转引自严晓星:《往事分明在,琴笛高楼——查阜西与张充和》。
② 张充和致张宗和信函,1962年11月1日,《一曲微茫》,第286页。
③ 西泠印社拍卖有限公司2010年秋季拍卖会图录:《近现代名人手迹专场》,第7号拍品资料;白谦慎编:《张充和诗书画选》,第96—97页。

"虽从沈尹默学过字,而一点他的意思都没有"。[1]她从沈尹默那里学到的是真正的"书法"——书家实操法。

＊

由于日机轰炸,张充和看望沈尹默并向其请益的地点一再变换。

1941年初识后一段时间,是在曾家岩陶园的监察院同人宿舍。张充和从青木关过去,要四五十公里,并不容易,稍一耽搁就会很晚,当天很难返回,常常得借住城中胡子婴家。

由此,有了"一个好玩的故事":"沈先生眼睛不好,近视深达一千七百度。平日难得单独出门,更别说认路了。有一天我从青木关出来看沈先生,我平时都不在他那里吃饭的。那天沈先生高兴,坚持要带我出去,走路去一个小馆子吃晚饭。往常进城,天晚了,我就会住在胡子婴家——她是章乃器的离婚太太。吃过饭,我要坐公车去胡家。沈先生想要表现他的绅士风度——男士一定要送小姐上车的呀,无论我怎么推辞,他都非要亲自送我上车不可。我拗不过他。可是我作后辈的,更担心沈先生的眼睛不好,他送走我,自己认得路走回家去吗?所以,远远的看车来了,我跟沈先生大声说:再见再见!沈先生便朝车上摆摆手,也说:再见再见!车一响,他就转身走了。其实我没上车,我知道他眼睛看不清,又担心他自己找不到回家的路,就悄悄地尾随在他后面……我一直悄悄跟着他,离他丈把远,他完全不察觉。那时候街灯亮了,我看他一路上摸摸索索地找人问路。我那时候想,若是他认错了路,我就再冒出来,把他送回家去。没想到,他跌跌碰碰的,还真找对了家门!我这才放心走了……沈先生一直没发现我,我呢,也从来没告诉过他这件我'骗他'的故事——他始终都蒙在鼓里哩!"[2]

---

① 张充和致张宗和信函,1962年11月27日,《一曲微茫》,第292页。

② 《天涯晚笛》,第16—17页。

　　后来，沈尹默在歌乐山静石湾盖了几间房子，名"鉴斋"。张充和从青木关去，比重庆近一半路，可以当日来回，亦常在那里午餐。[①]在这里负责一日三餐、招呼里外的，是画家金南萱，与沈尹默的恋人褚保权是好友。[②]1943年7月，沈尹默又迁入曾家岩《益世报》所在地，盖了四间平房，称为"石田小筑"。这儿原是牛神甫的私人土地，沈尹默与金南萱的丈夫周敦礼合资，向牛神甫借地营屋，用石块堆砌了四间房屋。第一间与第四间较大，由金南萱、周敦礼一家与沈尹默弟弟沈兼士一家分住；中间两间较小，一间为公共餐厅，另一间是沈尹默的卧室和工作室。[③]

　　据张充和回忆，沈尹默不食猪肉同猪油，只几样蔬菜豆腐，间有鸡鱼类。他最喜吃四川汤圆，一口一个，吃时又兴奋，又愉快。曾对她说："人都说糯米食品不易消化，可是汤圆到我胃中就化了。"[④]但他也不是纯吃素。战时吃肉本来就难，金南萱怕他营养不够，就把肉丝打碎了，做成肉汤。他眼睛不好，不知那是猪肉，喝那肉汤，倒是很喜欢。[⑤]午饭后，他有时休息片刻，有时坐下又写字。张充和问累不累，他答："手同臂不知累，脑子累就不能写了。"[⑥]

---

① 《从洗砚说起——纪念沈尹默师》，《张充和诗文集》，第353—354页。
② 《天涯晚笛》，第19—20页。
③ 丁言昭：《金南萱与沈尹默的友情》，《新文学史料》2017年02期。张充和《从洗砚说起》说"鉴斋是斋名，石田小筑是整个建筑"，不确。据丁文，马衡当时为此写有纪事诗：当年名重石田翁，今日沈周毋同同。伏案穷忙书与画，旁人错怪打秋风。尹默二兄与敦礼尊兄于曾家岩合建小屋椽，名之曰"石田小筑"，并记以诗，属为书额。时卅二年八月卅日叔平马衡。
④ 《从洗砚说起——纪念沈尹默师》，《张充和诗文集》，第354页。
⑤ 《天涯晚笛》，第20页。
⑥ 《从洗砚说起——纪念沈尹默师》，《张充和诗文集》，第354页。

北碚纪胜

| "他们常常过江来找我玩,唱曲、写字、吟诗作画的,很热闹" |

　　1944年4—5月,张充和告别青木关,搬到往北偏东约25公里的北碚,上年一成立她即入职的国立礼乐馆设置于此。[①]

　　成立国立礼乐馆的直接动因,当来自蒋介石1942年在总理纪念周上的训示,也是张充和喜欢讲述的一段缘由:"重庆在孙中山先生的忌日纪念活动中奏哀乐。蒋委员长说不对,人死超过三年,就不该奏哀乐了。一个国家,礼乐都不通,该要制作礼乐了!教育部于是下了命令,要遵办此事。后来就成立礼乐馆。连乡下人结婚的婚礼,也要制订证婚的礼乐仪式。乡下人礼拜天可以到礼乐馆来,按新式礼仪结婚,由公证人公证,杨荫浏还给弹个钢琴伴奏什么的,仪式很简单,但隆重。"[②]

　　不过追溯起来,事情并非如此简单,礼乐馆之成立,是要解决民国

[①] 1943年5月礼乐馆成立张充和即受聘担任该馆副编审,然据张宗和日记、查阜西《坊间杂记》,直至1944年4月1日,张充和及该馆乐典组主任郑颖孙等仍住青木关,原因不明,或许如当年音教会故事,其总部虽在重庆,研究组却远在昆明异地办公。不过后来张充和等人仍迁到了北碚,具体时间不详。张充和在《〈仕女图〉始末》中说,她1944年6月4日从北碚进城,途经歌乐山。姑且认为她此时已住北碚,则她搬到北碚的时间约为4—5月。

[②] 《天涯晚笛》,第52页。张充和也向金安平讲过这一段因由,金安平在《合肥四姊妹》(第305页)中写道,蒋介石"这一想法是在一九三九年十一月孙中山诞辰纪念会后形成的"。按"总理纪念周",并非孙中山诞辰或忌日纪念,是指执政的国民党推行的一个极具党治色彩的规定:各级党政机构应在每周一都举行纪念孙中山仪式。因其使用频率极高,成为固定习语,想来张充和给金安平等人讲述时,顺口说出"总理纪念周"一词。金安平不查,错会为"孙中山诞辰纪念会"。

成立以来一个悬而未决的问题。传统中国以礼乐立国。民国初立,建立共和政体,随之颁布一整套现代政治、法律制度,不过传统的礼乐思想仍在延续,尚有用武之地。但多少年来,中央政府一直不能确立一套与现代政体相适应的礼乐体系。比如,什么场合应奏什么乐,唱什么曲,都没有统一的规定,紊乱不堪。1932年,南京国民政府行政院饬令内政部与教育部成立乐典编订委员会,合作拟订礼制草案。该委员会广泛征求意见,数易其稿,到1941年,仍是争论纷纭、莫衷一是。

1942年,蒋介石"鉴于民间风俗以及礼制罔不紊乱,婚丧喜庆无所依从。乃手令有关院部本年度内必须完成婚丧喜庆之礼,俾民间参照遵行。于纪念周指定考试院、内政部、教育部共同商讨订定,指示分工原则,成立国立礼乐馆,为审议制订机构,以内政部为行政院执行机关"。

1943年5月1日,国立礼乐馆成立,隶属教育部,"掌礼制乐典之厘定及音乐教育事项",馆址位于重庆市北碚区中山路23号。成立礼乐馆的目的,按语言学家兼礼乐馆编撰殷孟伦的解读,是欲"继往",期"开来",即用传统的"礼乐"规范法律照顾不到的角落,以建立民国的伦理道德,配合国民政府的"抗战建国"大业。礼乐馆成立后,音教会大部分常务工作,移归礼乐馆乐典组办理,其内部机构裁并,职员并入礼乐馆,音教会重新变为纯咨询性的机构。

该馆设正、副馆长各一人,设礼制、乐典、总务三组。礼制组负责民国各项"礼"的规范和制定;乐典组再根据各项"礼"的内容,制作符合要求的乐曲,并负责音乐教育;总务组负责后勤行政工作。每组设主任一人,组内分设编撰、编审、副编审、助理编审等中高级职位,及组员、助理组员、书记等低级职位。初成立时共有职员38人,后编制有所扩充,至1946年12月达51人。①

---

① 《陪都重庆三个音乐机构之研究》,第10、85—89页。

礼乐馆成立伊始,张充和即加入乐典组,任副编审,"负责做中国古乐,做外交仪式音乐,弘扬昆曲等国乐,从古诗里选出合适的诗词曲目做礼仪教化之用"[1]。其时乐典组主任为她的老上司郑颖孙,郑同时任编撰。1944年8月,郑卸主任职,成为专职编撰。同时,由杨荫浏任编撰兼主任。因此,张充和在礼乐馆期间的直接上级相继有郑颖孙、杨荫浏两位。

礼乐馆馆长由教育部政务次长顾毓琇兼任。1944年2月5日,顾毓琇卸任,由汪东(字旭初)接任。[2]关于汪东接任馆长事,张充和总跟人讲是她的功劳:"说起来,这个礼乐馆的馆长,还是我保送的呢! 教育部知道我跟沈尹默先生相熟,要我去请沈先生作礼乐馆馆长。我就去传话了。可沈先生说:'我不合适。我只会闲里找忙,不会忙里偷闲,你去问旭初看看。'我就去问汪旭初,一问他就答应了。他在北洋军阀时代做过相关礼乐的事情,当时是监察委员。他从监察院调到礼乐馆,也是个闲差使——呵呵,我这么说,倒把两个部都骂啦——我给自己找了一位上司,这位上司自然对我是很不错的。他亲自画了一本梅花送给我,可惜被我弄丢了。"[3]

礼乐馆正式成立前,礼乐制订工作迫在眉睫,教育部仍交由1932年成立的乐典编订委员会负责,实际操作其事的机构之一即音教会。故自1942年2月起,张充和、郑颖孙等人便参与了乐典的制订审议工作。[4]

简单说来,大概分几个环节:

---

[1] 《天涯晚笛》,第52页。

[2] 《陪都重庆三个音乐机构之研究》,第10、87—88页。

[3] 《天涯晚笛》,第52—53页。

[4] 《陪都重庆三个音乐机构之研究》,第94、101页。在1943年5月礼乐馆成立前,有三个机构具有制订礼乐的职能——音教会、乐典编订委员会、筹备中的礼乐馆,因此职能重叠、交叉,人员的使用也较混乱,同一人可能同时在这三个机构任职。比如郑颖孙,既是音教会副主任委员兼教育组主任,又负责乐典委员会相关事宜,同时筹备中的礼乐馆也已给他发了聘书,聘其担任编撰。不过,实际操作中,郑颖孙往往在公函上落款为音教会。

　　首先,确定曲目及歌词。由张充和等人"从古诗里选出合适的诗词曲目做礼仪教化之用",有的选用原文,合境适情,有的做了删改,以合时宜,也有一些场合古诗不合适的,由今人撰拟新词,再由专人审核确定。比如迎接使节,选用《诗经·鹿鸣》原诗句:"呦呦鹿鸣,食野之苹。我有嘉宾,鼓瑟吹笙。"比如中华民国成立纪念日用曲,选了东汉王粲的《矛俞新福歌》,其原诗句"汉初建国家,匡九州。蛮荆震服,五刃三革休",被删为"建国家,匡九州,五刃三革休",去掉"蛮荆"这样对南方民族歧视的用语,以合九州共和。①

　　其次,向社会征集曲谱配乐。征集说明里规定了应用场合、作曲要点、乐谱区分及演奏时间。比如迎接使节的《诗经·鹿鸣》,明确为党政机关之用,需"曲性庄严富和谐之意同时并能表现我国数千年来之

---

① 沈卫威:《从新发现的张充和手稿看抗战时期国民政府制礼作乐的尝试》,《南方周末》2020年7月9日。选词工作不止张充和一人担任。据目前所见材料,至少还有一位选词者叫段熙仲,经史学者、柳诒徵弟子,抗战期间以段天炯之名任教育部长陈立夫的秘书。除此之外,或许还有他人。张、段等人所选之词,又经戴季陶、于右任、沈尹默等人审定。另据金安平《合肥四姊妹》(306页)记述,张充和曾将所选乐章24篇,精心誊写了两份,其中"一份呈送到蒋介石处。蒋介石非常喜欢读这份文稿,可惜的是,在他赴印度访问时文稿遗失了,从此下落不明"。按蒋介石访印在1942年2月5日至21日,在此期间,2月19日,音教会根据蒋介石的手谕,由陈立夫任会议主席,在教育部召开了一次"关于礼乐工作于制定冠婚丧祭以及总理纪念周中全部乐调词谱问题谈话会",决议展开典礼的制订。3月22日,蒋介石又致函陈立夫,对典礼所用曲目与歌词做出具体指示:"此种乐曲应以简单为主,以便普遍歌唱,最好在《诗经》或古诗词中选定已成者。希将此项乐谱局曲等,于两月内选拟呈报为要。"5月19日,陈立夫向蒋介石呈报《编制典礼乐谱内容说明书》《选集典礼乐应用古诗词》各一份,并有信函解释。原稿现存于南京的中国第二历史档案馆。从该稿看,张充和等人选取、改写了21首古诗,用了汪东等今人撰拟的新词三首,合为一套24首。21首选件的署名是"段天炯、张充和"。(《从新发现的张充和手稿看抗战时期国民政府制礼作乐的尝试》)不过从国民政府对于乐典制订工作反复十几年都未颁布推行的情形,并据金安平的记述,也许张充和的选词工作早在此前一两年就已开始。其工作成果的某一版本或许早已送至蒋介石,被蒋介石在访印期间遗失,而蒋介石很喜欢读的可能是5月19日拿到手的这版。也许张充和向金安平讲述时,说的是蒋介石访印期间重庆开了制订乐典会议,然后张充和选出24首,手抄两份,其中一份由陈立夫上呈蒋介石,蒋很喜欢读,不过后来这些手稿因为没有正式用上,不知到哪里了。如今经沈卫威教授查访,始得悉其下落。

优美民族性"，应使用管弦乐、军乐及燕乐，约两分钟。

再次，试奏试唱、评审打分。每首作品都有数位音乐家为其作曲，最后以得分最高的作品入围。比如《诗经·鹿鸣》，有五位音乐家作曲。其中一位评审为江定仙所配之曲的打分情况是："曲趣：曲调极美，为一种艺术的四部混声合奏曲，不适宜教民众歌唱，用于接使节等宴会场所较适当。组织：尚佳。内容：尚佳。词音与乐音是否协和：协和。演奏时间：约三分半钟。总评：80分。"

又次，评选结束，于1942—1943年进行了数次公演。如1942年8月28日，为纪念孔子诞辰，大同乐会在重庆市夫子池广场演《孔子诞辰乐章》《大同乐章》《欢宴乐章》《冠礼乐章》等20余部。不过到中央政府那里，最终没个定论，工作尚须继续。

1943年5月礼乐馆成立后，接手乐典的编制、创作与征集工作，并加强乐队建设。如当年再次向社会征求乐典十二种，经评定，得较佳乐曲六十余种，于1944年订成乐曲全稿，举行乐曲试奏会，但仍未颁布施行。其后直到1949年礼乐馆结束，所订各版本礼乐都不符理想，国民政府也未正式向社会推行。[①]

总的说来，礼乐馆的工作按张充和的用词说就是"闲差使"，在旁观者眼中更是可有可无。比如在礼乐馆毗邻的国立编译馆任职多年的梁实秋点评礼乐馆说："许多人（包括我在内）以为这是笑谈，军马倥偬的时候还要制礼作乐！"又讲："礼乐馆一时没有成绩可言，是意料中事。"[②]编译馆另一名职员杨宪益于其英文自传里介绍礼乐馆时，稍显客气些："那所名字奇特的机构规模比我们的编译馆还要小。它的任务是为国民政府的官方典礼或纪念活动制订正式的礼仪和音乐。实

---

① 《陪都重庆三个音乐机构之研究》，第94—113页。

② 梁实秋：《北碚旧游》，韩菁清选编：《梁实秋闲适散文精品》，成都：四川文艺出版社，1994年，第344—345页。

际上这个听起来有点儒家气息的礼乐馆没有什么真正的工作可做。当时设立许多类似这样的机构的真正目的是为了安置为躲避日本侵略逃亡内地的流亡知识分子。"①

*

礼乐馆所在的北碚可谓流亡知识分子聚集中心。抗战期间,先后有20余所学校及30余家文化科研机构迁驻于此。其中,与张充和发生密切关系者尚有国立编译馆、复旦大学、重庆师范学校、中央研究院物理研究所等。北碚夏坝与重庆沙坪坝、江津白沙坝、成都华西坝齐名,被誉为抗战时期文化四坝。

据当时在此居住多年、完成巨著《四世同堂》前两部的作家老舍介绍:"北碚是嘉陵江上的一个小镇子,离重庆有五十多公里,这原是个很平常的小镇市;但经卢作孚与卢子英先生们的经营,它变成了一个'试验区'。在抗战中,因有许多学校与机关迁到此处,它又成了文化区。"又说:"有了这么多的学校与机关,市面自然也就跟着繁荣起来。它有整洁的旅舍,相当大的饭馆、浴室,和金店银行。它也有公园,体育场,戏馆,电灯,和自来水。它已不是个小镇,而是个小城。它的市外还有北温泉公园,可供游览及游泳;有山,山上住着太虚大师与法尊法师,他们在缙云寺中设立了汉藏理学院,教育年青的和尚。"总之,"这是个理想的住家的地方。具体而微的,凡是大都市应有的东西,它也都有。它有水路,旱路直通重庆,百货可以源源而来。它的安静与清洁又远非重庆可比"。②

小时随父亲老舍在此生活的舒乙于《第二故乡的梦》中回忆:"那时的北碚是个小城。城中心靠着嘉陵江,其规模也就三五条街吧。它

---

① 杨宪益:《漏船载酒忆当年》,薛鸿时译,北京:北京十月文艺出版社,2011年,第126页。
② 老舍:《八方风雨》,北平《新民报》1946年4月4日—5月16日。

的精彩之处,并不在城中心,而在周边。周边散布着无数文化教育机构,都是由北平、由上海、由华东、由华南搬来的,里面住着一大批赫赫有名的文化人,说他们是全国的思想精英一点也不为过。"又言:"全国的精英一下子集聚在祖国西南的一个小镇,在历史上很罕见,这就是抗战!"[①]

礼乐馆与同属教育部的编译馆人称姊妹馆。礼乐馆位于北碚一个小土山上,山顶上一排向南正屋,一大间为礼堂,其余是办公室。礼堂西边也有几间做职工宿舍。宿舍是单人一间,有家眷的两间。每家之间隔以竹篱,上加泥土,再刷白粉。

与张充和比邻而居的是礼制组主任、1941年曾与她合演《刺虎》的卢前一家。卢前(1905—1951),江苏南京人,字冀野,别署江南才子,毕业于东南大学,是曲学大家吴梅的得意门生,身兼诗人、文学和戏剧史论家、散曲作家、剧作家多重身份,诗文词曲创作极丰。与张充和初识时任职于教育部,兼国民参政会参政员。转入礼乐馆后,一家九口人蜷居于两间宿舍中,条件极其艰苦。张充和回忆:"我们虽然只隔一墙,只去过他家一次,他家床、桌、板凳及杂物,进去虽有立足之地,却不能转身。冀野靠屋角尽头处小窗前,有个极小的书桌,堆满了书同纸。晚上老大小都睡静后,在那桌前嘤嘤的读诗文,或写诗曲。如果有人请他写字题诗,他就到我房子来写,因为我有个较大的书桌,笔砚俱全。"卢前敢自诩"江南才子",绝非诳语。张充和说:"他的文思很快,每题诗在人家已裱好的画上,也不打稿子就直接写上去,有时七言诗上四字已有,下三字尚无着落,便瞪着眼看我:'下面是什么?'其实他是在自问。我说:'你这么草率,可不败坏了你卢冀野的大名。后人见了一定说是假的。'"又讲:"在北碚有个江阴年轻画家蒋风白,常

① 舒乙:《大爱无边》,桂林:漓江出版社,2004年。

开展览会,总有许多画要梁实秋、汪东、卢冀野同我题。我一次在一张八哥的画上题:'飞上高枝须噤声,怜他鹦鹉在金笼。'他便题:'言禁已开,无须……'下面我记不清了。总之我们常在题画时耍贫嘴。"

卢前年轻时比较消瘦,抗战期间已面如满月,身体发福,但动作很快,言语思路都很敏捷,只上坡时微微喘气。一次聚会上,卢前的一位老友说:"你当初有句:'若问江南卢冀野,而今消瘦似梅花。'"张充和接道:"若问江南卢冀野,如今肥胖似葵花。"卢前大笑,一口酒饭喷出。

这次聚会是在"三杨楼"上举办的。"三杨楼"为礼乐馆西边的一栋二层小楼,住杨荫浏与杨仲子,另有编译馆的杨宪益及其英国夫人戴乃迭因房屋不足,借住于此。"三杨楼"每月聚餐一次,除楼上所住四人及卢前、张充和外,还有中央研究院物理研究所的丁西林、编译馆的梁实秋,以及借居在已赴美的林语堂购置的一栋洋楼上、卖文为生的老舍,共九个人,有时外加重庆来的客人。[①]

丁西林(1893—1974),江苏泰兴人,曾任北京大学物理系教授、系主任,时任中央研究院物理研究所所长兼研究员。作为物理学家的丁西林,也是五四以来致力于喜剧创作的有影响力的剧作家之一,又好音乐,曾开发出符合十二平均律的"11孔新笛"。张充和晚年回忆:"丁西林也是我当时最要好的朋友,我们算忘年交。四九后他在中国政府里好像有一定的位置,他还给我和汉思写过信,劝我们回去。记得他写过一个关于妙峰山的几幕戏,寄出来让我把它变成昆曲,还真的为它度了曲,可惜,再没有机会唱给他听了……"[②]耐人寻味的是,卢前追记张充和重庆往事,提到"据我们所知,有好几位北大出身的文人追求着她"时,指名道姓地捎带了一句:"在北碚时,丁西林是常来看她

---

① 《张充和诗文集》,第371—373、390—392页。
② 《天涯晚笛》,第54页。

的。"①不知是闲笔还是暗示。

老舍与张充和的交游已见于前引梅贻琦日记。老舍还与梁实秋、张充和有过"同台之雅",这就是梁实秋所津津乐道,曾一再讲起的他与老舍说相声,为张充和主演的压轴节目《刺虎》垫场的趣事。

梁实秋追忆说:"有一次,北碚各机关团体以国立编译馆为首发起募款劳军晚会,一连两晚,盛况空前,把北碚儿童福利试验区的大礼堂,挤得水泄不通。国立礼乐馆的张充和女士多才多艺,由我出面邀请,会同编译馆的姜作栋先生(名伶钱金福的弟子),合演一出'刺虎',唱做之佳,至今令人不能忘。在这一出戏之前,垫一段对口相声。这是老舍自告奋勇的,蒙他选中了我做搭档,头一晚他'逗哏'我'捧哏',第二晚我'逗哏'他'捧哏',事实上,挂头牌的当然应该是他。"②梁实秋在另一处又说,演出当天,他在观众席上听到两个人对话。一个江苏模样的人问:"你说什么是相声?"旁边一个看上去很高明的人回答:"相声,就是昆曲。"这一句话说得梁实秋心里更没底了。好在,有老舍托着,梁实秋总算没有退却。轮到登场,梁实秋和老舍大摇大摆地踱到台前,深深向观众鞠了一躬,然后一边一个,面无表情地一站,两件破纺绸大褂,一人一把扇子。台下已经笑不可抑。③高潮部分发生在老舍拿折扇敲梁实秋的头。事先两人已经说好,只是比画一下,并不真打。但老舍不知是一时激动忘形,还是有意违反诺言,抡起大折扇狠狠向梁实秋打来,梁看来势不善,向后一闪,折扇正好打落了梁的眼镜。说时迟,那时快,梁实秋手掌向上两手平伸,正好托住那落下来的

① 《记张玄》,《卢前笔记杂钞》,第19页。

② 梁实秋:《忆老舍》,《梁实秋文集》编辑委员会编:《梁实秋文集》第7卷,厦门:鹭江出版社,第179—180页(写于20世纪60年代晚期,海外传说老舍死后的翌年)。

③ 梁实秋:《相声记》,原载天津《益世报·星期小品》第八期,1947年9月7日,后收入《梁实秋文集》第7卷,第592—594页。

眼镜,他保持那个姿势不动,喝彩声历久不绝,有人以为这是一手绝活儿,还高呼:"再来一回!"梁实秋说,那次演出虽相当成功,引出不少人邀请,但他和老舍没再应承,故也成为他俩唯一的一次相声合作。①

这次演出恰好被时任复旦大学史地系教授兼北碚修志委员会常务委员的顾颉刚记录下来。据其日记,1944年4月21日晚饭后,顾颉刚偕夫人"同到福利区观剧",晚十一点半散场。当晚所看剧有:"断桥(汉剧训练班) 百灵庙(大鼓,马立元) 宇宙锋(黄淑芳) 三国还魂(卢前,评话) 唱歌(龚业雅) 相声(梁实秋、老舍) 盗宗卷(陈长生、徐筱汀) 刺虎(张充和、江涛)。"②按:江涛即姜作栋。这恰为梁实秋的讲述补充了演出时间及节目单等重要信息。

梁实秋还提到,有天荷兰汉学家高罗佩由郑颖孙陪同,到北碚拜访张充和。"礼乐馆招待午膳后高先生挥其粗壮的手指,拨弄琴弦,高山流水,我虽非知音,亦不能不叹服其艺。"③

高罗佩这样的外籍人士当属特例,往来更密切的是任教于嘉陵江对岸复旦大学的朋友们。她追忆说:"我们要过水去,水很浅,可以走在石子上过水,不用小船。复旦我的朋友很多,年轻年老的都有:章靳以、洪深、方令孺——大家都叫她九姑,他们常常过江来找我玩,唱曲、写字、吟诗作画的,很热闹。我也常常过江去看他们,我过去,就住在九姑的家里。"④

张充和对靳以小女儿小东回忆过一件在复旦章家装模作样炒菜请客的趣事,可见当时的她多么不谙厨事:"抗战开始了。我辗转到

---

① 《忆老舍》,《梁实秋文集》第7卷,第180—181页。
② 《顾颉刚日记》卷五,北京:中华书局,2011年,第444页。1944年4月3日,顾颉刚日记还记录了一次有张充和参加的演出:"战蒲关(汪道章、黄淑芳、邓同禄) 宝莲灯(陶汉祥、吴伯威) 大登殿 舍黄金 游园惊梦(张充和、郑慧、项馨吾、戴夷乘、吴南青;吹笛者杨荫浏)。"
③ 《北碚旧游》,《梁实秋闲适散文精品》,第346页。
④ 《天涯晚笛》,第54页。

了重庆附近的北碚,那时候你父亲已经是复旦大学的教授了,随着复旦内迁至北碚附近——嘉陵江对过的黄桷树镇。当时的黄桷树镇非常简陋,连个街道也没有,想要下馆子吃饭,买个日常文化用品等,都要渡江到我这边来。其实,我这边也只有一家小馆子,你父亲来了,我们就一起去吃饭。我也常常过江去看望你父亲和其他老朋友,他们自己都会做些拿手菜,做得很好,我就去蹭饭。有一天方令孺开玩笑地敲我竹杠说:'充和,你老来这里吃我们的,下一次你要炒菜请客。'我想了想答应了。过了几天,我真的拎了几个做好的小菜和一大堆牛肉到了黄桷树。其实熟小菜是我求小馆子里的大师傅做好的,大师傅说牛肉没有办法先做,一定要现炒,但他已经帮我切成丝加好了料。于是,我就在你父亲的厨房间里假模假样又切又炒,很快就成功地在一只小煤球炉子上炒出堆堆的一大盘牛肉丝。大概是你父亲不放心我这个大小姐炒菜,偷偷溜进厨房想帮忙,我急了,怕他发现我的假把戏,手一滑,刚刚盛在盘子里的牛肉丝统统扣翻到地上。我傻了眼,不过立刻就回过神来,好在原本牛肉丝很多,我便小心翼翼地把浮在上面的牛肉丝捧进了一只干净的小盘子里,又把地上的残渣清扫干净,就这样大盘变小盘,当牛肉丝被端上桌子,方令孺尝了尝说:'味道很好,就是太少。'只有你父亲知道内情,他看着我会心地笑了,并说:'少吃滋味多嘛。'"[1]

　　开玩笑敲张充和竹杠的方令孺(1897—1976),女,安徽桐城人,散文作家、诗人,1939—1942年任编译馆编审,1943年入复旦大学中文系任教授,与靳以从相识成为好友。据靳以大女儿章洁思回忆,方令孺是章家常客。在夏坝的教员宿舍复旦新村,章家有方令孺的专座,即家中最好的一把藤靠椅。每次她授完课,就到章家休息、吃饭、

<hr>

[1]　章小东:《知音》。

聊天。方令孺在老家排行第九,因此靳以随她家人称她"九姑",后来靳以的许多朋友在章家遇见并与她相识,也跟着叫她"九姑"。常渡江过去看望靳以的张充和,由此与方令孺相识并结为好友。①

张充和还提供一个情况说,她给靳以抄录的行书《赠卫八处士》,没有署明书写日期,但"可以推测,大概是在北碚的嘉陵江畔书写的,因为只有那一段时间里我热衷于行书。其内容也符合我当时的心情"。②

"人生不相见,动如参与商。今夕复何夕,共此灯烛光。"1943年8月,一晃三年过去,张充和与大弟宗和、弟媳孙凤竹于陪都重逢。年底,张宗和夫妇俩又将告别而去,返回合肥。行前,他们与张充和商量后,一同到北碚北温泉住了五天。同游者还有郑颖孙、郑慧父女,电影与话剧演员金山、张瑞芳夫妇。张宗和记述道:"冬天正是玩温泉的时候,我们住在柏林餐厅,天天到温泉去洗澡。温泉附近的风景很有些像三峡。我们逛公园,谈天,吃小馆子。北温泉之游,总算我们结婚之后的一次欢乐的旅行。"

出发前一天是圣诞节,当晚有昆剧公演。张宗和记述:"那晚上的戏有:张善芗、程禹年的《说亲回话》,四姐是《思凡》,扮得很美。最后是许振寰、张善芗、宣瑞珍的《断桥》,戏都非常精彩,而且全是熟朋友,所以拼着一个晚上不睡觉,明天一早就要上路,也非看这次公演不可。"当晚宿重庆曲社大本营——陕西街的四川丝业公司。

翌日早上,张宗和一家三口上了客车,张充和、三弟定和等都来相送。"四姐买东西泡茶来给我们吃,东西我一点也吃不下,茶倒喝了不少。车子很快开了,四姐哭,凤竹也哭了,我也很伤心。这一别又不知

---

① 章洁思:《写在一张纸正反面上的两封信》,《文汇读书周报》2010年12月17日。
② 章小东:《知音》。

哪一年才见面呢! 车行半天,我们都没有说话,妹妹看我们伤心,也傻了。"①"妹妹"指张宗和夫妇的女儿,由张充和取名"以靖",为的是希望时局早日平靖,又纪念靖达公张树声。②

"明日隔山岳,世事两茫茫。"分别半年后,孙凤竹,这位张充和与大弟宗和一同认识,结为好友,并在他们之间穿针引线,热心"说媒",与大弟结婚后一段时间里她又悉心照料的弟媳,因病离世。③

张充和与宗和夫妇经历的生离死别,写照出战乱流离岁月里国人的普遍遭际。这或许便是张充和当时为靳以书写杜甫《赠卫八处士》的心情。

和宗和夫妇一同去住了五天的北温泉,张充和还在青木关工作时就已来过。那次几个曲友相约于此唱曲。在一座四周青翠掩映的竹楼上,她认识了曲友陈鹂。陈鹂字戊双,是陈衡哲的五妹。当时张充和每两周到北碚重庆师范学校为学生踏身段,认识陈鹂后,被邀至陈家,因其有个宽敞的廊子,可以走得开。后来张充和搬来北碚,更成为陈家的座上常客。

陈鹂的先生周仲眉主掌重庆北碚中国银行,吹一口满风的笛子,但不见其唱曲。陈鹂生旦皆喜,然只唱清曲,从没听过其道白。她最喜唱《牡丹亭·拾画》,曾取该折"寒花绕砌,荒草成窠"一句,在张充和《曲人鸿爪》册上点画成一帧着色花卉;又取该折"刻画尽琅玕千个"的句意,画一帧白描双钩竹子,名《琅玕题名图》。她晚年追写此图缘起云:"羁蜀期间,寓北碚,小院清幽,花木扶疏,流蜀曲友,时来雅集;萍踪相逢,欲留鸿泥,因写是图。一脉流泉,竹林绕之,客来,都题名在竹林之上。其能文者,且题有诗词曲作,蔚然一册,弥珍惜之。"先后题名

① 《秋灯忆语》,第63、66—68页。
② 张充和致张宗和信函,1961年7月,《一曲微茫》,第142页。
③ 《秋灯忆语》,第89页。

的曲友有二三十人。惜因"文革"浩劫，仅剩残片一块。

当年，卢前为此题了一套曲子，其中一支云：

> 一个是余杭旧尹（汪东），一个是鞠部昆生（倪传钺），一个是
> 道升潇洒偕文敏（周仲眉、夫人陈鸥），一个是牛首山僧（甘贡三姑
> 丈），一个是双柑斗酒南郊隐（戴夷乘），一个是塞上曾陈十万兵
> （范崇实），一个是歌中圣（项馨吾），一个是刘家少妇（翟贞元），一
> 个是小叶娉婷（张充和）。

这可能就是卢前撰写此曲时，已在《琅玕题名图》留下名姓的最早
的十位曲友。[①]它相当于另一种形式的《曲人鸿爪》，是传统文人的流
风余韵在岁月沧桑间发出的优雅而迷人的光芒。

---

① 《张充和诗文集》，第365—368页；李蛙：《张充和的一帧书法和陈鸥的〈琅玕图〉》，https://
www.douban.com/group/topic/13264425/；《曲人鸿爪》，第88页。

纸上雅集

|"为防又是懊侬词，小字密行书纸角"|

　　传统文人流风余韵之光芒的集中爆发，为张充和于1944年无意间画出，后经沈尹默、汪东、潘伯鹰、乔大壮、姚鹓雏、章士钊等六位文化名流相继题跋的一幅《仕女图》。

　　这件作品的创作、题跋、收藏、散失、惦念及失而复得的过程，已见于张充和的《〈仕女图〉始末》一文。不过由于她是在喉头哽哽、心头重重，题跋人、收藏人都已寂寂长往的高度难过状态下撰写此文的，更多着眼于缅怀与追思，对于该《仕女图》的丰富内涵，未多做说明。

　　换言之，假设后面的"文革"浩劫、斯人已逝都尚未发生，在抗战末期发生的这幅《仕女图》创作、题跋与收藏的故事，有何珍贵之处？

　　它的珍贵，在于它不仅是一幅有六位名流题跋的张充和唯一仕女图，它更是一场艺文会事，一份友情记录，一种翰墨因缘，一次纸上雅集，是对渐趋式微的传统文人审美情趣的传承。它编织了串联起过去与现在、此地与彼处的错综复杂、逸趣丛生的关系网络，讲述着属于传统文人的经典中国故事。

*

　　作画人张充和与收藏人郑肇经，既是忘年交，又交叠着一层世交友谊。

　　张充和是经同为江苏泰兴人的丁西林介绍认识郑肇经的。郑肇经（1894—1989），字权伯，号泉白，1934年创办中央水工试验所并任所长，1942年该所改名中央水利实验处后任处长，是中国现代科学治水和水利科学研究事业的先行者、奠基人。像物理学家丁西林也是戏剧创作者与乐器改良者一样，郑肇经也不只是一位水利工程专家，他喜收集书画、古钱、图章，交往人物与老师沈尹默大体相同。他的书房很大，笔墨精良，窗明几净，有一张二三寸厚、光可鉴人的大书桌。凡是他的书画朋友，即使不写不画，也喜欢在他书房欣赏他的文物，警报时又可随时进防空洞。因他一条小腿是假肢，行动尚可，跑警报不行，故防空洞进口就设在他的办公室兼书房内。

第一次见面，郑肇经摆出《史晨碑》考张充和。以后熟悉了，一到他处，张充和总是涂涂抹抹地乱写。老师沈尹默让张充和临的碑帖，他都借给她，还赠了一本《孟法师碑》。后来郑肇经在其舅父朱铭盘的《桂之华轩诗集》中，发现舅父在张充和曾祖张树声幕府中三年，于是又深了一层世交友谊。张充和的弟弟们及亲友，他都招待。[1]世俗点讲，有时关键时候，能帮上一把。如1943年1月25日，二姐允和的儿子周晓平在成都中弹，情况危急，二姐夫周有光身在重庆，听说后，凌晨天未亮叫上张充和敲开郑肇经家的门。郑肇经即刻派人到车站内部去买票，不必站班，有时站班还不一定买得到，故张充和每次回青木关、北碚的车票都是托郑肇经派人买的。周有光拿到票，乘当日第一班车赶回成都。[2]

1944年6月4日，张充和由北碚乘车，进城到陕西街丝业公司排戏，先去看望老师沈尹默，他随手在一小纸条上写了一首近作七绝让张充和带走：

① 《张充和诗文集》，第376页。
② 《张充和诗文集》，第387—388页；《周耀平给四妹的信》，《浪花集》，第187页。

四弦拨尽情难尽,意足无声胜有声。

今古悲欢皆了了,为谁合眼想平生。

　　车到上清寺,张充和照例先到郑肇经书房中,他人不在,她就把尹师的诗拿出来看。她忽然兴起,想为这诗配一个人物。画人物,一定是眼最难,既然是"合眼",就先画眼线,再加眉鼻口。正在此时,郑肇经进来,张充和正准备塞进字纸篓中,他说:"别糟蹋我的纸,让我看了再甩。"他看了沈尹默的诗,又看画说:"要得要得,加上脸型和须发。"张充和想自己哪里会画,平时连人物画都看得不多。只好凭着郑肇经指指点点,将头画成。忽想起排戏时间将到,站起就走。他说:"不行,不行,还有身体和琵琶呢!"张充和匆匆画几条虚线条塞责。他强迫她抄上沈尹默的诗,同上下款及年月日。并且说:"真是虎头蛇尾,就算头是工笔,身是写意,琵琶弦子全是断的,叫她怎么弹呢?"张充和说:"我老师不是说'意足无声胜有声'吗?"于是一溜烟就跑了。

　　过些日子张充和又去看望郑肇经,画已裱起,挂在书房里。有沈尹默、汪东、乔大壮、潘伯鹰等题跋。又把她五月写的《牡丹亭》中的《拾画》也裱上。次年在画的绫边又加上了姚鹓雏同章士钊的题跋。①题跋的六位文化名流,虽任职于监察院或礼乐馆,然与郑肇经多有交游。一幅《仕女图》,见证了他们之间的友情。

＊

　　七通题跋(章士钊一人两跋)中,有师长对后进张充和惊喜表现的奖掖;有与画意、诗意对话,在其基础上发挥、演绎;也有因与作画人有"过节"、与收藏人有"欠债"而致意。

①《张充和诗文集》,第376—377页。

作为张充和的老师，又是诗作者，见到弟子的画作，沈尹默不无惊喜与赞赏，题跋云："充和素不解画，因见余小诗，遂发愿作此图，闲静而有致，信知能者固无所不能也。"

"能者固无所不能也"，听来总觉过于夸张。不过推测沈尹默下此断言的语境，他应该是从文人画所谓"书画同源"的观点立论，即书与画，同质而异体，在笔墨运用上具有共同性，故赵孟頫有"石如飞白木如籀，写竹还应八法通"之句，即强调以书法的笔法画画，画非"画"出来的，而是"写"出来的。张充和对于书法，可谓"能者"，她以书法的用笔"写"此《仕女图》，自是"无所不能"。

张充和的上司、礼乐馆馆长汪东见到张充和此画，也很惊喜，夸赞道："充和画侍女抱琵琶而不弹，作闭目沉思状。平日不知其能画，而落笔高秀，真天才也。"不过此赞未落笔于《仕女图》上，而是收入其《梦秋词》集。[1]

汪东在《仕女图》上题词云："乍意倦，轻拢慢捻，暗伤春老。四弦斜抱，梦落胡沙道。合眼幽吟谁告，丹青已晓。醉吟商小品为权伯先生题充和画。甲申八月寄庵汪东。"

回看沈尹默的七绝，意象简净，仅"四弦拨尽""合眼"，连诗中主人公性别也不明。张充和揣摩诗意举笔为画时，便将之具象成仕女，想来是头脑中根据古典诗传统将之自动归类为闺怨诗。到了汪东的词中，又给沈诗"为谁合眼想平生"一句填充了具体内容，即"暗伤春老""梦落胡沙道"，闺怨诗里伤春、思夫之类，所思之夫正驻守边疆抵御胡人，这胡人是古代的，也是当下的，即日寇。

姚鹓雏呼应汪东的伤春、思夫主题，并为闺妇增添了日常起居场景和生活细节，绮丽香艳："慵睡起，明镜黛螺新试。沐罢鬓云娇委地，

---

[1] 汪东：《梦秋词》，济南：齐鲁书社，1985年，第72页。

画罗双凤紫。红泪文姬洛水,梦断胡笳声里。玉珠初调炉篆细,春风柔绕指。权伯先生词宗督题,乙酉春月,姚鹓雏。"注意,姚鹓雏直接点出了蔡文姬的名字,还提及"胡笳"。①

潘伯鹰、乔大壮的题跋也是对闺怨的回应,不过两人都借用了他人的现成诗句。潘伯鹰借用波外翁乔大壮的句子云:"四弦心事几人知,八字眉痕无计展。波外翁乐府句奉为权伯先生题张充和女士画。伯鹰记。"乔大壮也借用亡友邹次公的句子跋云:"直须秋月照无眠,肯信春雷弹不起。亡友邹次公小令奉为权伯词宗题充和女士新画。大壮甲申冬。"②

最后,章士钊登场,很有话说,故一气题了两跋。其一,向《仕女图》收藏人郑肇经致意道:

菩萨蛮

(十年前余居海上,权伯兄嘱为《桂之华轩骈文》作序,未就。今在渝州,为先题美人画帧。)

桂华轩馆音尘绝,师川用心吾能说。濠上自情亲,仍须问水滨。十年文债老,蜀道知音少。送客偶偕行,琵琶江上情。

乙酉初春,孤桐章士钊

原来,郑肇经那位曾在张树声幕府三年的舅父朱铭盘,工于骈文,

---

① 姚鹓雏(1892—1954),时任监察院主任秘书。该词词牌为"谒金门",收入其《苍雪词》集时有改动:"沐罢鬈云娇委地"作"娇鬒妆成云鞞翠";"玉珠初调炉篆细,春风柔绕指",作"雁碛龙沙二万里,春风才绕指"。

② "邹次公"不知为谁,查询可得,水利专家向迪琮兼善诗词,其所撰《玉楼春·和小山》一词末两句与"邹次公"的句子大体一致,然向迪琮逝于1969年。词曰:"红楼相望残阳里,人在红楼应第几。欲知枕畔辘轳心,听取帘前虬箭水。　　四弦轻捻舒纤指,指上新声弦上意。从教秋月照无眠,肯信春雷弹不起。"

沉博绝丽,并善诗,天骨开张,风格隽上,所作《桂之华轩遗集》由外甥郑肇经于1934年增补重刊。该书分两册,上册诗集,下册骈文集。为此,郑肇经求序于国学大家章太炎,曾两任江苏省省长的乡贤韩国钧等人,遂其所愿,并获著名教育家马相伯、舅父生前挚友张謇题耑,海上画派名家程璋画像。①据章士钊词序,郑肇经也曾以骈文集求序于章士钊,章"未就",大概是答应作但未撰出,故1945年初春,当郑肇经持张充和画《仕女图》向章士钊求跋时,章会发出"十年文债老"之叹。

其二,紧着向张充和赔小心:

> 珠盘和泪争跳脱,续续四弦随手拨。低眉自辨个中情,却恨旁观说流落。青衫湿遍无人觉,怕被人呼司马错。为防又是懊侬词,小字密行书纸角。玉楼春。词意尹默、伯鹰均知之。士钊②

1941年因激赏张充和的《游园惊梦》演出,章士钊首作观剧七律一首,用了蔡文姬与《胡笳十八拍》的典故,含有惜才之意,未曾想被张充和认为"拟于不伦",惹恼了她。张充和的反应当通过沈尹默、潘伯鹰等人传到章士钊耳中。他有何感想?将近四年后,借着这幅《仕女图》,章士钊撰《玉楼春》,对当年惹恼张充和之事做出回应,词中之意煞是有趣。

"低眉自辨个中情,却恨旁观说流落。"当有两层意思:一指张充和低头细看章士钊的观剧诗,读出不一样的感觉,于是"恨旁观"的章士钊"说"她是蔡文姬般的"流落"胡天;又指章士钊低头细看张充和仕女图及诸家题跋,发现姚鹓雏又提到蔡文姬,于是"恨旁观"的姚鹓雏怎

① 朱铭盘:《桂之华轩遗集》,孟春郑余庆堂刻本,1934年,转见《清代诗文集汇编》影印本,上海:上海古籍出版社,第775册,第327—430页。
② 以上从沈尹默到章士钊的题跋,见《张充和诗文集》,第329页前之《仕女图》三折彩页。

么又"说"起蔡文姬"流落"胡天这茬事。

"青衫湿遍无人觉,怕被人呼司马错。"章士钊为自己叫屈。上次自以为是知音,表示了激赏之情,却把人家恼怒,这次紧着小心,恐再犯错。于是,"为防又是懊侬词,小字密行书纸角"。怕别人说起蔡文姬又惹恼人家,连带埋怨自己,不管纸角留空多小,即便小字密行也要说清此事,不要怨我,不要怨我,与我无关!

章士钊那份谨慎又紧张的惶惑心思跃然纸上,令人捧腹!

晦暗心境

｜"（她）正如何生存在另外一个风雨飘摇事实巨浪中"｜

抗战接近尾声的时候，张充和写出了她在今天传唱度最高的一首词作——《临江仙·咏桃花鱼》。①

> 记取武陵溪畔路，春风何限根芽，人间装点自由他。愿为波底蝶，随意到天涯。
> 描就春痕无著处，最怜泡影身家，试将飞盖约残花。轻绡都是泪，和雾落平沙。

关于此词之创作，张充和晚年重录时补写了说明性小序："嘉陵江

---

① 《临江仙·咏桃花鱼》的创作时间，据目前资料，很可能是1945年。1971年秋张充和续咏桃花鱼，其小序说"昔在北碚嘉陵江畔，春三月间有名桃花鱼者出"。张充和约于1944年4至5月间迁至北碚，错过了本年看桃花鱼出现的时机，因此很可能是翌年"春三月"才见到的，故创作上限当在1945年3月。其下限，可参考卢前和作的时间。卢前词集《中兴鼓吹》按编年排序。在该集中，卢氏的和作，其前其后两词都直接关联着重大历史事件。之前为《沁园春》，词序云"城中传诵毛润之《雪》词，亚子、君左均有和作，予次韵，仍咏雪"。1945年8月28日，毛泽东乘机抵达重庆，至10月11日离开。之后为《浪淘沙》，词序云"书丘逢甲《岭云海日楼集》后，时述庭身随陈公洽长官赴台湾，即送其行"。陈公洽即陈仪。日本投降后，蒋介石于1945年8月29日委任陈仪为台湾省行政长官，之后兼任警备总司令。10月24日，陈在美军将领陪同下从上海飞抵台北。故卢前的和作大概作于这期间(8月28日—10月24日)。(卢前：《卢前诗词曲选》，北京：中华书局，2006年，第157—158页)因此，张充和的首咏之作大概作于1945年3至10月间，最可能在春天。

曲有所谓桃花鱼者,每桃花开时出,形似皂泡。余盛以玻璃盏,灯下细
看,如落花点点。余首咏之,诸师友亦和咏。"[1]1971年秋她续咏桃花
鱼一章,于小序中追加了一些细节:"昔在北碚嘉陵江畔,春三月间有
名桃花鱼者出,体透明,忽如垂露,忽似飞花。掬水得数十,置玻璃盏
中,夜间灯下,舞态千变。曾作临江仙一首,诸师友有和章十余。"[2]诸
师友目前可知名姓者有卢前、汪东、殷孟伦(石臞)、吴南青、冯白华、王
韬甫等。[3]

不过,究竟"桃花鱼"为何,张充和仍语焉不详。翻检诸师友和咏
之作,发现数汪东的注解最为全面透彻:"桃花鱼者,以桃花时生,实与
水母同族,唯栖止浅水中,体极细微,鬐足相联,翕张而浮沉,状若圆
盖,故时人又名之为降落伞。鱼色白,头上初有黄点四,若戴星然,久
亦消失。蓄颇黎盎(按:玻璃盏)中,映日而观,如浮絮,如泡沫,非谛察
之,几不能辨也。"[4]

知晓桃花鱼的生长习性(春三月桃花开时出现、栖止嘉陵江畔浅
水中)、别名(降落伞)、在人类眼中的姿态及其多种拟喻(如皂泡等),
即对《临江仙·咏桃花鱼》的抒情主人公有了必要了解,于是读者可以
随着词句的展开,走进桃花鱼的内心世界:

> 不像那个出了桃花源就再也回不去的武陵渔夫,我牢记着重
> 返桃花源的路径。当春风吹拂大地,催绽了根芽,催生着许许多
> 多,任他恣意装点人间的时候,只在浅水栖止的我,期望成为可以
> 自由游荡于深水间的波底之蝶,随嘉陵江水,流入长江,游到我向

---

① 《张充和诗文集》,第29页。
② 《张充和诗文集》,第125页。
③ 《张充和诗文集》,第30—31页;《梦秋词》,第84页。
④ 《梦秋词》,第84页。

往的桃源胜境。

可现实中的我,还是只能栖止于浅水中,游来游去,徒然描画着一抹抹春痕,却不上不下,没个着落。最可怜惜的,是我无非一粒泡幻,渺小无踪、微不足道,且转瞬即逝。我也尝试改变,打开我的降落伞,与残花一起飞舞起来,飞向梦想之地。然而总碰见雨滴,交加着雾气,无穷无尽,沾湿我的伞盖,变得如此沉重,难以飞远,便落到江边平沙上,哪里能至天涯。

上阕描绘美好理想,下阕揭示残酷现实。

理解此词,除对桃花鱼的必要了解,尚需一点地理知识。张充和发现掬取桃花鱼之地在北碚嘉陵江畔,嘉陵江从此南流不远,到重庆城区朝天门码头一带汇入长江,自此一路向东,于湖南接通洞庭湖,湖之西有沅水汇入,以此上溯,可达传说中的武陵桃花源。桃花鱼出现时在春三月,仍是重庆雾季,多为雾气、雨水交加天气,故词中有"泪""雾"等意象。

此首小令,咏的是桃花鱼,也是张充和写给自己的一支咏叹调,咏叹她自己困于理想与现实间不上不下,没个着落。

这些年来,张充和总在寻找着她的桃花源。

1936年在青岛崂山,她着迷于那里的一山一水,"都有点宋元工笔画的意境",无名泉水"慢慢的流出去,像一池初开冻的春水,把人的情绪都流得柔和了"。派出所一个警察谦虚又老实,她感慨"这只有山中人物可以如此,山外哪找得到"。到了山顶,她认为他们自己是"白云□上的人物,不,神物了"。[1]1938年到成都,她不安于其地,总想找

---

[1]《崂山记游(一)》,《张充和诗文集》,第197—199页;《崂山记游(二)》,《张充和诗文集》,第200—202页。《崂山记游(二)》原刊《中央日报》1936年8月2日第三张第四版(获取自抗战文献数据平台)。该版"白云□上"的"□"字漫漶,据残缺笔画,并推测文意,当为"以"。

个地方,避开人事烦扰。于是一时去了青城山的道、佛两教化外之地躲清静①,又一时想到昆明"去静静地过一个暑假",那里或有理想的"隐士之居也",还一时想远避缅甸仰光。1938年冬至1940年11月在昆明、呈贡,是她住过的最接近桃源胜境的地方,以至后来念念不忘:"我抗战经过的地方最喜欢昆明。天气人情风俗都好。"并一再说:"昆明以及附近我记忆中是座大公园,永远晴朗可爱。"1941年卧病江安,一个"安静而美丽的地方":"修竹当窗翠欲流,风光唤我强抬头……"②关于这些地方,她都留下了美丽的诗文。

同时,桃花源不仅指地理空间,也是精神层面的。比如唱曲、写字、吟诗颂词等等自得其乐的文艺活动及同好者之间结成的交游圈,最好,还能遇见《牡丹亭》等明清传奇中所描绘的神仙眷侣。

多年来,她像极一粒桃花鱼,悬浮于理想与现实之间,唱曲写字、吟诗颂词、寻幽览胜、与人交游,在人们心目中描画下一个美丽雅致印象,自己却始终没个着落,引得亲人师友们年复一年的关心、探问与嗟叹。

*

这些年,有不少迹象表明,张充和的人生并没有表面那么惬意,很可能是她生命旅程中又一段晦暗时期。在音教会、礼乐馆的任职,在重庆曲社、北碚重庆师范或其他各种场合的昆曲演唱与教学,随沈尹默研习书法、磨砺诗词,可谓"时代风涛的笙箫弦管,传统文化的绝代风华"。可是,揣摩当时身边人留下的片言只语、隐晦表述,能强烈感受到,在惬意的表层下,张充和仍经受着病痛的折磨,内心涌动着痛苦与无奈。

①《青城杂咏》,《张充和诗文集》,第18—22页。
②《张充和诗文集》,第25、386页。

她可能不满意于在音教会的工作,因此尝试过换换事做。见于梅贻琦给张充和的信中:

充和女士:

　　自青木关别后,匆匆二月有半,友朋通讯竟未一著笔。今晚自莘田处归来,实觉此信不可再延矣。今晚适月色特好,携酒一瓶,至靛花巷,与罗、郑、舒三君小饮清谈。罗先生出示尊函,有暂留江安为艺专编影剧之意。琦初听之下,颇感似非所宜,在座亦表同意,以后当必有专家专论之。琦等非必欲好友尽聚于昆明,但总觉滇池之畔,不可龙庵无主,学问之道在天才,固不拘于地域也。益庐屡次叨扰,回忆尤觉难得,已公推郑公函谢,兹不更客套矣。敬颂文祺,不一。

　　上沅先生、夫人烦代问候

梅贻琦谨启　十一、三夜①

话接1941年8月7日,梅贻琦、郑天挺、罗常培三人路过青木关遭遇日机疲劳轰炸,滞留十日,与张充和共度了许多美好时光。17日三人告别而去,并偕舒舍予(老舍)一起,返回昆明,转眼到了11月3日。其间,张充和因病赴蜀南小城江安小住,二姐允和在此客居。江安驻有国立戏剧专科学校,校长即梅函的"上沅先生"——余上沅,在北平认识的友人曹禺亦在此任教。受他们邀请,张充和心动,打算暂时留下为剧专编影剧,并去函告诉了昆明的罗常培(莘田)。罗与梅、郑、舒谈起此事,都觉得"似非所宜"。因此,梅贻琦专门去信劝告,并于当晚日记写道:"晚饭后月色甚好(九月十五),携酒一瓶至靛花巷,与罗、

---

① 西泠印社拍卖有限公司,2010年春季拍卖会:《近现代名人手迹专场》,拍品1030号资料。

郑、舒闲谈。十一点归来,作信致张充和女士,劝其勿留艺专,不知有效否。"①

或许听了梅贻琦等人的劝告,张充和在江安未住多久,但未如梅贻琦信函所言回到"滇池之畔",续做"云龙庵主",而是复返重庆,继续在音教会的工作。

此后她的生活过得并不舒心,甚至可称苦闷。"昨天四姐来信,"1942年1月19日,张宗和记道,"说起年轻的追她不到,就恨她,年老的叫她,她不去,就说她不可造就,她太苦了。昨天凤竹看到她的信就哭了,我们睡在床上,自然又谈到她,我们真的无法帮助她。"3月26日,张宗和又记,"四姐有信来,说她生活苦的事"。②

1943年1月,梅贻琦自滇赴渝公干,曾于9日在顾毓琇(一樵)家与张充和相见,其日记载:"午饭在顾家,有郝太太、郑(按:颖孙)、徐轶游及五顾,张充和女士后至,盖饭后始得消息者。饭罢某君唱朝阳校歌,后张唱《游园》一大段,佐之以舞,第恐其太累耳。一樵因明早有事,即须入城,乃启行。充和送至车站,有'如有需要可来昆明'云语,惜未得多谈。"③梅贻琦在日记中特意录下"如有需要可来昆明"一语,应是对张充和的处境有所了解才说的一句承诺,而她的处境看来不妙。④

3月6日,张宗和辗转得知,四姐已从教育部音教会辞职,有意上昆明来。几日后,他接四姐来信,说"吐了一口血"。

5月1日,国立礼乐馆成立,张充和受聘任副编审,工作问题暂告

① 《梅贻琦日记》,第97—98页。
② 《张宗和日记(第二卷)》,第414、436页。
③ 《梅贻琦日记》,第124页。
④ 一个月后,周有光1943年2月10日致张充和信说"祝你的雷峰塔写作成功"。不知此处"雷峰塔写作"具体何指,或是张充和又一次类似在江安剧专编影剧那样,接受了某种非音教会本职工作?

解决,可身体仍不见好转。6月8日,张宗和记录,前两日四姐来信,说得了胃溃疡,很厉害,不能吃东西。[1]

8月3日,张宗和抵重庆,两日后赴青木关探访张充和,看着四姐瘦了,在日记中记录重逢感受说:"她太可怜,俨然是一个家婆子的样子,什么事全都懂全都做,一点不像我们在云南、南京时神气,我心里有说不出的难过。"[2]后来他又追述,与四姐分开的几年里,"她受了很多的磨折,可是她也还不显得老,脾气比以前好多了"。[3]

"很多的磨折",不仅是疾病、生活困苦及工作不如意,还有精神方面的。对此,三姐夫沈从文有一番华美但晦涩的描述。他在暗示卞之琳对张充和的爱情希冀不过一厢情愿、不会有结果后,转而说起张充和的:

> 他(卞之琳)还完全不明白他所爱慕的女孩子,几年来正如何生存在另外一个风雨飘摇事实巨浪中。怨爱交缚之际,人我间情感与负气作成的无可奈何环境,所受的压力更如何沉重。这种种不仅为诗人梦想所不及,她自己也还不及料。一切变故都若完全在一种离奇宿命中,对于她加以种种试验。这个试验到最近,且更加离奇,使之对于生命的存在与发展,幸或不幸,都若不是个人能有所取舍。为希望从这个梦魇似的人生中逃出,得到稍稍休息,过不久或且居然又会回到这个梦魇初起处的旧居来。……当有人告给二奶奶,说三年前在后楼住的最活泼的一位小姐,要回到这个房子来住住时,二奶奶快乐异常的说:"那很好。住久了,和自己家里人一样,大家相安。×小姐人好心好,住在这里我们都

---

[1] 张宗和日记手稿,1943年3月6日、11—21日、6月8日。
[2] 张宗和日记手稿,1943年8月5日。
[3] 《秋灯忆语》,第63页。

欢喜她!"正若一个管理码头的,听说某一只船儿从海外归来神气一样自然,全不曾想到这只美丽小船三年来在海上连天巨浪中挣扎,是种什么经验。为得到这个经验,又如何弄得帆碎橹折,如今的小小休息,还是行将准备向另外一个更不可知的陌生航线驶去!①

沈从文的描述中有好几处严重用词,"一个风雨飘摇事实巨浪""梦魇似的人生""帆碎橹折"等。整个段落表述过于晦涩,只能隐约猜测,沈从文在说,几年来张充和一直生存于怨爱交缚、自己与他人的情感与负气之际,经受沉重压力,过得简直是"梦魇似的人生"。为了从这人生逃离和暂时得到休息,张充和有可能返回"这个梦魇初起处的旧居"——呈贡杨家大院。也即这"梦魇似的人生"是从1939年5月至1940年11月居住于杨家大院期间开始的。然后延续至重庆,到沈从文这篇文章发表的1943年12月尚在进行中。

纵贯这两个时期,在张充和身边总活跃着的人非郑颖孙莫属。无论孙凤竹信中所见在呈贡郑颖孙对张充和的迷恋,两人的深夜闲谈,以及悉心照顾重病在身的她,梅贻琦日记所见青木关警报声中张充和与郑颖孙常常一起行动——跑防空洞、会见友人、饮茶、赴宴等,卢前记录于《曲人鸿爪》上的张充和与郑颖孙等四人搭档演出《刺虎》,还是沈尹默书于重庆曾家岩的诗词信札托郑颖孙转交张充和,无不见到郑颖孙,更不用说从音教会、礼乐馆一路以来的同事关系。

或许,张充和与郑颖孙之间的相处及所受周围人的议论,便是沈从文所言的"一个风雨飘摇事实巨浪",一个"梦魇似的人生",是离奇

---

① 《绿魇》,《沈从文全集》第12卷,第149页。本篇最早以"绿·黑·灰"为题,连载于1943年12月、1944年1月《当代评论》第4卷第3—5期。其中本书引用的段落当发表于1943年12月。

的,到最近更加离奇,且需要逃离需要休息的。不过,张充和与郑颖孙之间究竟发生了什么,除了孙凤竹信中所揭示的以外,其他的目前无法知晓,也不宜妄揣。

*

对此,师友们如何看待?

有的,相对无言,不发一语。如查阜西在《次充和怀旧韵》所云:"群山飞渡过君家,不忍援琴奏落花。百结愁肠无一语,挑灯却坐试新茶。"后来查阜西在给留在苏州的弟子庄剑丞信中说:"诗里'百结愁肠无一语'之句,是一段奇剧,请你们切莫乱误会。樊伯炎的妹妹诵芬知道充和,而且有深交,他时你们自然晓得。诵芬现在重庆,是充和曲友,时常见面的。假如和伯炎有详细的通信,也许会谈到充和,因为伯炎也认识瓕安先生,都是一门弟子也。"①

与张充和同在青木关、北碚工作和生活多年的卢前,亲见了事态的发展演变,后来曾描述张充和的日常生活情形,并提出直言忠告:"她从小跟奶娘长大的,一切生活方式都属于'闺阁式'的,爱梳双鬟,爱焚香,爱品茗,常常生病,多少有些'林黛玉'的样儿。据我们所知,有好几位北大出身的文人追求着她。而她由昆明而重庆的时候,正有位'老'友。有人问她何以不能离开这老友?她说:'他煮茗最好,我离开他将无茶可喝了!'结果还是分散了。在北碚时,丁西林是常来看她的。我的家正和她比邻而居。有一次,我曾严肃地对她说:'充和,你是不是准备这样过一生了?在舞台上可以演出传奇中的人,但在我们日常生活中不能这样的!'她说:'多谢您好意,等我将牙治好,我也要重新做一个人。'这时她正患牙疾,忍着痛楚还替我写了一本《窥帘》南

---

① 严晓星:《往事分明在,琴笛高楼——查阜西与张充和》。引文中"自然"一词,查阜西原函误作"是然",径改。

剧,连工尺谱抄写得很工整的。"①

卢前列举的张充和几样"闺阁式"生活方式,除"爱焚香"暂无旁证外,其他几项可说是证据确凿。"爱梳双鬟",现存张充和照片中,抗战全面爆发前的基本为短发,1938—1940 年在昆明北门街所摄弹三弦照、在呈贡云龙庵所摄小坐蒲团照,便编了双鬟。到抗战末期在北碚,据梁实秋女儿梁文蔷记载,"一晚,跟着大人在街上走,人群中有一位年轻女士,梳着两个发髻,一边一个,恍如画中美女。后来才知道她就是张充和"②。"爱品茗",有前述沈从文书信、梅贻琦日记、查阜西小品文及张充和自撰诗词为证。"常常生病",目前所见资料,自 1930 年以来,疾病不断、肺结核、脾胃虚弱、便秘、肠胃炎、牙疾等等,患病、治病、养病是她生命中一个重要内容。

卢前所说北大出身的追求者,最可肯定者是毕业于北大外文系的卞之琳。卞之琳虽认为1941 年初张充和离开呈贡、昆明,是"我私人感情生活上……受了关键性的挫折",但并未放弃。1943 年寒假,他买了四斤松子,于 1 月 18 日搭车离开昆明,千里迢迢专程到重庆探望张充和,待了一个多月方返昆。③曾在北大音乐传习所任古琴导师的郑颖孙,与张充和有着六年多的同事关系,互动频繁,现有资料可确定他即张充和的煮茗"老"友,但不详也不宜进一步妄测两人之间的关系。丁西林曾在北大物理系任教,任系主任,卢前特别点名说他常来看张充和,不知是闲笔还是暗示他也是追求者。

卢前的描述与忠告提示今人,张充和这些年来可能迷茫于舞台传奇与日常生活之间,或扩大点说理想与现实之间,就像她所歌咏的那

① 《记张玄》,《卢前笔记杂钞》,第 19 页。
② 梁文蔷:《我与张充和先生的一段缘》,《春华秋实:梁实秋幼女忆往昔》,天津:百花文艺出版社,2009 年,第 130 页。
③ 张宗和日记手稿,1943 年 1 月 17 日、3 月 6 日、11—21 日。

粒桃花鱼。按自己的理想去寻觅，总也找不到；屈就于现实，又非所愿。如果说，十七岁回到苏州，张充和的迷茫是在现代与传统、新与旧之间的抉择问题，且她于抗战全面爆发前明确选择了传统的、旧派的文人化生活方式（作为才女，则表现为闺秀式作风）作为"理想的自我"，从而走向人生的自觉，那么，到了全面抗战时期，她的迷茫则来自理想落不了地，她无法弥合理想与现实存在的巨大鸿沟。

面对卢前的尖锐逼问，张充和回答："等我将牙治好，我也要重新做一个人。"

以牙疾治好与否作为改变自身的条件，听着像借口，不过可见牙痛对她精神状态的影响程度。牙痛，也是一个如她的脾胃虚弱一样困扰其身心的老毛病。早在 1932 年 5 月 13 日，张宗和就记录："四姐的牙齿又痛了起来，睡在床上起不来，还哭，大约痛得很厉害吧。"其中"又痛了"说明其开始发作时间尚早于此。不久，张充和回苏州，计划"把牙齿补好"。后来卧病香山时，南下列车上，在苏州痴迷昆曲期间，都屡屡牙疼，不断找医生看牙。抗战全面爆发，张充和逃到故乡合肥，有段时间老是牙疼，还返回芜湖拔了趟牙。[①]其后漂泊蜀中，她也没少闹过牙痛。1941 年 5 月 24 日，梅贻琦日记载："晚饭后至张充和处稍坐，伊于上午拔牙两枚，嘱令早休息。"1943 年 8 月 25 日下午，张宗和记录道，又陪四姐去看牙。1945 年 6 月，张充和赴成都，专门医牙。[②]或许在成都，张充和拔光了真牙，装了一套假牙，从此告别多年牙痛疾

---

① 《张宗和日记（第一卷）》，第 192、197、407、429 页；《张宗和日记（第二卷）》，第 8、10、134 页。张宗和后来在给四姐信中回忆说："还记得在木渎灵山你的一颗假牙丢了，我都为你找回来了呢。"（1962 年 6 月 26 日，《一曲微茫》，第 222 页）1937 年 8 月 16 日苏州遭日军轰炸，张充和姐弟连夜逃到木渎镇，待了一天多，不太可能有心情游灵岩山（灵山）。想来张宗和说的是之前的事。

② 《二姐同我》，《张充和诗文集》，第 388 页。

患。[1]同时,从别人看到她粲然一笑露出一口整齐洁白牙齿而非此前参差不齐的感觉讲,风神自是更胜一筹。[2]

告别牙疾,是张充和人生轨迹的一道分水岭。因为几乎与此同时,抗战胜利,她复员回到苏州,又至北平,从此与郑颖孙分道扬镳,展开了人生的新旅途。

---

[1] 推测张充和就是此次在成都装了整套假牙,依据是:1946年张充和复员回到苏州,因为已有了这种可全部从嘴里拿出、在当时可算稀罕玩意的假牙,引得她的两位六七岁的侄儿侄女向她鞠躬,请求看看她的牙齿。张充和"舔出假牙,两人相看大笑"。侄女还向侄儿点点头很得意地说:"我将来长大了牙齿也会动。"天真的侄女以为,她和四姑都是女的,长大后牙齿自然也会动,而你们男的不会动,因此很骄傲。(张充和致张宗和信函,1973年11月6日,《一曲微茫》,第465页)

[2] 1965年秋,张充和首次赴台,乍见分别十余年的大姐元和,惊其龅牙、门齿突出,看着可怕,遂强迫大姐把牙齿全拔,装上假牙。于是"大姐旧日风神又出"。同在台湾的"五爷景龄"夸张充和说"此一功可上家谱"。(张充和致张宗和信函,1966年2月16日,《一曲微茫》,第368页)"旧日风神又出",应当也是张充和当年装上全套假牙那一刻,身边亲友对她的感觉吧。

胜利歌哭

｜"年年做尽归飞梦,待到归时意转迷"｜

"一声炮响,胜利了。"

这是1945年8月10日,抗战终于胜利时刻,张充和在日记中录下的声音,听着过于平淡。其时她在成都,因医牙于6月来此,住二姐允和家"甘园"。①事实上,据同在成都的燕京大学教授吴宓记载,那夜可谓全民大狂欢:"(晚)约9:00喧传日本已无条件投降(新民报社布告)。全市欣动,到处闻爆竹及大炮声。文庙燕大诸生,亦竞撞钟、燃爆竹,并喧呼歌唱,至半夜始息。宓遂失眠。"②

张充和当晚的心情,大概反映在作于翌年2月28日的一首七绝里:

　　　　十年踏尽艰辛路,未肯低吟丧气诗。

① 《张充和诗文集》,第388—389页。关于抗战胜利的时间节点,有多个不同的日子,都可以表示抗战胜利的意思,各种叙述中因不加区分,常使人发蒙。谨记如下:1.乞降日:1945年8月10日,日本委托中立国瑞士、瑞典政府照会中、美、英、苏四国,接受《波茨坦公告》,请求投降。消息于当天晚上被大后方的人们获悉,万众狂欢。2.公告日:1945年8月15日中午,日本天皇裕仁以广播《终战诏书》的形式,向公众宣布无条件投降。3.受降日:1945年9月2日,日本向盟军投降仪式在东京湾密苏里号军舰上举行。在包括中国在内的9个受降国代表注视下,日本在投降书上签字。4.抗战胜利纪念日:1945年9月3日,受降翌日。5.中国战区受降日:1945年9月9日,中国战区受降仪式在南京举行。
② 吴学昭整理:《吴宓日记》,1945年8月10日,北京:生活·读书·新知三联书店,1998年。

万姓狂欢腾宇宙，一灯独对泣支离。

这些年的艰辛一言难尽，逃难、流徙、跑警报、躲轰炸、忍受生活艰苦，更有与许多亲人师友的生离死别，父亲张冀牖，师长吴梅，弟媳孙凤竹及其父孙誉清，侄女、二姐允和的女儿周小禾等，都在这场战争期间相继离世，基本都是这场战争的受害者。如果说父亲是吃了日本人放毒的井水患痢疾去世，尚属传言未加证实的话，弟媳、侄女等人之死则要归因于战争所导致的医药紧缺、特效药难觅，以及生活条件恶劣所致的营养缺乏。

当胜利突然来到，人家狂欢的时刻，张充和喜极而泣，开始想家。思乡之情如此强烈，到9月15日、17日变得不可遏抑，连成四首小令，一一都是归家曲。其中之一云：

鹧鸪天

十二阑干百尺楼，三吴人尽唱西洲。雪芦红蓼斜阳渡，紫蟹黄花明月舟。

风细细，叶飕飕，铜盆檐漏滴深秋。此心沉作巴山雨，东去随波不暂留。

此词一气流注，其疾如飞，上阕展现想象中的故乡欢乐明快亮丽景象，下阕节奏愈为急促，表达急于返回故乡之情，读来有杜甫《闻官军收河南河北》的快疾。

可是这样的心情被残酷现实所阻遏，涌起强烈的忧愤与悲慨：

临江仙

瘴雨顽云何日罢，穷山抵死相囚。望残归讯损双眸，碧荷凋旧梦，红叶落新愁。

　　待得归时归不得，此身无计淹留。家成废垒室成畴，东西余怅望，南北更绸缪。

上阕所写忧愤之情极其强烈。首句说日寇虽除，然"瘴雨顽云"仍无休无止，何日是头。这是隐喻当时抗战胜利后国共内斗、美苏插手、前途未卜的政治动荡形势。然后连用几个硬邦邦的、具有摧毁性的字眼，如"抵死""囚""残""损""凋"，抒写这种动荡形势对自己的心理摧残。这几个字格外扎眼，诗人让并不会动的"穷山"、只存在于人心中的盼望之情，具有了与火炮、刀剑、监狱等人类制造的暴力工具同样的破坏力。而后者才是真正让"瘴雨顽云"无休无止的关键因素。

下阕抒发悲慨。终于等到抗战结束可以回家这一天，却并非想回就能回，原来不是想象中那么简单，再急也没用。一则，记忆中故乡很可能已毁于战火，化作废垒荒畴；二则，人们都急不可耐地想回去，以至交通运输无比紧张，自己并不容易拿到回去的机票或船票，唯有怅望；三则，国共双方忙不迭地调兵遣将，排兵布阵，未雨绸缪，磨刀霍霍——这既是造成交通困难的一大主因，又给未来蒙上重重迷雾。

一个月前还沉浸在胜利喜悦、回家渴望中的张充和，为何会有如此巨大的转折，如此强烈的悲愤心情？张充和虽不关心政治，然而时局发展演变实在出乎她的意料，且此时攸关每个人的切身需要和未来命运，她所交游者又多为文化名流，其中不乏兼有官方身份或与官方有关者，熟悉内情，总能有意无意听到不少关于时局变幻莫测的谈论。作为历史局中人的张充和，感受着风云动荡，想到归家之路的艰难，未来的迷茫，内心倍受揉搓，悲愤莫名，禁不住有"瘴雨顽云何日罢"的慨叹。

＊

　　归家一时无望,只有在煎熬中慢慢等待。

　　此一时期,作为慰藉,张充和经常参加李方桂、徐樱夫妇家举办的曲会活动。徐樱后来深情回忆她与张充和当时对昆曲的痴迷,说某晚两人外出,为什么所激发,"一起唱起曲子来,不知更阑漏尽,竟彻夜不回来"。另一晚,"我俩并卧在床上,忽见地下一片清辉,就灭了灯火把席子拖到地下卧赏明月。充和在我手心上按板,背着教了我《吊打》里的一支《折桂令》,事隔卅年,宛如昨日!"①

　　徐樱(1910—1993),江苏徐州萧县(今属安徽)人,徐树铮之女,幼读家塾,并随父兄学唱昆曲,后就读于北平法国天主教圣心学院。其夫李方桂(1902—1987),山西昔阳人,生于广州,语言学家,有"非汉语语言学家之父"之誉,与赵元任、罗常培同称为早期中国语言学界的"三巨头"。1939年夏,李方桂结束在美国耶鲁大学的授课,携家返国,回到原工作单位——时在昆明的中央研究院历史语言研究所。其间,李、徐夫妇在罗常培陪伴下,曾至呈贡龙街拜访沈从文,由此与张充和结识。大家在一起唱了不少曲子。②

　　1943年,李方桂接受燕京大学邀请,迁家于成都。徐樱在与新结交的朋友聊天中,发现几位能唱昆曲的,于是三五人组织了一个曲会。其后会员逐渐增多,呈现一派兴盛景象。徐樱后来得意地追忆道:"这里还真有几位名曲人出现:像故红豆馆主的三高徒,就是善演妙常的朱自清夫人陈竹隐,善演《闻铃》的廖书筠,喜唱《十二红》的李夫人(按:李梦雄夫人石璞),老名曲人陆金波父女,留法女诗人罗玉君,漆器专家沈福文夫妇,社会学家于式玉,台大教授张清辉,客座明星张充

① 徐樱:《寸草悲》,1975年,转引自王智科:《民国才女张充和与徐树铮家人半个世纪的交往》,《徐州日报》2015年6月26日。
② 王智科:《民国才女张充和与徐树铮家人半个世纪的交往》。

和。还有两位名教授,其一是川大的李思纯。他喜唱《书馆》里的《解三醒》。他每会必到,每到必从头坐到散会,每次必请方桂伴奏这一支曲。还有和李先生(按:李梦雄)是好友,年岁相弱的吴雨僧(按:吴宓)先生,不唱曲,但他很懂曲,他一到,不言不动,闭目听曲,直到会终。他有时发些高论,蛮有意思。……他还曾怨恨十六世纪时,世界上的邮政不好,否则的话,莎士比亚和汤显祖中西两位剧作家就成了好朋友,还不知有多少好戏问世呢!"[①]

吴宓在日记中录下不少到李、徐家听唱昆曲的情形,其中两晚遇见张充和在座。9月26日,吴宓日记载:"晚7—9(时)赴桂、樱宅,……值桂、樱在家邀客便宴,演奏昆曲。始见负盛名之张四小姐仲和(作者眉注:今改充和)。其人吹笛唱曲均精。但身体瘦弱已极,纯为中国闺秀式之美。然甚憔悴矣。闻在蓉居其姊夫家,专医牙云。"10月8日,吴宓日记载:"是晚无电灯。7—10(时)至桂、樱宅,再听唱昆曲。……旋共谈释曲辞。具见玉君粗俗,而充和文雅。""玉君"即上面徐樱所言"留法女诗人罗玉君"。[②]

其时,李方桂才学会吹笛唱曲没多久。据徐樱回忆,最初她兴致勃勃地张罗曲会,李方桂是勉强奉陪,后来看曲谱多了,兴致油然而生。因当时只有川大教授李梦雄会吹笛子,很难照顾大家,有时只能干唱。一日李方桂经画家吴作人初步指点后,苦练吹笛,一连多少天,从开始吹不出声到有声但荒腔走板,到有板有眼,一点点进步,锲而不舍。[③]对于李方桂学笛所下的苦功,张充和到晚年仍记忆犹新。她当众批评他:"你的问题是,吹笛时你没有关注气力,还有你的嘴绷得不

① 徐樱:《方桂与我五十年》,北京:商务印书馆,1994 年,第 67、69—70 页。引文中的"老名曲人陆金波",疑即路朝銮(号金坡)。

② 《吴宓日记》,1945 年 9 月 26 日、10 月 8 日。

③ 《方桂与我五十年》,第 67—69 页。

够紧。"李方桂按张充和的指点苦练了一天一夜,第二天就摸到了窍门,后来他终于练成笛手,能吹奏很多曲目,颇受曲友们赞赏。[1]吴宓就夸奖李方桂"吹笛子有独到之处,板眼准确,音色圆润,好像多年娴熟一样。只要笛声一响,满屋子的书卷气"[2]。此后,李方桂又从徐樱学唱昆曲,经徐樱初步指引而唱功的技艺从多方面汲取,其中张充和教他唱了《秋江问病》里的两段《山坡羊》。[3]

徐樱还回忆说,看到李方桂四十多岁方始学笛,还能吹得那么好,又加上张充和一只笛袋的鼓励,她也学着吹笛。虽不高明,但润口的几出戏,尚能成腔。不过也就在曲会人来多了,李方桂与李梦雄吹得累了,她替手吹三五段而已。[4]

张充和是李方桂、徐樱家的常客,其家人也待她很好。当时张充和刚拔了牙,不能吃硬的、凉的东西,因此,每次知道她要来,徐樱的母亲夏宣一定会做一大锅软和的热汤菜等着。张充和非常喜欢伯母为她准备的食物,因此来得更勤了。老太太从心底里欣赏、喜欢张充和,就有想认干女儿的意思。徐樱考虑到张充和有些名士的派头,怕她对认干亲这一套做法反感,一直未敢启齿。老太太又转而让徐樱当时才七八岁的儿子李培德认了张充和为干娘。徐樱回忆说:"因娘的说合,我们就高攀了这门干亲,娘和充和之间也马上亲近了很多。"徐樱的长女李林德也称张充和为"张娘娘"(用川语发音,"娘"读阴平声),并一直保持这一称呼。[5]

后来,张充和与李方桂、徐樱夫妇相继到了美国,与另一位也到美

---

① 《曲人鸿爪》,第139页。
② 《方桂与我五十年》,第70页。
③ 《方桂与我五十年》,第70—71页。
④ 《方桂与我五十年》,第70页;徐樱:《寸草悲》。
⑤ 王智科:《民国才女张充和与徐树铮家人半个世纪的交往》。

国的前辈项馨吾树起昆曲在美国的三个据点,传播昆曲艺术。虽然彼
此住所相距甚远,但凡有机会就要聚会,痛痛快快地唱曲吹笛过足瘾。

＊

在成都这段时间,张充和还和她所钦佩的大画家张大千多有过从。

1936年春,张大千到南京举办画展,张充和于《中央日报》上发表
评论文章,称"就艺术而论,平心说来,张先生的确是位当代少见的天
才艺人。只要我们看了他的作品,无论是翎毛花卉山水人物,没有一
幅不是在工力严整的笔下流动着无限的诗思和极高的品格"①。两年
后,在大后方成都,她终于认识了这位"天才艺人"。"那时我二姐在成
都,我到张大千的家里去过,他们家也常常举办曲会,请我去唱曲。"按
张大千1938年10月离开香港,经重庆抵达成都,寄住严谷声家,旋上
青城山居住,此后往返于成都、青城两地,而张充和于是年冬到了昆
明,故两人相识应在10至11月间。

1945年再次来成都,张充和又到张大千家看他。"那次我是和戴
爱莲一起去的,我和戴爱莲很谈得来,她跳西方的现代舞,我唱的中国
昆曲,一中一西,那时候我们常常在一起表演。"戴爱莲是现代中国最
早留洋学舞的舞蹈家,是中国现代舞蹈艺术的先驱与奠基人之一,其
时她与丈夫、画家叶浅予于当年6月中旬到9月中旬借住张大千家。
看到张充和的表演,张大千为她画了两张小画,表现戏中的张充和:
"这张背面的《仕女图》,记不得他画的是我唱的《闹学》还是《思凡》了;
这张线勾的水仙,却是他画的我的身段——他说我甩出水袖的身段线
条,让他产生水仙的联想。就这么一转一甩,我问他是否画的就是我
这个身段,他笑嘻嘻的说是。"

"我在成都住在二姐家,离张大千家不远,他就常常邀请我一起去

---

① 《张充和诗文集》,第190页。

看戏——看川剧。那时候张大千喜欢捧川剧的两个戏子,一个唱男小丑,另一个唱花旦,是两口子,我跟着他一起去看戏,是一出叫《点灯》的怕老婆的戏。台上说的是,男人犯错,老婆罚他点灯,变着各种法子要他点灯、吹灯。高潮是要他跪在那里,灯顶在头上,要罚他吹灭,要吹灭了灯才能站起来。可是不知怎么弄的,他一吹就把头上的灯给吹灭了。台下就拼命鼓掌。张大千很得意地指着台上说:'你看见小丑耍的那把扇子了么?那扇子是我给他画的!'"①

十八年后,在美国新港定居下来的张充和在家里接待了造访耶鲁大学的张大千。"张大千喜欢画芍药,他说芍药热闹。我也喜欢芍药。……我的花园里就种了一大片,开花的时候争先恐后的。张大千来我家的时候,正值芍药盛开的时节,他就一幅接着一幅地画,一画就画了好几张。他那几幅很有名的芍药图,都是在我这里画的。画得高兴了,就特别送了我一张。张大千送我的另外一张大画,是一个人站在松树的旁边,也是在我这里画的。我都去裱好了,但不容易伺候,特别在冬天的时候,又怕干又怕潮湿,所以我没有挂起来。"②

当年评价张大千是"当代少见的天才艺人",二十七年过去,张充和对张大千的钦佩不仅未有减弱,反强化到无以复加。这次亲眼看到张大千作画,她赞叹道:"那天看他画画,恐怕真是最伟大的画家了,若三句不离本行来说,'文武昆乱不挡',画家中境界最广的是他,笔力最强的也是他,功夫最深的也是他,才气纵横的也是他,齐白石就只是那一手,溥心畬更是翻不出新花样,其余不足为道也。"③

---

① 《天涯晚笛》,第130—131页。
② 章小东:《镜框——张充和先生谈书画大师张大千和沈尹默》,《文汇读书周报》2010年2月12日。
③ 张充和致张宗和信函,1963年6月19日,《一曲微茫》,第324页。

*

1946年春,已回到重庆北碚的张充和等到了归家的消息。①她的心情大好,于2月28日作了五首绝句,3月14日又作三首,还写了一首《临江仙》。

这批诗词,写于嘉陵江畔明媚春光中,故色调清丽透明,满是眷恋,是要抓住最后的机会再看一看、闻一闻、听一听它的颜色、气味和声音:

　　岚彩云林夕照中,江流宛转意无穷。
　　牵情只在歌深处,一叶扁舟一笛风。

　　水边红绽碧桃枝,散发红妆柳万丝。
　　微暖微寒如有意,未妨小别试相思。

春暖微醺中,一时意气高昂、心情愉悦,劝慰自己又祝愿他人:

　　意气腾空志迫云,辞家犹是少年人。
　　休嗟世路羊肠窄,天地能容海样心。

---

① 张充和何时离开成都回到重庆,目前不明。可能捕捉到张充和行踪的吴宓日记最后一次记载在李方桂、徐樱家见到张充和是1945年10月8日。其后不久10月22日—12月31日的吴宓日记不幸在"文革"中被抄后佚失;1946年1月1日—2月17日吴宓又未作日记。因此有长达四个月的空白。然后自1946年3月3日起较长一段时间里,吴宓日记中又频繁见到他赴李方桂、徐樱家听唱昆曲的记载,但再未见到张充和。不过,据张充和作于1946年2月28日绝句中"细雨才苏二月枝,嘉陵春水碧如诗"推知,张充和此时在重庆北碚。又据其作于3月14日晚上的三首表达离别情绪的绝句,以及《临江仙·卅五年春别蜀中曲友》一词中"三月嘉陵春似酒,一篙碧透玻璃",张充和离开重庆的时间当在1946年3月15日以后。

> 一樽开处见天真,此日相逢万象新。
> 莫谓抱残生计拙,无愁即是谪仙人。

然而再明媚愉悦,也难掩其无限怅惘:

> 春为装束梦为家,烂漫遨游伴落花。
> 踏尽青青堤畔路,不知何事到天涯。

> 细雨才苏二月枝,嘉陵春水碧如诗。
> 年年做尽归飞梦,待到归时意转迷。①

这种心理纠结,典型反映在《临江仙·卅五年春别蜀中曲友》一词中,也是对上引最后一绝的展开:

> 三月嘉陵春似酒,一篙碧透玻璃。片帆欲挂柳依依。华年为客尽,归去更乡思。
> 塞北江南何限地,经行总是凄迷。万红寂寞一莺啼。莺啼如有泪,莫上最高枝。②

据金安平转述张充和的回忆,抗战期间,张充和曾想象在战争结束后,回到祖母留给自己的土地上,修建一所庄园。当年祖母在遗嘱中特别指明,田产由张充和继承,算作她应得的遗产。祖母这样安排,也许是为了让失去庇护的张充和仍能衣食无忧。对此良苦用心,族人

---

① 《张充和诗文集》,第50—53页。
② 《张充和诗文集》,第54页。

似乎也没有怨言。直到晚年,张充和仍保留着这些田产的地契。这些地契给她一种希望,让她有独立自主的感觉。她在大后方的那些岁月,想象着战后庄园的生活,园中应种什么树,是否坐落溪畔。来园中造访的只是学者文人和喜欢艺术的朋友。他们随时可以来做客,爱待多久就待多久。他们可以独自工作,也可以结成小组;他们可以与人合用厨房,或自己单独起灶,一切随意。① 这是要亲手筑造自己的桃花源。回荡在"酒阑琴罢漫思家""年年做尽归飞梦"等思乡曲里的,大概就包括如此这类美梦。

然而好不容易等到归家之期,她又踟蹰了,迷茫了:"待到归时意转迷""归去更乡思"。这是何因? 金安平解释说,因为张充和预料到,故乡的一切都已物是人非,那个她一直称为"家"的地方,只怕已经认不出来了,即她所谓"家成废垒室成畴"。张充和觉得,在远方思恋关山阻隔的家乡,也比回到故乡黯然神伤来得好。②

金安平只解释了一层,关于过去,关于已经毁灭的,但实际上让张充和更为迷茫的是现在,是未来,不仅是故乡,还有自己曾经游历之地,从江南到北平,无不笼罩在战争乌云中,接受再次被毁灭的命运。

---

① 《合肥四姊妹》,第62、313页。
② 《合肥四姊妹》,第313页。

江南归来

| "旧日歌声竞绕梁,旧时笙管逞新腔" |

　　1946年夏,张家十姐弟及其家人陆续会聚上海。

　　全面抗战期间,大姐元和一家始终留在沦陷的上海,如今,位于建国西路懿园31号的大姐家成为他们的乐园。[①]他们打上地铺,一大家子几十号人热热闹闹挤住在一起,通宵达旦聊天,住了几个星期。[②]自1938年春武汉一别,一晃八年过去。他们互诉衷肠,讲述别后情形,拍摄各种合影,并商量恢复苏州九如巷的家和乐益女中。

　　张充和与姐弟们回到苏州,投入家园的重建工作。为筹措经费,她典当了自己的首饰,又题写校名,悬于巷口显眼处。1946年秋乐益复校开学后,她到学校义务代课,教语文和英语。留存至今的一张照片显示,她曾带学生们到苏州西郊山区郊游,一身朴素,稍显憔悴。[③]此外,又到设于拙政园的国立社会教育学院代大弟宗和教课。[④]

　　唱曲吹笛、粉墨登场的盛事逐渐复兴。作为"昆曲之家"的张家,再一次曲友满座,雅韵不绝。这一切暂时冲淡了张充和心头的烦恼,她产生一种感觉,一种旧梦重温的感觉,虽然乍从重庆返乡,眼前的江

---

① 《沈从文全集》第18卷,第465页。

② 《合肥四姊妹》,第174—175页。

③ 张寰和口述、王道记录:《张家小五弟眼中的四姐》,《小园即事》。

④ 《天涯晚笛》,第25页。

南的确让她失望,然而她现在觉得,这个世界风韵犹存,她找回了久违的江南旧梦。十一年后,再次离乡远遁的张充和于太平洋对岸的旧金山湾,忆起1946年刚回苏州的情景,动情地写道:

> 鹧鸪天·忆战后归吴喜逢诸曲友
> 　　旧日歌声竟绕梁,旧时笙管逞新腔。相逢曲苑花初发,携手氍毹酒正香。
> 　　扶断槛,接颓廊,干戈未损好春光。霓裳蠹尽翻新样,十顷良田一凤凰。[①]

上阕写曲友重逢、曲会重开的喜悦,自不必言。下阕颇有"待从头,收拾旧山河"的豪迈,当然她的"旧山河"只是自家的艺术天地。"扶断槛,接颓廊",当指修复被战火损毁的九如巷、乐益女中。"霓裳蠹尽翻新样,十顷良田一凤凰",张充和小注说"时卖安徽田而定制苏绣戏装,田价贱而绣价昂。实志况也",故两句写贱卖良田重新置办昆曲戏装。这是重整旗鼓、从头开始的节奏。天真的她尚且认为"干戈未损好春光"。殊不料,接下来的又三年"干戈",一切天翻地覆,她此时重温的江南旧梦,竟是最后的江南旧梦。

＊

或许就是此一时期,张充和写出了《寻幽》七律:

[①] 张充和致张宗和信函,1957年9月29日,《一曲微茫》,第101—102页。据此函上下文揣测,此词当作于1957年9月或此前不久。此词《张充和诗文集》标示"作于1947年",题为"战后返苏昆曲同期"或"喜逢吴下诸曲友"。关键在于词题中"忆"的有无。或许张充和后来抄录时省去"忆",让人误以为是1946—1947年的即景创作,而非事后(十一年后)的追忆。

寻幽不觉入山深,翠雾笼寒月半明。

细细清泉流梦去,沉沉夜色压肩行。

十分冷淡存知己,一曲微茫度此生。

戏可逢场灯可尽,空明犹喜一潭星。[①]

这诗或可解读为对于卢前劝诫的回应。当年卢前在北碚劝告张充和"在舞台上可以演出传奇中的人,但在我们日常生活中不能这样的",她回说"等我将牙治好,我也要重新做一个人",实际是一种没有明确内容的应承。关键问题在于重新做一个怎样的人,选择怎样的生活。"十分冷淡存知己,一曲微茫度此生"一联,或许就在回答此一问题。

"十分冷淡存知己"针对卢前说她与"好几位北大出身的文人"有瓜葛,特别是与煮茗老友郑颖孙,她以此句表明,以后要与他们保持恰当的距离,最好是君子之交淡如水。"一曲微茫度此生",即"以微茫之一曲度过此生"。当今昆曲虽日渐衰亡,一息仅存,前途渺茫,但我爱之深切,我愿以它度过此生。按此理解,则张充和的"重新做一个人",只是对以前生活态度、生活方式的技术修正,而非真正的重新开始。

视昆曲为安身立命所在的张充和,从此铆足劲头投身昆曲事业。1946年,联合国教科文组织派人到中国考察,其中一支到苏州,由教育部接待,樊伯炎(即后来上海昆曲研习社发起人)负责搭台于拙政园。张充和与曲友们被指定演唱《游园惊梦》等曲目。当时有许多"传"字辈成员到场助阵。演唱经费全由乐益女中承担。[②]

1946年也返回苏州,与张宗和同任教于社会教育学院的顾颉刚,

① 《张充和诗文集》,第53页。
② 《曲人鸿爪》,第19页。

和张家姐弟多有过从,曾于日记中记录了张家曲集的盛况:

> 10月27日(下午)到乐益女中,晤张宗和、定和、充和、兆和、方桂夫妇等。听俭乐曲组诸人拍曲。晤姜亮夫夫妇及查阜西。
>
> 在乐益夜餐,席上又听唱。九时出……
>
> 今日所听曲:访翠——毛凤九　回营——雷敬直　闻铃——余起华　亭会——姚志民、王淑君　拾金——秦印绅　奸遁——王介安　扫秦——张良夫、毛凤九　惊变——钱大贵、张宗和　寄子——陈韵兰、陈企文　惊梦——徐樱、陈企文　踏月——樊颖初　窥醉——金桂芳
>
> 今晚同席:方桂夫妇　李荣生　周传铮　赵春荣(以上三人皆仙霓社员,今日之乐师)　陈韵兰　陈企文　金桂芳　毛凤九等(以上客)　张老太太及其子女(主)[①]

"俭乐曲组"即曲坛前辈王季烈1943年创办的俭乐曲社。斟酌顾颉刚的行文,很可能指该曲社诸人在乐益女中或张家拍曲,活动从下午持续至晚间。这份由众多人名构成的日记即是八方曲友齐聚张家的实录。

这里有李方桂、徐樱夫妇。1946年夏,李方桂接哈佛大学聘其任客座教授两年的邀请,一家人9月抵上海等待出发,长达数月。其间,夫妇俩来苏州找张充和小聚。十几年后,张宗和还记得:"徐樱我最记得她爬我们家的窗子,她大约觉得她自己很苗条吧。"[②]

也见到了查阜西。1946年4月底,作为中央航空公司副总经理的

---

① 《顾颉刚日记》,1946年10月24日、27日,12月4日、7日各条。
② 张宗和致张充和信函,1962年8月19日,《一曲微茫》,第252页。

查阜西结束在美国的民用航空事业考察,启程回国。他重新整修苏州
南园的"后梅隐庐",扩大面积,种下许多美国带回的花草种子,于盘门
东大街张氏花园订了不少果苗栽在后院。1947年6月,他将张充和七
年前抄的《长生殿·弹词》精心重裱,并请友人、同事,也是琴人的吴鹤
望署签。张充和常去后梅隐庐,查阜西的摄影技术也派上用场,给她
拍了许多照片。二十多年后,张充和在忆查阜西的《八声甘州》词中写
有"重招梅隐"一句,即指这段时光。查阜西去观前街,不时路过张家,
也会去坐坐。张充和晚年回忆:"他这个人很可爱,又昆乱不挡,什么
都会,还会装苏州男人的小腔,因此每次一来,我家上上下下都喜欢,
佣人们看到他高兴,太太们看到他也高兴。"①另一次,她向张宗和揭破
一个关于查阜西的秘密:"你还记得他来九如巷,要吃八十个小笼包子
的情形? 我那时买了八十个,一会儿见你看着馋,也帮忙吃,你两人用
一支筷子扎一个一口两个,把全家人站在旁边笑得不可开交。以后还
有个秘密,你不知道,还以为吃了八十个呢。其实高干要小侉子奶娘
藏了二十个,怕吃坏了查先生。此事查阜西更不会知道。"②

顾颉刚日记中还能见到张充和的昆曲老师李荣生,20世纪30年
代早中期在幔亭女子曲社的社友樊颖初、陈企文、陈韵兰,以及其他与
张充和之间故事不彰的曲友。新老曲友,"相逢曲苑花初发,携手甒甊
酒正香"。

高潮出现在1947年中秋节前四天的9月25日,当晚在上海闸北
浜桥实验戏剧学校,举办了一场轰动一时、令人难忘的昆曲演出,吸引
了江南一带数百位曲友及爱好者到场观赏。压轴的,是张充和(扮白
娘子)与大姐元和(扮小青)同俞振飞(扮许仙)搭档演出的《断桥》。此

---

① 严晓星:《往事分明在,琴笛高楼——查阜西与张充和》。
② 张充和致张宗和信函,1976年6月29日,《一曲微茫》,第507页。

一盛事,被当晚观看演出的历史学家王伯祥、作家暨教育家叶圣陶分别记录在日记中。

王伯祥日记云:"径赴横浜桥实验戏剧学校,观虹社彩排昆曲。……所遇熟人甚多,爱好此道者,几无漏列者。八时开场,十一时半终局,凡七出,录目如下:

"长生殿·小宴(赵景深饰唐明皇,李希同饰杨妃)

"……

"雷峰塔·断桥(俞振飞饰许仙,张充和饰白氏)

"从容听歌,怡然五方,虽闷热亦不知觉矣。比散,余与珏人、润儿及秀姊弟同乘街唤汽车以归。到家浴身已十二时半矣。余近习夜睡不得过十时,否则失眠。今竟逾此限过久,遂不得好眠,听漏待明而已。"

叶圣陶日记里除记录盛况,还评出"佳"者:"夜七时,至戏剧学校观昆剧,(赵)景深在此校任昆曲一科,约集曲友作一个会串,名曰'见习同期'。校中剧场有四百余座位,今夕不得坐而立者无数,大概上海各曲社皆有人到……演至十一时而毕,以项馨吾、殷震贤之《佳期》,俞振飞、张氏姊妹之《断桥》为佳。"①

此次盛大演出之后四天,中秋节当日,记录昆曲人流风余韵的《曲人鸿爪》第一册,也画上了最后的页章。

此册《曲人鸿爪》,从1937年7月6日吴梅首开其篇,至1947年9月29日(中秋)张充和继母韦均一画上终章,历时十年,递经二十二位曲友接力书写二十三帧书画。从苏州开始,随着张充和漂泊西南,转徙于成都(三人)、呈贡(四人)、重庆(四人),1946年又回到苏州,一年多来十人参加了接力,书写十一帧(韦均一前后两帧),几近全册的一

---

① 转引自《小园即事》,第318—319页。

半。一方面说明战争阻滞了其书写进程,因为张充和于战前所敬仰的苏州耆老名宿张钟来、吴荫南、王荪民、王季烈、蔡晋镛等,大都羁留沦陷区,战时没机会题写;另一方面,或许是重返故土后,张充和不忘前鉴,抓住这久违的机会赶紧留下他们的文墨,因不知明天会发生什么。

《曲人鸿爪》的结册,从后见之明看来,还真有多种蕴含。它象征了张充和一个重要人生阶段的结束,也吹响了江南旧梦的终场曲。韦均一于压轴页所题《牡丹亭·惊梦》里"遍青山啼红了杜鹃"一语,也真啼响了传统文人流风余韵的"惊梦"。

其后不过一年多,正处盛年之期、巅峰之境的张充和从中国大陆昆曲界消失。她深深记得离开前的最后一幕演出。1985年,在一篇关于旧识谢锡恩的序文里,她追忆说:"我同锡恩先生在1947年曾共同整理过昆曲。1948年其夫人周铨庵女士在艺术学院同台演唱昆曲。她演出《长生殿》中《小宴》,我演《牡丹亭》中《学堂》《游园》。这是我去国前最后演出的一台戏,已成不可磨灭的记忆。"[1]

*

大约同时期结束的,还有她与卞之琳之间那段"无中生有的爱情故事"。1943年寒假专程赴重庆看望张充和后,卞之琳似乎承认了爱情的失败。此事在卞之琳的西南联大同事夏济安的日记中有所反映。

1946年1月12日,夏济安记录称,联大外文系另一位副教授钱学熙"批评卞之琳爱情失败后,想随随便便结个婚,认为这是放弃理想,贪求温暖,大大要不得"。夏济安分析说:"可是像卞之琳这样有天分有教养的人,尚且会放弃理想,足见追求理想之难了。"

2月1日,大年夜,吃完七人一桌的年夜饭后,夏济安与卞之琳、钱

---

① 谢锡恩撰,陈安娜编:《中国戏曲的艺术形式》,香港中国语文学会,1986年。张充和的序言写于1985年2月1日。

学熙、顾寿观四人又大嚼猪油年糕、喝绍兴酒等。当晚他记录："卞在补牙齿,酒后发牢骚云:少年掉牙自己会长,中年脱牙没法长全,少年失恋,容易补缺,中年失恋才真悲伤。张某某之脱离他,对他真是一大打击,痛苦不过偶然表露一下。"

可是两个多月后卞之琳的表现说明,他对张充和仍不能放下。夏济安于4月8日记:"晚饭后卞拿他所珍藏的张仲和女士(他的爱人)所唱自灌的铝质唱片开给大家听,张女士的昆曲唱得真美极了,听她一唱,我对昆曲才开始发生兴趣。苏州话腔调里竟有这许多变化!"①对珍藏张充和唱片事,卞之琳晚年有过回忆:"抗战初期,流离中我受一位朋友所托,珍藏她原先用铝盘自录所唱几段名曲,包括《题曲》吟诗一段,后来历经劫乱,居然幸存,可惜都已锈坏。"②

其后西南联大解散,卞之琳原属南开大学编制,离开昆明,将北返去天津。途中于6月到上海,住李健吾家,并赴张元和家探望张充和。6月25日,同在上海的夏济安见了卞之琳,记道:"他曾去看过已经回到上海的他的旧情人,她现住在她大姊(张元和——顾传玠夫人)家里,他并送她们从香港带来的化妆品。(香港什么都比上海便宜。)他们多年不见,中间还隔了一段波折,可是他自称很镇静大方,若无其事。"③

此后卞之琳在无锡、上海等地逗留数月,曾于9月10日(中秋)造

① 夏济安著,夏志清注:《夏济安日记》,沈阳:辽宁教育出版社,1998年,第7、19、79页。这里夏济安记录张充和为"张仲和",按说夏济安作为卞之琳的身边同事,吃住在一起,总听卞之琳提及"他的爱人",怎么可能连名字都弄不准确?吴宓也曾经认为张充和叫"张仲和"。当1945年9月26日吴宓在成都李方桂、徐樱家首次见到张充和,当晚日记也写作"张仲和",后眉批云"今改张充和"。因此很难说是日记记录者的笔误,或误听。夏济安的弟弟夏志清于此注释说,"应作张充和,可能仲和也是她的名字"。或有此可能。存疑待考。
② 《题王奉梅演唱《题曲》——冬日为"传"字辈昆剧家纪念演出传响》,《漏室鸣——卞之琳散文随笔选集》,第92—93页。
③ 《夏济安日记》,第127页。

访苏州张家,当天张家办了曲会,或许他再次欣赏到了久违的张充和现场演唱。①

翌年6月,卞之琳获英国文化协会"旅居研究奖",被邀往英国访学一年,遂离开天津南开大学,往上海与获此奖学金的二十名进修人员会齐,办理出国手续。其间,他再到苏州,小住数日,与张充和话别。

一年间至少三次造访张充和,给张家人留下了很深印象。据五弟寰和的夫人周孝华晚年回忆,卞之琳"每次来,都会给我们带礼物,多少也说过一些让我们帮他劝劝充和的话"。但他的迂回策略显然没有奏效,"毕竟家里人都觉得不合适,而且总是以充和想法为重的"。至于礼物,"是那种亚麻布料的香港衫,每次都一样"。

周孝华曾亲眼见到过一次卞之琳情难自已之后的大胆表白。"那一天我在自己屋子里,充和突然进门来喊我跟她上楼。"透过楼上张充和的房门缝隙,周孝华看到卞之琳竟双膝跪在地板上。"充和又可气又可笑地告诉我,说卞之琳跟她求婚,声称如果不答应他就不起来。"但显然,卞的"威胁"并未有作用,"过了没多久,也不知道充和用什么法子,就让卞之琳又站起来了……"②

根据周孝华的见证,卞之琳并非像张充和向苏炜讲述的"他从来没有认真跟我表白过",而是至少有这么一次,虽然一如既往地无效。

7月,卞之琳乘船离开上海,经香港换运兵船抵英国。他万万没想到,这一去,他竟完全失去苦恋十多年的"爱人",并且相隔三十一年才重逢。

---

① 《曲人鸿爪》,第99—106页。
② 张磊:《诗人卞之琳苦恋才女张充和20年》,《扬子晚报》2012年6月23日。

北平情缘

| "四姨,我希望你们天天结婚,让我天天有蛋糕吃" |

　　1947年夏,时隔十二年,张充和再次来到北平,预备在北大开昆曲和书法课。①

　　虽在北大红楼有宿舍,但张充和常常住位于中老胡同32号院的三姐兆和家。此院距故宫东北角楼不远,与景山公园隔街相望,原为光绪帝的两个妃子谨妃、珍妃的娘家。日本人侵占北平后,该院于1943年被霸占,抗战胜利后归属政府,因旁边就是北京大学教学区,北大代理校长傅斯年于是借用该院做了北大教员宿舍。此院很大,由四个东西并列而相互串通的四合院组成。据说所有房子加在一起有107间。轩敞不一、阔仄不同的古色古香屋宇间,由假山、藤萝架、大槐树点缀着,虽经日本人改造,传统中国风味有所破坏,但脊檐瓦楞间仍可感受到昔日贵族大户的格局与气宇。入住该院的有朱光潜、贺

----

① 《天涯晚笛》,第107页。张充和在北大的书法与昆曲课在她1948年12月仓促离开北平前,似乎尚未正式授课。据傅汉思记录,1948年3月他初识张充和时,"她准备在北大教书法和昆曲"。说明还没开课。(傅汉思:《我和沈从文初次相识》,张充和译,荒芜编:《我所认识的沈从文》,长沙:岳麓书社,1986年,第13页)。张充和对苏炜回忆说:"我们(她和傅汉思)认识的时候,内战已经开始了,我在北大开的昆曲书法课,还没正式开始教,就打仗了。"(《天涯晚笛》,第109页)内战早在1946年6月开始。不过这时的战场离北平尚属遥远。她说她的课还没正式开始就打仗了,这个"打仗"似宜理解为战场离北平近在咫尺。那大概是1948年11月2日辽沈战役结束以后,中共军队开始分割包围北平地区。这时离她逃亡也就没多少时间了,故怀疑她的课程没正式开课。待考。

麟、冯至、袁家骅等二十余位北大教授。[1]冯至的大女儿冯姚平回忆儿时住在这里的情景说:"朱光潜伯伯家经常高朋满座,品诗论文好不热闹;贺麟伯伯的西洋哲学编译工作紧锣密鼓;为多家报纸编辑文学副刊的工作使沈从文伯伯应接不暇。大院里文采飞扬,吸引着住在外面的人,像杨振声伯伯就经常从南锣鼓巷过来闲谈。"[2]

三姐兆和家在该院偏僻的西北角,一大长条,从东边数起为厨房、餐厅、保姆间、厕所,都很小,然后一连四小间是卧室、书房兼待客。三姐他们将西头那间给张充和住,把相连的门堵死,成为独间,她单独开门出去,享有较大程度的私人空间。[3]

暑假,张充和与杨振声一家、三姐兆和一家时隔八年,又于西郊颐和园霁清轩组成"一个临时大家庭"。霁清轩原为慈禧太后居住,后几经更迭,时为北平市政府的一所内部高级招待所。杨振声刚做了胃部手术,身体虚弱,得到北大老同学、时任北平市长的何思源关照,入住霁清轩避暑休养,他于是邀请沈从文一家与张充和到此小聚。[4]时作家黄裳开始起劲收集时贤书法,托靳以向沈从文求字,沈从文先后回寄了三幅字,其第三幅实为沈从文、张充和、杨振声三人合作。黄裳后在《宿诺》中记述,沈从文寄到的这张长条幅,右下角题记写"霁清轩中三人同书,上官碧记","上官碧"即沈从文的笔名之一,卷末题记写"二行至'万余里'从文书;二至四行充和书;至六行,从文,七行金甫书。时三十六年八月,于故都之颐和园中"。黄裳认为,"这一张字照我外行的看法,应以张充和为第一。至少在流动宛转这一点上,是突出的。

① 沈龙朱口述,刘红庆著:《沈从文家事》,北京:新星出版社,2012年,第136—142页。
② 冯姚平:《中老胡同纪事》,江丕栋等编著:《老北大宿舍纪事(1946—1952):中老胡同三十二号》,北京:北京大学出版社,2011年,第158页。
③《沈从文家事》,第142—144页。
④《杨振声编年事辑初稿》,第327—328、335页。

杨金甫也能书，这我过去根本就不知道，他的字当然更老到，但在这里却没有凌厉之气，三位都是书家，是明明白白的事"。黄裳又写道："我连忙向靳以打听关于张充和的事，又要他写信去请她给我写字。靳以是极善于讲故事的，听他讲张充和，就像读一篇小说。可惜三十多年过去，一些都记不起了。"①张充和也曾从师承角度比较过她与杨振声、沈从文书法的区别。她认为，杨振声、沈从文是写帖出身，"我是由汉碑跳到帖，所以小楷带汉碑味。六朝碑我临得不多，汉碑差不多临遍了。……因此我的书法严格说起是书而不法，法到唐才立的"②。

10月初，北大开学，沈从文、杨振声两家人回到各自住处，张充和于中秋前后回苏州小住，赴上海参加昆曲演出，然后再返北平。闲暇时间，曾陪沈从文、朱光潜逛古董铺，偶尔听从沈从文劝说，买了一些旧纸和青花瓷器。她回忆道："这时他（沈从文）家除书籍漆盒外，充满青花瓷器。又大量收集宋明旧纸。三姐觉得如此买下去，屋子将要堆满，又加战后通货膨胀，一家四口亦不充裕，劝他少买，可是似乎无法控制，见到喜欢的便不放手，及至到手后，又怕三姐埋怨，有时劝我收买，有时他买了送我。所以我还有一些旧纸和青花瓷器，是那么来的，但也丢了不少。"又说："在那宿舍院中，还住着朱光潜先生，他最喜欢同沈二哥外出看古董，也无伤大雅的买点小东西。到了过年，沈二哥去向朱太太说：'快过年，我想邀孟实陪我去逛逛古董铺。'意思是说给几个钱吧。而朱先生亦照样来向三姐邀从文陪他。这两位夫人一见面，便什么都清楚了。我也曾同他们去过。因为我一个人，身边比他们多几文，沈二哥说，四妹，你应该买这个，应该买那个。我若买去，岂不是仍然塞在他家中，因为我住的是他们的屋子。"③

---

① 黄裳：《宿诺》，《黄裳散文选集》，天津：百花文艺出版社，2009年，第236—238页。
② 张充和致张宗和信函，1962年11月1日，《一曲微茫》，第286—287页。
③ 《三姐夫沈二哥》，《张充和诗文集》，第340—341页。

*

1948年3月,张充和在沈从文家见到了一位新访客——年轻的德裔美国人傅汉斯(1916—2003)。受胡适邀请,傅汉斯于半年前来到中国,任教于北大西语系。

经傅汉斯西语系同事、沈从文首部英译作品集《中国土地:沈从文小说选》的译者之一金隄介绍,傅汉斯结识了沈从文,"目前北京的一位最知名的作家和教授"。傅汉斯后来在《我和沈从文初次相识》中回忆说,从此"我常常到中老胡同沈家小小的院宅中去"。"我去时他总找时间同我谈天。虽然他一口湘西土音我只能听懂一部分,我却很喜欢听他谈话。沈太太对我也很亲切,有时沈从文讲的我不懂,她就用普通话复述一遍,解释解释。"

傅汉斯如此介绍他与张充和的初识:"我还见到沈太太的四妹张充和。她们住在一起,她准备在北大教书法和昆曲。"又言:"过不久,沈从文以为我对充和比他更感兴趣。从那以后,我到他家,他就不再多同我谈话了,马上就叫充和,让我们单独在一起。"①也即去靠西头张充和那间独立的房间。张充和回忆她当时对此的反应说,那时候傅汉斯当然是很主动的,他一进门,沈从文就大叫:"四妹!找你的!""我发现他人不错,很老实,也很热情开朗,我们就这样交往起来了。"②

在此期间,傅汉斯曾较频繁地给加州斯坦福大学的父母亲写信报告情况,其中必载有他与张充和两人交往的各种细节,不过后来撰文回忆的主角是沈从文,故引用信文时重在与沈从文相关事情的介绍,仅于插叙中提及他与张充和的交往进展,而两人究竟如何谈恋爱的,并未细说。倒是张充和,在两人结婚二十周年时写了一组二十首绝

① 《我和沈从文初次相识》,《我所认识的沈从文》,第12—13页。
② 《天涯晚笛》,第107页。

句,其中两首写的应该就是两人最初约会的场景,雪意盎然,充满浪漫
与甜蜜:

> 翩翩快步上瑶阶,笑映朝晖雪映腮。
> 记取景山西畔路,佯惊邂逅问"何来"。
>
> 五龙亭接小红桥,仿膳初尝帝子糕。
> 岁岁朝阳春雪好,何人携手踏琼瑶。①

中老胡同靠近景山、北海公园,两人的约会就是从这里开始的。
张充和记得,1948年春的北平城,倒春寒中,下过一场让人惊喜的春
雪。她踏着朝晖,翩翩快步飞上瑶阶,来到景山之巅,白雪和红日映照
着脸腮,不知是更红还是更白。又轻盈地飞下山去,走在西畔路上,忽
然碰到傅汉思,惊诧中彼此惊喜地同时问:"你怎么也来了?"其实明知
故问,"佯惊邂逅"也。据查,1948年3月仅23日有雪。因此,或可将
此日当作两人首次约会的日子,或稳妥点,作为两人最初交往时最值
得纪念的时刻。②

---

① 张充和:《结缡二十年赠汉思》二十首之七、八,《张充和诗文集》,第94页。
② 查朱自清日记,1948年3至4月仅3月23日的天气为"雪"(《朱自清全集》第10卷,第499
页)。据北平《新生报》1948年3月23日报道,当时本来温暖湿润的天气是突然在22日
清晨转寒的,八点多下起小冰球,一个钟头后变成雨。据气象台解释,这小冰球并非冰
雹而是冻雨。冰雹里面有冰层,冻雨是不规则的小冰块。又据罗荣渠日记当天记载:
"天气阴沉,寒气侵人,又像回到初冬季节。时令真是有点反常,中午左右,突然下起冰
雹来,颗粒甚大。"(罗荣渠:《北大岁月》,北京:商务印书馆,2006年,第261—262页)《新
生报》24日跟踪报道,23日7点开始下雪,9点多雪停,但雪随落随融,十点以后就到处
看不见雪迹。其后渐渐放晴,下午便万里无云(《新生报》资料获取自抗战文献数据平
台:http://www.modernhistory.org.cn)。鉴于雪随落随融(公路上最明显,像景山、北海等景
区可能因早晨气温较低,能覆盖住地面,形成"琼瑶"让人驻足,但不久气温升高,即可能化
掉),加上诗中"朝晖"二字,张充和、傅汉思二人应该是23日早晨有了这场美丽"邂逅"的。

她和他,在这个美丽"冻人"的日子里,携手踏着琼瑶,走过景山,走进北海公园,穿五龙亭,过小红桥,来到仿膳茶社,买了清宫糕点,你一口,我一口,甜蜜的滋味,从喉咙甜到心间。

其后,天气转暖,春回大地,两人又相约出城郊游:

> 并骑西郊兴不穷,春田细绿水田风。
> 闲抛果饼分猿鸟,深坐花间酌一钟。[①]

骑着单车,你追我赶,兴致盎然,穿过春田、春水和春风,到达三贝子花园,今天北京动物园的前身。闲抛果饼,逗弄着猕猴和异鸟;深坐花间,酌饮着一钟又一钟春酒。这令人沉醉的春天。

沈从文家有聚会,也总邀请傅汉斯参加。4月15日,傅汉斯在给父母亲信中描述说:"袁家骅明天即将赴英……前不久,沈家设宴为袁家骅饯别,一共九个人,我也被邀请参加。吃的好极了,是用一种别致的方法在一个特制的陶罐中烹调的。我们九个人挤坐在一张桌子边上,那桌子在美国只容得下四个人。"从傅汉斯的视角呈现了张充和在沈家吃饭宴客的一些细节。

特别重要的是,就在摘引了此信之后,傅汉斯于插叙时提到他与张充和关系的第一个关键进展:沈从文家淘气诙谐、十一岁的次子小虎雏以无忌童言,将二人暧昧关系挑明。傅汉斯写道:"小虎注意到充和同我很要好了,一看到我们就嚷嚷:'四姨傅伯伯。'他故意把句子断得让人弄不清到底是'四姨,傅伯伯'还是'四姨父,伯伯'。"[②]此点细节张充和在纪念两人结婚二十周年的组诗里也有写道:"深深中老胡同

---

① 《结缡二十年赠汉思》二十首之九,《张充和诗文集》,94 页。
② 《我和沈从文初次相识》,《我所认识的沈从文》,第 13—14 页。

院,三五儿童切切时。虎虎刁钻龙颖慧,四姨傅父故迷离。""龙"是沈从文长子龙朱。张充和注释云:"彼等每见余与汉思,则呼四姨、傅伯伯。故将傅字连上,即成四姨父。"[①]

5月21日,傅汉斯在给父母信中又报告说:"上星期我同沈家全家去天坛野餐。我总是喜欢听沈先生讲解中国古代的艺术同建筑。此外,大家都玩得极尽兴……昨晚充和过生日,沈家请我去吃长寿面。饭后我们玩各种有趣的游戏,每人都得唱一个歌……"[②]

大概就在此后不久,傅汉斯、张充和两人的关系获得实质性进展,可以说到了订婚的程度。证据是傅汉斯的北大同事夏济安于6月9日写给弟弟夏志清的信:

> 傅汉思就将同卞之琳的爱人张充和结婚。我早就听说傅在追求张,不料成功得如此之快(傅已对我承认如有房子即结婚)。同时……看到卞的信,仍是一片痴情。……卞为人极天真,诚挚,朋友中罕有,追求张充和,更是可歌可泣,下场如此,亦云惨矣。[③]

其时夏济安与傅汉斯交往甚密,傅跟他学汉语,他跟傅学拉丁语,他的说法当得自傅的亲口所言。夏信说"如有房子即结婚",当可理解为租到合适的房子即结婚,似乎傅汉斯有点急不可耐。张充和这边,

---

① 《结缡二十年赠汉思》二十首之十三,《张充和诗文集》,第94页。

② 《我和沈从文初次相识》,《我所认识的沈从文》,第14页。1948年5月20日即阴历四月十二日,按阴历而非阳历庆生应是张家的惯例。另一例是1940年5月18日(阴历四月十二日),一众亲友为张充和在呈贡杨家大院庆生。弟媳孙凤竹记录道:"四小姐过生日,罗莘田老杨都来了,他们买了大蜡烛寿饼来,……那天四姐做一天寿翁,中饭晚饭,是惠小姐忙的,我们也都在后楼吃了一天,第二天三姐请客,今天才散。"(孙凤竹致张宗和信函,1940年5月20日,《秋灯忆语》,第216—217页)

③ 夏济安致夏志清信函,1948年6月9日,《夏志清夏济安书信集》卷一,转引自海龙:《"民国最后闺秀"的爱情和诗》,《文汇报·笔会》2016年1月7日。

据后来她写给江南亲友的信,是"拟明年春天举办"①。

从夏信可见,此时傅汉斯已改称"傅汉思"。"傅汉斯"这一中文名,是此前在美国加州大学伯克利分校陈世骧据其英文名 Hans H. Frankel 所取。认识张充和两三个月里的某一时刻,张充和给改为"汉思"——"汉朝的汉,思想的思"。她后来解释改名理由说,"汉斯亦是爱护中国的,他的名字由汉斯改到汉思亦是此意"。②

*

进入盛夏,张充和与傅汉思的情感也进入热烈而恬静的新阶段。颐和园度过的一段悠长时光,在张充和、傅汉思恋爱史上占据重要位置,张充和、傅汉思以及沈从文都留下了文字记录。

此年暑假,杨振声再邀沈从文、冯至、朱光潜、张充和等好友到颐和园霁清轩度夏。傅汉思作为张充和的男友,也随同来到这里。7月14日,住进颐和园不久的傅汉思心情舒畅地给父母亲写信,报告说:"我在北平近郊著名的颐和园度一个绝妙的假期!沈家同充和,作为北大教授杨振声的客人,住进谐趣园后面幽静美丽的霁清轩。那院子不大,却有丘有壑,一脉清溪从丘壑间潺潺流过。几处精致的楼阁亭舍,高高低低,散置在小丘和地面上,错落有致。几家人分住那些房舍,各得其所。我就把我的睡囊安放在半山坡一座十八世纪的小小亭子里。生活过得非常宁静而富有诗意。充和、我同沈家一起吃饭,我也跟着充和叫沈太太三姐。我们几乎每天能吃到从附近湖里打来的鲜鱼……"③让傅汉思觉得好玩的还有霁清轩的抽水马桶。此前汪应泰的姨太太住这里时,安装了颐和园唯一的抽水马桶。"那个水箱每次

① 张充和致周有光、张允和等人信函,1948年11月23日,转引自《流动的斯文:合肥张家记事》,第480页。
② 张充和致张宗和信函,1961年11月10日,《一曲微茫》,第158页。
③ 《我和沈从文初次相识》,《我所认识的沈从文》,第14—15页。

用过要提一桶水放进去，然后再抽。有时抽几次就要好几桶水。"①

当然，鱼也不是每天都能吃到。以下沈从文的两段记载，都与吃有关，虽不直接牵涉张充和、傅汉思的恋爱，但不失为两人恋爱期间的有趣注脚。7月30日，沈从文致信留住城里的妻子张兆和："好些日子都无鱼吃，今天凑巧来了十一斤，如一小猪大，是一公的。作价百九十万。冯杨二家既不在，我们就独享了它。大家动手处理，计'天才女'割洗烹鱼头，'北大文学院长'伐髓洗肠（到后由天才女炒鱼肺，鱼油多而苦，放弃），我批鳞处理整段，切分成六大件。这个报告若在历史上倒还动人！"②"天才女"是沈从文对小姨子张充和的调侃称谓。"北大文学院长"指朱光潜，字孟实，时任文学院代理院长。

这是说做鱼吃鱼，此前一日沈从文也有信向张兆和报告，说的是吃牛肉与包子，但主要写张充和的小姐脾气及对她一味风雅的异议。"今天上午孟实在我们这里吃饭。因作牛肉，侉奶奶不听四小姐调度，她要'炒'，侉'红烧'，四姐即不下来吃饭，作为病不想吃。"③"侉奶奶"，张充和家女佣，即此前所述藏了查阜西二十个小笼包子的"小侉奶娘"，因为她的丈夫叫"小侉子"（也作"挎"），其实她当时只有二十一岁。④如果这还算实况报道的话，那么晚饭的吃法却让沈从文感到自己与张充和他们心理分歧颇大。他写道，"晚上他们都在魏晋处吃包子"，是说张充和他们不在家里吃晚饭，非要学魏晋风流，到山上找个清幽雅境举办野餐会。沈从文本已拟去，忽然烦心起来，就回来了。他认为，"我不能说'厌'，可是却有点'倦'"，"我近来竟感觉到，霁清轩是个'风雅'地方，我们生活都实际了点，我想不得已就'收兵回营'也

① 张充和致张宗和信函，1962年11月27日，《一曲微茫》，第292页。
② 《沈从文全集》第18卷，第502页。
③ 《沈从文全集》第18卷，第496页。
④ 《天涯晚笛》，第113—114页。

好!"又因张充和午饭怄气,以"胃病"为借口不吃饭,可到晚上也不胃病了,还那么起劲地上山野餐,沈从文略带讥讽地说:"隔天半顿,可能把'天才女'胃病也医好! 但如果魏晋长久下去,还是只有××党才会把病治好了。"①这真是两种完全不同的心态。沈从文一方面受困于通胀压力、生活拮据,另一方面还忧虑着国共内战、中国前途等,想问题很实际。张充和、傅汉思作为一对大龄青年,正享受着他们的热恋,只嫌风雅不够多,哪里会"倦"。

因此,对于此段生活,留在张充和记忆中的是满满的诗意:

> 霁晴[清]轩侧涧亭旁,永昼流泉细细长。
>
> 字典随身仍语隔,如禅默坐到斜阳。
>
> 注:轩在颐和园中,谐趣园后,自成一园。园中有住宅。一九四八年夏,杨今甫、冯至及兆姐等三家在此消夏,余住琴音阁,汉思住亭子上,下有山石流泉。

许多日子里,她和他并坐轩侧,看着流泉潺潺,细细长长,永不停歇地流淌。有时候,两人会有的没的聊一阵。不过她的英文和他的中文,都还不太流利,不能达到自由交流的程度,总有些话无法诉说明白,随身总要带本英汉字典,随时翻查应急。然而,更多时候,两人并不说话,如禅默坐,坐到斜阳西下,明月高升,坐看日子如细水般流走,如日月般往复轮回。

有时也会暂时离开霁清轩,出去游玩。如荷花盛开时节,回到城里,荡舟三海公园(后改名中南海公园),或秋意渐凉中,漫步于颐和园附近,玉泉山间:

---

① 《沈从文全集》第18卷,第496、497、500页。

去来双桨叶田田，人拥荷花共一船。
三海风光无限好，可能再过半秋天。

玉泉潭水碧如晴，淡绿疏红趁晚晴。
归去失途衣渐薄，高粱瓮畔话平生。①

快到深秋的时候，张充和、傅汉思仍流连在颐和园，不舍离去。10月16日，沈从文致信凌叔华报告说："入秋来北平阳光明朗，郊外这几天正是芦白霜叶红时节，今甫先生和四小姐及四小姐一个洋朋友，都还住在颐和园内谐趣园后霁清轩中，住处院落很有意思，我们已在那里过了两个暑假。"②

*

进入11月份，国共战场形势的剧变，打破了张充和、傅汉思正享受着的宁静与悠闲。11月2日，辽沈战役结束，中共军队完全掌控东北，随时可入关，挺进平津地区，中共并于该月6日发起淮海战役，北平陷入南北夹击之势，情况瞬息万变。鉴于此，美国驻北平领事馆发出撤侨通知。

作为傅汉思未婚妻的张充和，愿与傅一同"撤回"美国，但要办理护照，则需一纸结婚证书，故匆忙间提前于11月19日举办了婚礼。

有关婚礼因何仓促举办及当天办理程序与参加人员等情形，四天后张充和在给江南七位亲人的信中做了说明：

---

① 《结缡二十年赠汉思》二十首之十、十一、十二，《张充和诗文集》，第95、98页。
② 《沈从文全集》第18卷，第513页。

耀兄、允姊、宇、宁、镕并华、娴妹：

接十八日贺电，正是行程前数小时。谢谢你们的祝语。此次因领事馆通知撤侨，而我的护照急需结婚证书，所以只在一二日决定。本拟明年春天举行，想不到如此匆匆。今作一简略报告给诸位：

仪式简单、庄严、静穆。采取宗教仪式之初意，为因美国法律，只承认此种方式。然而倒正合我简单庄重的意思。除了几个用印人外又有法定参加人美领事。另亲友中有中和、挹和、龙虎、梅校长(清华)夫妇及朱光潜夫妇。连结婚二人共十六人。当日在北京饭店集合午餐。

三时正行礼，照相后四时在北京饭店茶点分 cake。不过五时客人即散去，我同汉思次日晨来园中小住两周，预备下月(十二月)在欧美同学会请在平(约一二百人)亲友晚餐。与南方帖稍有不合之处，此种方式(结婚后再请客)为适之先生所供给。

再者接到陈宗辉、吴国俊、李宗轼、陈元明等贺电(均为允和)，盼二姐见到他们时谢谢。苏州来电中有焕藻、隃福是那位姑姑同她的先生，盼你们为我致谢。

敬祝冬安

充和 十一月廿三日①

这是一个小型婚礼。"几个用印人"除新郎新娘外，还有邵牧师，介绍人沈从文、金隄，双方家属代表张兆和、杨振声。参加婚礼的师长中，用印人之一、代表傅汉思家属的杨振声赠一套十锭乾隆年间制十色八卦墨，梅贻琦赠明朝景泰年间制大碗，再加后来查阜西将寄存美

---

① 转引自《流动的斯文：合肥张家记事》，第480页。

国国会图书馆的宋代寒泉古琴,指定补送张充和作为其结婚赠礼。这三样,张充和认为,是她收到的结婚礼物中最好的。①

结婚仪式,虽然在新娘张充和看来完全美式,不过新郎傅汉思却认为是照顾到了中西双方。他后来回忆说:"为了使婚姻在中美都合法,我们准备了一个中西结合的仪式。有美国基督教的牧师,美国驻北平领事馆的副领事也到场证婚。"在婚后两天他写给父母亲的信中有详细描述:

> 是的,我们前天结婚了,非常快乐。……仪式虽是基督教的,但没有问答,采用中国惯例,新娘新郎在结婚证书上盖章,表示我们坚定的决心。除我俩外,在证书上盖章的,还有牧师,按照中国习俗,还有两个介绍人(从文和金隄),两个代表双方家属的,沈太太和杨振声教授(他代表我的家属)。参加婚礼的还有充和两个堂兄弟、沈家两个孩子和几个好友,连邵牧师夫妇一共十四人。邵牧师夫妇在他们西式房中为我们安排了非常好的仪式。没有入场仪式。我们俩站在小桌子前面,牧师站在桌后,面对我们。他用中国话宣讲基督教义同婚姻意义,他想那样所有在场的人才能够听得懂……

傅汉思又回忆说:"后来吃结婚蛋糕。小虎最喜欢吃,他说:'四姨,我希望你们天天结婚,让我天天有蛋糕吃。'"②

后来,在纪念两人结婚二十周年所写组诗的第十四首中,张充和

---

① 李怀宇:《张充和:在哈佛唱〈游园惊梦〉》,《时代周报》2010年5月26日。文中说寒泉为明代古琴,误,今据严晓星《往事分明在,琴笛高楼——查阜西与张充和》改;又说杨振声的赠墨是康熙年制,误,且语焉不详,今据《天涯晚笛》,第190—191页改。
② 《我和沈从文初次相识》,《我所认识的沈从文》,第15页。

回想婚礼现场,聚焦于杨振声对一双新人的那句嘱托,二十年后深得其中三味的她说,"余等二十年来未敢有忘":

> 数行银烛舞傲傲,万里牵萝结菟丝。
> 温语叮咛惟一事,姻缘相长莫相羁。[①]

*

婚后不到一个月,北平地区形势日益紧迫。11月29日,中共又发起平津战役,并于12月中旬完成对北平周边地区的分割包围,地面交通已被中共军队完全切断。美国驻北平领事馆也到了必须尽快完成其撤侨任务的关口。在此形势下,张充和与傅汉思被迫离开北平。

张充和回忆道:"那是一九四八年十二月十七日,那天刚好是北大举办五十周年校庆的纪念,校园里红旗都挂上了。大清早,美国大使馆(按:当作领事馆)的一位领事跑到我们家来,要我们马上走,说北平只剩下一个小的军用机场(按:南苑机场)还在开,大机场都飞不了了。那时我们还没吃早餐,一锅稀饭还没吃,领事就要我们跟他走——我们可以说是被领事押上了飞机的。我当时只给三姐打了一个电话,告诉她我要走,交待了一下家里事情。那天早上,一位卖书给我们的工人正好送书上门,我们就把整个家托付给他了。"这位卖书的工人就是修绠堂书店店员李新乾,与傅汉思、张充和因书结缘,帮他们找书、送书,备受他们赏识和信任,双方成为好友,常一块出去玩、看电影等。

她继续说:"我们匆匆忙忙收拾了一些身边重要的东西,带着另一个女工人,就跟着领事上机场去了。整个家,都交给了李新乾帮我们处理安排——家用请他交给三姐;衣服杂物叫他送人也都送到了;他

[①]《结缡二十年赠汉思》二十首之十四,《张充和诗文集》,第96、98页。

办事从来有条有理的,我们到美国后,他把我们的书都陆续寄到了。"
这位女工人就是照顾张充和夫妇日常生活、曾在颐和园因牛肉做法分
歧惹张充和怄气不吃饭的"小侉奶奶","出身很苦,才二十几岁就跟着
我们,我们不能就这样扔下她。所以我们让小侉奶奶跟着我们走。到
了机场,逃难的人已经乱成一团了,那是军用飞机,每个人随身的东西
要按分量来称,就说小侉奶奶不能带。我说:'小侉奶奶不能带,我就
不走了!'他们一看我动了脾气,就说:'人带走,东西都不能带。'我带
到机场的那些最好的书籍、书画,就这样被留了下来,说我们先飞到青
岛,东西让飞机回头再带。可是飞机到了青岛,红旗已经挂起来了,再
也飞不回去了,多少好东西,就是这样扔掉了的……"

离开青岛,他们转到上海。"小侉奶奶随身带了一个重重的包袱。
到了上海我大姐家,我说:'你打开包袱,让我看看你带了什么宝贝。'
她打开来,都是一些破衣服,还有刷窗的刷子——因为出门前正刷着
窗,她就把刷子也带过来了。逗得我哈哈大笑。"①

这次事起仓促、慌乱不堪的出逃北平后,想再见竟变成遥遥无期
之事,二十年后她以诗抒怀:

> 望子烽烟肠九折,生来我自惯蓬飘。
> 仓皇南苑云天去,从此河山入梦遥。②

稍事休息,张充和偕新婚丈夫回苏州看望家人,小住一阵。

关于这位洋女婿在苏州娘家人眼中的印象,据五弟寰和及其夫人
周孝华回忆:说实话,四姐嫁给了洋人先生,当时家里确实有些担心,

---

① 《天涯晚笛》,第111—113页。
② 《结缡二十年赠汉思》二十首之十五,《张充和诗文集》,第96页。

因为也不知道将来怎么样。当时他们回到家之后,家里就给做了一个粉丝汤,杂烩汤似的,准备试试傅汉思的筷子功夫,没想到他用得很利索,只是"吃相"不太规范,他把粉丝撩起来很高,从下面接着往嘴里吃。傅汉思的汉语说得很好,看得出来他人很温和、善良,后来四姐说老是"欺负"他,因他人确实很好,性格也开朗。①

乳母高干看着三十五年前自己哺乳过的"小毛姐",孤独了这么多年,终于找到称心的归属,应是很欣慰。二十年后张充和还记得高干费心做了莲枣羹款待新郎的情形:

> 细剥莲衣烹枣子,床前亲捧待新郎。
> 伤心一掬生离泪,乳母深恩未可量。②

*

张充和回忆说:"转眼到了四九年一月,我们从苏州出来,托人到南京办手续——按说我要跟汉思去美国,要办护照、身份什么的——可是南京已经不行了,我们在上海遇见了帮我们办手续的人,原来他已经从南京逃出来了。"③他就是忘年老友、《仕女图》收藏者郑肇经。

办理护照提交的资料中,有两项颇有意思的信息。一、张充和当时的体重只有84磅即76.3斤,二十四年后她长胖了十六磅,看到当年的护照记录,她自评说"也太瘦了"。④二、她的出生时间变成了1914年5月6日(农历四月十二日),而非真实的1913年5月17日(也是农历四月十二日)。她晚年解释说,"大概是当初结婚时候登记婚书的

① 《张家小五弟眼中的四姐》,《小园即事》,第272页。
② 《结缡二十年赠汉思》二十首之十六,《张充和诗文集》,第96页。
③ 《天涯晚笛》,第113页。
④ 张充和致张宗和信函,1973年6月20日,《一曲微茫》,第439页。

人，按中国岁数的算法，算多了一岁"。①虽让人还是不明就里，但说明与婚礼仓促举办及以后又逢一系列紧急状况而无法及时纠正有关。

等待护照办理期间，张充和去向恩师沈尹默及师母褚保权辞行。沈尹默于1946年辞去监察委员一职，东归上海，住虹口区海伦路504号，以鬻字为生。张充和曾多次过访、请教。如张充和回到九如巷，从大难后的家中见到原藏文徵明《仿米芾行书〈金蕉落照图诗〉》长卷，遂带给沈尹默阅后求跋，沈认为此卷是文徵明特异之作，闻所未闻，阅此可谓大饱眼福，遂跋云："当衡山书此卷时，想意在南宫，故神与之会，极酣肆之致，精光射人，视平素刻意整饬者迥殊。衡山行草，多参黄体，骤开此卷，几不辨是文公之作。以余所见者，殆无一种类此故也。"②又如1946年10月，曲友汪一鹏夫妇遇一署名赵孟頫长卷，书五十首梅花七言律诗，物主急需求售，一口价黄金四十两。但真赝难决。踌躇间张充和来访，提出"去请沈尹默判定真伪吧"。遂同造谒。沈尹默当即认真细阅一过，结论简捷干脆："这是赵字的上乘，份量这样大也很少见。"有人追问："是真是假？"沈反问："造假的是谁呢？我想不出当时和后来另还有谁能写出这样好的字。"③张充和还见到了沈尹默相

① 《天涯晚笛》，第57页。这样，张充和的出生时间就有了两个来源，一是张氏家谱，二是美国身份资料。在人们不明内情前，会无所适从，造成有关张充和的书籍和报道中，有说她生于1913年的，有说1914年的，也偶有1912年的，十分混乱。到美国后，其美国身份资料上所载是1914年5月6日（阴历也是四月十二日），对张充和来说，最直接的变化就是，此前在中国国内按阴历过生日的做法变为按阳历，且是1914年阴历四月十二日换算出来的那个阳历，即5月6日。她的儿女傅以元、傅以谋习惯在5月6日为母亲祝寿，因为"我们从小就是这天为Mom过生日的"。后来到了她的晚年，知悉情形的曲友又以阴历四月十二日为准给其举办生日曲会。比如，2011年的阴历四月十二日是阳历5月14日，纽约海外昆曲社遂于5月15日为张充和举办了生日曲会。（陈安娜：《张充和老师生日曲会》，http://blog.sina.com.cn/s/blog_5f28c7da0100u5g1.html）
② 沈尹默：《跋文衡山书〈金蕉落照图诗〉长卷》，马国权编：《沈尹默论书丛稿》，香港：生活·读书·新知三联书店香港分店，广州：岭南美术出版社，1982年，第192页。
③ 王敬之：《充和四姨追思（代后记）》，《张充和手抄梅花诗》，上海：上海辞书出版社，2017年。

恋多年的女友褚保权。1947年沈、褚二人结婚，其定情信物是二人在一个满三寸的手卷上各临了一遍的《兰亭序》，张充和感叹"这比什么金钗钿盒要高出多少倍了"。

此次赴美辞行，张充和记得："那几天师母胃病又发，还撑着下楼来，并送我礼品四包：绣花被面，墨一锭，杨振华制'尹默选颖'毛笔二支，最可贵的是已裱好的尹师墨宝两幅，写在一粉一紫的高丽旧笺上。"[1]

等待期间，张充和还曾偶遇重庆北碚时期的邻居卢前。卢前几个月后撰文追记，"一天在爱多亚路我遇到她，她对我说，正在领事馆办护照，她随丈夫回'国'去了！"[2]

1949年1月，张充和与美国夫婿傅汉思，在上海港登上"戈登将军"号(General Gordon)客轮，进入茫茫太平洋，向着美国西海岸驶去……

---

[1] 《从洗砚说起——纪念沈尹默师》，《张充和诗文集》，第355页。
[2] 《记张玄》，《卢前笔记杂钞》，第20页。

卷 五

加州岁月：1949—1961

人生重启

｜"我做事吧，你再去读一个中文的 PhD！"｜

约1949年2月，经过十八天左右的航行，张充和夫妇抵达美国加州旧金山港，开始了人生的新篇章。[①]

起初半年，夫妇两人借居公婆家，也即公公任教的斯坦福大学所在地帕洛阿尔托市。张充和在信中告诉宗和，公婆对她很好，除了做家事，她还有时间习字作画。要说不习惯，一是她的英文口语不好，日常交流起来有诸多不便，再就是这里没有好菜吃，让她很留恋北平的那些小馆子。[②]

后来，张充和回忆起这段与公婆的相处时光，总结说："外国媳妇容易做，菜也容易。早上公公是一个鸡蛋或蒸或煮，其余是冷麦片及炒米之类。婆婆是一片面包两杯咖啡。中饭是生菜水果面包冰饮及一点乳酪之类。晚饭才是正经饭，一荤一蔬一甜，但是刀叉要摆得讲究，美国人穿晚礼服，即使大战中没有肉吃，也得穿破礼服。他父亲随

[①] 张充和曲友徐樱两年前赴美，所乘客轮、航程始终点都与张充和夫妇一致。徐樱回忆说，1947年2月，她携子女从上海港登船，"戈登将军号 Gordon，在海上漂流了十八天，到达旧金山"。(《方桂与我五十年》，第74—75页)

[②] 张宗和致张充和信函，1949年4月15日，7月12日，《一曲微茫》，第18、20页。该书收录张充和赴美后，与大弟宗和1949至1976年间的往来信札290多件，然而张充和1949—1954年的全部来信，皆未刊载，推测已佚，不过张宗和复信时偶尔会引述张充和来信中的话。从此处开始，进入张充和海外生活的叙述，将频繁征引《一曲微茫》，若一一注释，必然烦琐，故改用文中夹注方式，标注信件写作时间和在书中的页码。

便,母亲东西也吃不了多少,可是穷讲究。"(1962年5月27日,第208页)又透露说:"他们老夫妻是欧洲人习惯,不睡在一间房子",且他们"对于窗帘是很要紧的,至少是两层,一层是拉上拉下的,另一层是垂下的布帘子"。(1962年4月30日,第200页)

父母保持"欧洲人习惯"的傅汉思一家原是犹太裔德国人,且为学术世家。傅汉思的祖父和父亲是希腊语文学家,舅舅是拉丁语文学家。在20世纪30年代中期的犹太人大逃亡中,舅舅家移民英国,而傅汉思则随父亲于1935年移居美国加州,加入美籍。父亲赫尔曼·傅兰科尔一直在斯坦福大学任教,其最重要著作是1950年出版的《早期希腊诗与哲学》。该书问世后旋即成为德国和北美大学研究院中在希腊文学和思想史方面不可或缺的参考书,地位几近经典教科书。①

作为这个世家的下一代,傅汉思入读大学时,便选择了古典语言文学专业,赴美后,入斯坦福大学,于1937年毕业。之后进入加州大学伯克利分校(下简称"伯克利")学习,分别于1938年和1942年获西班牙语硕士学位和罗曼语博士学位,并且一毕业即得到了伯克利的教职。二战期间,他曾在战时新闻处和战略服务处任翻译工作。1947年下半年,受胡适邀请,傅汉思来到北京大学西语系任教,直至返美。

*

甫回美国,傅汉思、张充和夫妇一时都没有找到合意的工作。前路迷茫的张充和在给大弟的信中表示"下半年还不知在什么地方"。(1949年4年15日,第18页)她也曾给好友靳以、方令孺去信报告情况。

收到张充和来信,靳以4月20日回函,接二连三地对张充和夫妇说着"回来"。

---

① 刘皓明:《从夕国到旦方》,《读书》2004年9月。

充和:

　　看了你的信,大家都觉得你们还是回来的好。这个大场面你不来看也是可惜的。当初我就以为你的决定是失策,可是没有能说,也不好说。看到你的兴致那么高。有机会还是回来吧。你答应过给"黄裳"写的几个字也没有影子,得便写点寄来吧。我们都好,大家都盼望你回来。

靳以　四月二十日

读了张充和的来信,方令孺立即回了一信,因邮票问题没及时寄出,重读后觉得过于激情,不能安慰张充和,遂弃之不用,在靳以那页信的背面,重写一封:

充和:

　　收到你的信,我就立刻回了一封信给你,但是因为乡下没有大邮票,托人到城里去买,等买来了,邮票又涨价,再去买,如此耽搁了这多日子,我再去看,我写给你的信,太激情了,恐怕不能安慰,又来促起你思乡之念。充和,我看到你的信流泪了,你不该走,你是过不来美国的日子。你游历一趟也好,还是回来,我们储蓄大堆友情等着你! 我读你的信当时感觉就像读一首乌孙公主远嫁的诗。

　　听说卞之琳回到北平了,还是那样以自我为中心。听说很恨从文,说从文对不起他,而他竟忘了从文对他的好处。从文在生病,你大约知道了。这人也可怜,吃了自己糊涂的苦。我很欢喜这个时代,在中国触着热烈的心,生命都觉得昂扬,飞舞,这是创造的快乐,创造是要从艰苦里挣扎出来,才是有力有声有光的生活。你在那儿,人家把你当作古董看,而且他们(美国人)又懂什么?现在你也不必太急,多把握文字语言,读些书,到大学去听讲,不管听懂听不懂,听多了也就抓到些什么。有人来说天津现在一反以前都市奢侈而恢复农村的俭苦。是的,我们一定要苦一阵,但物质的苦换取精神的快乐多好。我觉得你总是那么生气扑扑的,冷静平常的生活你也过不来。我已写信给伯悌(按:方令孺的大女儿)叫她写信给你。只是她太忙,简直少有信给我。充和,我每天实在在想念你!祝安

Give my best regards to Mr. Frankle!

令孺　五月廿日①

方令孺说"我读你的信当时感觉就像读一首乌孙公主远嫁的诗",又言"你在那儿,人家把你当作古董看",此虽为方令孺的感觉,但也透露出张充和突然置身一个全新环境的许多不适应,让她产生流落异域之感,以至可能想到当年她所恼怒的章士钊那首七律尾联"文姬流落干谁事,十八胡笳只自拍",觉得颇像诗谶。后来,无论在诗中还是向人讲述时,她反复表达过这一意思。

方令孺又告知卞之琳回了北平,"听说很恨从文,说从文对不起他"。这应是从同在上海的巴金那里得到的信息。4月8日,去国近两年,刚回到北平的卞之琳给巴金去信:

巴金:

我已经回到这里,十分兴奋。你知道要没有这番大变,我是

---

① 《写在一张纸正反面上的两封信》。章洁思按语说,写这两封信时,正值1949年。父亲在信末,所标日期是"四月廿日";方先生标的是"五月廿日"。不知是谁的笔误,还是因为住在郊区,买大颗邮票不方便,所以把信拖延了。此处按拖延处理。若为笔误,则不能确定谁先写,谁在其背面写。

决不肯再回到这个一向喜欢而早成深恶痛绝的地方。年近四十,我决定彻底重新做人,预备到明年,正好符合"不惑"。我极想什么时候跟你痛快一谈。你们在上海生活一定很苦。可是困苦的日子当也不会太长了。文生社我的版税一定很有限,你如有需要,请就支出应用,不要客气。如果一定要汇给我,那就请早点汇,以免越来越不值钱。还是汇给北大冯至转吧。从文糊涂,暂在病院休养,害得三姐真苦。私交上讲他实在太对不起我,可是我总不愿对不起人家,我到了,出于不得已,还是去看他。我不回天津去了。匆匆,祝安。

之琳　四月八日①

对苦恋十余年的张充和"突然"远嫁洋人,卞之琳的反应可谓激烈。"这个一向喜欢而早成深恶痛绝的地方",自然指中国,他之所以会深恶痛绝,除政治、经济、社会等原因外,恐怕张充和的嫁人最为致命。卞之琳说"年近四十,我决定彻底重新做人,预备到明年,正好符合'不惑'",大概就是找个别人结婚。这一念头这些年应在他心中反复想过。夏济安日记就记载他"爱情失败后,想随随便便结个婚",钱学熙还批评他"这是放弃理想,贪求温暖,大大要不得"。②事后证明,这次卞之琳还是没放下,或许还存在万一之希冀,觉得张充和会回来,且是独自一人回来。1953年,卞之琳南返江浙参加农业合作化试点工作。晚年他回忆说:"一晚在苏州城里滞留,恰巧被接待住进旧友张充和旧居我过去熟悉的、她曾独住的一个楼室,当时室内空荡荡的,还没有人占用过。秋夜枯坐原主人留下的空书桌前,偶翻空抽屉,赫然瞥见一束无人过问的

---

① 《收获》2013年2期,第47页。
② 《夏济安日记》,第7页。

字稿,取出一看,原来是沈尹默给充和圈改的几首诗稿,当即取走保存。多年后,经十年动乱,却还幸存。1980年应邀访美两个月,携置行箧,得机重逢故人,当即奉归物主。"①作为晚年回忆,难免有所修饰,比如"恰巧被接待住进",是"恰巧"还是应他的要求?饶是如此,还是能感受到他当时的寂寞心情,比如一连用三个"空"字,渲染"人去楼空"的枯寂感。此行之后两年,四十五岁的卞之琳终于下定决心,于1955年10月与六年前结识、三十二岁的编辑青林结婚,"彻底重新做人"。

1949年的卞之琳,还把满腔恨意发泄到沈从文身上,埋怨沈从文"私交上讲他实在太对不起我"。不知是怨沈从文将张充和推给了傅汉思,还是怨沈从文没替他看好张充和。从前者讲,当时傅汉思与夏济安过从甚密,可能不时告诉过夏济安他与张充和的交往细节。比如,是沈从文的英译作品集翻译者金隄将傅汉思介绍给了沈从文,傅由此出入沈家,认识张充和。沈从文与金隄后来还以双方介绍人身份在傅汉思与张充和的结婚证书上盖了个人印章。又比如,沈从文后来看出傅汉思对张充和更感兴趣,因此每当傅一来,就不再与傅多说,而是叫张充和来让两人独处。这些细节估计傅汉思都告诉了夏济安。当卞之琳回到北大后,无论在日记还是书信中都对卞之琳赞不绝口的夏济安大概也将之转告给了卞之琳。卞之琳因这些细节迁怒于沈从文,从苦恋者由爱成恨的极端心理考虑,尚属情有可原。从后者讲,沈从文怎么可能替卞之琳看好张充和?张充和作为自由个体、张家最有个性的四小姐,自己的感情岂容他人置喙。早在多年前,卞之琳写完《山山水水》后,希冀让张充和看后再决定发表与否,沈从文就以别人看着隐晦、身边人一看即明的表达方式撰文暗示他说,张充和当时正陷入巨大的情感纠葛中,但与卞之琳为了张充和而内心掀起的巨大波

---

① 《合璧记趣》,《水——张家十姐弟的故事》,第228—229页。

澜无关,那是"另外一个风雨飘摇事实巨浪"。[1]简言之,张充和的情感
生活中,并没有卞之琳的位置。

　　巧合的是,在卞之琳看到张充和远嫁重洋,发出"我决定彻底重新
做人"誓言的几年前,张充和回复卢前的质问,也说了大概同样的
话——"我也要重新做一个人",表达与过去的自己告别的意思。

*

　　时隔数年,张充和与傅汉思结婚并一同来到美国后,真正开启了
"重新做一个人"的历程。十二年后,即这一历程的第一阶段结束时,
张充和在给张宗和信里总结道:"从文多年前来信说'我们都无法想象
你们的生活',当然过去他亦是崇拜美国生活的人,可不知若非身受,
却不知苦多甘少。"(1961年10月31日,第156页)比如,相对于过去
在中国国内,欲找到一份长期稳定的合意工作,就并非易事。

　　张充和初到美国的工作情况,据她的来信,张宗和所得印象是,此
一时期四姐"常常帮'短工'"。(1951年6月10日,第38页)比如,她曾
教一位意大利学者奥斯基学习中文,每小时两美元。她也曾"在牧师
处工作"。(1949年11月5日,第26页;1972年12月21日,第419页)

　　就家庭顶梁柱的傅汉思而言,情况同样令人沮丧。[2]1949年下半

---

① 《绿鹗》,《沈从文全集》第12卷,第147—148页。

② 说傅汉思是家庭顶梁柱,并非无视男女平等,何况张充和还是一代奇女子。不过当时美国的
　男女就业结构与社会就业观念的确存在巨大不平等。1940—1960年,美国女性就业数在
　全部劳动人口中的比例仅从29%增长到32%。20世纪60年代初,新女权运动兴起,暴露
　了美国过去几十年来一直存在的矛盾现象,即社会理想观念认为女性应纯粹承担家庭责
　任,但实际上越来越多女性(包括到1963年为止三成以上的已婚妇女)进入工薪阶层并因
　此普遍遭受歧视,留在家庭的妇女也觉得环境窒息、生活苦闷。肯尼迪政府为了缓解女权
　运动的冲击,教促国会通过《同酬法案》,禁止社会常见的男女同工不同酬现象。一年后,
　国会对1964年《人权法案》增补修正案,即民权法第七章,规定适用于黑人的反雇工歧视
　法同样适用于妇女,禁止雇主基于性别而采取歧视政策。此后女性就业比例才有了持续
　的较快增长,至1980年到43%,此后一直维持在44%。(艾伦·布林克利:《美国史》,邵旭东
　译,海口:海南出版社,2009年,第902—903页)

年,傅汉思受聘担任母校伯克利的讲师,夫妇俩遂搬到大学所在地伯克利市居住。傅汉思博士读的是罗曼语研究,但自从到中国后,他想转向汉学。在华期间,他得以与沈从文、季羡林、冯至等中国文化名人交往。他开始阅读沈从文的著作,先读英译本,然后读中文原著。在沈从文的著作中,傅汉思看到了他过去很少了解的中国生活、历史的各个方面。与张充和的恋爱,又让他对中国古代文学与文化发生亲切而甜蜜的兴趣。回美不久,傅汉思投入极大热情,从事《孟浩然传》的翻译工作。张充和曾将此事告诉张宗和,后者复信时回应说:"汉思兄中国东西一定懂得不少,学中国文学的人孟浩然也未必能讲得好……"(1949 年 7 月 12 日,第 20 页)几个月后又问道:"汉斯兄的孟浩然翻译工作告一段落了吗? 暂时不做事还可以维持吗?"(1949 年 12 月 27 日,第 29 页)①

　　时语言学家赵元任在伯克利任教,也很鼓励傅汉思转向汉学。然而,放弃原有博士学位,换一个专业方向,并不容易。由此导致从 1949 年到 1959 年整整十年,傅汉思都没有一份全职工作,名义上是一半教书,一半做研究。张充和晚年回忆这段艰苦岁月,说:"那时候我们生活很穷,没什么钱。傅汉思在伯克莱一直是做 part-time(兼职),他的工作也不属于中文系,有时候教教中国历史,有时编辑刊物——编一本叫《中国史译丛》的刊物。"②另据张充和在别处回忆,"一九五〇年华盛顿来电,欲汉思任某外交职,当时即辞去。时余等正失业也"。③"当时即辞去"易理解,大概因傅汉思志在学术研究事业,但说二人都正失业,不太理解,要么张充和视傅汉思这种兼职状态为失业,要么傅

---

① 傅汉思的中文名原为傅汉斯,后张充和改现名。在张充和、张宗和的往来信函中,汉思、汉斯混用,但一般作汉斯。
② 《天涯晚笛》,第 115 页。
③ 《张充和诗文集》,第 98 页注释 3。

汉思曾一度未得到伯克利的讲师聘书。

1951年，张充和终于在伯克利东方图书馆，谋到一份中文图书编目工作。[①]这是全职。她对卡在与中文有关的学位上、处于窘境的傅汉思说："我做事吧，你再去读一个中文的PhD！"后来，傅汉思申请上了哈佛大学的中文博士课程。他在哈佛的朋友很多，也很了解他，都知道他本来就拥有博士学位，就说，"很多课你不必修了，你就多写文章就行了"。[②]

在妻子的鼎力支持下，傅汉思苦学勤思，持续发力，几年内出版或发表了一系列成果。

1952年，傅汉思的汉学发轫之作《孟浩然传》出版，该书将《新唐书》孟浩然本传进行英译，加入译者的注释，仅25页。它是加州大学《中国正史译文》系列的第一种。该系列丛书旨在将中国历史上若干重要传记翻译成良好的英译本，让对中国历史文化尚属陌生的美国在校学生及一般公众能阅读品评，引发其对汉学的兴趣。

1957年，极为重要的《中国王朝史译文目录（220—960）》出版。该书是一种书目，包括"三国到五代的正史方面，都是外国人译过的，包括英、法、德近二千个题目，近来别人劝他印出来，可以帮忙此间读中国史的"。（1956年2月4日，第74页）付印前，"汉斯又忙了六星期，因为稿子要交卷，日夜忙，一天十六小时，连周末都在内，成天不归家，也不煮饭，在外面吃，我吃得瘦了三磅，把我整个薪水都吃完了"。（1957年9月29日，第100—101页）编就后，傅汉思谦称：该书"没有

---

① 张充和任图书馆馆员的起始时间据以下资料推定：1955年7月31日，她在给宗和的信中写："我在加大的东方图书馆……我是中文编目方面工作。"（《一曲微茫》，第65页）后来又提到，"我那八年都在图书馆中文部"。（《一曲微茫》，1962年6月13日，第213页）她于1959年8月从该馆辞职。往前倒推八年，即1951年。

② 《天涯晚笛》，第115—116页。

什么新的材料和意见,只是一种参考工具"。(1957年10月3日,第103页)然而这就是书目的价值所在。该书目将汗牛充栋的资料分类整理,一目了然,方便检索,成为当时汉学研究者的常备工具书,对推动美国汉学研究起到了重要作用。①

在上述工作基础上,傅汉思发表了数篇关于中国文学研究的论文。1952年的《中国诗歌中的梅树》,对中国古代诗赋中的梅花现象做了探讨。1954年的《〈龙城录〉的诞生年代与作者》,参与到众说纷纭、传为柳宗元所撰的传奇小说《龙城录》之创作年代及作者的论争中,提出自己的看法。②1957年,发表《中国抒情诗中的"我"》,对中国诗歌中人称代词,特别是第一人称代词进行了探讨。傅汉思注意到,唐诗中常常省略第一人称"我",但在此前诗歌如《诗经》、楚辞、汉诗中均未见到。他认为,省略"我",更能突出诗歌本身,让读者更易于置身其中。但当诗人想突出自己的观点、和他人进行对比,或希望让读者和作者保持一点距离时,"我"一般不省略。他特别指出,"我",在李白诗中比其他诗人都多,而在刘长卿诗中却几乎为零。这是一个历来中国学者不曾注意的角度。同年,又发表《诗歌和绘画:中西方诗歌和绘画关系综述》,对西方文艺复兴以来和中国唐代以来,绘画和诗文地位的关系做了综述,对中国绘画发展的趋势有较为细节的介绍。③

后来,以中西方文学艺术的比较视野进行中国古代文学研究,成为傅汉思的一大研究特色,新意迭出。他早年攻读而习得的西方古典语言学素养,并未遭遗弃,而是移形换影,嫁接到中国汉唐文学的新枝上,结出一颗颗甜美丰硕的新果实。

---

① 宋燕鹏、王立:《美国汉学家傅汉思先生的古诗研究》,《中国韵文学刊》2013年7月刊。
② 傅汉思:《梅花与宫闱佳丽》,北京:生活·读书·新知三联书店,2010年,第412页。
③ 史燕鹏、王立:《美国汉学家傅汉思先生的古诗研究》。

*

困顿多年,不断推出研究成果的傅汉思终于迎来拨得云开见晓日的那一天。

1959年,傅汉思拿到了第一份正式的汉学教职——斯坦福大学助理教授。做了八年图书馆员的张充和也辞去工作,专心做起全职主妇,照顾子女,打理家务。他们搬回了帕洛阿尔托市。

到了斯坦福,傅汉思教学方向有重大调整,由兼职教中国历史改为全职教汉语言和文学。张充和描述:"汉斯来斯坦福真是苦教,学生程度不高,从字句着手。看卷子做练习,都是他亲自去改,写讲义都无书记,也是他自己写,有时直到深更半夜。加州大学就比这里阔气多了,有助教,有改卷子的,有书记,有秘书。此地得一手包办。"(1960年2月28日,第115页)教学外,还得把大量时间用于日常办公和开会,有时系主任出差,大小事都堆到他头上来。晚间回家,还得预备功课。每天忙忙碌碌的,不能有一点空闲。(1960年4月30日,第119—120页)

两年后,"倒霉了十几年的傅汉斯忽然红了起来"。斯坦福拟在香港设立分校,委托傅汉思筹备、主持。而位于美东的耶鲁大学也向他主动伸出了橄榄枝,斯坦福听说后,以加薪升职作挽留。(1961年3月17日,第133页)

经过多方面比较,权衡各种利弊,傅汉思接受了耶鲁的邀请。1961年6月27日,张充和一家告别了这个让他们不太愉快的地方,飞赴耶鲁大学所在地纽黑文(New Haven),当地华人更习惯的称呼是:新港。(1961年6月25日,第139页)

生计维艰

| "我们才真是被剥削的" |

从1949年到1961年,十二年来,张充和一直工作、生活在加州,或准确说是以伯克利和斯坦福为据点,活动于旧金山湾区。总体而言,这些年张充和过得并不舒心。用她自己的诗句说,是"遣愁无计得愁多"。①

张充和在信中多次跟张宗和说,加州的天气有些像云南。抗战时期在云南昆明、呈贡的两年给她留下了特别美好的记忆。然而,这美国的"云南"留给她的印象并不大好。到了新港后,她回想过去,说:"在加州虽然气候好,但是精神上老……"(1961年11月24日,第163页)她又说:"过去在加州我的精神不能算好,因为那儿太平淡了……"(1963年10月8日,第332页)

为什么会有这种印象呢?梳理张充和的各种理由(本节及其后两节),会发现,有些的确与加州有关,有些其实没太大关系,只与个人际遇、生活经验、时代氛围及中西社会文化背景的差异有关,但都汇聚成张充和对于那个生活了十二年之地的负面看法。

她感受到加州有些人对她这个东方人的种族歧视。她回忆说:"记得我在伯克利(十年前)租屋时,都不太容易。买房只是限定地点

---

① 《寄一鹑》,《张充和诗文集》,第57页。

（这是违反宪法,但地产公司暗中作祟,不明言你是东方人,就是不卖）。若是在高贵处有了东方人或黑人,屋子马上落价。报上有过好几回事发生。(但大多数人,有好教育的,还是好的。)"(1962年10月6日,第271页)20世纪50年代,臭名昭著的排华法案被废除才不到十年(1943年被废),华人、白人不得通婚的禁令在加州被废也才几年(1948年废止)。而加州正是19世纪末期排华浪潮的重灾区和排华法案的始作俑者。百年痼习不会因恶法的废除而一朝消歇,总有一些遗患,须由时间逐渐消化。还好,连张充和都说,"大多数人,有好教育的,还是好的"。

她认为,美国西部在文化水准和文化氛围上,要差于东部。她后来搬到美国东部,住了一段时间,得出对比:"过去在加州我的精神不能算好,因为那儿太平淡了,自从到了东部来各方面都觉得满意,这边文化水准也高,博物馆图书馆都好,所以不觉得寂寞。"(1963年10月8日,第332页)就中国人来说,在加州虽然也有赵元任、陈世骧等学者长期在伯克利任教,胡适曾一度访学于此,李方桂、徐樱夫妇有时间也从西雅图的华盛顿大学赶来相聚、唱曲,但总的来说,中国文化气息还是太淡薄。她认为其原因是:"在西部时中国人虽多,大多是广东华侨,东部都是京沪人多,因此碰到的都可以谈点关系出来……"(1963年11月19日,第334页)说白了,广东华侨大多是清末以来的赴美华工及其后代,京沪人士是中国文化精英人群,随着1949年大陆的巨变大量迁移美国,其中有很多她的同道,可以一块谈诗论画唱曲。

在加州时,他们工作不稳定,工资低,安全感不足,让她心神不安。定居耶鲁后,想起加州的岁月,她曾一再说:"自从汉斯到耶鲁来后,我的心神较定,你看我写信勤便知一端,过去的学校不好,生活无保障,人家随时可以解聘你,所以[现在]我对画画、写字、唱曲都有兴趣。"(1962年8月3日,第244页)"现在到了东部,生活在心理上才安定点

（过去汉斯的工作是一年聘书，随时可以不要），又穷得多……"（1962年12月26日，第304页）

无论傅汉思在伯克利时任的讲师，还是在斯坦福时任的助理教授，在美国，都不是终身教职，都是一年一聘。这年春天在课堂还上着课，秋天竟不知道会在哪里。甚至是终身职位的正教授，也可能因各种原因陷入被解聘的命运深渊。历史学家黄仁宇长期任职于纽约州立大学纽普兹分校，是该校讲授中、日两国历史的正教授，一般而言即终身教职。1979年，六十一岁的他接到校长的解聘函，告知他的教职将于次年终止，原因是人事缩编。与此同时，那本很快将轰动史学界、奠定他史学大家声誉的《万历十五年》英文版正被一个个出版社退稿。他想，有谁会雇用一个六十多岁、刚被解聘的人担任教职？他去问询社会福利局，获知未来每月最多能得到六百美元福利金，但这还不够他们一家三口每月最低生活费的一半，更不要说房屋税和其他杂项支出。他还去问询失业津贴的领取可能。他跌入人生的低谷，前路茫茫，羞耻、屈辱、愤怒弥漫全身。读着黄先生回忆录《黄河青山》中关于这一段遭遇的叙述，令人不胜嘘唏。[1]

因此，张充和非常羡慕有工会做后台的工人。她告诉宗和："说来你们也不会相信，这里的工人会强，我们邻居是木匠，三年前工价是一小时三块五还在闹罢工，我们那时只有一块二毛五，还怕人家不要我。他们看不起学校的收入，我们才真是被剥削的。他们罢工有工会维持，我们罢不了工，罢了便没饭吃。"（1956年8月1日，第81页）

她抱怨说："过去中国人都说美国生活舒服，水准高，例如家中有澡盆，淋浴。可是教授同公务员、中小学教员是十分辛苦的。因为工

---

[1] 黄仁宇：《黄河青山：黄仁宇回忆录》，张逸安译，北京：生活·读书·新知三联书店，2001年，第67—85页。

人有工会，各行都有组织，只有像我们这类人无组织，受了气无处可诉。大公司或小商店门口常常见到一个或两个工人肩着牌子上书'此店对工人不公平'，在这种情形下，自然顾客就不进去了。久之，公司即让步。凡是罢工，工人工会维持生活费，在门口肩牌子的人也是工会派来的。绝无双方殴击之事。这种冷战总是工人得胜。"（1957年10月25日，第104页）

结果，在她居住的地方，工人家庭反而是消费水平较高的。她说："我记得我有一左邻是在学校做事，后来头昏了，右邻是个木工，他的太太同我一样不明白左邻昏的原因，可是她说'也难怪要头昏，在学校做事的人是养不了家的'。那时我两个人的薪水还赶不上木匠一个人。一切家庭设备都是右邻摩登。"（1957年10月25日，第105页）

二战后，受益于经济腾飞的各个企业不想让任何罢工事件影响正常生产，因此与劳工组织建立某种新型关系，有时被人们称作"战后契约"。受惠于此，工会工人的工资和福利都有了大幅度增长。不过，尽管劳工运动在为工人争取高工资方面取得了令人瞩目的成绩，但大部分非工会群体的状况却少有改变。[1]1954年《财富》杂志指出："是改变美国中产阶级消费者旧形象的时候了。他们不是，而且几年前就已经不是小房东或药店老板了。如果说到最典型的形象，最合适的也许就是底特律的车工。"[2]张充和的切身体验就是这一现象的具体而微，也从个案角度说明建立教师工会的必要性。

20世纪50年代，美国各级政府鼓励建立包括教师在内的公用事业工会，以促进集体谈判权的法规陆续出台，此后多年，教师工会的成

---

① 《美国史》，第828—829页。
② 转引自威廉·曼彻斯特：《光荣与梦想》第3卷，四川外国语大学翻译学院翻译组译，北京：中信出版社，2015年，第310页。

员数有了很快增长。①也就是说,张充和所期盼的教师工会当时才处于起步阶段,因各地教师工会建立速度的不同,在加州大学伯克利分校任职的她和傅汉思暂时还没等到这一组织的出现。到了1979年,据黄仁宇所言,根据泰勒法案,任何州立大学体系的员工,都必须接受大学专业人士联合工会的管辖,不管是否为工会成员。遭到解聘的黄仁宇也去咨询了工会代表,后者说:"如果你想递出抱怨函,我们会帮你忙。但我不知道成不成功,这张合约定得不好,上面的确写着他们有权终止教学计划。"听起来,工会的集体谈判行为遵循合约精神,因此也没有帮到黄仁宇的忙。②

张充和当时在伯克利东方图书馆做图书编目工作,但她感到很不顺心。据她跟大弟说,她其实蛮受欢迎的。比如,因为她字写得好,馆长很喜欢她的字,于是该馆所藏中国古书的套子上全让她题了书名,一整屋都是。然后馆长(是老小姐)"孝敬"她一本铜版影印的贺知章《孝经》。原墨迹存在日本御府,写得非常好。(1962年8月10日,第248页)比如,因为她是中国人,学中文的人都想向她学,连英文都不想同她说。因此,虽然她英文没有进步,但帮了别人学中文。(1962年6月13日,第213—214页)她承认她以前脾气坏,但她说"现在公事房里都说我是最易相处的"。(1957年7月6日,第100页)

可是为何不顺心呢? 看她对自己工作的介绍:"我是中文编目方面工作……但买书的人不在行,我虽爱书但也莫能助。若是帮了忙,反而以我为多事。"(1955年7月31日,第65页)后来,她又气愤地说:"我们有个好图书馆,但是做目录学的人是个大饭桶……"(1955年12月,第71页)再后来,离开图书馆几年后,有次提到,她仍是满怀怨气:

① 伊沙贝等:《近美国百年经济史》,彭松建等译,北京:中国社会科学出版社,1983年,第612页。
②《黄河青山:黄仁宇回忆录》,第85页。

"提起图书馆，也罢，受够了，可是书也读够了。一受了气，除了工作之外，便是读书，自己多做了工作，别人赶不上，便生嫉妒，生嫉妒的人又是上司，这口气便有得受了。于是在工作时看书，不在工作时也看书，可是看了也就忘了，愈看愈多，愈记不得。可惜没有做卡片。"（1962年6月13日，第214页）

假定三段引文里"买书的人""做目录学的人""上司"是同一个人，可以推测，就中文图书目录工作来说，至少有两个工作人员，一个是可以决定什么中文书可买入的人，应该懂中文，是张充和的上司，但这上司是个"大饭桶"；一个是买入后将书编目的人，就是张充和。起初，张充和凭着自己的国学底蕴，对"大饭桶"上司的购书单有所建议，很可能她的想法实在比上司高明，上司感到威胁，便怪张充和"多事"。以后，她虽心里气不过，但不再自作主张。然而，她其他方面比如写字、中文等方面的能力当然又很突出，受到馆长和许多同事的喜欢，这可能又让同样懂中文的上司感到不爽。故上司一再嫉妒，给她气受。

可是张充和实在需要这份工作，即使有多受气也只好忍着。因此才更为羡慕有工会的工人，羡慕"他们罢工有工会维持，我们罢不了工，罢了便没饭吃"。（1956年8月1日，第81页）

当家非易

| "任何国家的主妇都比美国的舒服" |

在这样的压抑心态中,张充和曾想:"若能把债务(房债)还了,我大概不想做图书馆事了。也没多大志气,但总想创作一点东西留下来能使自己满意。在此长久了,容易糊涂一世。"(1957年10月25日,第106页)

房贷,是让张充和忍气吞声的重要原因。

前面说到,1949年初到美国,他们曾住婆家半年。后搬到伯克利,起先租房,曾受到种族歧视。房子应该不够宽大。据她说,他们陆续购入《四部丛刊》《百衲本二十四史》后,将一部同文本《二十四史》卖给书店,理由是:"我们租的房子不够放。"(1955年7月31日,第65页)

同文本《二十四史》,有光绪年间同文书局本、五洲同文书局本两种,都是将乾隆年间武英殿原刻本摄影、缩小后拼版石印。其中五洲同文书局本于1903年石印,书高20厘米,每半页210字,700多册之巨,的确占地方。《百衲本二十四史》,由张元济主持下的商务印书馆于20世纪30年代出版,绝大多据宋元善本影印,版本价值极高,共80函820册,也很占地方。两者比较,自是《百衲本》版本价值更高。但对于中国传统文化的传承者和研究者张充和夫妇而言,两种本子原可参互使用,有不可替代的关系。但是,因为房子不够放,只得忍痛卖掉相对价值较弱的那一种。

大约1953年,他们成了有房一族。

　　"我现在要描写一点我的住处。风景不差,小山谷叫作夜猫涧,坐山面涧,屋子四周一道木栏,搁不住山色,此处不是文化区,但野趣横生,有鸟鸣,有马嘶,汽车路过也不闹。我们的地皮有 100×50 尺大。园子总够忙,回来就忙着拔草,花倒是一年四季都有,玫瑰有四五颗(棵),太费人工,我没有栽培得好,所以虽有也不大。有一株老橡树,现在我们都在树荫下写东西。屋内不舒服。我们种了梅树(冒充的),枫树倒是正东方的,其美。去年插的垂柳,今年也有一人高了。其他洋花洋草,我也不知道怎么种。"(1957 年 7 月 6 日,第 98—99 页)

　　这个"野趣横生"的地方,有点偏,出行不便,逼迫她不得不学会开车。"我学会了开车,经过考试得到了开车证。这是第一件事,感到自由了。否则汉斯这次开刀我就糟糕了(按:小肠手术)。三公里以外才是公共车子。"(1956 年 7 月 14 日,第 80 页)开车时,早就近视,然一向不喜戴眼镜的她不得不一直戴上近视镜。三年后,张充和配了一副当时还颇为新潮的隐形眼镜,再一次解放了她:"开车时看得很远,很清楚。……戴惯了不喜欢戴普通眼镜,因为开车前后左右都要顾到,镜框是讨厌的。"①

———————

① 张充和致张宗和信函,1962 年 3 月 19 日,《一曲微茫》,第 190 页。目前已公开的张充和照片虽然很多,但未见其戴眼镜的留影。实际上,约二十岁前后,她已近视至 450 度。或许是在合肥张家大院时,十年寂寞苦读,把眼睛熬坏了。因此可以想见,在许多场合,她应该是戴着一副眼镜的。但她"一向最恨戴眼镜"。不仅照相时不戴,连有时出去游玩也不戴。张宗和在日记中曾记载过四姐一则与其近视眼有关的出游趣事。1932 年 8 月 13 日,姐弟们游天平山,一路经过许多大河小河。张宗和注意到:"许多乡下人都不穿衣服。小孩子不用说,赤身裸体,女人也和男人一样,只穿一条裤子,晒得和男人一样黑。四姐近视眼,看不清,常常把女人当男人。要是胸前没有一对大奶头,谁也分不出是男是女。有些比较年轻一点的女人,看见我们船走过,把膀子交叉在胸前。小孩子们在水里玩,真开心。"(《张宗和日记摘录》,《水——张家十姐弟的故事》,第 242 页)。1960 年,一向讨厌戴眼镜的张充和配了一副隐形眼镜。根据隐形眼镜小史,她所配的不太可能是今天占据主流的软性镜片,很可能是彻底改变了隐形眼镜历史,使之走上普及化之路的以透明塑料为材质的硬性镜片。张充和描述感受说:"放在瞳仁上,一天可要去下洗几次,就如好眼睛一样。开车时看得很远,很清楚。近来因为左眼的毛病,有一个多月没有戴了。戴惯了不喜欢戴普通眼镜,因为开车前后左右都要顾到,镜框是讨厌的。"

作为有房族的他们,面临极大的房贷压力,因此,她"不做事是不可能的":"收入说起来也不能算坏,但房子上太贵了,借了放债公司九千五百块,每月九十五块,十一年还清,利息也就是好几千。加上房捐(每月当过兵的就特别大),保险费种种费用,就去了我整个的薪水。如果我不做事是不可能的。汉斯的薪水管交通,吃饭,杂费。衣服也不大买,汉斯一年顶多一套衣服。我[们]伙食还赶不上住房子费贵。普通七十到八十[块]之间(两人的),我只可以算四分之一的人。"(1955年7月31日,第66页)

1959年后搬到斯坦福,起初似乎仍租房,后因傅汉思父母回故乡德国一段时间,又搬住其父母家。直到1960年7月,才在那里重置了一套(此前的房子应已卖掉),"新居也有一个园子,没有以前的大,有几棵树,有橘子同柠檬"。(1960年7月12日,第124页)然而,张充和因为要照顾两个子女,辞掉工作,房贷压力同样存在,怎么办呢?

三招:花积蓄,但很快花光了;以后,省着点用;若实在撑不住,就重新出来找事做。(1960年8月12日,第127页)

在家做主妇并不轻松。张充和有次曾情绪化地下一断语说:"在日常生活上任何国家的主妇都比美国的舒服。"(1957年10月25日,第104页)做美国主妇,心那个累:"在美生活实是不易,衣食住行,无一不伤脑筋,一不当心就是个窟窿……时时都是提心吊胆过日子。"(1962年6月13日,第212—213页)

她在信中告诉大弟:"如我再见到你时,可比你们都会做事了。除了家事外,漆匠,木匠,花儿匠,自来水匠也都会一点。不然我们两个人的薪水还不够付匠人钱呢。"(1956年8月1日,第81页)"因为人工贵,一举一动如不学习就糟了。"(1957年10月25日,第104页)

她举例说:"几年前汉斯在抽水马桶中洗尿布,一不当心抽下去塞住了水管,是周末,自来水工人找不到,找到的是加倍价钱(一小时十四块），后来找到一个工人喝得醉醺醺的要汉斯拿着工具，他只是一扭，不过一秒钟，尿布下去了，十四块也跟着下去。（这儿工人一出门即算一小时）。"（1962年6月13日，第213页）还比如修剪房前屋后的树枝，"先请人来估价，说要一百五十元，难道我们舍得用这笔大款子来砍一棵树吗？如不砍，树枝扫屋顶，一朝扫漏了屋顶又是糟心。所以只得自己砍。可是及至砍完了，又十分骄傲"。（1957年10月25日，第104页）

那会儿，两人上班时，她回家得做饭，为了省事，他们总是吃回锅菜。她介绍说："我们一天八小时，六点半起来七点半动身，八点到校。下午回来已是五点半，好在有冰箱，可以一星期一次去买菜。但有时周末弄得不好，就得现买现做，我现在不挑嘴了，肥肉也吃了，不过觉得腻一点。但是谁做呢，还得自己做，做了就又不想吃了。……我们总是一个菜翻来覆去的吃，省得做菜，实在没有工夫。"（1955年7月31日，第65页）

她对必须做许多家务表示很无奈："我们五天工作，星期六上午洗衣，收拾屋子，下午剪草地，弄园子，我喜欢弄园子而不喜欢收拾屋子，但一点办法都没有。"（1956年7月14日，第80页）

替代办法也有，就是购置一件又一件新式家用电器。

在一封信中，张充和对宗和说："今天有件大兴奋的事必须告诉你，我们买了一个洗碗机器，又换了新电灶。洗碗机器可洗上百件碗碟（刀叉筷子在内），放进去三十二分钟，人可以做别的事。先刷一次，再用化学肥皂洗一次，再刷两次，只用七加仑的烫水，洗出来比手洗的干净多了。洗后用热风吹干，吹干了机器就自动停下。我们一天只洗一次或两天洗一次。"（1955年12月，第70页）

介绍完洗碗机，接着描述烤箱："再有这种新式炉子，真是方便，非常之快，烤肉烤鸡等早上办公前把生肉放进去，在开关上点上几点（什么时候开始煮，多少热度，煮多久，到时候就自动煮起，小小的温度，等你回来），回家就有肉吃了，但是不能在烤箱里煮饭，也许可以隔水煮。炒菜也得动手炒。这两件东西至少可省我一个钟头在厨房。"（1955年12月，第70页）

然而，家电只能部分替代人工，按张充和计算，这么多家电带来的方便程度，只等于节省四分之一的人工："其余要做的还太多。周末大忙半天家事，然后整理园子，两季就在家中。洗衣服也是用机器，另外还有烘干的机器，我们都不喜欢，还是阳光里晒的衣服好。所以我没有买。洗衣机也是不用人管，但是收叠总还是要半小时到一小时。这里如此之方便，也不过只抵得上四分之一的工人。"（1955年12月，第70页）

当张充和第一次听说贵州的大弟，在1955年的中国，除了伺候宗和一辈子的老佣人夏妈外，还能够请一个女工种菜收拾家，第一反应是羡慕，然后表示在美国的他们承担不起："你们经济好转我真是高兴，还能有夏妈，又有工人，真是不胜羡慕之至。我们从来也没用工人，比我们阔一点的，有一星期一次四小时，也得三十元一月。只是用机器清洁屋子，洗洗厨房。我同汉斯就分做了。"（1955年12月，第70页）

过了一年，张充和有点蠢蠢欲动，想请一个小时工，问题在于给不起合适的工钱："我们也是忙得透不过气来。……我们想找一个女工（每周一次四小时），但因路远，都不愿来，大价钱也出不起。我再要如此忙下去可真要倒了。但是来此七年并无疾病，就只是累。可见累并不是不利于健康。当放下不操作过度，反而多病。"（1956年8月1日，第81页）

几个月后，终于找到一个给他们收拾屋子的工人，每周四小时，工钱不详。（1956年12月27日，第90页）然而不到一年，此人就不干了。张充和无奈地向宗和报告说："我现在连一星期一次清洁屋的人都没有了。我也混得过去，就是累一点。"(1957年9月29日，第100页)此后许多年，几乎所有的家务都是张充和他们自己动手，除非实在有事外出。比如1963至1964年间她连续两次被邀请到威斯康星大学麦迪逊分校各教授了一个月左右昆曲课，才雇请外人帮忙，照顾家中一双子女。

1961年10月，从加州迁居新港刚四个月的张充和，在给张宗和的一封信中写了下面的话，似对他们加州十二年的日子做出总结："汉斯同我这十二年的生活要是同过去相比一下，我还不如当日的老张，汉斯不如当日的金荣、黄三之类。我们除了做粗事外，还得做办公室教书的工作。从买到做，洗地板到做园子，又岂是一两件机器能代替的。"(1961年10月31日，第155页)"老张"，应指在国内时伺候张充和多年的女佣张干，"金荣、黄三"则是他们张家的男佣。三人代表着服务他们张家的诸多佣人。①

要准确理解张充和的看法，似有必要考虑，她是带着在中国生活三十多年的经验，突然切换到20世纪50年代的美国的。此前，她的一个主要身份是"张四小姐"，享受着世家子弟的待遇，当时中国仍以农业文明为主，并开始向现代工业和商业文明艰难转变，人力成本极其低廉；经十几天海上漂流后，她转变成美国的一个家庭主妇，适逢二战后美国新一轮黄金时期，人称"富裕社会"。

从小，她是在佣人们簇拥下长大的。以后长期出门在外，许多时候都有投靠的人，或二姐张允和及二姐夫周有光，或三姐张兆和及三姐夫沈从文，单身一人的她一直受到他们的照应，家务的事，基本不用她自己动手。有时，佣人专程到她工作的地方照顾其饮食起居。张充和自己就说，以前在国内时，她教人唱曲多起劲，"原因是三顿饭不用自己做，衣服屋子不用自己做"。(1960年4月30日，第119页)现在，

---

① "金荣"，见《张宗和日记（第一卷）》，第58页。该书第181页有"黄四"，或即"黄三"之弟？

来到美国,没有了张干们,一切只能自己做,很难不起不胜其烦的疲累感。

如今在美国,他们有限的薪水首先不是用于雇佣美国的张干们,而必须优先用于支付房贷和购买越来越多的消费品,以避免被这个据说是"富裕社会"的浪潮甩得太远。20世纪50年代,作为艾森豪威尔政府的副总统,尼克松每当出国访问,总是急切地等待开口机会宣讲美国人的生活多么好:"我引用这些数据表明,美国4400万个家庭拥有5600万辆汽车、5000万台电视机、1.43亿台收音机,并且3100万个家庭都有属于自己的房子。接下来,我要提到许多都忽略的一点。这些数据戏剧性地表现出:从财富分配的立场上看,作为世界最大的资本主义国家,美国最接近一个人人都富裕的无阶级社会的理想。"[1]

制造商在广告商的帮助下,在电视等新媒体的攻势下,试图让"富裕的人们"相信,美好的生活就是拥有汽车、电视、洗衣机、洗碗机、烤箱、立体声音响等各种不断推陈出新的消费品,为你服务、供你驱遣的生活。建筑商纷纷推出郊区独栋住房,这儿有城里找不到或负担不起的大房子,免于都市生活的嘈杂,可以让你生养更多的孩子,且有容纳更多消费品的空间。[2]过上美好生活的人类的天性,在重重诱导和激发下,转化为不可遏止的消费欲望。

方便人们达成消费欲望的,是发达的分期付款体系。张充和告诉宗和:"这里普通最美国式的家庭从房子、冰箱、洗衣机……大大小小以至衣物零物都可以分期付款,少至三月,多至三十年付清。"(1957年10月25日,第105页)对于人们来说,生活靠的就是分期付款。他们用分期付款购买消费品时,只关注每月需要支付多少钱。他们把自

---

① 《光荣与梦想》第3卷,第386页。
② 《美国史》,第830—833页。

己抵押给未来，为了让自己的今天过得享受。即使那些生活在新郊区的高薪家庭，也几乎没有存款。曼哈顿的麦迪逊大道上，悬着这样的广告语："所有的进步都基于每一个人都希望过上超出他收入水平的生活。"①

在这喧嚣的消费大潮中，张充和冷静地说："我们两个绝不懂经济问题的，可是滚到这个资本社会的潮流里，不得不略微计划一点，否则一浪打来就一败涂地了。"（1957年10月25日，第105页）

"滚到这个资本社会的潮流里"，为了不被潮流所抛弃，当然有时是连张充和都感到方便和省力，他们陆续购买了郊区住房、汽车及各种各样的家用电器，并为此消耗掉他们大部分的薪水，并不得不在许多年里为偿还各种各样的贷款和账单而每月劳碌着，不敢松一口气。有时不想购置的，被环境所裹挟，不得不买。电视就是一例。1957年，张充和写道："现在家家有电视，我们因怕费时间伤眼力，所以没买，邻居们似乎有很大的同情心，常常说'到我家来看电视'。"（1957年10月25日，第105页）没几年，张充和夫妇也买下电视，并很快成为其一双子女的最爱，以及学习英语的启蒙之师。

消费浪潮中，有限的薪酬永远显得不够开支。作为家庭主妇的张充和，将要为此发许多年的愁。

---

① 《光荣与梦想》第3卷，第311—312页。

乡愁诉谁

｜"在美国愈过久愈觉得没意思"｜

与工作、房贷、家务等交织在一起，让张充和"遣愁无计得愁多"的，还有一份排遣不去的乡愁。

自1949年离开中国，去国怀乡的情愫一直萦绕在她的心头。

她咏荷上露珠云："争奈离愁万点，念家山，歌哭咽咽。"这不是荷珠，而是她想家时涕泗纵横的眼泪。

元旦，与同学旧友共度，她做了一个美味名菜叫"还珠"，即将蚌肉与猪肉混合再回蚌中放在烤箱烤熟，寓以珠还合浦，有一天大家都回国的意思。（1961年1月12日，第130页）

正月初五，流落异乡的人们聚首宴饮，等人去灯昏，她醒悟道，这异国的"尊俎"怎能慰藉离乡人心底的寒冷："正惆怅、倦途春晚。良夜灯昏、绮筵人散。去国情怀，此方尊俎那堪暖。"①

中秋夜，想到古人"每逢佳节倍思亲"，人在美国的她没有月饼，只能绕屋一圈看看月亮，想想家。（1962年9月28日，第269页）

1957年，在给宗和的一封信中，张充和曾语气很重地表示说："在美国愈过久愈觉得没意思，不知何日可以回国。"（1957年4月26日，第94页）

---

① 《张充和诗文集》，1951年作，第58页；1954年作，第60页。

为何会有如此不满？因为，与她生活了三十多年的中国相比，"这边人与人之间的关系太漠然，看了叫人不舒服。既无亲戚可言，也无朋友可言"。她举了四点理由。

第一，家庭不像家庭。在美国，"不像中国一向亲友的互助，连儿子替父母亲做点事还要钱，也可以出点钱叫父亲来做工，固然是各自金钱独立，但家庭间成个什么样子？"（1957年4月26日，第95页）来美这些年，她见识到："在美国不管家中是多么有钱，男孩子到了九、十岁就送报纸、推草扫雪赚钱。女孩子到十三四岁就看小孩子赚钱。这种风气很好，到了大学就不用家里钱了。但是另一种风气亦不好，自己的孩子推自己家的草地也给钱，替父亲擦皮鞋也给钱。"（1962年7月14日，第234页）她还见识到："这里儿子不管事，是做商，做官或教授的，父母到老年了，都是进养老院。儿女要是好的，每周看一次，有的竟像是忘了一样，看了真是寒心。有一次我们去看汉斯的舅祖母，她在养老院，虽是干干净净，不少吃穿，也有医药设备，可是他们仍有感情在，想见儿孙，想朋友。有一个不认识的老太太招手叫我去，抱到我只亲，叫宝贝，她也许是看错了人，也许是看到年轻的都喜欢，我给她吓了一跳。以后想想，真是难受，想到我们的老年，难道也是进那个地方吗？"（1961年10月25日，第154页）

以至于她竟打算："我老是想我们将来老了，若是不能动，还是快点死了好，谁还指望儿女来伺候你呢。养老院也像是养一群动物似的。我们参观过，相当的惨。"（1962年7月22日，第236页）

第二，朋友不像朋友。"这里从不知什么叫'义'字，有时我帮朋友忙，人都以为过分，甚至被帮忙的反而怀疑我别有用心，故现在也知道适可而止。"（1957年4月26日，第95页）关于此点，查阅张充和各时期信札，没有明确的例证，或许可举前述她在图书馆被上司嫉妒的遭遇为例。她作为中文图书编目人员，可能对管中文图书采购的上司做了一些在上司看来超出其职责范围的事情，让上司怀疑她别有用心。

第三，对旅美友人老舍言传身教的深切体会。老舍回国前，以在美三年半的亲身经历告诉她在美国可以寂寞得发疯。

1946年1月，先于张充和等人一步，老舍离开重庆北碚，与剧作家曹禺受美国国务院邀请，赴美访问讲学。次年1月，曹禺按期回国，老舍在友人赛珍珠帮助下，从移民局办妥允许滞留的法律手续，在纽约租了两间公寓房，终日辛苦地进行文学创作。1947至1949年，老舍写完了《四世同堂》的第三部《饥荒》，还创作并参与翻译了长篇小说《鼓书艺人》、戏剧《五虎断魂枪》等。

此时，中国内战正酣，远离战乱，于和平安逸中进行创作的老舍，心情却很糟糕。在一封给友人的信中，老舍倾诉道："在此一年半了。去年同曹禺到各处跑跑，开开眼界。今年，剩下我一个人，打不起精神再去乱跑，于是就闷坐斗室天天多吧少吧写一点。……洋饭吃不惯，每日三餐只当作吃药似的去吞咽。住处难找，而且我又不肯多出租钱，于是又住在大杂院里——不，似应该说大杂'楼'里。不过，一想起抗战中所受的苦处，一想起国内友人现在的窘迫，也就不肯再呼冤；有个床能睡觉，还不好吗？最坏的是心情。假如我是个翩翩少年，而且袋中有冤孽钱，我大可去天天吃点喝点好的，而后汽车兜风，舞场扭腰，乐不思蜀……没有享受，没有朋友闲谈，没有茶喝。于是也就没有诗兴与文思。写了半年多，'四世'的三部只成了十万字！这是地道受洋罪！"他绝望地说："这年月，活着死去好像都没有多少区别。假若一旦死去，胃，头，痔不就一下子都好了么？"①

1949年10月初，应和着当时滚滚奔涌的归国热潮，老舍来到旧金山，准备回国。因航船延期，他在此等了一个星期左右。大概就在等

---

① 王海龙：《老舍的纽约岁月》，《羊城晚报》2015年3月14日。

待期间,老舍与居住在旧金山附近伯克利的张充和夫妇见面,讲述在美经历和心情,留下了在美国"寂寞得发疯"的感喟。13日,老舍离开美国,于12月12日,回到阔别多年的故乡北京。

乍听得老舍所言时,张充和来美刚八九个月,她有些不以为然,"以为他那时在此只写文章,不太忙,若有社交不过是表面而已",没有融入真正的美国生活,因此感到寂寞。(1957年4月26日,第95页)或如赛珍珠所评论的,是老舍的个性导致:"舒先生人很文静,十分腼腆,还很不适应这里的生活环境。"①等到自己作为一个美国主妇在此生活近八年,张充和越来越认同老舍的话了。

后来,每当心情不好的时候,她常常会想起老舍的感慨。一次,她一家四口患流行性感冒,病很长时间,但无人过问。她在给宗和信中抱怨说:"朋友们听说你家有病,生怕传染,不要说来帮忙或看望,连个电话也怕打。真是习惯了。要是你们来此,才觉得寂寞呢。老舍临走时告诉我们,在美国再呆下去要寂寞得发疯。一个由农业国处处受到温暖、处处是人同人之间的感情交流的人,怎么习惯如此社会生活。好在我还有个弟弟可以发发牢骚,真是幸福了。"(1963年3月26日,第319页)

第四,这里的人际关系,还不如他们夫妇同中国的一个书店伙计的关系。张充和在信中告诉宗和:"我们在此就找不出像中国的任何朋友,甚至像修绠堂书店店员李乾新先生(我们走后替我办过多少事)。一个也没有。"(1957年4月26日,第95页)其中"李乾新"应为"李新乾",即1948年12月17日,张充和夫妇仓促离开北平时将家托付给的那个人。

李新乾时为修绠堂书店店员,后任职于北京市文物管理局,曾撰

---

① 王海龙:《老舍的纽约岁月》。

有多篇记述民国书坛掌故的文章,史料价值极高。在其中一篇文章中,李新乾介绍,"修绠堂书店经营四十余年,1956年公私合营并入中国书店,是北京出名的古旧书肆之一",由曾任北洋政府时期交通部次长的陶湘出资开设。他又说:"修绠堂民国四年(1915)开业于北京隆福寺街东头路。经纪人孙锡龄,字寿芝,河北省冀县人,光绪初年在隆福寺聚珍堂书店学徒,为人老诚,颇识版本目录,为陶湘青睐。开业时仅有一间门面,用陶氏弃置之书插架充屋,据说有一二千元资金(有说只五百元),徐乃昌题匾。随与文奎堂、带经堂、宝文书局四家合得宗室凤禹门藏书。又有吴郡顾璜(字渔溪)藏书。……由于这些藏书家的出售,无几年间修绠堂资本积至数万元,藏书亦富,俨然大店矣。"①

在当时这样的书店当店员,决不允许你做坐班点卯混工资的庸碌之辈。张充和晚年敬佩地说:"你可别小看这样的卖书工人,他懂书,文史哲、古今中外的都粗通一点,知道不同读书人的不同需要。那时候,北平很多店家的伙计,都有这种能耐。"那时,"我们都不用上书店了,上书店反而找不到书,告诉李新乾,他是北平全通,对各种版本熟得很,没两下就给你找到了,还亲自送到家里来。我是后来做了图书馆工作以后,做各种版本的目录,才明白李新乾有多么的不容易,多么的了不起"。张充和又说,是季羡林介绍傅汉思认识李新乾的,不久他们就成了好朋友。她和傅汉思常常带上他一起看电影,一起骑车子出去玩。"他送书上门来给我们看,不是非得要我们买,留下来看过了喜欢才买,不喜欢的他再带回去。他知道我们需要什么书,有时候我们也把想要的书单子写给他,他就四处给我们找。汉思不会讲价钱,他从来就给我们最好的价钱。一套同文版石印本的《二十四史》,一根草

① 李新乾:《藏书家刻书家陶湘与修绠堂书店》,原刊《古旧书讯》1986年第四期,现收入俞子林主编:《那时文坛》,上海:上海书店出版社,2008年,第300—301页。

绳一捆，用自行车就驮上门来了，才要我们二十块钱（按：当为美元）！当时沈从文就很奇怪，说："汉思，怎么你们买的书总比我买的便宜呀？还便宜好多！"就这样，通过傅汉思，又把沈从文发展为李新乾的忠实客户。

1949年张充和夫妇赴美后，李新乾将他们的书籍等物都陆续寄到。[①]此后三年间，通过李新乾，张充和陆续给自己、赵元任、陈世骧等人买了四套《四部丛刊》，她自己又要了一套《百衲本二十四史》。因当时所租房子不够放，将先前李新乾给他们找的那套同文本《二十四史》在旧金山当地处理。处理过程中发生的摩擦，更让她想念李新乾的好。傅汉思找到当地还算首屈一指的中国书店，那里工作人员说《二十四史》他曾见过，这是第二次了。傅汉思点明书目给他，排在第一部的当然是《史记》。可工作人员反问，第一部应该是周朝历史，怎么没有？傅汉思解释了半天，告诉工作人员《史记》之中岂单周朝，连盘古三皇五帝都有。他还是不信，幸他有《辞海》，翻了才放心。回来后张充和还半开玩笑地抱怨傅汉思，既然他要周朝史，何不顺手把写南北朝之北周的《周书》拿出给他，带回《史记》来。（1955年7月31日，第65页）

后来，张充和慢慢与李新乾断了联系，但她常常想起他，他那将美国同行甩出不知多远的业务能力，他那乱世之时可以托付身家的情义。这样的人，在美国，"一个也没有"。

隔着浩瀚太平洋，乡愁，就这样在张充和心头滋长，绵绵不绝、难以排遣。

---

① 《天涯晚笛》，第111—112页。

一抹亮色

| "总算我昆曲在好莱坞第一次赚钱" |

回忆在加州这沉闷的十二年,对于自己最爱的书画昆曲,张充和自认荒疏太久,令人怅然。在图书馆做事时,她说:"现在是忙惯了,一天到晚哪还有哼曲练字的时间。在图书馆我立下规矩,连英文也是毛笔,总算还会拿毛笔。字大概是丢得多了。"(1955年7月31日,第66页)后来天天在家看孩子、做家务,她又说:"我的生活可说是单调又复杂,每天从早起差不多是同样的事,但晚上喘一口气,回想这一天又过了,也是怅然。有时想画画写字,想做诗词,全是在想,时间打杂打了,到了晚上身体累,再提不出劲儿来为自己做事。"(1960年4月30日,第119页)

不过,也不能说完全没有成绩,总结一下,还算有些,虽只是灰云边缘泛出的一抹亮色。大概如下:办了一个书画展;出版了几幅字;教出一个老学生;接待了几个师友;演了几场昆曲;到好莱坞吹了一把笛子。

*

1950年初,张充和在旧金山笛洋美术馆(De Young Museum)举办了一个书画展。①

---

① 西泠印社2016年春季拍卖会图录:《张充和与昆曲暨中国首届戏曲艺术专场》,第875、897、898号拍品资料;西泠印社2017年春季拍卖会图录:《从梅兰芳到张充和:中国戏曲艺术专场》,第952、954、955、956、961号拍品资料。

其时张充和工作尚无着落,“常常帮‘短工’”。傅汉思虽为加州大学伯克利分校讲师,实是兼职。两人经济颇为拮据,此次办展卖字售画,当为张充和贴补家用之举,也不排除是走职业书画家之路的尝试。

这应该是她的首次个人展览,颇具纪念意义。此次展览展出张充和个人书画作品数十件,大多是1949年到美国后所作。

张充和后来回忆当时创作、展出情况说:“说起卖画,亦是可遇而不可求,记得初来时我住在婆家,还有闲画画,有一张临清王仞年的画《三峡》,十分难看,画完了我往字纸篓一扔,汉斯倒字纸时把它理平说:‘你不要我要。画了好几天工夫就甩了,太可惜!’后来有一人到过中国的,看了我三十张画,偏偏挑了这张,我得了五十块,这是我来美卖出的第一张画。我每次甩画时,汉斯总提这件事,很得意。”(1961年11月10日,第138—139页)最终,她的画作也就卖出几幅,但作为美国画坛新人,还算小有成绩。

除自作书画外,据她给宗和的多封信件推测,可能还展出了她收藏的书画作品和古墨。

她收藏的书画作品中,有一件山水长卷,价值2600美元,当时曾于报纸刊载,但她不肯出卖。(1950年8月25日,第30页)还有沈尹默给她题跋过的文徵明《仿米芾行书〈金蕉落照图诗〉》长卷。[①]她跟宗和说,此字“真写得好,如有钱我得影印出来。‘文’字中最好的。所有在《中国日报》收藏‘文’的字画中都未见到,又大有气魄,有黄小松(易)、沈尹默、胡适之诸跋”。(1962年9月13日,第262页)

古墨,她从小在朱谟钦老师教诲下就开始保存和收藏,成年后,游走天涯,但走到哪里,都会注意收藏好墨。其痴迷程度,让宗和笑话她

① 西泠印社2016年春季拍卖会图录:《张充和与昆曲暨中国首届戏曲艺术专场》,第912号拍品资料。白谦慎《张充和藏近现代名人书画简记》(《收藏家》2002年8期)刊载本卷局部图影,白氏并评论道:“是卷恣肆开张,在文氏墨迹中不多见。”

是"贪得无厌"。这些墨,一部分在战乱时期存于上海银行保险箱里,20世纪80年代张充和返回中国后才取了出来,保存完好;另一部分在她赴美后,由修绠堂伙计李新乾随书一齐寄往美国。①她告诉宗和:"我带来的墨够我用一辈子。还送了几锭给人,都认为至宝。"(1955年7月31日,第66页)这些墨应该都在此次展览中展出过。几年后她向宗和回忆说:"前曾开个展览会,在美国大概我的墨收藏可算第一人了。从明万历年于鲁到光绪,竟有好几块是见墨谱的,大概你知道在中国是袁励准(袁二的父亲)收藏第一,虽然我比不到百分之一。"(1960年3月23日,第117页)又据张充和晚年回忆,刚到美国时,因经济困难,她曾忍痛以一万美元卖掉一套十锭乾隆石鼓墨,此墨相当名贵,她珍藏了二十多年,为此伤心了好久。②该墨应该也在此展中展出,有可能即通过此展览卖出的。

*

1953年,《文赋》英译本在美国出版,译文前是张充和于上一年5月手书汉字原文,译文由她的北大学长、同服务于伯克利的陈世骧翻译。陈世骧(1912—1971),字子龙,号石湘,河北人。1935年北京大学外国语言文学系毕业,留校任讲师。抗战全面爆发后离开北平,在长沙湖南大学任教,1941年转赴美国,在哈佛大学及哥伦比亚大学从事教研工作,1945年受聘伯克利,曾任该校东亚语言和文学系主任,又筹办比较文学课程。他的著述以中国古典文学为主,兼及中国当代文学的翻译研究,代表作《中国的抒情传统》,可谓脍炙人口。

陈世骧与张充和有着奇妙的缘分。在北大时,陈世骧曾撰文称颂那位苦恋张充和多年、令人扼腕叹息的诗人卞之琳,称卞的诗歌善用

<hr>

① 《天涯晚笛》,第183、188页。
② 《天涯晚笛》,第188—189页。

语言的自然韵律和分行、押韵的技巧，其《朋友和烟卷》中间一段，"字音与节拍能那样灵妙地显示乐音的和谐与轻烟的回旋节奏"；作为对比，臧克家名篇《老马》，显得意念空泛、用韵粗笨，虽然作者"有意识地以吟咏人世艰苦为己任"，但诗中的"情感状态完全显得虚伪"。①到了伯克利后，结识犹太裔年轻学者 Hans Frankel，陈世骧为其取中文名"傅汉斯"。后者不久来到中国，结识张充和，由她改作"傅汉思"。两人婚后回到伯克利，又与陈世骧做了十多年同事。

《文赋》是西晋文学大家陆机的文艺理论名篇，全文 1600 多字。因为是给外国人看，必须个个字能在字典上查到，张充和以小楷书就，书写时，一变在国内时期字字求奇的风格，而复归平正无奇。她认为，这么做，合乎她所推崇的唐代书法理论家孙过庭的教诲。孙在所著《书谱》中写道：写字时，"初学分布，但求平正，既知平正，务追险绝，既能险绝，复归平正。"（1962 年 10 月 28 日，第 282 页）

对于书写和影印质量，她非常满意，后来屡屡提及。如："影印得（让我）十分满意，连图章的颜色都不差。我用明方于鲁墨写的，墨华甚佳。"（1955 年 7 月 31 日，第 66 页）"墨是方于鲁（明），印色是乾隆，印时非常仔细，颜色与原作差不多。现在已是善本书，当时只印四百本。"（1962 年 10 月 28 日，第 319 页）

除《文赋》外，还有两件写本出版："在意大利有两本课文，一是三十首唐诗，一是王维与裴迪的辋川诗四十首，印得很考究。我只有一本，不能送你。我写的是各体……"（1962 年 5 月 27 日，第 208 页）

*

信中"在意大利有两本课文"提醒人们，这两件作品可能同《文赋》

---

① 陈国球：《"抒情传统论"以前——陈世骧与中国现代文学及政治》，《现代中文学刊》2009 年第 3 期。

英译本那样,是个中意对照文本,一边是张充和手写汉字原文,一边是意大利译文。意文合作者,很可能就是意大利学者、张充和的老学生奥斯基。

关于奥斯基,她在1962年1月11日写给张宗和的信中,曾有一段较长的介绍:"我今年也开始记日记,不知可能长久。为了纪念一个老朋友奥斯基先生。我初到美国来第二天即在赵元任家见到他们夫妇。那时他已六十了。以后我们生活非常困苦,找不到工作,他总是帮忙,至少是对我们有认识,不比另外人见到你穷时是一个样子。不久他开始向我学中文,学了四年,别无成就,只是印了一本薄薄的诗集。有四言五言,有骚体,比老苏的强多了。另有一种风格,像佛经体,当然是洋味。但也有纯中国味的。改诗时却也吵了不少架,但并不伤朋友感情。去年十二月,他突然心脏病一二日即逝去了。他大约也近八十岁了,著作等身,写作当时被希特勒逐走,后又被墨索里尼逐走。在加拿大因董事会要他宣誓不参加左派,他因不签,又被辞退。他除了写艺术科学同时最成功的是马可·波罗的研究,也是世界的权威。"(第170—171页)

出生于意大利维罗纳的奥斯基(1885—1961),精通罗曼语文学和语言学,曾执教于德国的海德堡大学、弗莱堡大学和意大利的罗马大学。后被希特勒、墨索里尼先后驱逐,1939年赴美,在美国多所学校讲学。1945年,加入美国国籍,在加州大学伯克利分校东亚语言和文学系任职,直至去世。奥氏学识渊博,掌握多种语言,代表作有《现代语言科学文献史》(德文)、《意大利的天才》(英文)。同时,奥氏也被视为东方学家。他对东亚文化有着浓厚的兴趣,不惜以半生精力,研究马可·波罗的东游历程,成果丰硕,代表作是用意大利文写就的《马可·波罗之亚洲》。①

---

① 徐文堪:《略谈奥斯基及其马可·波罗研究》,《东方早报》2016年7月10日。

　　张充和夫妇1949年初刚到美国时，没有工作，十分困苦。大概当年下半年，奥斯基开始向张充和学习中文，酬劳是每小时两美元。具体学习时长多少，她能获得多少酬劳，于自己困境纾解多少，张充和应写信告诉过宗和，但原信目前不可见或早已逸失，故不得而知。宗和回信给张充和说："你教的那个意大利人怎样了？一定很烦，两块钱一点钟，他那样会问一定不吃亏，你是不是可以多找一路这样的工作多赚点钱呢？"说明在当时，做个中文家教，可能是张充和纾解困境的办法之一。（1949年11月5日，第26页）

　　教习中文没多久，张充和也开始教奥斯基按照中文旧体诗格律写作中文诗。她回忆说："有四言五言，有骚体，比老苏的强多了。另有一种风格，像佛经体，当然是洋味。"其中"老苏"即张充和曾经的追求者苏景泉，后去台湾任教，常写一些哀悼、伤怀诗寄给他们姐弟。在姐弟俩看来，其水平实在不敢恭维，常常成为他们往来信札中讥讽的对象。

　　1959年，作为学习中文十年的成果，奥斯基自费印制了一册中文诗集《练习曲》，卷首题词"给我的中国朋友们"。整部诗集共38首，形式多样，有三言、四言、六言、七言和八言，但最多还是五言。第一首三言十二字，憨憨地说："请朋友/无讥笑/口虽吃/心实觉。"就是让"我的中国朋友们"不要笑话我不太利索的中文，很有点卖萌的味道。《航空站》曰："鸟何为枝上飞去？蝇何为粪上飞去？人何为地上飞去？"满满的哲思，并引苍蝇、粪便入诗，似如来说法，大概就是张充和所谓的"佛经体"。《纽约》一首歌咏道："城响如雷浪，长街似峡沟。急风推流下，如垢向遥洲。"中国味足足的。

　　张充和以行、楷两体分别题写了《练习曲》的封面签条与扉页。陈世骧撰写序文，其中写道："（奥斯基）逾花甲始习华文，稍谙即学以为诗。岁积成册，逊称曰《练习曲》。盖稍模古型，而字俱今读。惟立心诚而情境新旷，所感真而言皆己出，故率意流露，亦成章奏。先生曾从张充和、李祁两位女士研读,诗中字句,间有为之理顺,亦多二女士之功。惟大都从其原。且有似生拗而自天真,今付梓前,虽经改而又复其旧者。"

序文透露出,奥斯基的中文诗老师,除张充和外,还有一位叫李祁。后者是徐志摩的学生,曾在《晨报副刊》和《新月》发表过诗文,后留学英国牛津,曾执教美、加多所大学。序文说,两位女士虽曾做过不多的修改,但最终付印前,奥斯基又改回自己的原貌。[1]白改了。可以想见这位奥斯基老先生还是很执拗的。执拗的奥斯基先生和脾气并不太好的张四小姐碰到一起,岂有不吵架的。因此张充和会说:"改诗时却也吵了不少架,但并不伤朋友感情。"

*

除了这位赴美后新交的老朋友,张充和还断续接待了几位国内时期结识的师友。

1949年秋,先张充和两年多赴美的李方桂转入西雅图华盛顿大学任教,一教二十年。西雅图与旧金山相距1300公里,同在西海岸,李方桂、徐樱夫妇也会抽时间到旧金山与张充和、傅汉思相聚。李方桂一到,有他司笛伴奏,张充和可算能过过唱曲的瘾了。因远来美国,无法找到吹笛之人,张充和一般只能演出前录好笛音,现场放录音伴唱。徐樱回忆说:"那时美国的曲人很少,笛师尤其难求。自从一九三八年我初次在美国演《小宴》无人吹笛,一九四五年方桂就学会了吹笛以后,再到美国可派上了用场。数次我和名曲家张充和表演,也有我数次单独上场,都是方桂一支笛子就上演了。他真是沉着,既无扩音,又无配乐,他竟敢一支笛子毫不紧张,毫不怯场,从从容容地完成使

---

[1] 陈子善:《〈练习曲〉及其"陈序"》,《上海书评》2016年第385期。

命！至今回想,实在令人佩服!"①

受李方桂夫妇鼓动,张充和萌生续写《曲人鸿爪》的想法。第二册首页即李方桂的手笔。他改窜元代曲家乔梦符的两句曲文,画泼墨红荷一帧,记曰:"笔尖荷露珠,花瓣题诗句。梦符词'荷'作'和',特志之,以免后世考证一番,书此博充和法家一粲。四十三年八月,方桂。"泼墨淋漓,红荷奕奕,颇见精神。孙康宜就此发挥说:"或许李方桂先生的'荷露珠'小画就在传达某种全新的、甚至'起死回生'的意境。能在海外振兴昆曲,让它在异国新生,可谓这批新移民创造的风雅佳话了。"②

1956年9月,胡适受邀到伯克利任客座教授一学期。张充和家中笔墨纸砚一应俱全,胡适常到她家写字。张充和回忆说:"我在图书馆做事,图书馆里的人不知道什么胡适不胡适啦,叫他填表,他从来不会填表,以前他要什么书,都是学生送到他家里去的。他填不好表,我看见了,就请他坐在一个桌子旁,问他要什么书。他要什么,我给他拿。人家常常请他写东西,我家纸也方便,墨也方便,他就给许多人写东西。到我家吃一顿饭,写点东西。"对胡适的字,张充和评价:"他的字写得很潇洒。我说:'你的字有点像郑孝胥的。'他说:'对,我是学过郑孝胥的,你怎么知道?'我说:'我是写字的,一看就知道。'他说:'当初那一辈人都学郑孝胥,很潇洒的。'"③

12月9日,《胡适未刊日记》记录道:"九日抵旧金山,在伯克莱。上午10:00充和来接,到他们家中写字。"这天,胡适一口气写了三十几幅字,反复写了几首白话诗,其中只有一首是他自己做的。他还写了元代曲家贯酸斋所作《清江引》"惜别"一曲,描写一对青年男女离别后的相思之情:"若还与他相见时,道个真传示:不是不修书,不是无才

---

① 《方桂与我五十年》,第84页。
② 《曲人鸿爪》,第139—142页。
③ 李怀宇:《张充和:在哈佛唱〈游园惊梦〉》。

思,绕清江,买不得,天样纸。"这首《清江引》,胡适写了好几幅同样的
送人,也送了张充和夫妇一张。胡适又翻到了张充和的《曲人鸿爪》
册,也要提笔留言,张充和笑他:"哎,慢着,你也不会曲,这可叫《曲人
鸿爪》呢!"胡适狡狯地答:"我不会曲,可你唱的曲子,都是我写过
的——都写在我的《中国文学史》里面呢!"于是他便将《清江引》抄录
其上。①

翌年1月29日,胡适结束伯克利的讲学,将于当晚飞赴纽约。行
前,赵元任家邀集伯克利、旧金山两地的中国朋友,共二十多人,给他
送行。由赵元任夫人杨步伟母女做菜。《胡适日记》简记道:"张充和唱
《游园》《思凡》。元任弹唱我的《上山》《他》《也是微云》,又唱'老天爷'
歌。多数朋友都从赵家送我到飞机场。十点,起飞。"②

1958年1月,胡适的学术对头钱穆因年仅二十九岁的妻子胡美琦
欲赴伯克利教育研究院进修一年,写信给"充和同学",托其照顾:

充和同学惠鉴:

阔别有年矣。顷在此晤Coughlin教授,始悉近况,并承远地
垂问,不胜感荷!最近适内人胡美琦须来加大,彼人地生疏,又英
语程度尚嫌不足,特嘱其到后即来相访,万望随宜,予以扳助指
导。彼进加大教育研究院,初到住国际学舍,预计到后,尚有几天
始行上课,谅当可于开课前即趋府奉访也。穆来港已九载,在此
创办一学院,赤手空拳,倍感辛劳。此数年来,幸获美国各方援
助,稍有基址,详情当由内人转达,此不具陈。

专此顺颂近祺。

① 《天涯晚笛》,第34—36、125—127页。
② 《胡适全集》第34卷,第453—454页。

Frankel先生前乞代道候

钱穆启　　一月廿八日

　　两年半后，钱穆偕妻子游美，途经旧金山，受到张充和夫妇款待，住了一晚。7月12日，张充和在给宗和信中提及："钱穆来住了一晚，一个很年轻的太太。钱穆来则谈他在香港办新亚学院，重文史哲，此次来游美后即去欧洲，一句英文也不会说。"（1960年7月12日，第124页）其后8月15日，钱穆致信表示感谢道："此次来西部，在尊府下榻一宵，诚为此游程中大堪想念之事。贤伉俪情意殷浓，尤深感动，惟恨匆匆，未获聆充和一曲清唱，大以为憾耳。来西雅图已六日，今午将离去，匆报行踪兼致谢忱。"①

＊

　　除友人来访，唱曲吹笛自娱自乐一番外，十余年来，张充和也曾多次受邀在加州各大学院校演出昆曲。

　　1953年2月24日，在加州大学妇女俱乐部演出《思凡》。当年7月30日，在加州奥克兰米勒学院中国文化课上演出《游园》，该课程主持者、她的学长陈世骧做解说。1954年8月15日，在旧金山州立大学新校园小剧场，出演《游园》，她演杜丽娘，徐樱扮春香，李方桂吹笛伴奏，仍由陈世骧解说。1955年4月17日，在芝加哥大学主办为期一周的艺术节上，演出《思凡》；十二天后，在伯克利马克圣公会，为筹备9月举办的中国学生会改组基金，再演《思凡》。1960年4月18日，在斯坦福大学为介绍昆曲艺术演出《学堂》。②

　　引起较大反响的，是1957年7月23日与夫婿傅汉思合作的一次，

---

① 西泠印社拍卖有限公司2010年春季拍卖会：《近现代名人手迹专场》，拍品1028号。
② 傅汉思：《张充和在北美大学里演唱昆曲》，《昆曲艺术（创刊号）》，1985年，第42页。

因反响强烈，一周后又重演一次。那次她在伯克利丹尼厅115室演了《西厢记·佳期》《白蛇传·断桥》《牡丹亭·寻梦》《思凡》四出，前后共唱一小时半。没有人吹笛伴奏，她只好事前自吹笛子，录在录音机上，现场放录音。每出之间大约十分钟换戏装时间，就由傅汉思"讲昆曲的发展，用第一出《西厢》来会串昆曲来源，从元稹讲起，到诸宫弦索，到南西厢"。张充和称，傅汉思的讲解很吸引人，观众反映若没有他的解释，很不易懂。"结果有三百人进不了门，临时要求再演一晚。所以一星期后又重演一次。"（1957年9月29日，第100页）

大概1960年12月初，张充和还被请去好莱坞吹了一次笛子，这让她自豪了很久，每每对此津津乐道。回来没多久，她写信告诉宗和："两周前我被好莱坞制片场请去吹笛子，见到很多大明星，我也叫不出名字来，有些只是面孔熟，现在电影事业不如电视，他们付我一百元车马费，除去五十几块机票，还剩下四十余元，总算我昆曲在好莱坞第一次赚钱，大概也是最后一次。"（1960年12月16日，第128页）将近一年后，她又向宗和说起，多了个细节："不知我告诉过你没有，去了好莱坞的环球制片厂，还请我去吹笛子，赚了五十元外快。做了一天刘姥姥进大观园，见了不少大明星，可惜我一个名字也记不得，只是要我合作的主角查理斯·劳顿（英国人，大概你也看过他的片子），他大概七十岁了，仍是第一等明星，可是现在电影事业让电视抢了去，因为家家都有电视，也就不去看电影了。躺在沙发上亦可看。所以倒是大片子比以前讲究点，不能再做低级趣味感片子。"（1961年10月4日，第150页）

不过，好莱坞之行无非小插曲，顶多给人生添点小小谈资，从好莱坞回来两三个月后发生的一件事，却改变了张充和一家的生活，让她向沉闷的加州做了最后的告别。

卷 六

全职主妇：1959—1966

定居新港

｜"每次换一个地方,总觉得前途茫茫"｜

1961年3月左右,傅汉思突然接到耶鲁大学的聘书。这一意外,让张充和夫妇陷入两难境地。

本来,上一年时,斯坦福提出计划,拟到香港办分校,即派人到香港学习汉语,一个老师带几个学生,傅汉思是带队老师的最可能人选。到本年初,他已被确定为香港分校的筹备与主持人,拟近期到港,与当地学校接洽合作事宜。张充和还畅想,到时全家跟去,住上一年,这样,守着香港的便利,说不定能与国内亲友见上面。(1960年3月23日,第118页;1961年1月12日,第131页;1961年2月15日,第132页)

就在这时,耶鲁抛来橄榄枝。听说耶鲁来"抢人",斯坦福当然不放,以升级加薪挽留。"这样一来,倒霉了十几年的傅汉斯忽然红了起来",却一时让他们不知如何是好。张充和描述此时心情说:"这一阵子很不定心,不知将来计划。提笔就不容易,想等三星期后再写,又憋不住,还是写吧。"犹豫什么呢?3月17日,她在信中向宗和分析了其中的是非短长:

考虑学校发展理念,对他们这种人文学者而言,耶鲁优于斯坦福。"斯坦福将来发展趋向或偏重于科学原子方面,因校长不喜人文科学,而耶鲁则重视人文科学,这样一比较,以长久之计,耶鲁实在是胜过此间。且耶鲁图书馆是世界有名之一。美国的首十个学校,斯坦福是第十名。耶鲁是前三名(哈佛,哥伦比亚)。"

人文环境,耶鲁所在的美国东部高于斯坦福所在的西部。张充和说:"耶鲁大学离纽约一个多钟头火车,又加上东部几个大博物馆图书馆,文化实在比这边高,我来了十二年,只在一个加州死守,东部走马看花已是美不胜收,若慢慢在东部住几年,对见识方面不知要增加多少。这一点是对我最大的引诱。"

但选择耶鲁,势必得放弃或牺牲一些东西:

牺牲香港之行,也即牺牲回内地探亲的便利性。此时的张充和受美国社会思潮及大选气候感染,乐观地认为中美之间"看目前情形,不久即可两国交通",并认为"今秋后希望可大"。肯尼迪在大选期间曾公开表示,希望同中国"建立和平的关系"。此时正值其执政初期,多少表现出调整对华政策的意愿。因此,她想的是,住在香港,方便回内地,"局势一转即可回来看看,不花大路费。若远了,纵可回来,限于经济,亦不得自由"。不过这也是相对而言,即使住在耶鲁,"只要两国一有交通,我们必然想法借钱也得回来一次"。

再有是经济负担。耶鲁所在地为美国东北部,冬天极冷,比之四季如春的斯坦福,每年所需取暖费和棉衣购置费要多用去大概一千五百美元。然而,耶鲁虽来斯坦福"挖人",但"并不出高价",因为不出高价,"学者们仍是心仰德往之,何况人家来礼聘"。事实的确如此,傅汉思在斯坦福的税前工资为五百多美元,到耶鲁后才涨了一百左右,还不够弥补取暖费和棉衣购置费。后来更见识到,耶鲁等几个东部好大学,"自觉牌子好,教授的待遇还不如坏学校。因为坏学校请不到先生,便用大薪水。故这儿有好几个学生因博士读不了,便到这类学校教书,汉斯所介绍的几个,个个都比他薪水高,亦无被刷之险"。(1963年12月29日,第335页)

另外,虽说耶鲁重视人文科学,但是否预备将耶鲁东语系发展为全美最好的东语系，又存在很大不确定性。因此，选择耶鲁东语系，放弃斯坦福可能很有前途的香港分校，其中风险如何无法预知。（1961年3月17日，第133页）

思来想去，张充和夫妇不能下定决心。几天后，趁着到芝加哥开会，傅汉思拟转道耶鲁亲自看看，了解有关情况。（1961年3月23日，第135页）

此后没多久，他们做出了选择：去耶鲁。是否因为此次耶鲁之行让傅汉思夫妇感到满意才下了决定，目前不得而知，但到4月份，他们已经在张罗搬家事宜。（1961年4月25日，第135—136页）

6月17日，一家四口登上班机，横跨北美大陆，来到耶鲁大学所在地——康涅狄格州的纽黑文，也即新港。（1961年6月25日，第139页）

*

说起纽黑文，一般指纽黑文市，不过，从行政区划讲，纽黑文首先指纽黑文县，包括纽黑文市、西黑文市等七个市，北黑文镇（North Haven，又意译"北港"）、哈姆登镇（Hamden）、东黑文镇等二十个镇，以及一个自治镇。该县位于康涅狄格州中南部，南濒长岛海湾，面积2230平方公里。面积仅52平方公里的纽黑文市又位于该县中南部，通过同名小海湾"新港"与长岛湾相接。创办于1701年的耶鲁大学就坐落于该市中心偏北位置。

初到耶鲁的一段日子，校方优待张充和一家，让他们暂居只有单身才能住的学校招待室，但不能做饭，只能打游击，也相当贵。所住房子建于1750年，离现在两百多年，很有历史感。

当务之急是找房子。不几日，他们看定了一个："房子有四间卧室，极小，从来未见过如此之小，大概因此间天冷，间小易于烧火。一个客室，没有在加州的大，但有一个凉台是装修过的，可以做我的书房。只是冬冷夏热。"（1961年7月6日，第141页）

　　不久,等房贷手续办妥,家具和书也已运到,在大弟宗和从万里祖国发来的"恭贺乔迁之喜"祝福声中,1961年7月,他们搬进了这个家,北港镇岭树街87号(87 Ridgewood Ave,North Haven,Conn.),从此告别一次次举家搬迁的日子,长住了下来。

　　这里,行政上属北港镇,但毗邻哈姆登镇,位于耶鲁几乎正北,相距8公里,开车一刻钟,骑自行车25分钟,也有公共汽车可到,十分方便。(1961年8月17日,第146页)

　　从岭树街到耶鲁的这条线路,自1961年9月,傅汉思到耶鲁上第一堂课起,他走了二十多年,直至1987年退休;大约自1967年春季起,张充和也开始了往返于这条线路的教学生涯,直到1984年从耶鲁荣休。

　　从功能上讲,耶鲁所在的纽黑文市为工作区,与之紧邻的北港镇、哈姆登镇为其生活区。早晨或上午,大学教职员工们汇聚到城区,下午或傍晚,在一个个大学课堂或办公室忙完一天事务后,返回郊区小镇,走进某个林木森森、清静幽美的街区,一套套独栋住宅错落其间。

*

　　位于低矮山岭缓坡上、林荫遮蔽的张充和家就是这样一个所在。几十年后,沈从文、张兆和夫妇的孙女沈红前来探访四姨奶奶张充和,在家信中热情洋溢地赞颂道:"他们住的街区(岭树街)的房子也像英式花园,所不同的是一幢一幢风格各异。四姨奶奶的房子作白色,小巧别墅,门前花团锦簇,屋后有竹林小园。来访的客人,不稠密却也不间断,亲情和友情的丝线牵挂着,在清凉的空气中传送温暖。四姨奶奶的屋子似乎环绕着许多童话,那童话和主人一起风雨同舟。我好像穿过一千里的雨来到这里,推开四姨奶奶家的门,一半是童话,一半是家。"[1]后来,张充和的安徽小老乡、学者刘文飞拜访过后,用朴实的记

---

[1]《密执安家书(摘录)》,探访时间为2000年4月下旬,《水——张家十姐弟的故事》,第267页。

录补充道："充和先生的住所是美国新英格兰地区的典型民居，一幢木质结构的两层小楼，外面包裹条状白色铁皮，尖尖的屋顶覆盖着一片片被称作'shingle'的深色软瓦，门前是一片草坪，屋后有一个用半人高的篱笆围成的园子。走进并不宽敞的门厅，左手是我们坐着交谈的客厅，右手则是一张摆有文房四宝的案桌，这显然是女主人写字作画的地方。"①

　　他们家周边，居住着不少大学同事，作为邻居，少不了往来，不过据张充和言，这都是礼节性应酬，谈不上朋友。在此住了一年多后，她告诉宗和："在社交上即使邻居也要应酬。尤其过去对东方人的歧视，来这儿许多邻居都对我们有兴趣，又不得不理他们。"（1962年10月6日，第270页）她说她的处世哲学是："我现在把棱角都磨尽了，做人也会做了。在此的小社会（四周）亦不是件易事。该应酬的应酬，该不开口的便缄默。"（1962年7月14日，第233页）直到晚年，她都保持这一邻里相处之道。她的忘年小友、版本学家汪珏回忆在张充和家盘桓小住时的见闻说："不知多少次，吃过晚饭、唇齿间新韭犹香，天色还早；我们就出门在他们住宅边小坡道上散步，往高处走去。四姊告诉我，邻居不少是大学同事，极典型的美国东岸新英格兰区、紧临大学的小镇。我说，这样多好，彼此鸡犬相闻，有照应。四姊过了半晌答道：'各忙各的，不好随便打扰人。'"②

　　带给他们较大困扰的是迥异于加州的气候。此地气候，总体来说，夏天湿热似江浙，冬天严寒过北京，更有甚者，盛夏遭遇发洪水，隆冬冻破水泥地，冻感冒、重伤风更是家常便饭。

　　住了没几天，张充和报告新居感受道："此地天气与加州不能比，

---

① 刘文飞：《耶鲁访张充和》，拜访时间为2009年秋，《文汇读书周报》2014年3月7日。
② 汪珏：《四姊周年祭：张充和女士在慕尼黑及其他》，《澎湃新闻·私家历史》2016年9月3日。

又热又湿,孩子们在地下室玩,极潮湿,今天我们新买了一个吸水机,吸空气中水分,在四小时内吸了四量杯水,你想人可是受得了。墙上长霉,一楼二楼都还可以。我们身体大概可以适应。"(1961年7月,第142页)

到了初冬,她语调轻松地告诉宗和:"我们这里下了两场雪,屋外每早是冰点,室内有暖气,倒不觉得冷。孩子们一出去,就连头带脚包起来,汉斯是骑一辆自行车,像我们当年在北京时一样。他最不怕冷,常常穿件衬衫出去拿报纸。"(1961年11月14日,第160页)过了十天,她又以欣赏的闲心描述说:"据说这里冬天到零下20度,比北京还要冷多了。多年没有过冷天的经验,今年是看看颜色了。现在遍地遍山都是红叶,真是江山如画呢。正预备画幅比较复杂的秋景。"(1961年11月24日,第161页)

再后来,她就没有这样的闲情雅致了。在给宗和的信中,述说的不是傅汉思感冒,就是她自己伤风,要不是一家四口都感冒。(1962年2月12日,第181页;1962年3月19日,第189页;1963年3月26日,第319页)除了病,还有额外劳动:"铲雪是冬天一大工作,不然车子出不去,人也不能出大门。"以至她不得不承认:"真是诗情画意不能与居家过日子相提并论。"(1962年11月1日,第286页)

虽有这些不如意,但是,在新港慢慢住下来,住久了,张充和越来越喜欢这个地方了,特别与四季如春的加州相比的话,她觉得真是来对了地方。慢慢地,在她身上,无论外在还是内里,都发生了明显的变化。

住了小半年,她报告说:"在加州虽然气候好,但是精神上老,到了东部来,比我大得十几二十岁的都是打扮得花枝招展,我亦不得不梳头打扮了,否则亦是不礼貌(美国宴会如不搽上口红,不戴耳环,算你不客气,不够正式)。人一经打扮也就减下十岁光景。在纽约无人不画眼圈,近来我也学着画。"(1961年11月24日,第163页)纽约市在新港西南一百二十公里,也就两小时车程,她常常驱车前往,当天归返。

两年后,她再次评价说:"过去在加州我的精神不能算好,因为那儿太平淡了,自从到了东部来各方面都觉得满意,这边文化水准也高,博物馆图书馆都好,所以不觉得寂寞。"(1963年10月8日,第332页)

近二十年前,她借咏桃花鱼抒发心意:"愿为波底蝶,随意到天涯。"然而自1937年全面抗战以来,她天涯漂泊,居踪不定,何曾随其心意过? 在国内,是十数年战乱带来的逃难。到了美国,又为工作一次次迁徙,在加州的十二年,来来回回,绕着旧金山湾,少说也搬过五次家。就在此次离开加州赴新港的前两天,想到即将展开的新生活,她心中无底,感慨道:"每次换一个地方,总觉得前途茫茫,现在年长了,交朋友也不易,泛泛的应酬朋友倒不少,但只是有害无益。把时间都白糟了。"(1961年6月25日,第140页)内心深处,她多么渴望有个稳定的家,让她安安稳稳地生活下去。否则,她也不会和傅汉思在听到耶鲁的聘请时如此犹豫不决,做出选择后,又如此对未来没有把握。

让他们没想到的是,这将是他们的最后一次迁徙。此时的傅汉思因其学术成就,已就任耶鲁大学东亚语言文学系副教授,在美国,这一般即为终身教职。其后不多年,更升任正教授即终身教授。几年后,当一双子女进入小学,张充和从全职妈妈的身份中解脱,恢复做事,便一直在耶鲁大学艺术系兼职教授中国书法。

许多年后,当晚年的张充和向苏炜讲罢在加州那段不太轻松的岁月,说及1961年来到耶鲁时,她环望着眼前的老宅,云淡风轻地总结道:"我们的日子就这样安定下来了。一晃眼,在这里也住了好几十年了。"[1]

_____

[1] 《天涯晚笛》,第117—118页。

勤俭持家

｜"充和很会弄一个家……我有时候怕她太累"｜

就在张充和一家于北港新居刚安顿下来的1961年8月,傅汉思难得一见地给从未谋面的小舅子张宗和写信,以赞许和怜爱的口吻评价妻子说:"我们的生活渐渐安定下来,充和很会弄一个家,也很会算,不乱花钱。我有时候怕她太累。"(1961年8月17日,第146页)

她这种"很会算,不乱花钱"的作风,或许得自祖上真传。八十多年前,她那位时任两广总督的曾祖张树声,在一封家书中,面对家口众多、家用吃紧的窘况,曾告诫不懂理财的家族子弟,"既无开源之方,惟有节流之法"。何以节流?"省吃俭用""克勤克俭"! 又引用一句俗语"吃不穷,喝不穷,计算不到亦是穷",提示家人心中要有账,清楚哪些花费必不可少,哪些可有可无,哪些可大可小,该省则省,该俭则俭。如此这般,才能把日子滋润地过下去。①这些告诫很可能作为家训,传诵于子子孙孙辈耳间,印在脑中,平时难说能发挥作用,一旦相似情境出现且由自己主理家事,便从脑中冒出,指导自己的生活。

自从1959年辞职回家做全职主妇起,张充和真是辛辛苦苦操持家,精打细算过日子,可谓靖达公张树声的贤曾孙女。

---

① 张树声:《致三弟(张树棢)书》,刊张云锦编:《张靖达公杂著》,宣统二年武昌刻本,此处引自《清代诗文集汇编》第695册影印本,上海:上海古籍出版社,2010年,第788页。

这几年,他们的经济状况始终吃紧。

张充和承认,他们夫妻两个"绝不懂经济问题",即没有做生意的头脑。后来她跟宗和说,在美生活负担很重,房贷、车贷及其他各种分期付款,利钱高,一辈子还不清的债务,"所以人人都想做生意"。像赵元任、李方桂,他们的太太杨步伟、徐樱都有本事,在他们退休前都弄下了应该不止一套房产。其中,她交往更多的徐樱,多少年来从没停止过做生意,投资房子之余,还开了珠宝及咖啡店。对比她们,张充和说:"我是一点这种本事都没有,而时时想写字看书,这是你知道的。"①傅汉思呢? 早在1951年,张宗和曾据各方面得到的信息,在回四姐的信中说:"汉斯兄又是个老实人,一点不会投机取巧,规规矩矩的过日子,一定不会太富裕的。"(1951年6月10日,第38页)

"没有本事""规规矩矩"的这一对夫妻,所能依靠的就只有死工资。她辞职后,傅汉思一人的薪水便成为这个四口之家的几乎全部收入(假期时,傅汉思也会获得研究资金,抛掉研究所需花费,也能挤出一些贴补家用,但数额不明,且非常有。为叙述方便,以下只说薪水)。1960年在斯坦福时,他的税前工资五百多美元,来耶鲁后,涨了一些,六百上下。家庭年收入在六千到七千二百之间。1960年,美国家庭收入的中位数为五千六百二十美元。②因此,他们家处于中等收入水平或勉强稍偏上,即属于一般所谓的中产家庭。

*

作为中产家庭,钱真不禁花,或者说,真正能由他们自行支配的,比例极小。张充和以耶鲁工资为例,给宗和算了一笔账。

耶鲁名义工资六百上下,所得税、养老金九十元,自动扣除,因此

---

① 此段据《一曲微茫》中的多封信函综述,以1972年6月30日,第401页内容为主,参以1957年10月25日,第105页,1960年8月12日,第127页,以及1972年8月13日,第407页。
② 《美国近百年经济史》,第578页。

实得五百出头。实得工资的一半用于缴纳与房子相关的费用。房贷"每月规定付本利一百三十元,房屋税约四十元一月,其他保险杂费二十至三十元。再加上水电及热气平均约六十元。故每月只在住房上去了二百五六十元(还不算修理费)"。据张充和1961年告诉宗和,房贷"十三年后还清本利,就是自己的了",则到1974年便可还清。然而,她在1972年又对宗和说,为了还房贷,我们"得忙一辈子(债是算到汉斯退休之后)"。傅汉思是1987年退休的。也许可能,后来他们将还贷时间从原来的十三年延长到二十五六年,每月还款额降低,相对减轻了房贷压力。若嫌还贷吃力,租房如何?"若租屋子,少麻烦,每月像我们这种屋,总得二百元一月,水电热气还不管。"算下来,和买房花费几乎一样,最终房子还不是自己的。

再有是交通费:"车子上去了百元(连汽油及付债)。"以上房、车两项,"既不可少又贵又麻烦",钱在自己这里过了过手,就转到银行或税务机关去了。①

剩下的,只有一百四五十元。首先,得尽量存个数十元以备不时之需。比如生病治疗。因为医疗保险只管较严重、需住院开刀的病,一般小病仍需自己花钱。康州这边比在加州时,因冬天极冷,更容易伤风感冒,且看病还贵了:"在加州每月多花三四元即包括看医生。每次只花一元看医生。医生来家不花钱。药费在外。这儿每次看医生五元,来家八元,在加州每年大检查一次五元,这儿是三十元至四十元。你想这一家还得了。所以今年就未能检查了。"(1961年11月1日,第156—157页)总之,张充和下一结论道:"在美国生病可生不起。"聊可让她安慰的是,"幸而我们一家还康健,我要是像以前那样多

---

① 以上数据以《一曲微茫》1961年8月12日,第144—145页内容为主,参以1960年8月12日,第127页,1962年7月22日,第236页,以及1972年6月30日,第401页。

病，大概一家可不吃饭了。这也奇怪，'病也就不敢来了'（这是以元的话）"。（1960年6月30日，第123页）

因此，七算八算下来，四口人"每月吃饭穿衣应酬旅行，只有百余元"。张充和唯一的盼头是，傅汉思"过几年后薪水涨了，便稍松动些"。为今之计，只有一个字：省！

＊

小钱比如理发，她承包了一家四口的理发业务："我理一家人的头发，汉斯自从到美国后就是我理。"（1962年10月19日，第278页）后来作家王蒙20世纪80年代访美时，还曾有幸享受过她的理发手艺。王蒙回忆说，"那时候我和艾青两个人都嫌理发贵，在北京，到四联理发只要四毛钱，所以头发都留了很长。有一次因为要参加外事活动，决心出门理发"，可因时间来不及，张充和"老先生拿出一套完整的剃头设备，给我理发。所以至今我的头发上还保留着某些被迫害的痕迹"。①这自然属笑谈。但王蒙应该没想到，自1949年以来，张充和手上的剃刀工夫，已经练了三十多年了。

大钱比如一套贵重图书，她念念不忘，"可惜太贵，从一百元我就想买，没有那么多钱，年年问价钱，现在已涨到二百多了，而且剩下不多了"。（1962年10月28日，第282页）

此前说过，即使在伯克利两人都工作时，家里大小事只要自己能干得了的，什么油漆、换锁、锯树等等，他们都尽量自己动手，省点钱。张充和曾对大弟说："如我再见到你时，可比你们都会做事了。除了家事外，漆匠，木匠，花儿匠，自来水匠也都会一点。不然我们两个人的薪水还不够付匠人钱呢。"（1956年8月1日，第81页）

从伯克利搬到斯坦福，家庭收入从夫妻双份工资减成傅汉思一人

---

① 师欣：《张充和：这样的老太太世间不会再有》。

挣后,张充和进一步压缩他们的消费额度,将省钱的脑筋动在了吃字上:"我们搬来后经济虽大不如前,但谨慎过日子,还应付得过去,譬如说我和汉斯都喝去脂的奶粉,孩子们喝新鲜牛奶。牛奶上就可以省一半,吃菜也是挑健康而便宜的菜,如胡萝卜,又便宜又补人,我们一家都爱吃。这里的蔬菜有时比肉还贵。两人做事时都未曾想过牛腰子比牛肉便宜得多,羊肝也比羊肉便宜。我就挑便宜的买,而且补人。可是我并不喜欢吃肝,近来假装着吃,因为要他们吃,也居然吃下去两把肝。"(1960年3月15日,第116页)在另一封信中,张充和补充道:"近来汉斯同意我们不喝新鲜牛奶,喝去脂奶粉,可省一半以上,脂肪我们都不需要,肉类中都有,一个月可省六元,一年可省七十二元……"(1962年1月11日,第170页)

到了耶鲁后,逐渐地,她形成了一整套关于吃的省钱方略。

尽量在家做吃,一般不出外吃馆子。"我们不常吃馆子,除了别人请我们。可以说不自动的出外吃。这里人工贵,在家吃一块最好的牛肉两元多,一家可吃,在外面是十几块钱两客,带孩子吃,牛肉价钱是七毛到三块一斤。"(1962年7月22日,第236—237页)"我近来做菜有些讲究(一半是吹),因为此间实在没有好馆子吃,而且死贵。日前有几个外国人在一家小饭馆吃涮羊肉,八人吃了八十块,据说有当官的去告那个馆子,不知如何。十元一人当然也有,但不至于就一样涮羊肉。这种竹杠一不当心就被敲了。我们每每先看菜单后才坐下。"(1963年9月20日,第331页)

在家做吃,除非有客人,一般很简单。"我做菜也还有几种拿手。可是没有工夫做给自己人吃。有客人时才卖劲。汉斯吃饭不挑嘴,好办,以元挑嘴,以谟不挑。我现在不但不挑,而总是他们不吃的我吃,像高干一样。否则就得甩了。""高干"即张充和的乳母,照顾她吃饭起居多年。(1961年10月31日,第156页)一般都吃什么呢?"我们的饭

桌上若无客人,总是一个菜,荤素一起,早饭是麦片一样。有时面包
(鸡蛋一星期一次)。午饭是冷食,吃点生菜面包。晚上才真正是一顿
热食,有时饭有时下点面条。但是总是吃得够。孩子们第一,我们第
二。在加州水果便宜,我们便不炒素菜,这儿水果贵,素菜也贵,譬如
一颗白菜要四毛,我们便吃罐头素菜,因为养料是一样,味道真是糟。"
(1961 年 10 月 31 日,第 155 页)星期天稍微有点不同:"一般外国人两
顿不动火,晚饭才吃一点热的。星期天把晚饭移到下午一到三点之间
吃,晚饭却又是冷的了。总之一天只有一顿主要的饭。平时就等于走
着吃,跑着吃。"(1962 年 7 月 29 日,第 243 页)

　　每天几乎两顿都是面包,吃烦了怎么办?学做中国面食。她告诉
宗和:"我近来学会了蒸馒头同包子,面揉得不吹牛真赶得上道地的北
方人做的了。只是太慢了点。饺子皮擀得不够快,所以总做馒头。汉
斯有了馒头就不吃面包了,存下来的都干得不能吃了。我还做了干菜
包子,你还记得清华园的干菜包子吗?我第一次是你带我去吃的。"
(1962 年 2 月 12 日,第 181 页)张宗和 1932 年入读清华大学,次年张充
和才第一次来北平,故反而是弟弟成为姐姐品尝北方面食的领路人。

　　不仅在吃上学会省,更从吃的基础——食材的购买上懂得如
何省。

　　去菜市场,见到减价食品,不惜大量购买,为此买了冰箱以便于长
期保存:"我们到东部后,买了个 freezer,这样一切食物上可以省钱,
到菜市去,记得减价而好的肉或素菜或水果,买回来冻起来,可以搁到
三个月或一年。但必须有这种常识,某种东西可以冻,某种不可以冻,
冻时必须有预先准备,怎样切,怎样装包,怎样煮一煮,或在开水中过
一道。各有不同,也是专门的学问。否则解冻时不能吃就糟蹋了。"省
出的钱,等于分期支付购买冰箱的钱:"这样一来,我们每月可以省二
十元左右。可是这 freezer 是二百六十元买的,分期付款,一年多可付

完,就是一年后在食品中才可以省钱。"除了省钱,冰箱还带来许多好处:"不必去菜市场,省时间。在冷藏库中已有一个小小的菜市。客人来时也不着慌,还有我发明的冷藏。譬如说一次做好的红烧肉或丸子,吃不完放在里面。三月五月亦不会坏,普通人家是一个冷藏库,一个冰箱,冷藏库的大小按人口而算,大致牛羊肉在解冻后比新鲜的还好。时间亦可久,猪肉同鸡鸭稍差。但亦不比商场上的差。但不如中国新鲜杀的好。"(第155—156页)

买东西,避开节假日销售高峰期,专拣高峰期过后处理时下手。"我们都不爱吃美国的巧克力,因为太甜了。英国荷兰都是好的。圣诞节最后一天市场上最后倾销,我用半价钱买了很多,放在冰冻里藏着,大概可以吃半年以上。普通的价钱大约一元一磅,讲究的当然有很贵的,……"(1962年2月12日,第181页)

也常通过批量购买,拉低价格。"我买蛋是批发买,便宜多了,五十五美分一打,商场上是六毛钱,我买了(十五打一次)有的腌起来,有的冻起来,有的煮盐茶蛋,再吃一星期新鲜蛋。每天也不规定吃量。"(1962年2月12日,第182页)

但张充和也对上述促销活动和行为保持清醒的认识,她自认不因贪图便宜而买,而首先确定自己需要,东西也的确不错才买。她从小在合肥长大,耳濡目染之下,虽然自己不具有徽商的经营头脑,但多少听到了一些"经营哲学"。她记得作为徽商重要分支的盐商,有这样一句话流传:"早上吃烧饼,若只吃下一个,两文钱一个虽贵还是吃,若说三文钱两个,买来送人或硬塞下去是划不来的。"受益于这一教诲,她对商家的促销招数认识得门清:"在美国的廉价有'一分钱贱卖',如肥皂本是三毛钱一块,现在三毛一分钱可以买两块,妇女们最容易上当,很多东西不一定需要,不一定好,买来再说。我最不相信这一套。又有的店家你买他东西,他给你一种印花,你凑足一本或数本,可以换物,可是你买的东西便贵了。可是女人们专找有印花的店去买。"因此,"我们差不多东西在 Yale 合作社或公共合作社买,价钱虽不便宜,可是年底可退点钱回来。那时正是需要钱用,也觉得得力"。(1962年9月28日,第269页)

鉴于蔬菜很贵,有的甚至比肉贵,且不能老吃便宜但味道糟糕的蔬菜罐头,她决定自己栽培。1962年,张充和在自家后园种下了韭菜,次年又种了番茄、四季豆。过了好几年,随着栽培经验的累积,这块后园才逐渐产出了品种多样、数量可观的蔬菜,供他们食用。此乃后话。

*

说到园子,顺带说说来到北港后多出来的两项劳动:扫落叶,铲冰雪。

深秋了,她告诉宗和:"这几日枫叶遍地,前后院子再也扫不尽。后院树上已尽,但邻居亦有秋叶飞来。我索性'真空'了再扫。"她感慨说:"初秋时爱看红叶,深秋时怕扫红叶。真是诗情画意不能与居家过日子相提并论。恰如这儿的妇人们出门宴会时打扮得花枝招展,在家中亦都是打草除粪粗细一把。我这十几年来真是手足胼胝了。"(1962年11月1日,第286页)过了十来天,她又报告说:"院前院后黄叶已遍,前面已几次扫过,至今尚未尽。"(1962年11月18日,第91页)"手足胼胝",乍闻之下,难以想象,但一封封书信读下来,又不得不信。来美十几年,生活硬是把一位细皮嫩肉、体弱多病的大家闺秀,历练成手足布满老茧、身板硬朗的居家主妇。

到冬天,雪总是下,因此"铲雪是冬天一大工作,不然车子出不去,人也不能出大门"。(1963年12月10日,第72页)一般由她和傅汉思分工扫:"这几日下了大雪,每天是冰点以下,外面空气很干爽,像北京。那天我同汉斯扫了雪,汉斯扫了车房同街的路,我扫大门前及人行道。(虽是自己地皮,但是公家用,自己清理)雪都堆到草地上,真是'各人自扫门前雪',扫到邻居交界处为止。"(1962年12月20日,第302页)这样的劳动,一旦不慎,会把身体伤着:"我这几日把腰脊骨闪疼了,原因是四五天前大雪后,有八九寸深,人行道上不能走,我去铲雪,铲了一大半,谁知一个地方是city机器喷来又结实又冻的雪,我没想到,还以为是松的,一铲下去(是专用铲雪的大铲子),提起来时腰就直不起了。在家粗细一把抓,腰直不起可不方便。"(1963年2月1日,第312页)一次,她开玩笑说,这是"千千尘世债,一一雪堆窗"①。

偶尔,她暂将铲雪放置一旁,先欣赏一番这可爱的雪景:"现在正是大雪片,只不到两小时已有数寸。这又是工作'铲雪',雪仍在继续下,到晚上就要封门了。窗外的常绿树上的雪以及大地一片琼瑶。"(1963年2月27日,第314页)

兴致更高的话,还会苦中作乐,将劳累生活雕刻成隽永的诗行:

> 一径坚冰手自除,
> 邮人好送故人书。
> 涮盘余粒分寒雀,
> 更写新诗养蠹鱼。②

---

① 《张充和诗文集》,第143页。
② 《小园即事》之十,《张充和诗文集》,第136页。

北美穷游

| "晚间三人挤在车子里，四季衣服全带着，一次旅馆也没住" |

　　张充和一家的各种开支中，有一项看似非必要的支出：外出度假。

　　是否确属"非必要"？在当时美国一般中产阶层尤其教师人群看来，每年利用假期时光至少出去旅行一次，放松放松身心，是必不可少的标准配置。这点连来自中国的留学生和学者也深受影响。1953年，于上年拿到耶鲁大学博士学位并留校任教的夏志清，给身在中国台湾的兄长夏济安回信说："美国人每年至少 take 一次 vacation[度假]，换个新鲜地方环境，像我这样六年如一日呆在 New Haven 是没有的。可是自己没有女朋友，到什么地方去还是一样，心境总是不会太好的。"[1]这个孤独寂寞的单身青年，是多渴望有位女友一块出去度假。

　　张充和夫妇很看重度假的休闲放松功能。1956年暑假，在去亚利桑那州科罗拉多大峡谷的当天，她写信告诉宗和："我们今晚夜三时动身去 Arizona 州，有最大山涧叫 Grand Canyon，去那里休息十日，以复一年来的疲劳。"（82页）1963年初，当得知宗和罹患所谓"兴奋性神经衰弱"，病情严重，她向大弟及弟媳刘文思建议说："这种病只有自己放宽放松才能减轻。是否同文思换个地方休养休养。……一个地

---

① 夏志清致夏济安信函，1953 年 8 月 9 日，《夏志清夏济安书信集》卷二，第 188 号。

方呆久了,真是不好,夫妇中的调剂,旅行是最好的。"(1963年1月9日,第307—308页)一个月后她解释道:"在一个地方呆久了各种人事环境不能让你休息,我也是累得电话都不想接。总想出去与此间一切隔绝。不听门铃,不接电话,不同邻居点头,不扫地,不煮饭,不……到一个生地方去。这些都可暂免,所谓异地之功也。"(1963年2月27日,第314页)1972年寒假,傅汉思精神压力很大,夜里常失眠,忧郁症随时可能复发,她告知宗和:"他很想去南部温泉去走走,松松气。但是时间太短。"(1972年12月7日,第413页)

有时候,假期里因事耽搁,夫妇俩也会抽空来个小小的旅行,补偿一下。1957年暑期,傅汉思那本重要著作《中国王朝史译文目录(220—960)》进入最后印刷阶段。然而由于书中大量使用中国字,导致印书过程十分辛苦。她告诉宗和:"想不到这次印书印得这么苦,原因是中国字无处印,要填写,所以先用特别打字机打,留空余地写字,试好再照相,然后印。一时也说不完太复杂了。总之我们暑中一天假也没有休……"印书事一了,他们只好在九月中下旬到"近处红木林逛逛",可是因错过盛夏,"天气太冷,不能露营了"。(1957年9月29日,第102页)

露营,更多是睡在车子里,为张充和一家出外旅行的主要过夜方式。1961年搬到康州后,他们为此买了一辆较大型的家庭旅行车。她介绍说:"当初在加州开的小车,现在的车子很大,放下去后面可睡三人,前面可睡一人。如此夏天出去旅行就省了旅馆钱了。我初开时脚也嫌短,上身也嫌短,看不见左右前后,近来惯了也很自由了。"(1962年3月19日,第190页)

睡车后座,在他们属习以为常、理所当然,其他人可能就有所抱怨了。1972年,张充和载着两年前来美定居的大姐元和赴加拿大看中国手工艺品展览会。回来她向大弟报告说:"我们去加拿大一路是住在车子中帐篷中,大姐不习惯硬车、蚊子,写信告诉二姐说不如以前外出游山玩水,住旅馆、吃馆子舒服。我们是从未因出外游玩而住旅馆,露营从五毛钱起现在涨到三块,虽是坏的旅馆,也得每人十元。你想哪能一个教书人住旅馆一周。所以诸如此类大姐未免不能了解。"(1972年9月5日,第408页)

想当年在中国,作为世家小姐少爷的张氏姐弟,何曾受过如此洋罪?比如张充和,但凡出去游玩(非被迫逃难),必受舒服的招待。在北平香山养病,租民居;到青岛避暑,住别墅。甚至抗战年代也如此。赴重庆北碚洗温泉,宿柏林餐厅;登四川青城山,受到好客的道士款待。就在张充和一家穷游北美大陆的20世纪六七十年代,三姐夫沈从文、大弟张宗和等亲人出去避暑或休养,住的仍是旅馆或招待所。难怪张元和有所怨言。

二战后,随着汽车的深度普及,州际高速公路网的广泛兴建,驾车成为美国家庭旅行主要的交通方式。自驾人群规模的暴涨,推动汽车旅馆急速扩张,从1948年1.6万家,到1960年6万家,再到1970年达10万家。[①]数量如此巨大又极方便的投宿之所,其中不乏简易、价廉乃至张充和所言"坏的旅馆",但依然未能成为他们夫妇旅行过夜的选项,因为这并非"一个教书人"所能承受的。

下面展示两个实例,看看张充和一家如何享受他们的穷游旅途。

*

1962年6月6日早上,在离家三百多公里、新罕布什尔州的一家早餐店里,喝着店里的热茶咖啡,吃着自带的冷食,张充和给宗和写信,报告说她正陪傅汉思旅行,以纾解他的疲劳:"我们自从以元出世后,除了带他到加拿大去一次外,即没有到山里去过。两个更不易出

---

① 《美国史》,第832页。

门。这几年老是一再搬家。汉斯在学校除课外,会亦多,报告亦多,人累得疲倦不堪。看这一周休息也许会好点。"

她又说:"(我们)没有带孩子们,有一对夫妇在我们家看孩子,不收费。朋友们强逼我们两人出来过几天轻松日子。"

她介绍了出外两天以来的行程:"我们是六月四日出来的。晚上在森林中车子里睡觉,我们的车子后座放下来是两人可睡。只是稍微硬点,因垫的不够。第一晚在 Massachusetts[马萨诸塞州]的森林中。昨晚在 New Hampshire[新罕布什尔州]的森林,这里山没有加州的好,但树木草地比加州夏天青葱可爱,加州的天太枯。这儿河流同湖泊甚多……"

当晚,他们到了距波士顿大约两小时车程的白山脚下,该山最高峰华盛顿峰亦即美国东北部最高峰。晚八时,天光尚亮,张充和在车中给大弟继续报告道:"现在我们在 White Mountain,仍是 New Hampshire,离家三百英里[1],我们除了两个早饭喝点热茶咖啡外,这三天都是冷食,我带了盐茶蛋,鸡干及其他干粮,这树林中随处都是柴,所以我把火烧起来,坐在旁边一面取暖,一面做水泡茶,也热了一罐头面,两人五点钟就吃了晚饭。"

时间尚早,长夜漫漫,在森林中的他们如何度过呢?"汉斯带了几本轻松书在看,我看《粉墨春秋》,比梅的《舞台生活四十年》要好得多。梅的写的只是光明的一面,成功的一面,是写名角的派头,至于当初的实际生活就是忌讳了。"(1962年6月13日,第212—213页)这里说的的两本书是两大京剧名角各自的口述回忆录,《粉墨春秋》为盖叫天,《舞台生活四十年》为梅兰芳。

到了终点波士顿,他们逛了逛古董店,"居然买到清初青花三凤印

---

[1] 1英里约为1.61公里。

泥盒，真是绝无仅有。两块钱。若在大城就不同了"。主要是看波士顿博物馆。她看后发表观感说："这边博物馆真好，我逛了一天，只是一部分，也累得很。这边中国画以波士顿同华盛顿的福落博物馆最好。"她买到一部中国古代绘画图册，很贵重，花了她六十美元之巨："一九六一年再版修正的国画全部精彩的比往日所见的更好。从宋到清，下半部我想买，上半部已卖完，我亦不爱太古的画。下半部需六十元，这在我是个大数目。"

返回家第二天，恰逢耶鲁行毕业典礼，邀请现任总统肯尼迪前来演讲，并授予其名誉博士，需"教授们穿上大礼服，方帽子摆阵"坐场，傅汉思不愿参加，遂将门票送给邻居。邻居觉得他们奇怪，怎么这么好的机会都不要？就此，张充和表露心迹说："我们只得逍遥处且逍遥，像那么热的天气真是划不来。我有一句名言，有一次在加拿大，别人要介绍一个阔人给我做朋友，我拒绝了，说'有钱可不是传染病，我认了他做朋友，也富不了'。"（1962年6月12日，第211页）

因此，对于张充和夫妇来说，大热天亲临热闹现场，目睹一位魅力无限、万众敬仰的总统的风采，实在抵不上静静置身大山深处，呼吸森林空气，吃冷食，睡车硬后座来得有价值。

*

十三年后，他们进行了一次横跨美国东西两岸、为时整一个月、行程一万两千八百多公里的悠长旅行。1975年7月1日，张充和、傅汉思和他们年已十六岁的女儿傅以谟，从家中起程，一路向西，抵达西海岸，又折返向东，沿着另一条路线，于当月30日回到新港家中。张充和向大弟描述说："我们从南路去，北路回来，整整是八千里路云和月。合华里两万多里。从火焰山到冰山，好在车中有冷热气。可是一下车加油上厕所便不好受。"此处"八千里"指的是八千英里，一英里约为一点六公里，故总行程一万两千八百多公里。她又介绍说："一路上玩玩山水,没有责任,没有电话铃……"完全是放松的状态,无所羁绊地驰骋在北美大陆上。

她再次说到旅行中的过夜问题:"晚间三人挤在车子里,四季衣服全带着,一次旅馆也没住。所以三人的费用只抵得一人飞机的。"

她颇自得于夜晚在车中和衣而卧:"看了不少风景,如洪谷,是冰河时期形成的。晚上停车在岩石,看日落。半夜里看日出,比许多阔气人住旅馆还得爬起来穿衣赶来看好得多了。"

她描绘眼中所见壮观景象:"我们一连在洪谷三日夜,白天没有什么好玩的,只好在车上,风雨晦明,山谷的变化多,颜色多,一时无法描写,只有一个黄昏最是好,西边日落,彩霞彤红万端,久久不散,风雨雷电由极远处慢慢移近……"①

这是大风暴来临前的征兆。不久,他们就置身风暴中了:"到了晚十时左右,撼天震地,吹得车身直摇动,当时我一人睡不着,怕车子吹下谷中去,他们笑我多虑。次日晨,本地人说这样的风暴,多年不见。过后听到无线电报告伊州大旋风掀了屋子,拔了古树,坏了无数车子,还摔死了两个孩子。回想起来,仍觉胆寒。"(1975年8月15日,第496页)

他们在西部终点加州停留七天。晚上在傅汉思妹妹处借宿,白天到养老院陪侍傅汉思父母。张充和透露说,父亲"害一种病,是脑细胞慢慢死,初则动作不能控制,现在卧床已三年,不死不活,真是受罪"。不过,"脑子还能想能记,不能多说,吃饭要人,上厕所要人"。"母亲能动能走,可是脑子糊涂。老说汉斯'你长大了,你长高了'。可是母亲

---

① "洪谷",笔者未能查询到相关情况介绍。张充和在同一信件中,两次作"洪谷",一次作"红谷"。红谷据介绍,位于怀俄明州弗里蒙特县,山岩呈红色,实如其名。但红谷并不大,不太可能让张充和一家游览三日夜。与之毗邻位于犹他州的布莱斯峡谷国家公园,面积约145平方公里,岩石红、橙、白相间,蔚为奇观,是"大红谷""火焰山"。或许,此即张充和一家驻足三日夜的地方?

只记得儿子在婴孩时的样子。在一分钟内问四五次同样问题,我们只得同样回答。"

她颇为伤感地说:"一星期在父母左右,临走时各人伤心,因每次见到都是最后一次,以后有重要事也只有汉斯一人去了。"(1975年8月15日,第496页)

归程总体上也很愉快,也会到不少老朋友。路上,张充和填了一阕《鹧鸪天》,副题曰"东归"。其上阕云:

> 过眼沉浮小梦庄,寻常饮酌不寻常。无边风雪人来去,有限寒温路短长。

第二句当指傅汉思父亲,到了八十七八岁的老龄,连日常饮食都无法自理,成为不寻常的事情。沿途中卷起的无边风雪,有似易逝的时光,永远冷酷无情,催人衰老。我们万里迢迢而来,匆匆离别而去,有限的嘘寒问暖,徒奈岁月何!

于是引发下阕。听着"雷奔轮转"的车轮,回望西天远去的云山,张充和幻想道:

> 村暖暖,野茫茫,雷奔轮转若为忙。云山倒退知何意,为惜流光挽夕阳。①

---

① 《张充和诗文集》,第131页正文及页脚编者注。

舐犊情深

│"我对孩子不惜牺牲我的所有工作"│

回到 1960 年前后张充和做全职主妇的年代。当时所有的辛劳中,最让她操碎心的,是抚养一双幼儿稚女。

早在张充和结婚之后八九个月,宗和就曾向她探询道:"我们想你们也该有孩子了。怎样,有消息吗?"(1949 年 7 月 12 日,第 20 页)

然而过了好几年,仍没有"消息"。张充和心中做何感想呢?大概 1957 年夏秋,在一首寄答许文锦——乐益女中同学、图书馆学学者钱存训之夫人——的词中,张充和写道:"而今烂漫无愁日,输与君家雁一行。"据她说,"许文锦有三个女儿,都很聪明,但没有她漂亮"。(1957 年 9 月 29 日,第 102 页)"雁一行",当指许文锦三个大小相续的女儿。两句词大意应指,我无儿无女,在你看来"烂漫无愁",却"输与"你为了三个女儿而发愁啊。

不久,张充和夫妇有了第一个孩子。1958 年 1 月,她写信告诉宗和:"寄上儿子以元(洋名 Lan)照片三张,便知我为什么无暇写信了,我仍工作,白天孩子寄在人家,下半年如无好人家可寄,就只得辞职回家了。"(1959 年 1 月 7 日,第 109 页)

不过直到傅汉思从伯克利辞职,赴斯坦福任教前夕,她才随着辞职。写于 1959 年 8 月 30 日的信中,她说:"这一年半来我仍做事,上星期才辞了不做。以后暂时不做事,以元正是淘气的时候,教育亦是重

要时期,如我做事,他的教育、健康都成问题。"(1959年8月30日,第112页)

到斯坦福不久,他们又有了第二个孩子:"我们又添了个女孩,名叫以谟,比以元更健壮,第二个有了经验也照顾得不错,我是早罢了工作,专在家烧锅煮饭,浆洗衣服,似乎比在外面做事时忙得多。"(1960年2月28日,第114页)她解释说:"以谟的谟字是纪念我们朱老先生谟钦,字拜石。我得他益处不浅。可惜已去世。无以为报,即将她命名如此。"(1960年2月28日,第114—115页)

1957年,张充和有多封信寄宗和,最晚一封写于10月25日。在这些信中,她从未向盼望她"消息"多年的大弟透露过一丝身孕的信息,怎么会在两个月后就有了第一个孩子呢?

在生命的晚年,张充和老人向晚辈苏炜直言道:"我们两个孩子都是抱养的,男孩子在伯克莱的时候抱过来的,那时才刚出生,今年整五十了。到了斯坦福再抱养了一个,是女孩……"[1]由此,张充和开始了学为人母并与之共成长的历程。

*

像绝大多数亲自抚养子女的母亲一样,最初几年,她基本以孩子为中心,为此牺牲了自己的几乎所有时间。

她说:"我们已近三年没看电影了,说来你也不会相信了。可是话长,如离开孩子还得找看的人,大多美国人都用中学生,常常烧火出事,所以电影不看,只到山上海边走走,展览去看,刚接到个长途电话,说是五月三日是齐白石的展览会开幕,要我们去,我们去是必不能带孩子的。开幕在此间如请你去是个光荣,就是我们一切光荣都给孩子了。所以我说开幕不能来,星期六带孩子们来看。"(1960年3月23

---

[1]《天涯晚笛》,第117页。

日,第117页)

她又说:"昆曲我也不敢开口,从以元三个月起,我一哼,他就伤心,现在还是一样。徐樱说也许是哪个昆曲鬼来投胎。记得小龙几个月只是哭'都只为相思萦绕'一曲,但不久也就停了,以元听另外怨伤感叹之曲(不管是哪种文字)都要伤心流泪,岂不怪哉。"(1959年8月30日,第113页)"小龙",指三姐张兆和的长子沈龙朱。

她还说:"这三年来亦从未表演过昆曲,明天在五十里外有人请去参加中国音乐会,单是清唱曲子是不大受欢迎,也许吹笛子。可是得请看孩子的人,每小时五六毛钱,从四点到十点,就是三四块钱,你说在美国可是玩得起的。更不用说看电影了。"(1960年6月14日,第122页)

她向宗和倾诉道:"我想让你们知道我们生活的情形,不肯[厌]琐碎来描写点从早到晚的事,我的生活可说是单调又复杂,每天从早起差不多是同样的事,但晚上喘一口气,回想这一天又过了,也是怅然。有时想画画写字,想做诗词,全是在想,时间打杂打了,到了晚上身体累,再提不出劲儿来为自己做事。"(1960年4月30日,第119页)

她说:"我早上亦是醒得早,但不敢四点起身,因为一整天都得忙,弄得不好病了,无人代替,在美国当主妇不像以前的中国。"(1962年10月6日,第270页)因此,如果可能,她会尽量再睡会儿:"现在我再去睡个复觉,等会小东西们一醒,从六点到晚上八点都不让我坐下来的。"(1960年7月3日,第125页)

如此忙累,总让她想起母亲当时:"近一月来四口全感冒,无法祛除,再如此下去,必得去打盘尼西林针了。原因是孩子们不肯上床休息,我们是不得休息,他们午睡及晚间上床。汉斯得赶工作(写作),我得赶家事,缝缝补补,永远完不了。想想大大当初九个孩子也没有如此之忙,即使高干、夏妈等也不会有如此之忙,因为从买办起到洗碗,其他事如做园子、搬重、做裁缝、做自来水工人……都得做。当然也学了很多本领,但是到了病时也得做,就受不了了。"(1960年11月12日,第128页)"大大",合肥方言,指张充和姐弟的母亲陆英,从二十一岁嫁到张家,至三十六岁去世的十六年间,怀了十四胎,存活下来姐弟九人。生育如此之多,又操持家族大小事务,但有多位管家和许多男女佣人分工协助。因此,相对来说,张充和感觉,还没有她抚养两个孩子忙累。

*

虽然很累,很耗精神,但看着孩子们的成长,张充和又很享受,总是不自觉地聊起他们的种种懵懂、可爱、调皮乃至令人困惑处。

她向宗和讲述小以元不怕生人却怕女人:"以元现在是二十三个月不到,会说断句话,中英文全来,在家里总说中文,不怕生人,尤其是男人,最喜欢开大车及泥水匠等,其次是普通男人,见到女人就躲到汉斯两腿间,原因是邻居一家有四五个女孩子,有一天见到以元,就从山顶上冲下来,像似战场冲锋似的,一窝蜂来同他玩,他吓得大哭,从此连经过都怕。"(1959年8月30日,第112—113页)

她自豪于子女的相貌:"以谟的圆脸大眼睛像端端,他两个总算给我的小眼睛争了气,以元眼睛比以谟黑,以谟皮肤较白,都说以元像我多,以谟像汉斯多,反正中国人见了说他们像外国人,外国人看了说像中国人。我们自己都看不出什么来。一封信没写好,他们吵死了,吵得我头疼,赶到地窖子去了。"(1962年6月12日,第211页)"端端",指宗和的二女儿张以端。

她提到喜欢同男人发嗲的小以谟:"以谟照片一张,近来稍微秀气点,可是行为比以元蛮得多了,每天身上必有伤痕,额头已经破相。我也无法管她,可是出去时讨人好,路上人都喜欢她,尤其是同男人嗲(此字是赵元任造的,我刚问过他来)。"(1961年5月1日,第136页)

小以谟的惹人喜欢,让小以元充满嫉妒:傅汉思父母曾来住了几天,"他们惯孙女,以谟也喜欢惹人,弄得以元嫉妒,我则不好办。因为他们连外孙是七个男孩,一个孙女"。(1962年5月27日,第208页)"我们家两个在一起有时玩得很好,有时像仇人似的,元非常嫉妒谟,因谟近来越长越惹人喜欢,客人见到他们总是注意谟,元就不高兴,而且记在心里,我记得我小时候不懂嫉妒,现在也还不懂,因此竞争心亦没有。"(1964年3月23日,第343页)

*

以上所述,应属普通为人父母者都会遇到的一面。身处英语主导的新港,张充和还有比较独特的一点——坚持教子女学中文。

一家四口的家庭生活用语是汉语。因此,一双儿女自打学语起就会用汉语说各种家属称谓。以元二十三个月不到时,已"会叫所有家属的称谓,如伯伯、阿姨、舅舅、姐姐、哥哥等。而且有几个字带合肥音"。(1959年8月30日,第112—113页)但以谟十七个月时,"只会叫妈妈、爹爹、哥哥,恐怕比以元说话要慢得多"。(1960年12月16日,第129页)

她颇自豪地对宗和说:"你放心,以元一定是说中国话,我们在家一句英文也不说,而且他也认字,读诗,我正要找点小故事或自己写点字给他读。"(1961年10月11日,第151页)

她每天抽空做一些方形纸片,在每张纸片写一个单字或复词,这叫一个字块,便于子女学习汉字。这种认字方式为中国传统所习用,她小时候也是这么学习的。

她报告以元的学习进展说:"以元是两岁另五个月(还未到),也还聪明,我试教他字块,两个多月来认得了约两百多字,每字均会应用解释,倒是过目不忘。"(1960年2月28日,第114—115页)学了近一年后,她再次报告说:"现在是早上五点,我起来为以元写字块,他已认了八百单字,二百多复词,共千余字了,今天是正式教他'采采芣苢',以后选《诗经》中容易的教他。似乎比唐诗还容易解释。"三岁多点的孩子就学会这么多字,难免让人担心操之过急,比如宗和妻子刘文思即怕他小脑筋弄坏。张充和答复道:"他这个脑筋太活跃,若不给他记住点字,就只出主意做淘气的事。他很喜欢读诗。我也问过医生,他们说不必强迫,随其自然。累时就不认字。"(1960年12月16日,第129页)四岁入幼儿园时,以元甚是看不起其课程,因为"他的中文程度把香港课本小学三四年级的书自己都会念了"。(1961年11月24日,第163页)满五岁时,他已学会两千多汉字。(1962年11月18日,第290页)但"因看书不多,故尚不能动笔写字句"。(1963年12月29日,第336页)

以元快五岁时,曾由他口述、妈妈张充和代笔,给远在万里的表姐、宗和小女儿以敉写过一封短信,充满童趣,值得摘引:"我们有猫,名字叫咪咪,好玩,是朋友。以前在加州我们有一黄的,叫黄帝,灰的叫徽宗。太好了。再以后有一个猫聪明极了,名字叫玛瑙,它会用大尾巴打音乐拍子,常常在客人来时表演。可惜死了。"(1962年7月14日,第234页)他们家有一架当年从德国移民来美时专程带来的钢琴。"玛瑙"当是用大尾巴在这架钢琴键盘上打的音乐拍子。(1963年2月1日,第312页)

比哥哥以元小两岁不到的以谟,"爱吃肥肉,她刚会说话时即说'肥一个肉',意思是吃一块肥肉。现在此话已是传家的专语"。(1961年11月24日,第163页)看到妈妈教哥哥认字,她"自愿认字,自愿写字,不给她认她便大哭……"(1962年2月12日,第181页)三岁多时,以谟学会四百多字。四岁多时,增至一千字。

张充和承认,"我教他们认字,纯是旧法子,但是不挑他们不懂的教"。她颇自得于这种"旧法子"。她举例说:以元"在四岁还不到时忽然有一天认长大的长字,我圈了上声,他问:'为什么不读长字呢?'他就一直问下去,我试着教他调平入上去,当时他就可以调任何字"。她感叹道："可笑这里的语言学专家们发明了科学方法让学中文的外国人学四声,结果至少有一大半还是不准的,这种传统的方法虽不科学,却也是经验得来,比几个专家发明的方法好多了。"(1961年10月11日,第151页)

*

对于为了子女,选择牺牲自己几乎全部精力和时间这件事,张充和解释说:"我的理论,父母一定要同孩子接近……孩子是属于自己父母的。"她检讨他们姐弟的成长模式——妈妈生下,奶妈哺乳,干干带大,反思道:"像我们以前的带法都不对,母亲只管生孩子,一生下来就给奶妈,然后干干带,是违背自然的。"继而得出结论:"母子之间在小时是很重要的,给人家养,不生病,长得胖,但母爱方面,不必说是没有的。要有人生另一种爱。我一辈子缺的就是这一点。"为让自己的孩子不再缺失母爱,"所以我对孩子不惜牺牲我的所有工作,把时间放在他们身上。每天早晚认字,常出去散步,在一起玩,有时还在一起翻筋斗(这一点大概你是不行了。筋斗仍是我的拿手),做马戏,自己觉得也年轻了。这样孩子在感情同智慧方面都丰满"。(1963年3月16日,第316—317页)

张充和主张:"第一个孩子做妈妈的是不大会带,但总得让她练习……"(1963年3月16日,第316—317页)当她边带边学,一点点将一双儿女带大以后,有次她得意地说:"要我带不会走路的孩子,最是拿手。"(1963年2月1日,第313页)

她又强调说,为尽到抚育责任,母亲应保重自己的身体:"我当初虽然无父母保护,却仍是不保重身体,原因是并无责任。现在有了孩子,觉得他们需要我,我病了他们怎么办,所以也就特别保重了。"(1961年8月1日,第144页)责任在身,有点头疼脑热也不算什么:"我的头不常疼,近来不用脑子,只是睡不着,第二天就头疼,但是一忙

也就混过去了。现在是生病生不起,头疼也疼不起,若是疼了谁管家管孩子?"(1961年1月12日,第131页)

不过张充和认为,母爱,固然要牺牲,要奉献,但不能溺爱、放纵不管。她坦承,对于孩子们,"有时我也会发脾气,如果他们有错,我一点也不放松。比一般美国孩子是不同一点。一般是放任……"(1963年3月16日,第316—317页)她进一步指出:"我读了一本做父母的书,说父母对孩子百忍百让(大多美国家庭如此)是不对的。教育固然要宗旨定,可是有脾气即使错了也要发。否则容易生厌倦心。"(1963年1月24日,第310页)

因此,在致宗和的信中,屡屡可见张充和打骂孩子的记载:

"元元的脾气大概像我,谟像汉斯。元元同我在一起,不是打就是骂,现在好多了。以前常要推谟,打谟,不知给我打了多少。谟是愈受元打愈喜欢,我还在生气,他们已玩笑自如。我是怕他打惯了手,也打别人的孩子。男孩子比女孩子难管多了。"(1960年6月14日,第121—122页)

"现在谟醒了,在地上玩,一个不当心就搅马桶里的水,不知打过多少次,据说我小时候也是玩马桶(洗过的马桶照例放点清水)里的水,也被打过多少次。"(1961年3月23日,第135页)

"你说以元会帮我忙整理,其实恰是相反,两个都是制造麻烦的人,今天还死打了一顿,他用螺蛳壳把以谟的腿划破了。真是气人。我也抵不过他,用鞋底打了。打了心里当然又不舒服,但也没有办法。"(1961年6月25日,第139页)

"以谟……脾气初时很好,现在也坏了,碰到我手里就是死打。以元是个神经质,以谟是个糊涂质,我是决不通融的。"(1961年7月,第142—143页)

有时打骂不行,甚至罚孩子不许吃饭:"今天罚了以元一顿。没给

他午饭吃,这还是第一次。汉斯有点心疼,我是说到做到。可是汉斯倒没有反对我。"(1962年1月30日,第180页)

因为孩子,张充和常把傅汉思也连带骂了:"我的脾气仍是比汉斯坏,这点我承认,但是太忙了脾气来不及发,有时因为他慢而发,有时为孩子们发。他若放纵孩子,我总一骂三个。他照例不声不响,不到五分钟就过了。"(1962年12月26日,第304页)

对于如何教育孩子,张充和夫妇常因意见冲突而爆发争论:"汉斯同我亦常常为孩子辩论,问题在于他教育孩子没有标准,常常待孩子如礼大宾,恭敬从命,故孩子不但不怕他,还觉得妈妈不如爹爹。譬如今天他不在家,我锁了他的书房,为的是以元欢喜动他的东西。他回来后马上招待以元进书房去用他的笔同他的种种文具,这不是同我意见完全相反?今天因是纪念日,也不去同他吵了。平时就得吵了。我的脾气也仍然不怎么好,比年轻时好多了,汉斯总是不开口,不开口可也不是事。"(1963年11月19日,第334页)

*

谈及自己辛苦养育的效果,张充和感情复杂。总体上,她是满意的。她对宗和说:"今天是星期日,我可以坐下写信。孩子们在一旁或哭或笑或吵或闹,总无一分钟无声息。我现在也习惯了,他们比起一般美国孩子不知好到几十倍了。"这些别人家的孩子,"身体强壮教育自由,真像土匪似的。车子停在街上,他们随时可以弄坏零件。十岁以后父母便无法管束了"。(1962年11月18日,第291页)

孩子如此懂事,让她不由感动:"以元四岁零四个月,昨晚外出逛商场,记得玩具中有四门的卡车,他在我耳边轻轻的说他很想要,看我纹风不动,马上便说'吃要紧,穿重要,玩不重要'。说时眼圈红了,自己克服了欲望。我第一次被他感动。平时总是我不顺从他们,有时我觉得也太凶了些,可是你不知道美国的商场里,除了女人就是孩子的

东西,若不是我凶,这点薪水连饭都不要吃了。"(1961年12月6日,第
164页)

小小年纪,就知道体贴父母,实在可人。张充和向大弟讲述道:
"这些日子我也是头疼,胃病又发,一周来吃婴孩罐头。什么病都害不
得,昨晚以元说'我要祷告',我们从不教他们信教做祷告,所以我问
'为什么?'他说'我要祷告你同爹爹活得很久',说时眼水就在眼中打
转,这孩子感情特别重,将来自己吃亏。"(1963年9月20日,第
331页)

她也有遗憾,但她表示无奈,因为那是外在环境造成的。

1963年9月4日,六岁的儿子傅以元开始进入小学一年级读书,
一天在校六小时,中午不回家。她报告这一刻感受道:"顿觉轻松不
少。究竟是一个比两个容易多了。"又介绍说:"这儿市立的中小学都
免费,因为我们有房子的人都缴一笔很大的税。我们交伍佰元一年,
包括学校、警察、救火及一切安全费用。如果没有人就吃亏了。如果
你有十个孩子也不要学费。若嫌学校不好,进私立的可就贵了,要千
元一年。大学若进州立的学费不多,私立的也是千元以上。"(1963年
9月5日,第328—329页)

没过多少天,四岁的女儿傅以谟也进了幼儿园,每周在校两上午。
张充和惬意地写道:"今天(二十日)汉斯上课,以元上课,以谟上幼儿
园,我一人在家,六年来很少有的清静,……"(1963年9月20日,第
330页)

三个月后,她告诉宗和,本来一家四口总讲中国话,自两个孩子入
学后,"近来两人在一起喜说英文,真无办法"。她认为发生变化的原
因是:"所谓'众楚人咻之',亦是可虑。"此语出自《孟子·滕文公下》:
"一齐人傅之,众楚人咻之,虽日挞而求其齐也,不可得矣。"是孟子讲
的一个假设性例子:一个楚国人为让儿子学齐国话,请了一个齐人来

教导。但只要周围全是楚人在说楚语,即使天天鞭打着让儿子学说齐国话,也不可能学会。以元以谟进的是英文学校,整天与讲英文的老师同学在一起,属典型的"齐傅楚咻"。

对此,张充和有过心理准备。之前她就担心,孩子们"幼稚园一进小学一进,就没工夫学中文了"。(1962年2月12日,第181页)不过她又想,孩子们学会的汉字,只要让他们每天温习,"这样很不易丢掉",同时,"在家又都说中国话,看来不会忘记"。(1962年11月18日,第290页)现在发现,实际情况要更差。她计划,自后每晚给孩子们读中文故事一则,或讲点《诗经》《论语》。(1963年12月29日,第336页)

但也有惊喜。以元"在学校忙玩,可是英文真进步得快"。还在以元五岁入幼稚园时,张充和曾评价说:"他的智力高,脑子清楚,中国字是我教他的,英文全是他自己学的,认路、店名路牌等都能分辨。"(1962年9月13日,第262页)教会孩子们英文的,主要是他们家那台电视。张充和曾提及,电视"有小孩子的片子,在加州,以元以谟喜欢看,尤其是以谟,还不会走路时站在小床上看,英文亦是那时学了不少"。(1961年10月4日,第150页)又说:"TV很多英文,可是(我)就没有工夫看,孩子们看得多,我大概将来是家中英文最不行的了。"(1962年6月13日,第214页)

在一次次感动、惊喜或遗憾中,张充和陪伴孩子们走过了婴幼之龄,走进童年、少年。日益懂事的这双子女,将让张充和收获更多动人的惊喜。

书画遣兴

｜“如能抽出时间来练字画画就是幸福了”｜

　　就在辞职做全职主妇没几天的1959年8月30日，张充和曾这样打算过："如能抽出时间来练字画画就是幸福了。否则只是做家事，亦是无聊。"（1959年8月30日，第112页）

　　但是，正像上节所述，被一双子女拖累的她，每天实在没多少空闲，到了晚上，安抚孩子们睡着了，喘一口气，只剩下累，再提不起劲儿为自己做事。（1960年4月30日，第119页）

　　不确定何因，这一时期，整天劳累的她竟一再失眠。半夜睡不着，或者写家信，述说她的日常生活琐碎，或者画画，陆陆续续画了几张。辞职半年后，有次她告诉宗和："近来不在外做事，就想起画来。因为唱昆曲非约有伴，画可不必，大可自得其乐。最近画了几张画，又同一个新认识的苏州人合作了两张，好像我还可以学，黄公望五十余才学，何况我才四十多岁的人。"（1960年3月15日，第116页）一个多月后，她再次提及此事："搬到这儿来也画了几张画，全是半夜里睡不着画的。"（1960年4月30日，第119页）

　　若写着画着，困意上来，她就赶快睡觉去："现在不想多谈了，是早上四点，我还去睡觉。"（1960年4月30日，第120页）或："现在我再去睡个复觉，等会小东西们一醒，从六点到晚上八点都不让我坐下来的。"（1960年7月3日，第125页）若实在睡不着，第二天就硬挺着：

"我的头不常疼,近来不用脑子,只是睡不着,第二天就头疼,但是一忙也就混过去了。现在是生病生不起,头疼也疼不起,若是疼了谁管家管孩子?"（1961年1月12日,第131页）

因此,这样的状态下,也就可以想象,张充和能有多大精力投入书画。直至1961年7月搬到新港,情况才有良好改观。

一则,环境不一样了。"东部的文化比西部高,除非你不想动,若想动,总是有事做。我近来也画得高兴,这里懂中国画的人真多……"写这信的她,心情该是多么愉悦。（1961年11月24日,第162页）

二则,她有了自由支配的时间。"汉斯觉得我在家无聊,成天看孩子做饭。他给我星期二、四的整个上午自由支配,我把它拿来画画写字,一星期有五小时画画也很够了。"（1961年10月25日,第154页）

再则,有人看中她的画,花不错价钱买下一幅较大尺幅的作品,重燃起她以画画赚取外快的希望。

1961年10月、11月之交,张充和及其子女三人患重伤风不好。儿子以元高烧40度;女儿以谟并转中耳炎,高烧,只好吃盘尼西林才退烧;张充和虽不发热,但头昏脑涨,鼻子都被擦破了。（1961年10月25日,第153页;1961年11月1日,第157页）情况如此,也没阻止她作画的劲头:"这几天在赶一张画,忽然有人看中了我一张画,但嫌太小,我要画张大的,大概是要给我钱的。"（1961年11月1日,第157页）十天后,作品成交:"今天我卖了一张画,约一百元,大概上二十余元税,净得七十多块,这是我到东部来卖的第一张画。"（1961年11月10日,第139页）

两年前辞职时,张充和曾想过:"我要能在家中做一点零工得到外快就好了。但未必能够。"（1959年8月30日,第112页）卖画,应该就是她"得到外快"的预想途径之一。

在美这么多年,她对美国艺坛多有关注,得出结论道:"能够卖钱的只有画。"她告诉宗和："我的字比画当然有点小功夫，但是谁人来欣赏呢。除了中国人外，能够卖钱的只有画。所以我得在画上用工夫。"（1961年11月1日，第157页）

这是她的经验之谈。她说，自从1950年初在旧金山开过那次书画个展后，"倒卖了好几张画"，但字只卖过一张。她回忆道，那张字幅，写了二十字，卖了二十五美金，是一位在大学里教艺术，"自命深知东方艺术"的老太太买的。买到后，老太太给不恰当地挂在壁炉上。张充和看到，不声不响，因为她"抱的主意是谁只要买我的字画一概不去管他，烧了也好，挂在茅房也好"。后来，还是个曾到过中国贵州的外国地理学家指出老太太的失当。"自命深知东方艺术"的人都如此，还怎么指望其他美国人会欣赏中国书法。（1961年11月1日，第157页；1962年10月10日，第274—275页）

*

但即使卖画，张充和也面临抉择，即学会包装自己，以适应绘画商业化的现实，并改变画风，画流行的抽象主义绘画。对此她倒没有犹豫，坚决地选择关起门来自己干，只画自己喜欢的中国传统绘画。

首先，对于当时已相当商业化的美国画坛，她充满不屑，更为被商业化所"腐蚀"的传统友谊或义气，感到悲哀。她表达自己的看法道："我最恨的靠朋友，靠名家来提拔你，来捧你，若是个女人就更了不起。画字的本质一概不管。在美国吹牛的人亦真多，除了骗洋人，骗钱外，亦不过骗自己而已。"（1961年11月1日，第157页）一年多后，她再次谈到这一问题："这边一谈起艺术就连到名利问题，这里画家也有，谈画的人更多，可是各有各的愁，这样所谓艺术，拿来当进身的工具，也就无味了。我开[关]起门来自己干，好在有碗饭吃，也不想在艺术上赚钱生活，不然除自己用功外，还得一笔莫大的精力去斗争，去广告。我一生重朋友，重义气，现在这一点也消磨尽了。你热心对人，人以为你

在下本钱。在物质文明的社会中想找朋友不易,找艺术朋友更难。"(1963年3月26日,第318—319页)

不过,她又认为:"这里卖画全不像以前中国是打秋风式的。"这句话大概指这样一种现象,明清时期,江浙一带的画家一般并不面向市场卖画,而是与盐商、高官显贵们建立某种私人友谊,由后者提供赞助为生,故不需刻意营销自己。依张充和的看法推测,她似乎认为中国的画坛还未沾染商业化气息,还不是"一谈起艺术就连到名利问题"。但实际上,从晚清上海滩开始,中国书画业已缓缓启动其商业化步伐,到民国年间已蔚为大观。她一生敬服的画家张大千,堪称二十世纪中国最会包装、营销自己的艺术大师。因此,她所指责的在美国画坛盛行的一些"不良"现象,在民国画坛并不少见。对于她的这种不了解,一种解释是,在国内时期,她所交往者主要为大学教师、文坛人士和昆曲界名流,这些人多少与书画界有交集,但不足以让她对民国画坛的营销手法有深刻认识。

其次,对于当时风头正劲,人人趋之若鹜的抽象主义绘画,她更是不爽。她表明态度道:"今日全世界之抽象画不难于学,只是不喜欢。"(1961年11月1日,第157页)

早在1957年,当宗和想请她找一些反映美国当代艺术的画片寄给他时,张充和回复说:"你说你要能反映现在美国艺术的画片,我怕你看不懂,我也看不懂。即使此间艺术批评家也有问题,所谓抽象画,只有颜色的配合,或线条的组合,也没有形象,据说其中妙趣无穷呢。用新鲜材料,如旧报纸贴了满镜框,点了几个污点,还得头奖呢。又如一幅极大的画,满布都是黄色,有几点红,题目叫作《亚洲青年》,这也许可懂,也就猜得可以。可不但画如此,雕刻亦如此。"(1957年1月12日,第91页)

她认为,这种让人"看不懂"的抽象艺术风格之所以出现和兴盛,

"其最大原因是工业发展得太快,艺术是另一回事,但艺术也希望能跟着机器跑,所以一个艺术家不能踏踏实实花一生工夫去画人体,画静物,机器能代替人工,但还是免不了忙,艺术家若是忙,什么也观察不了,第一无工夫,第二无观察,第三急于要成功,这便是近代西洋画的情形"。(1957年1月12日,第91页)

张充和对抽象绘画如此不屑,当缘于其艺术观念。她后来写道:"我有一个对艺术品泛泛的意见,大概世间有两种:一种是初看惊人,再看无味,三看不成体统。另一种是初看平淡无奇,再看其味无穷,三看是终生学不到。"[1]显然在她眼中,抽象绘画便是第一种。

这种艺术竟然成为最流行画风,让她心里很憋气。当听说一只猿猴涂绘的抽象画广受赞誉,把抽象画家的作品比下去后,她觉得这只猿猴替她出了一口恶气。她向宗和讲述道:"说起美国的抽象画,最近倒真是新闻,在动物园的猿猴会画画,我亲眼看到的,比摩登画家的有意思多了。我看到的一张是用指头画的油画,天生的抽象画,线条的美丽,溜冰场冰刀的痕迹,颜色也用得自然,非常流利的调和,这虽然是个奇迹,也是自然的,据人类学家说,成年的猿猴有三岁孩子的智慧,三岁聪明的孩子也可能画出那样的画了。从颜色和线条上看她(猿猴)似乎很享受画画,一班画家反对同猴子的画一同展览,可是猴子的画现在真是出名了。这可以为我出一口气。昨天的社评及读者来信都说看了猴子的画真觉得比摩登画好看多了。很多人不敢说不懂摩登画,现在敢说了。"(1957年3月26日,第93—94页)

她观察到,抽象主义绘画威风所及,已使许多中国传统画家见风使舵,走向抽象之路。她报告道:"这里多少画国画的人都转向抽象路上去了。如王季迁、曾仰荷(辅仁毕业艺术家)。张大千仍旧。"(1961

---

[1] 《从洗砚说起——纪念沈尹默师》,《张充和诗文集》,第354页。

年11月1日,第157页)

　　二战以后,美国艺术逐渐摆脱对欧洲的依傍,确定自己的独立地位,纽约也发展为与巴黎并驾齐驱的世界艺术之都,加上其政治、经济的强盛,吸引了许多中国画家移居美国。其中,原从事中国传统绘画创作,受美国流行风尚影响,转向抽象绘画或吸收其某些因素、中西融合者,颇不乏人。

　　张充和所言"王季迁",即曾向大姐元和提亲的苏州九如巷邻居、吴湖帆的高徒,精鉴定,富收藏,深谙传统笔墨精髓。1948年赴美,定居纽约后,受抽象表现主义影响,其作品发生转变,创作出一种半抽象画风。"曾仞荷",当为"曾幼荷",1925年生于北京,幼年拜溥雪斋为师,于辅仁大学毕业后留校任教。1949年随夫赴美,定居夏威夷,是较早将国画与抽象表现绘画进行融合的华人画家。①

　　不过,张充和称"张大千仍旧",则与事实不太符合。其实,自1961年以来,张大千已开始探索其开创性的、具有抽象主义面貌、融合中西的泼墨泼彩画风。论者多谓,这种转变,固然由多种因素相互作用、激荡而成,但不可否认,欧美抽象主义画风的刺激与启发无疑是其特别重要的动因之一。此一时期,张大千以巴西八德园为基地,四海漫游,美国即其主要旅居地之一。

　　因此,摆在张充和面前的严酷现实是:要想在美国画坛立足并获得成功,只有向商业化低头,并随大流,转画抽象风格之作。对此,她亮明立场称:"我至今连彷徨都没有过意在画园中进一步。眼看换一种方法可以迎合心理赚钱,但是又有多少意思呢。好在目前有丈夫养

---

① 充和亦与曾幼荷相识并有过笔墨合作。如1958年8月,曾幼荷画菊花,曲友李方桂补丹枫,充和题自作《浣溪沙》一首:"剩有高情到晚香,不因人瘦咏花黄,任他时样日千妆。滴滴寒钟秋夜永,娟娟庭露客襟凉,丹枫相对傲寒霜。"(《张充和诗文集》,第65页正文及第66页页脚"编者注")

着我，我不冻不饿。"（1961年11月1日，第157页）后来她再次重申：
"我开[关]起门来自己干，好在有碗饭吃，也不想在艺术上赚钱生
活……"（1963年3月26日，第318—319页）

*

这种不迎合市场，听从自己内心的绘画创作，正是在张充和身上
一以贯之、自得其乐的文人式遣兴。与之相伴随的，是似乎不可避免
的清贫生活。做出这一选择，因而过着清贫生活的人，则被赞誉为清
高，有骨气。因此，虽说"书如其人"并不一定，但读张充和其诗其字其
画，或清新流丽，或骨力遒劲，或一片天真，不由人不想这即其人格之
化身。

不过，这一文人式遣兴，并非无欲无求。当有段时间，张充和练字
画画很尽兴，很过瘾，她会升起这样"不安分"的想法："我岂单单是修
心养性，还想开展览会。"（1964年9月28日，第358页）其实，"修心养
性"与"开展览会"并不冲突。只要所展书画，是自己的"修心养性"之
作，有何不可？而通过展览会获得世人对自己书画艺术的认可，亦无
可非议。

而且，选择遣兴式创作，也并不排斥金钱，只是不为金钱勉强自
己，逆其心意。如果自己随心所欲、高高兴兴画出的作品能换来"外
快"，两全其美，何乐不为？因此，当看到在喜欢的传统国画和书法之
间，"能够卖钱的只有画"时，张充和会暂时选择绘画，并努力提升其
技艺。

她认为："我以为字比画难多了，画是随处可以得画谱，真兰草，山
水，若能通过技巧一关，无一不可为你所用。"（1961年9月2日，第148
页）对于自己目前的画艺水平，她评价道："我的山水不费劲，翎毛花卉
就是问题了。"（1961年10月25日，第154页）

为此，她会集中一段时间专门练某种技巧，以求快速突破。"近来

用白报纸在练兰草撇,兰叶练腕是最好的,也比竹子容易点。……练了五六日,略有目。"(1962年6月28日,第225页)白报纸也叫新闻纸,即印刷报刊的主要用纸,纸质松轻,有较好的弹性,但保存时间一长,会发黄变脆,容易破损。据张充和言,此纸她并不花钱,"是从[报馆]印刷所去捡的纸头子给孩子们画画的"。(1962年1月11日,第170页)

练笔所依据的,主要是她购藏的画谱画册。她告诉宗和:"我有《芥子园》与《画大成》,及汤兰阶的两幅,很够我一练了。"(1962年6月28日,第225页)《芥子园》,即《芥子园画谱》,又称《芥子园画传》,中国画技法图谱,产生于清代早期,堪称中国画教科书。《画大成》,当指昭和十年(1935)日本兴文社以珂罗版精印的一部书,搜罗自唐代王维以降中国南画作品五千余幅,是截至当时中国南画的集大成之作。包括前集十六卷,续集六卷,附《要览》一册、《要览解说》一册、《解说》六册及《画人字号录》一册,共三十一册。"汤兰阶的两幅",大概指清末民初画家汤兰阶的"兰草画谱"《南丰汤氏兰林百种》,1932年由中华书局以珂罗版印制,八开两册。

观看书画展览亦是张充和开阔眼界、提升技艺的有效途径。1961年,台湾方面携原北京故宫的一批书画珍品赴美做巡展。这批珍品的来历是:九一八事变后,北京故宫文物南运,曾有一部分在1937年南京第二届全国美展期间予以展出。张充和、宗和曾同去观展。(1961年8月12日,第145页)抗战全面爆发,又运至重庆、四川,胜利后回南京,1948年底,其中最精华的部分,渡海到了台北。当这批国宝巡展至纽约时,张充和一家专程前去看展,回来向宗和报告说:"上周去看了故宫的古物展览,有许多好东西,又见到赵孟𫖯的《鹊华秋色》,王羲之的《快雪时晴帖》,还应该多去几次。但是拖了元、谟,甚是累人。"(1961年10月4日,第149页)不久她又去看了一次,"很过瘾"。(1961年11月1日,第157页)两周后,她自评云:"自从看了故宫的画,胆子

却大得多了,[以前]若去看名画,胆子就小,更不敢画。"(1961年11月14日,第160页)

集中攻关几个月后,张充和总结道:"近来单项技巧的难关亦打通了不少。等忙了杂事要寄几张画给你,近来剩的好的不多了。上次有几张得意的给朋友拿走了。雪景亦是来这里第一次画,亦不觉得难。比字容易多了。"(1961年11月14日,第160页)

技巧关一旦打通,她就揣摩着如何将随处可见的"真兰草,山水"抒写到画幅上。秋色染遍新港后,她写道:"现在遍地遍山都是红叶,真是江山如画呢。正预备画幅比较复杂的秋景。"(1961年11月24日,第161页)她还会将过去旅途所见印象深刻的景象,用画笔描绘下来。她留存下来的画作中,有一幅《沙漠小景》,大概作于这一时期,画了沙漠中的仙人掌,这在中国画传统中很难见到。1956年8月,她和傅汉思曾赴亚利桑那州科罗拉多大峡谷度假十天。《沙漠小景》所写,或为此次旅途所见。(1956年8月1日,第82页)对此,白谦慎点评:"张充和画沙漠,并不是刻意创新,旅游中所见到的景物,是她生活中的一部分,觉得有意思,就画下,一切都来得自然。"[1]

一年后,张充和自我评价道:"到了北港后,我的确用功得多,也画了几十张画。"她又透露:"今年画兴差,字兴大……"(1962年12月26日,第304页)据她给宗和的信看来,大概是1962年10月以后,她的兴致转到写字上了。

10月10日,她报告说:"我昨天起练大字,草书。我有一个孙过庭《书谱》是故宫影印的,破烂不堪,这是我的宝贝。"(第274页)

12月20日,她写道:"我近来也起早练练字,写写信,到五点后再睡个复觉。七点半起来,我把《孔子庙堂碑》放大临约见方三寸……"

---

[1]《张充和诗书画选》,第170页。

（第301—302页）

12月26日，又说："我有一本铜版的贺知章《孝经》，日日在临，现在到第五遍。真迹在日本宫内省，这是刻板的。因未见真迹，不知究竟，可是这个已够我临了。抑扬顿挫十分有情趣，待到四十遍后用好纸写遍给你。"（第304页）

写字讲究"日功"，抗战当年在重庆，沈尹默曾告诉张充和每天得练六百字。可现在的她哪来时间？据她讲，子女醒着的时候是不能写字练画的，"因孩子们要来搅，所以只得他们午觉时或晚间练。一次总是十几张到二十几张"。（1962年6月28日，第225页）到了子女午觉时或晚间，又可能被其他家务占用。有次她说："现在汉斯已上课。以元亦上幼稚园。我每日有三小时，这三小时我还没预备好，用的方法仍不经济。这时候谟睡，我应该不做家事，用功写字画画或写文章。可是上一星期我做了三件新衣，把这个中午晚上都用了，很可惜。"

如此状态下，对于自己的练字成绩，张充和如何评价呢？1963年3月，她做过一个总评，是连带唱曲一块说的："谈起写字与唱曲，我却是十寒一暴，没有以前用功，有时也发愤，但几天就支持不住了。因杂事过多，两个孩子是费神的时候。因此也就自己原谅自己。"

同时，她畅想道："这儿有位很有名的'祖母画家'，六十几岁才开始学画，现在已是成为大画家了。正因为六十以后应过的人事已完，自己有自己的时间。如果那时有精力，要专心在艺术上精进，倒是件痛快的事。"（1963年3月26日，第318页）

几年后，当子女陆续上学，张充和重新享有了真正的大把自由支配时间后，她终于走上了"专心在艺术上精进"的道路。

一曲微茫

| "昆曲之命运如此,亦无可如何了" |

作为与书法一起并列张充和一生两大主要爱好①并在她"生命中占了一大部分重要性"的昆曲②,在她当全职主妇这段时间,又是怎样的情形呢?

自1957年4月在伯克利由傅汉思解说,她两周内连演了两场后,到1960年6月,"这三年来亦从未表演过昆曲"。(1960年6月14日,第122页)

自1958年1月儿子以元来到这个家起,她在家很长时间没再唱过。因前面提过,她一哼,以元就伤心。

改变发生在1960年。2月28日,她写信告知宗和:"我的昆曲久不上口,听说项馨吾先生快来,又提起一点兴趣。近来有电视明星想我教她《思凡》,但她不会唱……"并说,明星的母亲"李桂芳也在此,帮女儿看孩子,让女儿当明星"。(1960年2月28日,第115页)

李桂芳当年在中国,为一京剧老生,张充和认为,"李是能懂好身段的"。她的女儿,即由好莱坞崭露头角,后活跃于中国的华裔影星卢燕,原名卢燕香,因其夫姓黄,亦从夫姓称黄燕香。1960年初的卢燕,

---

① 白谦慎:《张充和的昆曲事业》,载西泠印社2016年春季拍卖会图录:《张充和与昆曲暨中国首届戏曲艺术专场》,前面引文。
② 《张充和诗文集》,第356页。

出道没几年，主要在美国电视剧中出演一些予人刻板印象的定型角色；直到此年，她才首次担纲女主角，与著名男星詹姆斯·史都华合作，演出以中国抗战为背景的剧情长片《山路》，成功诠释了一位热情又命运多舛的遗孀，第一次受到美国电影界瞩目。

当年在重庆熟识的前辈曲友项馨吾（1899—1983），生于上海嘉定，是最早一批到国外保险公司深造的中国人之一。返国后任中国保险公司副经理。1936年任中央信托局保险部经理。1941年转中信局产物保险处经理。1947年赴美，任中信局产物保险处驻纽约办事处主任。1950年办事处撤销，遂转入美亚保险公司工作，直至1973年退休。①项馨吾交游广泛，正是他介绍卢燕向张充和学习昆曲的。

两个月后，她报告教学情况道："最近有一电视明星每日跟我学《思凡》，她是用去出风头赚钱的，可怜我得挤出时间精神来教她。她并无甚音乐舞蹈天才，只不过觉得既是中国人要点中国文化，可以拿得出去。便如此现学现卖了。……现在她要五日学一二段《思凡》，可以上台，但她并无基础。"此事搞得她很伤脑筋，连卢燕的名字都不愿提及，而没好气地称其"一电视明星"。

她苦恼者有四：

从当前处境讲，她"如今真是不爱教人"。虽然以前，因"三顿饭不用自己做，衣服屋子不用自己做"，她"教人时多起劲"，但现在什么都得自己做，教人学曲，徒增麻烦而已。

不过，也不是白教。半年多前辞职时，她就想过"要能在家中做一点零工得到外快就好了"，既然教卢燕能让她得到相当报酬，又为何不可？

可是，卢燕这种"无甚音乐舞蹈天才""并无（昆曲）基础"的人，"临

---

① 赵守兵：《项馨吾：曲人传奇》，《中国保险报》2014年7月4日。

时抱佛脚"地速成学习一阵，能学成什么样子？ 传出去，"岂不是连我
的人也丢了"？

再有，麻烦还在于卢燕是项馨吾介绍来的，虽然"后来项也觉得如
此速成非艺术之道"，但人情世故，又不得不硬着头皮教下去。

最后，张充和重申，虽好久未再唱，虽有如此倒胃口之事，但她对
昆曲的感情一如其旧："我仍然喜欢昆曲，大概你不会记得我有两句
诗：'十分冷淡存知己，一曲微茫度此生。'此二句董作宾曾用甲骨文书
成寄我，让我丢了。"（1960 年 4 月 30 日，第 119 页）

此后不久，她有了一些演出机会。

6 月 14 日，她告诉宗和："明天在五十里外有人请去参加中国音乐
会，单是清唱曲子是不大受欢迎，也许吹笛子。"实际结果如何，尚不得
知。（1960 年 6 月 14 日，第 122 页）

6 月 26 日，相隔三年多后，第一次正式上妆出演。她汇报演后感
受道："前天二十六号，给华侨拉到演了《游园》与《思凡》，近四年来不
演，也不能练习，今天当觉得腿酸。可是上妆比以前容易得多了，因为
下巴是圆的，贴片不伤脑筋。"（1960 年 6 月 30 日，第 123 页）

7 月 7 日，又在斯坦福大学演出。①演出前，她报告说，两场演出
"连接下来，真是累人"。累人的原因，除好久没练习生疏外，"一切事
务从头到脚，都靠自己，连笛子也是自己吹（灌了音），兴致也没有以前
好，孩子们又见不得我吹，灌音都是来抢笛子抢机器。总得夜深人静
时才能灌音"。（1960 年 6 月 30 日，第 123 页）

---

① 傅汉思的记录与此有异。他在《张充和在北美大学里演唱昆曲（1953—1979）》（《昆剧艺
术》创刊号）记录："1960 年 4 月 18 日，在加州斯坦福大学为介绍昆曲艺术演出《牡丹亭·学
堂》。"并未记录 7 月 7 日的这一次。但张充和在致宗和信中绝口未提 4 月 18 日的演出；说
到 6 月 26 日给华侨演出那一次，又言"近四年来不演，也不能练习"，表明此前并未演出过。
暂且存疑。

约12月初,被请至好莱坞环球制片厂,吹了一次笛子,刨去机票,赚四十多美元外快。"总算我昆曲在好莱坞第一次赚钱,大概也是最后一次。"(1960年12月16日,第128页)

*

只有搬到东部后,多年唱曲无伴的窘境才得以改变。她的兴致被重新唤起。

1961年8月6日,张充和一家刚在新港安顿下来,就有曲友从纽约驱车两小时登门拜访。几天后,她报告说:"上星期日项馨吾夫妻,王季铨夫妇(九如巷边上王公子)都来唱了一天曲子,项的嗓子不太好,笛子吹得很满,很风头。在美国真是算一把好手了。王季铨是个画家,鉴赏家,要算第一流了,太太郑元素以前也是画家,现在专门替先生裱画,装镜框,两人气味极好。我在这里想当初王家求婚事成了,大姐当又是与现在不同。"(1961年8月12日,第145页)

王季铨,即上节所言王季迁。相较于王季迁仅做一个自得其乐的曲友不同,保险业前辈身份的项馨吾交游广泛,在纽约京剧昆曲界极为活跃,是票友组织雅集社创办人之一,是票友演出活动的组织者和负责人。但缺点是爱喝酒惹事:"项先生的熟人多,人缘也好,资格又老。可是总爱喝酒,酒喝多了就有点啰嗦,往往在酒后得罪人。"(1963年10月8日,第331页)另外,据张充和言,项的昆曲真唱得好,笛子也好。所唱冠生,音极美。他的唱法,早年受昆曲大师俞粟庐指点,比之粟庐儿子俞振飞的非常京派,倒真是"俞(粟庐)派"。他的水准,岂止海外,在国内亦是好手。可惜,项总给京戏票房当老旦,所唱佘太君,据他人评价,吐字不太像,反叫人疑心其昆曲究竟如何。①

---

① 综合《一曲微茫》1961年10月25日,第154页,1963年9月5日,第329页,以及1964年12月8日,第362页。

8月6日的曲会,是新气象的开始。受项馨吾鼓动,张充和先是被动、后又积极参与到纽约的各种演出活动中。她自己的家,也渐渐成为昆曲爱好者的根据地,传习昆曲,举办曲会。后来,她取"耶鲁"之音,将之命曰"也卢曲会"。

不多久,陆续有人上门学曲。

第一个学生,为人类学家张光直的妻子李卉,时在耶鲁大学教授中文。张光直于1960年获得哈佛大学哲学博士学位后,来到耶鲁大学人类学系任教,长达十六年。张充和感觉,李卉是诚心学。(1961年10月4日,第150页)

到了11月,学生达到五人。教学时间为每周三晚上,孩子们差不多睡下,她能够腾出手的时候。她介绍教学情况说:"现在我有四五个学生,一个学吹笛子的很不错。现在学曲子不比往日,她们录了音去慢慢学,我只讲点理论方面,小开节地方。现在有两个人是每周一次,每两周是五个人一起学。我开拍《小宴》和《刺虎》,唱旦的多,将唱不成登台戏,纽约项馨吾的徒弟亦多是唱旦,真是糟。"(1961年11月24日,第162页)十来天后,又说:"昨晚他们来学《刺虎》,几个人都是有京戏底子,第一次以为容易,第二次觉得不易,第三次觉得很难,第四次觉得没有办法。非一朝一夕之功。即使录音带,只是练耳朵,运气还得学,笛子他们更觉得困难,说是吹得头昏。"(1961年12月6日,第164页)

几个月下来,一本正经诚心学的,除李卉外,还有一位翁太太,为翁同龢家族一个年近五十的寡妇。一位乐亦平,是北京同仁堂乐家子弟,嗓子不行,故只学伴奏,"能拉京胡,笛子进步很快,现在已能跟唱而不看谱,指头亦好,只是力力稍差。也许是不熟之故。将来是可造之才"。一位张一峰,京戏唱梅派,"嗓音及运腔气均好,若尽其气可唱正旦","身段比另三个学得快"。(1962年2月12日,第182页;1962年

6月28日,第226页)五个学生中,还有一位张充和未提及姓氏,据傅汉思记载,可能是时在耶鲁大学教中文的钱家骏。①除此之外,项馨吾的女儿思凤也偶尔从纽约前来学唱《闹学》《游园》等。(1962年1月30日,第179—180页;1962年3月6日,第187页)

听到四姐的报告,同样喜好昆曲却苦于无伴的宗和羡慕地说:"你在美国还居然收到不少昆曲徒弟,真没有想到。我在贵阳昆曲真没法唱,以前在一起唱曲子的银行经理太太等全垮台了,当了小职员,为生活忙,几年不见面,不要说唱曲子了。"(1962年7月11日,第231页)

在项馨吾力邀下,张充和也会专程赴纽约看京戏。她说她的态度是:"我对京戏一向无兴趣,可是这次因项馨吾(他是负责人)关系,去捧场。"(1961年11月10日,第159页)又介绍说:"京戏票友在纽约真不少。有两个社,一名雅集,一名业余。最初是一个,为了闹意见,分开了,雅集虽然我也可以参加昆曲,可是我真不想混在京戏一起。他们仍不免有票房习惯,争大轴,争压台,昆曲人从来不争这个。你还记得我们在苏州的三天戏从开场(楼会)唱到压台,观众都是满满的。"(1961年10月25日,第154页)

不过,也许出于项馨吾的劝说,在又一场京戏演出活动中,张充和同意夹演一出昆曲《游园》。她演杜丽娘,项思凤演春香。

演出前,张充和情绪饱满地做着准备工作。她报告道:"上星期六项氏父女来,四月二十一日的《游园》是项小姐的春香,但是她得现学,故整个周末是在搭身段,做饭。这边曲友也很喜欢项先生,项先生亦觉得我的几个学生很好,尤其是一个吹笛子的,一个学闺门旦的,大家都非常兴奋,他们也喜欢项,项也喜欢他们。故主客间十分融洽,我虽累得要死不活,但也高兴,很久没有这么玩过。此后直到四月二十一

———————————

① 傅汉思:《张充和在北美大学里演唱昆曲》。

日，大概一直在忙着，一切化妆道具东西都得自己办理。每次请帮忙的都得从头训练起。"（1962年3月6日，第187页）

　　同时，也没忘记作为全职主妇的责任："这些时除忙着练戏外，还大做其菜，因为在唱戏的前后没工夫做菜，现在做好了，分成几顿放在冰冻箱里，随时汉斯孩子们就有得吃了。汉斯会拿点现成东西蒸或者煮个鸡蛋，其余什么也不会。要是照到食谱也可以做菜，可是一个菜要好几个钟头。"（1962年3月20日，第191—192页）

　　项馨吾"怕此间人不能解曲子"，希望张充和写几篇介绍《游园》的小文章，用文言文写，登在报上给演出做宣传。她虽然认为"其实《游园》连外国人都会欣赏，但能欣赏几分又是个问题"，且文言文"这玩意儿久不弄，话是有得说，文章可写的不好"，但还是勉为其难地写出一篇文言短篇《如何演〈牡丹亭〉之"游园"》。（1962年3月6日，第187页）写出后，她又犹豫着不想发表了，因为发表她文章的报纸《美华日报》，由曾掌管国民党中央宣传机关的潘公展所办，她怕该报与在台北的国民党扯不清关系。她说她在美国与人交往的原则是："我们这里来往的人极当心，只是纯学者纯文艺的人才来往，至于演戏，我亦是再三慎重。"（1961年11月10日，第158页）因此，她再三打听此报是否党报，"别人说不是，党并没有拿钱。是他自己拿钱"。这并不能打消她的疑虑："天知道，自己拿钱，在美国办报，谈何容易。我因此写了几页又不想给他们了。索性我也不去打听，反正我不给稿子。怕的是项馨吾催着要。"（1962年3月20日，第192页）

　　结果，大概是却不过项的情面，张充和最终将稿子给了《美华日报》。1962年4月19—20日，演出前一两日，《如何演〈牡丹亭〉之"游园"》在该报副刊《自由神》上连载。据汪珏介绍："文章以精练雅达的半文言、半白话写成。是四姊从少年时期开始学习、以后屡经名师指点、自己潜心揣度体会的心得；再加上累积的登台演出经验。戏中一声一腔、一歌一舞,举手投足、旋身回盼,丝缕不肯轻轻放过——十分详晰认真地分析演绎如何演出这段汤显祖精彩的昆曲折子戏。"[①]

4月21日,演出成功。九天后,她给宗和写信说:"现在报告唱戏的事。二十一日晚在纽约演,为中国学生募集奖学金。票价由二元到十元,戏院原可坐千人。全满。戏有《碰碑》《宇宙锋》《辛安驿》。"《辛安驿》演出者为胡氏兄妹,是京剧艺人,并非票友。张充和非常不看好他们的表演:"《辛安驿》是香港来的胡氏兄妹演的戏,近于胡闹。大概你看过荀惠生和毛世来的。她唱的是梅腔,演的是花旦,故不甚协调,但其放荡处比毛荀有过之无不及,表演很好,就是太爱卖好,不甚合规矩。台下越拍手,他们越拉得长。我觉得有点贫。"

对于她和项思凤的表演,她报告道:"《游园》是第二折……《游园》效果好,很多腰采,可惜春香的水钻头面太亮,我找不到她的眼睛。场面要算我在美国来第一次阔气的了。有二胡,大二胡,三弦,笛子,扬琴(本不应加,因她是拉二胡的女儿,不好冷落她),锣鼓,都是票友。"

散场和归途中还有故事。她说:"纽约的中国人真不少,观众还不到二十分之一外国人。捧场习惯一如旧,还是送花篮。我因无阔朋友,倒是轻松了,否则到归途中可麻烦了。当晚有宵夜,我看完戏后就回家了,纽约离北港是八十里,合华里是二百四,汉斯开的车,两小时即到。归途车中有两位中国人,一个睡觉,一个是我的学生。我们唱全本《刺虎》《游园》《思凡》的一半。兴致还不错。"(1962年4月30日,第199—200页)

《中美通讯》对张充和的演出做了报道。她表达读后感觉称:"日下的英文短篇是大捧我的场,这一套歌功颂德已不能引起我的兴趣,反之若骂我辱我则又不能无动于衷,若定要说'太上忘情'也只是理论

---

① 汪珏:《四姊周年祭:张充和女士在慕尼黑及其他》。

罢了。"（1962年6月28日，第225—226页）并将此报道远寄宗和。宗和反馈道："《中美通讯》印得很好，照片也很清楚，你简直和四九年前在国内时差不多。诗下短文介绍固然夸大了一点，但对外国人说来也还是可以。"（1962年7月11日，第230页）

当时的演出还被录制成影片。两个月后，她观看了"自己的表演"，自评道："上周在纽约看了我自己的有彩有声的电影，人人都觉得好，我不满意，因稍快，收头得有点火气。在纽约戏不好唱，你一张口就来录音，一登台就是电影，错一点都记录下来了。"（1962年7月9日，第229页）

南下纽约不久，5月10日，张充和又北上哈佛给师生们表演昆曲。与纽约阔气的阵容不能相比，她又得像以前在加州那般自吹自唱，还得一人分饰两角。[①]事前，她自嘲道："哈佛是孤家寡人用录音带自吹自唱，要在台上耍猴子耍一个半小时。预备唱《思凡》三段，'昔日''小尼姑''奴把'，《游园》劈开来唱，春香、小姐都是我一个人。又可以二十分钟。"（1962年3月20日，第191页）

此次表演，由哈佛燕京学社和哈佛大学音乐系联合邀请。起初，她根据以往在加州的经验认为："凡是学校不买票的都不能请几个人，因为学校请不起，一个人大概只是点车马费。"（1962年3月20日，第191页）后来获悉，哈佛给她的车马费将会"很高"，她兴奋地告诉宗和："我也得到外快，在昆曲上赚钱方是第一次。哈佛付我二百元，该是很

[①] 傅汉思记载说，此次的《游园》演出是张充和与她的学生李卉合作，李卉演春香（《张充和在北美大学里演唱昆曲》）。大概不确。当时所发海报用中英双文写明演出者是"CHANG CH'UNG HO（张充和）"（见西泠印社2016年春季拍卖会图录《张充和与昆曲暨中国首届戏曲艺术专场》目录后第一页）。1968年4月30日张充和再次到哈佛演出，那次的确是与李卉合作《游园》。当天余英时写了赠诗两首，在题记里他指出，张充和的"及门高弟李卉饰春香，盖初试也"。（《张充和诗文集》，第89页）说明李卉的第一次正式上妆演出是1968年，而非1962年。

高了。将来还要灌我全部会唱的昆曲,也许还有外快。所以我不能请人吹笛及其他场面,因为二百元可不管支配。我用录音带先灌下笛子,然后再唱。以前在加州常干的事。"(1962年4月30日,第200页)不到一个月,她的这笔私房钱就贴补家用用光了。用光原因,一则因用钱紧张:"我们一年最紧的时候是十一月到第二年暑假,各种税都陆续的来,真是应付不了。"(1962年6月12日,第211页)二则,她给孩子们买了个秋千滑梯,这属于预算外支出,"这样我可以做点事,不必老看着他们"。(1962年7月14日,第233页)疼爱妻子的傅汉思表示,他会还她的。(1962年6月12日,第211页)

在哈佛,看了张充和的昆曲表演后,从哈佛燕京图书馆成立至今,已担任馆长之职达三十二个年头之久的裘开明老先生非常兴奋地赞叹道:"这真是文学,真是讲究,不能同京戏比。"虽然张充和口上说"我生怕唱京戏的朋友们着恼",但相比京戏票友和爱好者之盛,演出之多,昆曲多么势单力薄,整个美国东部,只有她和项馨吾两位名家,以及数得出人头的一些曲友,因此,又是多么需要裘老先生这样的知音之言,予以鼓舞士气。(1962年6月13日,第214页)

*

士气的重要性不久就予以显现。学生的星散,让自1961年8月重启的唱曲欢快时光,回落到再次的意兴阑珊。

1962年8月20—26日,是欢快时光的尾声。这几天,张充和老友李方桂、徐樱夫妇到来。对于徐樱,张充和曾略带惋惜地说:"李太太昆曲是唱了一大堆,还是十年如一日,毫无进步。"(1960年12月16日,第129页)又说她"已五十多,外孙子三个,大的已近十岁,她还打扮得花枝招展,比女儿还爱打扮"。(1962年8月3日,第244页)

老友的到访着实让她又忙碌又欢乐:"这一阵子李方桂夫妇在此,人来人往,我的字也不写,画也不画,曲子倒大唱……"(1962年9月

13日,第262页)高潮是25日这天:"昨天(二十五日)开曲会,大家兴致很高,有项馨吾、张一峰、翁太太、乐亦平、张国萧夫妇(是来拍电影的)。我同徐樱的《琴挑》,项的小生,项唱'收舍起'《闻铃》,翁张唱《刺虎》,晚饭后又搭身段,翁张的《游园》,我项的《思凡》,两段后映上次的《游园》电影。十一点尽欢而散。今早送李氏夫妇去波士顿开国际语言学会。我睡个大午觉,一身酸痛,从买菜做菜唱曲扭身段,样样都得自己动手。今晚还想早睡。"(1962年8月27日,第255页)

　　点数一下人头,张充和的学生只有三人,少了首先拜师学艺的李卉。9月13日,她在信中又写道:"昨晚三个学生来,个个有进步,而且学得到家……"仍旧三人。(1962年9月13日,第262页)

　　就在张充和的学生处于减员状态时,一直苦于无伴的张宗和却不愁没人谈曲了。他在贵阳戏剧学校兼了一门中国戏剧史和昆曲,每周三小时,教授十个约十六七岁的孩子学曲,一开始他感觉又累又茫然,时间长了,却忙得很高兴。(1962年9月26日,第266页;1962年11月1日,第284页)

　　听到宗和这些变化,想及自己,张充和感慨道:"你教戏教得高兴,原因是些孩子们学戏,又是职业的。我所教的都是些票友,全靠兴趣,又靠有空才学,若无时间就缺课了。又无定期演出计划,所以我也不甚兴奋。"(1962年11月18日,第290页)张充和根据自己的学曲历程认为,一个昆曲业余爱好者,光有兴趣并不够,得着迷。想当年的自己,三天两头出去参加曲会,经常凌晨两点才回家。①在青岛练笛子,"一个人练,练得天旋地转,把笛子一甩就倒下了"。(1961年12月6日,第164页)

　　到了1963年初,张充和的昆曲兴趣小组便告瓦解。她沮丧地报

①《合肥四姊妹》,第146页。

告说:"今年我的学生都四散了,还不曾一次曲会。一个去哥伦比亚读书[乐亦平],一个生了孩子[李卉],一个是预备结婚忙(翁太太是寡妇已年近五十,近来忽然得男友),再有一个唱得最好的,因为太太给他生了儿子,要在家伺候太太[张一峰]。"

她很无奈:"你想昆曲之命运如此,亦无可如何了。我抱住'一曲微茫度此生'。所以你们来学我当然高兴,不来学我落得自在,还不必伺候茶水。"(1963年2月27日,第315页)

*

还好,在这学生星散、意兴阑珊之时,还有个万里之远的大弟和她不间断地笔谈昆曲,给她极大的慰藉。(1963年3月26日,第318—319页)

这种感觉,正像宗和所言:"我们的信写得勤,好像近在咫尺似的,本来'天涯咫尺'和'咫尺天涯'仅仅是次序的不同,但是我们每周有信这是'天涯咫尺',许多在贵阳的朋友有时几年还不见,这不是'咫尺天涯'吗?"(1962年7月11日,第231—232页)对此,张充和表示认同,并进一步发挥说:"我每周写信像是回娘家一样,接到信又像再回一次。"(1962年8月3日,第244页)。

宗和认为,他和四姐两人的昆曲唱腔自具特色,与一些和他们渊源较深的名家有所区别:"我觉得我们对唱腔上还是有些名堂的,特别是我们继承了阿荣的一些东西而加以发展,和传字辈还是不同的,俞振飞有京戏味,顾传玠又太油,和我们都不同。我们不应妄自尊大,但也不能自卑。"(1962年9月16日,第264页)他进一步认为,四姐充和可自成一派:"不是吹牛,我觉得你的唱是下过工夫的,可以成'张派'。我学你处甚多……"(1962年12月11日,第301页)听了宗和所言,张充和没敢接受:"来信说'张派'不敢当。只是到现在还是曲迷,有暇时仍是哼哼唧唧。"(1963年2月27日,第315页)

宗和一再嘱咐四姐要多用录影带将会唱的昆曲灌录下来，张充和也很愿意。问题在于无人吹笛伴奏，因此又买了一个录音机，开始试着录制。她报告说："我有两个录音机，一个是旧的，一个是最新的，我用旧的灌笛子，然后用新的录唱同笛子。但是自吹自唱不太满意。还得合很多遍。这以后我想有系统的录一批下来。"（1963年2月27日，第314页）

在戏剧学校的昆曲教学遇到困难时，宗和也会不远万里向四姐求助。他教学生唱《白蛇传》中《断桥》一出。继上出白娘子、小青水漫金山，不敌法海，借水遁逃亡后，此出写她们来到西湖断桥歇息，遇见从金山逃出的许仙，小青欲杀许仙，白娘子怨恨中予以劝阻，许仙求饶，三人和好。这出经典曲目，宗和只会唱，不会身段，因此他希望四姐能给他写出来，或直接画出图来，越详细越好，特别是场角手势和唱词的联系。[①]

《断桥》是张充和的拿手好戏，过去曾多次排练演出，1947年在上海与大姐元和、名家俞振飞合演的那次可谓巅峰。接到宗和的信，她赶着写出第一段"山坡羊"的身段谱，寄给宗和。对于此戏中三位角色的把握，她的理解是："三人情绪随剧情更变，大概的旦[白娘子]悲，怨痛，贴[小青]是一股劲恨，最是无可奈何，生[许仙]初害怕，惊慌，后亦渐为情动，是旧时弱书生本色。一般演许仙过分点，即有损剧情。"又说："初演《断桥》时曾想过是否要带妖气，但马上即取消此念，白氏既已为人，亦将为人母，除了不得已时（如水斗）才拿本领出来。小青张口咬许仙是蛇性未改，亦破坏剧情。"（1963年2月28日，第315—316页）

---

① 综合《一曲微茫》1962年10月20日，第280页，1962年12月8日，第295页，以及1962年12月11日，第301页。

张充和的《断桥》身段谱底稿目前尚存。①稿中，每个手面动作和步位都有详细说明，并辅之以图示，每换一次位就画一张图。此稿与《如何演〈牡丹亭〉之"游园"》一文一样，是积张充和三十多年学习、演出昆曲的经验与体会的总结之作，是"张派"昆曲的珍贵记录。

来美十多年，张充和体会到的，正像老舍所言"再呆下去要寂寞得发疯"；见识到的，是"想找朋友不易，找艺术朋友更难"。搞艺术谈艺术的人，都是将艺术"拿来当进身的工具"，实属无味；对于文学兴趣高而不拿文学当职业的，十多年只遇到一个。（1962年12月20日，第303页；1963年3月26日，第318—319页）

因此，天涯咫尺的宗和，能常常听她谈谈写字说说曲，发发牢骚诉诉苦，精神上的安慰之大就可以想见了。

---

① 西泠印社2016年春季拍卖会图录：《张充和与昆曲暨中国首届戏曲艺术专场》，第855号拍品资料。

五十危机

|"睡在床上，自己像个镜子，反照过去，总觉得一事无成"|

学生星散的1963年，自搬到新港来，张充和的心境还不曾如此萧瑟过。在给宗和的书信中，除上述提及的"无聊""寂寞""牢骚""十寒一暴"等消极性字眼外，还有一个更严重的否定性字眼，曾一而再地出现过。那便是：一事无成！

该年，张充和满五十周岁，到了孔夫子所谓知天命之年。满岁生日（5月17日）刚过两三天，她罹患足疾，不能行走，只得每天卧床静养，由此暂时从平日繁忙家事中解脱，不免东想西想。5月30日，她给宗和写信说："睡在床上，自己像个镜子，反照过去，总觉得一事无成……"（第322页）

上一年9月28日，她就写过："我仍觉得我应该在字画上用功。既不写文章又不唱戏，将来真是一无所成。"（第269页）

更上一年，她也表达过类似的意思："我一生要做的太多，梦想的太多，结果仍是在云间，两脚不踏实，恐怕永踏不了实地呢。"（1961年3月17日，第134页）

也就是说，自四十八岁起，一事无成的感觉始终萦绕在张充和心头。对过去，她认为自己一事无成；对将来，她更怕一事无成。

无独有偶，比她小十二个月不到的宗和也表达过类似感想。他这几年总想写点作品，而且也开始了写作。他说他的心愿是："年近五十,很想写点什么,非为'立言',实在是不想虚度光阴,为社会尽一点力,留点什么下来,来也空空,去也空空,似乎说不过去。"(1962年4月7日,第193—194页)

孰料宗和数月后突发所谓"兴奋性神经衰弱",除自己治疗休养外,也拖累妻子刘文思照顾他。就此,张充和劝勉宗和夫妇,同时也给自己打气:"希望你同文思都要保重身体,现在来到年纪算是壮年,不可自觉老大,赶着做事,'大器晚成'虽不成道理,但不是全无道理,因用完了精力即是老军。若会养精力,取之不竭,即是壮军,甚至少军。'晚成'不算丢人。"(1963年3月16日,第317—318页)此话读来颇为励志,过去虽一事无成,但不可认怂,觉得"人到中年万事休",仍须继续努力,哪怕"大器晚成"!

＊

多种迹象看来,张充和的人生又到了重要的转折关口。

五十岁的张充和已熬过身为全职妈妈最劳累的时光。这一年,儿子以元六岁,女儿以谟四岁,已过了做妈妈的整天离不开身,少看一会儿就可能出事的年岁。张充和害足疾的这会儿,以元正入读每日半天的幼儿园,再过三四个月,将就读小学一年级,一天在校六小时,中午不回家;再过三四个月,以谟也将进入幼儿园,每周在校两上午。比之过去几年,轻松不少,清净很多。

为人妻为人母这么多年,生活把她熬打得早已不是当时那个体弱多病的张四小姐。当年动不动就是患病、卧病、养病的她,如今也不见怎么生病。以至于她谈到在美国生病生不起时,会说:"幸而我们一家还康健,我要是像以前那样多病,大概一家可不吃饭了。这也奇怪,'病也就不敢来了'(这是以元的话)。"(1960年6月30日,第123页)

当然也不是真没病。当初困扰张充和的胃弱乃至胃病如今依然是个问题。她在信中一再说起:"我的身体尚好,只是常闹胃病。病一发头晕呕吐,但体重比往日增多了。"(1963年1月9日,第308页)"我的胃我自己知道,一紧张便发。"(1963年1月21日,第308页)但她并不因此像过去那样娇贵,动不动卧病。实在不得不卧病,也是劳碌致病,如五十岁生日刚过的这次:"这十天,我的脚出了毛病,因家事繁重,手足不停,因而拖得久。今日正式看医生,要我脚比头高倒睡。舒服与否且不再管它。可是身体不病,若要躺下,倒不容易。但是也因祸得福,汉斯一手承当繁重家事,我在床上看书,看《钟鼎字源》,看《淳化阁帖考证》,看《野菜博录》,看《断桥》《古今注》,真是随手拈来就看,倒是不怎么爱看小说。"(1963年5月30日,第322页)卧床三周脚好后,她首先想到的是"欠下的家事,不知何时才了"。(1963年6月19日,第324页)

她自豪地说:"人就是这样,闲者愈闲,不怕闲,忙者愈忙,不怕忙。我的过去同现在判若两人。我的精力还好,只要高兴做的事便不怕苦。"(1963年2月1日,第313页)谈及小一辈已到了结婚生子的年龄,如抗战时期曾身中流弹的二姐允和之子周晓平、生于抗战年代由她取名的大弟宗和之女张以靖,她说:"一回首,二十多年,小平生孩子,以靖结婚。虽是年轻人自然之事,正表示我们年龄到了一个阶段了。而我似乎还在开始,精神的活泼不如以前,体力似比以前好,也是逼上梁山的。"(1960年7月3日,第125页)"我似乎还在开始",多么乐观的看法,与上面引述的"若会养精力,取之不竭,即是壮军,甚至少军",都似一再说明,她生命的第二春才刚刚开始。

张充和也曾试图寻求答案,是什么原因让她变得体力强健、精力旺盛,同以前判若两人的。

她觉得戒烟可能是一个原因。"我戒纸烟已有八九年之多,当初抽烟还不太多,到了做工时用脑子就不断的抽,抽到胃病无可收拾。有一天,我抽屉中有整条烟,桌上有半包,忽然我就不抽了,从此连饭后也不想抽。许多抽烟朋友都觉得我伟大，实在是我忽然悟道。（当然今天才告诉你。）我想，这是一种束缚，一种不自由，什么习惯（不管是好的还是坏的）都是枷锁，因此我桌上有烟，抽屉中有烟，也不送人，也不甩，看到它们，倒真像解脱了。后来客人断续的把我烟抽完。以后任何客人来也不敬烟。戒烟的好处多得很，一是不必自己洗烟灰碟子，再二是不用记着要买烟，三是胃病好了起来，四是病中不痛苦（病中又想抽又是怪味）。在我戒了后，近几年全世界证明肺癌由抽烟而来（不抽烟的人也得此病，但可能性少）。我的身体强起来，也许是这个原因。"（1963年3月16日，第317页）

她又说体力变好是逼上梁山。逼迫她的，首先是一次次不断袭来的疾病。最初也是最典型的例子是1935年春的肺结核，朋友说她："如果你的病能如此保持原态，还可挨上七八年，如果有个小变更就难保了。"[1]其次，为人妻为人母的责任驱使她咬紧牙关，操持繁重家务，买菜做饭、整理内务、抚育子女外，理发、油漆、换锁、锯树、种花等等，都得自己动手，"打草除粪粗细一把"，"十几年来真是手足胼胝"。（1956年8月1日，第81页；1962年11月1日，第286页）

但压力不等于动力，关键是其转化机制。让张充和与疾病对抗、勇于承担责任的，既是"我还要坚强地活"的坚韧性格，也可能得益于她打小在私塾中所接受的、中国传统文化中那种"天行健，君子以自强不息"的精神。当年养病在香山的她，受两头猪打架启发，萌生了与疾病斗争的意念，"着了魔"般拼尽全力地吹笛、唱曲，结果肺病不知觉间治愈，从而首次远离了死亡阴影。二十八年后她想起这事，一言概括道："我当初一点也不懂，但是只抱定一点'我还要坚强的活呢'。"（1963年7月13日，第326页）她总结说："我有今日之体力，除了医生

---

[1]《病余随笔》，《张充和诗文集》，第194页。

给我少许援助外,一切都是我自己奋斗出来的。……我当初(现在也是)就是胃弱,后又有胃病,肺是完全好了。但你知道我的挫折,我自己克服,困难自己解决。坚强不屈的性格连病也克服了。"(1963年7月13日,第325页)

虽然体力强健,但毕竟人到中年,也须懂得保养。保养得法,精力取之不竭,否则一味蛮干,精力必然衰竭。张充和向大弟讲授自己的经验说:"我们都是五十的人了,我的毛病我知道,只要兴趣好,一切便不顾了,但近来也自知了。磨好了墨,想练字时已经累了。摆出录音机(灌的笛子)想吊吊嗓子,已经累了。若说是病,一点没有,实在是生活太忙了,精神用多了。但是我也很满足,能坐下来磨墨,洗洗笔,看看桌上的文具,也叫我高兴。不一定要拼命练字。听自己吹的笛子也能过瘾。不一定要唱。倒真是达到一个境界,弹无弦之琴了。"(1963年7月13日,第325—326页)也即量力而行,张弛有度。

张弛有度,不仅体现于身体层面,也适用于精神层面。她向宗和阐述她的"一点小小的哲理"说:"人生要有幽默,可不是拿事不当事做,更不是林语堂之类的幽默。在处理事时自己站在客观地位上,看人看自己,不搀和情感,换句话说,像看戏,看戏时是最为明显的。平常生活是不太显化,我常常好像灵魂出窍似的站在一旁看自己,看我的家庭,看一切。虽有天大的事,你亦可暂时冲淡一下。至于纠纷扰乱,让神智宁静时再解决。这是我的幽默解释。"(1963年8月13日,第327页)

比较张充和与林语堂两人的幽默观,除了都看重幽默对精神的调节功能外,基本大异其趣。林语堂主张的幽默,是一个冷静超远的旁观者,世事看穿,心有所喜,用轻快笔调写出,轻轻挑逗人的情绪,像搔痒一样,让人感觉到说不出的舒服。[①]张充和所奉行的,是遇到困难与挫折不逃避,而以坚强不屈的性格迎着困难和挫折而上。此时,人可能精神紧绷,压力巨大,不妨"幽默"处之。像看戏,像灵魂出窍,从旁观者角度看这一切,让精神放松,压力缓解,然后再去解决问题。

*

5月30日,当卧病中的张充和写下"睡在床上,自己像个镜子,反照过去,总觉得一事无成"后,反思道,自己"也不能说不用功,也不能说笨,就只是走岔路。譬如说写字,又玩纸,又玩墨,自己又做砚台。唱曲吧又爱做笛子,因画画无章,近又刻图章,因此人家托做砚台笛子刻字刻章,自己时间便没有了"。一句话,导致自己年至五十仍一事无成的主因,是自己兴趣广泛,精力分散。(1963年5月30日,第322页)

这种凡与书画昆曲的相关制作都能引起张充和极大兴趣,并投入其中的情形,她在给宗和的信中一再说及。

笔墨纸砚,写字四宝,她的笔来自日本,纽约也能买到中国笔,但太贵,一支最少也得两美元(1962年9月13日,第262页);墨由李新乾十几年前从中国寄来,张充和自称"美国收藏第一人";纸不易得,张充和居然发现了替代品:"纸是没有来的,我发现的缝衣衬里的料子(大概寄给你的梅花是这种货)是个大发现。画家们对我的发现真是高兴。写字也好看,只是平时舍不得拿它练。要卖六七毛一码(中等的)。"(1962年9月13日,第262页)砚台,也从中国国内带来几方,都不适合写大字,因此寻思自己做:"我们去了Vermont州,那儿有大理石,我们去看了开矿,大理石有百十来种之多,真是好看,端石叫slate,有三种,紫色、绿色就像我们的端石,还有深靓红。我拣了不少

---

① 林语堂:《幽默论》,纪秀荣编:《林语堂散文选集》,天津:百花文艺出版社,第155页;林语堂:《论东西文化的幽默》,张明高、范桥编:《林语堂文选》,北京:中国广播电视出版社,1990年,第405页。

回来,已做了一方砚台,我真是高兴。我带来的砚台都不适宜写大字,我必做一方砚池,脑子里有不少形象可以做,汉斯吵着要一方,儿子吵着要一方,从今天起每天总得磨点石头。过去见过不少好砚谱,好在全不记得,只就石头的原型加一点琢磨。现在新的抽象雕刻全是将原有材料稍加点缀。"(1961年8月27日,第147页)

　　画画无章,又刻图章:"我近来刻了许多字,惹事,别人叫我刻我便刻,可惜我没有刀子,是用电钻子刻的,笔锋刻不出,不知道我以前在平信中寄给你看过否。……我不主张用篆字刻,取其通俗易懂,刻楷隶行草都能好看,何必篆字。"(1962年9月13日,第262页)托她刻印的人,她提及的有画家蒋彝:"一个画家蒋彝,六十岁生日(他做过芜湖县长,是卢冀野陈家庆同学,中大),要找我刻'第二癸卯',我用一块塑胶刻的……我花了约八九小时,连印钮也是我刻的。边款是'哑子长寿　充和',他外号是哑子行者。你若喜欢我也刻一方略小的卷寄给你。"(1963年5月30日,第323页)偶尔,也刻了印给人当结婚贺礼的:"本月二十日是项斯凤(项馨吾女儿)结婚日,我预备刻一个'一生儿爱好是天然'刻在黑塑胶上,用石绿进去。图章是红的。我们教书匠的经济与纽约生意人比起来仍是穷人。"(1962年10月6日,第272页)

　　与昆曲相关的物件更是无处可得,都需张充和亲手做。

　　团扇:"我在做《游园》所用道具,团扇是自制的,人人都说像宫扇,我一边画牡丹……,另一边用草书写两句'忽忆故园风日好,自裁团扇唱春香'。因此扇虽为项斯凤所作,但太费事,想自留,故而有此诗句。原意为'自裁团扇付春香',正因我有时唱春香。"(1962年3月19日,第190页)

　　戏服:"其实我的事一辈子也做不了。就凭要补的衣服就有一箱子。"(1963年2月1日,第313页)"我的戏装全旧了,尤其是《思凡》的道姑衣巾,我要设法自己做一套,工程真是浩大,托香港人做未必合适,唱戏不怕,这些小事真是烦死人。"(1963年10月8日,第332页)

笛子:有此想法,是看到"有人制铁笛一支,声音很准,又不怕天气变化,只是嫌稍重",因此动念"暇时想制铝笛,易于携带,便于吹弄"。(1961年12月6日,第164页)几个月后,便痴迷其中:"我这十天来忙着做笛子,共做了六支笛子,夜里有时做到一点钟。最初用两只塑料管子做,第三支是铜管子,第四五支是黄色塑胶管子,如竹子的颜色,比普通笛子粗四分之一,所以夜里用功在此。因为粗,一切比例都不同了,第一支粗笛是实验,挖来补去,瞎摸瞎弄,算是创作,至于高工不出,费了我两晚工夫,现在也出了,有了样子,以后不愁没有笛子了。其实我自己还有三支,只是学生们没有,加之美国的室内冬天温度又高又干,笛子总易裂。又做了一支方笛,很高,如紫檀木,其实也是塑胶之另一种,我真不能想象,竹子的直径不一定是准的,这些工业所用的管子尺寸一点不差,真是易做。红铜又漂亮,又好听,比竹子的清亮干爽,听不出金属声来,我大概送得多,做一些送人。可惜寄不了,不然倒真愿意送你一支。方笛也是经寸,声音可圆极了。"忙着其他事,仍惦记做笛子:"现在我在蒸馒头,一面写信,孩子们睡着了,汉斯在读书,我写完此信又得研究,方笛上有一孔不准,是凡字吹义口,就是外国凡字,可不行,左手全放才对。"(1962年7月29日,第243页)

不久,她还起意学吹笙,当然首先得自做个笙:"有办法还要学吹笙,因为笛子有几个人吹了,三弦也有了。其他弦乐当易找人。我若不学,谁也不学,因为人都以为学吹笙要得肺病,我最不相信,过去吹笛子把肺病吹好,也唱好,医生还在做梦呢。只要摸到用气的方法就容易了。大概首先还得自己做个笙。我只怕要用洋管子做,既不易裂又正确,还有何要求。"(1962年8月3日,第244页)不详后来动手否。

十个月后,她统计替人制笛的成绩:"我共送出八支笛子,每支须

八九小时,最初实验时间尚不算,自己贴钱,贴精神,也不知所为何来?以后要收敛。"(1963年5月30日,第322页)

一边说着收敛,一边仍乐此不疲。她忆起重庆时期在沈尹默先生家结识的徐道邻,是曲友徐樱的三兄。两人首次见面寒暄,徐道邻向张充和诉苦,说自己用的笛子容易开裂,已经裂了好几支,不知道该怎么办。张充和自己用的笛子,是一支明代传下来的变涂的漆笛,数百年来早已定性,不会裂了。于是她便回答说自己就一支笛子,从不曾裂过。1961年,徐道邻曾到张充和当时所住斯坦福的家拜访,由徐道邻司笛,张充和唱了一段《袅晴丝》。多年后,张充和还后悔当时没有录下音来,作为纪念。1963年秋冬,张充和给远在台湾的徐道邻寄了一支自制的、不易开裂的铁笛。不久收到了徐道邻的感谢信:"充和四姐:奉到手制铁笛,不独高低正确,音调亦美,贤姊真曲苑功臣也。承此厚赠,殊不敢当,匆匆难申谢意,敬颂俪安。道邻拜上。汉思先生问候不另。十二月六日。"①

其后,仍陆续有人托她做笛子。1965年春在威斯康星大学讲学期间,陈寅恪弟子、时在美国教授中国戏曲史的程曦请求于她:"竹笛易制,君既善制铁笛,请为我制一支。可以一劳永逸。"她遂奉命再制一支。②

以上一系列展示,不仅证明张充和如何兴趣广泛,制作了书画昆曲各种相关物件,而且也透露出,她花费大量时间精力制作这些物件的原因。这是因为她在的美国,是书画昆曲的"沙碛",笔墨纸砚印、戏装扇子笛等等,基本没有专门的制作者和售卖者。她于是只能自己动手制作。然后一旦制作成功,就接到许多书画昆曲同道的制作请托,

① 王智科:《民国才女张充和与徐树铮家人半个世纪的交往》。
②《张充和诗文集》,第74页注11。

她也会主动分赠好友。在中国本来分属于好些专业细分市场的物件制作,品种丰富,昂廉兼具,极易获得,到了美国,全都统一到张充和一人之身。

因此,张充和人到五十自觉"一事无成"的原因,一方面是她兴趣广泛,精力分散,难以专一,另一方面是缺乏相应的文化氛围——人在美国的她,不啻身处中国传统书画昆曲艺术的沙漠。

置身此种情境,张充和是没有条件,她就自己创造条件,然后被牵绊。

*

9月3日,张充和在纽约再遇项馨吾,项约她合作演出《小宴》。这一下激发了张充和的兴致,年初的意兴阑珊一扫而光。

她向宗和报告说:"前日在纽约见到项馨吾,他要我同他唱《小宴》。他是多年不登台,一是因为无笛子,最近他好像训练一个吹笛子的。他老给京戏票房当老旦,实在很可惜。他倒真是俞(粟庐)派,振飞非常京派。"(1963年9月5日,第329页)

《小宴》取自洪昇的《长生殿》剧本第二十四出《惊变》。该出在演出中,分成两折:从"粉蝶儿"至"扑灯蛾"的部分,描写唐明皇与杨贵妃在御花园宴饮游乐情景,称为《小宴》;后半部分写唐明皇听到安禄山叛变消息,惊慌失色,称《惊变》。

其后过段时间,张充和就会向宗和报告《小宴》排练进展情况。

10月8日,她写道:"我忙着演戏事。项先生训练场面,昨日去纽约看看,场面上人都是临时抱佛脚,我倒真佩服他们的兴致,大概是双笛(项的'高足'同我的'高足'),三弦,二胡,笙等,也真不容易了。项先生的熟人多,人缘也好,资格又老。可是总爱喝酒,酒喝多了就有点啰嗦,往往在酒后得罪人。此次但愿不生麻烦。"又说:"我这些日就吊嗓子,因为戏院可容千人,项先生嗓子又宽,我录了笛子吊,把录音机

开得很大,我就直着嗓子叫。我近来嗓子略宽,但登台仍嫌不够。唱清曲要细嗓子,登台就像蚊子了。"(第331—332页)

11月19日,她报告说:"从这次排了《小宴》后,许多人又有了兴趣要来学昆曲,连好莱坞的唯一国语明星黄燕香也要从加州来学,她已从我处学了《思凡》几段,她是旧日唱老生的李桂芳女孩,李是能懂身段的。自从我教过后,她母亲要从我学,若是真要来学曲,巴巴三千里,也够诚心的了。可是我又忙了。我写这封信后,最近半月大概没时间写信了。所以你不要盼望。纽约的文化人多,学音乐的人也多,这次场面实在是阔气,有笙笛胡琴扬琴三弦锣鼓板等。"(第333页)黄燕香,即三年前在加州时从她学昆曲的华裔影星卢燕。

信中还提到16日与李方桂小聚了一次:"这天我们去纽约买舞台化妆品,适李方桂来哥伦比亚大学开会,他想到新港来玩,我们办完事又到中国镇去吃广东点心,三点去接方桂,徐樱没有来,晚上孩子们睡后,我唱了《寄扇》一小段,《撇子》全折,这两折方桂从未听过,我们又录了音。他看谱能吹,就是小腔还吹不了……"(第333页)

约12月初,《小宴》排演准备三个月后,张充和与项馨吾联袂在纽约 Flashing Institute 登台公演。[①]12月10日,她致信宗和报告情况:

> 久不提笔写信,你不能想象我的身心如何忙。一台戏四十分钟,从场面起到一针一线,你都是亲自顾到,戏演了后又是倒下。先是在演的前后病,胃一直疼,呕吐。可是上台并不吐。正如我在苏州义演六场时吐血情形一样。现在胃总算是定下来,还不能吃硬东西,如饭、肉、蔬菜之类,稀饭、汤每两小时一次,所以体重

---

① 《曲人鸿爪》,第160页。

并未减太多。

这次的辛苦所得为何？这是常常自问的，也不能自答。反正爱好的东西不能用价钱买也不计算时间与精力。项先生在演后来信："得各界好评，但知音百不得一，有对牛弹琴之感。"夜间不能睡，白日不能做事，看了医生，照了 X 光，说是小圆骨差了地方，用吊头治疗法，像中国以前死罪用的站笼，把头吊起，但只用六磅重量。吊了五次，现在已大好了……①

后来，项馨吾也在张充和《曲人鸿爪》上留下二人此次合演《小宴》的印记。他先是抄录了《惊变》中《粉蝶儿》一曲："天淡云闲，列长空数行新雁。御园中秋色斓斑：柳添黄，苹减绿，红莲脱瓣。一抹雕阑，喷清香桂花初绽。"然后在题款中，追忆童年学曲因缘及与张充和合奏《小宴》之事道：

> 回忆童年时，先父游沪南半淞园，余随侍焉。园内溪桥小邸，筑亭翼然。髦翁三四倨坐亭内，依笛而歌，声韵幽扬，余闻而神往。先父戏令试嗓，某翁授以"天淡云闲"四字，瞬能和笛，引吭高歌，众叹可造。从兹沉湎曲事，几近五十年，未敢间断。今春约充和同上氍毹，合奏《小宴》，允称海外韵事。但余迷增形衰，唱来叫天天不应，则当年情景等成黄花矣。因录《粉蝶儿》以奉充和知音。项馨吾，时年六十有六。②

---

① 《一曲微茫》，第71—72页。编者将此信系年于1955年，误。信中提及"明年二月去威州大学"，指1964年2月，张充和受邀到威斯康星州立大学麦迪逊分校做昆曲讲学事。此信实写于1963年12月10日。

② 《曲人鸿爪》，第160—162页。

项馨吾生于1899年,题款时说他"时年六十有六",按中国虚岁算法即1964年,但又说"今春约充和同上氍毹,合奏《小宴》",比实际演出时间错后一点,可能是误记。[①]

1963年,五十岁的张充和之心情曲线经历了一次大翻转,从年初的萧瑟到年中的迷茫,再到年末的尽兴,尽兴到哪怕再次犯病。她说:"这次的辛苦所得为何?这是常常自问的,也不能自答。反正爱好的东西不能用价钱买也不计算时间与精力。"

带着这疑问,张充和走进1964年,直到经过两次连续远游,归来后她产生新的体悟,方有了明确的答案。

[①] 据傅汉思记载,1965年春(或1964年春),张充和在耶鲁大学海伦·哈特莱学院演出《游园》《思凡》,她扮杜丽娘,她的弟子钱家骏扮春香,项馨吾吹笛(《张充和在北美大学里演唱昆曲》,第43页)。若这次演出的确在1964年春,则项馨吾题写《曲人鸿爪》时很可能将这次演出与上年末与张充和合演《小宴》的时间弄混了。

威州教曲

| "我做昆曲工作亦怕将来亡绝" |

　　1964年2月3日,张充和登上了飞往威斯康星州首府麦迪逊的航班。到美国十五年,这是她首次独自远行。她受邀将在威州大学麦迪逊分校教一个月左右的昆曲课。(1964年1月14日,第337页)

　　当威州大学大概前一年5月向她发出邀请时,她这边刚答应,那厢就踌躇起来。威州离家千余英里,来回机票总得一百五六十美元,不可能像去纽约般早去晚归。她得在那里住一个月。一家三口饭谁管?以谟才四岁多,一周两个上午在幼儿园,其他时间她都得看着。她走了,让傅汉思带,他课业、会议那么多,是否可以承受?找个人来家看吧,太贵。无论如何得寄养出去,或请人去看。若是问题太多,也就作罢了。(1963年5月30日,第323页)她笑话自己,想出外做点事吧,"家中事又放不下,也真是女人通常的毛病"。(1963年6月19日,第324页)

　　后来她还是决定去。她是这么考虑的:

　　虽说在美国唱昆曲,像曲友项馨吾所言"知音百不得一,有对牛弹琴之感",但她认为:"虽说是对牛弹琴,倒无所谓,只要牛来欣赏,硬塞进东西便是大难了。"(1963年12月10日,第72页)只要有人愿听,甭管听懂听不懂,我们都应该尽力去唱,这对被视作阳春白雪、观众日渐稀少的昆曲未必不是好事。几年后她用诗重述过这个意思:"但求歌与众,不解唱《阳春》。"①

重要的是,外国人比华人更喜欢昆曲,还用于学术研究:"说老实话,此间中国人大多欣赏京戏,可是外国人嫌京戏太吵,又道白太多,舞蹈太少,所以昆曲倒合他们胃口。竟也有几个研究曲子的。有一个研究《风筝误》,我还帮他忙录了'和亲'去。"(1964年1月14日,第337页)她这次去威大,就是给相关师生做示范性表演和解说,一起研究。主持此事者是研究中国戏剧的英国学者、威州大学亚洲戏剧部主任 A. C.斯考特教授,是昆曲名家俞振飞的好朋友。(1964年2月19日,第340页)1947年9月,她偕大姐元和在上海与俞合演过《断桥》,很受好评。

还有更深层原因。19世纪末期以来,昆曲式微,一息仅存,前途渺茫,用她那个名句讲即"一曲微茫"。她为何现在这么努力在华人社区、在各大院校,演出、传播昆曲,教授学生呢？她表露心迹说:"我做昆曲工作亦怕将来亡绝,譬如说《痴诉·点香》现在就没有人唱了,因为无小丑会唱,我亦二十余年没有开口,虽尚能唱,身段已不能记忆,当时是传芷请教他老人家得来的,现在怕传芷亦不能记得了,岂不可惜。"(1964年2月19日,第340页)传芷是她的昆曲老师、昆剧传习所"传"字辈名角沈传芷;"他老人家"即其父沈月泉,"全福班"鼎角,苏州昆曲界人所尊称的"大先生"。从"全福班"和"传"字辈艺人那里学习昆曲,听他们讲述昆剧没落与传承故事的张充和,感受到并始终怀有强烈的危机感。

当然,报酬方面也比较可观。在威大一个月,可挣一千美元,抛去机票一百五六十,剩下八百多,是她自1959年辞职以来最大一笔外快。(1963年12月10日,第72页)她借住于右任女儿女婿于念慈、张

---

① 《和嘉莹女史》,1968年作,《张充和诗文集》,第89页。

澄基夫妇家,食宿费或可省下不少。①

　　决定了以后,照顾孩子方面,傅汉思承担了大部分责任,一周两天有一个保姆带,其余五天他管。她只希望这期间孩子们不病便好。(1964年1月28日,第339页)她又乐观地想:"乐得离开家一阵,回来夫妇母子会亲热一些。这倒是收获。"(1963年12月10日,第72页)

＊

　　在威州,工作安排挺紧的。她告诉宗和:"我除了每周二三小时课外,还有当地一个表演,一个TV表演,又去三个威大的分校表演。一个月中有五个表演还是第一次呢。"(1964年1月14日,第337—338页)威州州立大学,类似她曾任职的加州大学,由分布于该州各地的多所分校构成一个大学系统,该系统的旗舰即麦迪逊分校。除此之外,"另有中文系送来两个学生学舞,我教'原来姹紫嫣红'一段(按:《游园》中著名唱段),昨天第四次,八个钟头,身段是一点问题没有,可是听音乐都不会听,将来他们登台时我录了音给他们。两人都是洋人,还得与音乐对起才行。两个都学过芭蕾及安南舞,其中一个是跳舞教员"。(1964年2月19日,第340页)

　　中心工作是表演和讲解昆曲折子戏《思凡》的身段和唱念,供斯考特教授及其学生研究。《思凡》一剧,写从小多病,被父母送入仙桃庵寄活的小尼姑色空,逢"年方二八,正青春"的妙龄,不耐拜佛念经的寂寞生涯,春心大动,私自逃出尼庵,逃下山来,想"去寻一个少哥哥,凭他打我,骂我,说我,笑我",并"生下一个小孩儿,却不道是快活煞了我!"全剧一人到底,身段繁重,姿态多变。前半剧以唱腔细腻及思想转变的过程为主,后半剧则着重在身段功夫,人物形象介于闺门旦、贴旦两种角色之间,既有贴旦的天真活泼,又需闺门旦的含蓄娇羞。戏曲界

---

① 《张充和诗文集》,第74页注12。

有"男怕《夜奔》，女怕《思凡》"的说法，言表演该剧的难度之大。

这是张充和特别拿手的一出。工作了一段时间后，她向宗和报告师生的反映："在此一个月只分析《思凡》一个戏，这些学生都喜欢身段，而剧曲及音乐无法了解……"她很欣赏主持者斯考特："英国教授Scott是振飞的好朋友，他甚欣赏身段，将来合作一下，他是最重要的。"（1964年2月19日，第340页）

以斯考特为代表的校方并不止步于此。他向张充和谈起一个设想，请她担任不驻校的昆曲研究工作，做更多昆曲剧目的研究。张充和告诉宗和："这边学校对我印象好，或许一二年后我可以为他们做研究工作，不必来此，大概是翻译昆曲成五线谱成英文，再加上身段照相录音一切立体起来。这正是我想做的，可也并不容易，譬如《断桥》来说，哪儿来小生，哪儿来老生，但总有办法，我已答应他们要做个预算，好从校外基金请款。成功与否待一九六五年春才能定夺。"（1964年2月19日，第340页）

她非常满意这次的威州之行。她对宗和说："Madison风景极好，山不多，水多，总是湖光树色，我常出外散步，这是多年来没有的事了。亦是多年来早晚之清净得未曾有。"（1964年2月19日，第340页）又说："这一月在此并不吃亏，睡眠饮食都好，现在学生先生们已请我吃饯行酒了。我发现昆曲学生比现任学生都对先生好，尤其是教身段……记得重庆师范教曲情况，学生早晚日夜都围着我。"（1964年2月19日，第341页）

但放心不下的还是孩子们："忙时不想家，早晚有点无聊便想了，但每周我总打两次长途电话，晚间过九时就减价，不算贵。孩子们想到我就哭。这种事可不能常来。此间学校问我明年还来不来，我没有答应。"（1964年2月19日，第341页）

不过，到了第二年，张充和又于2月22至3月24日，回威大再教一个月的曲。所教剧目,应当就是20世纪50年代中晚期风行中国大陆昆曲界、"一出戏救活了一个剧种"的改编本《十五贯》。①有关具体情况,目前没见到相关资料,只得暂付阙如。

傅汉思后来记录道:"她于1964年和1965年在麦迪逊的大部讲课和演出,均已收入斯考特的著作《中国传统戏剧》第二卷。《思凡》和《十五贯》两剧也由威斯康星大学出版社出版。"②

据张充和昆曲弟子陈安娜所言,斯考特此书于1969年出版,"其中对《思凡》的身段表演和唱念都有详尽的阐述,至今仍是美国学术界有关中国戏曲研究的经典作品"③。

在《中国传统戏剧》第二卷前言中,斯考特谈及《思凡》时写道:"这出戏是我在威斯康星大学教授戏剧的主要剧目。我相信,这出戏对西方研究的学生是有启发的。因此,我邀请现在美国居住的张充和到我的班上来和我共同工作一个时期。她是这个古老剧种的权威和天才的表演家。"

他引述了一个学生 W. 麦克利亚的评论。该学生注意到张充和所表演昆曲的独特性,并意识到昆曲演出其实是文学、舞蹈、音乐的三者合一,水乳交融:"有人会觉得,女演员动作的逼真性就像东方模拟哑剧,但区别是明显的。女演员并不试图模拟实在的东西,就像尤金·奥涅尔的戏剧那样。她也不像西方芭蕾舞那样,幻梦似的避开真实性,也没有西方哑剧的一些严重缺点(缺乏交流及其手段)。她利用手势加强语言和音乐,而不是取代语言和音乐。"

斯考特顺着该学生的话评论道:"有趣的手势,也就是具有巨大戏剧冲击力的方面,有鲜明的舞台价值。观众为精彩的演出所征服,并不是仅仅为了她的华丽、漂亮,而是由于从美学角度上讲是真实的。"张充和曾说斯考特"甚欣赏身段",由此可证。

他认为与昆曲表演一比,美国戏剧将相形见绌:"中国女演员表现出来的巨大魅力,就是对我国演员的一种评判。对比之下,我国演员不由得感到震惊。"

他反思自己说:"现在我至少明白,中国戏剧要比我初次接触时所能理解的要好得多。我发现我有一种落后感。"并认为他们西方人不太可能真正理解和掌握这门纯粹的中国艺术:"在我们自己的剧院中,虽然很少有人能真正了解那些身段动作的丰富含义,但是我们在实践上和演出中也没有足够的训练来充分运用它们。"①

1964—1965 年的威州之行,是张充和在美国从学术层面推动昆曲研究的重要里程碑和良好开局。此后,作为昆曲在美国的代表人物,她成为许多攻读昆曲及其他中国传统戏曲相关课题的年轻学者的导师,并出席各种学术会议,发表演讲和论文,在推动中国传统戏曲的深入研究方面发挥着重要作用。

*

此行还有一个颇为欢快、很有价值的花絮,值得赘笔。1965 年那一回,张充和曾与当时正在麦迪逊的多位华裔学者共聚一堂,把酒言欢。包括以《五四运动史》奠定学术声誉、时任威州大学副教授的周策纵、陈寅恪弟子、时在美国教授中国戏曲史的程曦,时任英国伦敦大学高级讲师的刘殿爵,以及张充和借住的寓所主人于念慈等。她晚年对苏炜回忆说:"周策纵你记得吧,就是那个研究'五四'的白头发大高个

---

① 傅汉思:《张充和在北美大学里演唱昆曲》。

儿,那一年他还专门请我到威斯康星开了半年昆曲课。"①这里所言,大概指周策纵充当了张充和与斯考特之间的牵线人,但说"开了半年昆曲课",当为口误。

当年席间,他们风雅不辍,联句成诗。从留存的三首联句诗中,很能挖出点趣闻。如张充和对程曦说:"我劳君永逸。"指程曦请求她:"竹笛易制,君既善制铁笛,请为我制一支。可以一劳永逸。"她奉命制了一支,据她说,制一支需八九小时,的确劳苦。如刘殿爵代于念慈向张充和言:"君去我长安。"备注说,张充和"借寓于处一月,扰乱绥安"。还有,周策纵赠语张充和云:"三千弟子半白丁。"注释曰:"充和昆曲班中泰半为白人,不识中文。"张充和觉得这尚属客气之言,后来她易"半"为"皆","三千弟子皆白丁",并屡屡向人引述,用于形容自己在美国教授昆曲和书法所面对的困境。

感受着麦迪逊(亦译陌地生)诸位华人朋友的热诚,告别之时,她作《谢陌地生诸君子》云:"谁道还家仍作客,我来陌地若还家。"②由此结束了愉快的威州之行。

---

① 《天涯晚笛》,第220页。

② 以上所引诸诗句及备注,见《张充和诗文集》第73—79页。另据张充和后来所写《从洗砚说起——纪念沈尹默师》,此次威州之行,有个遗憾的尾巴。在归途中她遗失行李箱,其中有一方印章,透红寿山石上刻"充和"二字,是抗战期间在重庆时由篆刻家乔大壮刻赠,盒子上由沈尹默题"华阳丹篆充和藏"(《张充和诗文集》,第353页)。

初访西欧

| "我这个半百的老娘尚有雄心去竞赛" |

　　1964年首次威州之行回来不久,张充和就为又一项更大的远行忙碌开了。

　　傅汉思受邀到德国汉堡大学教暑期课,并捎带在法国波尔多开一个汉学会议。全家跟去,前后近五个月。

　　这将是一笔不小的花销,预计往返机票加租房费即需4500美元。当去年春接到汉堡大学的邀请时,他们着实期待,但一算费用,授课报酬不足四人花销。于是做了两手准备,一边另想法子去筹措路费,如无法筹出,则由傅汉思一人去教课。幸好,他从耶鲁成功申请下一笔研究经费,算是解决大部分花销。另外,又将新港房子租出去,收几个月房租,贴补一点。为此,他们不得不将房子腾空,全部书籍收拾起来:"我这边屋子要撤空,租给人……为了几个月而撤空屋子,可真是件麻烦事,幸而我们有地窖,有三楼可堆东西。"(1964年3月23日,第343页)

　　5月4日,一家四口离开美国,次日早上抵达汉堡。傅汉思在汉堡大学开三门课,一周上两天,教授中国诗文词赋,至七月底截止。然后抓紧时间做一个月研究。

　　他们住乡下。作为一位已在美国——当时最发达国家——生活十数年的主妇,张充和对比两国不同说:"在此家务比美国重,因家庭应用机器不多,花去时间不少。"又言:"美国一切浪费,我们(在此)每日提袋步行买菜,这是多年来没有的事。"饮食方面,她总结说:"德国饮食差,咖啡同茶都是很贵,肉蔬菜亦是。并且通常是两顿面包一顿熟食。但各种香肠香肚(当然不如中国做法好)都可以随时买吃。不必去热它。我们都是随乡入俗,这样省了多少事。孩子们只要有牛奶面包黄油即可。"她还说,这里有羊鸡牛等,有小河,是散步好地方,"每晚散步四十分钟,孩子们不惯散步,近来也学一点"。(1964年5月13日,第348页;1964年8月14日,第356页)

傅汉思才上课十天左右,恰遇复活节,竟放假十天。张充和语气轻快地解释说:"平时骂骂耶稣,这个假期还得谢他呢。说是他复活上天后又回到人间,与他弟子重见。真是喜事。所以有的国家保守这个节日。有的放一日,有的放十天。汉斯恰巧拣就十日,这在美国是无有的。"(1964年5月13日,第347页)

心情如此之好,是因为借这次耶稣的光,她将要圆一个做了十五六年的梦。睽违故国亲人这么久,她终于将见到他们十姐弟中的其中一位——最小的弟弟宁和。

据张充和言,这次之所以愿意拖儿带女跟傅汉思赴欧,主要想看看小弟宁和一家:"去欧洲倒并无甚兴奋,倒是见到小弟十分高兴,却又感慨万分。"(1964年4月15日,第344页)

宁和是张充和同父异母的弟弟,也是张充和继母韦均一唯一活下来的子女。二姐允和回忆小弟年幼时说:"继母生的头两胎都死了,所以对他的照顾周到而又严格。我还记得他每天早饭后坐在马桶上苦兮兮的样子。"宁和从小喜欢音乐,抗战胜利后赴法国留学,入读巴黎音乐学院。后与比利时小提琴手吉兰相恋,结为连理。1949年后,夫妇二人回到中国。宁和曾担任中国交响乐团首任指挥。20世纪60年代初,宁和随吉兰返回比利时,从此定居下来。

　　小弟在比利时过得怎样？工作如何？越到了近在咫尺,张充和越是惦记。感恩节假期一放,他们即开着刚买的二手旧车上路,取道荷兰,直奔比利时首都布鲁塞尔。他们想着,四人这几月要游览许多地方,交通费甚贵,买一辆旧车,开几个月就把本钱开回来了。

　　和小弟一家见面情况,在十多天后的信中,她报告说:"见到吉兰、小弟,也是一言难尽。小弟在比京①工作不得意,吉兰的工作倒是终身的。但是他很乐观,我劝他如能静心读书,得个博士学位(在欧洲很重要),我们当以全力支持。他很是动心,但吉兰的兄嫂不知读书为何事(他们是医生),学位有何用？他们认为专科重要。但小弟学的音乐,他自己知道,他说我在欧洲的音乐正如汉斯兄在中国唱京戏。说起学位也并不保险一定找到好事。但介绍事时才好开口。吉兰是不反对他再读书的……"按,吉兰此时已任比利时国家乐队终身小提琴手。

　　抛开生活的沉重,张充和又介绍旅途收获说:"我们在此五日,小弟安排得十分周到,玩了比国最好最大的山洞,洞中走到一半坐小艇在水上走,后来豁然开朗,真像《桃花源记》所描写的。又有一个城,像是苏州,两岸人家,船在河中轻荡。回来由汉斯的故乡停两晚,看到他的干妈,他的中学校。又在一个十五世纪所创始的馆子吃了一顿。总之,不虚此行。"(1964年6月1日,第352—353页)

　　不久,他们又趁周末经东德至西柏林一游,等于陪傅汉思旧地重游。四年后,张充和以七绝一首代傅汉思表达重游之慨曰:"破碎人心百战场,柏林小住太神伤。归来亦是殊风俗,犹有书城似故乡。"②这是一个德裔的黍离之悲:1935年,十九岁的傅汉思因其犹太人身份,被迫随父母离开这里；1945年,柏林经多年密集轰炸,复被苏、美军队

---

① 即比利时首都布鲁塞尔。——编者注
② 《张充和诗文集》,第97页。

攻陷,化作废墟;1964年,离别将近三十年,看到重建的柏林,早已非旧日面目,只有"书城"还剩故乡的影子。

汉堡大学暑期课结束后,他们又到比利时一次,"同小弟一家在海边相聚一周,很有意思,小弟很会做家事"。归途中游览了两个古城:"一个叫阿亨,一个叫克安,都是千年以上的历史。克安有个教堂雄伟华丽,从十四世纪开始建筑,一直到十九世纪才完工,是德国最大的教堂,里外全是雕塑,窗子里彩色玻璃凑成图画种种故事,再配合光线透视,比画还好看。阿亨城有一王宫王墓,亦去参观,在历史上此艺术很重要。那个教堂就整个是个艺术博物馆。我们参观后即在对面火车站晚餐看教堂外景。教堂是位于莱茵河畔,我们再度行走莱茵,愈觉美丽。无怪诗人要赞美她。"(1964年8月1日,第355—356页)

8月26日,他们离开汉堡,经德国南部至法国波尔多开汉学会议。5月刚来德国时,张充和了解到:此会"过去称为青年汉学会,现在改了,来开会的有人民政府国家派来的,但不知今年中国是谁,我想打听一下,也许北京方面知道。我真希望我们家兄弟姐妹来开会。据说也不一定要演讲。汉斯是第一次参加"。(1964年5月13日,第347页)到波尔多后,她得知:"(参会者)各国人全有,只就没有中国……"会上,傅汉思做了以"汉乐府中的叙事诗"为主题的演讲,张充和表演了三段《思凡》。(1964年9月28日,第358页)

会后,他们到巴黎住了几日,"见到不少生人熟人,其中有不少人对曲子热心"。张充和难得对其中一位"年轻人"表示认可:"有一吴似丹,能唱《游园》《闹学》《刺虎》等戏,是韩世昌教的身段,还可以打磨出来。因为人还细心,对艺术文学有修养,现在最难找到年轻人爱好曲子而有文学修养。吴似丹是当初辅仁学生。"(1964年9月28日,第358页)

德、法两国一路转下来,她做了个粗浅的比较:"整个比较起来,我

还不能欣赏法国的习惯(不守时间,不洗澡擦香水),没有德国干净,遵守时间。"(1964年9月28日,第357页)

9月15日,他们踏上归途,从法国坐船回美东,于21日晚到家。次日,张充和报告船上生活说:"回来坐了七天船,船容千余人,俨然是另一社会。分头二等。我本十分晕船,但现在有好药可服,不但没有晕,而且胖了。饮食很好。饱食终日无所用心。有电影也有游泳池,每晚有跳舞会,常有什么比赛会之类。"

她收获到意外之喜:"我参加一个服装比赛得了头奖,衔头是皇家新娘(imperial bride),可见我这个半百的老娘尚有雄心去竞赛,得奖前后别人照相甚多……"(1964年9月22日,第357页)

*

回归平常后,虽然走时为了出租房屋匆匆收起来的全部书籍还要一册册摆出来,厨房用具还得一件件从头买起,工作量着实不小,但张充和的心情却一扫1963年的阴霾,变得自信、自足,还自得其乐。

回来第七日,傅汉思到大学教课,以元到小学上课,以谟也上了每日半天的幼稚园,因此张充和每日也有了上午时间可以练字画画。她向宗和表露心志道:"今日第一天写《书谱》,用墨汁写在白报纸上,有饭碗大,很过瘾。现在就是无时间磨墨,又总想写写大字。我岂单单是修心养性,还想开展览会。"(1964年9月28日,第358页)

两个多月后,看到宗和在信中总说他自己精神不济,悲观失望,想振作又不能,大有未老先衰之感,张充和勉励大弟道:"我若同你在一起断断不让你说老。因为我比你大十二个月还不到。"这既是对宗和的勉励,也是自己内心深处不服老的彰显。

没有曲伴,张充和学会自己唱给自己听,还非常兴奋。她说:"我做家事,一面唱曲子,而且吊嗓子,不然我哪有工夫唱,每出戏至少也是十五到三十分钟。做细点事便唱细曲子,如《牡丹亭》,若拖地板扫地便唱《刺虎》《断桥》一类的曲子。"又言:"我独自一人可唱四小时曲子(都是边做家事),我还得大声唱,若哼哼就把嗓子哼哑了。我最近在温《瑶台》《提曲》,又在开学女弹词,即是套此,十分好听,还没听人唱过呢。"

12月6日,曲友来开了一次曲会。两天后张充和报告说:"前天王季铨(九如巷隔壁王公子)、项馨吾以及我的学生在我处曲叙一下午,他们见我又做砚台,又做笛子,又写字画画,便问我:'你有两个孩子,这一屋子以及一日三餐,如何有工夫做这么多笛子及其他兴趣上的事?'我答以:'惟忙者能乐此,不忙者惟有此不乐也。'"她记述王季迁等人听闻此言的反应:"他们初大笑,后即以为真理。"

她申论道:"因我以此作为休息,否则人即毁了。"她之所言,推究起来,或许有如下两层意思:唱曲写字等是家务琐碎、儿女抚养等日常生活事务的休息,正像她早就所言"如能抽出时间来练字画画就是幸福了。否则只是做家事,亦是无聊"。其次,做砚台是写字画画的休息,做笛子是唱曲的休息,或写字画画是唱曲的休息,抑或相反,等等。艺术的精进是个从量变到质变的过程,没有一定数量对某一单项技艺或此单项技艺的某一个步骤做高强度重复的训练,不可能取得突破,比如临帖,一张碑帖,总得临个几十数百遍,才可能有所领悟,或干脆无所收获。因此,过程是相当枯燥的,须搭配其他作为调剂,或几种轮换着来。

以上是说爱好的多样性。光有此还不够,还须强调爱好的程度,要达到入迷。张充和举反例说:"季铨的夫人能唱曲,能画,就是不能入迷,故在此觉得受不了,精神崩溃。"张充和在美国的经历,虽不至于"精神崩溃",但那时常袭来的无聊、寂寞与一事无成之感,也并非什么良好精神状态。

最后,她掷出一句铿锵有力的警句云:"凡所好即迷,寄托就有了,也不管成就,就只是一股劲的向前进,怎能不进步呢。我一辈子打磨不少,可是愈磨愈锐,年龄是到了,可是还心不老。"(1964 年 12 月 8 日,第 361—362 页)这话听着熟悉,1937 年在南京编辑《贡献》时,她就写过:"人生若能为一件事所吸引、所迷糊,那也不妨色盲,也不妨味盲,也不妨把面前的人、面前的事物都看作鸿毛一样,苦的、辣的、酸的、辛的都不在心上。最懂得人生的人最会如此做去。"①

辗转二十多年,她再次重申,并非简单重复,而是愈为坚定。这一信念,对于张充和摆脱困扰她多年的五十岁危机,重新寻找和确定人生定位,意义非凡。

相对一事无成,功成名就固然值得追求;但相对生命中弥漫不散的无聊感、寂寞感和牢骚满腹,活得充实快乐才是第一要义。与其因无所成就而患得患失、徒增烦恼,不如为充实快乐而沉迷于自己喜好的风雅物事,使生命有寄托。寄托所在,冲劲横生,勇往直前,愈磨愈锐,功力自然增进。至于成就,世人认可和追捧的成就,本是由外在的世俗体系所主观认定,且受变动不居的时尚潮流所左右,与个人的快乐充实及功力深浅并无必然对等关系。说不定哪一天,世风转向,原来备受冷落的会被推到时代舞台的聚光灯下。

四十多年后,当聚光灯真的追逐着她的身影与传奇时,晚年的张充和将上述警句凝练为七字格言,告诉世人:"我这辈子就是玩!"

检看她的一生,可以相信,说这七个字的充和老人是真诚的,这不啻她百年人生的一笔写意,豁达而洒脱;追踪她的历程,又必须说,达成这一认识是历经曲折的,她是大概五十岁以后才逐渐坚定了这一点的。

①《味》,《张充和诗文集》,第 331—332 页。

远游东亚

|"有美一人,吹笙鼓簧。乃眷西顾,邦家之光"|

从西欧回来不到一年,1965年7月15日,张充和一家再次离开新港,于8月初抵达台北。他们将在此待至次年2月初,然后转日本京都住三个多月,再赴香港,然后到泰国、印度、英国等地到处转转,至7月返回美国。这回,是长达一年的远游。

早在来到耶鲁任教的第二年,他们就筹备起这次旅行,当时还将中国大陆列为目的地之一:"我们大概两三年后可休息,如那时中美的邦交恢复,我一定回来看看,各处走走……这也是梦想。但是安见得不是现实。"(1962年8月10日,第248页)据张充和介绍:"汉斯是七年一个休假,是全年的,也是耶鲁厚道,第一个假期不必要七年。这也是别个学校没有的。"(1962年9月13日,第261—262页)

傅汉思还专门于1963年重做学生,抓住7月、8月两个月学了日文,"本来暑假有点研究费写文章,但读书做学生就没有了。这倒是他的志愿"。张充和向大弟评述丈夫说:"他若说起才干,真是差劲,若读书作学问做先生写东西倒是有蛮劲,也仔细,身体若再好点便好了。他有时是累极,你是睡不着,他是睡不够,没有时间睡。"如此直率,又满含赞赏与怜爱。(1963年5月30日,第323页)傅汉思的日文课每天从上午九点到下午两点。张充和报告其学习情况称:"汉斯日文大有进步,想不到他还每周得A呢。他是全班最大的学生,比先生年纪还

大呢。"(1963年8月13日,第327—328页)

最终得以成行,主要得益于古根海姆基金会的资助,外加耶鲁的一项高级教员研究基金。张充和说得直白:"我们哪里有闲钱来旅行,是汉斯得到一个基金会帮忙学人出国研究的。出我们一家路费外(只是我的机票)再给汉斯食住十元一天。我们一家食住省着点用,这十元便够了。要玩玩就贴两文。这种机会不多,七年一个休假。"(1966年5月4日,第374页)

因此,傅汉思是带着特定的研究任务到台北、京都做访学的。自本年起,他启动了一项关于中国古典诗歌的主题、文类与结构方面的研究与翻译工作,十一年后,该研究最终完成并出版,书名《梅花与宫闱佳丽——中国诗选译随谈》。在该书"作者致谢"中,傅汉思回忆了当时与台北、京都两地学者的交流与探讨情形,表示获益良多。

*

张充和的台湾之行,有着探亲的意味。因为大陆无法回去,台湾是能见到至亲故友最多的地方。

继上年与小弟宁和在西欧多次见面后,张充和见到了十姐弟中的大姐元和,同住半年,"常常谈到深夜"。张充和几个月后回忆道,她初见大姐时,见其龅牙、门齿突出,看着可怕,遂强迫大姐把牙齿全拔,装上假牙。于是"大姐旧日风神又出"。同在台湾的父辈"五爷景龄"夸张充和说"此一功可上家谱"。(1966年2月16日,第368页)

1949年5月,大姐随丈夫顾志成(即顾传玠)携子顾圭来台。顾仍如在大陆一样,忙于做各种买卖,先后有毛线行、蘑菇养殖场、啤酒厂及各种国外品牌的代理等,生意冷淡。张充和到台湾时,顾已于该年1月去世。她说,初见大姐及顾圭,"他们一股劲还想做生意翻本翻身,经我苦苦劝解才把小圭弄回学校读书。小圭本来不甚用心读书,他爸爸要他学生意,又说穷,读不起书,故我和汉斯减衣缩食供他读书(一个私立学校,很贵)",即由张充和夫妇寄学费和饭费给顾圭,直到他可以自立。大姐也于1966年初找了事做,在台湾"中研院"植物研究所生物中心任秘书,"薪水可以自己维持","近日心境尚好"。(1966年3月15日,第372页;1966年3月19日,第373页)

张充和也见到和认识了许多新老曲友,开了不少曲会,煞是热闹。

台湾的昆曲是随着1949年大量曲友的渡海而来逐渐形成小气候的。至1960年初,主要有两个曲社:同期曲会与蓬瀛曲集。另外,在台湾大学、台湾师范大学、政治大学等也有学生组成的昆曲社。①

张充和介绍说:"我们常唱曲子,有两个曲社,而且还闹闹义气。我去时两边全去,无党派分子,大家客客气气。"老友张善芗及其夫君徐炎之二人,表现尤为积极。对于他们的教法,张充和不敢恭维,她直率地批评道:"唱的人虽多,大半是徐炎之的学生,身段亦都是张善卿[芗],他们不记得处便胡乱造,造走了不少规矩。《刺虎》简直胡来,《游园》是全武行,满台乱跑,甚至西洋步法。妙!"(1966年2月16日,第368页)

9月6日,受台北故宫博物院新任馆长蒋复璁邀请,张充和在该院表演了昆曲《刺虎》,台湾昆曲界许多人前来捧场。张充和此次与蒋复璁属久别重晤。抗战时在重庆,二人有过一次合作,蒋唱《弹词》一折,张充和吹笛。

蒋复璁对昆曲的偏爱与痴迷,与张充和有着诸多相似。他也不喜京戏,其理由据他晚年回忆,早年读北大时,他加入北大音乐研究会昆曲组,跟赵子敬学了昆曲之后,就不再唱京戏,觉得它不是文学,没有味道。他同样认为,唱昆曲,"知之者不如好之者,好之者不如乐之者!""关键就在一个乐字,'乐'才能唱几十年。"他同样推崇唱曲的情

---

① 曹燕宁、李斌:《源流与趋势:台湾昆曲传播简述》,《山东艺术学院学报》2009年第4期。

感寄托功能："人不能没有娱乐，亦即感情方面要有寄托。我每当伤风感冒时唱一唱昆曲，出一身汗，病就好了。我有一批朋友，与我的事业、学术研究都没有关系，但大家都有共同的嗜好而能乐在其中"，且"不必告诉他什么地方有，同好之人自然会聚集在一起"。①

听罢张充和所唱《刺虎》，蒋复璁在她所携《曲人鸿爪》册子上提笔赞颂道："听唱《刺虎》，裂帛穿云，非同凡响。"并题一七绝："莫言绝奏广陵散，法曲绕梁一破颜。吾道西行功不浅，中兴同唱凯歌还。""吾道西行"，表彰张充和在北美传播昆曲之功。②

1966年元旦，在张充和所住南港"中央研究院"寓所，开了一次盛大的曲会，旧友新朋同聚一堂，热闹非凡。这既是曲会，也是笔会。许多曲友在她的《曲人鸿爪》册页留下珍贵墨宝，表达着他们对昆曲事业的见解和信念。

新识焦承允像蒋复璁一样，非常推服张充和在海外传播昆曲之功，集《诗经》四句颂赞曰："有美一人，吹笙鼓簧。乃眷西顾，邦家之光。"③百年来，在压倒性的西学东渐潮流面前，代表中国文化的昆曲之"西顾"，可不就是"邦家之光"。

夏焕新的题诗则称："莫道古乐知音少，留得遗风遍九州。"④或许，他是想说"留得遗风遍五洲"？

也有怀旧。张充和同龄人、吴梅弟子汪经昌，于抗战时在重庆与她相识，曾有过合作。二十多年后再度相逢，汪经昌感慨系之，题了首五绝："丫鬟临妆罢，茗壶就手边。重逢笛韵里，遮莫似当年。"四句包蕴了他与张充和三次相见的场面。他解释道："冀野（指卢前）曩为余

---

① 黄克武编撰：《蒋复璁口述回忆录》，台湾"中研院"近代史研究所，2000年，第83—85页。
② 《曲人鸿爪》，第165—169页。
③ 《曲人鸿爪》，第175—177页。
④ 《曲人鸿爪》，第184—185页。

盛道充和词史,及相见北碚,丫鬟当窗,茗壶相对。嗣又获见于丝业公司,则方撤笛而度《太师引》一曲,清扬委婉,声如其人。匆匆近三十年,今再相逢,冀野墓木已拱,余亦青衫老去。率赠一绝,聊证雪鸿。想词史当有同感也……"①

与会的画坛名家、民国时人称"三吴一冯"之一的吴子深,题写了两幅小帧《溪山图》与《墨竹》。在《墨竹》中,吴子深题诗曰:"劲节英雄志,孤高烈士心。四时浑共一,霜雪不能侵。"②所咏情志并不新鲜,几近俗套,不过,正像前面所见出的,唱曲、写字等雅好,无论在欧美,还是20世纪的中国,都是几近孤独的事业,若想"四时浑共一"地坚持下去,恐怕非得有点"霜雪不能侵"的劲竹精神不可。

另一位绘画名家、"三吴一冯"之冯超然的外甥张谷年,画了幅意境萧然的小画,题画诗为后主李煜的"芦花深处泊孤舟,笛在月明楼",与画面相得益彰,互为诠释,与张充和诗词中常见意象"天涯""晚笛"相呼应,解作曲人心境的写照,当不失贴切。

*

2月初,张充和一家告别在台的新知旧雨,按原定计划抵达日本京都。

初到这里,一时租不下房子,只好住旅馆。但房源紧张,以至过了十多天,仍不能觅定住房,搞得张充和心烦意乱,嫌吃住"又贵又不好"。或许受此影响,或许是初见,她对京都不存好感:"来到日本京都,素称洛阳,西洋人尤盛道。古都风味我也不觉得什么,也去逛过最热闹的商场,实觉得不能叫人狂喜,或新鲜可爱。因为它(文化)不是学中国便是学西洋,尤其商场,至于本位文化无非是木刻、木偶等等。"

---

① 《曲人鸿爪》,第179—181页。
② 《曲人鸿爪》,第191—192页。

（1966年2月16日，第368页）

　　直至3月1日，才搬进租住的房屋。房内设施简陋，不敷使用，还得张充和动手制作："我们只有一张小长条桌，三个人（汉斯，同来的李小姐，我）用来写信读书，五个人用来吃饭。只有一条凳子，我自己用木板钉了一张，一共两张。"（1966年3月19日，第374页）

　　生活开始进入正轨。她介绍日常安排说："我的生活早上是清洁屋子，教孩子们读书，下午有时写信，有时洗衣、理东西，三点后才去买菜（此时才上市），肉极贵，比美国还贵。鱼类不贵。"但她"怕做鱼，一做了就不想吃"。（1966年3月15日，第372页）

　　逐渐地，她也欣赏到京都的好来："我们已渐习惯日本。京都的确有它的好处，就是保存旧建筑、旧手工业，我买到两方新制的砚台，是天然，不雕不琢，极尽自然之态，同时大公司也有，但小街小巷中很有韵味，又干净又安静。许多古物古书，我买了些笔墨及抄曲的折子，也做得不错。"（1966年3月15日，第372页）

　　这里集中了很多售卖中国文玩的店铺，质量也不错，是旧金山、纽约的唐人街所不能比的。她如饥似渴、贪得无厌地买呀买的，实在因过了此村就没此店。

　　在信中，她给宗和描述了一次购物冲动，包括字帖、抄曲的折子、毛笔，把钱当场花光："我今天去书店买字帖，在文苑书店见到孙过庭《书谱》墨迹影印本，我非常高兴，买了一本送你。叫书店直接寄你，大概不到一月即可收到。我也买了很多，但是愈看愈多，愈好，不知不觉把钱用光了。我买北京出的影印墨迹实在是过瘾，又买了许多空白的曲折子，预备回去抄曲子。过几天再去看看，为你找找日本艺术方面的东西。笔我买了许多，还要去买，我实在对于这方面很贪。日本的确还可以买到中国的笔墨，如李鼎和杨振华等。但很贵，我买的都是本地之笔，既便宜又好。"（1966年3月19日，第373—374页）

5月4日,张充和再次写信,称"这几日忙着整理东西,又忙着要买点日本的书帖陶器等",告知准备离开日本,但还没买够,同时告诉宗和她的下一步计划:"我[们]的行程是六月一日到香港,住至七日八日飞泰国,转印度各国,七月十五日由英国返家。这一个半月在外跑跑路。好玩亦真是好玩,但拖了孩子们也很累。希望不生病才好。"(1966年5月4日,第374页)

两天后,在贵阳的宗和也给四姐写了信。在信的结尾,他说:"没有几天我们系唯一的一班学生要回来了,要上课了,上批评吴晗、翦伯赞历史观点的课,现在我正在努力看报刊上的文章,这可不是一个人上,是几个人上。"(1966年5月6日,第376页)

他们当然想不到,发出这两封信后,他们将长达五年有余再也没机会收到彼此的来信。

归国梦断

｜"我也是中国人，至今是念念不忘祖国的中国人"｜

就在张充和一家准备离开日本、到多个国家和地区"跑跑路"的时候，1966年5月16日，中共中央政治局扩大会议通过了开展"文化革命"的《五一六通知》，6月1日《人民日报》发表社论《横扫一切牛鬼蛇神》。横扫一切的"文化大革命"以异常凶猛之势迅速席卷全国。锋芒所向，已不仅是张宗和5月6日信中所言的"吴晗、翦伯赞历史观点"问题。

包括张宗和在内，张充和的许多亲友被当作"反动学术权威"揪出来批斗、抄家、扫大街、关牛棚，妻子、儿女被下放农村。海外关系成为他们"里通外国"的一条"罪证"，长时期噤若寒蝉。

从此，1949年以来保持民间通信畅通的中美两国人民失去了彼此的音讯。张充和期待了十七年的愿望变成绝望。这十七年来，她一直想着，一旦中美两国恢复关系，就回去看看。

她1949年初到美国没多久，就不断有亲友来信，召唤她回去。目前有据可查的，如前面叙述过的丁西林、靳以、方令孺等人。7月12日，大弟宗和也试探着问她："我想你们很可能回到中国来，只要局势安定了就行。"（第20页）后来还提供建议："四姐若是回来，很可以在戏曲改造工作上做一些事。"（1951年6月10日，第37页）"局势安定"，当指国共内战结束、新中国成立，也指美国与新中国关系的正常化,后者对张充和更为重要。

1957年,张充和在给宗和的信中感叹道:"在美国愈过久愈觉得没意思,不知何日可以回国。"继而担心:"即使回来了怕也没有我做的事,汉斯能做的很多,那时也许我就养老了。"(1957年4月26日,第94页)

收到她的信,宗和想了很久,回复她说:"我是希望你们回来的,但我一直不敢提,也不好提,因为你们已经买了房子买了车子,一切均有了长久的打算。说想回来也许只是口头上说说心里自然也不能说不想,但若真的要回来,困难一定很多,这困难不是中国方面来的,而是美国方面的。"

对于张充和说怕回来没有自己能做的事,宗和根据掌握的情况,给她指出两个工作方向。她若愿意在戏剧界工作,他们的朋友华粹深任天津戏曲学校副校长,他们的昆曲老师、北昆名伶韩世昌等人正筹备成立北昆剧团,都需要人。她也可以在大学教书。现在对古典文学各方面已非常重视,最近高中语文课本已全部都是文言文,从《诗经》、楚辞一直到元曲。从贵州师院中文系毕业出任高中语文老师的,许多古文根底很差,讲起来只知依葫芦画瓢,十分枯燥,学生反映不好。故各级学校急需古文功底深厚的老师。因此宗和说:"我想你若在综合性大学中当一个古代文学的教授是完全可以胜任愉快的。"(1957年7月1日,第96页)

看到宗和的信,张充和没有对其建议的工作方向做出回应,只是说:"提起想回国,不是简单事。房子汽车事小,房子一大串是公司的,随时可以卖,汽车也如北京的自行车一样,有的中学生都有,观念上在这里都不能算恒产,如果另外找到事,也得卖房子。(据说越欠房债大的越容易卖,你大概不了解,我也不解。)因新买主不容易借到款,可以接旧主的债付下去。"(1957年9月29日,第102—103页)

　　然而她又说,她不能和傅汉思回国。原因是:"汉斯父母年老,只此一子,不愿他远离。真是不得离开。将来待交通恢复后,或可同来。我也不忍说要分开他们父子,不能回来亦是因此。我虽然想家,不能比他们父母之望子。"(1957年9月29日,第103页)

　　她的真实想法如何呢? 1961年,在一封信里,她说:"我们都想有一天会回来看看,或借公事回来走走(当然是在美国承认中国以后)……"又说:"过几年休假或请假回国看一次……只要两国一有交通,我们必然想法借钱也得回来一次。"(1961年3月17日,第133页)

　　可见,于她而言,回国定居不太可能,回国探亲倒有希望,前提条件是"在美国承认中国以后"。

　　因此,张充和很关注中美两国关系的动向。1961年3月17日,她给宗和去信,十分乐观地说:"看目前情形,不久即可两国交通。新总统国会的新大使都是有头脑的。今秋后希望可大。"(第133页)"新总统",指当时刚刚就任美国总统的肯尼迪。"新总统国会的新大使",大概指肯尼迪提名的若干驻外大使名单,须交参议院表决通过。

　　张充和所认为的"看目前情形,不久即可两国交通",从后来结果看,当然属于盲目乐观,但她的乐观,反映了当时美国国内对华政策走向缓和的动向或意愿。

　　1949年以来,中美两国关系虽以对抗为主导,但并非老死不相往来。横眉冷对的背后,是两国高层自1955年8月启动并保持的大使级外交会谈,使两国有最低限度的直接接触。

　　而且,从20世纪50年代末开始,美国社会中出现一种要求改变对华政策的思潮。其典型反映即1959年出台的《康仑报告》。该报告提出,缓和对华关系,可先行试探,如逐步开始与中国交换记者,开展学术和商业等性质的交流,由非政府人士和团体与中国领导人进行直接对话;之后,放宽对中国的贸易禁运,赞成中国进入联合国等。

《康仑报告》提出的设想和建议,成为后来美国朝野人士考虑对华政策的重要参考,并在1960年的总统选举中为民主党所吸收。当竞选进入白热化阶段,民主党候选人肯尼迪公开表示,希望同中国"建立和平的关系"。他的这些言论通过电视进入到亿万家庭的客厅,为所有关注中美关系走向的人们所熟悉,并使类似张充和这样的心系中国的人们为之兴奋。

肯尼迪上台执政后,多少表现出调整对华政策的意愿。1961年2月1日,他主持召开的会议上,曾讨论是否略微放宽对中国的贸易禁运,并指示国务院进一步研究可行办法。在华沙进行的中美大使级会谈上,美方曾提出交换记者、以优惠条件向中国出售粮食等建议。

或是在这样的大气候下,张充和于3月17日生出了"不久即可两国交通"的乐观想法。

然而,由于两国存在根本分歧,肯尼迪很快表现出不打算调整对华政策的言行。4月12日,他发表公开讲话称,美国将继续履行对台湾当局的政治和安全"承诺",反对在目前形势下允许"红色中国"进入联合国。12月15日,联合国大会表决通过美国牵头的关于中华人民共和国进入联合国的"重要问题案",即接受中华人民共和国进入联合国取代台湾当局的位置,须出席大会的三分之二多数国家通过,为恢复中华人民共和国在联合国的席位设置了新障碍。①

此后,中美两国关系并未获改善,张充和仍一如既往地念想着说不定哪天就给"两国交通"了。1961年11月10日,她表露心迹道:"我也是中国人,至今是念念不忘祖国的中国人,汉斯亦是爱护中国的,他的名字由汉斯改到汉思亦是此意。"(第158页)怀着这样的深情,她等待着能够回去的那一天。

_____

① 陶文钊:《中美关系史(中卷)》,上海:上海人民出版社,2004年,第491—494页。

一个月后,因二姐允和来信说了伤感话,她向宗和表达希望,也是给自己打气说:"二姐说她近日病得不轻,同时有伤感语,她从不作伤感语,忽然末尾一句'……恐怕这一辈子再也见不着了'真叫人鼻酸。本来已是想念,何况由病人口中说来。三姐一家也真是倒霉,除小虎外,个个有病,留得青山在依旧有柴烧,总有一天会见面的。只望大家康健。"(1961年12月26日,第166页)

又半个月后,张充和谈到要把自己省下来的钱买食物寄给国内亲友,然而由于美国对中国实行遏制政策,寄运受限,与中国早在20世纪50年代就建立代办级外交关系的英国,虽然寄运所收关税相对欧陆国家而言最轻,"只可惜英国没有至友"为之办理。于是表达希望说:"统而言之,还是希望两国恢复邦交,人民与人民之间也好做朋友。美国讨厌的人固多,可爱它的人也真不少呢。"(1962年1月11日,第170页)

又七个月后,她又念叨说:"我们大概两三年后可休息,如那时中美的邦交恢复,我一定回来看看,各处走走……这也是梦想。但是安见得不是现实。"(1962年8月10日,第248页)

又一年八个月后,她因重庆时期认识的表妹李家箴近来由香港回芜湖探亲,给她写了一封长信,琐琐碎碎十分动人,述及在上海见到二弟寅和等亲友,见到她骑在白马上已发黄的照片等,无一不叫她伤感。于是又叨咕起那个团圆之梦:"真不知何日再回来,只希望大家健康快乐,诚如二姐所希望十兄弟姐妹同聚一堂。恐大不易,但得回来,东家走走,西家看看,已十分满足了。一年后,我准备设法去香港,那时局面若容你我进来,我必带全家进来,大大的旅行一番,望各人保重为要。"(1964年4月15日,第344页)

两年后的6月1日,张充和一家抵达香港,同日《人民日报》发表社论《横扫一切牛鬼蛇神》,"文革"爆发,国内陷入狂热和无政府主义境况,"美帝国主义"成为无时无刻不受批判的"纸老虎"。

张充和从此失去国内亲友的第一手消息。归国之梦,变得前所未有地遥不可及。

卷七

耶鲁传道：1967—1984

书法课堂

|"如何使人在最短时期(一学期)了解中国字的美学部分"|

约 1966 年 7 月中下旬,远游东亚整一年的张充和一家,回到了新港。

9 月,傅汉思回耶鲁授课,儿子以元升入小学三年级,女儿以谟也进了小学一年级读书。张充和终于从照顾儿女的羁绊中脱身,从此有了比较充裕的自由支配时间。

她希望再次出外找份工作,不过正像其四年前担心的,"我若等谟进了小学再去找事做,大概不容易找到。这里一过四十五岁更不易找到好事。打杂事当然可以找到"。(1962 年 12 月 20 日,第 302 页)

她大概参与过一些学术性工作。据耶鲁大学人类学家、张充和昆曲弟子李卉的夫君张光直说,他和张充和等人合作进行过《商周青铜器与铭文的综合研究》工作,张充和主要负责"搜集资料并整理《十三经》里有关器物的词句"[①]。1971 年 9 月 20 日,当张充和相隔五年多与大弟宗和恢复通信后,她告诉大弟:"我搞了两年考证工作(铜兵),现

---

① 见《商周青铜器与铭文的综合研究》张光直所撰序言,转引自《一生充和》,第 278 页。

在不干了,只教教学生写字。"①"铜兵"指青铜兵器,不知是否即与张光直的那个合作项目。

她又说"只教教学生写字",即大约从1967年春季起,她受聘在耶鲁大学开了一门中国书法课。②这份工作,每年只教春季一学期。按耶鲁大学春季学期,一般从1月10日开学,到5月上旬期末考,中间3月份有半个多月春假,总共上课时间也就三个多月。其余时间,张充

---

① 《一曲微茫》,第380页。该书编者将第377—380页前后相接的两信之系年弄错。标为写于1967年12月30日的第一信(第377—378页),实为1976年所写。紧接着标注写于1971年9月6日的第二信(第379—380页),实写于1972年。

　　1967年为"文革"第二年,批斗盛行,海外关系是被批斗的一大"罪证",作为贵州师院"臭老九"的张宗和怎么还敢向美国写信(且不说能否寄出去)?贵州的红卫兵小将怎能饶得了他?因此从历史直觉讲,第一信编者的系年大可怀疑。该信提及她这些年印行的字有《睇周集》。《睇周集》为饶宗颐1970年秋至次年夏赴耶鲁大学讲学期间所写词的合集,张充和还给他用小楷通篇抄写了一通,一百多首,写了七八十页,然后影印出版。因此,不用说,此信必写于1971年之后。该信中张充和对宗和说:"你写了《唐诗三百首》也真是大工作,写字发愁可划不来,为着是没有事才写的,以它养性。"翻查1971年后的信件发现,这话是回应张宗和1976年12月8日的来信,宗和给四姐通信中说:"我一直没有练字,只在半年前为以珉选抄了一本《唐诗三百首》,是正楷,抄得我发急。但是还是抄完了。"张宗和该信提到之"地震",当为1976年唐山大地震;提到《人民日报》登载张充和好友查阜西已逝世(1976年8月10日)。因此,毫无疑问,误为1967的第一信实际写于1976年12月30日,是现存张充和致大弟宗和最后一封信。次年,大弟去世。

　　第二信将实际写作年份1972年误作1971年,提前一年,较易发现。该信由张宗和所写,他在信中提及"以元爱搞机器,将来可当工程师;以漠爱文学和生物书,可以当医生"等,实际是在简述张充和1972年6月26日来信中的内容。两相对照,便可明了。

　　弄对了以上两信的系年,将发现,书中1966年5月6日至1971年9月20日,五年多,姐弟俩没有一封信。这就与张充和在1971年9月20日那封信开头所言"算来整五年没有通信了"相吻合。这也与历史真实符合了。1966年5至6月,"文革"开始;1971年7月16日,尼克松将访华的消息向全世界公布,中美关系开始解冻,两国民间通信重新恢复。因此,1976年误作1967年,在没有其他证据情况下,将让人以为,时处批斗最烈的"文革"初期,远隔太平洋的姐弟二人居然还能通信,由此推出当时中美民间通信尚保持畅通,从而犯下"历史认识错误"。

② 张充和究竟何时进入耶鲁大学教书,她和大弟后来恢复通信后没明确提及,只能通过间接资料做一推定。她在耶鲁教书法的最大困难,是学生们大半不识中文,因此,这份工作可算全新挑战,她须每年不断实验、琢磨、调整。1972年12月10日,她告诉大弟:"六年的实验渐得曙光。"由此往前推六年,则她开始教书法的年份当为1967年。

和基本在家,做家务、种菜、唱曲、写字……

但工作并不轻松。

她已学了五六十年的书法,是一个学有所成、名声在外的书家。但她都怎么学的?五岁进私塾,跟先生学描红,临各种碑帖,十年如一日。先生批阅她的书法作业,某字写得好,红笔画小圈圈,写得不好,黑笔打小叉叉,但并不讲解。[1]后来跟书法大家沈尹默学书,尹师更甚,"从不指出这一笔不好,那一字不对,只介绍我看什么帖,临什么碑"。[2]这种为师者不言说的教学方式,要求学书者必须潜习很多年,自己慢慢从中领悟。而张充和更是毕生研习,到老仍在"学习写字"。她晚年回忆道,虽然很小时候老师就让她临摹颜体,但"那个时候只知道临摹,却不大懂得其中的奥妙。渐渐地,一遍又一遍,才发现这里面很不一般。颜公的字,无论笔划多少,都写得非常满。'满'就是颜公的精神了。……(颜真卿《颜勤礼碑》中的)'川'字,虽然只有三画,却相当充实,特别是中轴非常漂亮。还有'多'字,这里有三个'多',一眼看去都是颜体,仔细临摹才会发现各有千秋,我每一次临摹,都会有新的体会"。[3]

耶鲁书法课,却不给她多少时间,而且她的学生,各系都有,不懂中文者大概占一半,所谓"三千弟子半白丁"(周策纵1965年在威斯康星州麦迪逊给她的赠语)。因她为耶鲁大学艺术系和东亚系合聘,故这两系学生最多。教学目的,是让不懂书法甚至中文的人,在短短三个多月内,"了解中国字的美学部分"。这是要速成,还要求教师张充和包办许多事。

[1] 《天涯晚笛》,第163页。
[2] 《从洗砚说起——纪念沈尹默师》,《张充和诗文集》,第353页。
[3] 章小东:《天缘:夏日再访张充和》,2009年8月10日访问,《文汇读书周报》2009年9月4日。

她首先得是初级中文老师。每次上课,非常麻烦,从注音到翻译,自一笔一画教起。课堂上经常会出现哄堂大笑的场面。"老师,你看我写的字像不像只蚯蚓?"学生问道。张老师回答:"不像,不像。""为什么?""我看像只死蚯蚓。"①

同时,她得是个中国文化方面的渊博学者。除穿插讲解一些理论、历史方面常识外,由于一些学生已是东亚系、艺术系研究生,中国文史方面知识已较丰富,更不时以打破砂锅问到底的劲头提出许多"千奇百怪"的问题,老师没有渊博而准确的学识,不易应付。这方面确给她造成过一定的压力或说激励。(1973年6月20日,第437—438页)后来以"叙事史"模式写出一系列影响颇大的中国史著作的史景迁,从傅汉思读研究生同时,也随张充和学书法。就其碰到一个感兴趣的题目就会像猎狗般眼神泛光扑过去死咬住的学术品性看,史景迁或许便是张老师课堂上的"麻烦制造者"之一。史景迁带给张老师的"麻烦"持续终身。20世纪90年代,他撰写《皇帝与秀才》期间,曾请张老师为他解读了雍正皇帝那龙飞凤舞的墨宝,纠正了他的一些误读,张老师同时还给他"提供了一份山西省文献中有关曾静一案之重要的早期文本"②。

最关键的,她还得是个不仅知其然,而且知其所以然,并说得出道得明的书法家。她反思道,自己用笔墨几十年,真是下笔一"咕噜",即自己会写,却不能跟别人说清自己如何执笔、运笔,如何写出来的。但"自从教写字,必得想个办法让不识中国字的艺术学生也能欣赏与利用笔划来参透到他们所学的绘画与图案中"。于是,"回想看到好手的书法动态,自己辛苦的参详",然后"灵光一闪","开始能悟到每一点划

---

① 师欣:《张充和:这样的老太太世间不会再有》。
② 《合肥四姊妹》,序言第1—2页;史景迁:《皇帝与秀才:皇权游戏中的文人悲剧》,邱辛晔译,上海:上海远东出版社,2005年,致谢页第4页。

的要紧处"。（1972年12月10日，第416页）

*

1972年12月，在为下个学期备课的张充和，回顾过去六年教学实践，总结道："六年的实验渐得曙光。但离简单明了的方法还是很远。"

她说："唯一好的办法只有他们围着看我用笔，一遍又一遍。但人多了便只去看效果。"（1972年12月10日，第416页）这是无奈的现实。课堂上一班学生，人太多，围着她看，彼此干扰下，很难真切地看清她的用笔。于是退而求其次，六年来不断实验、琢磨、调整，终于总结出一套"渐得曙光"的办法。她描述说："我教书法，真是只教方法。我有一套简单方法，不像过去老师或不教，或过高理论。我把真草隶篆笔法一开始便讲写，教学生写，然后写一首五言诗（译出来），用四体一个一个写，一学期只教这一点。但翻来覆去，到他们把笔用对了为止。"（1972年12月12日，第417页）对于教学效果，四年后她向宗和得意地表示："学生用我的方法很快就可以写得可看了。"（1976年5月11日，第505页）

忙着为第七个教学年做准备的张充和，这次的备课有点特殊。或许是耶鲁校方考虑到书法教学这门实践性科目的特殊性，或许压根就是张充和要求的，她将为学生们做一个可在电视上播放的录像带。她"预备把基础笔画做一个带，免得每年花很多时间在这个上面。自己也乏味。但只能为学校用，我自己没有工具播放。那是很贵的"。（1972年12月10日，第415—416页）今天虽已到了人人可随手录制视频的畅意时代，不过在20世纪70年代初，录像机成本与价格之高，远非一个普通美国中产家庭所能承受。

这几年，张充和还碰到了书法教学蓬勃开展的好时候。1971年7月，尼克松将访华的消息向全世界公布，中美关系开始解冻，在美国渐渐出现了"中国文化热"，并逐年走高。书法艺术也不例外。据白谦慎介绍,1972年因尼克松访华,报张充和书法班的学生一下子爆满。①
以至到1975年,不得不分为三班。此年开学不久,张充和在信中报
告说:"照例春季有书法课,选课拥挤,校方大加注意,人多,不易照顾
得到。分三班,甚为忙碌。你想不到教写字还忙。"(1975年1月19
日,第482页)

这些年教下来,张充和最深的感受是,虽然"学生一半是各系的,
不懂中文的,而写得最好的学生却不是东语系而是艺术系的"。
(1972年1月1日,第389页)她分析说:"学艺术的大多不认识中国
字,而他们写得最神,推其原因他们无方块字字典同一切刻板的观
念,故有人说我'弟子三千尽白丁'。"这里她把周策纵赠语中的"半白
丁"给记成"尽"了。(1971年10月28日,第383页)相反,"学中文的
学生总是撇不了字典体,接受得不快"。(1972年12月12日,第417
页)后来张充和与白谦慎首次通信,如此介绍自己的教学情况说:"我
虽然在此间教了多年写字(不能说书法),却没编什么讲义,因学生由
各系来学,程度十分不齐。开始两周是教点楷书笔法,以后即因人设
教,因为只有一学期。说来你不要奇怪,艺术学生倒是写什么都行。
只有学中文(指洋人)的不易写得像样,因为深入字典字,方之又方,
块之又块。"②

晚年,张充和讲述这段耶鲁教书经历,曾"盖棺论定"道:"班上成
绩最好的一名学生,不识中国字,不会讲中国话,但写得一手好隶书。
后来他照相受到书法影响,拍出来的树好像草书。"③2008年春,张充
和指着家中墙上一幅像墨漏痕一般的古树摄影,对前来拜访的苏炜等

---

① 李昶伟:《听白谦慎谈张充和:我们的前辈如何保持中国文化传统》,《南方都市报》2010年
8月3日。
② 张充和致白谦慎信函,1989年1月29日,《充和送我进耶鲁》,《云庐感旧集》。
③ 师欣:《张充和:这样的老太太世间不会再有》。

人再次说到这位弟子:"这是我最得意的一个美国学生拍的摄影作品,他把书法里领悟到的感觉放到摄影里——现在是一位很有名的摄影家呢!"①这位学生当为专业摄影师柯尚。不过据白谦慎言,柯尚并非张充和耶鲁课堂上的学生,而是20世纪80年代经友人介绍从张充和学书的。孰是孰非,不便妄断。即或白谦慎所言为实,也可理解为此乃耶鲁课堂的一种延伸。二人之间已非一个老师面对一大帮学生的现代课堂教学模式,而是回归到她熟悉的传统书艺传授中一对一的师徒模式,就像她小时候数年如一日就学于朱谟钦老师、重庆时期师从于沈尹默老师那样。对于柯尚,白谦慎补充介绍说:"他虽不识汉字,但艺术感觉极佳,平素尤喜临书,一笔一画,一板一眼,居然能形神俱肖,观之令人赞叹不已。至今仍然临池不辍。由此可知,中国书法具有隽永的魅力,在异域也能为人们所欣赏。"②

*

与人们预想中不太一致的是,在好几封信里,张充和都表现出对在耶鲁课堂教人书法的一种似乎不可化解的矛盾心理。

在她看来,教写字是令她"有些糟心""伤脑筋"的。她说:"耶鲁是全美国把书法算学分的第一个学校,因此我的责任大,竟自己觉得不是好玩的。我本把写字当作严重的学问,可是这一来,我不能自己练字享受,却是如何使人在最短时期(一学期)了解中国字的美学部分,可也有些糟心了。故一提到教学便伤脑筋。人家说这是你会的,学生又是一点不会的,这还不容易吗?其实难处便在此点。"(1972年12月10日,第416页)

每个学期教下来,她心情会变得很不好:"谈起写字,我教了一学

---

① 《天涯晚笛》,第163页。
② 《张充和诗书画选》,第154页。

期下来总把胃口教差了，不想练习，因为洋学生（因为中国人在这里长大的也是洋人）倒了我的兴趣。近来只看看画。"（1975年6月14日，第493页）需要调养一些时候，才能拾回写字的兴致。

到了教完第十个春季学期的1976年5月11日，张充和在信中揭破内心想法道："我们正等着退休，可以自由做自己所喜之事。"（1976年5月11日，第504页）

由此，张充和身上一种令人肃然起敬的品质，出现在人们的视野——严于律己的责任意识。

她所向往的生活，是"可以自由做自己所喜之事"，"好玩"，比如，不为任何功利目的地享受练字的乐趣。然而，既然接受了责任，不管是为了薪金也好（子女就业前，她的家庭经济状况一直紧张），抑或却不过朋友的请求，只要答应了，她就要全力以赴地做好，绝不含糊，敷衍了事。

以她给人题字为例。弟子陈安娜说："她为朋友题字，每次都先练许多遍。碰到写大字，她更费事，把写好的几幅大字远远排开，仔细琢磨每幅字哪个字的哪一笔应该怎样写更好。然后再写、再练，直到满意为止。"①2008年春，答应给"史丹福东亚图书馆"写匾额后，为了写好这几个字，她琢磨几天，都没睡好，光是试笔，便用掉她好些古墨。睡不着，就干脆爬起来磨墨，先备出一大盘墨汁来，"不然，写到兴头上，墨水跟不上了，多扫兴哪！"就为那几幅条匾，整整磨掉了她两根清代好墨条。②2009年8月，她早年好友靳以的女儿章小东，受苏州大学海外汉学研究中心所托，请张充和写匾，话一出口，立马后悔，因觉夏日炎炎，实在不是写字天，于是又说："你随便写几个小字就可以了，不

---

① 陈安娜：《怀念充和老师——傅张充和女士追思会致辞》。
② 《天涯晚笛》，第163—165页。

用写大字，他们会放大的，没有关系的。"岂料张充和立即回答："这怎么可以？小字放大就不好看了。对你来说是没有关系，对我可是大有关系的了。"①

"对我可是大有关系的了"，正是这种严于律己的品质，像一根弦一样紧绷着，让张充和把在耶鲁课堂教书法看作重大责任，而非好玩的事情。然而由于书法从来都是一门渐修的艺术，绝非一学期（三个多月）速修所能领悟。此种两难困境，应是绝难调和。因此她教下来，才会每每伤脑筋、倒胃口。这要放在一个只将此份工作当职业换口饭吃的人那里，一任敷衍，心安理得，或许也不会有如此严重的心理紧张。此其一。其二，接受书法教学工作的张充和，也没有一味守成。她抛弃传统上老师或不教，或一味说些具体含义无法准确把握的过高理论，也反思自己会写，却跟人说不清的不足，于是，"必得想个办法让不识中国字的艺术学生也能欣赏与利用笔划来参透到他们所学的绘画与图案中"，多年实验、琢磨、调整，总结为一套简单易行的办法。

因此，虽然很难评价张充和的一批批学子中有多少通过短期训练，实现了"了解中国字的美学部分"的教学目的，但采用她那套简易办法，通过让学生们"翻来覆去"地练习，她至少有把握看到，他们"把笔用对了"。这等于播下了种子。更有甚者，经过后来不断的研习与揣摩，还能把从书法里领悟到的美学感觉运用于其他艺术形式。摄影师柯尚便是张充和的一批批学子中最具代表性的一位。

进入20世纪80年代，张充和想退休的念头变得越发强烈，直至冲破内心，每每向人道及。据1977年至耶鲁任历史讲座教授的余英时回忆："大约在80年代初，她忽动倦勤之念，闲谈之中屡次谈到退休的话。我当时写一首诗劝阻：'充老如何说退休，无穷岁月足优游。霜崖

---

① 章小东：《天缘：夏日再访张充和》。

不见秋明远,艺苑争看第一流。'诗虽打油,意则甚诚。我用'充老',取双关意,是说她尚未真老,不必退休。"①

1984年6月,教完该年春季学期书法课程后,张充和正式从耶鲁退休。②

① 余英时序,《张充和诗书画选》,第6页。余英时注解说:"'霜崖''秋明'则分指昆曲宗师吴梅和书法大家沈尹默。"

② 张充和从耶鲁大学退休的时间,孙康宜、陈安娜诸人年表及白谦慎有关文章均作1985年。然而,1984年3月2日,张充和致当年北大同学曹美英信说:"我今年教完此学期也退休了。"(《张充和女士的墨迹两通》)该年6月1日致重庆、北平时期曲友陈戊双说:"我今年退休,以后是自由人,再回来不至如是匆匆。"还说:"现在正结束学校事。"到1986年3月6日,再致宗和三女儿张以䃆说:"我于前年退休……"(《一曲微茫》,第520页)一写于即将退休前数月,一写于正办理退休事宜时,一写于退休两年后,无疑退休时间是1984年上半年。

小园即事

| "雅俗但求生意足,邻翁来赏隔篱瓜" |

　　1967年,赴美十八年来,张充和的心情从未如此放松,如此惬意,如此自足。她的人生已经展开新的旅程,她很享受现在的状态。

　　也是,如今的她,一双子女都已入读小学,她也在耶鲁找到一份长期教书工作,又经此前连续三年远游散心,心情之好可以想象。当然,子女成长中仍会不断出现麻烦,新接的耶鲁书法课对她也是个不大不小的挑战,不过,相对过去十八年的艰辛而言,这都算不得什么。

　　大概在这样的心理状态下,张充和写出了一组十首备受称誉的《小园即事》诗。[①]

　　小园,指她住宅后面的一片小园地,用以种花种菜,后来还种有在北美罕见的绿竹。早在十多年前于加州首次购房起,她就对种园有着强烈的偏爱。她宣称:"我喜欢弄园子而不喜欢收拾屋子……""大概一周的工作就是做园子工作最快乐的。"(1956年7月14日,第80页;1955年7月31日,第65页)

[①] 张充和1972年6月30日给宗和信中说"春上《种园即事》是五年前的旧诗",应即《小园即事》组诗。倒算五年,即作于1967年。或至少该组诗的前几首作于1967年,以后几年有所增补,合成一组十首。1972年春,张充和给宗和录过一遍,仍名《种园即事》;1973年再抄录时更名《小园即事》,因该组诗第九、第十首并非写"种园"。《张充和诗文集》(第134—137页)即依1973年手稿收入。

搬到北港后,除了种花,她又于1962年起尝试种蔬菜。年深日久,小园于她而言,有了丰富的意义。

*

它是出门在外的一份牵挂:

> 寒暖分明土最佳,及时培种洛阳花。
> 归来见叶知花瘦,去后无人护短芽。

四年前,她买了四株牡丹种在小园,"大概要好几年后才开花",故年年细心培种,等待花开。可是两年前8月出门远游,整一年后才回来,田园荒芜,无人护理她的牡丹,徒长了旺盛的叶脉,真使她疼爱又怜惜。

以后每有远游,她总不能放下小园的草木。如1981年8月她随傅汉思在德国慕尼黑客居三个月,回来后发现田园荒芜,手植菊已被草掩盖,连根都找不着,曾写信向卞之琳念叨说,松还可以,菊何能存?[①]

小园,又是远游倦客的一霎清凉:

> 游倦仍归天一方,坐枝松鼠点头忙。
> 松球满树任君取,但借清阴一霎凉。

这应该也是1965年8月到翌年7月远游东亚一年归来后的新鲜感受。对于久居的家园,张充和在四年前曾说过,"在一个地方呆久了各种人事环境不能让你休息,我也是累得电话都不想接。总想出去与此间一切隔绝。不听门铃,不接电话,不同邻居点头,不扫地,不煮饭,不……到一个生地方去。这些都可暂免,所谓异地之功也"。"异地之

---

① 卞之琳致黄裳信函,1981年12月11日,黄裳:《卞之琳的事》,《来燕榭文存》,第116页。

功"还在于,当在异地呆久了,回到久违的家来,园中一草一木总能让远游倦客感到亲切,充满新鲜感。

小园,还是一个有国难回的游子安身立命的乐土:

> 窥户饥禽未有家,不难相与忆中华。
> 一冬雨雪三秋叶,可有春泥再种花。

看到饥禽窥户,张充和起了同病相怜之感。饥禽无家可归,她有国难回。好在这异国他乡尚有这一片园地让她安居,种花种菜。她化用龚自珍"落红不是无情物,化作春泥更护花",说满地秋叶经一冬雨雪沤烂,可有了肥料给她种园。

《小园即事》第四至七首,顺接第三首,写张充和在这片乐土上的劳作及收获,是陶潜、王维式田园诗的当代遗响,自有一种天然真趣洋溢其中。

> 水喷新雾起朝虹,人在朝虹七彩中。
> 忽忆峨嵋①山顶事,此生应合在花丛。

"水喷新雾",指牵引胶皮水管、手持雾式喷头给菜蔬花叶喷水,即第六首所云"辘轳牵引走胶蛇,细洒甘霖醒睡芽"。"峨嵋山顶事",指1938年暑假,张充和与人同游峨眉山,快要登顶时,看到了"佛光"。②峨眉佛光作为奇观,并非日日可见,僧人于是对张充和等人说:"有佛根,应皈依。"近三十年后,在自家小园劳作的张充和,牵引水管喷洒水雾,阳光一照,七彩朝虹顿现,偶然想起当年之事,闪出一念:"此生应

---

① 今作"峨眉"。——编者注
② 张昌华:《最后的闺秀——张充和先生剪影》。

合在花丛。"原来我该皈依的并非佛门,而是田家。

> 昔日画兰如画韭,今来种韭爱如兰。
> 堆盘不尽乡情美,休诧降皇第一飧。

张充和注解说,儿时画兰花,父亲张冀牗题"虾米炒韭菜"。如今,在美国种菜多年,其中尤属韭菜,让她很是得意。她后来在信中对宗和说,"我的韭菜在新港是一绝,叶子肥大","又粗又嫩",除自吃外,还有富余送人,有一回访客不知情,"来了送礼送了两把韭菜,五毛一把,像头发一样细而老"。(1972年5月21日,第397页;1972年12月12日,第417页)因此,她在诗中用溥仪第一次吃韭菜不知叫韭菜的"典故",写访客们在美国竟能吃到如此肥美韭菜时的惊讶。

*

北港家宅的小园,不仅是张充和的诗意寄托与田园乐土,它同时具有明确的实用价值:在小园种菜,既强身健体,又散心解闷,而园中收成,还能应付在美国购买蔬菜贵而不佳等问题。

1962年,张充和在后园种下韭菜,次年又种了番茄、四季豆。春天下种时她还担心"因无经验,恐没有收入"。到暑夏,长势不错,"番茄大盛,可是又大器晚成,市上半月前已有本地的出现,我的尚未红"。除了种菜,她将原有的芍药进行修整,"又买了四株牡丹,大概要好几年后才开花"。她颇为自得地对宗和说:"今年的园子渐渐像样。我的手气对花特别好,菜蔬不太有运气。"(1963年4月16日,第321页;1963年8月13日,第327页)几年后,随着栽培经验的累积,这块后园逐渐产出了品种多样、数量可观的蔬菜,让张充和自豪得都恨不得封自己为"种菜小能手"了。

1971年9月20日,在相隔五年恢复联系后给宗和的第一封信中,她自得地说:"我的身体好,还常骑自行车上山坡,挖土种地。今年出了毛一百五六十斤菜蔬。因为美国素菜比肉贵,又不新鲜。我若送中国人一把韭菜,人家会当宝贝。这是你们不能想象的。"(第381页)

此后隔三岔五,她便会说及小园劳作及收成情况。综述起来,大概情况如下:

种园所用肥料,因张充和尚不相信化肥,多用牛粪和骨粉,骨粉虽好,但贵。因此,他们经年累月自制有机肥,俗称"沤粪",在给宗和的信中她叫作"堆肥",并说,傅汉思管堆肥,他曾按书本做了个大木箱子,用来堆肥,即是园中所有草头草根都堆起和土化为肥料,厨房中所削下的瓜果菜边鸡蛋壳都放在堆肥中,大致一年后即成上好的肥料。(1972年5月21日,第397页;1973年8月22日,第454—455页)

每年2月间,张充和一家在室内播下各种菜种,培育秧苗。当4月天暖和了,便在小园挖地,至中下旬"夜间不至冰点即可移栽"。不过有时天暖得晚,也可能延迟到五六月份才移栽或下种。如1978年,至5月25日,"黄瓜下了三次种都没有出"。(1972年4月14日,第392页;1978年5月25日,第514页)

一般每年4月至10月,张充和得付出相当时间在小园劳作。她报告说:"我每天至少两小时拔草,上肥,清理,下种,分秧,忙得很。"(1974年5月22日,第472页)

小园本就不大,因周边大树较多,遮挡光线,能得到充分日照的地方就更少了。张充和告诉宗和一件趣事:"你的中学同学吴麟祥种番茄在树荫下,我问何故,他说种地时没有树荫,因为那时树尚无叶。"地少,便只能往拥挤了种,"种得挤就不能锄草,趴在地上细细的拔"。(1973年8月22日,第454—455页)

不大的园地,陆续种有韭菜、黄瓜、茄子、番茄、白菜、四季豆、豌豆荚、菠菜、空心菜、雪里蕻、水疙瘩、小红萝卜,"还有几种美国菜,都是平时买不起的"。其中韭菜最让张充和得意,1971年产了近五十斤,除了当年现吃和送人,还腌了"和在馅子里放进冰箱可藏两年";黄瓜是小黄瓜,皮极嫩可食;空心菜长得不长,种了几年都种不好。(1972年12月12日,第417页;1974年5月22日,第472页;1975年8月24日,第498页;1976年6月29日,第506页)

统计收成,1971年收了毛一百五六十斤,1972年收了毛二百斤,1973年到10月16日已收二百六十磅即二百三十多斤,且地里尚有"茄子、番茄、韭菜、四季豆还在长",似有逐年攀升趋势。记录收成的主要是大姐张元和,其两年前由张充和夫妇张罗自台赴美,在北港一住五年。张充和向大弟报告说:"大姐也喜欢种,而且喜欢记收成。"(1971年9月20日,第381页;1972年12月12日,第417页;1973年10月16日,第459页)

这些收获,可供家中五口人一夏一秋的蔬菜食用。一则省钱:"尤其近几年来蔬菜奇贵,你们无论在中国哪一省也想象不到。以谟今年十四岁,几年前说:'等我赚了钱,我要吃一棵整的生菜。'你们听了可好笑吧。"(1974年5月22日,第472页)又云:"说起蔬菜,你们在国内的人不知道,也觉得不值一谈。我们几个当家婆,一见面即谈蔬菜,哪处好哪处便宜,我因喜种花菜,所以一年就有三四个月可以自备。"(1976年6月29日,第506页)二则,市场上所售蔬菜的质量也不行:"自己种自食胜过一切。你们在国内,不知我们这儿蔬菜是多么不好。菜市上红红绿绿摆得好看,本地出的很少,都是别处送来,譬如番茄一类都是未熟即摘,其味很坏,……"(1975年8月24日,第498页)

与此同时,种菜过程本身就是收获。对张充和而言,小园劳作,不仅锻炼身体,还具有很强的安神遣闷功能。早在1962年,她就说过:"这几日在拔草,拔草除了得好空气,还可以消恨,拔一颗又顽固又坚硬的草根,好像是除一个坏人。不怪旧书上常提到蔓草之忧恨。"(1962年4月30日,第200页)一年后又说:"这一阵子也睡眠不好,可是做做园子便觉安定。"（1963年8月13日，第327页）十年后仍说："我心里一烦就去搬运肥料，挖地拔草。"（1973年8月22日，第455页）

1974年，她写道，虽然她每天至少两小时得忙地里这些活儿，"但非常高兴，心里一烦便去园中做工。身体就很健康。也看出成绩。看草木生长，可以增长生趣……"（1974年5月22日，第472页）

＊

　　当年选胜到天涯，今日随缘遣岁华。

　　雅俗但求生意足，邻翁来赏隔篱瓜。

此诗第一二句，颇有总结过往、领起余生之势。四十八岁以前，她漂泊不定，"选胜到天涯"，寻觅桃源，终不可得；之后落地生根，定居新港，"随缘遣岁华"。何以"遣"之？即第三句"雅俗但求生意足"：田园诗意之趣与田家劳作之勤，雅耶俗耶，实浑然一体，只求所种之菜、所寄之身，皆生机盎然，活力充盈。

其他事项，无不可作如上观。写字画画、唱曲吹笛、操持家务、抚育子女，或雅或俗，不再强分，无不倾力去做，"但求生意足"。乃至写文作诗，之前还信奉杜甫之言"文章千古事，得失寸心知"，企望以之建立个人成就，不留此生"一事无成"的遗憾[①]；到六十岁时，却也看开："文章得失事，寸心已渺茫。闷来随地吐，扫去一时光。"[②]写文作诗在此时的她看来，与挖地拔草一样，皆是为了遣闷，皆是"但求生意足"。

---

① 1962年9月28日，她在给张宗和的信中写道："我仍觉得我应该在字画上用功。既不写文章又不唱戏，将来真是一无所成。"（《一曲微茫》，第269页）

② 《得失偈》，《张充和诗文集》，第142页。据杨联陞：《台静农教授八十寿庆——〈友声集〉总序》（《哈佛遗墨》（修订本），北京：商务印书馆，2013年，第79—85页），张充和此诗约作于1973年秋冬之际。

哈佛唱和

| "横流葭苇总相侵,再整衣冠再陆沉" |

1968年4月30日,应哈佛大学音乐系教授、赵元任长女赵如兰邀请,张充和再次北上哈佛,演出《思凡》《游园》。

与1962年5月10日那次自个儿"在台上耍猴子耍一个半小时","将《游园》劈开来唱",一人分饰杜丽娘、春香不同,此回有其弟子、考古学家张光直的夫人李卉助阵。自1961年跟张充和学曲以来,这是李卉第一次正式上妆演出,新莺初试。此外一如既往,仍得张充和事先录好笛子,演出现场放录音伴奏,仍得自己化妆,并兼顾李卉。

饶是如此简陋,这一次的演出在张充和的昆曲演出史上却具有举足轻重的地位。它引发海外学人以诗体形式,就故国时局与昆曲命运展开了一次高层次的热烈讨论,促使张充和抖擞精神,将数十年关于昆曲的思考以诗的形式做了一番认真严肃、痛彻肺腑的陈述,并成为一个萦绕不去的问题,激励她在今后的日子中不断思考昆曲的出路。

*

发端者是张充和的同龄人、诗友杨联陞。

杨联陞(1914—1990),字莲生,原籍浙江绍兴,生于河北保定。毕业于清华大学经济系,1940年赴美,就读于哈佛大学,1946年获博士学位,任教于远东语文学系(后改称东亚语言文化系),1958年升教授。其学以博杂多端著称,不自称史学家,而以"开杂货铺"的汉学家自居,亦曾自嘲为"汉学的看门狗,看到人家胡说,必高叫一声"。

杨、张两人十三年前即有唱和。1955 年 9 月 2 日,杨联陞一家刚乔迁新居,即遭洪水之患,遂寄赠张充和三绝句,备述其事:"不许钟声惊晓梦,贪随蝴蝶访庄生。吾庐吾榻吾酣睡,谁料潮来睡不成。"又云:"一家四口教书匠,木屋八间已是多。但愿卅年行好雨,莫教厨下再成河。"张充和五日后回赠:"八间木屋初营就,三尺清泉恰过腰。若访新居探禹迹,归时休看浙江潮。"诗中跟杨联陞开玩笑,将杨家所遭洪水与中国第一潮钱江潮相比,说看了杨家受灾惨状,也不用再看钱江潮,等于看过了。接着她回忆当年在重庆所遭阴雨连绵的苦楚,自嘲道:"蛙声床下自呱呱,扑面牛毛若有无。住久下江人亦惯,蒙头油布睡呼呼。"苦中作乐,不亦乐乎![1]

此次看到张充和与弟子李卉的表演,杨联陞非常享受,首作一绝:"万壑争流传古韵,百花齐放听新莺。今宵定有还乡梦,春在山阴道上行。"[2]末句出自东晋书法大家王献之:"从山阴道上行,山川自相映发,使人目不暇接。"杨氏原籍浙江绍兴,即"山阴"。他的意思是说,张充和等人的演出,定会勾起他的还乡梦,梦里的故乡,纯真浪漫,美不胜收。

观赏了这次昆曲演出,又见到杨联陞的赠诗,杨的弟子余英时感慨系之,一气写了两首绝句,一则"志盛",一则对老师诗中所咏"还乡梦"做出回应或者干脆说是决然否定。

余英时,原籍安徽潜山县,1930 年生于天津。抗战全面爆发后,随伯父回到群山环绕的官庄祖居,一住八九年,就读于私塾。1950 年入读香港新亚书院,师从张充和读北大时的老师钱穆,故余英时对张

---

[1] 《张充和诗文集》,第 61—63 页。
[2] 《张充和诗文集》,第 87 页,第 160 页后彩页第 7 页。

充和有"我的同门先辈"之称。①1955年入哈佛大学,师从杨联陞,1962年获历史学博士学位。于密歇根大学任教数年后,1966年回哈佛,任中国史教授。

虽长期置身校园,埋头于中国几千年历史的研究著述中,但余英时心心所念,是华人世界的政治发展,以至有人评价,学院派的"学者"一称恐难描述其人,中国传统以天下为己任的"士",才是形容他的最佳词语。②恐怕正是此种情结涌动心间,让余英时对老师诗中的"还乡梦"意不能平,在给张充和两首赠诗的第一首,感时忧国、坦直沉痛地写道:

> 一曲《思凡》百感侵,京华旧梦已沉沉。
> 不须更写怀乡句,故国如今无此音。③

中国国内正处于"文革"的癫狂之中,岂止昆曲,许许多多的传统戏曲和现代戏剧,全被禁止,早已沉寂,能演的只有二十多个"样板戏"。哪有还乡梦,还不是迷梦!

本来沉浸在昆曲演出享受中的一众海外游子,被余英时这么一点,无不感慨系之。大概因此,杨联陞两日后于日记中抄录了自作"还乡梦"绝句后,备注说"自觉欠佳"。④

在和杨联陞的诗中,张充和也写了她的还乡梦,并回应余英时:

---

① 余英时序,《张充和诗书画选》,第6页。
② 李奭学:《"哪里是安身立命的乐土,哪里就是中国"——唐奖汉学奖首届得主余英时教授的生平与贡献》,《南方周末》2014年7月4日。
③ 《张充和诗文集》,第88—89页,第160页后彩页第5页。
④ 《哈佛遗墨》(修订本),第279页。

　　瘴雨顽云归梦恶,高枝空自泣流莺。

　　吴中塞北增新墓,墓里人曾送远行。①

　　与杨联陞迥然有异,张充和在诗中描摹的归乡梦,是一场痛苦不堪的噩梦。她借用了自己早期诗词中的两个意象:"瘴雨顽云",张充和1945年9月以此形容抗战胜利后国共内斗、美苏插手、前途未卜的政治动荡形势,表达自己的忧愤悲慨;"高枝泣流莺",1946年春她写道,"万红寂寞一莺啼。莺啼如有泪,莫上最高枝",表达对笼罩在战争乌云下的中国的迷茫与神伤。时隔二十余年,梦里的"故国",再次被"瘴雨顽云"笼罩;梦中的自己再次变成一只流莺,飞回故乡,却见一位位亲友变成一座座坟头,徒留自己悲泣高枝。这是说,因为断绝了与国内亲友的通信,置身海外的她不能获悉他们的准确消息,听到的,只是些基本不能判断真伪的传闻。在这些传闻中,她的许多亲人、朋友被一一摧残,遭遇非正常死亡。这些人,有的是1949年前后送她离开中国的,有的是到了美国后她送他们回去"建设新中国"的。流传海外的死亡名单应该是逐年加长的,最终,有多少人进入这份名单,现在暂不可知。但从后来结果看,其中不少人的的确确死在这场动荡中。

　　如1949年10月在旧金山候船回国、曾对张充和说在美国寂寞得发疯的老舍,于1966年8月,不堪迫害,自沉于太平湖。

　　如1949年1月送张充和离沪赴美的老师沈尹默,遭受了残忍冷酷的折磨,并于张充和写下此诗三年后的1971年含冤去世。她后来了解到的情况是:"那时候,沈先生天天在挨批,戴着一千七百度的近视镜爬上爬下地应付批斗。怕自己的书法文字惹祸,就叮嘱年小的儿子,让他把家里藏的自己的所有书法纸张全部放到澡盆里,淹糜淹烂

———————

① 《张充和诗文集》,第87页。

了,再让他趁着天黑蹬着自行车出门,偷偷把这些烂纸张甩到苏州河里去。"她又痛苦地知悉:"沈先生这个儿子现在想起来,就心痛得流血——沈先生多少宝贵的书法作品,都是这样亲自经过他的手,毁在那个年月里了!所以,他现在要编沈先生的书法全集,见到父亲的任何一点遗墨遗迹都不放过,拼了命似的四处搜求……"①

虽然更多遭受了类似老舍和沈尹默那样残酷折磨的人们,最终从那场浩劫中挺了过来,但在浩劫远未结束的时候,隔离于海外、音信不通的张充和等人,实在看不到何时是个头。

*

说罢自己的痛苦归梦,张充和又就余英时"故国如今无此音"一句唱和道:

> 横流葭苇总相侵,再整衣冠再陆沉。
> 此曲微茫如可听,恹恹如缕赖知音。②

近现代以来,昆曲遭受了重重噩运,昆曲人也做出过一轮轮拯救努力。此种命运沉浮,高度浓缩于诗之前两句,十四字中。

"横流葭苇总相侵。"不像昆曲门外汉余英时,只就昆曲在故国早已沉寂的现状说事(当然,余英时的主旨是借题发挥),曲人张充和浸淫昆曲研习唱作五十余年,熟稔昆曲的历史特别是在近现代以来的命运沉浮,故视野更为广阔。一百多年来,昆曲遭受了一次次"横流"(张充和亦作"乱流")的侵袭。包括:京戏、其他地方戏等所谓"花部乱弹腔"的兴起对于原本占据主导地位的昆曲之冲击,太平天国战乱对于

---

① 《天涯晚笛》,第 27 页。
② 《张充和诗文集》,第 88 页,第 160 页后彩页第 6 页。

江南文化生态的惨烈破坏，西方文化对于中国传统文化的铺天盖地般的替代……这些都发生在张充和出生之前；此后，张充和所亲历的有日本全面侵华，国共第二次内战，然后是最近的，远在海外听说的"文化大革命"在故国的爆发。

但昆曲人曾一次次地"再整衣冠"。

就专业昆曲演出而言，最典型者是1921年创办的苏州昆剧传习所，由苏州最后一个传统昆剧戏班"全福班"的多位艺人作为业师，以半新半旧的培养模式将平生绝学传授给一批年轻学子，"传"字辈昆剧演员，接续了昆剧的最后一缕香火。

创办传习所的是资财雄厚的昆曲爱好者和曲家穆藕初、贝晋眉、张紫东、徐凌云等人，其大背景是业余昆曲界的自救运动。其间，各种业余曲社相继设立，以至张充和每到一地，总能遇到曲社，参加其活动。许多学校主持者也引入昆曲，如乐益女中的昆曲课，启蒙了张充和对于昆曲的兴趣；在张充和入读北大之前，校长蔡元培在北大课堂开设包括昆曲在内的中国戏曲史课程，邀吴梅任教，并扶持"北京大学音乐研究会昆曲组"，由吴梅、赵子敬、陈万里等人传授昆曲唱腔；张充和所参加的清华大学谷音社，也得到校方财政支持。

日本全面侵华时期，本就处于苟延残喘状态的少数几个昆剧戏班被迫解体，业余曲社起到了延长昆曲寿命的作用，那些专业艺人托庇于业余曲家和昆曲爱好者，为这些昆曲同好拍曲、唱曲和说戏，赖以为生。

抗战胜利，回到江南的张充和喜逢曲会重开，演出不断，"旧日歌声竞绕梁，旧时笙管逞新腔"，大有重整旗鼓的气概。然而好景不长，不久国共内战，天地翻覆。

在中华人民共和国，虽然过去的文化生态不复存在，但昆曲在新的环境下开始了新生。旧时昆曲艺人纷纷进入"体制内"工作，虽受种种约束但生存不再成为头等问题。1956年改编本《十五贯》进京演出，刮起了一阵昆曲风，"一出戏救活了一个剧种"。至1960年，相继成立了五个专业昆剧剧团，几所戏校都设立了昆曲班，北京、上海等地的业余昆曲研习社也相继成立，昆曲在新时代呈现一派兴旺景象。张充和的亲友中，二姐允和参加北京昆曲研习社的日常组织工作，远在贵阳任教的大弟宗和于1962年在当地戏校兼授中国戏剧史和昆曲课，曾指导过张充和与宗和的韩世昌出任北方昆曲剧院院长，她的老师沈传芷进入俞振飞任校长的上海戏曲学校任教，她的曲友许振寰先后出任江苏省苏昆剧团、江苏省戏曲学校昆曲教师……

因此，沈从文1962年4月11日在给张充和的信中说"北京近年来好戏好曲子真多，不是你们在国外所能想象，事实上如你在此，大致也必然是一个热闹角儿！"①，当非虚言。

然而不久，昆剧《李慧娘》被点名批判，昆曲形势急转直下。"文革"期间，各家昆剧剧团相继撤销，各地曲社也停止活动。昆曲在故国"再次陆沉"。

顺接而下，便有诗之后两句。张充和对昆曲命运早有"一曲微茫"的消极心态，此局出现，让其更为悲观，不由向余英时等人倾诉：如今昆曲在海外犹存，气息微弱，幸赖你们这些知音的支持与欣赏，保一缕不绝。

*

对于昆曲今后命运的思考，张充和在和叶嘉莹的赠诗中做出回应。

叶嘉莹，中国诗词学者，1924年生于北京，1966年由台湾赴美，先后讲学于密歇根州立大学、哈佛大学。1968年4月31日，观赏了张充

---

① 《沈从文全集》第21卷，第194页。

和师徒昆曲演出的次日,叶嘉莹继杨联陞、余英时之后,撰五律一首赠张充和:

> 白雪歌声美,黄冠舞态新。梦回燕市远,莺啭剑桥春。
> 弦诵来身教,宾朋感意亲。天涯聆古调,失喜见传人。[①]

叶嘉莹四面照顾,既给杨联陞、余英时打圆场,又连连赞美张充和师徒的演出。她一面应和余英时说"梦回燕市远",自己的故乡燕市——北京——的现实的确冷如寒冬,连梦里都难回去;一面又说"莺啭剑桥春",在这剑桥即哈佛大学所在地,看了张充和师徒的演出,还是可以产生如杨联陞梦里所说春天般温暖感觉的。

对于叶诗,张充和回赠说:

> 诗本无今古,曲宁论旧新。但求歌与众,不解唱阳春。
> 地远心偏迩,风殊意转亲。庭燎春婉婉,共是忆乡人。[②]

张充和对叶诗中"白雪""古调"两个字眼比较敏感,颇为抵触。大概她认为,用这两个字眼,说明在叶嘉莹心中,昆曲就是"阳春白雪,曲高和寡",就是"古调虽自爱,今人多不弹"。于是她论辩道:"诗本无今古,曲宁论旧新。"这是张充和一贯的主张。早在1937年发于《贡献》的一篇文章中,她就指出,"文学同其它艺术一样,是人类情感交通的工具"。一篇文学作品,不管是一首旧体诗词,还是一首新体白话诗,只要"能激动人,能在每一个有生命的人心目中活跃着,有力量叫人哭

① 《张充和诗文集》,第90—91页。
② 《张充和诗文集》,第89页及第160页后彩页第6页。

笑,有力量激怒人,有力量使人自己良心谴责,这就叫活文学"[1]。同样,昆曲也是如此。故而,无论诗还是曲,评判它是活文学、活艺术的标准不应该是其形式的新与旧,或出现年代的古与今,而应该看其生命力,是否感动人,激励人。

因此,她对于昆曲的态度是——"但求歌与众,不解唱阳春"。只求向更多的人去推广、演唱昆曲,而不用去管昆曲是否属于阳春白雪、别人听不懂之类。在中国国内昆曲界哑然无声,昆曲或许就此失传的时代,作为少数活跃于海外的昆曲传人,张充和对于昆曲的赤诚与担当昭昭可见。

*

以上便是张充和就杨联陞、余英时、叶嘉莹的赠诗做出的回应,然而事情远未结束,余英时"故国如今无此音"的沉痛之语,叶嘉莹动辄"白雪"与"古调"的表述,始终在张充和心头萦绕,无法放下,她也不断尝试拓展新路,突破窘境。十年后,随着故国形势拨云见日,一片喜人,她结合自己的实践,提出了更为成熟的思路。

---

[1] 《活文学》,《张充和诗文集》,第 221 页。

姻缘相长

| "看来嫁与胡儿,未必非才女之福" |

不胜尊酒不胜衣,零乱心情待汝归。
病榻成诗无吉语,梦魂如滞忽如飞。

七日相离病转加,应怜儿女自当家。
闭门密议良辰事,放学归来剪彩花。

休论昨是与今非,艳艳春阳冉冉归。
喜得此心俱年少,扬眉斗句思仍飞。[①]

　　1968年11月19日,傅汉思与张充和结婚二十周年纪念日,因事赴加州十七日的傅汉思赶回家中。此时的张充和病了十多天,不能做事,无所准备。眼看如此良辰却要落得冷清,张充和的心情分外凌乱。然而让她没想到的是,十一岁的儿子以元与九岁的女儿以谟主动担当起来,闭门密议,各种张罗,营造出喜庆的气氛。

　　一双小儿女的贴心懂事,似艳艳春阳,温暖了张充和愁病交加的心。她激动万分,思绪起伏,追思往昔,历历如昨,写下《结缡二十年赠

---

① 约1968年11月中下旬作,《张充和诗文集》,第92—93页。

汉思》二十首。以上所引即该组诗的前三首,交代写作契机。第四至六首进入正题,写两人结婚二十年来的相处。第七至十八首转入回忆,写两人的恋爱、结婚与离开中国、流落异域,已见《北平情缘》等章节。最后两首是小结。

两人结缡二十年的相处之道,概而言之,即第十四首所写当年婚礼上师长杨振声的一语叮咛——"姻缘相长莫相羁"。

*

> 三朝四次煳锅底,锅底煳当唱曲时。
> 何处夫君堪此事,廿年洗刮不颦眉。[1]

夫君傅汉思对于成为自己妻子、过去一直习惯自由自在单身生活、久负盛名、脾气颇大的张四小姐张充和,展现了"暖男"特质,温柔体贴,顾家爱家,任劳任怨,迁就包容。"我们之间若有一分钟不快乐,他必得想办法自责,如何改善",在给大弟宗和的信中,张充和似带炫耀地说及傅汉思的体恤。(1953年2月28日,第49页)

傅汉思十分认可主妇张充和的成绩,曾以赞许与怜爱的口吻向小舅子宗和说:"充和很会弄一个家,也很会算,不乱花钱。我有时候怕她太累。"(1961年8月17日,第146页)他怕这位全职妈妈"在家无聊,成天看孩子做饭",遂给她"星期二、四的整个上午自由支配",自己担起照看之责。(1961年10月25日,第154页)他支持作为全职主妇的张充和,远赴威斯康星州教唱昆曲,连续两年,每年一月左右。其间,一周虽有两天雇了保姆,但其余五天,他忙于学校授课、教务之外,兼顾一双子女及家务。(1964年1月28日,第339页)用钱的是张充

---

[1] 约1968年11月中下旬作,《张充和诗文集》,第93页。

和，但记账由傅汉思，或许与她不善数学有关。(1961年8月12日，第145页；1962年7月22日，第236页)家用的钱自然出自傅汉思的工薪及研究经费结余。一次张充和到哈佛唱昆曲赚了一百多美元车马费，本拟作她的私房钱，却因用钱一时紧张贴补家里。疼爱妻子的傅汉思表示，他会还她的。(1962年4月30日，第200页；1962年6月12日，第211页；)妻子的大姐元和家因做生意亏本、家境困难，傅汉思虽知自家并不宽裕，但他理解并和妻子一道，"减衣缩食"，供给大姐元和的儿子入读台湾昂贵的私立学校。(1966年3月19日，第373页)

"三朝四次煳锅底，锅底煳当唱曲时。"写实中或许有诗意的夸张。从张充和给大弟的信中可见，她忙于唱曲练戏时，并没忘记作为全职主妇的责任："这些时除忙着练戏外，还大做其菜，因为在唱戏的前后没工夫做菜，现在做好了，分成几顿放在冰冻箱里，随时汉斯孩子们就有得吃了。汉斯会拿点现成东西蒸或者煮个鸡蛋，其余什么也不会。要是照到食谱也可以做菜，可是一个菜要好几个钟头。"(1962年3月20日，第191—192页)不善烹饪的傅汉思，对于烦琐的家务，并非甩手掌柜，一推干净，而是与主妇张充和共同承担，各自分工："园中砍树剪树堆肥全是他的事，一周一次用吸尘器也是他的事。洗碗也是他的事。"(1973年11月6日，第464页)因此，"何处夫君堪此事，廿年洗刮不颦眉"，应是两人婚姻生活的真实写照。

＊

些些小过证非贤，各不求全亦自全。
涂里将相闲曳尾，强如东海傲云天。①

---

① 约1968年11月中下旬作，《张充和诗文集》，第93页。

　　该诗分别说了两个意思,前两句说夫妻之间要相互包容,后两句说她和傅汉思脾胃相近,性情相投。

　　从实际相处情形看,傅汉思对张充和的包容更多一些。说到两人几十年的相处,张充和说:"汉思的朋友多,人缘好,从来就没有什么复杂心思,你欺负他,他也不知道,我就常常欺负他……他性子慢,我快。他一慢,我就急,俩人倒也没吵过什么架。"①

　　所谓一个巴掌拍不响,两人没吵过什么架的主要原因,是傅汉思遇到张充和发脾气,一般选择不声不响,不和她吵。如前所见,张四小姐的直率或曰脾气差是出了名的。这点她也承认,"我喜欢嘴喳喳的,喜欢发脾气,有话就直说了"。(1973年11月13日,第466页)"我的脾气仍是比汉斯坏,这点我承认,但是太忙了脾气来不及发,有时因为他慢而发,有时为孩子们发。他若放纵孩子,我总一骂三个。他照例不声不响,不到五分钟就过了。"(1962年12月26日,第304页)1963年11月19日,结婚十五周年纪念日当天,因为在对待子女问题上处理方式相左,张充和很生傅汉思的气,不过"今天因是纪念日,也不去同他吵了。平时就得吵了。我的脾气也仍然不怎么好,比年轻时好多了,汉斯总是不开口,不开口可也不是事"。(第334页)

　　她还从心理学上为发脾气与吵架寻到合理性根据。谈及夫妻、父母子女的日常相处,她说:"有脾气即使错了也要发。否则容易生厌倦心。不是什么公平不公平的问题。是在神经上得到平衡。在各人心静时要多谈各种大小问题。不要不说,你瞧爱说话的没有多少精神病的。"她又说:"吵吵闹闹也并不丢人,只要不大吵大叫叫邻居笑话。记得一个记者问一对做钻石婚的夫妇(大概得结婚七十年)是如何把感情维持得这么久? 他们说'无日不吵'。虽是传为笑话,在心理学上是

---

① 《天涯晚笛》,第120页。

天经地义的。有话就说,有气就发。"

　　傅汉思不跟她吵架,曾让张充和很长时间以来直犯嘀咕:"汉斯不发脾气,我是相当注意的,或是抑制,或是习惯,或是对我无足轻重。这三者常在我脑中盘桓。"(1963年1月24日,第310页)多年后,因傅汉思一再抑郁症发作,张充和从医生那里获悉傅汉思不发脾气的真相:"医生说他毛病最大的是不会发脾气,因为总是怪自己,不相干的事自怪,这种病一直是有的。当初我以为他是谦虚,自责。严重时成天成夜的自责,使我又可气又好笑。再有一件奇事,我初不信,现在真信了。他从小就有一个'自己'站在他背后监督他读书做人,甚至在梦里。当初的书读得真不错。得到一把金钥匙。做人连一步错也不走。我常要放宽天地步子,做点小小坏事。如此这般,他做人的气没有了。他常常羡慕我有'气',虽不是浩然吧,不至于像他那样迂夫子。"(1974年11月26日,第479—480页)

　　因此,遇见张充和发脾气,傅汉思总不作声,并非其刻意抑制,或天长日久成为习惯,更不是对张充和不在意,而是其本身的严格自律、一心向善情结,最大限度地包容了直肠子的她。

　　性格互补确保了张充和、傅汉思两人感情的长久,而脾胃相近则让他们愿意在一起。"涂里将相闲曳尾,强如东海傲云天",化用《庄子·秋水》"曳尾涂中"的典故,同时并用今典,即张充和小注所云:"一九五〇年华盛顿来电,欲汉思任某外交职,当时即辞去。时余等正失业也。"两句是说他俩宁愿困顿"泥涂",自由自在,也不愿攀龙附凤,奢求富贵。

　　淡泊名利,一方面因两人性情使然,志不在此。如前所叙,1962年耶鲁毕业典礼上,邀请时任总统的肯尼迪前来演讲,并授予其名誉博士,需"教授们穿上大礼服,方帽子摆阵"坐场,傅汉思不愿参加,遂将门票送给邻居。邻居觉得他们奇怪,怎么这么好的机会都不要? 他们哪里知道,于张充和夫妇而言,与其大热天亲临热闹现场,目睹一位总统的魅力与风采,还不如静静置身大山深处,呼吸森林空气,吃冷食,夜间睡汽车硬硬的后座来得有价值。就此,张充和表露心迹说:"我们只得逍遥处且逍遥,像那么热的天气真是划不来。我有一句名言,有一次在加拿大,别人要介绍一个阔人给我做朋友,我拒绝了,说'有钱可不是传染病,我认了他做朋友,也富不了。'"(1962年6月12日,第211页)

另一方面,他们自认没有追名逐利的本事。大弟宗和早就说过:"汉斯兄又是个老实人,一点不会投机取巧,规规矩矩的过日子,一定不会太富裕的。"(1951年6月10日,第38页)张充和自己也承认,与懂得理财、善做生意的杨步伟、徐樱相比,"我是一点这种本事都没有,而时时想写字看书"。(1972年6月30日,第401页)她评价傅汉思,"他若说起才干,真是差劲,若读书作学问做先生写东西倒是有蛮劲,也仔细",也"是他的志愿"。(1963年5月30日,第323页)

到了晚年,聊起她与傅汉思的几十年情缘,张充和笑眯眯地总结道:"说来也奇了,他性子慢,可比我的事情做得多,我比他快,可做的事情反而比他少,你说怪不怪?他不爱说话,闷头闷脑地做事。他对中国历史比我还熟,文章写得很多,做出的事情,一件就是一件地摆在那里,让我不得不服气。"[1]

*

> 静对疑闻虫蚁哭,相看直似稚童年。
> 莫求他世神仙侣,珍重今生未了缘。[2]

---

[1] 《天涯晚笛》,第120页。

[2] 约1968年11月中下旬作,《张充和诗文集》,第94页。

大概1957年夏秋,张充和曾在寄答乐益女中同学许文锦的词中写道:"小字蛮笺问短长,天教做嫁为人忙。明知蜡蕊频频嚼,闲煞幽花细细香。"(1957年9月29日,第102页)此词似可看作张充和的心理写实。据金安平转述,抗战期间逐步迈入大龄剩女行列的张充和,喜欢保持单身女性的身份,机动,自由自在,也不觉得非要结婚不可,因此没有母亲和姐姐们在这个年纪作为主妇的烦恼,没有黏附她的儿女,日常生活中也没有那么多烦琐平庸的东西。[1]为人妇八九年后,据此词推测,张充和对于婚姻似仍持消极看法。在她看来,婚姻生活是"天教做嫁为人忙",社会压力促成,并非自愿,是"明知蜡蕊频频嚼",知其不可为而为之。从婚后与傅汉思来到美国的生活体验来看,似乎的确如此。以至她曾抱怨说,她和傅汉思最初在加州十二年的生活同她过去的生活经历相比,还不如她们张家的女仆男佣。(1961年10月31日,第155页)

或许彼时,在张充和内心深处,她并非不渴望婚姻,但那应是与她相爱的知心男子的婚姻,所过的应是她一直研习与演唱着的古典传奇里歌颂的神仙眷侣日子。然而这样的理想男子,现实中总无法遇见。她只有在舞台上成为她所扮演的那个虚幻女子时,才能够获得精神的暂时满足。这或许就是她之前一直单身的内在原因。她可以坚持自己的单身,但面对亲友同事们持续不断的直接或间接"压力",难免不胜其烦,并随着年岁渐长,不断退缩,向社会屈服。此大概就是她所谓的"天教嫁人"。

因此她只能退而求其次。当年卢前对她直言忠告:"充和,你是不是准备这样过一生了? 在舞台上可以演出传奇中的人,但在我们日常生活中不能这样的!"她当时表示"我也要重新做一个人"。这一表态,

[1]《合肥四姐妹》,第304页。

换句话说,即是:"莫求他世神仙侣,珍重今生未了缘。"

目前尚不能确知张充和为何选择了傅汉思。晚年的她谈及两人如何开始只是说:"我发现他人不错,很老实,也很热情开朗,我们就这样交往起来了。"①也不清楚为何两人开始交往后,进展如此之快,仅仅两三个月即达到订婚程度,七八个月后便缔结连理。

张充和演唱最多的《游园惊梦》中,杜丽娘梦里与柳梦梅是在梅树下相遇的,他们欢会的地方是牡丹亭、芍药栏。长久以来,张充和或许像《寻梦》中的杜丽娘般,一直在寻找和等待自己的"柳梦梅"。她有意营造着杜丽娘得以成梦的花园,在新港家宅的后园,她专门种了牡丹、芍药,盼望它们盛开。外出一年无人护理,她充满怜惜:"归来见叶知花瘦,去后无人护短芽。"在她潜意识里,或许有个"杜丽娘"。

当她遇见傅汉思时,傅汉思是否为她心目中的柳梦梅,不得而知。但两人结婚后,初入中国文化堂奥的傅汉思似有意无意地将自己塑造成"柳梦梅",即成为柳梦梅般的中国文人,学习与了解中国历史与文学(以诗词曲赋为主),以至熟稔。不过他不像一般文人停留于欣赏与创作层面,而是成为研究者,探寻它们的魅力源泉和发展演变。于是他研究与翻译《孟浩然传》、整理出版《中国王朝史译文目录(220—960)》,持续不断地发表关于中国古典文学研究的论文。或许因柳梦梅与杜丽娘梦中相会于梅树下的关系,傅汉思对"梅"情有独钟,在他心目中,或许张充和就是"梅花"化身。1952年他发表了关于中国古典文学的第一篇论文叫《中国诗歌中的梅树》。1976年他的学术代表作出版,题名《梅花与宫闱佳丽》。此年他六十周岁。生日之时,张充和临"扬州八怪"之一罗聘(号两峰)的梅花图庆贺,题词赞曰:"汉思知梅事最全,今为丙辰再逢之日,时植梅季,惜无梅可赠,乃临两峰子以

① 《天涯晚笛》,第107页。

赠。"①1985年,他们协助艺术史学者毕嘉珍策划了"玉骨冰魂:中国艺术中的梅花"展览,随该展所出的图录有部分内容为"历代咏梅诗词",由傅汉思翻译解读,诗词原文由张充和以小楷抄录。②

不过二人又存在显著的差异。张充和是中国文人文化与精神的化身,勤于思考但常不够深入,且自带不少成见。傅汉思则是位潜心研究者,广博宽厚,不以成见自囿。许多年来,他从张充和那里获益良多,曾于《梅花与宫闱佳丽》"作者致谢"的压卷段落写道:"最重要的是,我从自己的妻子张充和那里获得了持之以恒的帮助和灵感,她本人就是一位诗人,一个中国诗歌的终生弟子,以及中华文明最美好精致部分的活生生的化身。"③张充和也从傅汉思处受到启发,获得新知。比如,对于赋,她接受了一般观念,认为赋就是堆砌,没有价值,所以都不耐烦读。然而,教授汉魏六朝文的傅汉思,虽然学生没几个,但为了教好司马相如的《上林赋》,从最基础的查生字、注音开始,在书上细密标注,写到书上无空地可注,只得手抄一遍。张充和看到傅汉思下了如此细致功夫备的课,感觉深深有味,"并不如我所说的堆砌,层次很清楚,其中奇花异草珍禽怪兽描写山水都是井井有条"。(1961年10月4日,第149页)多少年下来,她很认可傅汉思的工作:"汉斯对于文学批评是不客气的,他虽不会做,因搞多了,也批评得颇对。"(1972年12月12日,第417—418页)

*

或许是上述诸方面的相合相成,让两个出身背景风马牛不相及的人彼此相助,相得益彰,在相互欣赏中共同走过数十年光阴。习惯被

---

① 《张充和诗文集》,第160页后彩页第3页;西泠印社2016年春季拍卖会图录:《张充和与昆曲暨中国首届戏曲艺术专场》,第906号拍品资料。
② 《张充和诗书画选》,第114—116页。
③ 《梅花与宫闱佳丽》,"作者致谢"第2页。

张充和"欺负"的傅汉思，偶尔也会开点善意的玩笑，或见到强势的张充和被自己的机智所折服，而自豪，而得意。

1950年，在旧金山举办的张充和首次个展上，售出的她来美后的第一张画，是临清王仰年的画三峡。这张画为上一年初到美国住在公婆家时所画，画完她觉得十分难看，扔进字纸篓。傅汉思倒字纸时把它理平说："你不要我要。画了好几天工夫就甩了，太可惜！"后来有一人到过中国的，看了她三十张画，偏偏挑了这张，卖了五十元。以后她每次甩画时，傅汉思总提这件事，很得意。（1961年11月10日，第138—139页）

1961年3月23日，张充和在给大弟的信中说："这几天我又在看《三国演义》，汉斯从中国带来的，《红楼》《西游》《水浒》等，最初给我骂，因为版本很坏，现在我看时，他很得意。"（第135页）

1978年，《梅花与宫闱佳丽》出版，傅汉思在前言说了该书的"意向读者"后，又"但是"道，"那些已然掌握了汉语的读者，包括中国诗歌方面的专家，（我希望）也会通过阅读找到本书更多的意义"。①写下这话时，傅汉思或许又是一阵得意。他的妻子张充和即"中国诗歌方面的专家"，但她自认"读书毛糙，不求甚解"，"不管细节，不查生字，一口气看其大略而已"，相反，他"看得很慢，但很仔细"，深究、吃透每一个字，哪怕是极为常见的字眼，因此常能看出张充和所未见的意义。（1975年6月14日，第495页）

1983年，傅汉思发表了又一篇中国古典诗歌研究论文——《蔡琰及其署名诗作》。蔡琰即蔡文姬。1941年章士钊以"文姬流落干谁事"比拟夸赞张充和，让她不快。然而多年后，她真如蔡文姬般流落异域，不得返国，故吟叹自己此一遭际是"新词一语真成谶，谶得风烟人

①《梅花与宫闱佳丽》，第1页。

去汉"。傅汉思通过地理考察和史实分析,认为署名蔡文姬的《悲愤诗》二首和《胡笳十八拍》一首并非她所作,应是后人出于对她流落匈奴嫁给胡人的同情,托名于她。因此,蔡文姬的历史、才华与创作水准我们其实一无所知,我们也不知道她在匈奴生活的真实感受。然而,从蔡文姬生活的汉末三国起到现在,与她相关的故事、传说等不断为中国文学、音乐、艺术提供着素材。蔡文姬由此成为中国历史上又一位被广为传诵的著名才女和符号性人物。①

据杨联陞回忆,傅汉思曾至哈佛讲读此题,"结束说,看来嫁与胡儿,未必非才女之福,听众为之莞尔,傅夫人是书画词曲四者兼长鼎鼎大名的才女张充和。汉思教授的幽默甚为中肯"。②

---

① 《美国汉学家傅汉思先生的古诗研究》,《中国韵文学刊》2013年7月。
② 杨联陞:《书评经验谈》,于1984年12月17日胡适生日纪念会讲演,收入《哈佛遗墨》(修订本),第149—150页。

写字功力

| "我练字不是消遣,正如唱曲一般,是用全力的" |

1963年,时年五十、被一双稚童缠身的全职主妇张充和曾如此畅想自己十年后的生活:"这儿有位很有名的'祖母画家',六十几岁才开始学画,现在已是成为大画家了。正因为六十以后应过的人事已完,自己有自己的时间。如果那时有精力,要专心在艺术上精进,倒是件痛快的事。"(1963年3月26日,第318页)

进入20世纪70年代,虽然"应过的人事"仍然桩桩件件没完没了,但她毕竟有了不少自由支配时间,用于"在艺术上精进"。主攻方向,一则勤研钟鼎铭文,二则苦练行书。

据张充和自述,就各体书法而言,她于隶、楷、草三体下过较深功夫,还算擅长,因此如今怎么努力,总觉进步不大。

她说,隶书是她的当行。她从小就临汉碑,其字体即以隶书为主。开蒙是《礼器碑》,"格式规矩,体大不扁,易临"。"我是由汉碑跳到帖,所以小楷带汉碑味。六朝碑我临得不多,汉碑差不多临遍了。(我旧有全部中华及有正所出之汉碑。)因此我的书法严格说起是书而不法,法到唐才立的。"(1964年6月1日,第352页;1962年12月26日,第304页;1962年11月1日,第286—287页)

至于楷书,她说,"小时虽写颜字,但只得用笔而已。到重庆后才写虞世南同褚遂良"。(1962年10月28日,第282页)从小朱谟钦先生教她临习民国初年出土的颜真卿《颜勤礼碑》,她的体会是:"写颜字,首先就要从写好他的'点'开始,并且一定要保持中锋运笔。""写颜字的运笔跟写别的体不同,确实,它的每一个字里,总有一笔是特别厚重的,但它的撇捺方式,需要这样转笔,提按出锋,力道要含在里面……"[1]到了重庆,沈尹默针对她的"书而不法",给她开了一份应临的碑帖目录,除汉碑外都是隋唐法度谨严的法书。其中列了七种楷体,有五种都出自褚遂良。[2]沈先生未列虞世南,但因褚遂良曾勤习舅父虞世南,或许由此她也学了虞世南。

还有草书,虽不清楚她何时开始临写,但下面这段话可见出她也曾下过深功:"草字与其临《阁帖》中晋人的草字,不如临真迹中之唐人的《书谱》、《自叙》(怀素)、《四十二章经》(怀素),这三本墨迹若临好了,都认得了,能随字就来,那真是享受无穷。我至今尚想念《自叙》《四十二章经》的墨迹。"(1962年10月28日,第282页)她还一度临过贺知章草书《孝经》,觉得"抑扬顿挫十分有情趣",曾向宗和许诺"待到四十遍后用好纸写遍给你"。(1962年12月26日,第304页)

因此,如今有了时间以求艺术精进,她很想补足短板。钟鼎铭文、行书以前用功不多,故用力于此,期有较大提升。

1972年12月7日,她向宗和报告说:"我近来在练钟鼎铭文,小篆工整,没有意思。我练字不是消遣,正如唱曲一般,是用全力的。却因年龄而进步太慢。"(第413页)三日后她具体描述道:"我近日在临《大盂鼎铭》,若稍满意也要请批评。我临楷书草书进步很慢,篆书则有点进步,推其故是以前并不常临。现在才踏实去临。我一天临一遍。有许多字还认不得。连金文专家也还不认识。依样罢了。商周文字岂

①《天涯晚笛》,第165、169页。
②《沈尹默与张充和》,第12、17页。

是要的。韩愈诗'阿买不识字,但善八分书'。善八分书还说不识字。我想也许不识古文字罢。我现在才一个个去认识它。忽想到此句愈想愈对,不觉高兴,就告诉你了。读古人书也是一辈子搞不清楚。只是走一步算一步。我也不一定对。"(1972年12月10日,第414—415页)"八分书",即带有明显波磔特征的隶书。

每年虽然练字量极大,但大概因练字所用纸张不耐保存,张充和一般都给烧掉或扔掉,因此未能统计。"我练字用白报纸,太光了,不吸墨,不能保留,因为把植物纤维打得太烂又加了什么酸性化学的东西,不到数月就黄,不到十年就粉了。"(1978年5月25日,第514页)

到了1976年,她把这些字纸专门留下,12月30日趁年终岁尾做了个统计,于当日写信报告:

> 今年我练的字都留着,往年的全烧了,丢了。今天算了一个总账,报告给你看看:
>
> 计临:
>
> 篆:秦权 泰山 琅琊石刻若干篇
>
> 隶:石门颂两遍 礼器碑两遍 华山碑两遍 曹全碑两遍 乙瑛碑一遍 张迁碑一遍
>
> 楷:孟法师碑三遍 夺宝塔一遍 颜真卿自书告身十遍 六朝墓志若干 九成宫一遍
>
> 行:虞世南临兰亭序一百三十遍 苏轼黄州寒食帖四十遍 颜争座位七遍 寄侄稿
>
> 草:书谱一遍 张旭古诗四帖四遍 怀素自叙一遍 高闲千字文四遍(残)
>
> 今年重心在行,因我的行书太坏。又给人写画了些,其中

一册页,是传统的对页,计十六幅,不久印出。(第377—378页)①

她自觉"行书太坏"的原因,是"因为我从临楷书一跳就是草书,从未好好临过行书"。选定的范本是虞世南临《兰亭序》。"一遍临得仔细要一小时,临得毛糙点三四十分钟。"(1976年5月11日,第505页)原拟"到百遍就做个段落"(1976年6月29日,第506页),实际又多临一倍,到了两百遍才"决意暂停"。②

*

值得注意的是,张充和的练字,每年累积下来,用功之深之大,令人钦佩,但就日常而言,其实是练练停停,有一阵没一阵的。用她自己的话说,"我一高兴就练几天不抬头。可是十寒一暴,究竟一暴比不暴好"。(1975年11月12日,第499页)

干扰因素之一,是耶鲁的书法课常常让她失去练字的兴致:"谈起写字,我教了一学期下来总把胃口教差了,不想练习,因为洋学生(因为中国人在这里长大的也是洋人)倒了我的兴趣。近来只看看画。"(1975年6月14日,第493页)需要调养一些时候,才能拾回写字雅兴。

干扰因素之二,是纷扰的家事:"我有时也对自己失望,做不完是[的]家事,钉不完的纽扣,尽不完的一切责任,做不完的麻烦,一样事事叫我头疼。把自己所学所喜之字抛于九霄。我想所有的人到了中年以后便有此感。不同的环境,但同一个感觉。但是反应就在各人了。"(1973年11月13日,第466页)另一时又说:"我近来不经常练,因为不闲(实际上心不闲),一到白天杂事全来。这封信是清晨四点爬起来吃点东西写的。我一睡不着即看书或起来写信。中午休息一下,早晚静

---

① 前已指出,此信写作时间实为1976年12月30日,而非编者所标注的1967年。
② 西泠印社2016年春季拍卖会图录:《张充和与昆曲暨中国首届戏曲艺术专场》,第936号拍品资料。

坐是有用的。不然我这盏油也快尽了。"(1975年6月14日,第493页)

不过,有时候练练停停并非因什么干扰,而是由书艺研习的有效性及其限度所决定的。练字于她而言,是享受,是养性,"可以医我性急之症。我什么都急,一到写字便沉住了气"。(1972年12月10日,第416页;1976年12月30日,第377页;1972年12月12日,第417页)同时,她"把写字当作严重的学问","我练字不是消遣,正如唱曲一般,是用全力的"。(1972年12月10日,第416页;1972年12月7日,第413页)

因此,1976年初,她为了提升行书造诣,对临写虞世南摹《兰亭序》产生浓厚兴趣,于是埋头勤习,频次很高。到5月11日,临到第五十通(第505页);到6月29日,临至九十通,算起来,49日临了四十通,平均五日临四通(第506页),可见兴味之浓;到年底,临至一百三十通。

然而随后几年她兴致全消,停了下来,没再临写。直至1980年,才重拾兴趣。研习中辍三年多的原因,大概与收获不大有关。此中消息当从以下数则题记推知一二:

1980年夏,傅汉思远赴德国慕尼黑大学担任傅尔布莱特客座教授,为期一年。陪同到此的张充和又开始临写《兰亭序》。6月8日临写一通,题记说:"一九八〇年六月八日临褚模本于南德之慕尼克。"[1]这里未标明她临到了第多少通。不过,四十日后的7月17日,她记录说临到了第一百五十通:"一九八〇年七月十七日,临褚摹兰亭于南德之慕尼克,和万历壬午与冬心墨,用北京长峰狼毫,计余所临,合虞摹本,此乃第百五十通也。"

此通摹本有趣之处,是张充和于背面铅笔所写题记:"此通墨气最差,因磨墨中断三四次,推其原因,好墨而砚小之故。记此备笑。"[2]因

---

[1] 西泠印社2018年春季拍卖会图录:《中外名人手迹专场》,第2709号拍品资料。

[2] 西泠印社2017年春季拍卖会图录:《从梅兰芳到张充和:中国戏曲艺术专场》,第988号拍品。

用古墨临摹，倍加爱惜，研墨时小心计算着来，可惜算少了不够写，真所谓"写到兴头上，墨水跟不上了，多扫兴哪！"

当年10月，傅汉思、张充和二人回到新港，然后接待来访的沈从文、张兆和夫妇数月。忙碌到转年1月底，送别了沈氏夫妇，张充和于3月14日使用沈从文所赠毛笔临写了虞本《兰亭序》至第一百七十通，卷末题记云："辛酉二月初九日，一九八一年三月十四日，用从文所赠天津所制狼毫名竹音者，临虞摹本，此百七十通也，仍无是处。充和记于北港。"[1]这里首次指出临摹这么久的成绩是"仍无是处"。

不久，张充和夫妇返回慕尼黑。6月18日，张充和临《兰亭序》的总数达到了第二百通大关。[2]临罢，她又以自家楷书风格写了一通，卷末题记云："年来临唐人摹兰亭，至今日已达二百通矣。返顾所临，人与笔俱困，一无是处，乃决意暂停，即同纸笔墨自书一过，盖临帖不可有我在，自运不可有帖在，然亦各在其中矣。时一九八一年六月十八日于南德之明兴城。墨乃冬心先生之五百斤油也。"[3]"明兴城"即慕尼黑。

功夫下得如此之深，其成绩在张充和看来，却只是"人与笔俱困，

---

[1] 西泠印社2016年春季拍卖会图录：《张充和与昆曲暨中国首届戏曲艺术专场》，第937号拍品资料。

[2] 西泠印社2017年春季拍卖会图录：《从梅兰芳到张充和：中国戏曲艺术专场》，第990号拍品资料。

[3] 西泠印社2016年春季拍卖会图录：《张充和与昆曲暨中国首届戏曲艺术专场》，第936号拍品资料。该题记云"临帖不可有我在，自运不可有帖在，然亦各在其中矣"，此语并非张充和所创言，而是转述。她曾于1962年11月1日给宗和信中说："我记得我小时见到一本小书上论字，后来再也找不到，找遍丛书亦不见，中有两句是我一生记得的，说：'临帖不可有我在，自运时不可有帖在。'真是名言"（《一曲微茫》，第286页）不过近二十年后，她对此语的理解还是有重大推进，即不再将此两种书法活动截然两分。临帖时固然以帖为主，但临摹的人毕竟是"我"，临摹之前，"我"已有了许多年书法功力，对书法已建立起个人化的体会与理解，并形成一定的个人风格，再来临帖，不可避免带着"我"的前理解来揣摩、想象、理解所临之帖。从积极方面看，"我"来临帖，特别是一连临几十遍上百遍，并非仅仅为了理解此帖，而是借鉴、吸收其有益成分为我所用，或改进或提升或丰富"我"的个人书风。

一无是处"!

临习古人碑帖,张充和为何一定要百遍甚或两百遍?其道理大概如"读书百遍,其义自见"的格言所言。这也与她学习昆曲唱腔身段总要过百遍方敢自认掌握,敢于上台表演同理。她应当是在一遍遍的临习中,不断揣摩着原书者的精神,以求借鉴和提升自己的书艺,正所谓"临帖不可有我在,自运不可有帖在,然亦各在其中矣"。

因此,她从蔡卞的行楷《曹娥碑》、虞世南的楷书《破邪论》中看出原书者的精神,却并不一味模仿,而取其一点,吸收到自己的书体中。她讲道:"《曹娥》体扁宽而心实聚,我写《曹娥》得其宽而不得其聚。《破邪》体窄长而心实宽,我写《破邪》但求其窄长而同然心宽。"(1962年11月27日,第293页)

然而,并非每有临帖就能有所收获。她临虞世南摹《兰亭序》至两百通,或许早已见出原书者的精神,却始终不能融入自己的书体,提升自己的行书造诣,难有所得,只好作罢。

*

在1976年12月30日那封信里,张充和接着对大弟讲:"我从不花钱印自己的字,我所印出的也给你个简报,就我手边的有:陆机《文赋》(楷书)、曹植诗(楷书)、王维《辋川集》(各体)、《睎周集》(楷书)(是近人和周清真全词),其他零碎记不得了。"(第378页)

陆机《文赋》,由她的北大学长陈世骧译作英文,她以小楷书写原文,于1953年出版。王维与裴迪《辋川集》四十首及另外三十首唐诗,由意大利学者奥斯基译作意文,她以各体书写原文,于20世纪50年代出版。此两种前已述及。

1964年,傅汉思发表了在其汉学研究生涯中具有里程碑意义的一篇学术论文《曹植的十五首诗:试用一种新方法分析》。傅汉思通过对曹植的十五首诗逐一进行文本翻译、关键字句解读、诗意分析,否定了历来认为曹植诗歌的灵感源泉是有感于政治失意和对甄宓爱情失意的传统观点,得出结论说,曹植的现实生活与表现在诗中的情绪并不相关。他的大多数诗令人感到忧伤,但并不表示他在现实生活中也忧伤。在曹植的时代,忧伤的情绪是诗中流行的高尚情绪,因而作为诗人的曹植总是试图让自己的作品显得忧伤。换言之,曹植的大多数诗是"作"出来的,而非基于个人遭遇的感时伤怀之作,并不适合运用知人论世的方式解读。

张充和手书该论文所附中文原诗,诗末题记云"右曹植诗十五首录自黄节《曹子建诗注》,曹操诗录自黄节《魏武帝诗注》。一九六四年十月十六日薄午书为汉思"。[1]这是夫妻二人又一次重要的合作。

1970年9月至翌年6月,应傅汉思之邀,著名学者饶宗颐(1917—2018)到耶鲁大学讲学。其间,饶宗颐常到傅汉思、张充和家做客,留下颇多风雅故事。

10月25日,饶宗颐到张家作画,张充和在旁观看,并赠胭脂助其点染霜林。当日相约要来的纽约客人未到,故不受打扰,意外之获,张充和写成七绝两首,其一云:"胭脂分与点家山,都在萧疏醒梦间。含影澄波秋欲住,教人无意待春还。"诗前还写一短札,向饶宗颐开玩笑说:"奉上颜料稍许,助点江山,小碟数个,画食两用。"饶宗颐收到两诗,酬以《浣溪沙》两阕,其一云:"摇落方知宋玉悲,秋风坠叶满林扉,胭脂合与点斜晖。"[2]

饶宗颐擅古琴,能弹《塞上鸿》《水仙操》等曲,不过此次未曾携琴随行。张充和便以珍藏多年的宋琴"寒泉"相借,由此说起赠琴的友人查阜西,传闻其已离世。她又取出查阜西的古琴录音《潇湘水云》《普

---

[1] 宋燕鹏、王立:《美国汉学家傅汉思先生的古诗研究》。
[2]《张充和诗文集》,第115—117页。

庵咒》《梅花三弄》《忆故人》《鸥鹭忘机》等等播放。两人共听,唏嘘良久。继之,张充和意不能胜,赋《八声甘州》一首,起首云:"负高情、万里寄寒泉,珍重记前游。"饶宗颐复和词一首。①

张充和善音律,为饶宗颐《六丑·睡》词缀谱,以笛度出,"声音谐婉,极缥缈之思",传为词坛佳话。后来,他们共同的词友、中国古典文学专家、香港大学教授罗慷烈在《睎周集·序》中评赞道:"字字幽窈,句句洒脱,瘦蛟吟壑,冷翠弄春,换徵移宫,寻声协律,至于名媛缀谱,异域传歌,征之词坛,盖未尝有。"②

《睎周集》,是饶宗颐遍和北宋周邦彦《片玉集》的唱和集,计上下二卷,上卷五十一阕,下卷七十六阕,合共一百二十七阕。自1970年9月开始,饶宗颐用时三个月,完成别人一辈子做不到的事,成为中国词学史上第一位遍和《片玉集》的词人。饶宗颐后来追忆当时如有神助般文思泉涌的状态说:"每文思之来也,嘿尔坐旧沙发上,以寸楮断续书之,或一日成十数首。友人傅汉思、张充和夫妇讶指是榻,云此果灵感之温床耶?为之失笑,摄影以纪之。"

还在饶宗颐一首首"喷涌"着和周词时,张充和就开始了为之手录的工作。1972年春(阴历壬子二月),即饶宗颐回到香港八个月后,张充和手书完成全部《睎周集》,饶氏随即在香港影印出版。罗慷烈后来评价说:"名媛张充和女史以小楷录之。词既雄拔,字复秀润,号称双绝。景印之后,海内词人争宝之。"饶词张书,并成绝响。③

① 《张充和诗文集》,第106—107页;严晓星:《往事分明在,琴笛高楼——查阜西与张充和》。后来,与国内通信恢复后,张充和辗转得悉查阜西仍健在,喜极,于1974年再赋《八声甘州》一首。两人并恢复了通信。1976年查阜西去世,张充和第三次赋《八声甘州》,吊唁老友。(《张充和诗文集》,第147—150、158页)
② 陈琳藩:《饶宗颐与张充和词翰之谊》,《汕头特区晚报》2011年7月17日。
③ 《〈睎周集〉——饶词张书称双绝》,"联合出版集团"微信公号,2017年11月15日。

归梦重斟

｜"手栽红萼婷婷在，留待归人白发簪"｜

　　"我所要报告的是我们都还平平常常的过日子，教书匠生活虽然清淡而无杂念之事。我搞了两年考证工作（铜兵），现在不干了，只教教学生写字。我同汉斯都在耶鲁大学，他是东语系，我是艺术系。每半年教一次。"（第380页）

　　1971年9月20日，张充和给大弟宗和写了时隔五年之后的第一封信，试试看能否寄到。写信试探的大背景是中美僵持关系开始解冻。该年4月，美国乒乓球队受邀访问中国，周恩来在接见时说："你们在中美两国人民的关系上打开了一个新篇章。我相信，我们友谊的这一新开端必将受到我们两国多数人民的支持。"7月，美国时任国务卿基辛格访华，为第二年总统尼克松访华铺道。

　　由此，张充和与国内亲友断绝五年的通信重新接上，她又能得到国内的一手信息了。五年不通信的日子里，国内亲友过得前所未有的艰难惨烈，"平平常常的过日子"对他们而言无疑属于奢望。这五年来，挂心着他们的张充和很不好受，可以说是忧心如焚，流露于笔下，是浓重而强烈的家国愁思。

　　1967年1月4日，咏《归去》七律，首联云："归去归来不算归，溪花山果事全非。"这几年，一次次远游，又是威斯康星州，又是西欧，又是中国台湾与日本，然远游归来，所归之处，并非真的故乡，"不算归"。

真的故乡,在中国大陆,在苏州,即尾联所云:"看尽秋光天平好,一路轻舟红蓼回。"

1月9日,忆儿时女伴张天瞾《金缕曲》一词写道:"消息无零羽。廿年来、离魂常到,险巇难阻。相见一番无多语,互道昨宵梦汝。又月照空梁情苦。"又说:"我尚健,君能知否?今君纵在非容易,尽艰辛、家国诚何取。欲暂忘,终难去。"

同年所写《小园即事》第三首有云:"窥户饥禽未有家,不难相与忆中华。"连看到饥禽窥户,都让她同病相怜。饥禽无家可归,她有国难回。

翌年4月底在哈佛大学,和杨联陞诗更咏叹:"瘴雨顽云归梦恶,高枝空自泣流莺。吴中塞北增新墓,墓里人曾送远行。"

11月中下旬,于组诗《结缡二十年赠汉思》第十八首写她的无奈。她唯一能做的,是登上旧金山望乡台,望着浩瀚太平洋的另一端,大哭一场:"金门同上望乡台,海市渔村一鉴开。七亿万人成阻隔,相持一哭尽余哀。"按,中国第二次全国人口普查,至1964年6月,全国人口达7.2亿,此诗作于1968年11月,故称"七亿万人"。

此后,或出于深深的绝望,她的诗词里,再难觅归梦,她也起了将此异国他乡作为永远旅居之所的心意。

1970年秋,于《浣溪沙·秋兴》第三阕吟哦:"暂别真成隔世游,离家无复记春秋,倩谁邀梦到苏州。"大意应是,离家太久,以至在梦里,她已回不到家乡苏州,还得请人引路。

大约同时期所写《莺啼序》慢词写道:"涨痕留怨,寂寞随欢,此乡永寄旅。"

年底,她写《除夕》二首。第一首虽仍视此异国为"胡天":"岂同人去汉,直欲拟胡天。"但第二首又写:"土虽非吾土,花应为予开。"这是将异国作为安身立命之处，欲把他乡作故乡。[①]

＊

然而，从 1971 年秋张充和重新接触到来自国内的各种信息起没多久，她心中沉寂的归国梦一点点复苏了。

在她心目中，祖国的形象已不再如几年前那般被瘴雨、顽云、浓雾、沉烟所笼罩，而是烟消云散，晴空万里或皓月当空了。大约作于 1971 年秋的一首词里，她写道："乍清波万里雾初消，遥天片帆扬。"并于"雾初消"后自注"指尼克松到祖国"。尼克松将访华的消息是 1971 年 7 月 16 日向全世界公布的，来年 2 月份，尼氏如约对中国进行了为期七天的历史性访问。故张充和此处所言，当指尼氏将到祖国。

作于 1972 年的《鹧鸪天》里，她描述梦中所见："水阁春深入梦浮，长廊一抹未应殊。沉烟乍暖终须散，皓月长圆亦自孤。"这首词副标题为"得家书谈霁晴轩旧事即寄"。"霁晴轩"，即颐和园霁清轩，是 1947—1948 年她与沈从文家、杨振声家等亲友的两度欢聚之所，是 1948 年暑夏她和傅汉思的热恋之地，是她赴美前在中国所居住过的最后一处悠闲快乐的地方。经亲人提及，当时的一幕幕浮现在梦中："水阁春深，长廊一抹，应该还是原来的模样，沉积多年的浓烟终将散去，一轮圆月当空孤悬，默默照着我这同样孤悬海外的游子。"

在关于霁清轩旧事的第二首词中，她直抒胸臆："书乍密，梦重斟，休将往昔拟如今。手栽红萼婷婷在，留待归人白发簪。"[②] 归梦似酒，由空寂多年，突然一下子密集出现的家书催酿而成。重斟起这杯酒，亲人哪，请听我说：红萼虽在，红颜已逝，它等到的只是白发归人。

---

① 以上诸诗句皆引自《张充和诗文集》：《归去》，第 82 页；《金缕曲》，第 83 页；《小园即事》第三首，第 134 页；《和杨联陞》，第 87 页；《结缡二十首赠汉思》第十八首，第 97 页；《浣溪沙·秋兴》，第 112 页；《莺啼序》，第 108 页；《除夕》二首，第 120 页。

② 以上三首词分见《张充和诗文集》第 126、128、129 页。

此时,中美正式建交尚不知何时,中美两国关系,像1959年《库伦报告》所建议的,先行在人员往来及文化、商务交流等方面试探性开展起来。张充和密切注视着与中国有关的任何一点风吹草动,并热情参与其中。

1971年3月,美国国务院宣布,取消对持美国护照去中国大陆旅行的一切限制,今后只要有正当目的,任何美国公民都可以到中国访问。①其后,在"乒乓外交"、基辛格访华等重大事件的激励下,美国许多机构及人员坐不住了,纷纷申请前往中国,连张充和与傅汉思任教的耶鲁大学也加入其中。张充和告诉宗和:"耶鲁大学明年计划组乐队到中国观摩演出。校长寄给中国的英文信是汉斯翻译的,是我的手书。不知回信已到否。"(1971年10月28日,第384页)

尼克松访华后不久的1972年4月,中国政府赠送两只大熊猫给美国,美国则回赠了一对麝牛。②张充和报告熊猫在美的待遇说:"熊猫在此保养很好,似乎是代表国交,它们住的屋很讲究,这里即使不出竹子也得设法买竹子给他们吃,高贵异常。"(1973年6月20日,第438页)

她又看到了中国大陆出版的图书。她跟宗和说:"近来看到郭沫若《李白与杜甫》,这是一九六六年后第一部文学研究作品,我所读到的。"(1972年6月26日,第400页)不久宗和回信指出:"郭沫若的《李白与杜甫》……主要还是为政治服务"。(1972年9月6日,第380页)

她从电视上目睹了幼时生活十六年的合肥:"我前日在《重建中国》见到合肥工业发展情形,好不兴奋。照片上有电视及其他轻工业,还有大卡车。"(1972年12月7日,第413页)

① 《中美关系史(中卷)》,第517页。
② 《中美外交史(中卷)》,第536页。

　　她注意到美国出现的中医热，特别是针灸热。她说："现在中国医药全世界都在注意，尤其是金针。"后来她又重复道："现在世界各地都佩服中国医学（中西同样佩服）……"

　　她告诉宗和，1973 年美国新出了一本大杂志，名字是请她题的，叫《美洲中国医学杂志》。出了第一期后，"据说医学访问团带了一百本到中国赠送人。其中全是读中国医学及针灸的"，随团访问的杂志编辑还留中国学习了一段时间。（1973 年 7 月 3 日，第 443 页；1974 年 5 月 22 日，第 471 页；1975 年 6 月 14 日，第 493 页）受此影响，她也改变了对中医的偏见："近来连《黄帝内经》《灵枢经》都翻过。亦有至理之处。"（1974 年 9 月 20 日，第 476 页）

　　张充和又说："近来针灸点穴在美国大为人注意，昨晚有一人从国内找了许多医学电影，看了很过瘾。"（1974 年 9 月 20 日，第 476 页）针灸热的兴起，让华裔看到了机遇。张充和告诉宗和：大姐元和的儿子虽不懂医学，也临时抱佛脚学起针灸。还有她认识的一位善做生意的邬太太，也在考针灸执照。（1974 年 11 月 26 日，第 479 页）

　　最令张充和兴奋的，是亲自摸到了来自国内二十余年未见过的许多手工艺品。这么多年在美国，等于从原来生长的土壤被连根拔起抛到完全不一样的环境，她只能大体适应，局部改造。没有毛笔，她边省着用，边让人从日本捎买。没有宣纸或皮纸，她发现某种衣服的衬里可以勉强代用。没有砚台、笛子、戏服，她亲手做。不见馒头、油条卖，她学着做。

　　她专程赴加拿大去看中国手工艺品展览会，回家后报告观后感说："我看了十分兴奋，雕玉漆器红木文具瓷器都极可爱。也看到不少好画。我相信第一流的好画是不能成为手工艺品来展览的，真迹亦都是可贵的宝物的。"她也买了不少中国来的物品："看后去中国镇买物，买到广西的竹笋，中国粮油公司的榨菜，罗汉斋，最好的是叫'二竹片'，在豆皮与千张之间，以前没吃过，最营养可口。我买了十包，可以吃四十次。竹笋好的太贵，我只买了两罐，又买了一罐豆瓣酱，罐子极小极美，内部是宜兴泥，外釉的花纹是类似磁州窑的紫色底子奶油色花纹，既不全是仿古，又不是无来历的创作……"

她清醒又痴情地向宗和倾诉："也许这类东西专为出口，但是应该如此。"（1972年9月5日，第409页）宗和不久回复说："这些东西在国内反而不容易买到。是专为出口的。"（1972年9月27日，第412页）

这都没关系，重要的是她与"中国"的久违重逢："在我离家二十年看到真正实用而又美观的中国创造不知如何高兴。"（1972年9月5日，第409页）

这期间，陆续有友人回国，带回许多亲见亲闻："上周有个朋友半年前从国内带了电影，看到十二个城市，大连、西安、延安都有。苏、杭州也有。看得我好兴奋，还有很多好玩的笑话，极其可爱的。如在北京见一乡下男人看到锦缎说：'他妈的，这么花，谁穿？和谁穿？'"（1973年4月18日，第422页）

看到电影里播放着她曾经生活、游历过的地方，北京、苏州、杭州……那人那物，似是又非，她坐立不安起来："此夕明灯与愿违，眼前风物是犹非。掌声四座温如昔，又见人归我未归。"[1]

*

1973年2月，张充和提出了回国探亲申请。由于中美两国尚未建交，她穿越美国国境，到渥太华向中国驻加拿大大使馆提交申请。中加两国，早在尼克松访华前的1970年10月，即建立正式外交关系。当时大使馆回复说，需四个月才可将手续办清批下。她只得等着。（1973年4月18日，第422页；1973年5月1日，第424页）

---

[1] 《张充和诗文集》，第86页。

等到 10 月,得着消息说,申请回国的人太多,该年不再批复。(1973 年 10 月 16 日,第 459 页)

此后三年,张充和又连续三次申请,还是因回国人太多,次次落空。不过提交的机构已换成中国驻美联络处。1973 年 5 月 1 日成立的中美双方联络处,按基辛格所言,"除了名义不是,实际是两国的大使馆",双方人员都享有外交豁免权,向本国政府发送密码电讯,签发签证,处理文化与商务交往中的问题。①

1977 年 11 月,她第五次申请回国,但仍是怅然而返。(1977 年 11 月 3 日,第 513 页)

早在第一次提出回国申请前,张充和曾打算:"既然回来了,就想把所有姐弟都见到。分散在全国的姐弟们又都有工作的,势必不能聚集在一处。我得一个个去看,这真是个梦想。"(1972 年 12 月 12 日,第 417 页)张家十姐弟中,除了在美国的大姐元和、在比利时的六弟宁和,她想将二三十年未见的其他两位姐姐和五位弟弟都一一见到。

然而在一次次无望的等待中,她的二弟寅和、大弟宗和相继于 1973 年、1977 年去世,团圆梦再不会有圆的那一天。

唱着"云涛载梦逐无涯,啼遍山红日已斜。最是无声声外意,神游争若早还家"的相思曲,张充和迎来了 1978 年的元旦。②

或许感觉希望渺茫,这年她没再提交回国申请。

① 《中美关系史(中卷)》,第 538 页。
② 《丁巳十一月廿二日题谷翁庐山画册九曲屏杜鹃》,《张充和诗文集》,第 160 页。"丁巳十一月廿二日",即 1978 年元旦。

百战沙碛

| "说起曲子，近来在此稍稍得时" |

"一曲已成新蓓蕾，百花重灿好山河。"

1977 年（或翌年），张充和收到时住南京的儿时旧友张天翼的书信，"云观昆剧《十五贯》并赠诗，祝我早归，因和原韵"。上引两句即出自张充和的和韵。①这一美好祝愿，预示着"再陆沉"已十余年的昆曲即将迎来新生。

张天翼来信并赠诗的背景，着实令昆曲人振奋。1977 年初，"文革"期间被发配至苏州的江苏省昆剧团一团调回南京，恢复建制，于 2 月份首先恢复上演《十五贯》，至 11 月，改称江苏省昆剧院。同年，湖南、上海、浙江的昆剧剧团也相继恢复或重建。第二年，各地昆曲班恢复招生。

1978 年 4 月，三省一市（浙江、湖南、江苏和上海）昆曲工作者座谈会在南京举行，讨论昆曲艺术的继承和改革问题。与会代表二百多人，广泛地就此重大问题发表了意见。主办单位江苏省昆剧院做汇报演出《十五贯》《游园》《狗洞》等，俞振飞、周传瑛、王传淞等名家做了示范表演。

二姐张允和于 4 月 14 日观看了江苏省昆剧院的《游园》。时隔十

① 《张充和诗文集》，第 130 页。

四年，终于再次看到昆曲演出，她十分感慨，心中又甜又酸又有点苦。她后来回忆道："第一天我看完戏，已是黄昏，回到四弟宇和莒蒨园的家。夜色迷蒙中，我觉得莒蒨园是'姹紫嫣红开遍'。春天，春天毕竟来了。四弟给我一封美国四妹充和寄来的信，信上说，几年前'有人'在她演出《思凡》之后，送她两首诗，其中一首是：'一曲思凡百感侵，京华旧梦已沉沉。不须更写还乡曲，故国如今无此音。'"

张允和不以为然，和了"有人"二首，其一是："十载连天霜雪侵，回春箫鼓起消沉。不须更写愁肠句，故国如今有此音。"

她此时尚不知道，此"有人"即余英时，其诗写于整整十年前的1968年。那时的国人，诚如她所言"我们不敢唱昆曲，连笛子也没有人敢吹"。若明于此，她或许就不会那么着急反驳了。

收到二姐的诗，张充和很快和了两首，寄到二姐北京家中：

> 委曲求全心所依，劳生上下场全非。
> 不须百战悬沙碛，自有笙歌扶梦归。

> 收尽吴歌与楚讴，酾年胜概更从头。
> 不须自冻阳春雪，拆得堤防纳众流。

张充和在"不须自冻阳春雪"处加注说："曾和叶某诗，有'但求歌与众，不解唱阳春'。"[1] "叶某诗"，即十年前叶嘉莹的赠诗。

看来，1968年张充和在哈佛大学与余英时、叶嘉莹的那番唱酬，并未终结。它们的回响，让她记挂心中，不能放下。

---

[1] 《不须曲》，《最后的闺秀》，第153—154页；《张充和诗文集》，第162页。张允和的回忆未写明她观看《游园》的具体日期。具体日期来自许姬传的手迹，参西泠印社拍卖有限公司2010年春季拍卖会：《近现代名人手迹专场》，第1031号拍品资料。

当年,面对余英时揭示的"故国如今无此音"的沉痛事实,她答以"此曲微茫如可听,怲怲如缕赖知音",底气严重不足。十年后,她的回答却铿锵有力,像一位献身昆曲的顽强斗士——"委曲求全心所依",但求"百战悬沙碛",指她更加努力、更加频繁地到北美各大学校园及社会剧院表演、宣扬昆曲。对于张充和的"百战悬沙碛",二姐允和后来描述说,"她对于宣扬昆曲,开始是孤军独战,不,而是一个人战斗,最初几次演出时,自己录音笛子,表演时放送,化装更麻烦,没有人为她梳大头,就自己做好'软大头',自己剪贴片,用游泳用的紧橡皮帽吊眉,这是在'沙碛'上的奇迹"。①

当年,看到叶嘉莹诗中动辄说昆曲是"白雪歌声",是"古调",她颇为抵触,答以"但求歌与众,不解唱阳春",嘴上抵抗,心中难免犯嘀咕。十年后,她的回答就显得阳光开朗、雄阔刚健多了:"不须自冻阳春雪,拆得堤防纳众流。"这是承认昆曲走到今天,确已成阳春白雪,但重要的是昆曲人不应自设藩篱,而要海纳百川。

*

张充和的"百战悬沙碛",目前暂无完整的资料。她的"战场",一种是由项馨吾等人组织、主要面向在美华人的演出,场地一般为大型的社会剧院;另一种是主要面向北美大学院校师生的小型演出甚至独角戏。前者仅有零星资料,后者据傅汉思的不完全统计,1953—1979年间,不算1964—1965年在康斯威星大学的教学与演出活动,张充和在北美23所大学中共演出昆曲30场,其中1968—1979年达18场。②

这些演出中,有时仍是张充和"一个人战斗"。如1974年3月11日到加拿大多伦多大学演出《小宴》。三天后她向宗和讲述道:"我去

① 《昆曲日记》,第255页。
② 《张充和在北美大学里演唱昆曲》。下面所述关于1968—1979年张充和在北美校园的演出情况,除已注明者外,皆出于此文,不再一一出注。

加拿大真是单刀会呢，连讲带唱带做三个小时。观众是教授与学生。半年中已熟习《小宴》的腔调故事，我只做身段，可是连唱带做三遍，汗流浃背，外面是坚冰在地呢。"（1974年3月14日，第470—471页）

有时她虽有搭档，但因笛子伴奏难觅，仍是老方法，"自己录音笛子，表演时放送"。如1974年7月15日到佛蒙特州私立密特勃兰大学（今译"明德学院"）的演出，由她的两个昆曲学生陈慰萍（曾任教于耶鲁大学，并从她学昆曲，时任教于密特勃兰大学）、李卉演《断桥》，她和大姐元和演《游园》。去之前还很轻松，对大弟潇洒地说："因七月十五答应一个暑假中语学校演《断桥》，是我教的学生，我得去。同时也顺便演个《游园》，这戏演得烂熟生厌。只此一套。到处演它。"（1974年5月22日，第472页）然而，演出前后可是遭了大罪："我的任务很重，除第一天长途旅行，到后即排戏外，还忙着看台。训练开关录音机（因笛子无人吹，我录了音），因唱完道白须停，道完又开，如此训练，也是一下午。有时冷场，有时机器不灵，现行修理。幸而第二天演出机器及管开机器的人都平安度过。只是我上了妆还得先上台演讲昆曲源流及《游园》与《断桥》舞台细节，身段示范。此还是寻常之事，谁知上台前一日，口内生疮，舌上两个，喉咙一个，开一个白头，奇疼无比。但一个个给我支持过去。演后仍有招待会，问问题。想到当年上台，边唱边吐情形都没有此种疼。到家后正想睡它三天三夜不起床。因为头疼发热，睡不到一天即知汉斯病重，此后至今未能踏实休息。但心绪一烦时，即用红笔点词，愈难念愈好。点累了才能睡。亦自满意。"（1974年9月20日，第476页）

不过并非次次如此辛苦劳累。毕竟这些年来，在美的昆曲演出阵容也逐渐有所扩大。

老朋友仍不时见面，老则老矣，但老当益壮。1973年2月16日在康州威斯兰大学演出《扫花》《游园》《惊梦》，阵容强大，包括新老七位曲友,四人表演,三人伴奏,为双笛加一鼓板,还不算负责解说的傅汉思。其中老友徐樱出演春香,李方桂全程吹笛伴奏。几个月后张充和评价说:"李方桂尚能吹,而且吹得很暴,因为他怕人说他老就拼命的响,反而没有以前柔和了。"(1973年7月3日,第442页)

前辈项馨吾这十多年虽不曾与张充和在大学校园的演出中合作过,但仍是曲会的常客。1975年6月14日,张充和向大弟介绍项馨吾说:"他已七十六岁,精神尚好,只过去喝酒太多,常有昏倒现象,现在不喝烧酒,只喝啤酒。笛子也还能吹,唱是单六调,身段尤好,是贴旦出身,步法如王苇民,当然要柔和得多。十分娇媚。无人不喜看他踏戏。但大半已忘,自造自教,第二次自己不对,又说人家不对。所以他教他自己女儿《游园》,她无法学,还是找我抱佛脚把身段弄定,才登台。"(1975年6月14日,第495页)

大姐元和自1970年赴美后,成为重要的演出成员。1971年1月23日,受学生邀请,在耶鲁大学国际学生中心演出《扫花》,是为张元和在美国大学校园的首场演出,"扮相虽然与当年不同,但至少只能看得出四十岁",九个月后张充和如此向大弟介绍大姐的这次表演。(1971年10月28日,第384页)其后至1975年,张元和又至少出演过五场。她的戏路较张充和要广一点,除闺门旦杜丽娘、贴旦春香、何仙姑,还饰演小生柳梦梅、张君瑞。另有多次,她并不出演角色,而是负责打鼓或后台监督。她的日常生活也与昆曲水乳交融。一次张充和报告说:"大姐来此已两年,一切平静。她在此看了《六十种曲》《元人百种》及其他种种小说,又写了四折戏身段谱出版,大概是她一辈子最清闲读书最多的了。"(1972年9月5日,第408页)所言"四折戏身段谱"即张元和所著《昆曲身段试谱》,1972年由台北蓬瀛曲集出版。以文图相辅方式,记录《小宴》《琴挑》《学堂》《游园》《扫花》五折戏中各角色的动作情态、行动位置及舞台动向。其是昆曲身段谱开创性的写作方式,于昆曲界甚有教学价值。

　　张充和下最大苦功培养的昆曲学生,是她的女儿傅以谟。从女儿五岁开始教起,一字一句地教,到十二岁大约学了二十多折。(1971年10月28日,第384页)因年岁太小,小以谟不能理解《牡丹亭》里那些文雅曲文及所表达的少女情怀,更偏爱直白的唱词,如《思凡》最后那句"但愿生下一个小孩儿,却不道是快活煞了我!"这一略显荒诞的童趣,张充和记录在了《小园即事》第九首:

> 乳涕咿呀傍笛喧,秋千树下学游园。
> 小儿未解临川意,爱唱思凡最后篇。[①]

　　为了激励小以谟学曲,张充和从女儿六七岁起开始给予金钱奖赏。激励标准是,学会一折戏给一块钱,学会一支曲子给二毛五分。这个标准大有问题,因一折戏包含的曲子数目一般多于四支,若学会四支曲子得一块钱,学会一折戏就得多于一块钱。不过年幼的以谟尚算不过来这个吃亏的账,答应下来。后来到以谟十四岁时,明白吃亏了,跟张充和商量说"物价大涨,曲子也要涨",张充和一时不能答应,"尚在研究中"。她想到,据说当年俞振飞开始学曲时,其父俞粟庐收一百个铜子计遍数,唱完即给小振飞。因一支曲子若学会按过去的惯例就得学唱一百遍左右,即学会一支曲子即奖一百铜子,张充和认为自己尚不能如此阔气。(1973年7月3日,第442页)

　　同时,也教以谟学吹笛子。张充和认为,"她笛子吹得不错,七调指法一点也难不倒她,谱也会改"。(1972年6月30日,第402—403页)这样,教学过程就是与女儿的吹笛唱曲时光:"家中以谟与我对吹

[①]《张充和诗文集》,第136页。

对唱,我是一本正经像上课一样,一周四五次。周末不唱。"(1973年7月3日,第442页)并且,"工尺谱一开始教她直接学好,不要翻成简谱,此地洋学生都学得了。因看惯了,无往而不利"。(1973年8月22日,第454页)

1968年4月19日,九岁的以谟随张充和首次正式登台,于华盛顿大学演出《游园》。以后年年上场,每年多次,以春香为主,也演过何仙姑与红娘。可惜"她长得壮,倒不是痴肥,好像刀枪不入,可是不秀气",1974年最后一次演春香,"上台服装,一半也进不了,她也不唱了,还可以吹吹笛子"。(1978年5月25日,第515页)

笛子伴奏方面,在1968年添了一个生力军——王定一。王定一是张充和的曲友许闻佩的姨侄,精音律,曾听写《墙头马上》全谱,张充和赞其"寻声万里谱霓裳"。1965年她赴台与许闻佩开曲会,同王定一相识。随后她倾听许闻佩的昆曲录音,联想到许氏一门风流,许伯遒人称笛王,许闻佩善昆曲,其侄王定一、希一兄弟也擅吹笛拉二胡,填《临江仙》一阕,末二句歌颂昆曲云:"山河虽异代,此曲自泱泱。"读来可谓雄浑而浩荡。

三年后,王定一赴美读书,并从张充和学习吹笛。他回忆说:"自1968年至1971年,我几乎每个月都到新港。充姨仔细地为我讲解南北曲咬字、行腔的异同。我以前吹笛,能放不能收,知连不知断,自是学得:何处须收,何处该断,始能将唱腔中的抑、扬、顿、挫衬托出来。且改正了我吹笛的指法与运气,要我将搭头垫腔虚化、简化,'吹干净些',以免搅乱唱腔,让曲子的意境能更深一层地表达出来。又将书法的要诀:'初学分布,但求平正;既得平正,务追险绝;既得险绝,复归平正。'告诉我说:'曲笛的境界亦是如此。'"[①]此后多年,在张充和于美国

①《张充和诗文集》,第145页;王定一:《曲笛缘》,《水》2011年第5期。

大学校园的多场演出中,王定一司笛伴奏,为演出增色不少。

　　张充和的昆曲学生中还有纯粹的西方人,尤以宣立敦(后改名石听泉)为代表。宣立敦生在纽约,离唐人街不远,从小接触过许多中国人及事物,自认"不完全是一个莫名其妙的外国佬"。他高中时跟随一名华人学写毛笔字,进大学后主修中文,研究生时入读普林斯顿大学,专攻中国小说与戏曲,其博士毕业论文即研究孔尚任及其《桃花扇》。①博士毕业后来到耶鲁大学,教授中国文学。其间,从张元和、充和姐妹学习昆曲。

　　1975年,张充和等人接受雅礼协会邀请,答应于4月4日在耶鲁大学荷赛会演出《学堂》《游园》,其中宣立敦饰陈最良,张充和饰杜丽娘,李卉饰春香。为此,他们早早准备开了。1月19日,张充和向宗和介绍说:"四月四日,我同学生演《闹学》《游园》,现正忙排戏,及服装琐碎。一针一线均得自己做。"(第482页)演出后,她于5月14日报告:"四月四日《学堂》《游园》的演出,一切顺利,中国人亦有不少人来看。洋人研究曲子的不少。真正上演的不多,此次陈最良的洋人,演来十分得神。可是教来也费事。但他研究此道,便用功学了。"(第488页)听到大弟反映说"以讯她们看到洋人来演陈最良,觉得太滑稽了,不可想象",她为宣立敦辩护道:"说起洋人陈最良,倒真是成功,第一他唱得好,甘心情愿的学,我看惯了他,不觉得奇怪,我要找张照片奉上,看你们如何批评。"两天后找了照片附上,并再次赞赏宣立敦说:"找了一张陈最良作中心的戏照给你们笑笑。此子才二十七岁,聪明异常,肯学,做完博士现在耶鲁教书,同我学习曲。现在一见面就搭戏腔道白,神气亦好。费了好大事,有时他要创作,可创得糟了。我叫他慢'创',

① 彭国忠:《从〈桃花扇〉到〈山海经〉:美国石听泉教授的中国文学研究之路》,《文艺理论研究》2013年第5期。

等久了明了其中来去再'创',他登过一次台,即知道不简单了。"(1975年5月31日,第491页;1975年6月14日,第494、495页)后来,宗和回信反馈说:"洋人扮老先生,别的都还可以,就是鼻子大了点,引得我们全家大笑。"(1976年1月19日,第500页)

此年12月,宣立敦随美国总统福特访华。时张充和的回国申请尚未获批,听闻宣立敦要去中国,张充和让他替自己带一小盒礼物给沈从文,都是些普通物件,"刮胡子的什么泡沫,图钉这一类"。宣立敦一看:"你就要我带这些东西?"她说:"你不知道,在国内,店里的货不多,这些东西很难买的。"到了北京,经接待部门安排,宣立敦在历史博物馆与沈从文见面,转交了张充和托带的礼物。[1]他对沈从文说:"在台上我是充和的老师,在台下充和是我的老师。"[2]

*

推动宣立敦及与他一般的西方人热爱并学唱昆曲的,除其个人阅历与研究志趣外,更大层面上,是当时正逐渐兴起的一股社会风潮。

如张充和所观察和感受到的,近些年来,包括昆曲在内的中国传统戏曲已逐渐引起美国学术界的重视,成为非常重要的一块研究领域。1972年她报告说:"说起曲子,近来在此稍得稍得时,因为也有人做博士做元曲的,散曲的,明清传奇的,专家倒是很多,但开口的博士还没有。所以我便常常给他们录音做研究,有的尚好,有的荒谬。"(1972年5月21日,第395—396页)

1973年,她注意到出现了首个开口的京戏洋博士:"有一个杨士鼓,他是唯一京戏博士,他将《乌龙院》道白译成英文,唱词依旧,唱腔锣鼓费了很大的事,全体洋人登台,十分成功,赢了美国戏剧学会的

---

[1] 彭国忠:《从〈桃花扇〉到〈山海经〉:美国石听泉教授的中国文学研究之路》。
[2] 张允和:"后记",《昆曲艺术》(创刊号),第47页。

奖。一时轰动首都,花脸嗓子极好,尤以须生的麒派极像。"(1973年4月18日,第423页)

到1975年,她成功教出首位开口的昆曲洋博士宣立敦。难怪她会在给宗和的信中对宣立敦一再赞不绝口,自豪也。

据荣鸿曾的研究,20世纪五六十年代是北美地区中国戏曲研究的肇始期。其中以张充和曾参与其中的威斯康星大学东亚系斯科特有关京剧、昆曲的介绍和剧本翻译,加州大学洛杉矶校区音乐系吕振原对古琴和减字谱的研究为代表,两者不仅为日后中国戏曲和音乐研究铺了路,也为北美一般读者提供了认识京剧、昆曲和古琴的途径。[1]因此可以说,在美国对昆曲进行学术研究形成一定气候方面,张充和是推动者之一。

当气候形成,张充和又成为重要的指导者,许多研究中国戏曲的年轻学者纷纷登门,拜师求教。毕业于勃龙大学民族音乐系、入布朗大学攻读博士学位的黄琼璠即其中一位。1975年,新婚不久的黄琼璠偕丈夫一同住进张充和家一个月之久。张充和同时承担起主妇与老师两个责任。她向大弟倾诉道:"家中有不速之客。是一对青年夫妇,女的是我的昆曲学生,她在Brown大学做音乐系的博士。题目是昆曲。两个指导老师,一个是赵如兰(元任先生的女儿),一个是我。赵是哈佛的教授,赵指导她洋方法,我教她实际唱、演及音乐方面。她的题目是要研究昆曲音乐及发声、文字文学的关系。但她的四声都要我每个字注上,根基也在中国方面太差,每一毫一点都要从我这儿拿。只有西洋音乐是她本行。但西洋音乐在一个中国人是不易找饭吃的,这样一来,她一来我就忙了,何况她是新婚,洋先生一天也离不开,总

---

[1] 荣鸿曾:《北美中国音乐研究——学术、教学与文献资源》,张海惠主编:《北美中国学:研究概述与学术资源》,北京:中华书局,2011年,第514页。

得跟来,因此洗换床(小床二张),做饭买菜烧煮就不像自己家简单了。我这一月来是胃病加上恶性流行性感冒,吐、咳,发冷不能睡。加上客来,主妇与老师两个责任。他们尚未走前我就开始吐了。今天已第五天,尚不能进正常饮食,连稀也不想吃。但是向好的方面走,不发冷了,胃口尚没有恢复。"(1975年6月14日,第492页)

据悉,黄琼瑶未能取得博士学位,只能算从布朗大学肄业,后任教于伊利诺伊大学。不过她在张充和、赵如兰指导下所做有关昆曲文献的研究(包括张充和的亲自注解),于1978年出版,颇具参考价值。[1]

张充和自己也选定课题进行昆曲研究。1972年她告诉宗和:"我数年来致力于曲牌,将《九宫大成》做了索引。比较探索,从《纳书》到《昆曲大全》的变化。"(1972年12月12日,第418页)《九宫大成》,全称《九宫大成南北词宫谱》,为和硕庄亲王允禄奉乾隆圣旨编纂的一部戏曲曲谱,成书于1746年。《纳书》即《纳书楹曲谱》,为苏州人叶堂(号怀庭)编订的另一部戏曲曲谱,成书于1792年。《昆曲大全》,由张芬(号怡庵)编辑,于1925年石印出版。由于未有更多信息,尚不清楚张充和从成书于不同时代的三部代表性曲谱的比较探索中,就昆曲"变化"方面得出了什么结果。

不过有一点可以肯定,此后多年,她一直关注昆曲的"演变"或"变法"问题。1973年4月18日,她报告说:"我这半年忙死了,两周前去康奈尔开'中国演唱文艺座谈会',我讲的是《南北曲唱法与工尺谱写法之演变》,此会不拘形迹,大家随便谈。"(第423页)1976年6月29日,她又报告:"八月间要去墨西哥城参加一个世界人文科学会,我的题目及纲要已寄出,但稿子还没有写,从七月一日开始先做研究,题目

[1]《北美中国音乐研究——学术、教学与文献资源》,《北美中国学:研究概述与学术资源》,第514页。

是《从乐益到最近的昆曲唱法及最近五十年昆曲如何变法》。我每次
演讲是逼上梁山，我不怕演戏，只怕演讲。大概仍是觉得自己在理论
上站不稳的关系。但是我一向抱知之为知之不知为不知的态度，亦无
所谓了。"（第507页）然而几天后她突发急性盲肠炎，开刀手术，一个
月内不能提重，遂取消墨西哥城之行。（1976年7月14日，第507—
508页）

　　或许可以猜想，长年痴迷昆曲变化问题的张充和，是要探求昆曲
之所以兴盛和衰落的原因，并作为镜鉴，反思昆曲将如何复兴。

　　前引诗句"收尽吴歌与楚讴，陌年胜概更从头"，即是说昆曲之兴
在不设堤防，海纳众流，如二姐允和后来所总结的，昆曲"有四个特色：
1. 歌唱方面，融合了南北曲于一炉。2. 音乐方面，北方的弦乐与南方
的管乐融合为一体。3. 文学方面，把诗词、歌、赋、大曲、小调（古今中
外韵文的大成）活用在戏剧中。4. 舞蹈方面（身段），有数百年的舞台
实践，创造了中国戏剧独特的舞蹈系统"[1]。

　　"不须自冻阳春雪，拆得堤防纳众流"，便是从昆曲的历史经验中
获取启发，亦如二姐允和后来所理解的，张充和"认为昆曲原来是'纳
众流'而成的，现在衰落了，要振作起来还是要'纳众流'的，她的想法
我想是正确的。'纳众流'要把各种戏曲，甚而至于话剧的优点吸收过
来，昆曲才不至于僵化，才能够发扬它的优秀传统"。[2]

---

[1] 《昆曲日记》，第243页。
[2] 《昆曲日记》，第255页。

故国归客

｜"今天带着我的梦来听你们的歌,把我的梦扶回来了"｜

"……大大的兴奋事,中华人民共和国联络处来了公文要我八月即回国探亲,有三十日时间,"1978年7月11日,张充和在给侄女张以誳的信中报喜道,"我早在二叔未去世前就申请,以后连申请三次,去年又申请一次,但批回来是难以办理。今年我并未申请,忽然允许了,我异常高兴。又万感交集,因为已赶不及见到你爸爸同二叔了。"(第515页)

她接着报告回国行程安排:

"我是八月二十日到北京,国内行程日期尚未定……我的计划是由北京乘火车到南京、苏州、上海、贵阳、桂林(也许去杭州),然后再飞回北京回美。我乘的是法国直航机,因为香港到深圳十分热挤,转车到广州才能上飞机,这次回来主要是看家人,玩风景在其次,因玩风景而又可见面两得之事当然再好没有。"(第516页)

临行前夕,想到梦寐了将近三十年的故土,今朝突然要见到,她心绪纷乱。在寄给儿时好友张天瞿的两句诗中,她描述心情:"归心乱似三秋草,往事鲜如二月花。"

当接到寄诗,张天瞿续下后两句"握手言欢欣在即,不须疑梦幻云霞"的时候,或许,张充和乘坐的航班,已在北京上空徐徐降落。①

---

① 《张充和诗文集》,第161页及页脚张定和注。

*

这一趟探亲，由于时间很紧，张充和想去的地方、想见的人又太多，总体上行色匆匆。

在北京，她终于见到了相望三十年的二姐允和、三姐兆和、三弟定和及其家庭成员。她至俞平伯家拜访，俞在家举办曲会欢迎她海外归来。与会人员除俞平伯、许宝驯夫妇，其四妹许宝骙外，还有许姬传、朱复等曲友。朱复后来追记："记得当时充和先生拿出一支铝质的小工调笛子，管壁很薄，音也很准，说是竹笛在美国那边特别容易开裂，因此自己想办法制作了这根铝笛子，使用起来就便利、放心多了。这是那次见面给我留下的很突出的一个印象。"①曲会上，张充和还向与会诸友求赐墨宝。

8月26日，许姬传寄信张允和，附了写给张充和的近作题画诗一帧。信中说：

允和贤甥：

　　闻近体违和为念，日前在平伯处曲叙，与令妹充和畅谈，并悉与海外亲属有往还。令妹索书，兹仓卒写近作一首寄上，即希转交，匆匆颂问

双祺

许姬传　一九七八年八月二六日②

---

① 朱复：《张充和先生百岁华诞祝词》，https://site.douban.com/cafakunqu/widget/forum/1341673/discussion/51595921/。

② 西泠印社2010春季艺术拍卖会拍卖图录：《近现代名人手迹专场》，第1031号拍品资料。"悉与海外亲属有往还"指张充和与许闻佩、王定一等人的交往。许姬传为许闻佩兄、王定一舅。后来许姬传曾托张充和转交录音带、文字资料与信件等。

次日,俞平伯寄信张允和、充和姐妹,云:

允、充和姊仝鉴:

日前相叙,诚为难得,惜允姊以微恙未预会,近计已康复矣。余君新著甚佳,承充姊惠赠,感谢!感谢!书中对鄙人颇多期许,而于红楼久已抛荒,惭无新见也。属件勉涂奉上,恐点损佳笺矣(余纸附上)。内子以患晕手抖,殊不成字,四妹亦云久不动墨笔,均希鉴谅为幸。南游后返美,不知仍经过北京否?祝一路顺风。匆布即颂

秋祺

平伯启 八月廿七日

有光兄前致候

四妹云腿疾未能往访谈,属笔致意。

随信附俞平伯、许宝驯、许宝騄分别写给张充和的字幅,其中俞平伯写了两件自作诗词,并一件添了工尺谱的自作词。在1952年写的《鹧鸪天》里,俞平伯追忆其学曲、唱曲生涯,词里提及他与张充和共同的昆曲老师陈延甫,以及共同参加的清华谷音社:

鹧鸪天

鸳水流风迹已陈(余初习曲于嘉兴陈延甫君),吴歈俦侣散秋云(有怀听春、味歈、谷音、珠紫、潜庐、藕香曲社诸友)。城东鹤寄三椽屋,无恙兵戈历岁春。兼北语,几南人,朋簪际合岂无因。玉量珠转浑闲事(一丝萦曳珠盘转,半黍分明玉尺量。吴梅村诗也),赢得闻歌醉耳新(惊醉耳,谁家夜笛。宋叟梅溪词)。

一九五二年十二月廿一日,在北京老君堂寓曲集,到者十四

人，纪以小词，一九七八戊午新秋录稿，应充和姊属正，俞平伯。[1]

俞信所言"南游"，指张充和随后即乘火车南下，回到阔别三十年的故乡苏州，九如巷的家有五弟寰和在守护。大弟媳刘文思及侄女以谀从贵州赶来与张充和见面。

张以谀回忆说，"那次聚会人太多，我其实没有机会好好和四姑聊什么，就是很好奇，跟在他们后面玩。他们去园子里听昆曲、唱昆曲，我也跟着去，但我当时一句都听不懂"。她听到他们回忆儿时旧事，说着大毛怎样，大狗怎样，小五狗又怎样，后来才知，父辈们小时，女孩被叫作"某毛"，男孩被叫作"某狗"，"小五狗"就是她的五叔张寰和。她记得，有次听他们在园子里聊天，"我在旁边插话，一不小心就说出了'小五狗'，四姑当时就批评我没礼貌"[2]。张充和回美后给张以谀复信安慰说："真是，好像见面后一句也没谈，只在火车上时间极长，但却骂了你一顿，希望你不要生气。瞧，其他侄男女，我多客气……"（1978年11月3日，第517页）所说"骂了你一顿"或即此事。

四年后，张充和追记此次苏州探亲之旅，言来颇为失望："一九七八年回苏州也有许多杂感，但却写不出一字。书铺、古董铺、说书茶室这些最使人忘返的地方都没有了。"又说："所有园中字画仍是缺然，最

---

[1] 西泠印社2010春季艺术拍卖会拍卖图录：《近现代名人手迹专场》，第1026、1027号拍品资料。俞平伯信中所言"余君新著"指余英时的《红楼梦的两个世界》（刊《香港大学学报》第二期，1974年6月），想来是张充和回国前余英时托她转交俞平伯的。信中所言"书中对鄙人颇多期许"，指余英时对俞平伯在20世纪50年代早期所做《红楼梦》系列论述之重要性的评论："早在1953或1954年，俞平伯就强调了大观园的理想成分。以想象的境界而论，大观园可以是空中楼阁。他并且根据第十八回贾元春'天上人间诸景备'的诗句，说明大观园只是作者用笔墨渲染而幻出的一个蜃楼乐园。俞平伯的说法在红学史上具有库恩（Thomas S. Kuhn）所谓'典范'（paradigm）的意义。可惜他所处的环境使他不能对他这个革命性的新观点加以充分的发挥。"

[2] 《一生充和》，第313页。

近有人说又挂了些,当不是旧的,想是近代人的。"①

其间,张充和至上海拜访诸旧友。9月1日,赵景深在家设曲会欢迎张充和归来。②

小张充和十八岁的曲友孙天申在曲会上初次见到张充和,她回忆,"由于初次见面,和她并未多交谈,大伙儿只顾在一块儿唱曲子高兴"。她记得自己唱完《牧羊记·望乡》,张充和夸了她,说她人虽长得小,嗓音却出奇的好,出奇的响。后来张充和唱了《牡丹亭·游园》。20世纪80年代初孙天申移居美国,和张充和多了往来,一起看戏、唱戏。③

三十日的行期一晃即至。张充和飞回北京,最晚于9月18日,乘机离开故土,飞返美国。十多天后,沈从文给她写信,起头一段,像是为她此次归国之行做了个小结:"这次你回来,虽分别近卅年,你的体力、情绪以至性格,大都还和出国时变化不多,我们都十分高兴。只可惜在北京时间过短,无从多陪你各处走走。"

沈从文写此信的时候,傅汉思也在准备着十数日后的中国之行。他将作为美国汉代文学代表团副团长,与团长余英时一起领队访问中国。信中沈从文交待,傅汉思来时,"不必为我带任何礼物","至多带一个二两重的开罐头的工具,就够了。和你这次回来一样,大家能见见,谈谈天,就多好!"④

① 张充和致黄裳信札,1982年6月2日,刊《卞之琳的事》,《来燕榭文存》,第118—119页。
② 赵景深致张充和信札,1980年8月15日,西泠印社2010春季艺术拍卖会拍卖图录:《近现代名人手迹专场》,第1030号拍品资料。
③ 唐吉慧:《多情人不老》,《文汇报·笔会》2011年10月30日。
④ 沈从文致张充和信函,1978年10月3日,《沈从文全集》第25卷,第269、273页。张充和此次归国探亲时限为30日。她8月20日至北京,落地起开始计时,则离开时最晚不过9月18日。

＊

　　此行在北京，张充和也见了卞之琳，后来她忆及："'文革'结束后我到北京，他专门要请我的客，我还到他家见到他的夫人。呵呵，那就是一种老朋友的感觉了。"①

　　不过，种种迹象显示，自1947年分别，时隔三十一年后，再次见到张充和的卞之琳，并不像张充和重逢他"就是一种老朋友的感觉了"。他还是不能淡定。

　　其时，卞之琳正整理自己1930—1958年所作新诗，重编一集，题名《雕虫纪历》。张充和返美近三个月后的1978年12月10日，卞之琳撰成《〈雕虫纪历〉自序》。在序中，卞以不具名方式，追溯了他与张充和的恋情（即他单恋张充和的历程）及对其新诗创作的影响，提示读者注意其诗里的"张充和因素"。②

　　1980年秋，卞之琳应邀访美两月，曾"三次抽空去新港看望旧友"张充和。③行前，还特意带上沈尹默修改过的张充和诗词旧稿，即1953年他在张充和九如巷房间发现的那份，"得机重逢故人，当即奉归物主"④。时任教于纽约约克大学的郑培凯曾陪卞之琳拜访张充和。据郑回忆，"卞之琳生性内向，要他陪同一道去见张充和，但见面时卞之琳却颇为紧张，讷讷咻咻，还是说不上多少话"⑤。一年后，卞之琳记述道："去年在充和家里，她逼我在一本留念字帖上留几行墨迹，手不听指挥，真无可奈何。后来她陪我逛纽约唐人街，在一家国货公司的书报部发现了《开卷》这一期，就买下送给了她。"⑥

---

① 《天涯晚笛》，第101页。

② 卞之琳：《〈雕虫纪历〉自序》。

③ 《赤子心与自我戏剧化：追念叶公超〉补识》，《漏室鸣——卞之琳散文随笔选集》，第284页。

④ 《合璧记趣》，《水——张家十姐弟的故事》，第228—229页。

⑤ 彦火：《"从爱字通到哀字"》，《羊城晚报》2013年8月29日。

⑥ 卞之琳致黄裳信函，1981年12月11日，《卞之琳的事》，《来燕榭文存》，第116页。

卞之琳在另一处又说,在张充和家,"承老友用磁带把她后来唱的几支曲段转录了送给我带回国,其中也就有《题曲》这一段吟诗徒唱"。抗战时卞之琳曾保存张充和当时灌录的昆曲唱片,包括《题曲》,时时拿出来播放回味。他评价说:"半世纪以前同一段灌片听起来也哀婉动人,娇嫩一点,正显得年轻呀。后来这一段录音,显出功力到家,有点苍劲了。岁月总会给艺术家的艺术带来矛盾性的损益。"①

其后十多年,"张充和"不断出现在卞之琳的文章中。看了昆曲新秀王奉梅的精彩演出,他想到张充和;追念旧日师友叶公超、师陀、周煦良等,他提及张充和;回忆《文学季刊》编辑处之往事,他捎上张充和。文中对张充和的叫法,根据情形,或明写"张充和",或说"一位朋友""旧友",有时很直接,称"女友",有时特忸怩,叫"朋友当中的特殊一位"。

更重要的是,多年来卞之琳像个粉丝一样,热衷地搜集、抄录、整理、发表着张充和的诗文作品。

据彦火回忆,"记得上世纪七十年代末,中国刚开放,我便收到一篇散文稿,是由北京三联书店总经理范用转给我。文章是给《海洋文艺》的,我当时在该杂志任事。当我收到这篇文章时,怔忡老半天,因为整篇文章的笔迹是老诗人卞之琳的,作者的署名却是张充和。后来我在北京见到卞之琳,特地就此事探询过他。他腼腆地说:'因为我要保留她的手稿!'"

彦火就此点评道:"那是个还没有复印机的年代。仅仅是为了保留她的手稿,年逾七十的诗人花了不少力气,用硬笔一笔一划地誊抄了这篇稿。这篇稿比起诗人自己写的稿更工整清晰、更用心。"②

① 《题王奉梅演唱〈题曲〉——冬日为"传"字辈昆剧家纪念演出传响》,《漏室鸣——卞之琳散文随笔选集》,第92—93页。
② 彦火:《"从爱字通到哀字"》。

　　1980年秋在美拜访张充和时,卞之琳谈及,1938年秋冬他任教于四川大学期间,曾在大学图书馆的旧报副刊上,抄录下张充和1937年1—6月发表在《中央日报·贡献》上的少作二十三篇,并答应回国找找。返北京后他发现仅存两篇,纸破字残,清抄出两份,一份寄给张充和,另一份得到张充和许可后寄香港发表于《八方》第四辑上。①

　　1981年夏,张充和想起旧友靳以1949年托她给黄裳写件字幅的"宿愿",写了陶渊明《归去来兮》小楷一卷,寄卞之琳转给黄裳。黄裳收到后,十分感念,写有《宿诺》记录此事。当时黄裳给卞之琳去信表示感谢,并想从卞氏处打听他与张充和的关系。黄裳记录说:"我知道卞诗人与充和的关系非比寻常,但也只是听来的一鳞半爪,更不便写入文字。忽发异想,何不求证于本人,因而写信给之琳请教。这自然是一种愚蠢莽撞的举动,自然是久久不报。直到一九八一年冬,才又得之琳一信。"②

　　卞之琳在回信中谈到很多事,说到在《八方》发表的张充和两篇少作,并托黄裳帮他寻找张充和的另一篇少作:"她当年在靳以编的《文丛》第一期还有一篇《黑》,忘记了署名什么,你如能在上海什么图书馆找到此刊,把这篇短文复制一份给我看看,就非常感激了。"③

　　对于这封说了张充和很多事,但并未直接回复自己与张充和关系的信,黄裳评述道:"这封长信是对我的提问的回答。可以说是答非所问,但实在是最好也最可满意的回答。历久不衰的钟情,珍惜对方的文字留痕,千方百计地搜寻并张罗印出;对方的一颦一笑,都永不会忘记,值得咀嚼千百遍的温馨记忆永远留在心底。这一切,都在淡淡的

---

① 卞之琳致黄裳信函,1981年12月11日,《卞之琳的事》,《来燕榭文存》,第116页。
② 《卞之琳的事》,《来燕榭文存》,第115—116页。
③ 卞之琳致黄裳信函,1981年12月11日,《卞之琳的事》,《来燕榭文存》,第116页。

言语中隐隐约约地透漏出来了。"①

其后,黄裳查到张充和少作、署名陆敏的《黑》一文,手抄后寄卞之琳,卞另抄一份,将黄裳抄稿转给张充和。1982年6月2日,张充和致信黄裳说:"前几日(一周前)之琳寄来您手抄《黑》。这个笔名(陆敏)再也想不出如何起的,内容似曾相识,可值不得您家亲为手抄。之琳真是好事之徒。"②

大约此时期,卞之琳将《黑》及张充和另外四篇少作《手》《扇面》《隔》《变戏法》寄香港木令耆,木"将这些险将遗落的珍珠"收入其所编《海外华人作家散文选》,1983年由三联书店香港分店首出港版,1986年香港三联与花城出版社联合出内地版。

在给张充和的一封信中,卞之琳出具了他暂时搜到的张充和二十四篇少作的目录,包括作品名、发表时间及每篇署名,即张充和1937年1—6月发表于《中央日报·贡献》的二十三篇,以及发表于同年3月《文丛》创刊号的一篇(《黑》)。他还表示:"等暇当为陆续抄出,供你自己参考。1937年1月份以前是否还曾在日报上发表过作[品],还请告我,当再往一查。"③

这份目录后来成为搜集张充和早年文章的主要依据。依据此目录,张充和诗文整理者寻到相关篇章,并据目录所提供的笔名,查到卞之琳未见到的其他篇章。还结合张充和起笔名的一些习惯及文章内容,发现数个不在卞之琳目录中的笔名,找见张充和另外数篇文章。④

由于张充和当年发表作品使用众多笔名,有的笔名连晚年张充和都想不出起名缘由,以张充和对自己作品"随地吐痰,不自收拾"的性

---

① 《卞之琳的事》,《来燕榭文存》,第117—118页。
② 张充和致黄裳信札,1982年6月2日,《卞之琳的事》,《来燕榭文存》,第119页。
③ 《张充和诗文集》,目录后插图第7页。
④ 白谦慎:《〈张充和诗文集〉编辑始末》,《张充和诗文集》,版权页后第1、4页。

情,若不是"好事之徒"卞之琳1938年的抄录及1970年末期以来不遗余力的搜集整理,恐怕今天的人们很难知悉张充和多达数十篇少作的存在。如此,且不论其文学水准如何,至少关于她童年时的寂寞与天趣,青春时期的迷茫与追寻,人们可能很难知悉。缺此,一个活生生的人,一个随着年龄增长与时运流变总要面对各种成长问题的人,恐在大众眼中真就被当成生来即云淡风轻的超然达人了。

因此,虽然卞之琳终其一生也从未走进张充和的情感世界,不过他的爱恋与坚守还是让他成为张充和生命历程中的重要存在。从消极而言,他的苦恋成就他的诗,为华语诗坛增添精彩,而"张充和"便是解读这些诗的一把锁钥;从积极而言,他对张充和早年作品的搜集整理,为人们留住了童年与青春时期的"张充和",一个丰富的、多层次的张充和形象。他与张充和,被人们"捆绑"起来言说无休,不算无稽。

*

比卞之琳访美错后一些时日,1980年10月27日,沈从文、张兆和夫妇在傅汉思、张充和的精心安排下,也来到了美国。这是他们首次出国,也是唯一一次赴美。当天傅汉思在日记上写道:"等了30年的一个梦,今天终于实现了。"

据傅汉思的不完全记录,沈从文在美国三个半月,到十五所大学做了二十三场演讲,参观博物馆、图书馆及参加其他文化活动六十六项,重逢许多旅居美国的老友旧生。

翌年1月26日,沈从文夫妇在张充和陪同下飞往芝加哥。参加完当地活动后,30日,沈从文夫妇飞往旧金山,接下来的行程里另有人陪同,张充和返回新港。她后来写道:"归途中什么滋味也说不出,但并没有空虚的感觉。因为他们这次来美,给我们的快乐,充实了在异乡的无聊与寂寞,即使他们永不再来,这美好的三个月,也足够我们回味了。"

所言"永不再来",指张充和、傅汉思看到沈从文参加活动、会见访客如此密集,且"每次演讲必是远程,回家总是午夜",因此,"我们还另有一梦,希望他们再来一次,同我们安安静静相聚,只有几个性情与兴趣相得的朋友,研究文学同考古上的问题,不再让他如此劳累……"①

2月17日,沈从文夫妇飞回北京。五个月后,在给常风的信中,沈从文也提及傅汉思、张充和的这个梦想:"照充和夫妇意见,还以为最好住下一年就好,因为三十年才有一次亲戚作客。只是每次出门去别的大学谈话,必得傅汉思开车,还得他做翻译,未免累坏了他们!因为若去华盛顿,即得开八小时的车!最近为纽约,也得两小时。我们总觉得十分过意不去,两位居停主人,却十分高兴,以为像在梦中!"②

*

1983年9月上旬至10月底,张充和、傅汉思再次归来,这次夫妇二人终于联袂同行。

来之前,二姐允和做了精心准备。其9月5日日记写道:"四妹就要来了,为她计划一下访问昆曲界的事:1.访问曲社1—2次;2.访问北昆;3.上景山;4.逛故宫;5.到北海;6.访查徐向铮;7.录音。"③

9月18日,中秋节前夕,北京昆曲研习社在工商联举办中秋曲会,发通知说欢迎"美籍张充和女士"到访,新老曲友与昆曲艺人慕名而来,有赵荣琛、许姬传、钱乙黎、沈性元、吕恩、洪雪飞、李淑君等人。当日有15位曲友与10位艺人独唱或合演了20支曲子。张充和唱了《惊梦》中之"山坡羊",据陪同前去的侄孙女周和庆说,"唱得好"。④

① 《沈二哥在美国东部的琐琐》,《张充和诗文集》,第342—349页;傅汉思:《沈从文在美国的讲演和文化活动》,巴金等著,吉首大学沈从文研究室编:《长河不尽流——怀念沈从文先生》,长沙:湖南文艺出版社,1989年,第441—449页。
② 沈从文复常风函,1981年7月30日,《沈从文全集》第26卷,第249页。
③ 《昆曲日记》,第251页。
④ 《昆曲日记》,第252—254页。

张充和在曲会上发表了一番深挚动情的讲话。她说：

　　我到国外已经有卅四年了。初到美国的时候，提倡昆曲的，项先生(馨吾)在东部，我在西部，还有李方桂夫妇，我们在三个地方，联系不多。我很奇怪，那里有些中国人听到昆曲竟哈哈笑，但美国人却不笑。这使我很不好意思，心里很难受。有些中国人学了点外国音乐，并不了解什么叫民族音乐。这些中国人不大看得起自己民族的东西。我想我要发扬昆曲艺术，不从他们开始，因为他们"崇洋"。我从另一个途径，教外国人。开始教他们我们的民族音乐、戏剧、舞蹈。主要从文学、音乐、舞蹈开始。我尝试组织一个古典舞蹈的表演，又表演一段昆曲。时间不长，一个钟头左右。选的是舞蹈性质最强的昆曲片断，配上解说，如解说《牡丹亭》《西厢记》等，这些年来从美国、加拿大到法国一共有三十几个大学。这些大学中我教的学生有的做了博士，中国民族音乐就有两位……在加拿大也有几位很好的研究生，他们也能唱昆曲，最近也成了博士。有的人不但能吹笛子，而且吹得极好。

　　现在我精神上轻松了。因为在中国南方和北方，昆曲完全复兴起来了。我有两句诗寄托我的感情："不须百战悬沙碛，自有笙歌扶梦归"，是说不须我一个人在那里苦战了。今天带着我的梦来听你们的歌，把我的梦扶回来了。[1]

　　随后，张充和夫妇南下，来到南京，与曲友联欢，有溥侗、溥绮、甘涛、胡忌、刘致中、朱继云等，笛子伴奏是江苏省昆剧院的笛师孙希豪。几个人轮番唱曲后，张充和唱《惊梦·山坡羊》。唱到"则为俺小生婵

① 张允和："后记"，《昆曲艺术(创刊号)》，第47页。

娟"的"俺"字时,突然笛师跟不上卡住了。朱继云后来记述道:"只见充和女士低声向笛师说了几句,就又继续唱下去。笛音悠悠,歌声委婉动人,余音袅袅。一曲唱完,大家热烈鼓掌,充和女士含笑欠身致谢。这时致中问我,为什么唱到'俺'字时笛师'卡'住了。当时在场的曲友恐怕也很少有人知道原因。原来充和女士是按《遏云阁曲谱》的腔格唱的,而孙希豪吹笛是按《粟庐曲谱》腔格吹的。'则为俺','则'字是阴去声,'为'字是阳去声,'俺'字是阴上声。王季烈《集成曲谱》这一句与《遏云阁曲谱》同。"①

在南京,夫妇二人看望了忘年老友、《仕女图》收藏者、当年出国护照的帮办人郑肇经。1981年两人开始通信。6月30日,郑肇经在信中向张充和诉说:"十年动乱中,我处所有文物图书及字画等等荡然无存,你写的字和画的仕女轴当然同归于尽。所以希望你再写点字给我。如赠我几句诗词,尤为感荷。我年已八十有七,更希望你同汉思能回来看看。"后听说张充和处存有《仕女图》照片,他又写信请求张充和给他复印一两份,"在复印照片上再题几句,是最好的纪念品,当什袭珍藏",并提及"当年题词诸人多已作古"。

张充和将照片放大复制后,又写了三首小令寄来。其二云:"画上群贤掩墓草,天涯人亦从容老。"此种对往昔旧友渐渐凋零的嗟叹,不仅是在回应郑肇经信中的话,也是她这十余年来弥漫不散的愁怀。1968年,想到故国亲友纷纷被批斗,据传许多人已横死,她悲慨"吴中塞北增新墓,墓中人曾送远行";1971年,看见《生活杂志》所载桃花鱼图片,忆起当年嘉陵江畔唱酬盛事,感伤"昔咏鱼诸故旧大半为鬼,余亦凋瘁"。②

---

① 朱继云:《听张充和唱昆曲》,《昆曲之友》2014年第1期,转引自《一生充和》,第219页。
② 《张充和诗文集》,第87、125页。

其三云：

> 新词一语真成谶，谶得风烟人去汉。当时一味恼孤桐，回首阑珊筵已散。
>
> 茫茫夜色今方旦，万里鱼笺来此岸。墨花艳艳泛春光，人与霜豪同雅健。

上片虽仍在感伤人世沧桑，下片并未沉溺，显得昂扬，老当益壮。"人与霜豪同雅健"，这一声铮铮宣示，说的是郑肇经，也是行将古稀的张充和自己。

这次张充和与郑肇经见面，见他萧然一室，笔砚文房，全不似当年。郑见到他们，非常高兴，用德语与傅汉思交谈几句，便取出《仕女图》照片，向着傅汉思，先指照片，再指指张充和，又自指说："这上面的人物，只剩我们两人了。"说时微微笑着，却有无限凄楚。"文革"期间，他作为水利权威，又加上守"四旧"的罪名，挨批时一只已无小腿的大腿又被打断。当时无人敢送他到医院，只上了些云南白药，也就好了。①

此次归国，张充和也见到了重庆时期的曲友陈戊双。当年陈戊双画有《琅玕题名图》一卷，数十曲友曾先后题名其上，卢前并书自创散曲一套。惜因"文革"浩劫，仅剩残片一块。大约1983年初，她听说张充和处有卢前曲子的存稿，去信请张充和抄录一份。2月7日，张充和将抄本寄到。3月16日，陈戊双回信表达感谢，称赞张充和的这

---

① 《〈仕女图〉始末》，《张充和诗文集》，第377—381页。该画于1991年5月现身于苏州某书画拍卖会。张充和得知此讯，托五弟寰和经办，成功购回。然而此时，"题词的人，收藏的人，都已寂寂长往。没有一个当时人可以共同欢喜。有朋友说，这幅画得而复失去，失而复得，应该有几句诗。我的喉头哽哽的，心头重重，再也写不出"。

件墨宝是"一幅如此秀劲的法书,真是笔精墨妙,碑趣帖意,令人爱不释手"。

此次见面,张充和问起《琅玕题名图》事,陈戊双一声叹息。后来她告诉张充和,其夫周仲眉于1966年,见银行界一位同事受侮辱,受折磨,忍无可忍,自经身亡;其子受此刺激,也精神不振。张充和问她今后打算,陈戊双说"我到合肥儿子处去种葫芦",顺便在书架上拿一个说:"种了很多,都送人了,这是最后一个,给你吧。"

张充和从此再未追问陈戊双那段痛心往事。回美后,她绕着葫芦蒂刻了四字——"长毋相忘。"①

---

① 《曲人曲事·陈戊双 周仲眉》,《张充和诗文集》,第 366、368 页。

卷 八

人间晚晴：1985—2015

退休生活

| "我平时'行走如飞'，上天山，踏雪泥" |

1984年6月1日，张充和在给陈戊双的信中报告说：

> 我今年退休，以后是自由人，再回来不至如是匆匆。
>
> "为花写照"想已收到，我嫌它太大，不宜扇面。暑拟在大作反面如嘱写《洛神赋》，现在正结束学校事。

不过，张充和卸去的是一年一学期的书法教职，她还有书画顾问的责任尚不能搁下。

在耶鲁任教十多年来，张充和逐渐确立了自己在中国书画方面的极高声望，是自成一派、备受推崇的书法家，又是精于考辨字画古籍相关文字、题款、印鉴及版本的渊博学者。晚辈金安平描述说："我很尊重她，又有点敬畏。充和因学识渊博而颇有名望，人们会因艺术、书法及中国戏曲史方面的问题向她请益；此外，遇到需考释或校正的各类问题，从书画的题跋阅读到版本鉴定，从解释一首古诗中的典故，到辨识十八世纪某件奏折上君王的手迹，大家都会请她解答。老辈学者们如果经过新英格兰地区，一定会到她位于北港的居所稍作停留。受新式教育培养的年轻一代，读过的《诗经》篇章屈指可数，过眼的汉朝史书也就是十几二十篇传记，看到老辈学者如此推重充和，才会对她肃然起敬。我们实在太过浅薄,无法领略充和的渊博。"[1]

这些年来,她是耶鲁大学美术馆极为倚重的顾问。据1975年11月她给大弟宗和的信中说:"我时常警惕去研究山水画,也帮他们读印章与草字,也看了不少画家的字……"(1975年11月12日,第499页)可见,至少从1975年起,她已负起顾问之责。美术馆馆长密密·盖茨,曾跟张充和学书法,尤其是草书(在耶鲁时名字中还不带夫姓"盖茨",那是后来成为比尔·盖茨继母后才改的)。张充和回忆:"她人非常好,在这边离婚后一个人带着孩子,很不容易,我一直给她帮忙。后来她到西雅图博物馆去了,在那边认识的比尔·盖茨的父亲。"[2]被学生敬重着的张充和,退休后,除每周三到美术馆亚洲艺术部整理中国书画外,每遇新展览要筹备,更有一大堆躲不开的事情忙活。

1986年3月,张充和在给侄女的信中写道:"我于前年退休,真正是退而不休。学校美术馆实际上我是顾问。都是关于题画诗文的文章、字、图章。每换一次我就大忙。但如果我离开此地也就算了。(我说的是永久性离开。譬如说我三月八日去欧洲二十四日回来,此前此后都是一堆事等着你。)我固喜欢书画,但变成责任就有点麻烦了。连病也不能休息。美国做学问是打破砂锅问到底的。"(1986年3月6日,第520页)

*

关于退休后的日常生活,张充和曾告诉在慕尼黑结识的版本学者汪珏说,每日晨起,她坐对晨曦,磨墨写字;然后浇水、除草,对付蜗牛。否则,就"吃不到自己种的菜,看不到盼了一年的好花了"。

"灰白色相间简朴的楼房,绕着庭园。"汪珏回忆一个夏日初访张

---

[1] 《合肥四姊妹》,序言第1—2页。
[2] 《天涯晚笛》,第120页。

充和家宅的情景,"檐下瓜棚透绿,篱边丛丛紫竹翠竹,几株花树、几方菜畦"。

拾级进屋,汪珏仔细观察:"小门厅正对楼梯,左边客厅摆着磁青色布面沙发,地下靠墙和茶几上放着两三盆垂叶植物和洋兰。举目壁上四望,疏疏朗朗挂着几张现代名家沈尹默、沈从文、台静农、饶宗颐诸先生的作品;上款题的都是四姊与汉思的名字,足见皆是主人的故交。(历次拜访时有更换。但是从来不见四姊张挂她自己的书画!)

"一张极长极大的桌子居中独占门厅右边的房间。桌面铺着深色毯子,零星摆着大墨池、两三方小砚、水盂、笔架、印泥盒之类,和卷着摊开的几种纸张,也有四姊写了的字。长桌两端堆着书籍、翻开的字帖等等。房间靠里墙立着一架紫檀玲珑柜,藏着四姊与汉思当年新婚燕尔就离开中国,随身行李带出来的几组古墨、几方印石,和一些别的对象。矮椅、地板上尽是书报,四姊称作:'为患!'桌前放着张高背椅,是四姊坐着临池的地方。四姊说:这间原来是饭厅,西式长餐桌平时难得用到,空放着可惜,就变成她楼下读书写字或教授学生的房间。楼上小书房则是清晨练字的地方。习惯了,好像在小书房坐着就自然练碑临帖。到下面'大书桌'上就写别的自己想写的条幅、卷子、扇面等等。"[1]

她的临帖量依然很大,且屡有心得。1986年8月6日,开始临《大隋故太仆卿夫人姬氏之志》,款识云:"充和学书。"此碑四十五年前沈尹默老师曾嘱她临过,她当时未明其意,匆匆临写一通塞责。此次起意重临,非当年那般敷衍。于是,8月7日,"临第二通,首七行戴新配隐形镜,不易书"。此后或每日或隔几日即临一通。到8月23日,临至第十通。此碑"笔笔踏实而又生动",联想到自己从小学楷书,喜笔断

---

[1] 汪珏:《四姊周年祭:张充和女士在慕尼黑及其他》。

意连,以致薄弱,她突然领悟出尹师当年的用意。她喟叹道:"信尹师善诱,而又何其婉转也。"又云:"呜呼! 焉能起吾师而告之曰:今吾知师意所在矣!"①1993年1月3日—22日,即农历壬申年腊月十一至除夕,每日分别临写一两种碑铭墓志,共二十三种,其中腊月二十六所临《张猛龙碑》,为张充和平生第一次临写。②

也卢曲集仍不时举行。1984年11月,继四年前沈从文夫妇之后,二姐张允和、二姐夫周有光也来到新港探亲。他们是10月10日离开北京飞赴美国的,周有光忙着到各处讲学,张允和起初住加州奥克兰大姐元和家中,然后三人先后飞康州四妹家聚首。12月17日,张充和家有一场小型曲会,参加者除张家三姊妹,还有陈安娜、胡忌等。张允和于日记中记录:"安娜吹笛,四妹唱《寻梦》'花花草草……生生死死',我则老泪滂沱,我想大弟的'淅淅零零'曲,阿荣的'点点滴滴……'(笛)。"又写:"到四妹身边,哭泪何其多也,30年~60年的往事都回到脑中,好像失去的东西找到了,乐极生悲,有眼泪就是'欢喜'的表现。"转年1月11日,相聚两月后,大姐与二姐夫妇方告别而去。后者于2月中旬回到北京。③

经常参加也卢曲集的昆曲史学者胡忌(1931—2005),是由傅汉思推荐,于1984年11月受邀到耶鲁任访问学者的。1985年深秋,一年访学期结束,归期在即,胡忌"心绪依依,临行前有也卢昆曲小集之举,遂作《一半儿》曲寄意",书于《曲人鸿爪》:

① 西泠印社2016年春季拍卖会图录:《张充和与昆曲暨中国首届戏曲艺术专场》,第940号拍品资料。
② 西泠印社2017年春季拍卖会图录:《从梅兰芳到张充和:中国戏曲艺术专场》,第997号拍品资料。
③《昆曲日记》,第297、308页;《逝年如水:周有光百年口述》,第454、459页。

　　舒怀难得是吴歈，试奏长生在也卢，鼓板频敲曲尚疏，把本来铺，一半儿洋文一半儿土。①

　　1988年底，旅美曲友于纽约成立了以研习、保存、传扬昆曲为宗旨的海外昆曲社，翌年正式注册为非营利艺术机构。作为曲社顾问，张充和"每两周要去一次，来回总是一整天"。（1992年3月21日，第533页）

　　在纽约一次曲会上，张充和结识了参加曲社活动的女画家王令闻（1916—2008）。王生于北京，曾从王燕荪、溥心畬、齐白石学画，20世纪60年代移居美国，以教画为生，尤善工笔仕女画。她大学曾学过昆曲，然而一搁五六十年，最近以七十余岁高龄重续曲缘，认真学习，后来还粉墨登场，奉上精彩演出，堪称奇迹。

　　1991年仲秋，张充和携《曲人鸿爪》册页至纽约，请王令闻赐墨。王画了其最擅长的《倚栏仕女图》一幅，是为纵贯半个多世纪、留下数十位曲人美好片段的全套三册《曲人鸿爪》的最终章。②

＊

　　成为"自由人"的古稀老人张充和，精力虽不如年轻人，但手脚稳健，活动范围并不囿于新港、纽约乃至美利坚一国，而是频繁出动，漫游世界，其中以回国频次最高。

　　这大概是不得已求其次的选择。她曾想过退休后"永久性离开"新港，离开美国，回归故园。然而，她后来了解到，回国定居，"不顶容易，办手续是很烦，因为中国政府算我是洋人，真是"。（第528页）

　　1986年，张充和第三次飞北京，参加"纪念汤显祖逝世三百七十

---

① 《曲人鸿爪》，第243—246页。
② 《曲人鸿爪》，第253—257页。

周年"大会,与大姐元和演出《游园惊梦》。

1987年初春,她首次来到贵阳,大弟宗和后半生工作与生活的地方,与其家人共度新年。

侄女以㲚陪四姑走遍大弟任教的大学校园,她回忆说:"有一次,我们在操场上散步,四姑让我翻跟头给她看,因为我从小学体操。我翻完了之后,她笑着说:'我也会。'立刻做了一个昆曲里的'卧鱼'身段,难极了,双腿叠着盘起来,那个腰扭的……要整个把上半身转过来,脸向上看,手的姿势也要对。"①后来,当张以㲚陆续整理出版了父亲的日记及父亲与四姑的往来通信,人们方才知道,张充和原来如此活泼调皮,爱翻跟头,妙龄时期见草地就翻,有了子女陪子女一块翻。

返美后,张充和在给张以㲚的信里心满意足地回味说:"我在贵阳二十天,吃得好,睡得好(咳嗽是带来的),只是累了你,不上班在家陪我……春节相聚,不能忘记。贵阳路旁的小食,早起叫卖豆浆,都时在目前。"(1987年4月3日,第521页)出来吃小食是瞒着弟媳刘文思的,因为做医生的弟媳嫌其不卫生。回家吃晚饭,两人吃不下,被大侄女以靖猜着,审问以㲚。问清楚后,以后两人再出去,弟媳就会预备酒精棉花让她们带着,要吃时,先擦抹碗筷杯盘。十一年后,在给刘文思母女的信中,张充和报告:"此事我学了。去中国镇小食店我也常常带了酒精。因为我在茶杯上见到口红。"(1998年7月26日,第543页)

该年傅汉思也从耶鲁退休。夫妇二人于10—11月回国,游北疆、敦煌、西安,"只可惜南疆流行肝炎病不能去"。(1987年11月10日,第524页)

回家一个月后,一日不小心,张充和摔伤了自己,想到自己在外跋山涉水毫无问题,竟在家中摔倒,真是好笑,给三弟定和信里写道:

---

① 《一生充和》,第314页。

"……于十二月廿日在自己门前因冰滑下阶沿,摔断了背骨两根,幸未伤脊骨,肺部亦未进碎骨,腰子亦未出血,只是起坐与翻身很痛,现在半月,已是很进步,医云六周后可以让我行动自由,但骨头是合不拢了,因成天呼吸之故。可笑我平时'行走如飞'(贵阳一个招待员说的),上天山,踏雪泥,都未摔跤,倒在平日必走之门前摔倒。"①

傅汉思的情况更糟糕。一年后张充和回信张以诹说:"我们自去冬回美,在途中汉斯就有病,拖了一整年,我也做不了事,心境不佳,也不能写信,现在他渐渐好起来,我们俩都已退休,真到了老境,自己生病尚不知病情……"(1988年11月7日,第525页)

然而好转后,又继续外出。1989年,"一个春夏之交不在家,有雨半个月,园子就荒了。也赶不及种什么,美国东部收成季节很短"。1990年暑期,傅汉思到德法两国,张充和留在家中,侍弄小园:"我种了怡和给我的黄瓜,种就如樱桃大的番茄,鲜美无比。又有宇和给我的香椿子,种就有八九年,现在已分给朋友。韭菜也是用不完。只是拔不完的草,天气炎热,我就只能早晚在园中工作。"傅汉思从欧洲回来,又于8月21日前后到加拿大多伦多开国际汉学会议,张充和也跟了来,因为"这半年在家事多人来人往","我同来清静一下"。(1990年8月21日,第531页)

1991年秋,张充和与傅汉思再次回国。"四姐此来,"三姐兆和随后在给三弟定和夫妇信中说道,"我发现她有些不同:一是叙述一件事一再重复,二是滔滔不绝(过去如此,现在更甚)。显然是老的现象,自己不觉得。"又赞赏四妹夫说:"汉思好脾气,一个书呆子,是模范丈夫。"四妹夫妇走后,张兆和不免觉得"热闹一阵,人去楼空,落寞清冷

① 《张充和诗文集》,第174页。

之至!"①

　　1992年春夏之际,夫妇俩又赴欧一个多月。临行前,"房屋在修理,红尘万丈,只好等回来再清洁整理"。(1992年3月21日,第534页)

　　1993年,又一个秋天,张充和夫妇返国,游湘西,转遵义,至重庆,又乘船顺长江东下,抵武汉。(1994年9月2日,第535—536页)在凤凰,二人到三姐夫沈从文墓前祭奠。墓地简朴、宁静,墓碑是一块大石头,天然五彩石,背面镌刻张充和1988年听闻沈从文离世,涌出脑际的挽词"不折不从　亦慈亦让　星斗其文　赤子其人"。此行不久,张充和赋《望江南·题凤凰沈从文墓》五首,其四云:"凤凰好,沈墓面沱江,更喜在山泉一脉,路人来止饮清凉,相对话麻桑。"并加小注:"沈从文常云'一生写作得力于水。'沈氏后人墓地不加篱围,一任乡人、牛羊来往,亦从文本意也。"②

　　1994年9月2日,倏忽一年又将过去,张充和给弟媳刘文思写信说:"我也八十出头了,时间过得快,愈离家久就愈想家。也想到很多人,写信再也写不完要说的话,索性不敢提笔。这种心情是不可言喻的。"(第535页)

　　自1993年那次返国后,一晃十一年,张充和因事羁绊,未再远行。

---

① 西泠印社2017年春季拍卖会图录:《从梅兰芳到张充和:中国戏曲艺术专场》,第1017号拍品资料。
② 《张充和诗文集》,第176—178页;张新颖:《沈从文的后半生:1948—1988》,桂林:广西师范大学出版社,2014年,第347页。

特殊护士

｜ 照顾汉思,"想不到比小孩子还不容易" ｜

1994年,张充和夫妇受耶鲁大学邀请,返校任教。"我们两人都退休,也都尽义务为学校为公共事业做点事,今年学校又忽然要我们再教一个学期,所以也不敢出门。"

然而是年,傅汉思所患风湿病已极为严重,原本分工合作的家务全归了张充和。"汉思的忧郁症多年未犯,只是两大腿胯骨有风湿严重,屡次要开刀,因事被阻。本拟今秋开刀,但上课又不行。要等学期终了才能开。大概分两次开,一次需要两个月时间恢复,就是说半年到一年不能出门。还有膝盖也疼,如今家事重事归我,弯腰上梯子是我,我是愈来愈结实,过去在家养尊处优(我说抗战前),不时多病,现在什么都可过得去。我有不严重的糖尿病,身边随时带着一个验血糖的小机器,每周两次,自己控制得很好……"(1994年9月2日,第535页)

更严重的是,自1995年1月12日做了手术后,张充和化身"特殊护士",像当年劳心劳力照顾一双儿女般,又照顾起傅汉思。多年下来,大有"想不到比[照顾]小孩子还不容易"之感。①

傅汉思可谓数病丛集,主要有:风湿病、前列腺疾病、左臂脱节后

① 1995年,张充和、傅汉思合译的《中国书论二种》由耶鲁大学出版社出版。该书是唐孙过庭《书谱》、宋姜夔《续书谱》的英译本。该书因应美国书法教学需要,追求客观再现知识,严格遵循原文,不增词添句,且译语准确,是为学术性翻译的典范。

遗症、忧郁症。"汉斯多年的风湿到去年更坏,止痛药敷了两年没有效果,医生决定开刀换左盘骨与大腿间骨球,是一根化学与不锈钢的质料。球如鸡蛋大小,插在大腿骨中,手术时间约三个多小时。复原情形也很顺利。现在是走路可不用杖(但夜晚或长路不平地仍用手杖)。可是右腿仍是风湿,还未到'成熟'时,所以我们在家动不了。汉斯还有其他病症,即是前列腺有病。也已发二三年,近来更坏。"手术后不久,"忽然左臂脱节,不易还原,后找专科还原。但是某一处仍不可救,所以只得带病"。再后来,更有忧郁症复发。(1995年6月9日,第539页;1996年10月30日,第541页)

忧郁症是傅汉思二十多年前的旧疾。首次发作约在1971年10月。1972年4月,张充和在给大弟宗和的信中报告:"汉斯极瘦,比以前瘦了十七磅,半年来失眠,神经不宁,自己对自己失望……学校事多会多,压力大,他好像什么事都得肩担而时间精力不足。今年几乎不支。(前些日子我亦不能安睡。)日子亦不得不过。近来稍好,但亦靠安眠药睡觉。"(1972年4月14日,第393页)其后看病吃药,逐渐好转:"汉斯医了近三个月现在已不用药了,也能坐下来看看书写文章指导学生论文并教两门课。还兼研究院的主任(此事最为头疼),也够忙的,但他好游水散步,有好的运动是对身体有用的。"(1972年9月24日,第410页)

1974年7月,傅汉思在德国教暑期课时,忧郁症复发,张充和赶赴德国将之接回,照顾其治病、调养。几个月后张充和告诉大弟关于傅汉思的治疗情况说:"初在德国三周全靠药,吃得他昏昏沉沉,路也不能走。回家来后医生不主张吃药,第一个月一种也不吃,间或吃极轻微的安眠药。医生要他多做园子,多运动,多自立,不求我帮忙。要交际,不要怕人,要他决定事,不要推脱,多看书,写没写完的文章。以上几点似乎都是在强迫他做。现在慢慢的进步,能精心看书,写信改改文章还可以,还没有系统,像以前一样写文章。见人还是怕,运动与帮忙园子同家事都能动,所以味[胃]口也好起来。这是最近的事。医生说他毛病最大的是不会发脾气。因而总是怪自己,不相干的事自怪。这种病一直是有的。当初我以为他是谦虚,自责。严重时成天成夜的自责,使我又可气又好笑。"(1974年11月26日,第479页)

到1975年初,傅汉思的气色神情全面恢复:"汉斯现已复原,工作已能应付,下半年(一月)上课。希望不再发病。他现在学一种打坐法,也不盘脚,也无宗教,即是安定神经放松之法,传授须得师授,他亦不能教我。据说很简单,早晚每次二十分钟,像入定似的,开起房门静坐。不知中国有此否? 也同太极拳相像。据说是内功。"(1975年1月19日,第482页)他又很注重运动,每天游泳(除周末),带狗跑步。(1976年6月29日,第506页)一次参加游泳赛,还勇夺第一。张充和在给侄女张以㳆的信中曾忆及此事:"四姑父在六十二三岁时比赛在水中四小时,游三英里,得到第一,只一件汗衫,上写有第一。四姑父说游三里不难,只是想去厕所,不易忍住。他游的样式不如你好,最近数年做瑜伽,就不大游水了。"(1985年末,第528—529页)

倏忽二十年过去,傅汉思做了左盘骨与大腿间骨球替换手术后月余,其忧郁症再犯。这让张充和很是犯愁:"此症一发,说不定一年半载不知何时复原。发时不说话,怕见人,不能决定事,什么事都怪自己。无了无休的烦人。"(1995年6月9日,第539页)此次发作,果然比之前的两次持续时间更长,到1996年10月,仍是"时好时坏,但可以为盲人录音了。短程路也可以开车,但还是不大放心"。(1996年10月30日,第541页)"为盲人录音",指他义务参与的为盲人团体读书和制作录音带的工作,所录皆为西班牙语、希腊语等他所擅长的语种。[1]

---

[1] 汪珏:《四姊周年祭:张充和女士在慕尼黑及其他》。

1998年3月，张充和向刘文思母女报告说，自三年前傅汉思做了手术，"我变成特别护士，不能离开他，看医生及其他种种家务，开车买物等一手包办，竟无时间写信。（我）去冬忽然呕吐不已，晕得天翻地覆，入院一星期，才发现因为中风而起。现在并无药可医，只每天一片阿司匹林。在食物上尽可能清淡。但是万幸四肢及其他神经并无后遗症。只医嘱不许晚上开车，不开长途而已。一切如常。我入院时，汉斯有护士每隔一天来为他洗澡。朋友们送菜来给他"。（1998年3月9日，第542页）几个月后，又补充说："汉斯病症现在比较稳定，但常常跌跤，膀胱不能控制，所以日夜都要带尿片。夜间要至少四次换尿片。不然要湿了床。想不到比小孩子还不容易。我也习惯了。至少他脑子还不太糊涂。（读书本事不糊涂，一切日常生活事实叫人哭笑皆非。）"（1998年8月29日，第545页）此情此景，她想到的应该是二三十年前抚养一双儿女的劳苦情形。不过此时，儿子傅以元、女儿傅以谟早已成家立业，过起各自的日子，无须她多操心。"我们两个孩子都自食其力，不住家中，也不用我们钱。"（1994年10月1日，第537页）

看到张充和长年累月、尽心竭力地照顾自己，傅汉思心里很不好受。张充和曾向陈安娜讲述：有一次她看见傅汉思念念有词，就问他："你在说什么？"他说："我在祷告上帝，让我早点走。"她回答："你不能走！人生太短了，你一定要陪我啊！"[1]

*

诚如张充和所言，以耄耋之躯照顾另一位耄耋病人，固然劳体耗神，但夫妇二人相濡以沫的陪伴收获到了更为珍贵的温暖与安恬。

2000年4月下旬，沈从文、张兆和的孙女沈红远来探访四姨奶奶

---

[1] 陈安娜：《介绍张充和的诗词》，在"张充和诗书画和昆曲成就研讨会"（华美协进社人文学会2006年4月23日举办）上的演讲，http://blog.sina.com.cn/s/blog_5f28c7a0100nd2z.html。

张充和一家,对张充和夫妇的身体状况、日常相处情况多有细腻观察,并很是艳羡。一个雨天,沈红飞至北港。她记录说:"我打车到四姨奶奶家时天色已晚,雨仍然很密。看见雨街雨巷里的屋子,看见一个瘦瘦小小的人立在门口,背后是温暖的灯光。到家了!四姨爷爷坐在一个角落里,不出声地微笑。'他笑了!他多少天不笑了。'这微笑让四姨奶奶很开心。四姨奶奶的精神之好出乎我的意料。她依然健巧灵活,爬高伏低,做出些我绝对禁止我家奶奶做的危险动作。孩子们不在身边,样样自己来,美国人的独立性真让人佩服。"

沈红在给张兆和等人的信中继续写道:"四姨爷爷的行动虽然近乎我家奶奶,但是他非常努力完成种种要求和指定工作。奶奶您看四姨爷爷有多乖。每天坚持锻炼身体,自己爬楼,自己拄拐棍出门散步。要不然他怎么能够从几次手术中恢复过来?他脾气极随和,没有咱家人那么筋脖硬。而且,四姨爷爷思维敏捷,记性好。在四姨奶奶的长篇故事的停顿处,他会突然插进来个把小段子,或者帮助她把故事讲得更具体准确。他们配合得真好,希望我家奶奶向四姨爷爷学习!"沈红还记录了一个令人忍俊不禁的细节。一日,大姨奶奶张元和的女儿凌宏一家到访,"其公公耳背,故喜欢高声,和四姨爷爷高谈阔论,大声称赞四姨奶奶健康敏捷(四姨奶奶被他一夸,即刻表演20个深蹲)"。

沈红"住下来看他们过日子",并摄影留恋。有张充和开车的照片;有张充和夫妇在山顶看海的照片;有张充和夫妇手拉手在附近社区散步的照片,"四姨爷爷的微笑在他们手拉手的时候特别温和。他的手绵软,有些像爷爷的手";有张充和家的小园春景照,张充和穿着自己裁制的衣服,置身其中。沈红满怀深情地写道:"四姨奶奶的屋子似乎环绕着许多童话,那童话和主人一起风雨同舟。我好像穿过一千里的雨来到这里,推开四姨奶奶家的门,一半是童话,一半是家。"①

　　是年秋冬之际,汪珏夫妇赴北港看望张充和夫妇。她后来追记说:"四姊正在大书桌前研墨,忙着帮朋友们赶写书题之类的墨稿,嘱我们先上楼跟汉思说话。我说怕吵他做事。四姊回道:不要紧,平时他话说得太少,要跟人谈谈才好,活动活动脑子。汉思看见我们有点意外,随即起身,含笑请我们坐下。他案前摊放着歌德的《浮士德Ⅱ》……正想向汉思请教这出诗剧深奥的哲理,忽听他缓缓说道:'歌德这时期对中国的哲学,人与自然的关系,人与人的关系,觉得有意思',略一停顿,又说:'歌德年轻的时候自己学写中国字,后来还跟从中国回来的传教士学过。最近读到些新材料,想写一篇关于歌德学中文的事。'"傅汉思高兴得谈了很多,汪珏回忆说:"记忆最深的是,他推崇歌德在两百多年以前说过的:偏窄的民族文学已经过时了,代之而起的是世界性的文学。"其间,张充和做好了饭,喊他们下楼用餐。饭后汪珏帮张充和收拾碗筷时,张充和悄悄跟汪珏说:"好久没看到汉思谈得这么高兴了。"②

＊

　　2001年,年近九十的张充和实在没精力在家照顾傅汉思,于是送他住进不算太远的疗养院。"自己每天开车去看他陪他,先后出了两次车祸,幸而都有惊无险。家人朋友们空着急、偏又帮不上忙。"

　　一次,汪珏夫妇到张充和家接了她一同到疗养院看傅汉思。汪珏记录说:"汉思虽然消瘦屡弱,精神还好,泃泃有礼依旧。他跟我们轻声抬手招呼,灰蓝色的眼睛无限温柔地随着四姊来回的身影转动。那是我们最后一次看到汉思。"③

① 《密执安家书(摘录)》,《水——张家十姐弟的故事》,第262—267页。
② 汪珏:《四姊周年祭:张充和女士在慕尼黑及其他》。
③ 汪珏:《四姊周年祭:张充和女士在慕尼黑及其他》。

据晚辈张伟华透露,傅汉思住院期间正在写自传。张伟华回忆:"去年(2003年)夏天,我和先生去北黑文看他。他当时除了走路不便外,看上去还很健康。他说应四姨的要求正在写自传,好像才写到二次大战。他侃侃而谈自己过去的经历,我和先生听得津津有味。这本书如果完成一定非常引人入胜,因为他的经历就是那样富于传奇色彩。"①

万分遗憾的是,傅汉思已没有时间完成他的自传。2003年8月26日,傅汉思因病不治,辞别人世。不久前来到身边、拟照顾傅汉思日常生活的吴礼刘记录有傅汉思从发病到去世一个月来的情形,其中提道:

> 7月20日,3点左右,充和先起床,为了汉思充分休息,充和未打搅他。5点左右,未见汉思起床,充和发现汉思在床上高烧不止,被救护车紧急送往耶鲁医院急诊科。
>
> 7月22日,高烧不止,护士说从半夜就已经发现发烧了,整整一天,德文、英文、中文故事轮流说。其后有所好转,送回疗养院。
>
> 7月25日至8月4日,疗养院给汉思做理疗三次。
>
> 8月4日,上午,疗养院要求做理疗,因他身体虚弱,中午12点被送往耶鲁医院急诊科,晚上6点入住医院。从这天起,充和未离开汉思一步。
>
> 8月26日,下午4点20分左右,汉思与世长辞。

9月27日,耶鲁大学为傅汉思举办了追思会。周有光、张允和夫妇的孙女周和庆,代表身居大陆的家人们,前来吊唁。她记录说:"走进耶鲁校园里的小礼堂,终于见到了四姨奶奶充和。她穿着一袭黑色,挎着黑包,瘦小的身躯显得更瘦小了。"她又记:"追思会开得肃穆

---

① 张伟华:《曲终韵自存》,《水——张家十姐弟的故事》,第289页。

庄严。牧师的祝福简洁精悍,同僚们的发言沁人心脾,Ian的回忆温馨亲切。会场中的摆设极为简朴,跟汉思、充和做人的格调非常相符。悲哀的气氛,融入了更多的尊重和敬佩。"

张充和会前以英文整理了傅汉思著作简表,包括其独著、合著中的相关章节及论文等。耶鲁大学在讣告中评价傅汉思"对中国文化、中国文学(特别是诗歌)以及汉语的研究为人所熟知"。傅汉思的学生宇文所安称他是一位"良师益友",并说其"在学术、教学等许多方面都给了我无私的指导",史景迁称其是一位"了不起的老师"。

早在1995年,英文学术杂志《唐研究》在一期献给傅汉思的专号里,宇文所安撰文,将20世纪60年代描述为美国的中国文学研究发生了根本性嬗变的十年,将老师傅汉思描述为一位"温雅的革命家":"他使他的学生们认识到,这个研究领域除了重要的汉学家之外,也是由欧洲和美国的主要文学批评家和理论家所构成的。"

对此观点,哈佛大学教授田晓菲后来阐述道:二战之后、傅汉思之前的北美汉学界,中国中古文学领域盛行的并非"文学研究",而是"语文学研究"。这种研究着迷于对中古文学中的名物,如鸟兽虫鱼抑或斗鸡马球,进行繁复详尽的查考,说难听点,只是为了满足猎奇心或恋物癖,而非研究由字词所组成的诗文。20世纪50年代末期逐渐崛起的傅汉思,受益于其学术背景和训练,使汉学研究获得新生,开启了真正的"文学研究"之路。傅汉思的贡献,是使中国古典诗歌研究走出满足于猎奇和卖弄学识、沾沾自喜于古奥艰涩而缺乏思想内容的"汉学"小圈子,和西方文学研究者有一个进行平等对话的机会。从这一方面看来,傅汉思实属中国文学研究领域的大功臣。①

① 田晓菲:《关于北美中国中古文学之研究现状的总结与反思》,《北美中国学:研究概述与学术资源》,第604—606页。宇文所安所撰评述傅汉思的文章,题目即"Hans Frankel: The Gentle Revolutionry",载 *Tang Studies*,13(1995):7。

聚光灯下
|"这样的老太太世间不会再有"|

2004年9月,时隔十一年,张充和再次回国。

随之,"张充和书画展"于北京、苏州相继举办。这也是她继1950年旧金山个人首展后,相隔半个多世纪再次举办个人展览。①

两年前,展览的主要筹办人白谦慎劝说张充和,拟于2003年给她办个归国展。白的说辞是,她多年未回国,赶在2003年她90岁,大姐元和95岁,二姐允和93岁,三姐兆和92岁的时候,借办展览四姊妹团聚一次。当然,多年来致力于推介张充和书画艺术的白谦慎,也想通过展览让国内的同道们能有个机会观赏张充和的书画——她的书画体现出一种很不同于当代书画的艺术态度和品味。可惜事不遂人愿。自2002年8月14日至翌年9月27日,一年多时间里,二姐、三姐、丈夫、大姐先后去世,张充和同一辈的亲人一下子少了四个。又因2003年"非典"暴发,展览后延。②

一年后,2004年9月12日,由白谦慎、华人德、王如骏、唐吟方共同筹办的"张充和书画展"于北京的中国现代文学馆朴质、热闹地开幕。展出张充和书画作品50件。开幕式上,老舍之子舒乙谈起张充

---

① 这次个展前,张充和也曾以书法作品参加过多人联展。如1995年春在美国维思大学举办的张充和、王方宇、朱继荣、白谦慎四人书法展。
② 李昶伟:《听白谦慎谈张充和:我们的前辈如何保持中国文化传统》。

和曾送他当年在重庆北碚父亲老舍与梁实秋说相声的录音带;王蒙即兴讲述了一段到美国访问时张充和为他剃头的往事,并开玩笑说,"至今我的头发上还保留着某些被迫害的痕迹";二姐夫周有光也发表了恭贺的讲话。观展中,沈从文次子沈虎雏向来访记者指出,真的很难给张充和划归"派别",因为她在书法、诗词、国画、昆曲等方面造诣都很深。

谈及其诗词创作,张充和洒脱地对记者说:"我写东西就是随地吐痰,留不住。谁碰上就拿去发表了。"①这并非她一时兴至、随便说说的快语,而是其来有自。在1973年她与杨联陞等人的唱和之作《得失偈》里,她就写道:"得失文章事,寸心已渺茫。闷来随地吐,扫去一时光。"②

问及书法对她意味着什么,她沉吟半晌道:"它是一门艺术。不练字就无法画画,不读诗词就不会喜爱昆曲。都与修养有关,就是养性。比如心情烦,什么都不想做,我还可以写字。"

对于传统文化的传承与弘扬,她认为不仅要"有兴趣",更要有"宗教般的热爱":"我想人有了兴趣才会有那份责任,想要做好,想把古文化保留下来。"又说:"无论学什么东西,没有宗教式的观念,无法学好。我对书法、昆曲、诗词都有这份宗教般的热爱,想要保存它。"这自是融合其一生体会与见闻的经验之谈。③

随后,展览移师苏州。10月3日,"张充和书画展"于中国戏曲博物馆开幕。开幕式上,张充和语惊四座:"我写字、画画、唱昆曲、做诗、种花养草,都是玩玩,从来不想拿出来给人家展览啊,给人家看。"她用

---

① 师欣:《张充和:这样的老太太世间不会再有》。
②《得失偈》,《张充和诗文集》,第142页。
③ 师欣:《张充和:这样的老太太世间不会再有》。

七个字总结其一生:"我这辈子就是玩!"①

在九如巷老屋,张充和度过一段值得记忆的时光。每天凌晨三点,她起床写字,五弟媳周孝华做好早饭喊她休息就餐。九十一岁的她,还曾尝试用铁桶在老井里打水。②

10月20日,是张充和离开苏州的日子。五弟寰和当天在日记中写道:"来时欢欣,去时黯然。她每次都说明年再来,但一晃就十多年才能见面。四位姐姐健在的就她一位,姐弟情缘,分外珍惜,她多才多艺,柔中带刚,热爱生活。临别时,全家老小送到巷口,依依不舍。上车前,她一一吻别,连声呜咽地说:'明年再来,明年再来……'车动了,她在前座默默地望着向她挥手送行的亲人们,她眼圈红了……真是'相见时难别亦难!'……欢乐的二十五天过去了!"

回美后,12月8日,张充和给五弟夫妇张寰和、周孝华写信说:

> 在苏这阵子可把孝华累坏了,也累了你们全家,说"谢"字也不够。回来后,百废待兴,所谓"兴",是处理汉思遗物和整个办公室的书。苏州仍然是老家,小小的屋子,园子,总还是温暖的,最可喜的是见了第四代。可见这屋子是兴旺而甜蜜的,不知何日再能来团聚。《水》的封面只能草草写得,因为右眼白内障已成熟。近来写小楷,焦点不好。将于一月动手术,大约二月才能写像样的字。所以其他欠下的字债二月中旬方能开始写。昨天已下过一场小雪,今天又温暖如春天。忙着快寄此信,再谈,请代谢,阖第并祝快乐长寿!③

---

① 张昌华:《一曲微茫度此生——张充和印象》,《人民日报(海外版)》2005年1月6日。
② 《一生充和》,第324页。
③ 《流动的斯文——合肥张家记事》,第504—506页。

是次返美后，张充和未能再回中国一看。①

2006年1月14日—4月2日，"古色今香：傅张充和及其师友中国书画展"于美东西雅图亚洲艺术博物馆举办。

展览由该馆馆长、张充和的书法弟子密密·盖茨与中国艺术策展人沈雪曼博士共同策划，白谦慎参与筹办。展前两天，盖茨安排私人飞机将张充和及家人从新港接来。该机为喷射小飞机，左右两排八个座位，整体简洁、舒服、大方，唯盥洗室特别豪华，舱内几乎没有噪音，彼此谈话不须提高嗓门。

开展典礼于1月14日傍晚举行。密密满面春风地致欢迎词，介绍她的充和老师；白谦慎分析讲解张充和的书法和诗词，辅以幻灯片。礼成，来宾自由观展。

展览包括三个部分：

一、张充和及其师友的书画。以张充和的各体书法、山水画、仕女图、手书诗词小品、书画手卷为主；兼有沈尹默、沈从文、台静农、唐兰、饶宗颐的书法，黄永玉、吴子深的水墨画。

二、文房四宝。张充和的印鉴，皆是名家刀笔。最令人瞩目的是诗人闻一多为她刻的圆章"张充和"三字。此外，她收藏的明代九龙墨、清朝御用笺纸、特殊的毛笔、笔架等等，亦皆颇为可观。

三、与昆曲相关的藏品。张充和1991年手书《牡丹亭》工尺谱(《拾画·叫画·硬拷》)，查阜西赠张充和"寒泉"古琴一张，16世纪漆笛一管，

---

① 董桥2005年所写《白谦慎带来了〈桃花鱼〉》透露说："深宵细赏《桃花鱼》我不免惦念张充和。她二月刚做了清除白内障手术，这回替我在扉页上写的几个毛笔小字依然见骨见肉，印章也钤得端正，视力想是复元了。九十一岁的老人了，白谦慎说他此行还要安排一下，老太太也许会回苏州长住，省得在美国孤单。"可惜未能如愿。实际情况大概如陈安娜对人所说的："很多大陆的朋友劝她回来安心养老，可她放不下自己的儿子，放不下自己的书，和在那里的朋友们。"(唐吉慧：《多情人不老》)

还有她登台演出穿过的戏服三领:海水龙纹披风、月白披、云蝠百褶裙。

此次展览,可谓美国艺术展览中的罕见盛会:一位非主流的华裔女性艺术家以及她非主流的艺术作品,在一个主流的博物馆展览。其意义着实非凡。①

2009年4月13日,为庆祝张充和九十六岁生日,耶鲁大学举办了一个特别展览——"张充和题字选集"书法展。

区别于前面两展对张充和书画艺术的全面呈现,此展"只取一瓢",仅展出张充和的题字作品,包括给自己的题字(如工尺谱、自创诗词),给沈从文的题字(书名、挽联),为众多名家所编所撰之图书题写的书名,为一些文化机构题写的匾额。每幅字就像一副鲜活的面孔,或眉清目秀,或启唇欲语,摇曳生姿。

据展览筹办人之一孙康宜介绍,当她跟张充和提起耶鲁大学要为她举办"题字选集"书法展时,张充和半开玩笑说:"我的那些题字啊,简直是小题大做了!"孙康宜一听大喜,此语正中下怀,因为她认为张充和的书法风采卓越,靠的正是张充和"小题大做"的创作精神。每次有人求字,就算只求几个字,她都费尽心思慢慢打好腹稿,酝酿多时才展纸搁笔写了又写,试了又试,直到写出气势,排好布局,这才终于完成上佳之作。董桥由此感叹道:"我观赏充和先生法书好多年了,笔笔稳贴,字字生姿,没想到竟是如此老谋深算。写字实难。"②

*

张充和系列展览的前后,与之相关的图书陆续出版。

最早推出重要成果的是耶鲁大学历史学者金安平。金的夫婿是张充和夫妇的学生史景迁。约在20世纪90年代中期,一个偶然机缘

---

① 汪珏:《四姊周年祭:张充和女士在慕尼黑及其他》。
② 董桥:《张充和耶鲁书展》,《紫禁城》2009年第8期。

她听张充和讲起家族故事,发生浓厚兴趣,历时多年,于2002年出版英文著作《合肥四姊妹》。其后被译成中文,2005年台湾时报出版社推出繁体版(郑至慧译),2007年12月北京三联书店推出简体版(凌云岚、杨早译)。《合肥四姊妹》是首部以家族史视角研究合肥张家的著述,讲述四姊妹的家庭、教育背景,以及每个人的若干人生片段。该书在当年人们对合肥张家及张充和尚未有太多认识的信息饥渴期推出,有拓荒之功,解渴之效。就有关张充和的章节而言,虽然大部分叙述如今已被新的、更精准的史料所替代和充实,不过张充和在接受金安平访谈中讲述的关于合肥张公馆与养祖母的不少情况,以及个人的一些经历,后出著述未见更新,故仍具独特价值。

耶鲁大学中国中古文学研究者孙康宜随后推出两本有关张充和的图书。其一是她编注的《古色今香:张充和题字选集》,可视作耶鲁大学“张充和题字选集”书法展的配套图书,2009年7月由香港的牛津大学出版社推出繁体版,翌年5月由广西师范大学出版社推出简体版。其二是《曲人鸿爪》,2010年1月由广西师范大学出版社推出初版。该书首先是一部书画册,将自1937年吴梅题首章,至1991年王令闻绘终章,纵贯半个多世纪、留下数十位曲人美好片段的全套三册《曲人鸿爪》予以彩印出版。其次,该书为每帧书画都做了详细解说。不过就解说的内容分析,此书虽号称“张充和口述、孙康宜撰写”,但占主体部分的,是相关人物的简介、书画题材的解释、书画水平的品评,大概由孙康宜“撰写”,剩下很小比例,乃至只言片语,叙及张充和与相关人物的交往,大概确为张充和“口述”。此点在阅读时需加辨析,不可混为一谈,误将孙康宜的“撰写”当成张充和的“口述”。

2010年6月,白谦慎编选的《张充和诗书画选》,由北京三联书店出版。在张充和诗文与书画艺术的整理、研究与推介方面,白谦慎是当之无愧的第一人,最为系统、扎实。自1989年初识张充和,并有幸被张充和"郑重推荐"攻读耶鲁大学艺术史系博士学位的时候起,白谦慎便不遗余力、持续不断地向世人推介"张充和"。零篇散章不论,重要者有:由他编选、2002年重庆出版社推出的《张充和小楷》,介绍她各个时期的小楷代表作;主要由他筹办的2004年"张充和书画展",是对张充和书画艺术(包含诗词创作)的全面回顾;2010年的《张充和诗书画选》,承续2004年的展览,是第一本呈现张充和诗书画三绝才艺的选本,具有里程碑意义。

在张充和生平口述资料的记录、整理与撰写方面,任教于耶鲁大学的作家苏炜是第一人,且后无来者。2005年发表讲述张充和点滴故事的《香椿》一文后,2007至2011年,苏炜时时傍在张充和身边,听她讲一生故事。苏炜整理成文,汇成一册,名《天涯晚笛:听张充和讲故事》,2012年6月香港大山文化出版社推出繁体版,2013年7月广西师范大学出版社推出简体版。苏炜的文字优美,记录忠实,成文后大多经过张充和审定校补。一篇篇文章,记录着一问一答,好看,丰富,且存真(记忆之真),虽不免凌乱、相互之间多有矛盾、许多说法还与史实出入较大,但这是回忆中无可避免之事。苏炜恪守口述记录整理者的本分,不勉为其难,强行判断,自圆其说。不过,由于当时手头尚未有系统而准确的张充和生平资料以供参考,苏炜的提问与求证未能深入、细致,加上张充和已九十有余,最终的成果只是一篇篇散乱的口述实录故事,而非完整呈现其一生行事的口述回忆录。这是无法弥补的遗憾。

2012年8月,上海辞书出版社推出《张充和手钞昆曲谱》,一函十册,收录张充和手抄十八折昆曲的工尺谱及《金瓶梅》中所唱之曲,附赠张充和昆曲选萃、笛韵选萃唱片两张,颇具收藏与欣赏价值。

*

围绕张充和及其相关展览与图书,媒体与景仰者纷纷跟进,"推波助澜"。

2004年9月23日,"张充和书画展"期间,《南方周末》刊文,文题赫然是:《张充和:这样的老太太世间不会再有》。虽然文中点明,此语此意并非其自创,"类似的感慨声在展览会上悄悄地流传着",但鉴于其影响力,经其刊发后,大有为关于张充和的谈论定调之势。

此后,调子类似而定性不同的各种称谓层出不穷。最为流行的一个,大概是"民国最后一位才女"。此语最早出处,可能是苏炜2005年发表的《香椿》。文中写道:"自张爱玲、冰心相继凋零,宋美龄随之辞世以后,人们最常冠于她(张充和)头上的称谓是——'民国最后一位才女'。"

另一个流传广泛的称呼叫"最后的闺秀"。《最后的闺秀》原本是二姐允和于1999年出版的一本文集的书名,未晓何时被拿来形容张充和。

另一个不太有名的称号是"21世纪最后一位中国贵族"。致力昆曲词曲翻译的汪班,推崇张充和的昆曲造诣,素称她为四姊,曾说:"四姊简直是21世纪最后一位中国贵族。"听闻此一"称号",张充和笑了,轻松地说:"我们早就不是贵族啦。民国以来就没有什么贵族之说了,不应该这么说,再者当年和现在做大官的太多了,我绝不是什么贵族。"[1]

还有一个称谓,也未见传开。缪哲2010年于《文人传统的绝唱》一文写道:"人称梁漱溟乃'最后的儒家',比照这称谓,张充和可称'最后的文人'。"所谓"文人",指诗书画兼善的传统文人。[2]

媒体及景仰者所做的,当然不只比附、贴标签,还不遗余力地撰写访谈与推介性文章。比如香港作家董桥,可说是张充和及九如巷张家

---

① 洪迈:《古色今香的张充和》。
② 缪哲:《文人传统的绝唱》,《南方周末》2010年8月11日。

的一大鼓吹手，多年来他热情洋溢地以华美文字写过十余篇随笔，颂赞张家。早在2003年他就写道："张家四姐妹是当代中国大家闺秀的典范，境遇也许各异，吉凶祸福中流露的却始终是书香门第贞静的教养。四妹充和长住美国，日子安逸，成就甚大……"他对张充和的行谊与艺术屡有精到点评。2010年他给《张充和诗书画选》所写荐语是："一洼砚田磨透历代书艺的风雨归路，一管彩笔蘸遍梦里山河的苍茫烟水，张充和先生是华夏传统文人精致文化最后一幅动人的刺绣：绵密的锦心经天纬地织满个人多少悲欣，家国多少阴晴。蓦然回首，灯火阑珊，这部《张充和诗书画选》已然伫立在历史微茫的月色下，博大如山，柔情似水：她牵挂的又何啻落花时节几个江南旧相识？"

　　就张充和相关展览、图书及文化现象，各种评论层出不穷，争鸣不已。论及张充和与中国传统文化的意义，李青果认为："这本书（《张充和题字选集》）代表了一种在大陆已经消失的以人、以文、以书为中心的文化传统，套用'礼失求诸野'的话，竟是要'礼（里）失求诸外'了。……这种'里失求诸外'的感叹，还使人想到目前流行谈论复兴国学、重铸传统的衮衮诸公，可能还是坐而论道的居多，假如不能从维系这种文化传统的生活方式入手，则一切努力，都是传统'外'的独白。"[①] 这是认为传统文化在现代社会有复兴或重铸的可能，其路径当从张充和身上得到启发，即"从维系这种文化传统的生活方式入手"。对此，缪哲持明确的反对意见。他写道："张充和生于旧的官宦世家，幼年接受传统教育，长大后与往还的，又多旧文人，故以传统的襟抱，对现代的江山，自有其不能止者。但她的例子，实不足说明传统的文化，是可延续于现代的。因此，这一册诗书画集（《张充和诗书画选》），视为文人传统的绝唱则可，视为传统文化可嬗变于现代的一证据，我必期期

① 李青果：《忽闻海上有仙山》，《书屋》2010年07期。

以为不可。"①

纵观这一时期的相关报道、推介与评论文章,基本倾向是,将张充和放置在20世纪中国传统文化凋落的文化转型背景下,称颂她的才艺与学养,看待她的意义与价值。

有时,张充和引起的,是对文化家园消逝的追忆与惋伤。那种浸染着历史风韵的文化传统,那种与诗书画曲相伴共守,浸染着朝华夕秀、古色古香的风雅生活,如今已烟消云散,只有在张充和这样的世纪老人身上才能撷得最后一脉余香。

有时,张充和指向的,是人们内心的安置。阅读张充和,与其说是了解作诗、填词、写字、唱曲等种种艺术化的生活方式,毋宁说,是要体悟这种种方式背后的心情。为浮华人间躁动的人们,撑起一抹让心安定的清荫。

*

当张充和逐渐成为具有巨大声誉的文化符号的时候,其价值也在收藏领域水涨船高。②张充和的自作书画及她收藏的其他艺术品受到了众多藏家的追捧。

2010年,九十七岁的张充和嘱托白谦慎、陈安娜等代为处理其字

---

① 缪哲:《文人传统的绝唱》。

② 1981年夏,人在德国慕尼黑的张充和想起旧友靳以1949年托她给黄裳写件字幅的"宿愿",写了陶渊明《归去来兮》小楷一卷,尺幅24.5cm×76.5cm,寄卞之琳转给黄裳。黄裳收到后,十分感念,写有《宿诺》记录此事。黄裳的藏品后来因故转让给其他藏家。2004年11月该藏家将张充和的《归去来兮》委托一家拍卖公司拍卖,与之作为同一标的打包拍卖的还包括田世光、黄均二人的书法各一幅,三件书法最终被董桥拍得,成交价仅1.3万元。(董桥:《张充和的伤往小令》,《记忆的脚注》,桂林:广西师范大学出版社,2012年,第34—35页。)也就是说,在2004年11月,张充和的一幅《归去来兮》尚不足1万元。然而,西泠印社2016年春季拍卖会上,拍了张充和另一幅《归去来兮》,与写赠黄裳的那件属于同时期同地点同尺幅,写赠陈安娜,成交价34.5万元。这一价位在2010年业已达到。西泠印社此年7月拍出张充和的一幅《望江南》小楷,尺幅34cm×45cm,成交价33.6万元。此年12月拍出的一册《长生殿》工尺谱,成交价179万元。

画古玩。除了子女保留的外，一些转让给私人，一些转让给博物馆，一些拍卖，具有重要文献价值和最有代表性的作品则捐给博物馆。①比如儿子傅以元保留了张充和1944年所作《仕女图》；董桥得到了张充和书《拾画·叫画·硬拷》工尺谱，"十分冷淡存知己，一曲微茫度此生"对联，台静农绘赠张充和墨梅一幅，以及沈从文书赠张充和章草条幅一件；西雅图美术馆获赠了全套三册《曲人鸿爪》，苏州昆曲博物馆获赠了张充和书工尺谱一册、点翠头面一套、《游园》红斗篷一件。②

　　也有许多藏品进入拍卖市场。白谦慎委托的拍卖机构，是西泠印社拍卖有限公司。2010—2011年，连续三季拍卖会，西泠印社共上拍80件张充和藏品，拍得价款超过2700万元，按当时汇率，约合400万美元。包括：查阜西赠张充和的"寒泉琴"，成交价518万元；张充和书工尺谱两种，《牡丹亭》成交价151万元，《长生殿》成交价179万元；张大千绘赠张充和的两幅画——《仕女图》和《水仙》，每幅拍卖价均为151万元；其他尚有沈从文、沈尹默、台静农、俞平伯、冰心等人写给张充和的字画，梅贻琦、钱穆等人致张充和的信札，张充和所藏印章与古墨等。③

　　前后一两年时间，张充和将字画古玩做了妥善处理，等于提前安排好身后事。

---

① 徐笛：《听白谦慎讲民国前辈圈：王弘之、张充和、翁万戈、王方宇》，《澎湃新闻》2015年7月12日；唐吉慧：《多情人不老》。
② 《张充和诗文集》，第329页前彩色折页；董桥：《工尺谱归我珍存》，《景泰蓝之夜》，北京：海豚出版社，2012年，第142—144页。董桥：《咏史·感事》，《景泰蓝之夜》，第17页；陈安娜：《张充和老师生平大事记》，http://blog.sina.com.cn/s/blog_5f28cda0102vmyw.html。
③ 西泠印社拍卖有限公司，2010年春季拍卖会：《近现代名人手迹专场》，1010—1040号拍品，31件；2010年秋季拍卖会：《近现代名人手迹专场》，0001—0039号拍品，39件拍品；《文房清玩·近现代名家篆刻专场》，763—764号拍品；《文房清玩·古玩杂件专场》，2806—2810号拍品；2011年春季拍卖会：《西泠印社首届中国历代古琴专场》，1401号拍品；《近现代名人手迹暨纪念辛亥革命专场》，2086—2087号拍品。拍卖结果见"雅昌艺术品拍卖网"。

最后时光

| "先生不废书画,于浊世中留一丝清雅,而其长寿或赖于此" |

早在张充和1991年回国探亲时,三姐兆和发现她"叙述一件事一再重复",且"滔滔不绝",认为"显然是老的现象"。[1]然而就是这样显出老态的张充和,自1995年起,硬生生独自照顾数病丛集的傅汉思长达六年。

此时的她身体还不错,多年来只有不太严重的糖尿病,尚能自行控制。1992年3月21日,她在写给大弟媳刘文思的信中说:"我的糖尿病只要不贪嘴就不关紧要。在中国到处吃,回来后一量280,医生每周两次量,我也买了一个小机器,自己量,警告自己每周二、五量,也服药。现退至120,等于好人。"(第534页)1998年8月29日,她再告刘文思:"我上了年纪都服钙片……我们饭菜虽然简单(只一个蔬菜肉类混合),但总营养够的。我是少吃多餐,身体比年轻时好多了。只有糖尿病,一向服药,最近饮高加索红茶菌,血糖降得如常人。我现在是常常喝。此茶常饮能治多种病,一个协和医生太太有严重心脏病,喝两年喝好了。"(第545页)

在景仰者高翔看来,张充和另有治疗糖尿病的特效药。2004年,

---

① 西泠印社2017年春季拍卖会图录:《从梅兰芳到张充和:中国戏曲艺术专场》,第1017号拍品资料。

高翔由白谦慎引荐,首次拜访张充和。一进门,见张充和坐在椅子上,面色苍白,原来她高血压发作了。学医的高翔给她量了血压,高压居然接近200毫米汞柱。两人劝张充和卧床休息,她不肯,执意先给他们看字画,边看边讲解。过了些时间,高翔再给张充和量血压,惊奇地发现,她已经完全正常了。张充和平静地说,她身体不好的时候,就写写字,看看画,唱唱昆曲,往往有奇效。高翔脑海里突然冒出"特健药"三字,后又想到,古人笔记中有宋人秦少游观王维画而治顽疾的故事,当非妄言。高翔后来在回忆文章中写道:"先生不废书画,于浊世中留一丝清雅,而其长寿或赖于此。"又言:"今之科学家亦严格按照西方临床研究之法则,做过一系列人群试验,发现练习中国书法能有效降低血压,延缓老年人大脑衰老。或可证我言有不虚处。"①

自2003年起,九十岁的张充和终于有了专人照顾。5月,因傅汉思病重,大姐元和的女儿凌宏介绍她的教友吴礼刘来帮忙照顾他。8月中,傅汉思不幸逝世,以后吴礼刘就成了张充和的管家兼秘书,照顾她的饮食起居,记住看医生和朋友来访的日期,并帮她处理往来文书。②不过晚上仍是张充和独居。2011年前后,一位陈安娜称之为"裴老师"者,前来照顾张充和晚上的生活,她也曾教"裴老师"写毛笔字。③2012年或2013年,除吴礼刘外,护士Lily Wong开始看护张充和,之后每周由Lily Wong和于萍互相轮班,一切配合得很好。

孙康宜回忆说:"生活上的安定使得充和女士在迟暮之年还能享受她生平最拿手的两件艺术——书法和昆曲——真是万幸。"④

---

① 高翔:《书画特健药:记张充和先生》,《南方周末》2015年6月25日。
② 陈安娜:《张充和的昆曲世界》,http://blog.sina.com.cn/s/blog_5f28c7da0100qqg9.html。
③ 唐吉慧:《多情人不老》。
④ 高珈佳:《伊人再会!"民国才女"张充和今日火化》,《南方都市报》2015年6月20日。

然而,张充和终究未能幸免于岁月的侵蚀,各项衰老症状的出现逐渐给张充和的艺术造成无可弥补的损毁。

2004年,因右眼白内障到了成熟期,张充和双眼聚焦出现问题,影响小楷的书写。翌年2月做了手术,写字只能用一只眼睛。未多久适应后,又能娴熟地写作小楷。董桥看到张充和给他的题字,"依然见骨见肉,印章也钤得端正,视力想是复元了"。2006年左右,另一只眼也做了白内障手术。当时逢《张充和诗书画选》编纂,收入张充和自作诗词二十首,她勉力抄录,因视力还在恢复,两眼的聚焦仍有些问题,有少数点画不够到位。然而后来再次变好。唐吟方写道:"张充和九十五岁前后,眼睛聚焦不准,只能用一只眼,故其写字字形皆失形,用笔亦非常态,迨至九十八岁,因其已适应用一只眼观察,字形又回复故常,兼之临池功深,虽老腕,字迹豪迈如昔……"

2008年10月,张充和被发现罹患癌症。孙康宜记得,医生通知张充和患有癌症的当天,张充和对她说:"一个人要离开这个世界,总要有个什么病。不是这个病,就是那个病。总之,我顺其自然,听医生嘱咐就是。"经过几个月的奋斗,天天吃药,张充和摆脱了癌症的侵袭。[1]

2011年3月,陈安娜向人透露张充和近况说:"充和老师每天保持着很好的作息,晚上11点睡觉,早上4点起床喝咖啡,写上两小时的毛笔字,而后吃早饭。"又说:"98岁的人,每天坚持锻炼身体,要踩自行车器材3次,从95磅都减到80磅了,还自己洗衣服。她要把年轻时临习过的字帖都重新写一遍,最近写到张黑女,写了七十遍。那天对裴老师直叹气,说怎么都不像呢,还要再写三十遍!"[2]

一两个月后,张充和生日前夕,高翔与白谦慎到她家探望,获悉她

---

① 高珈佳:《伊人再会!"民国才女"张充和今日火化》。
② 唐吉慧:《多情人不老》。

还每日临书不辍,但所写小楷,对笔的控制明显不比当年。临行,张充和送高翔一套她临写的《汉华山碑》。回家后,高翔与原帖对看,发现漏字屡屡,颇为忧虑。作为医学工作者,高翔研究的一个主要方向是神经性疾病。他深知,许多老年人认知功能下降,在疾病初期,都表现为漏字。①

2012年,是张充和正式封笔之年。陈安娜2015年6月回忆道:"三年前老师眼睛开刀后,视力减退,已无法清晰看到所写小楷的笔划,特别是横划。右眼视力更弱,经常睁不开,不得不逐渐放下一生最珍爱的,朝夕不离的笔墨纸砚。"②高翔此年再来探望,发现张充和已经完全不认识他,也不能写字了。不过她兴之所至,会偶然为之,比如随手在餐巾纸上墨笔大书。③

幸好,还有昆曲可唱。一个贴心的曲友是她的管家兼秘书吴礼刘。吴原本对音乐与歌唱不感兴趣,在张充和的教导下,不但开口唱曲,而且学会了吹笛,常常跟她唱曲、吹笛。相比唱曲,吴礼刘更爱吹笛。他跟张充和拍的大多是且角的曲子,可是他说话嗓门很大,要他憋住嗓子细声细气地唱《游园》《惊梦》《絮阁》,还得注意咬字吐音和虚实轻重,对初学的他而言的确太难。吹笛只要气吸得满,就可照谱吹音符,相对比较容易。

陈安娜也是张充和家的常客。每次她去探望张充和,三人就开小曲会,整天唱曲。2011年春,陈安娜给吴礼刘带了一根经过改造的笛

---

① 《书画特健药:记张充和先生》。
② 陈安娜:《思师张充和仙逝前后》,http://blog.sina.com.cn/s/blog_5f28c7da0102vl6k.html。
③ 《书画特健药:记张充和先生》。据孙康宜和苏炜回忆,张充和是在98岁正式收笔,不再写字的。孙康宜还记得,张充和最后的正式题字,或许是给老友章斯以之女章小东《撕碎的记忆》一书所题封面。(高珈佳:《伊人再会!"民国才女"张充和今日火化》)这里所说98岁应指实龄,时2011年,与陈安娜、高翔回忆所言2012年略有出入,但并非不可调和。孙、苏二人的说法似可这样理解,张充和最晚写到2011年,至2012年不再写字。

子。吴一吹,张充和就听出不同。陈安娜解释说:"现在昆曲的世界已经变了,我不能用平均孔的笛子给别人伴奏了。"

张充和听后,十分不悦,说:"我已经快一百岁了,难道还要我来适应你们的昆曲世界吗?"听闻此言,陈安娜赶快将那支笛子收回。此后吴礼刘一直用张充和自制的那根铝质笛子。

张充和又说:"我早就知道昆曲已经改变了。现在唱曲的人都不讲究咬字吐音,才学了几天曲子,就急着上台表演,而且身段变得毫无道理的繁复。真正的昆曲到了我这一代就传不下去了。"①

这年5月15日,纽约海外昆曲社社员、昆曲艺术家及张充和的亲友等四十余人,给张充和办了个生日曲会。曲会从中午12点持续到下午4点。张充和兴致很高,精神很好,唱了《琴挑》的"朝元歌"、《游园》的"皂罗袍"和"扫花",唱"皂罗袍"时,还连唱带做,比划身段。晚上,陈安娜给她打电话,她说:"我今天很高兴。"陈问:"你一定觉得累了吧?"张充和说:"唱曲子怎么会累?"② 张充和生日曲会也成为海外昆曲社每年的例行节目。

约2014年秋,孙康宜最后一次探访张充和。她记得:"那时充和已开始整天卧床,忽醒忽睡,不再多说话。但据说只要听见小吴吹笛,她就会张开眼睛开始唱昆曲。那天正好小吴准时上午10:30抵达,只见充和笑眯眯地随着笛声,以极其清晰的字句,唱了一段昆曲。"③

转年,张充和因体力愈加衰弱,又无法戴假牙,天天不离口的曲子也难得唱了。陈安娜慨叹道:"老师曾说'有朋友的时候我喜欢唱曲,一个人的时候我就写字'。现在她不但没有朋友,连唱曲和写字的乐

① 陈安娜:《张充和的昆曲世界》。
② 陈安娜:《张充和老师生日曲会》,http://blog.sina.com.cn/s/blog_5f28c7da0100u5g1.html。
③ 高珈佳:《伊人再会!"民国才女"张充和今日火化》。

趣也没有了。"①

＊

2015年3月左右，张充和急诊住院。回来后，体力衰弱，无法行动，要坐轮椅。以后胃口越来越差，体重只有六十多磅。人缩小了，牙床也萎缩了，戴了几十年的假牙已无法用了，只能进食流质食物，她更不想吃东西了。吃得少，体力更弱，坐不了多时，她总说："我累了，我去睡一下。"以后她睡的时间越来越长。

6月初，张充和因腹泻再次送院急诊。医生为她检查身体，发现她的肾脏功能已介于4到5之间（5就是完全衰竭），其他脏器功能都已衰退，她多次腹泻，不是食物不洁而是无法消化。医生说他们已无法治疗，要把她转入Hospice（病人临终前静养的地方），张充和最怕住院，坚持要回家。

6月10号，张充和出院。

6月17日下午一点（北京时间18日凌晨一点），张充和溘然长逝，告别人间。②

7月18日下午一点半，"傅张充和女士追思会"在耶鲁大学迪维德教堂举办，密密·盖茨、陈安娜、张伟华、金安平、傅以元相继致辞，另有王如骏朗诵白谦慎的纪念文。陈安娜追思道："许多人说充和是'才女'，充和的才华得天独厚，但是她从来不是有意地要当才女、诗人、曲家和书法家，而是因为她喜欢作诗、唱曲、写字。她是我所认识的人中最最用心又用功的。孔子说：'知之者不如好之者，好之者不如乐之者。'充和是知之者，好之者，更是个乐之者。"

她又言："充和跟随丈夫汉思来到一个完全陌生的世界，在汉思用

① 陈安娜：《恩师张充和仙逝前后》。
② 陈安娜：《恩师张充和仙逝前后》。

爱和尊重织成的保护伞下，充和把做妻子、做母亲的寻常生活和自己的爱好融合为一，把不喜欢、不开心的事丢在一边，自由自在地活着，而且跟朋友分享她所爱的文化、艺术、大自然，还有她忘不了的人和事，在异国土地上开创出属于自己的、中国艺术文化的天地。然后从容老去，然后闭目垂眉安然地回归大化，为中国文化留下了美诗、美文、优美的曲子和书法，为我们这些与她结缘的人留下了忘不了、舍不得的无尽的思念和敬爱。"[①]

*

张充和辞世后数年间，其相关著述又有多种陆续问世。

2016年6月，收录张充和一生诗文的《张充和诗文集》，发表她与大弟宗和1949—1976年往来通信的书信集《一曲微茫——充和宗和谈艺录》，同期出版。

《张充和诗文集》收张充和自20世纪20年代至1993年所作诗词191首，附收亲友的唱和诗词34首；收文章66篇，其中早期文章59篇，晚期文章7篇。所收诗词，抛掉应酬之作，基本属于各个时期日常生活、感受与体验的真实抒写。早期文章，主要是追忆合肥童年时光，以及表达自己身处新旧之间急剧变化年代的迷茫、反思与寻觅。晚期文章，文字老练、干净，平平叙来自具动人力量，除《曲人曲事》外，其他各篇早已成脍炙人口的篇什。从内容看，其中6篇为追忆1930—1949年她所遇到的人与事，重点是重庆时期。

在《一曲微茫——充和宗和谈艺录》中，张充和甚少掩饰地谈说自己在美国的生活，除谈书法谈昆曲外，更多是柴米油盐、家务子女，"是美国家庭妇女的写照"，是自己内心的袒露，真实又详明。这是一位美国中产主妇的生活，而不仅是所谓"民国最后一位才女"的传奇。该书

---

① 陈安娜：《怀念充和老师——傅张充和女士追思会致辞》。

并收张宗和去世后,张充和写给其妻女的书信若干,对张充和1976—2000年的生活也有不少披露,弥足珍贵。

大弟张宗和自1930年8月31日,即张充和回归苏州未几日起,此后长达四十多年记有详细的日记,"四姐"在其中占据极重的分量,为人们认识张充和提供了丰富的信息与鲜活的细节。比如,在2018年8月由张以䛃、张致陶整理,浙江大学出版社出版的《张宗和日记(第一卷):1930—1936》中,张充和回归苏州的起初两三年,就是一个动不动生气的贵小姐,一个时不时流泪的小可怜,一个打打闹闹、活泼好动的野丫头,一个追着他学数学又很快忘得一干二净的笨学生,一个对昆曲开始发生兴趣的新曲人。这与人们了解到的张充和形象大相径庭。2019年10月,该社又出版了《张宗和日记(第二卷):1936—1942》。日记后续各卷也正在整理、编辑,将于近年内陆续出版。

随着张充和相关著述的出版及其相关资料的搜集整理,张充和的生命世界在人们眼中逐渐全面完整、立体鲜活起来。

与过去想象中一味云淡风轻、岁月静好的张充和形象不同,真实的张充和是一个与你我一样,有血有肉、烦恼不断的活生生个体。她的百年人生,大体经历了七个阶段,每个阶段有着各自的成长故事:懵懂少女的寂寞、迷茫青年的突围、寻梦闺秀的彷徨、家庭主妇的烦恼,以及全职妈妈的牺牲;历经世事沧桑,到壮岁臻于豁达之境,勘破得失;至优游晚年,天淡云闲,笑看人间。

张充和的迷人之处在于,她能不受现实拘囿,不被生活淹没,一生与诗词、书法、绘画、昆曲相伴共守,成就了一段风雅传奇。她,娴雅而洒脱,温婉而坚韧,恬淡而执着;在她身上,人间烟火、文人雅趣与生命意志,交相辉映。她恰如一曲人间清音,穿越了时空,"装饰了别人的梦"。

张充和的百年,同时是20世纪以来中国转型与世界巨变的宏大时代。旧的不断被推倒,新的始终在重建,世局纷纭,前途迷茫,使个体生命疲于应对,苦苦追寻各自的安身立命之所在。个人性情、家族因缘与时代风云,际会于张充和,使她走出了一条流波溢彩的独特道路。她,赫然成为中国传统文人精致文化最后的代表人物。她的离世,宣告了这一悠久传统的真正终结,然而她的一生实践,对于该传统以某种嬗变形式在不远未来或有可能的浴火重生,当具重要的启迪价值和借鉴意义。

附录　张充和年表简编

1913年　5月17日(阴历四月十二日),生于上海。

1914年　约年初,八个月大时,被二叔祖母识修收养为孙女,带回合肥龙门巷抚育。

1918年　正月起,依叔祖母安排,入读家塾。其后十余年,曾受教于多位塾师,其中对其影响最大、前后教过其五六年的是考古学者朱谟钦。

1930年　8月底,因叔祖母去世,返回苏州九如巷,回归由父亲、继母与九位姐弟组成的大家庭。旋入乐益女中,读初一,接受现代教育,并选修昆曲课。

1931年　开始接受专业昆曲老师的指导。其后数年,陆续从"传"字辈昆曲名角沈传芷、张传芳及著名笛师李荣生等学唱曲、吹笛及身段。

1932年　3月,入读上海中学。4月,入读上海务本女中。9月,入上海光华实验中学,读高一。

1933年　9月,至北京大学旁听。

1934年　9月,以"张旋"之名,开始在北京大学的试读生生活。约是年,参加由俞平伯主持的清华谷音社。

1935年　3月,频繁吐血,被诊出患了肺结核。4—8月,卧病香山。9月,离平返苏,旋痴迷于昆曲,是为与疾病斗争之始。

1936年　12月,成为《中央日报·贡献》主要撰稿人之一。

1937年　2—6月,在南京参与《中央日报·贡献》编辑工作。8月16日,苏州首次遭日机轰炸,逃难至乡下,29日,转赴合肥城;10月18日,复逃至乡下张老圩。

1938年　2月,逃至汉口。旋赴成都。冬,转往昆明,加入由杨振声主持,沈从文、朱自清等参加的《中学国文教科书》编写组,编选散曲并作注。

1939年　5月,疏散至呈贡县龙街,寓居杨家大院后楼"云龙庵"。8月,经郑颖孙推荐,接受教育部音乐教育委员会(简称"音教会")聘请,任研究组干事。

1940年　11月19日,飞赴重庆,仍任职于音教会。时该会已于上年疏散至乡下青木关。

1943年　5月1日,加入本日成立的国立礼乐馆,任乐典组副编审。

1944年　4—5月,迁往礼乐馆所在地——北碚。

1946年　春夏之交复员,返回苏州。

1948年　3月,在北平三姐兆和、三姐夫沈从文家结识德裔美国人傅汉思(1916年生)。11月19日,与傅汉思结婚。

1949年　1月,乘船赴美国。秋,傅汉思受聘担任加州大学伯克利分校讲师。

1950年　年初,在旧金山的笛洋美术馆举办首次个人书画展。

1951年　任加州大学伯克利分校东方图书馆馆员。

1957年　约年末,抱养是年10月出生的一个男婴,取名傅以元。

1959年　8月,辞职在家,做全职主妇。时傅汉思从伯克利分校辞职,任斯坦福大学助理教授。

1960年　年初,抱养上年8月出生的一个女婴,取名傅以谟。

1961年　6月17日，因傅汉思受聘担任耶鲁大学东亚语言文学系副教授，一家四口飞赴该校所在地——康涅狄格州纽黑文市，当地华人用其意译，称"新港"。7月，购屋于北港镇岭树街87号，自此定居。

1964年　2—3月，应邀在威斯康星大学麦迪逊分校教授昆曲。翌年2月22日—3月24日，再至该校教曲。

1967年　约是年起，受耶鲁大学艺术系与东亚系合聘，在该校教授书法，仅每年春季学期。并自20世纪70年代中期起，担任该校美术馆中国书画顾问。

1978年　阔别中国近三十载后，于8月20日重返北京，开始为期一月的探亲访友之旅。

1984年　6月，从耶鲁大学退休。三年后，傅汉思亦从该校退休。

1995年　1月起，全力照顾数病在身的傅汉思。

2003年　8月26日，傅汉思因病去世。

2004年　9月12日、10月3日，"张充和书画展"相继于北京的中国现代文学馆、苏州的中国戏曲博物馆开幕。

2006年　1月14日—4月2日，"古色今香：傅张充和及其师友中国书画展"于西雅图亚洲艺术博物馆举办。

2010年　1月，《曲人鸿爪》由广西师范大学出版社出版。6月，由白谦慎编选的《张充和诗书画选》在北京三联书店出版。

2012年　6月，《天涯晚笛：听张充和讲故事》由香港大山文化出版社推出繁体版；翌年7月，由广西师范大学出版社推出简体版。

2015年　6月17日（北京时间6月18日），在新港去世，享年一百零二岁。

2016年　6月，《张充和诗文集》《一曲微茫：充和宗和谈艺录》由北京三联书店、广西师范大学出版社分别出版。